Juri Awerbach

Endspiele Springer gegen Läufer, Turm gegen Leichtfigur

Sportverlag Berlin

Übersetzung aus dem Russischen:
M. Hermann

Russischer Originaltitel: ШАХМАТНЫЕ ОКОНЧАНИЯ
СЛОН ПРОТИВ КОНЯ
ЛАДЬЯ ПРОТИВ ЛЕГКОЙ ФИГУРЫ

Averbach, Jurij L'vovič:
Endspiele Springer gegen Läufer, Turm gegen Leichtfinger/Juri
Awerbach. [Übers. aus d. Russ.: M. Hermann]. – 1. Aufl. – Berlin:
Sportverl., 1989
EST: Šachmatnye okončanija, slon protiv konja, lad'ja protiv legkoj
figury ⟨dt.⟩
NE: Verf.: EST

ISBN 3-328-00294-4

© Fiskultura i Sport, Moskau 1981
© der deutschsprachigen Ausgabe Sportverlag Berlin
Erste Auflage
Lizenznummer: 140 355/25/89
9095
Lektor: Franz Stahl
Einband und Schutzumschlag: Erika und Peter Baarmann
Printed in the German Democratic Republic
Gesamtherstellung: Karl-Marx-Werk Pößneck V 15/30
Redaktionsschluß: 25. 5. 1988
671 786 7

01850

Vorwort

Das vorliegende Buch gehört zu einer Reihe von Titeln, mit denen eine umfangreiche Erforschung des Endspiels beabsichtigt ist.

Insgesamt umfassen die Untersuchungen des von mir geleiteten kleinen Kollektivs sowjetischer Theoretiker folgende Endspielgattungen: Bauern-, Läufer-, Springerendspiele, Springer gegen Läufer, Turm gegen Leichtfigur, Turmendspiele, Dame gegen Turm oder Leichtfigur und Damenendspiele. Die Darstellung konzentriert sich im wesentlichen auf Stellungen, in denen jede Seite außer dem König nicht mehr als eine Figur besitzt. Den Schachfreunden werden praktische Empfehlungen zur Behandlung all dieser Endspieltypen gegeben.

Dieses von mir allein erarbeitete Buch besteht aus zwei Teilen. Im ersten Teil wird das Endspiel Springer gegen Läufer, im zweiten das Endspiel Turm gegen Leichtfigur dargestellt. Springer, Läufer und Turm sind verschiedenartige Figuren. Gerade deshalb sind Endspiele, in denen diese Figuren aufeinandertreffen, reich an vielfältigen Möglichkeiten und besonders interessant. Es ist kein Zufall, daß dem Konflikt zwischen diesen Figuren auch von seiten der Schachkomponisten große Aufmerksamkeit geschenkt wird und das vorliegende Buch viele Studien enthält.

Die Auswahl des verwandten Materials erfolgte in zwei Richtungen: Bei Endspielen mit geringer Bauernzahl (weniger als vier) war ich bestrebt, möglichst viele Beispiele zu sammeln, um den jeweiligen Endspieltyp umfassend beschreiben zu können. Bei Endspielen mit mehr als vier Bauern galt es, die typischsten Endspielstellungen herauszusuchen, um an ihnen die für das eine oder andere Kräfteverhältnis charakteristischen Verfahren des Kampfes zu demonstrieren.

Es sei jedoch betont, daß ich und die an dem Gesamtwerk beteiligten Mitautoren das Schwergewicht nicht nur auf die Auswahl und Prüfung vielzähliger Beispiele legten (in der erweiterten deutschsprachigen Ausgabe dieses Bandes sind es 629). Besonders wichtig war, daß mit dieser Arbeit eine durchgängige und systematische Erforschung des Endspiels eingeleitet wurde. Die Autoren mußten einige Endspieltypen analysieren, die bis dahin weiße Flecken in der Theorie waren, charakteristische theoretische Stellungen konstruieren und notwendige praktische Empfehlungen geben. Ein Beispiel für eine solche zu Ende geführte Untersuchung ist in diesem Band das zweite Kapitel des ersten Teils – Springer und Bauer gegen Läufer.

Eines der Hauptprobleme, vor dem man im Endspiel steht, ist die Bestimmung des konkreten Weges, ein erreichtes materielles oder positionelles Übergewicht zu realisieren. Sehr oft ist er für den jeweiligen Endspieltyp, für das gegebene Kräfteverhältnis typisch. Ich war deshalb bemüht, vor allem diese charakteristischen, typischen Wege, die ans Ziel führen, aufzuzeigen.

Jeder, der sich mit dem Endspiel befassen will, sei daran erinnert, daß hier im Unterschied zum Mittelspiel das spielerische Element oft in den Hintergrund tritt und exaktes Wissen gefragt ist.

Das Material des Buches ist – wie auch in allen anderen Bänden des Werkes – nach einem formalen Merkmal geordnet – nach der Anzahl der in der Ausgangsstellung vorhandenen Bauern. Da die Bücher vor allem als Nachschlagewerk dienen sollen – z. B. für die Analyse von Hängepartien und im Fernschach –, erscheint eine derartige Gliederung am zweckmäßigsten.

Das Werk läßt sich indes auch als Endspiellehrbuch verwenden. Im großen und ganzen ist die Darstellung für qualifizierte Schachspieler von der zweiten Klasse an aufwärts gedacht, doch kann der Stoff einzelner Kapitel auch für weniger bewanderte Leser von Nutzen sein.

Abschließend möchte ich hervorheben, daß die Erforschung eines Endspiels eine außerordentlich komplizierte Aufgabe ist, die mathematische Exaktheit erfordert und bei deren Lösung analytische Fehler nicht immer völlig zu vermeiden sind.

Deshalb möchte ich allen Lesern danken, die Ungenauigkeiten in früheren Publikationen aufdeckten und dadurch halfen, dieses Buch zu verbessern.

J. Awerbach

Springer gegen Läufer

Erstes Kapitel

Läufer und Bauer gegen Springer

Wir beginnen unsere Untersuchung mit der Analyse von Beispielen, in denen der König der schwächeren Seite auf einem dem Läufer unzugänglichen Feld vor dem Bauern steht. In einem Endspiel „Läufer und Bauer gegen Läufer" sind solche Positionen klar remis, wobei die Aufstellung des Läufers der schwächeren Seite keinerlei Rolle spielt (vorausgesetzt natürlich, daß er nicht geschlagen werden kann). Anders verhält es sich, wenn ein Springer dem Läufer gegenübersteht.
Hier ist die Aufstellung des Springers von Bedeutung.

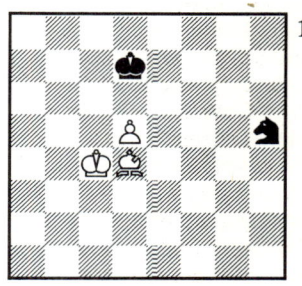

Weiß gewinnt

Nach **1.♗e5!** sitzt der Springer in der Falle. Schwarz gerät in Zugzwang und muß den Bauern passieren. Es folgt **1. ... ♔e7 2.♔c5 ♔d7 3.d6** (aber nicht 3.♔b6 ♘f6! 4.♗:f6 ♔d6 mit Remis) **3. ... ♔e6 4.♔c6**, und Weiß gewinnt ohne besondere Schwierigkeiten.

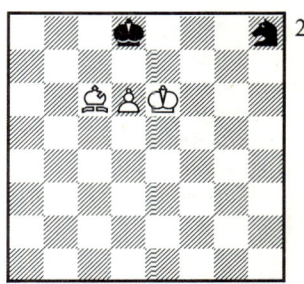

Weiß gewinnt

Auch in diesem Beispiel gelingt es, die ungünstige Aufstellung des schwarzen Springers auszunutzen. Zum Gewinn führt 1.♘f6 nebst 2.♔g7 und 3.♔:h8.

Kann sich der Springer indes bewegen, reicht die Blockade des Bauern durch den König auf einem dem Läufer unzugänglichen Feld völlig aus, um das Remis zu sichern. Es muß zudem betont werden, daß die schwächere Seite selbst dann nicht unbedingt verliert, wenn ihr Springer abgeschnitten ist.

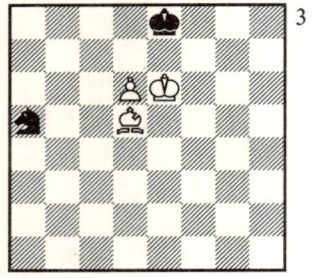

3

Remis

Hier kann Weiß den gegnerischen König nicht verdrängen und somit auch den Bauern nicht verwandeln. Der Versuch, den Springer zu erobern, schlägt ebenfalls fehl, z. B.:
1.♔f5 ♔d8 2.♔e4 ♔d7
3.♔e5 ♔d8! (3. ... ♔e8?
4.♔e6! ♔d8 5.d7) 4.♔d4 ♔e8
5.♔c5 ♔d7 usw.

Wir kommen nunmehr zur systematischen Untersuchung von Stellungen, in denen es

der schwächeren Seite nicht gelingt, den Bauern durch den König zu blockieren. Zunächst folgen Beispiele, in denen der Bauer bereits die vorletzte Reihe erreicht hat.

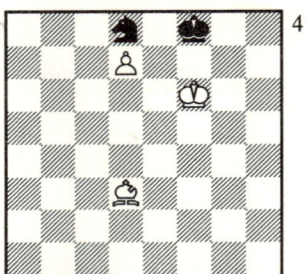

4

Weiß gewinnt

In dieser Stellung trägt der Springer die ganze Last des Kampfes gegen den Bauern. Der König verteidigt lediglich die Zugänge zum Springer, was ihm auf die Dauer jedoch nicht gelingt.

Weiß gewinnt durch 1.♗e4
♘f7 2.♗f3 ♘d8 3.♗d5 ♘f7!
4.♔e6! ♘d8+ 5.♔d6 ♔g7
6.♔e7.

Die Gewinnmethode ist typisch: Der Springer wird in seiner Beweglichkeit eingeschränkt, was schließlich zu einer Zugzwangsituation führt.

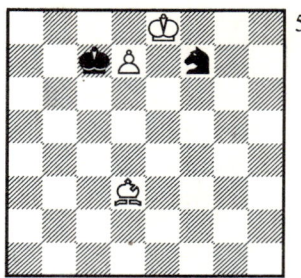

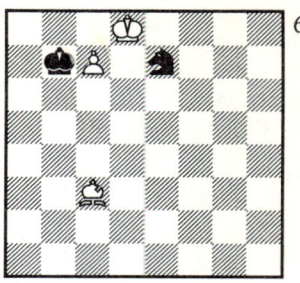

Weiß am Zuge gewinnt
Schwarz am Zuge hält remis

Anzug beliebig. Remis

Hier kämpfen die schwarzen Figuren gemeinsam gegen den Bauern. Das Ergebnis hängt vom Zugrecht ab. Liegt es bei Schwarz, folgt **1. ... ♘d6+ 2.♔e7 ♘c8+ 3.♔e8** (3.♔e6 ♘b6) **3. ... ♘d6+** mit ewigem Schach.

Dieser Spielausgang resultiert indes weniger aus der Anordnung der schwarzen Figuren als vielmehr aus der ungünstigen Aufstellung des gegnerischen Königs. Weiß am Zuge kann diesen Mangel beheben und gewinnen: **1.♔e7! ♘d8 2.♗e4 ♘f7 3.♗f3 ♘d8 4.♗d5** usw.

Verschieben wir Beispiel 5 um eine Linie nach links.

Diese Stellung bildet eine Ausnahme, da die Einschränkung der Beweglichkeit der schwarzen Figuren hier nur zum Patt führt, z. B. **1.♔d7 ♘c8 2.♗d4 ♘e7 3.♗e3 ♘c8 4.♗c5 ♔a8! 5.♔c6 ♘b6!**, und Weiß kommt nicht weiter.

Wer Stellung 6 kennt, vermag auch die folgende Studie mühelos zu lösen.

B. Horwitz, 1852

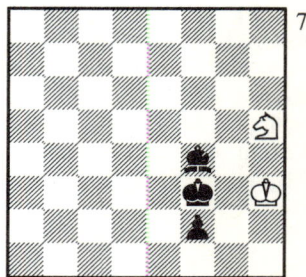

Remis

1.♘g3! ♗e5 2.♘f1 ♔e2 3.♔g2 ♗f4 4.♔h1! ♔f3 5.♘g3! usw.

9

Ebenfalls unkompliziert ist die Lösung des nächsten Beispiels.

H. Rinck, 1923
(Schluß einer Studie)

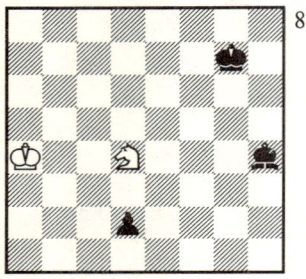

8

Remis

9

Remis

Dies ist eine *Hauptremisstellung.* Man beachte die Gegenüberstellung von weißem König und schwarzem Springer. Letzterer könnte auch auf f7 stehen.
Nach 1.♗b4+ ♔c6 ist Weiß nicht in der Lage, irgend etwas zu unternehmen.
Versetzen wir den Springer nunmehr nach c6.

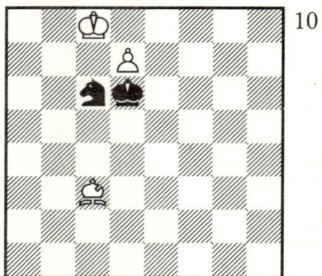

10

Weiß am Zuge gewinnt
Schwarz am Zuge hält remis

Schwarz am Zuge kann sich umgruppieren: 1. ... ♘e7+ (oder 1. ... ♘a7+) 2.♔d8 ♘c6+ 3.♔e8 ♔e6, und wir

Nach 1.♘f5+ ♔f6 2.♘e3 scheitert 2. ... ♔e5 an 3.♘c4+ *(Barriere).* Schwarz spielt aber 2. ... ♔g5 3.♔b3 ♔f4.
Wie soll Weiß jetzt fortsetzen? Auf das natürliche 4.♘d1 geschieht 4. ... ♔f3 5.♔c2 ♔e2, und Schwarz gewinnt. Die Rettung besteht in 4.♘d5+ ♔f3 5.♔c2 ♔e2 6.♘f4+ mit ewigem Schach.
Betrachten wir nunmehr einige Stellungen, in denen der Läufer das Feld vor dem Bauern angreifen kann.

haben die Hauptremisstellung erreicht.

Ist Weiß am Zuge, bringt er den Gegner sofort in Zugzwang: 1.♗b4+ ♔e6 2.♔c7 ♔d5 3.♗a3. Als ungünstig würde sich auch die Aufstellung des Springers auf b7 erweisen. In diesem Fall entscheidet 1.♗b4+ ♔c6 2.♗c5. *Schlußfolgerung: Um sich in derartigen Situationen erfolgreich zu verteidigen, muß man bestrebt sein, den Springer so weit wie möglich vom gegnerischen König entfernt aufzustellen.*

Verschiebt man Beispiel 10 um zwei Linien nach links, gewinnt Weiß, wenn er am Zuge ist, auf etwas andere Weise.

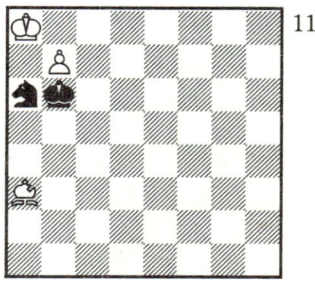

11

Weiß am Zuge gewinnt Schwarz am Zuge hält remis

Hier führt 1.♗d6! ♔c6 2.♔a7 ♔b5 3.♗c7 zum Gewinn. Schwarz am Zuge wählt den gleichen Remisweg wie in Stellung 10.

Es folgt ein originelles Beispiel, das einen Ausnahmefall demonstriert: Die schwächere Seite hält remis, obwohl der Bauer zur Dame geht.

J. Brenew, 1934
(Schluß einer Studie)

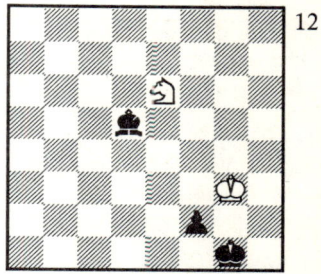

12

Remis

Es sieht so aus, als müsse Weiß aufgeben. Es folgt jedoch 1.♘f4! f1♕ (1. … ♗e6 2.♘e2+ ♔f1 3.♘f4 ♗f5 4.♔f3! mit Remis) 2.♘h3+ ♔h1 3.♘f2+, und Schwarz kann dem ewigen Schach nicht entrinnen.

Steht der Bauer auf der 6. Reihe, sind die Remischancen der schwächeren Seite erheblich größer.

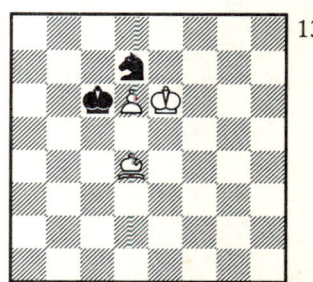

13

Anzug beliebig. Remis

Würde man diese Stellung um eine Reihe nach oben verschieben, wäre sie unabhängig vom Zugrecht für Schwarz verloren. Hier aber ergibt sich ein elementares Remis, da dem Springer nicht alle Felder zu nehmen sind. Eine Verschiebung der Stellung um zwei Linien nach rechts oder links wirkt sich auf das Resultat nicht aus. Verschiebt man sie jedoch um drei Linien nach rechts, verliert Schwarz.

Betrachten wir weitere Stellungen mit einem Springerbauern.

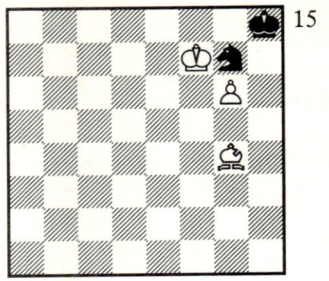

15

Remis

Der Springer steht beengt. Trotzdem kann Weiß nicht gewinnen, da sich der gegnerische König im Patt befindet und sowohl 1. ... ♘f5 als auch 1. ... ♘h5 möglich ist.
Wenn die weißen Figuren jedoch ihre Plätze tauschen, büßt Schwarz den Springer ein.

14

Weiß gewinnt

Die Anzahl der dem Springer zugänglichen Felder ist geringer geworden. Weiß kann den Gegner in Zugzwang bringen. Liegt das Zugrecht bei Weiß, ist nach 1.♗d7 bereits alles entschieden.
Etwas schwerer fällt der Gewinn, wenn Schwarz am Zuge ist: 1. ... ♘e8 2.♗d7 ♘g7 3.♔h7 ♘h5 4.♗g4 ♘g7 5.♗h3 ♘h5 6.♔h6 ♘g7 (6. ... ♘f4 7.g7 ♔f7 8.♔h7 usw.) 7.♗d7, und Weiß hat sein Ziel erreicht.

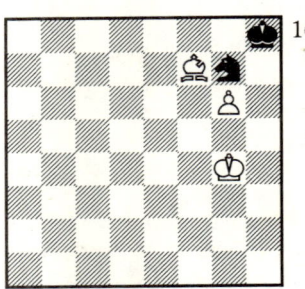

16

Weiß gewinnt

Wer sich mit Beispiel 16 vertraut gemacht hat, wird auch die folgende Studie ohne Schwierigkeiten lösen.

G. Sachodjakin, 1931

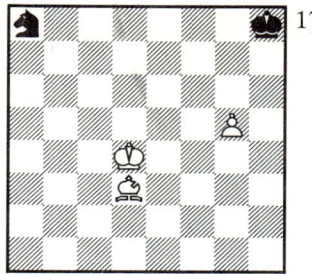
17

L. Prokes, 1946

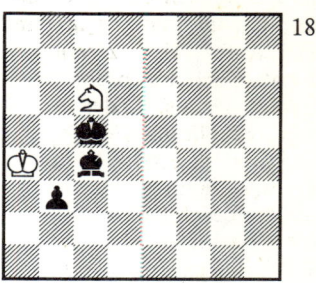
18

Weiß gewinnt

Remis

Schwarz droht, 1. … ♔g7 zu spielen. Weiß darf diesen Zug auf keinen Fall zulassen.
1.♔c5 ♘c7 (sonst geschieht 2.♔c6) **2.♔d6 ♘e8+ 3.♔e7!** (falls 3.♔d7?, so 3. … ♘g7 4.♗g6 ♔g8 5.♔e7 ♔h8 6.♔f7 ♘f5! mit Remis) **3. … ♘g7** (3. … ♘c7 4.♔f7 ♘d5 5.g6). Weiß ist es gelungen, dem gegnerischen König das Feld g7 zu verwehren. Jetzt muß er Stellung 16 herbeiführen. Durch genaues Spiel ist dies möglich.
4.♗g6 ♔g8 5.♗f7+ ♔h7 6.♔f6 ♔h8 7.♔e5 (aber nicht 7.♔g6 wegen 7. … ♘e6!) **7. … ♔h7 8.♔e4! ♔h8 9.♔f4 ♔h7 10.♔g4 ♔h8 11.g6,** und wir haben Stellung 16 vor uns. Eine originelle Rettungsmöglichkeit veranschaulicht die folgende Studie.

Der Bauer ist offenbar nicht aufzuhalten. Es folgt jedoch **1.♘a5 b2 2.♘b3+ ♗:b3 3.♔a3!! b1♕(♖) patt!**

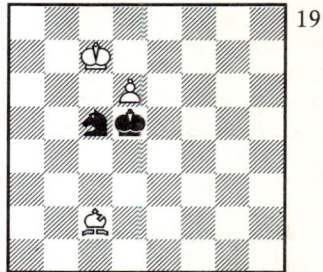
19

Anzug beliebig. Remis

Diese Stellung entsteht, wenn man Beispiel 10 um eine Reihe nach unten verschiebt. Hier kann Weiß schon nicht mehr gewinnen, z. B. **1.♗b3+ ♔e5 2.♗c4** (2.♔c6 ♘:b3 3.d7 ♘d4+ und 4. … ♘e6) **2. … ♔d4 3.♗f7 ♘a6+ 4.♔c6 ♘b8+ 5.♔c7 ♘a6+ 6.♔b6 ♘b8** usw.

13

Schwarz am Zuge gibt sofort ewiges Schach: 1. ... ♘a6+ usw.
Versetzen wir den Springer nunmehr nach b6.

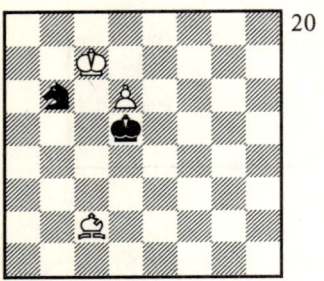

20

Weiß am Zuge gewinnt
Schwarz am Zuge hält remis

Der Standortwechsel des Springers ändert das Ergebnis. Weiß am Zuge bringt den Gegner in Zugzwang: 1.♗e4+ ♔e5 2.♔c6 ♔e6 3.♗f5+ ♔e5 4.♗h3 usw. Gleiches ist der Fall, wenn der Springer auf b8 steht: 1.♗b3+ ♔c5(e5) 2.♗c4. Der Springer hat zuwenig Felder zum Manövrieren.
In Stellung 19 kann Schwarz außer 1. ... ♘a6+ 2.♔d7 ♘b8+ mit ewigem Schach auch 1. ... ♘e6+ 2.♔d7 ♘f8+ spielen. Diese Fortsetzung ist weniger stark, reicht aber ebenfalls zum Remis. Betrachten wir die Stellung nach 3.♔e7.

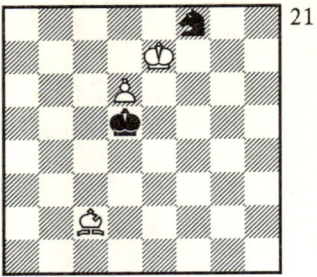

21

Remis

Schwarz muß sehr genau spielen.
1. ... ♔c6! (nur so; zum Verlust führt sowohl 1. ... ♔c5 2.♗e4! als auch 1. ... ♔e5 2.♗e4! ♘e6 3.d7) 2.♗a4+ ♔c5 3.♗e8 ♔d5 4.♗f7+ ♔c6 5.♗h5 ♔c5! Erneut die einzige Möglichkeit. Nach 5. ... ♔d5 6.♗f3+ ♔c5 7.♗e4 zieht Schwarz den kürzeren.
Weniger günstig steht der Springer in diesem Beispiel auf f6, da der weiße König größere Manövrierfreiheit erlangt.

Nach W. Bron, 1955

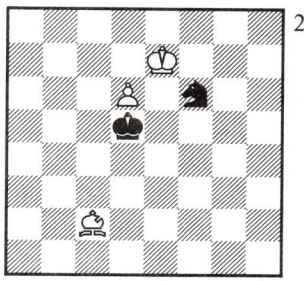

Nach W. Bron, 1955

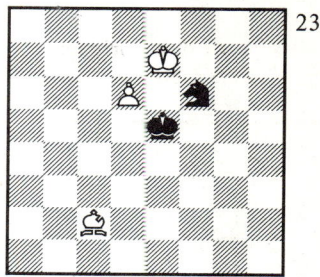

Weiß gewinnt

Weiß gelingt es, den Springer im Zaum zu halten und einen Übergang zur vorigen Stellung nicht zuzulassen.
1.♗b3+ ♚c5 2.♗e6 ♚c6
3.♗c4 ♚c5 4.♗b3! ♚c6
5.♔e6! ♘h7 (nur Zugumstellung bedeutet 5. ... ♚c5
6.♗d5! ♘h7) 6.♗d5+ ♚c5
7.♔e7 ♘f6 (7. ... ♘f8 8.♗e4)
8.♗f3 ♘g8+ 9.♔e6 ♘f6
10.♗e4!, und Schwarz befindet sich im Zugzwang.
Das folgende Beispiel, das sich von Stellung 22 nur durch eine etwas andere Postierung des schwarzen Königs unterscheidet, zeigt ein interessantes Verfahren zu dessen Abdrängung.

Weiß gewinnt

1.♗b3! ♚f5 2.♗f7 ♚g5 (notwendig; schlecht ist 2. ... ♚e5 wegen 3.♗e6) 3.♗e6 ♚g6
4.♔f8! ♘h7+ (schwächer ist
4. ... ♚h6 5.♔f7 ♚g5 6.♗h3 usw.) 5.♔e8! ♘f6+ 6.♔e7.
Durch das Königsmanöver hat Weiß die Zugpflicht an den Gegner übertragen.
6. ... ♚g7 7.♗f7 ♘g4! (die letzte Ressource von Schwarz, die leicht entkräftet wird)
8.♗d5 ♘e5 (oder 8. ... ♘f6
9.♗e4! ♘g8+ 10.♔e6 ♘f6
11.♗f5 usw.) 9.♗e4 ♚g8
10.♔e6 ♘f7 11.d7, und Weiß gewinnt (siehe Beispiel 4)*.

---

* In der Folge sind in den Klammern lediglich die Nummern der Stellungen angegeben, auf die Bezug genommen wird.

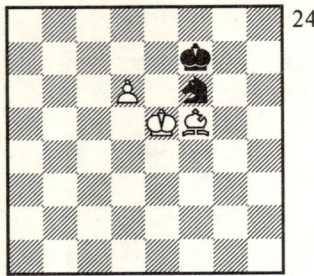

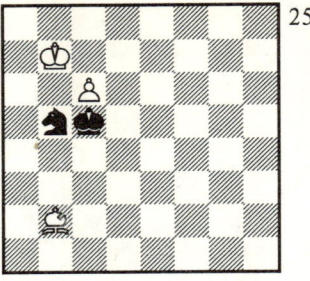

24
25

Weiß gewinnt

Liegt die Zugpflicht bei
Schwarz, verliert er sofort: Auf
1. ... ♘e8 oder **1. ...** ♘h5 entscheidet **2.**♗g6+!, während
1. ... ♔g7 auf die Erwiderung
2.♔e6 trifft.
Wenn Weiß am Zuge ist, kann
er den Springer ebenfalls verdrängen: **1.**♗e6+ (falls
1.♗h3(c8), so 1. ... ♘e8! 2.d7
♔e7 mit Remis) **1. ...** ♔g6
2.♗c8 ♔g7 (2. ... ♔f7 3.♗f5
usw.) **3.**♗h3! ♔g6 **4.**♔e6 ♔g7
(4. ... ♘e4 5.♗f5+) **5.**♗f5
usw.
Verschiebt man Stellungen mit
einem Zentralbauern um eine
Linie nach links, verschlechtern sich die Verteidigungsmöglichkeiten, da der Springer
nicht immer genügend Raum
zum Manövrieren findet. Dies
spiegelt sich auch im Ergebnis
wider.

Weiß am Zuge gewinnt
Schwarz am Zuge hält remis

Im Unterschied zu Beispiel 19
hängt das Resultat hier vom
Zugrecht ab. Weiß am Zuge
bringt den Gegner in Zug-
zwang: **1.**♗e5! ♔d5 **2.**♔b6
♔c4 (oder 2. ... ♘a7 3.c7
♘c8+ 4.♔b7 ♘e7 5.♗f6 ♘f5
6.♗b8 ♘d6 7.♗e7) **3.**♗f6
♔b4 **4.**♗h4 ♔c4 (4. ... ♘c3
5.♗e1) **5.**♗e1 ♘d6 **6.**c7 ♔d5
7.♗b4 usw.
Schwarz am Zuge gelingt es,
eine Umgruppierung vorzunehmen: **1. ...** ♘d6+! **2.**♔c7
♘b5+ **3.**♔d7 ♔d5, und der
Versuch von Weiß, mit dem
König nach b7 zurückzukehren, bringt nichts ein, z. B.
4.♗c1 ♔c5 **5.**♗e3+ ♔d5
6.♗f2 ♔e5 **7.**♔c8 ♔d5
8.♔b7 ♘d6+ **9.**♔c7 ♘c4! mit
Remis.
Anders als in Stellung 21 fällt
auch das Ergebnis im folgenden Beispiel aus.

„Chess Player's Chronicle", 1856

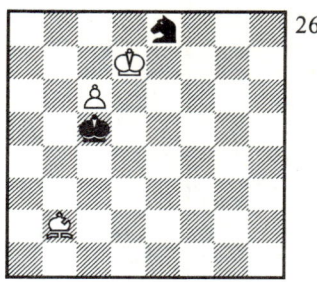

26

Weiß gewinnt

Eine entscheidende Rolle
spielt hier, daß der Läufer im
Vergleich zu Stellung 21 am
rechten Flügel genügend Raum
zum Manövrieren hat.
Zum Beispiel (bei Schwarz am
Zuge): 1. ... ♔b6 2.♗e5 ♔c5
3.♗c3! ♔b6 4.♗a5+ ♔b5
5.♗d8 ♔c5 6.♗h4 ♔b5
7.♗g5! (dieser Abwartezug
stand Weiß in Beispiel 21
nicht zur Verfügung; der Läufer hatte zuwenig Platz) 7. ...
♔c5 8.♗e3+ ♔d5 9.♗d4
♘d6 10.c7, und Weiß gewinnt.
Noch schneller geht es, wenn
Weiß selbst am Zuge ist:
1.♗c3 ♔b6 2.♗a5+ usw.
Dank größerer Manövriermög-
lichkeiten des Läufers gewinnt
Weiß im folgenden Beispiel
noch einfacher als in Stellung 24.

Ed. Lasker, 1908

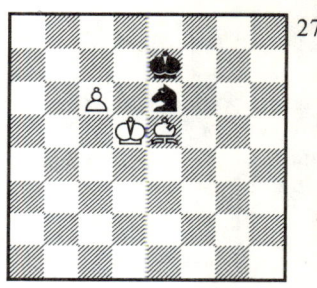

27

Weiß gewinnt

1.♗g3! (aber nicht 1.♗h2?
♘d8 2.c7 ♔d7 mit Remis)
1. ... ♔f7 2.♗h2! ♔e7 3.♗e5
♔f7 4.♔d6 usw.
Ist in Stellungen vom Typ des
Beispiels 19 ein Springerbauer
auf dem Brett, sind die Verteidigungschancen etwa die gleichen wie bei einem Läuferbauern.

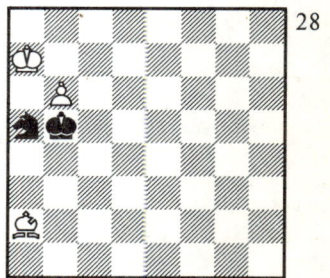

28

Weiß am Zuge gewinnt
Schwarz am Zuge hält remis

Schwarz am Zuge kann sich
rechtzeitig umgruppieren und
die Hauptremisstellung errei-

chen: 1. ... ♘c6+ 2.♔b7
♘a5+ 3.♔c7 ♔c5 4.♗e6
♔b5 5.♗d7+ ♔c5 6.♗e8
♔b4!, und falls 7.♔b8 mit der
Absicht, den König nach a6 zu
bringen und den Springer zu
vertreiben, so 7. ... ♘c4 8.b7
♘a5(d6).
Weiß am Zuge kommt zum Erfolg: 1.♗d5 ♔c5 2.♔a6 ♔b4
3.♗e6 ♔a4 (3. ... ♘c6 4.b7
♔c5 führt nach 5.♗h3 ♔d6
6.♔b6 zu Stellung 4) 4.♗g4
♔b4 5.♗d1! ♘c6 6.b7, und
Weiß gewinnt.
Auf die gleiche Art wie in Stellung 26 gewinnt Weiß im folgenden Beispiel.

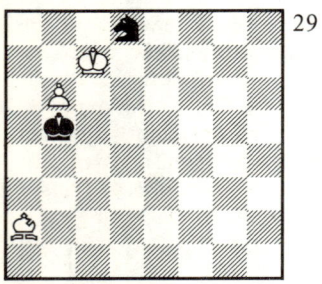

Anzug beliebig. Weiß gewinnt

Zum Beispiel bei Schwarz am
Zuge: 1. ... ♔a6 2.♗f7 ♔b5
3.♗e8+ ♔a5 4.♗d7 ♔a6
5.♗f5 ♔a5 6.♗g4 ♔b5
7.♗e2+ ♔c5 8.♗c4 ♘c6 9.b7
usw.
Bei einem Bauern auf der
5. Reihe werden Gewinnstel-
lungen zur Ausnahme.
*Ist das Feld vor dem Bauern dem
Läufer unzugänglich, braucht die*

*schwächere Seite es nur mit
Springer und König unter Kontrolle zu nehmen. Der Bauer ist
dann zuverlässig gestoppt, da hier
keine Zugzwangstellungen möglich sind (der Läufer vermag dem
Springer nicht alle Felder streitig
zu machen).*
*Kann der Läufer das Feld vor
dem Bauern angreifen, führt ein
Vorrücken des Bauern in vielen
Fällen lediglich zu Remisstellungen mit einem Bauern auf der
6. Reihe.*
Hier ein typisches Beispiel.

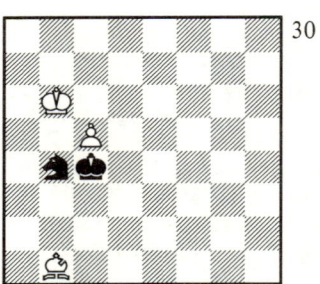

Remis

Diese Stellung ergibt sich,
wenn man Beispiel 25 um eine
Reihe nach unten verschiebt.
Weiß kann selbst dann nicht
gewinnen, wenn er am Zuge
ist, z. B. 1.♗e4 ♔d4 2.♔b5
♘a2! (dies ist einfacher als
2. ... ♔c3 3.♗g6 ♔b3 4.♗h5
♔c3 5.♗d1 ♘d5 6.c6 ♔d4
7.♗b3 ♘e7 8.c7 ♘c8! 9.♔c6
♘a7+! 10.♔b6 ♘c8+ oder
9.♗e6 ♘e7 mit Remis), und
nun scheitert 3.c6 an 3. ...
♘c3+ und 4. ... ♘:e4.

Verschiebt man Stellung 30 indes um eine Linie nach links, ist sie für Schwarz verloren.

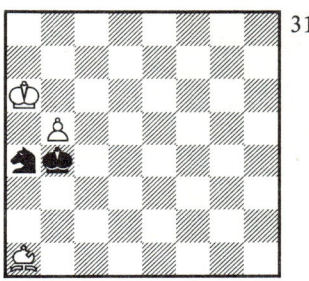

Weiß gewinnt

1.♗d4 ♚c4 2.♗a5 ♚b3 3.♗f6 ♚a3 (sofortiges 3. … ♞c5 bedeutet nur Zugumstellung) 4.♗g5 ♚b3 5.♗c1 ♞c5 6.b6 ♚c4 7.♗a3 ♞d7 8.b7 ♚d4 9.♚b5 ♚d5 10.♗c1 ♚d6 11.♗f4+ ♚d5 12.♗g3 ♚e6 13.♚c6 ♚e7 14.♚c7 ♚e6 15.♗d6!, und Weiß gewinnt.

Hat der Bauer die 4. Reihe noch nicht überschritten, besitzt die stärkere Seite nur Gewinnchancen, wenn die gegnerischen Figuren ungünstig stehen, insbesondere wenn der König vom Bauern entfernt ist.

In diesem Fall hängt das Ergebnis davon ab, ob die schwächere Seite eine Remisstellung auf einer der nächsten Reihen aufbauen kann.

G. Kasparjan, 1958

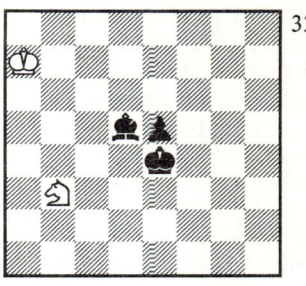

Remis

Die weißen Figuren sind voneinander isoliert, der König befindet sich weitab vom Bauern. Um den Bauern in eine Dame zu verwandeln, braucht Schwarz jedoch Zeit. Die Aufgabe von Weiß besteht darin, rechtzeitig den König heranzuführen und das Handeln seiner Figuren im Kampf gegen den Bauern zu koordinieren. Aus den bisherigen Darlegungen geht hervor, daß der Bauer spätestens auf der 3. Reihe gestoppt werden muß.

Die Anordnung der Figuren legt die Schlußfolgerung nahe, daß Weiß eine Stellung anstreben muß, in der der König den Bauern von hinten angreift, während der Springer ihn von vorn bremst. Eine solche Stellung zeigt das Diagramm 21.

Weiß kann sich demnach retten, wenn es ihm gelingt, Stellung 21 (mit vertauschten Farben) herbeizuführen. Versu-

chen wir, dies zu verwirklichen.

Der Plan ist klar. Weiß muß
den Springer auf c1 postieren
und den König nach f4, e4
oder f3 bringen. Der Springer
ist angegriffen und zieht deshalb zuerst: **1.♘c1 ♔e3** (droht
2. ... ♔d2; Weiß muß folglich
den König annähern) **2.♔b6
♔d2 3.♔c5 ♝g8 4.♔d6 e4
5.♔e5 e3 6.♔e4!**, und Weiß
hat sein Ziel erreicht. Wir haben bei vertauschten Farben
Stellung 21 vor uns.

Der Autor der Studie war der
Meinung, daß **1.♘c5+ ♔d4
2.♔b6** an 2. ... **♔c4!** schei-
tere, da Weiß, in Zugzwang geraten, den weiteren Vormarsch
des Bauern nicht unterbinden
könne, z. B. **3.♘d7 e4
4.♘e5+ ♔d4 5.♘g4 ♝e6
6.♘h2 ♝h3! 7.♔c6 ♔d3
8.♔c5 e3 9.♘f3 e2**, und
Schwarz gewinnt.

Zuschauer der „Schachschule"
des Fernsehens stellten jedoch
fest, daß nicht **5.♘g4**, sondern
5.♘g6! e3 6.♘f4 ♝c4 7.♘h3!
zu geschehen habe; wenn dar-
auf **7. ... e2**, so **8.♘g1!** Bei anderen Fortsetzungen zieht
Weiß den Springer ebenfalls
nach g1 und erlangt eine noch
einfachere Remisstellung.
Natürlich gelingt es nicht immer, eine Remisstellung aufzubauen. Sehen wir uns als Beispiel die folgende Studie an.

J. Marwitz, 1948

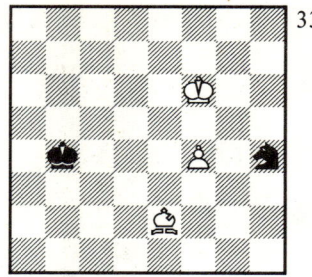

33

Weiß gewinnt

Auf **1.♔g5 ♘g2 2.f5 ♔c5 3.f6
♔d6** spielt Weiß nicht **4.♔g6
♘f4+ 5.♔g7 ♘e6+ 6.♔f7
♘d8+** mit Remis, sondern
4.♔h6! Danach würde 4. ...
♘f4 wegen 5.f7 ♔e7 6.♔g7
♘e6+ 7.♔g8 verlieren.
Schwarz zieht deshalb **4. ...
♘e3.** Falls nämlich 5.f7, so
5. ... ♔e7 6.♔g7 ♘f5+ mit
Remis. Es folgt jedoch **5.♔g6
♘d5** (5. ... ♔e6 6.♝d3 ♘g2
7.♝f5+ ♔d6 8.f7 ♘f4+
9.♔h7) **6.f7 ♘f4+ 7.♔g7
♘e6+ 8.♔g8**, und Weiß gewinnt.

Der Leser konnte sich schon
mehrfach davon überzeugen,
daß der Kampf gegen den Bauern nur dann erfolgreich ist,
wenn Springer und König ver-
eint handeln.
Läßt sich das Zusammenspiel
der Figuren nicht verwirklichen, wird die stärkere Seite
den Bauern in der Regel zur
Dame führen.

H. Blandford, 1950

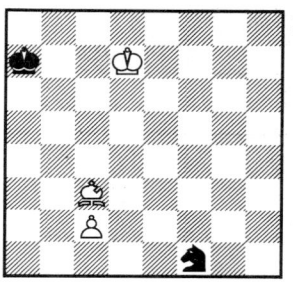

Weiß gewinnt

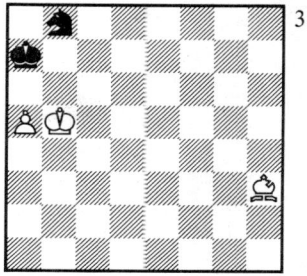

Weiß am Zuge gewinnt
Schwarz am Zuge hält remis

Weiß gewinnt, obwohl der Bauer noch auf seinem Ausgangsfeld steht.
1.♗d4+ ♔a8 (ein Versuch, auf Patt zu spielen) 2.c4 ♘d2 3.c5 ♘b3 4.c6! ♘a5 5.c7 ♘c6! 6.c8♖+!, und Weiß gewinnt. Wir haben bereits gesehen, daß es dem Springer um so schwerer fällt, einen Bauern zu bekämpfen, je näher dieser dem Brettrand steht. Ein Turmbauer ist für den Springer am gefährlichsten. Wir wollen uns deshalb in der Folge speziell mit Randbauernstellungen befassen.
Die beste Methode, den Bauern zu bekämpfen, ist, ihn durch den König zu blockieren. Es muß jedoch gewährleistet sein, daß der Springer beweglich bleibt.
Charakteristisch ist folgendes Beispiel.

Es sieht so aus, als würden die schwarzen Figuren den weiteren Vormarsch des Bauern aktiv unterbinden. Tatsächlich hält Schwarz, wenn er am Zuge ist, durch 1. ... ♔b7, 1. ... ♘a6 oder sogar 1. ... ♘c6 leicht remis. Ist jedoch Weiß am Zuge, kann er den Gegner mittels 1.♗c8 in Zugzwang bringen und gewinnen. Kann der König der schwächeren Seite den Bauern nicht blockieren, hängt das Ergebnis vor allem davon ab, wie weit der Bauer vorgedrungen ist. Bei einem Bauern auf der vorletzten Reihe kommt die stärkere Seite in der Regel zum Erfolg.

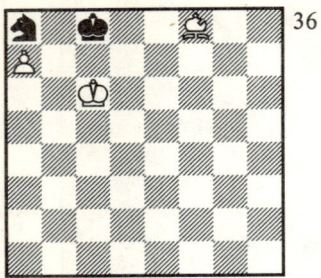

36

Weiß gewinnt

Weiß gewinnt auf typische Art:
1.♗b4 ♘c7 2.♔c3 ♘a8
3.♗a5 ♘c7 4.♔b6 ♘a8+
5.♔a6 ♔d7 6.♔b7 usw.

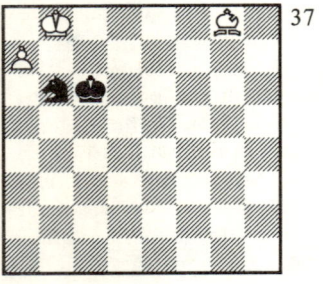

37

Weiß am Zuge gewinnt
Schwarz am Zuge hält remis

Dieses Beispiel veranschaulicht
die einzige Rettungsmöglichkeit. Schwarz am Zuge gibt
ewiges Schach: 1. ... ♘d7+
2.♔c8 ♘b6+ 3.♔b8 ♘d7+.
Weiß am Zuge gewinnt wie üblich, indem er den Springer abdrängt: 1.♗e6! ♔c5 2.♔b7
♔b5 3.♗f7 ♔c5 4.♗e8 usw.
Bei einem Bauern auf der vorletzten Reihe gibt es eine Aus-

nahme, bei der die Seite, die
über den Läufer verfügt, nicht
nur nicht gewinnen kann, sondern sich sogar verteidigen
muß.

K. Richter, 1910

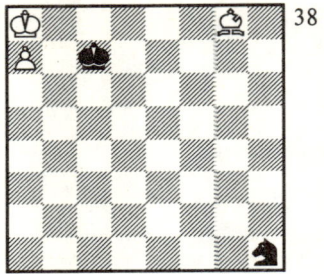

38

Remis

Weiß, dessen König in der
Falle sitzt, darf den Springer
nicht nach b6 lassen. Da der
Läufer dieses Feld nicht kontrollieren kann, muß er verhindern, daß der Springer eines
der fünf Felder betritt, von denen aus er nach b6 gelangen
würde. Es sind dies die Felder
a4, c4, d5, d7 und c8. Es liegt
auf der Hand, daß es sich hier
um ein typisches Beispiel von
Gegenfeldern handelt. Weiß
muß mit dem Läufer so ma-
növrieren, daß er jedesmal,
wenn der Springer eines der
kritischen Felder zu betreten
droht, dieses verteidigen kann.
Versuchen wir zu ermitteln,
wie der Läufer zu manövrieren
hat.
Wenn der Springer auf e7 steht

und droht, nach c8 oder d5 zu ziehen, gehört der Läufer nach e6 oder b7. Steht der Springer auf f6, muß ihm der Läufer auf e6 oder c6 entgegentreten. Es läßt sich somit feststellen, daß das Feld e7 den Feldern e6 und b7, das Feld f6 den Feldern e6 und c6 entspricht. Setzen wir die Analyse fort, und fassen wir die gewonnenen Ergebnisse in einer Tabelle zusammen.

Springer	Läufer
e7	e6, b7
f6	e6, c6
d6	e6, a6
c5	von a4 bis e8
e5	e6, b5
c3	b3, c6
e3	von a2 bis g8
b2	b3, b5
a5, a3, b4, d2, f4	von a2 bis g8

Wie aus der Tabelle hervorgeht, hat der Läufer auf jeden Zug des Springers mindestens zwei richtige Antworten. Die Aufgabe von Weiß ist folglich nicht schwierig.

Anhand der Tabelle wollen wir jetzt feststellen, wie Weiß am einfachsten manövriert. Es ist leicht zu erkennen, daß mit Ausnahme des Falles, da der Springer auf c5 steht, eines der gesuchten Felder für den Läufer immer auf der Diagonale a2–g8 liegt. Nur wenn der Springer nach c5 zieht, muß

der Läufer auf die benachbarte Diagonale a4–e8 überwechseln. Um dies stets tun zu können, muß er auf den Feldern b3 bis f7 manövrieren, dabei aber darauf achten, daß er nicht die Felder e6 und b3 betritt, solange der Springer nicht auf den entsprechenden Gegenfeldern steht. Daraus ergibt sich, daß der Läufer auf den Feldern c4, d5 und f7 manövrieren muß. Sehen wir uns jetzt eine mögliche Fortsetzung an.

Solange der Springer abseits steht, ist ein beliebiger erster Zug möglich, z. B. 1.♗e6. Nach 1. ... ♘f2 ist jedoch Genauigkeit vonnöten: 2.♗f7 ♘d3 3.♗c4 ♘c5 4.♗b5! ♘e4 5.♗c4 ♘d6 6.♗e6 ♘b5 7.♗c4 ♘c3 8.♗b3! usw. Bei einem Bauern auf der 6. Reihe ergeben sich für Schwarz Remischancen.

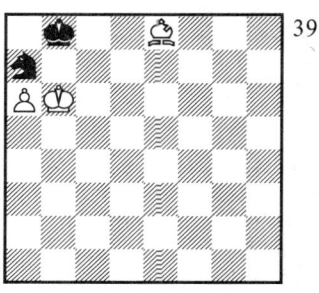

39

Weiß am Zuge gewinnt
Schwarz am Zuge hält remis

In dieser Stellung, in der das Feld vor dem Bauern dem

Läufer unzugänglich ist, hängt das Ergebnis vom Zugrecht ab. Weiß am Zuge gewinnt: 1.♗d7 ♔a8 2.♔c7 (dies ist noch einfacher als 2.♗e6 ♔b8 3.♗f5 ♔a8 4.♗e4+ ♔b8 5.♗b7, und Schwarz befindet sich im Zugzwang), und der Springer fällt. Liegt das Zugrecht indes bei Schwarz, ist das Remis nach 1. ... ♘c8+ 2.♔c6 ♔a7! offensichtlich.

Für Fälle, in denen das Feld vor dem Bauern durch den Läufer angegriffen werden kann, ist folgende Stellung charakteristisch.

J. Awerbach, 1958

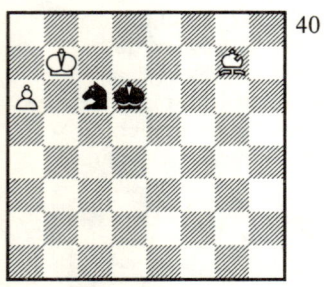

40

Kann Weiß gewinnen?

Nach 1.♗e5+ steht Schwarz vor einer schwierigen Wahl. Der Läufer ist nicht zu nehmen, doch wohin soll der König ziehen – nach c5, d5 oder d7? Sehen wir uns alle diese Fortsetzungen an:
1) 1. ... ♔d7 2.♗c7 (Schwarz scheint im Zugzwang zu sein, verfügt aber dennoch über

einen Ausweg) 2. ... ♘a7! 3.♗f4 ♘c6! (zum Verlust führt sowohl 3. ... ♘b5 4.♔b6 als auch 3. ... ♘c8 4.♗g3 ♔d8 5.♗h4+ ♔d7 6.♗e7!) 4.♔b6 ♘e7 5.♗g3 (sofort 5.♗c1 bringt Weiß nach 5. ... ♘c8+ 6.♔b7 ♘d6+ 7.♔b8 ♘b5 nichts ein) 5. ... ♘c6 6.♗e1! ♔c8! 7.♗g3 ♔d7 usw. Wenn Schwarz den König nach d7 zieht, hält er also remis. Was aber, wenn der König nach c5 oder d5 ausweicht?
2) 1. ... ♔c5 2.♗c7 ♔d5 (nach 2. ... ♔b5 3.♗b6 wäre Schwarz sofort im Zugzwang) 3.♔b6 ♘e7! 4.♗g3 ♘c6 5.♗f4! ♘e7 6.♗c1 (hätte Weiß anstelle von 5.♗f4 mit 5.♗e1 fortgesetzt, wäre das Endspiel nach 5. ... ♔d6 nebst 6. ... ♔d7 remis gewesen; jetzt hingegen wird 6. ... ♔d6 mit 7.♗a3+ und 8.♗:e7 beantwortet) 6. ... ♘c8+ 7.♔c7 ♘d6 (oder 7. ... ♔c5 8.♗a3+ ♔b5 9.♔b7 ♔a5 10.♗f8! ♔b5 11.♗b4!, und Weiß hat sein Ziel erreicht) 8.♗a3 ♘b5+ 9.♔b6 ♘c4 10.♗f8, und Weiß gewinnt.
3) 1. ... ♔d5 2.♔b6! (der einzige Gewinnweg; nach 2.♗c7 ♔c5 3.♗b6+ ♔b5 wäre gar Weiß im Zugzwang, und auf 3.♗f4 folgt 3. ... ♔b5 4.♗d2 ♘d8+ 5.♔a7 ♘c6+ mit ewigem Schach) 2. ... ♘e7 3.♗b2! ♘c6 (3. ... ♘c8+ 4.♔c7 wurde in Abspiel 2 untersucht) 4.♗a3, und Weiß gewinnt.

Wir haben somit festgestellt:
*Bei einem Randbauern, vor dem
ein dem Läufer zugängliches Feld
liegt, muß die schwächere Seite,
um remis zu halten, die horizontale Opposition der Könige anstreben (b7–d7).*

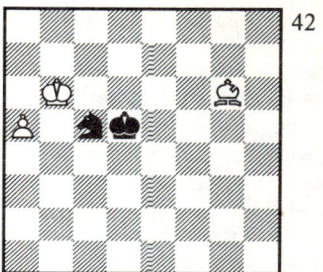

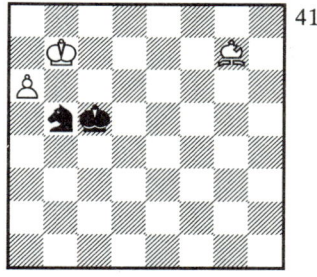

*Weiß am Zuge gewinnt
Schwarz am Zuge hält remis*

Diese Stellung ergibt sich
durch Verschiebung von Beispiel 37 um eine Reihe nach
unten. Auch hier hält Schwarz,
wenn er am Zuge ist, remis:
1. ... ♘d6+ 2.♔c7 ♘b5+
3.♔c8 ♔b6.
Weiß am Zuge spielt 1.♗e5!
♔b4 2.♔b6 ♔c4 3.♗f4 ♔b4
4.♗g5 ♔c4 (4. ... ♘d6
5.♗e7) 5.♗e7 und gewinnt.
Bei einem Randbauern auf der
5. Reihe, vor dem ein dem
Läufer unzugängliches Feld
liegt, trifft die gleiche Regel
zu, die auch für alle anderen
Bauern gilt: Um remis zu halten, genügt es, das Feld vor
dem Bauern mit Springer und
König unter Kontrolle zu nehmen.

Remis

Diese Stellung entsteht, wenn
man Beispiel 40 um eine
Reihe nach unten verschiebt.
Hier läßt sich indes nicht die
gleiche Spielweise anwenden
wie dort: Auf 1.♗e4+ folgt
1. ... ♘:e4 2.a6 ♘d6 3.a7
♘c8+. Weiß zieht daher
1.♗e8. Es ist klar, daß nun
1. ... ♔d6 wie in Beispiel 40
zum Remis führt. Prüfen wir,
was geschieht, wenn sich
Schwarz für 1. ... ♔c4 oder
1. ... ♔d4 entscheidet.
1) 1. ... ♔c4 2.♗c6 ♔d4
(nach 2. ... ♔b4 3.♗b5! entsteht eine typische Zugzwangstellung, und Weiß gewinnt,
z. B. 3. ... ♘e4 4.a6 ♘d6
5.♗d7 ♘c4+ 6.♔c7) 3.♔b5
♘e6! 4.♗g2 ♘c5 5.♗f3 ♘e6
6.♗h5 ♘c7+! (falls 6. ...
♘c5, so 7.♗f7! ♘e4 8.a6
♘d6+ 9.♔c6 ♘c8 10.♗e6
♘a7+ 11.♔b6, und Weiß ge-
winnt) 7.♔c6 ♔c4! 8.♗f7+
♔b4 9.♔b6 ♘a8+ 10.♔a6
♘c7+, und Schwarz gibt ewiges Schach.
2) 1. ... ♔d4 2.♗f7 ♘d7+

(fehlerhaft wäre 2. ... ♘a4+
3.♔b5 ♘c5 4.♗g8, und
Schwarz ist nicht in der Lage,
den Bauern aufzuhalten)
3.♔c6 ♘b8+! (zum Verlust
führt 3. ... ♘c5 4.♔b5 usw.)
4.♔b5 (erfolglos bleibt auch
4.♔b7 ♔c5! 5.♗e8 ♔b4
6.♔b6 ♔c4 7.♗f7+ ♔b4
9.♗e6 ♔a4, und Weiß kann
seine Stellung nicht weiter verstärken) **4. ... ♔c3.**
Das Verteidigungssystem ist
sehr einfach. Wenn der weiße
König den Springer angreift,
bedroht der schwarze den Bauern. Deshalb muß der schwarze
König in der Nähe des Bauern
bleiben.
Weiß kann nicht gewinnen,
z. B. **5.♗e6 ♔b2 6.♔b6 ♔a3
7.♔b7 ♔b4** usw.
Wir haben damit die interessante Feststellung gemacht,
daß es bei einem Randbauern
auf der 5. Reihe mehrere Ty-
pen von Remisstellungen gibt.

Remisstellung aufbauen,
z. B.:
1. ... ♘a6+.
Oder 1. ... ♔e6 2.♔c6 ♘a6
3.♗d3! ♘b4+ 4.♔b5 ♘:d3
(4. ... ♘d5 5.♗c4) 5.a6 ♘f4
6.a7 ♘d5 7.♔c6, und Weiß
gewinnt.
2.♔b6 ♘b8! (am stärksten;
einfacher hat es Weiß im Fall
von 2. ... ♘b4 3.♗e4! ♔d7
4.♔b5 ♘a2 5.a6 ♘c3+
6.♔a5, und der Bauer geht zur
Dame) **3.♔b7 ♘d7 4.♗f5!
♘c5+ 5.♔c6! ♘a6 6.♔b6!
♘b4** (6. ... ♘b8 7.♔b7)
**7.♗e4! ♔d7 8.♔b5 ♘a2 9.a6
♘c3+ 10.♔a5,** und Weiß gewinnt.
Wenn es der schwächeren
Seite nicht gelingt, den Bauern
auf der 5. Reihe festzuhalten,
hängt das Ergebnis davon ab,
ob es möglich ist, eine Remisstellung auf der 6. oder
7. Reihe zu errichten. Sehen
wir uns ein solches Beispiel an.

43

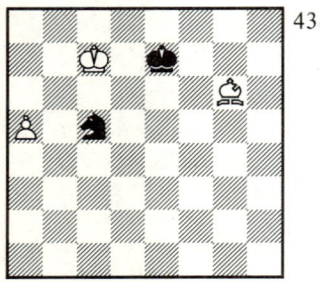

Schwarz am Zuge. Weiß gewinnt

Da sein König abseits steht,
kann Schwarz hier keine

B. Sewitow, 1937

44

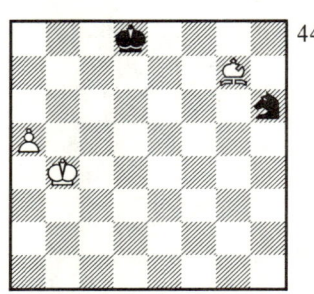

Kann Weiß gewinnen?

26

Die Idee des Autors war 1.♗e5 mit folgenden zwei Möglichkeiten:

1) 1. ... ♘g4 2.♗g3 ♘f6 3.a6 ♔c8 4.♔c5 ♘d7+ (4. ... ♘e4+ 5.♔c6 ♘:g3 6.a7) 5.♔b5 ♘f6 6.♔c6 ♘e8 7.a7 ♘c7 8.♗e1, und Weiß gewinnt (36).

2) 1. ... ♘f5 2.a6 ♘e7 3.♔c5 ♘c8 (Schwarz hat den Bauern zwar zeitweilig gestoppt, ein Remis ist hier aber nur zu erreichen, wenn der Springer auf c6 und der König auf d7 steht) 4.♔c6 ♘a7+ 5.♔b7 ♘c8 (5. ... ♘b5 6.♔b6) 6.♗f6+ ♔d7 7.♗e7!, und Weiß gewinnt.

Leser der Zeitschrift „Schach in der UdSSR" stellten jedoch fest, daß Schwarz bei genauer Verteidigung remis hält. Die richtige Fortsetzung ist: 1. ... ♘f7! 2.♗f4 ♔d7! 3.♔c5 ♘d8! 4.a6 ♘c6 5.♔b6 ♘e7 6.♔b7 ♘c6 7.♗c7 ♘a7! mit Remis wie in Beispiel 40.

Fischer–Taimanow
Vancouver 1971

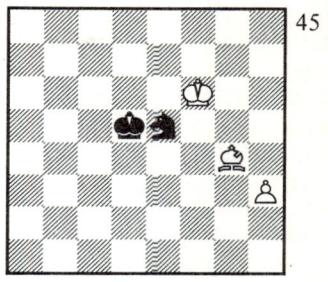

45

Schwarz am Zuge

Die Aufgabe von Schwarz erscheint unkompliziert. Er muß eine Remisstellung vom Typ der Beispiele 40 oder 42 aufbauen. Wesentlich ist, daß er in einigen Fällen sogar den Springer opfern kann, um dafür mit dem König in die Ecke h8 einzudringen. Möglich ist z. B. 1. ... ♔d6 2.♗e2 (2.♗c8 ♘f3 3.♗b7 ♘h4 4.♔g5 ♔e7 5.♔:h4 ♔f6) 2. ... ♘d7+ 3.♔f7 ♘e5+ 4.♔g7 ♔e7 5.h4 ♘d7 6.h5 ♘f6 7.h6 ♘e8+ 8.♔g6 ♘f6 usw. Noch einfacher war 3. ... ♔e5 4.h4 ♘f6. Eine Alternative bildet 1. ... ♘d3 2.h4 ♘f4 3.♔f5 ♔d6 usw.

Schwarz griff jedoch mit 1. ... ♔e4 fehl. Nach 2.♗c8! zeigte sich, daß 2. ... ♘f3 mit 3.♗b7+ ♔f4 4.♗:f3 ♔:f3 5.♔g5 und 2. ... ♘d3 mit 3.♗f5+ beantwortet würde. Es blieb nichts anderes übrig als 2. ... ♔f4 3.h4 ♘f3 4.h5 ♘g5, worauf Schwarz durch 5.♗f5 ♘f3 6.h6 ♘g5 7.♔g6 in Zugzwang geriet und verlor.

Nach L. Bledow, 1843*

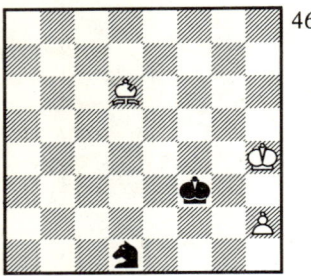

46

Weiß gewinnt

Schwarz kann wegen der ungünstigen Aufstellung seiner Figuren den Vormarsch des Bauern zum Umwandlungsfeld nicht verhindern, obwohl dieser noch in der Ausgangsposition steht.
1.♔g5 ♘f2 2.h4! ♘e4+
3.♔g6 ♘:d6 (3. … ♘f2 4.h5 ♘g4 5.♔g5 usw.) 4.h5 ♘c4
5.h6 ♘e5+ 6.♔g7, und Weiß gewinnt.

Zweites Kapitel

Springer und Bauer gegen Läufer

Im Kampf gegen einen Freibauern ist der Läufer bedeutend stärker als ein Springer.

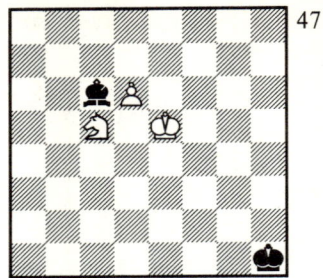

47

Remis

Der schwarze König steht abseits, und der Läufer muß das Vorgehen des Bauern allein unterbinden.
Um zu gewinnen, muß Weiß entweder den Läufer von der Diagonale a4–e8 vertreiben oder diese mit dem Springer sperren. Es zeigt sich, daß beides nicht zu verwirklichen ist. Schwarz kann das Vorrücken des Bauern auch ohne die Hilfe des Königs verhindern, z. B. 1.♔e6 ♗b5 2.♔e7 ♗c6
3.♔d8 ♗b5 4.♔c7 ♔g1
5.♘d3 ♔h1 6.♘e5 ♗e8! (es drohte 7.♘c6) 7.♘d7 ♔g1
8.♔d8 ♗g6 9.♔e7 ♗f5 (Weiß hat den Läufer von der einen Diagonale verdrängt, doch ist dieser auf die andere, noch längere übergewechselt)
10.♘c5 ♗c8! 11.♘d7 ♔h1
12.♔d8 ♗a6 13.♔c7 ♗b5
14.♘e5 ♗e8! usw.
Auch in den Stellungen 48 und 49 gelingt es dem Läufer, den Vormarsch des Bauern

---

* Bei Bledow stand der weiße Bauer auf h3.

ohne die Hilfe des Königs zu unterbinden.

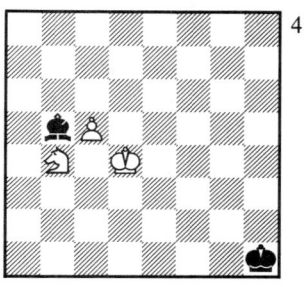

48

Remis

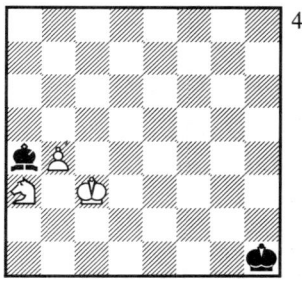

49

Remis

Von dieser Art gibt es eine ganze Gruppe von Remisstellungen, in denen die schwächere Seite den Bauern nur mit dem Läufer, d. h. ohne die Hilfe des Königs, aufhält. Für alle diese Stellungen ist charakteristisch, daß die Diagonale, auf der der Läufer steht, aus mindestens fünf Feldern besteht, während Springer und König nur vier davon unter Kontrolle bringen können. Für eine schnelle Orientierung und Berechnung empfehlen wir folgende Regel:

Wenn der weiße Bauer noch nicht die Grenze überschritten hat, die bei einem weißfeldrigen Läufer durch die Punkte b4—c5—d6—e5—f4—g3 und bei einem schwarzfeldrigen Läufer durch die Punkte b3—c4—d5—e6—f5—g4 gegeben ist (50 und 51), und der Läufer das Feld vor dem Bauern kontrolliert, endet die Partie selbst dann remis, wenn der schwarze König seinen Läufer nicht unterstützen kann.

J. Awerbach, 1958

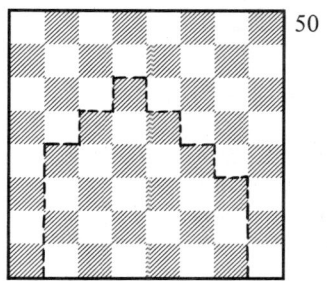

50

Bei weißfeldrigem Läufer

J. Awerbach, 1958

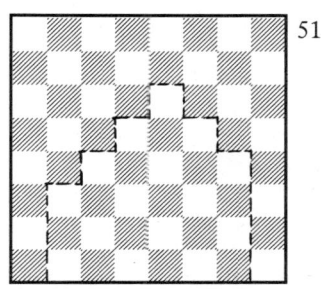

51

Bei schwarzfeldrigem Läufer

Wenn der Läufer das Feld vor dem Bauern nicht kontrolliert, trifft die Regel selbstverständlich nicht zu.

M. Dimentberg, 1949

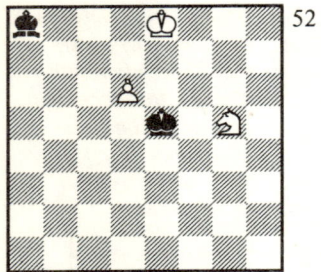

52

Weiß gewinnt

Hier hat der Bauer die markierte Grenze noch nicht überschritten; dennoch kann Weiß gewinnen. Nach 1.♔d7 droht er 2.♔c7 und 3.d7. Auf das erzwungene 1. ... ♔d5 folgt 2.♔c7 ♗c6 3.♘e4! Schwarz ist im Zugzwang und verliert. Würde man Beispiel 52 um eine Linie nach rechts verschieben, erhielte der schwarze Läufer ein zusätzliches Feld, und es käme nicht zum Zugzwang.
In Stellung 52 spielte der schwarze König eine zwiespältige Rolle. Er deckte den Läufer, behinderte ihn aber gleich-

zeitig, da der Läufer wegen einer Gabel nicht von c6 abziehen konnte.
Es taucht die berechtigte Frage auf: Gibt es nicht noch weitere solche Stellungen, in denen der König dem Läufer bei der Erfüllung seiner Aufgabe im Wege steht? Sehen wir uns das folgende Beispiel an.

B. Horwitz und J. Kling, 1851*
(aus einer Studie)

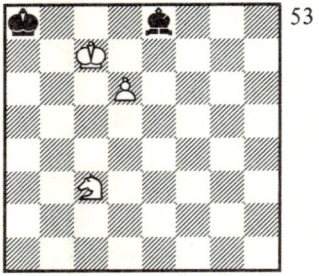

53

Weiß gewinnt

Wegen der ungünstigen Aufstellung des Königs auf a8 gerät Schwarz nach 1.♘d5 ♔a7 (1. ... ♗b5 2.♘b4 ♗e8 3.♘c6) 2.♘b4 ♔a8 3.♘c6 in Zugzwang und verliert.
Eine gewisse Weiterentwicklung der Idee von Horwitz und Kling stellt die folgende Studie dar.

---

* Diese Studie hatte folgendes Aussehen: ♔c7; ♘b1; d6 – ♔a8; ♗a4 (mit vertauschten Flügeln). Die Lösung 1.♘c3 ♗e8 2.♘d5 usw. ist jedoch inkorrekt. Wie Chéron zeigte, konnte sich Schwarz durch 1. ... ♗b5! retten, z. B. 2.♘d5 ♔a7 3.♘b4 ♗e8 4.♘c6+ ♔a6, und der König hat die Ecke verlassen.

A. Kalinin, 1975

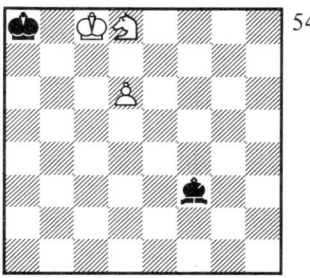

54

Weiß gewinnt

1.♘e6 ♗c6 (1. ... ♗g4 2.♔d7
und 3.♔e7) 2.♘d4 ♗e8 (2. ...
♗g2 3.♔d7! ♗h3+ 4.♘e6
♗f1 5.♔c6) 3.♔d8 ♗a4
4.♔c7 ♗e8 5.♘c6 usw.

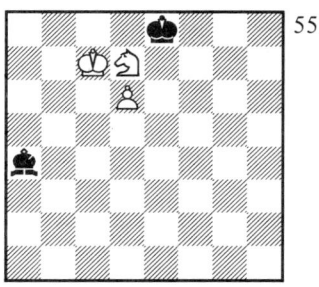

55

Weiß gewinnt

Weiß spielt 1.♘e5 (oder
1.♘b8), und es wird deutlich,
daß der schwarze König den
Läufer daran hindert, seine
Funktion wahrzunehmen.
Nach 1. ... ♗b5 2.♘c6 kommt
Weiß zum Erfolg.
Man muß deshalb den Vorbe-
halt machen, *daß die genannte*

*Regel nur dann voll zutrifft,
wenn der Läufer das Feld vor
dem Bauern kontrolliert und der
schwarze König ihn dabei nicht
behindert.*
Wir kommen nunmehr zur systematischen Untersuchung
von Stellungen, in denen der
Bauer die in den Diagram-
men 50 und 51 bezeichnete
Grenze bereits überschritten
hat.

J. Awerbach, 1958

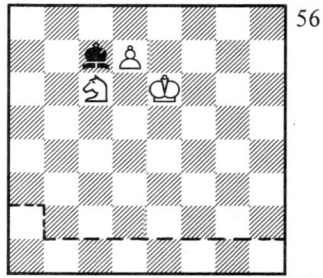

56

Weiß am Zuge

In diesem Beispiel stehen dem
Läufer nur vier Felder zur Verfügung, von denen ihm schon
zwei (d8 und a5) durch den
Springer genommen sind.
Um den Läufer abzudrängen,
müssen ihm noch zwei Felder
(b6 und c7) streitig gemacht
werden. Dies ist zu erreichen,
wenn der König die Marsch-
route d5−c5−b5−a6−b7 ein-
schlägt.
Das Ergebnis hängt von der
Aufstellung des schwarzen Königs ab. Kann er das weiße

Manöver verhindern, hält
Schwarz remis, wenn nicht,
zieht er den kürzeren.
Sehen wir uns verschiedene
Möglichkeiten an.

Wenn der König auf **a1** oder
b1 steht, ist offensichtlich, daß
er den Marsch seines Rivalen
nach b7 nicht vereiteln kann.
Steht der schwarze König auf
c1, kommt Weiß, wenn er den
König nach b7 führt, über ein
Remis nicht hinaus, z. B.
1.♔d5 ♔d2 2.♔c4 ♔e3
3.♔b5 ♔e4 4.♘a6 ♔d5
5.♔b7 ♔d6 usw.
Weiß hat jedoch noch eine andere Möglichkeit, gegen den
Läufer vorzugehen. Er gewinnt
durch 1.♔e7, z. B.:
1) 1. ... ♔d2 2.♘d4! ♔e3
3.♘e6 ♗g3 4.♔e8 ♗h4 5.♘f8
♔e4 6.♘g6 nebst 7.♘e7.
2) 1. ... ♔b2 2.♘d4! ♗a5
3.♘e6 ♗b4+ (3. ... ♔c3
4.♔d6 ♗b4+ 5.♔c5 ♗a5
6.♘b7 ♗b6 7.♔c6) 4.♔f6!
♗c3+ 5.♔f5 ♗a5 6.♔e4 ♔b3
7.♔d5 nebst 8.♔c6 und 9.♘c7.
Auf die gleiche Art, nämlich
durch 1.♔e7, gefolgt von
2.♘d4 und 3.♘e6, gewinnt
Weiß, wenn sich der schwarze
König auf einem Feld zwi-
schen **d1** und **h1** aufhält.
Befindet sich sein König auf
a2, gerät Schwarz nach 1.♔d5
♔a3 (1. ... ♔b3 2.♘d4+ ♔
beliebig 3.♘e6 nebst 4.♔c6
und 5.♘c7 mit Sperrung der
Diagonale) 2.♔c4! ♔a4 3.♔c5
in Zugzwang und muß den
weißen König nach b7 lassen.

Zu beachten ist, daß 1.♔e7?
nur zum Remis führen würde,
z. B. 1. ... ♔b3! 2.♘d4+ ♔c4
3.♘e6 ♗a5 4.♔d6 ♗b4+,
und der bis c4 vorgedrungene
schwarze König unterbindet
den Zug ♘e6–c5.
Steht sein König auf **b2**, hält
Schwarz im Fall von 1.♔d5
durch 1. ... ♔c3! (aber nicht
1. ... ♔b3 2.♘d4+ und
3.♘e6 oder 1. ... ♔a3 2.♔c4!
♔a4 3.♔c5!, jeweils mit Gewinn für Weiß) 2.♔c5 ♔d3!
3.♔b5 ♔e4! 4.♘a6 ♔d5
5.♔b7 ♔d6 remis.
Auf 1.♔e7 führt 1. ... ♔c3
2.♘d8 ♔c4 zum Remis, da
der schwarze König wiederum
das Feld c5 kontrolliert.
Hält sich der König auf **h2** auf,
endet das Spiel ebenfalls remis: 1.♔e7 ♔g3! 2.♘d4 ♔g4
3.♘e6 ♗a5 (3. ... ♗g3?
4.♔e8 ♗h4 5.♘d4! nebst
6.♘c6 und 7.♘e7) 4.♔d6
♔f5! 5.♘c7 ♗b4+! 6.♔c6
♗e7 oder 1.♔d5 ♔g3 2.♔c5
♔f4 3.♔b5 ♔e4 4.♘a6 ♔d5
5.♔b7 ♔d6.
Sehen wir uns noch an, was geschieht, wenn der König auf **a3**
steht: 1.♔d5 ♗b6! (der einzige
Zug; 1. ... ♔a4 2.♔c5 oder
1. ... ♔b3 2.♘d4+ und
3.♘e6 hätte den Verlust zur
Folge) 2.♔c4 ♔a4!, und nun
ist gar Weiß im Zugzwang.
Auch 2.♘d4 bringt nach 2. ...
♗d8! nichts ein. Verhängnisvoll für Schwarz wäre hier
2. ... ♔a4 wegen 3.♘e6 ♔b5
4.♔d6.

Es ist uns gelungen, die Zone zu bestimmen, in der sich der schwarze König aufhalten muß, um seine Partei vor einer Niederlage zu bewahren. Beispiel 56 ist bezeichnend für viele andere Stellungen mit den verschiedensten Figurenanordnungen.

R. Fine, 1941

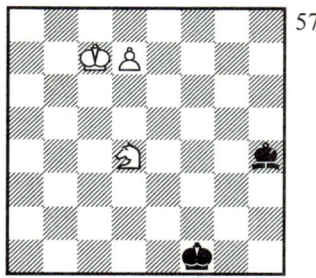

Weiß gewinnt

Nach **1.♘c6 ♔f2 2.♔d6** muß Schwarz unbedingt **2. ... ♗g3+** ziehen, da die von R. Fine untersuchte Fortsetzung 2. ... ♔e3 wegen 3.♘e7 ♗g3+ 4.♔c6 sofort verlieren würde. Wohin soll sich der König nunmehr wenden? Wer Stellung 56 kennt, findet leicht den Zug **3.♔c5!**, der nach 3. ... ♗h4 4.♔d5 ♔e3 5.♔e6 oder 3. ... ♗c7 4.♔b5 ♔e3 5.♔a6 ♔e4 6.♔b7 schnell zum Erfolg führt.
Ein komplizierterer Gewinnweg als 3.♔c5 ist 3.♔e7 ♔e3! 4.♘e5!! (aber nicht 4.♘d8 ♔e4! 5.♘e6 ♗h4+ remis)

4. ... ♔e4 5.♔e8 ♗h4 6.♘c6 (oder 6.♘g6) nebst 7.♘e7.
Die folgenden drei Studien haben uns bereits bekannte Zugzwangstellungen zum Gegenstand.

V. Halberstadt, 1936

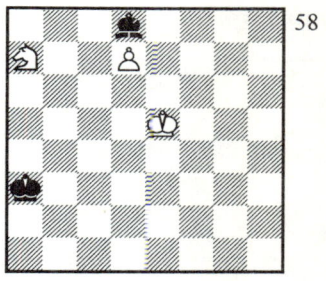

Weiß gewinnt

1.♔d5 ♗a5 (1. ... ♔a4 2.♘c6! ♗b6 3.♔c4! oder 2. ... ♗c7 3.♔c5) **2.♘b5+ ♔b4 3.♘d4 ♔a4 4.♘c6 ♗b6** (4. ... ♗c7 5.♔c5) **5.♔c4**, und Weiß gewinnt.

V. Halberstadt, 1936

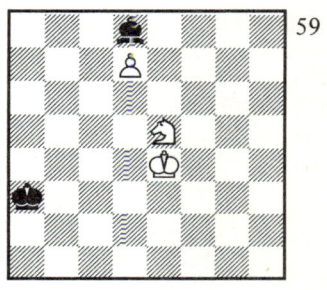

Weiß gewinnt

33

1.♘c6 ♗c7 2.♘d4 ♗a5 (2. ...
♗d8 3.♔d5 ♗a4 4.♘c6 ♗c7
5.♔c5! oder 4. ... ♗b6
5.♔c4!) 3.♘e6 ♔a4 4.♔e5!
♗c3+ 5.♔f5 ♗a5 6.♔e4!
♔b4 7.♔d4 ♔b5 8.♔d5 ♗b6
9.♔d6 ♗a5 10.♘c7+, und
Weiß gewinnt.

V. Kosek

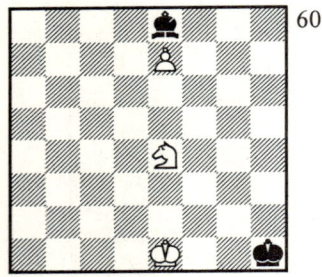

60

Weiß gewinnt

1.♘f6 ♗g6 2.♔f1! ♔h2
3.♔f2 ♔h3 4.♔f3 ♔h4 5.♔f4
oder 1. ... ♗f7 2.♔f2! ♔h2
3.♔f3 ♔h3 4.♔f4 ♔h4 5.♔f5.
Falls schließlich 1. ... ♗a4, so
2.♔d2! ♔g2 3.♔c3 ♔f3
4.♔b4 ♗c6 5.♔c5 ♗a4
6.♔d6 nebst 7.♘d7, und Weiß
gewinnt.
Verschieben wir nunmehr Beispiel 56 um eine Linie nach
links.

J. Awerbach, 1958

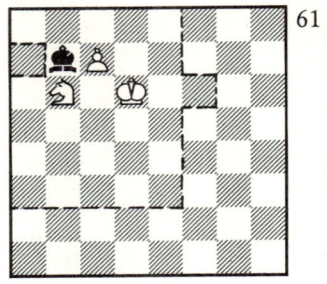

61

Weiß am Zuge
Schwarz hält nur remis, wenn
sich sein König in der markierten
Zone befindet

In dieser Stellung stehen dem
Läufer nur drei Felder zur Verfügung. Es ist deshalb anzunehmen, daß die weißen Gewinnchancen hier größer
sind.
Weiß droht 1.♔d7 nebst
2.♘a4 und 3.♘c5 mit Ver-
drängung des Läufers oder
1.♘a4, 2.♘c5 nebst 3.♔e7,
4.♔d8 und 5.♘d7 mit Sper-
rung der Diagonale.
Um das Gleichgewicht auf-
rechtzuerhalten, muß Schwarz
diese Umgruppierung mit dem
König verhindern. Die punktierte Grenze zeigt an, wo sich
der schwarze König zu diesem
Zweck befinden muß. Der Zug
1.♔d7 läßt sich unterbinden,
wenn der König auf **e8** steht.
In der Tat kann Weiß dann
nicht gewinnen, z. B. 1.♔e6
♗a6!
Prüfen wir noch einige weitere

Standorte des schwarzen Königs:

1) ♔f7: 1.♘d7 ♔f6 2.♘a4 ♔e5 3.♘c5 ♗f3 4.♔d8 ♗g4 5.♘d7, und Weiß gewinnt.

2) ♔f6: 1.♘d7 ♔e5! 2.♘a4 ♔d5, und der Zug 3.♘c5 ist nicht möglich, oder 1.♘d7+ ♔f7 2.♘c5 ♗c8, ebenfalls mit Remis.

3) ♔f5: 1.♘d7! ♗c8 2.♔e7 ♔ beliebig 3.♔d8 nebst 4.♘c5, und Weiß gewinnt.

4) ♔f3: 1.♘a4 ♔e3 2.♘c5 ♗c8 3.♔e7 ♔d4 4.♔d8 ♗g4 5.♘d7, und Weiß gewinnt.

5) ♔a3: 1.♘d7 ♔b4 2.♘c5 ♗c8 3.♔c6 ♔a5 4.♘d7 ♔a6 oder 1.♔c5 ♔b3! (1. ... ♗a6? 2.♘c4+ ♔a4 3.♘d6 ♔a5 4.♔c6 ♔b4 5.♔b6) 2.♘c4 ♗c8! mit Remis.

6) ♔a7: 1.♘d7 ♗a6 2.♘c5 ♗c8 3.♔e7 ♔b6 4.♔d8, und Weiß gewinnt.

Nachdem uns die Methoden der Spielführung aus Stellung 61 bekannt sind, ist es nicht mehr schwer, die folgende Studie zu lösen.

J. Munoz, 1941
(mit vertauschten Flügeln)

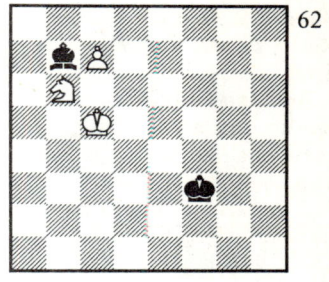

62

Weiß gewinnt

Es ist klar, daß 1.♔d6 nichts einbringt, da der schwarze König mit 1. ... ♔e4 oder 1. ... ♔e3 die Remiszone betritt (61). Die Aufgabe von Weiß besteht darin, den Läufer abzudrängen und den schwarzen König dabei einige Zeit auf Distanz zu halten.

1.♘c4 ♗c8 2.♔d5! Nun sind folgende Varianten möglich:

1) **2. ... ♔f4 3.♔c6 ♔f3** (oder 3. ... ♔g5 4.♘b6 ♗a6 5.♔d7 ♔f5 6.♘a4 ♔e5 7.♘c5 ♗e2 8.♔d8 ♗g4 9.♘d7+) **4.♘b6 ♗a6 5.♘d7 ♔e3** (der König versucht, das Feld c5 unter Kontrolle zu bringen, was ihm jedoch nicht gelingt) **6.♘c5 ♗c8 7.♔d5! ♗h3 8.♔d6 ♗c8 9.♔e7 ♔d4 10.♔d8,** und Weiß gewinnt.

2) **2. ... ♗b7+ 3.♔e6!** (das Feld d6 muß für den Springer frei bleiben) **3. ... ♗c8+** (3. ... ♔f4 4.♘d6 ♗a6 5.♔d5 ♔e3 6.♔c6 nebst 7.♘b7)

4.♔e7* ♗a6 5.♘d6 ♔f4
6.♔d7 ♗e2 (6. ... ♔e5
7.♔c6 ♔e6 8.♘b7) 7.♘c4!
♗g4+ 8.♔d8 ♔e4 9.♘b6
nebst 10.♘d7, und Weiß gewinnt.

Bleibt noch zu prüfen, ob
Schwarz nicht sofort mit dem
König nach c5 vordringen
kann.
3) 2. ... ♔e2 3.♘d6! (nur
zum Remis führt 3.♘b6?
♗b7+ 4.♔d6 ♔d3) 3. ...
♗g4 4.♘e4 ♗c8 (4. ... ♔d3
5.♘f2+) 5.♘c5 ♔e3 6.♔e5!
♔d2 7.♔d6 ♔c3 8.♔e7
♔c4 9.♔d8, und Weiß ge-
winnt.

B. Horwitz und J. Kling, 1851
(mit vertauschten Flügeln)

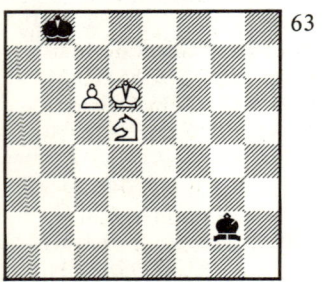

63

Kann Weiß gewinnen?

Schwarz kann den Zug c6−c7
nicht verhindern, und der
ganze Streit wird darum gehen,

ob Weiß zu c7−c8 kommt oder
nicht. Die Autoren nahmen an,
daß es Weiß nach 1.♔d7! ♔a7
2.c7 ♗h3+ 3.♔d8 ♔b7 ge-
lingt, durch 4.♘f4! ♗f5 (4. ...
♗g4 5.♘d3 oder 5.♘g6 nebst
6.♘e5 und 7.♘d7) 5.♘g6!
♗h3 6.♘e5 und 7.♘d7 die
Diagonale zu sperren. 1927
zeigte jedoch R. Bianchetti,
daß sich Schwarz durch 2. ...
♗f1! 3.♔d8 ♗a6 retten kann,
da, wie aus Beispiel 61 hervorgeht, sein König in der Remiszone steht und das Feld c5
kontrolliert. Nach 4.♘f6 ♔b6!
5.♘d7+ ♔b5! ist das Remis
offensichtlich.
In der folgenden Studie wurde
versucht, die Ideen von Horwitz, Kling und Bianchetti miteinander zu verbinden.

A. Kalinin, 1974
(mit vertauschten Flügeln)

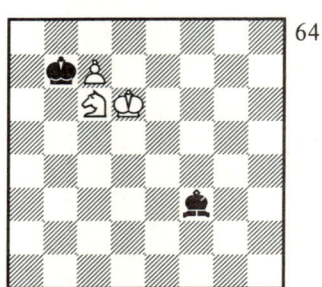

64

Weiß gewinnt

---

* Hier endet die Lösung der Studie, die von M. Czerniak in seinem
Buch „El final" (Buenos Aires 1941) angeführt wurde. In Wirklichkeit ist
aber nicht alles so einfach. Wir haben die Lösung daher ergänzt. Die
weiteren Varianten sind von uns.

1.♘a5+ ♔c8 2.♘c4! ♔b7
(keine Rettung brächte 2. ...
♗g4 3.♔c6 ♗f3+ 4.♔b6)
3.♔d7 ♔a7.
Verteidigung „nach Bian-
chetti". Falls 3. ... ♗g4+
4.♔d8 ♔c6, so 5.♘e5+.
4.♘b2!! (ein außerordentlich
feiner Zug; auf 4. ... ♔b6 folgt
jetzt 5.♘a4+ ♔b5 6.♘c5!
♗g4+ 7.♘e6, und der Bauer
geht zur Dame) **4. ... ♗g2**
5.♔d8 ♗h3 6.♘c4 ♔b7
7.♘e5 oder 5. ... ♗b7 6.♘a4
nebst 7.♘c5.

J. Awerbach, 1958

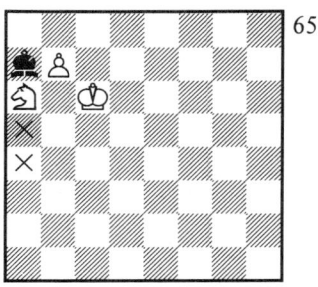

65

Weiß am Zuge
Schwarz hält nur remis, wenn
sein König auf a4 oder a5 steht

Stellung 65, die durch Verschiebung von Beispiel 61 um
eine Linie nach links entstand,
ist noch ungünstiger für
Schwarz. Weiß droht 1.♔d7,
2.♔c8 nebst 3.♘c7 und
4.♘b5 mit Verdrängung des
Läufers oder 1.♘c7, 2.♘b5
nebst 3.♔b6, 4.♘c7 und
5.♘a6 mit Verdrängung des

Läufers und anschließender
Sperrung seiner Diagonale
durch 6.♘c7.
Schwarz kann sich auch nicht
retten, wenn sein König auf **d8**
steht, da er nach 1.♔d6! in
Zugzwang gerät und den weißen König nach c7 lassen
muß, z. B. 1. ... ♔e8 2.♔c7
♔e7 3.♘b4 ♗f2 4.♔c8 ♗g3
5.♘a6, und Weiß gewinnt.
Untersuchen wir einige weitere
Standorte des schwarzen Königs:
1) **♔a3:** 1.♘c7 ♔b4 2.♘b5
♗b8 3.♔b6! ♔c4 4.♘c7 ♔d4
5.♘a6 ♗f4 6.♘c7, und Weiß
gewinnt (das gleiche trifft zu,
wenn der König auf **b3, d3**
oder **c4** steht).
2) **♔d4:** 1.♘c7 ♔e5 2.♔d7
♗b8 3.♔c8 ♗a7 4.♘b5, und
Weiß gewinnt.
3) **♔e6:** Verfehlt wäre hier
1.♘c7+ ♔e7 2.♘b5 ♗b8
3.♔b6 ♔d8. Zum Gewinn
führt 1.♔c7! ♔d5 2.♘b4+
♔c4 3.♘c6 ♗e3 4.♘e5+.
Nur wenn sich sein König auf
a4 oder **a5** befindet, hält
Schwarz remis, z. B. (bei König auf a4): 1.♘c7 ♔a5 2.♘b5
♗b8 oder 1.♔c7 ♔b5 2.♘b8
♗e3 3.♘c6 ♗f4+.
Wir haben uns die wesentlich-
sten Stellungen mit Bauern auf
der 7. Reihe (mit Ausnahme
von Randbauern) angesehen.
In ihnen hing das Resultat vor-
nehmlich vom Standort des
schwarzen Königs ab.
Je näher der Bauer dem Brettrand steht, desto größer sind

37

die Gewinnchancen der stärkeren Seite, da der Aktionsradius des Läufers immer kleiner wird.

Gehen wir jetzt zur Untersuchung von Stellungen mit Bauern auf der 6. Reihe über. Wie bereits bekannt, werden Zentralbauern auf der 6. Reihe durch den Läufer auch ohne die Unterstützung des Königs aufgehalten. Wir beginnen unsere Analyse daher mit Läuferbauern.

J. Awerbach, 1958

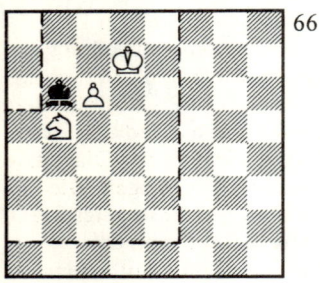
66

Weiß am Zuge
Schwarz hält nur remis, wenn sich sein König in der markierten Zone befindet

Weiß droht, durch das Manöver ♘b5–a3–c4 den Läufer zu verdrängen und zu gewinnen. Schwarz hält das Gleichgewicht aufrecht, wenn er dem Springer das Feld c4 streitig macht. Davon ausgehend lassen sich die Grenzen der Remiszone leicht bestimmen. Wir wollen uns lediglich ansehen,

was geschieht, wenn der schwarze König auf **a8** oder **b8** steht. Im ersten Fall gewinnt Weiß auf studienartigem Wege: 1.♔c8! ♗c5! (1. ... ♗a5 2.♘d6 ♔a7 3.♘c4 ♗e1 4.♔d7 ♗g3 5.♘d6) 2.♘a3! ♗d6 (2. ... ♗:a3 3.♔d7) 3.♔d7 ♗f4 4.♘b5 ♗b8 5.♔e7 ♗f4 6.♘d6 ♔b8 7.♔d7 ♗:d6 8.♔:d6 ♔c8 9.c7. Befindet sich sein König auf b8, hält Schwarz remis, z. B. 1.♘a3 ♗a5! 2.♘c4 ♗c7 3.♘d6 ♗a5.

J. Awerbach, 1958

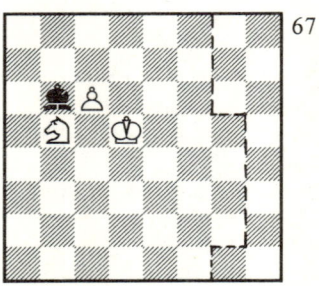
67

Weiß am Zuge
Schwarz hält nur remis, wenn sich sein König in der markierten Zone befindet

Diese Stellung zu analysieren fällt nunmehr nicht schwer. Weiß droht, durch ♔d5–d6–d7 zu Beispiel 66 überzugehen. Sehen wir uns einige mögliche Standorte des schwarzen Königs an:
1) ♔g8: 1.♔d6 ♔f7 2.♔d7, und Weiß gewinnt (66).

2) ♔g7: 1.♘e6! ♔g6 2.♘d7, und Weiß gewinnt.

3) ♔g6: 1. ♘e6! ♔g5 2.♘d7, und Weiß gewinnt. Fehlerhaft wäre hingegen 1.♔d6 ♔f5 2.♘a3 ♔e4 3.♘c4 ♗d8 4.♔d7 ♔d5 mit Remis.

4) ♔g5: 1.♔d6 ♔f4 2.♘a3 ♔e4 3.♘c4 ♗d8 4.♔d7 ♔d5 oder 1.♔e5 ♗a5 remis. Auch von den Feldern g4, g3 und g2 aus gelangt der König rechtzeitig nach d5.

5) ♔g1: 1.♔d6 ♔f2 2.♘a3 ♔f3 3.♘c4 ♗d8 4.♔d7, und Weiß gewinnt.

6) ♔f6: 1.♔d6 ♔f5 2.♘a3 ♔e4 3.♘c4 ♗d8 4.♔d7 ♔d5 mit Remis.

7) ♔f8: 1.♘d6! ♗c7 2.♔e6 ♗b8 3.♔d7 ♔g7 4.♘e8+ ♔g6 5.♘c7 ♔f5! 6.♔c8 ♗a7 7.♘b5 ♗b6 8.♔d7 ♔e5 mit Remis.

Die Remiszone ist somit bestimmt. Schwarz hält das Gleichgewicht aufrecht, wenn es ihm gelingt, entweder das Feld c4 unter Kontrolle zu nehmen oder mit dem König die Felder b8, c8, d8 oder e8 zu betreten.

Außer den Beispielen 66 und 67 gibt es bei einem Bauern auf c6 noch zwei weitere charakteristische Stellungen.

J. Awerbach, 1958

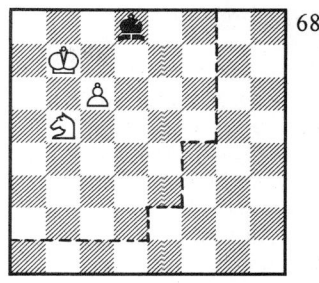

Weiß am Zuge
Schwarz hält nur remis, wenn sich sein König in der markierten Zone befindet

Hier sind der weiße König und der schwarze Läufer etwas anders postiert. Weiß droht, den Läufer durch 1.♘d4, 2.♘e6 und 3.♔a6 von der Diagonale a5−d8 zu verdrängen. Die punktierte Grenze zeigt wie immer an, wo sich der schwarze König aufhalten muß, um dieses Manöver zu vereiteln.
Überprüfen wir dies anhand einiger Aufstellungen des schwarzen Königs:

1) ♔a2: 1.♘c4 ♔a3 2.♘e6 ♗a5 3.♔a6 ♔b4 mit Remis. Das Auftauchen des Königs auf den Feldern a4 oder b4 garantiert das Remis. Folglich kann Schwarz die Partie auch retten, wenn sein König auf **b2, c2** oder **d2** steht. Erst von e2 aus ist der König nicht in der Lage, das Gewinnmanöver zu verhindern.

39

2) ♔f3: Nur zum Remis führt
1.♘d4+? ♚e4 2.♘e6 ♝a5
3.♔a6 ♚d5. Weiß gewinnt, indem er zu Stellung 66 über-
geht: 1.♘d6! ♚f4 2.♔c8 ♝a5
3.♔d7 nebst 4.♘c4. Auch
wenn der schwarze König auf
f4 steht, kommt Weiß durch
1.♘d6 zum Erfolg.
Befindet sich der König auf
einem Feld zwischen g5 und
g8, gewinnt der sofortige Übergang zu Stellung 66 mittels
1.♔c8.
Wenn der König auf f5 steht,
verfehlt dieser Plan bereits sein
Ziel: 1.♔c8 ♝b6 2.♔d7 ♚e5!
3.♘d6 ♚d5.

J. Awerbach, 1958

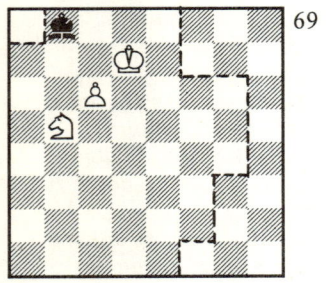

69

Weiß am Zuge
Schwarz hält nur remis, wenn
sich sein König in der markierten
Zone befindet

Hier ist der Läufer am günstigsten postiert. Wenn der eigene
König ihm jedoch nicht zu
Hilfe kommen kann, wird er
durch die weißen Figuren mit
1.♘c7 und 2.♔c8 auf weniger

gute Felder abgedrängt. Auf
2. ... ♝a7 folgt dann 3.♘b5
♝b6, wonach Weiß durch
4.♔d7 oder 4.♔b7 zu den
Stellungen 66 und 68 überlei-
ten kann. Spielt Schwarz 1. ...
♝a7, geschieht 2.♘a6 ♝b6
3.♘c5 nebst 4.♘a4, 5.♘b2
und 6.♘c4.
Sehen wir uns verschiedene
Standorte des schwarzen Königs an:
1) ♚f8: 1.♘c7 ♚f7 2.♔c8
♝a7 3.♘b5 ♝b6 4.♔d7, und
der schwarze König befindet
sich nicht in der Remiszone
(66).
2) ♚f7: 1.♘c7 ♚f6 2.♔c8
♝a7 3.♔b7 ♝f2 4.♘d5+
nebst 5.c7, und Weiß ge-
winnt.
3) ♚f6: 1.♘c7 ♚e5 2.♘a6
(2.♔c8 ♚d6) 2. ... ♝d6
3.♘c7 ♝c5 mit Remis.
4) ♚g6: 1.♘c7 ♚f5 2.♔c8
♝a7 3.♘b5 ♝b6 4.♔d7 ♚e5,
und der schwarze König hat
die Remiszone betreten.
Ebenso hält Schwarz remis,
wenn sein König auf g5 oder
g4 steht.
5) ♚g3: 1.♘c7 ♚f4 2.♔c8
♝a7 3.♔b7 ♝d4 4.♘d5+
nebst 5.c7 oder 1. ... ♚f3
2.♔c8 ♝a7 3.♘b5 ♝b6
4.♘d6!, und Weiß gewinnt.
6) ♚f3: 1.♘c7 ♝a7 2.♘a6
♝b6 3.♘c5 ♚e3 4.♘a4 ♝a5
5.♘b2 ♚d4 mit Remis.
7) ♚f2: 1.♘c7 ♝a7! 2.♘a6
♝b6 3.♘c5 ♚e3 4.♘a4 ♝a5
5.♘b2 ♚d4 remis. Zum Ver-
lust führt hier 1. ... ♚f3?

2.♔c8 ♝a7 3.♘b5 ♝b6
4.♘d6.

8) ♔f1: 1.♘c7 ♝a7 2.♘a6
♝b6 3.♘c5 ♔e2 4.♘a4 ♝a5
5.♘b2 nebst 6.♘c4, und Weiß
gewinnt.

9) ♔e1: 1.♘c7 ♝a7 2.♘a6
♝b6 3.♘c5 ♔d2! 4.♘a4 ♝a5
5.♘b2 ♔c3 remis.

10) ♔a8: 1.♔e7 ♝f4 2.♘d6
♔b8 3.♔d7 ♝:d6 4.♔:d6
♔c8 5.c7, und Weiß gewinnt.

Auf dem Diagramm ist wie üblich die Zone eingezeichnet, in
der sich der schwarze König
aufhalten muß, um das Remis
zu sichern.

Schwarz rettet sich immer
dann, wenn es ihm gelingt, das
Feld c4 unter Kontrolle zu
nehmen.

Bei einem Vergleich der Beispiele 66, 68 und 69 läßt sich
unschwer erkennen, daß Stellung 69 für Schwarz am günstigsten, Stellung 66 hingegen
am ungünstigsten ist.

Die Beispiele 66 bis 69 sind
Hauptstellungen, die die charakteristischen Angriffs- und
Verteidigungsmethoden veranschaulichen. Wer sie kennt,
wird sich in vielen anderen Situationen leicht zurechtfinden.
Sehen wir uns einige solcher
Fälle an.

A. Chéron, 1950

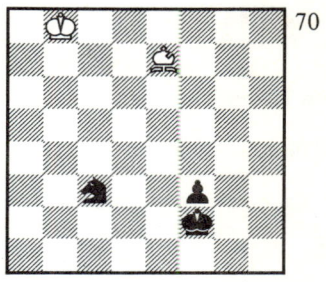

70

Remis

Die Aufgabe von Weiß besteht
darin, eine der Hauptstellungen herbeizuführen, in der sich
der König in der Remiszone
befindet. Ein Vergleich dieser
Stellungen ergibt, daß hierfür
nur Beispiel 69 in Frage
kommt, weil die Remiszone
dort am größten ausfällt und
der weiße König ihr am nächsten wäre. Folglich muß
1.♝c5+! ♔e2 2.♝g1 gesche-
hen. Nach 2. ... ♘d1 3.♔c7!
hält Weiß das Gleichgewicht
aufrecht, da sein König die Remiszone betreten hat.

Prüfen wir nunmehr, was passieren würde, wenn Weiß
1.♝h4+ spielt. Ein Vergleich
der Diagramme 66 und 68 verhilft uns zu der Schlußfolgerung, daß Schwarz 1. ... ♔g2!
antworten muß, da der weiße
König in diesem Fall weiter
von der Remiszone entfernt ist.
Tatsächlich kommt Schwarz
nach 2.♔c7 ♘e4 3.♝e1 (sonst
3. ... ♘g3) 3. ... ♘c5 4.♔d6

41

♘d3 5.♔h4 ♔h3 zum Erfolg. Bleibt noch festzustellen, welche Folgen 1. ... ♔e2? hätte. Weiß erwidert darauf 2.♔c7! ♘d5+ 3.♔d6! ♘e3 4.♔e5! und hält remis.

F. Prokop, 1952

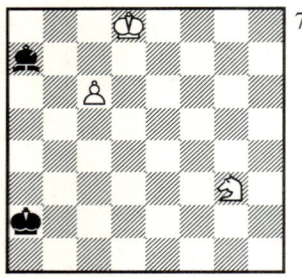

71

Weiß gewinnt

Der schwarze König befindet sich in der Remiszone, doch der Läufer kontrolliert noch nicht das Feld vor dem Bauern. Schwarz vermag dies auch nicht zu erreichen. Weiß führt den Bauern zur Dame. Nach 1.♔c7 sind folgende Varianten möglich:
1) **1. ... ♗d4 2.♘e4!** (2.♘f5? ♗c3 3.♘d6 ♗a5+ 4.♔d7 ♔b3) **2. ... ♔b3 3.♘d6 ♗c5** (3. ... ♗c3 4.♔b6 ♔a4 5.♘c4) **4.♘c8!** (ein feiner Zug, der den Gewinn sicherstellt) **4. ... ♗f2** (oder 4. ... ♗b4 5.♔b7! ♗e1 6.c7 ♗g3 7.♘d6) **5.♔d7! ♗e1 6.c7 ♗a5 7.♘b6,** und Weiß gewinnt.
2) **1. ... ♗e3 2.♘e2!** (2.♘e4? ♔b3 3.♘d6 ♗d2 4.♔b6 ♔a4

5.♔b7 ♗a5 6.♘c4 ♗d8 7.♔c8 ♔b5) **2. ... ♗c5 3.♘c1+!** (3.♘c3+? ♔b3 4.♘e4 ♗e3) **3. ... ♔a3 4.♘d3 ♗g1 5.♘e5! ♗h2 6.♔d6,** und Weiß gewinnt.

V. Kosek

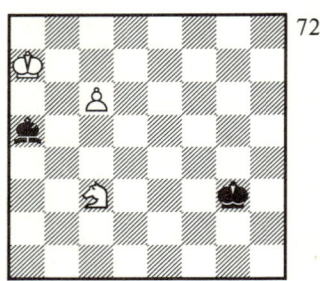

72

Weiß gewinnt

Der schwarze König hat die Remiszone noch nicht betreten (66 und 68). Um zu gewinnen, muß Weiß eine dieser Stellungen so anstreben, daß der gegnerische König dabei außerhalb der Zone bleibt. Schwarz droht 1. ... ♗c7. Deshalb ist 1.♘d5 oder 1.♔b7 erforderlich.
Nach 1.♘d5 ♗d8 2.♔b7 ♔f3 3.♘c7 ♔e4 4.♘e6 ♗a5 5.♔a6 ♔d5 endet das Spiel remis (der König war rechtzeitig zur Stelle). Dies bedeutet, daß **1.♔b7** geschehen muß. Schwarz hat darauf die Wahl zwischen 1. ... ♔g4, 1. ... ♔f3 und 1. ... ♗d8. Sehen wir uns alle diese Fortsetzungen gesondert an:

42

1) **1. ...** ♔g4 **2.**♘d5! ♗d8
(der schwarze König schickt
sich an, das Feld e6 unter
Kontrolle zu nehmen, doch
Weiß gruppiert sich um)
3.♔c8! ♗h4! (dieser Zug ist
erzwungen; falls 3. ... ♗a5, so
4.♘e3+ ♔f3 5.♘c4 ♗e1
6.♔d7) **4.**♘e3+! ♔f3 (4. ...
♔g5 5.♘f1 ♗e1 6.♔d7 ♗a5
7.♘e3 nebst 8.♘c4) **5.**♘f5!
♗e1 **6.**♔d7 ♗a5 **7.**♘d6.
Schwarz war bemüht, den
Springer nicht nach e6 zu lassen. Dieser begibt sich nun
aber nach c4. Versuchen wir,
dem Springer das Feld c4 zu
verwehren:
2) **1. ...** ♔f3 **2.**♘a4! ♗d8
3.♘c5! (ein neues Ärgernis:
der Springer gelangt nach e6)
3. ... ♔e3 **4.**♘e6 ♗a5 **5.**♔a6.
Versuchen wir es mit Abwar-
ten:
3) **1. ...** ♗d8 **2.**♔c8! ♗a5
(die Überführung des Läufers
auf die Diagonale h2−b8
würde zum Remis führen;
2. ... ♗f6 oder 2. ... ♗g5
scheitert jedoch an 3.♘e4+)
3.♘e4+ ♔f4 **4.**♘d6, und
Schwarz ist gegen das Manöver
5.♔d7 nebst 6.♘c4 machtlos.
Nach der Untersuchung der typischen Stellungen 66 bis 69
mutet die folgende Studie geradezu elementar an.

V. Kosek, 1910

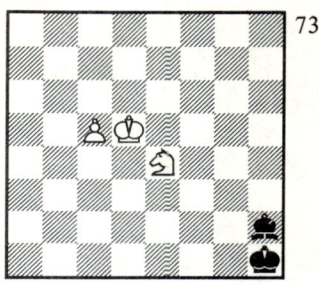

73

Weiß gewinnt

Die Lösung trägt forcierten
Charakter: **1.**♘d6 ♗g1 **2.**c6
♗b6 **3.**♔e6 ♗c7 (ganz
schlecht wäre 3. ... ♔g2
4.♔d7 nebst 5.♘c4) **4.**♔d7
♗b8 **5.**♘b5, und Weiß gewinnt, da sich der schwarze
König außerhalb der Remiszone aufhält (69).
Verschieben wir Beispiel 66
um eine Linie nach links, erhalten wir die *erste Hauptstellung* mit einem Springerbauern.

J. Awerbach, 1958

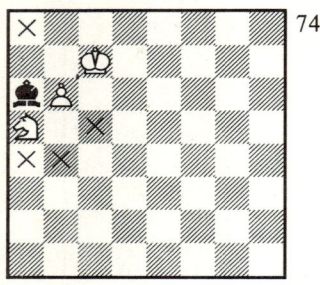

74

Weiß am Zuge
Schwarz hält nur remis, wenn
sein König auf einem der durch
Kreuze markierten Felder steht

Bei einem Springerbauern ist
der Läufer in seiner Bewegungsfreiheit noch mehr eingeschränkt, und die Gewinnchancen wachsen. Weiß droht,
durch ♘c6–b4, ♘b3–c5 oder
♘c6–b8 den Läufer zu ver-
drängen. Sehen wir uns einige
Standorte des schwarzen Königs an:
1) ♚a3: 1.♘c6 ♚a4 2.♘b8
♗f1 3.b7 ♗g2 4.♘c6, und
Weiß gewinnt.
2) ♚d4 oder ♚d5: 1.♘c6+
♚c5 2.♘b8 ♗c8 3.♘d7+
♗:d7 4.b7, und Weiß gewinnt.
3) ♚a4: 1.♘c6 ♚b5 2.♘b8
♗c8 3.♘d7 ♗a6 remis.
4) ♚b4: 1.♘c6+ ♚b5! 2.♘b8
♗c8 3.♘d7 ♗a6 remis.
5) ♚b5: 1.♘c6 (Zugzwang)
1. ... ♚c5 2.♘b8 ♗c8
3.♘d7+, und Weiß gewinnt.
Nach Prüfung auch aller übrigen Königsstellungen kommen

wir zu der Schlußfolgerung,
daß Schwarz nur remis hält,
wenn sein König auf a4, b4, c5
oder a8 steht.

J. Awerbach, 1958

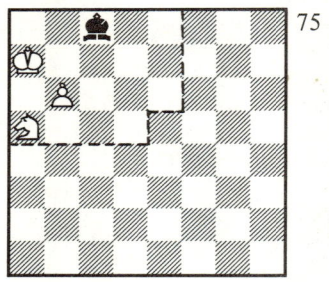

75

Weiß am Zuge
Schwarz hält nur remis, wenn
sich sein König in der markierten
Zone befindet

Das Diagramm zeigt die *zweite
Hauptstellung* mit einem Springerbauern auf der 6. Reihe.
Weiß droht sowohl mit dem
Manöver ♘c6–e7 oder
♘c4–d6 als auch mit dem
Übergang zu Beispiel 74 durch
♚b8–c7. Sehen wir uns wie
gewöhnlich einige Standorte
des schwarzen Königs an:
1) ♚f8: 1.♚b8! ♗a6 2.♚c7,
und Weiß gewinnt (74). Das
gleiche trifft zu, wenn der König auf f7, f6 oder f5 steht. Befindet er sich hingegen auf e8,
e7 oder e6, kann sich Schwarz
auf 1.♚b8 durch 1. ... ♚d7
retten, z. B. 2.♘b7 ♚c6 mit
Remis.
2) ♚e5: 1.♚b8 ♗a6 2.♚c7

44

♔d5 3.♘c6, und Weiß gewinnt (74).
3) ♔**d5:** 1.♔b8 ♔c5 2.♔c7
♗a6! mit Remis, nicht aber
2. … ♔b5 3.♘b7 ♔a6 4.♘d6,
und Weiß gewinnt.
4) ♔**b4:** 1.♘c6+ ♔b5 2.♘e7
♗a6 3.♘f5 ♔a5 4.♘d6, und
Weiß gewinnt.
Die Remiszone ist im Diagramm gekennzeichnet.

J. Awerbach, 1958

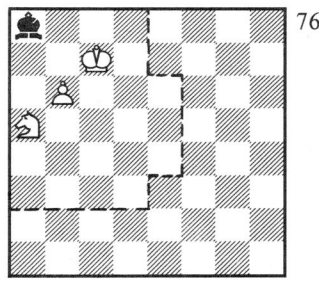

76

Weiß am Zuge
Schwarz hält nur remis, wenn
sich sein König in der markierten
Zone befindet

Dies ist die *dritte Hauptstellung.*
Weiß droht, den Läufer durch
1.♘b7 und 2.♔b8 zu zwingen,
auf b7 zu schlagen. Wenn sein
König auf **e6, e5** oder **e4** steht,
kann Schwarz diesen nach c6
bringen und remis halten, z. B.
1.♘b7 ♔d5 2.♔b8 ♔c6.
Befindet sich der König auf **a3,
b3, c3** oder **d3,** muß Schwarz
ihn nach b5 führen, um das
Gleichgewicht aufrechtzuerhalten: 1.♘b7 ♔b4(c4) 2.♔b8

♔b5 3.♔a7 ♔c6 4.♘d8+
♔b5 remis. Dies gelingt nicht,
wenn der König auf **e3** steht:
1.♘b7 ♔d4 2.♔b8, und Weiß
gewinnt.
Die Grenzen der Remiszone
sind dem Diagramm zu entnehmen.
Ein Vergleich der Beispiele 74,
75 und 76 zeigt, daß Stellung
76 für Schwarz am günstigsten,
Stellung 74 hingegen am ungünstigsten ist.
Bei einem Springerbauern auf
der 6. Reihe gibt es noch eine
weitere wichtige Stellung.

J. Awerbach, 1958

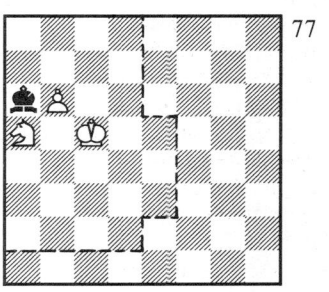

77

Weiß am Zuge
Schwarz hält nur remis, wenn
sich sein König in der markierten
Zone befindet

Nachdem wir uns mit den Stellungen 74 bis 76 vertraut gemacht haben, ist es auch hier
nicht schwer, die Remiszone
zu bestimmen.
Steht der schwarze König auf
e8, kommt Weiß zum Erfolg:
1.♘c6! ♗b7 2.♔d6 ♗a8

3.♔c7 ♔f7 4.♘d8+ ♔f6
5.♘b7 ♔e5 6.♔b8.
Gleiches ist der Fall, wenn
sich der König auf **e7** befindet:
1.♔c6 ♔d8 2.♘b7+! ♔c8
3.♘c5 ♗e2 4.b7+ ♔b8
5.♘d7+.
Hält sich der König auf **e6** auf,
gewinnt Weiß ebenfalls, jedoch
anders: 1.♔c6 ♔e5 2.♔c7
♔d5 3.♘c6 (74).
Steht der König auf **e5**, endet
das Spiel remis: 1.♔c6 ♔d4
2.♔c7 ♔c5 oder 2.♘b3+ ♔e5!
3.♔c7 (3.♘c5 ♗c4) 3. ...
♔d5 4.♘a5 ♔c5 5.♘c6 ♔b5.
Remis ist die Stellung auch bei
schwarzem König auf **e4** oder
e3. Befindet sich der König
hingegen auf **e2**, kommt Weiß
wiederum zum Erfolg: 1.♔c6
♔d3 2.♔c7 ♔d4 3.♘c6+
♔c5 4.♘b8 ♗c8 5.♘d7+.

V. Kosek, 1910

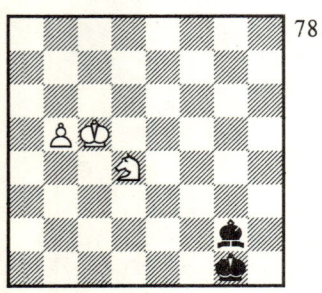

78

Weiß gewinnt

Nach den bisher angestellten
Untersuchungen ist diese Studie recht einfach zu lösen:
1.♘c6 ♗f1 2.b6 ♗a6 3.♔d6

♗b7 4.♔c7 ♗a8 5.♘a5 ♔f2,
und wir haben Stellung 76 erreicht, in der der schwarze König außerhalb der Remiszone
steht. Möglich ist auch 3.♘a5
mit Übergang zu Beispiel 77,
wobei sich der König ebenfalls
nicht in der Zone befindet.
Diese Nebenlösung läßt sich
ausschließen, wenn man in der
Ausgangsstellung den schwarzen König nach **f2** versetzt. Er
stände auch dann nicht in der
Remiszone, würde sie aber nach
3.♘a5 mit 3. ... ♔e3 betreten.

A. Chéron, 1952

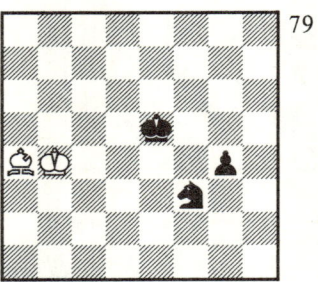

79

Remis

Weiß kann durch genaues
Spiel eine Stellung herbeiführen, in der sich sein König in
der Remiszone befindet:
1.♗d7! g3 2.♗h3 ♘h4 (2. ...
♔d4 3.♗g2 ♘h4 4.♗h1 ♔e3
5.♔c3 ♔f2 6.♔d4 oder 6.♔d3
mit Remis, da der König in die
Zone eingedrungen ist – 76)
3.♔c5! (ein sehr feiner Zug;
der König muß von hinten
kommen – 74) 3. ... ♔e4

46

4.♘d6 ♔f3 5.♔e5! ♞g6+
6.♔d4! (6.♔f5? ♞f4 7.♗f1
♞g2 8.♗g5 ♔f2 9.♗b5 ♞e1
10.♗c6 ♞f3+, und Schwarz
gewinnt) 6. … ♔f2 (6. … ♞f4
7.♗f5!) 7.♔e4 ♞h4 8.♔f4!,
und der König hat eines der
erforderlichen Felder erreicht
(74). Hätte Weiß 3.♔c3 gezogen, würde er nach 3. … ♔e4
4.♔d2 ♔f3 5.♔e1 ♞g2+
6.♔f1 ♞f4 7.♗d7 g2+ der
Niederlage nicht entgehen.

V. Kosek, 1904

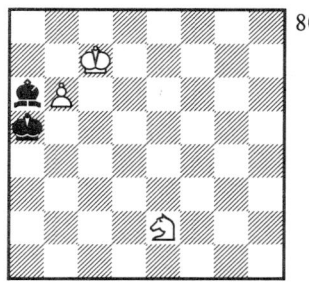

Weiß gewinnt

Auch diese Studie führt zu bereits untersuchten Stellungen:
1.♘d4 ♔a4 2.♔b8 ♔b4
3.♔a8! ♔a4 4.♘c6 ♗c8
5.♔a7 ♔b5 6.♘e7 ♗a6
7.♘f5 ♔a5 8.♘d6, und Weiß
gewinnt. Die Alternative wäre
1. … ♗c8. Falls darauf
2.♘c6+ ♔a6 3.♘b8+, so
3. … ♔b5 4.♘d7 ♗a6 5.♔b8
♔c6 6.♔a7 ♗c8 mit Remis.
Weiß spielt jedoch 3.♘d8!
♔a5 4.♘b7+ ♔a6 5.♘d6 und
gewinnt.

V. Kosek, 1923

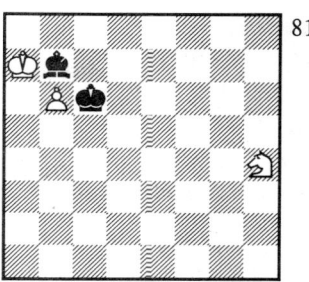

Weiß gewinnt

Hier gelingt es Weiß, die ungünstige Aufstellung der
schwarzen Figuren auszunutzen: 1.♘f5! ♗a8 2.♘d4+
♔c5 3.♘e6+ ♔c6 4.♘c7
♗b7 5.♘d5!, und Weiß ge-
winnt.
In der folgenden Studie gewinnt Weiß, weil der Läufer
trotz Mithilfe seines Königs
nicht dazu kommt, das
Feld vor dem Bauern anzugreifen.

W. Jakimtschik, 1958

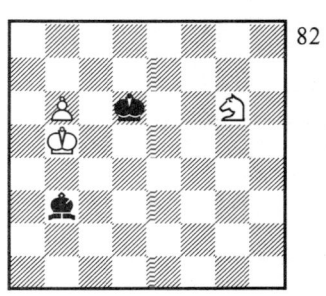

Weiß gewinnt

1.♘e7! (1.♘f4? ♗d1 2.♘d5 ♗e2+ 3.♔a5 ♔c6) 1. ... ♗d1 (1. ... ♗c2 2.♘d5! ♗d3+ 3.♔a5 ♔c6 4.♘b4+, und Weiß gewinnt) 2.♘f5+! ♔d7 3.♘d4 ♗g4 (3. ... ♔c8 4.♔a6 ♗a4 5.♔a7) 4.♔a6 ♔d8 5.♘c6+, und Weiß gewinnt. Wir kommen nunmehr zu Stellungen mit einem Bauern auf der 5. Reihe. Aus den Diagrammen 50 und 51 geht hervor, daß bereits ein Läuferbauer auf der 5. Reihe ohne die Hilfe des Königs aufgehalten werden kann. Wir brauchen uns daher nur Stellungen mit einem Springerbauern anzusehen.

J. Awerbach, 1958

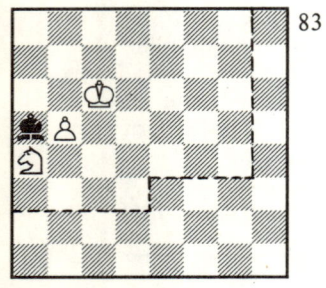

83

Weiß am Zuge
Schwarz hält nur remis, wenn sich sein König in der markierten Zone befindet

Weiß droht, den Läufer durch das Manöver ♘a4–c5–b7 zu vertreiben und dann den Bauern vorzurücken. Sehen wir uns an, wie das Ergebnis bei verschiedenen Standorten des schwarzen Königs ausfällt:
1) ♔h8: 1.♘c5 ♔g7 2.♘b7 ♗e1 3.b6 ♔f8 4.♘d6 ♗f2 5.b7 ♗a7 6.♘b5 ♗b8 7.♔d7 nebst 8.♔c8, und Weiß gewinnt.
2) ♔g8: 1.♘c5 ♔f7 2.♘b7 ♗d2 3.b6 ♔e7 4.♘d6 ♗f4 5.♘b5 ♔d8 remis. Schwarz kann sich auch retten, wenn sein König auf g7, g6, g5 oder g4 steht. Er bringt diesen rechtzeitig nach e7 und d8 und verhindert so die Sperrung der Diagonale.
3) ♔g3: 1.♘c5 ♔f4 2.♘b7 ♗c3 3.b6 ♗e5 4.♘d6 ♗d4 5.b7 ♗a7 6.♘b5 ♗b8 7.♔d7 ♔e4 8.♔c8 nebst 9.♘c7, und Weiß gewinnt. Auf gleiche Art kommt Weiß zum Erfolg, wenn sich der schwarze König auf f3 oder e3 aufhält.
4) ♔d3: 1.♘c5+ ♔c4 2.♘b7 ♗c7! remis.
5) ♔a2: 1.♘c5 ♔a3 2.♘b7 ♗e1 3.b6 ♔a4 4.♘d6 ♗f2 5.b7 ♗a7 6.♘b5 ♗b8 7.♔b6!, und Weiß gewinnt wie bereits früher gesehen (65).
Somit ist es erneut gelungen, die Remiszone zu bestimmen.

J. Awerbach, 1958

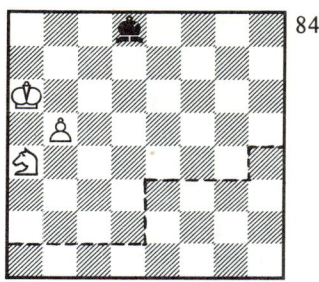

84

Weiß am Zuge
Schwarz hält nur remis, wenn
sich sein König in der markierten
Zone befindet

Der Springer verdrängt den
Läufer von der Diagonale
a5–d8, indem er sich nach e6
begibt. Untersuchen wir wie
üblich verschiedene Aufstellungen des schwarzen Königs:
1) ♔h8: 1.♘c5 ♗c7 2.♘e6
♗g3 3.b6 ♔g8 4.♘c7 ♔f7
5.♔b5 ♔e7 6.♔c6 ♔d8 remis.
Dieses Ergebnis ändert sich
nicht, wenn der König auf h7,
h6 oder h5 steht.
2) ♔h4: 1.♘c5 ♗c7 2.♘e6
♗g3 3.b6 ♔g4 4.♔b5 ♔f5
5.♘c7 ♔f6 6.♔c6, und Weiß
gewinnt.
3) ♔g3: 1.♘c5 ♗c7 2.♘e6
♗e5 3.b6 ♔g4 4.♔b5, und
Weiß gewinnt.
4) ♔f3: 1.♘c5 ♗c7 2.♘e6
♗g3 3.b6 ♔e4 4.♘c7 ♔f5
5.♔b5 ♔f6 6.♔c6, und Weiß
gewinnt. Das gleiche trifft zu,
wenn der schwarze König auf
e3 steht.

5) ♔d3: 1.♘c5+ ♔c4 2.♘e6
♗h4 3.b6 ♗g3 4.♘c7 ♔c5 remis.
6) ♔d2: Nach 1.♘c5 führt
1. ... ♗c7? 2.♘e6 ♗g3 3.b6
♔c3 4.♔b5 zum Verlust.
Richtig ist 1. ... ♔c3! 2.♘e6
♗h4 3.b6 ♔b4! 4.b7 ♗g3
5.♔b6 ♗f2+ 6.♔c6 ♗a7
7.♘c7 ♔a5 mit Remis. Auch
von a2 oder c2 aus gelangt der
König rechtzeitig nach b4 bzw.
a5 und hält das Gleichgewicht
aufrecht (65).

J. Awerbach, 1958

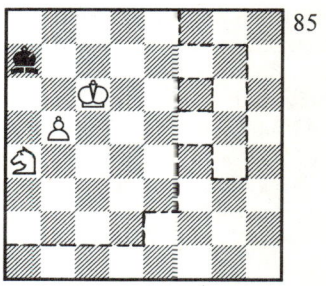

85

Weiß am Zuge
Schwarz hält nur remis, wenn
sich sein König in der markierten
Zone befindet

Weiß droht, den Läufer durch
1.♘b6 und 2.♔b7 abzutau-
schen. Wenn Schwarz 1.♘b6
mit 1. ... ♗b8 beantwortet,
kommt es nach 2.♘c8 nebst
3.b6 zu bereits bekannten Stellungen.
Wie üblich, sehen wir uns verschiedene Standorte des
schwarzen Königs an:

49

1) ♔a2: 1.♘b6 ♔b3 2.♔b7 ♔b4 3.♔a6 ♔c5 4.♘c8 ♗b8 5.b6 ♔c6 mit Remis. Das gleiche trifft zu, wenn der König auf **c2** oder **d2** steht.

2) ♔a1: 1.♘b6 ♗b8 2.♘c8 ♔b2 3.b6 ♔c3 4.♔c5! (der König darf nicht durchgelassen werden) 4. ... ♔b3 5.b7 ♗a4 6.♔b6 ♔b4 7.♘a7 ♔c4 8.♘b5 ♔d5 9.♘c7+ ♔e5 10.♘a6 ♗d6 11.♘c7, und Weiß gewinnt.

3) ♔b1: 1.♘b6 ♗b8 2.♘c8 ♔c2 3.b6 ♔d3 4.♘d6 ♔d4 5.♘b5+ ♔e5 6.♘c7, und Weiß gewinnt. Auch wenn sich sein König auf einem Feld zwischen **c1** und **h1** befindet, zieht Schwarz den kürzeren.

4) ♔e2: 1.♘b6 ♗b8 2.♘c8 ♔d3 3.b6 ♔c4 4.♘e7! (4.b7? ♔b4 5.♔b6 ♗g3! 6.♘e7 ♗f2+ 7.♔c6 ♗a7 remis) 4. ... ♗g3 (4. ... ♔b4 5.♘d5+ ♔a5 6.♘c7 ♔a4 7.♘a6 ♗g3 8.b7, und Weiß gewinnt) 5.♘d5 ♗f2 6.b7 ♗a7 7.♘c7 ♔b4 8.♘b5 ♗b8 9.♔b6, und Weiß gewinnt (65).

5) ♔f3: 1.♘b6 ♗b8 2.♘c8 ♔e4 3.b6 ♔d4 4.♘d6 ♔c3 5.♘b5+ ♔b4 6.♘c7 ♔a5 7.♔b7 oder 6. ... ♔a4 7.♘a6 ♗e5 8.b7 nebst 9.♘c7, und Weiß gewinnt.

6) ♔e3: 1.♘b6 ♔d4! 2.♔b7 ♔c5 oder 2.♘c8 ♗c5 3.♘b6 ♗b4 remis.

7) ♔f4: 1.♘b6 ♗b8 2.♘d5+ ♔e4 3.b6 ♗g3 (3. ... ♔d4 4.♘c7 ♔c4 5.♔b7 ♔c5

6.♘a6+) 4.♘c7 ♗f2 5.b7 ♗a7 6.♘b5 ♗b8 7.♔d7, und Weiß gewinnt.

8) ♔f5: 1.♘b6 ♗b8 2.♘c8 ♔e6 3.b6 ♗g3 4.♘a7 ♗f2 remis. Auch wenn sein König auf **f7** steht, kann sich Schwarz retten. Hält sich der König hingegen auf **f6** oder **f8** auf, kommt Schwarz um eine Niederlage nicht herum, weil 1.♘b6 ♗b8 auf die Erwiderung 2.♘d7+ trifft.

9) ♔g8: 1.♘b6 ♗b8 2.♘c8 ♔f7 3.♔d7! ♔f6 4.b6 ♔e5 5.♘e7 ♔d4 6.♔c6! ♔c4 7.♘d5 ♗g3 8.♘c7 ♗f2 9.b7 ♗a7 10.♘b5 ♗b8 11.♔b6, und Weiß gewinnt.

10) ♔g7: 1.♘b6 ♗b8 2.♘c8 ♔f6! 3.♔d7! ♔e5! 4.♘e7 ♔d4 5.♔c6 ♗a7 6.♘c8 ♗c5 remis. Auf die gleiche Art hält Schwarz das Gleichgewicht aufrecht, wenn sein König auf **g6, g5** oder **g4** steht. Erst wenn sich der König auf der h-Linie befindet, zieht Schwarz den kürzeren.

Wir haben somit eine Remiszone ermittelt, in der es auf f6 eine für den schwarzen König verhängnisvolle Insel gibt. Gehen wir nun zur Untersuchung von Stellungen mit einem Turmbauern über.

Nach B. Horwitz, 1885

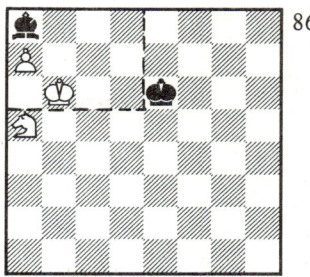

86

Weiß am Zuge gewinnt
Schwarz würde nur remis halten,
wenn sich sein König in der mar-
kierten Zone befände

Der Plan von Weiß besteht
darin, den König nach b8 zu
führen, den Läufer zu vertreiben und durch den Zug ♘b7
die lange Diagonale zu sperren.
1.♔c7 ♔e7 2.♔c8! (sofortiges
2.♔b8 brächte nichts ein:
2. ... ♔d8! 3.♘:a8 – 3.♘b7+
♔d7 – 3. ... ♔c7!, und wir
haben eine bekannte Remisstellung vor uns) **2. ... ♔e8**
(falls 2. ... ♔d6, so 3.♔b8
♔d7 4.♘b7!, und Schwarz befindet sich im Zugzwang; auf
4. ... ♔c6 folgt 5.♔:a8 ♔c7
6.♘d6!; gerade diese Zug-
zwangstellung muß Weiß herbeiführen) **3.♘c4! ♔e7** (offensichtlich erzwungen, denn auf
einen Zug des Läufers ge-
schieht 4.♘d6+ nebst 5.♘b7)
**4.♔b8! ♔d8 5.♘d6 ♔d7
6.♘b7.**
Weiß hat die erforderliche

Zugzwangsituation erreicht
und gewinnt wie bereits betrachtet.
Es läßt sich leicht nachweisen,
daß Schwarz nur dann nicht
verliert, wenn sein König in
Beispiel 86 auf einem der vier
Felder **c8, d8, d7** oder **d6** steht.
Damit ist zugleich die Remiszone umrissen.
Die Gewinnmethode, die Weiß
anwandte, ist für derartige Stellungen typisch. Beispiel 86 ist
deshalb eine *Hauptstellung*.
Sehen wir uns jetzt einige Studien an, die bei Kenntnis dieser Hauptstellung unschwer zu
lösen sind.

S. Loyd, 1860

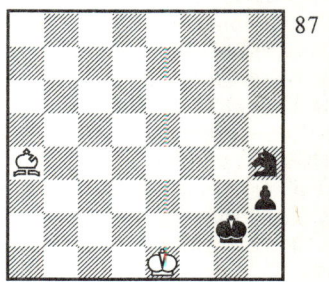

87

Remis

Schwarz droht, den Bauern
nach 1. ... ♔g1 und 2. ...
♘g2 in eine Dame zu verwandeln.
Weiß durchkreuzt dieses Vorhaben durch **1.♗d7! h2
2.♗c6+ ♔g1 3.♗h1! ♘g2+
4.♔e2.**
Es ist eine uns bekannte Stel-

51

lung entstanden, in der jedoch Schwarz am Zuge ist. Der Leser kann sich selbst davon überzeugen, daß es Schwarz nicht gelingt, die Zugpflicht an den Gegner zu übertragen. Deshalb endet das Spiel nach 4. ... ♚:h1 5.♔f1! remis.

B. Horwitz, 1885

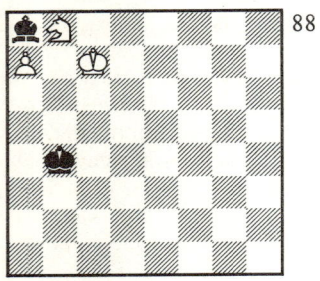

Weiß gewinnt

Die Drohung von Weiß, den König nach b8 zu führen, läßt sich leicht parieren, z. B. 1.♘a6+ ♔b5 2.♔b8 ♝g2 3.♘c7+ ♔b6 4.♘e6 ♝f3 5.♘d8 ♝g2, und die Sperrung der Diagonale ist nicht zu verwirklichen.
Weiß muß deshalb in erster Linie den schwarzen König auf Distanz halten: 1.♔b6! ♔c4 2.♘a6 ♔d4 3.♘c7 ♝g2 4.♘e6+ ♔e5 5.♘d8 ♝a8 6.♔c7 ♔d5 7.♘b7 ♔e6 8.♘a5, und wir haben Stellung 86 erreicht.

F. Prokop, 1930

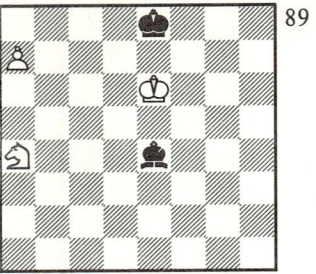

Weiß gewinnt

Dieses Beispiel ist etwas komplizierter als die vorhergehenden.
Wir wissen bereits, daß Weiß, will er gewinnen, den König nach c7 bringen muß. Der unmittelbare Versuch, dies zu tun, mißlingt: 1.♔d6 ♔d8 2.♘b6 ♝b7, und Weiß hat nichts erreicht. Weiß steht vor der Aufgabe, die gleiche Stellung, jedoch bei schwarzer Zugpflicht, herbeizuführen. 1.♔e5! ♝a8 (Schwarz hat nur diese Antwort: auf 1. ... ♝c6 folgt 2.♔d6 nebst 3.♔c7, während 1. ... ♝b7 mit 2.♔d6 ♔d8 3.♘b6 beantwortet wird) 2.♘b6 ♝b7 3.♔e6! ♔d8 4.♔d6 ♔e8 5.♔c7 ♝g2 6.♘c8! ♝a8 7.♔b8 ♔d8 8.♘d6 ♔d7 9.♘b7 usw.

52

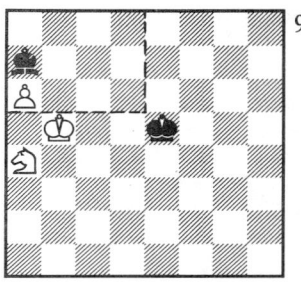

90

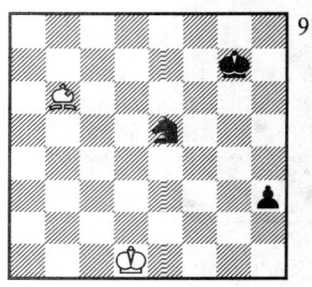

91

Weiß am Zuge gewinnt
Schwarz würde nur remis halten,
wenn sich sein König in der mar-
kierten Zone befände

Remis

Hier gewinnt Weiß ohne jede
Schwierigkeit: 1.♔c6 ♔e6
2.♔b7 ♗e3 3.♘b6 nebst 4.a7
und 5.a8♕. Schwarz hat nicht
einmal die Chance, die sich
ihm in Beispiel 86 mit dem
Opfer des Läufers bot. Auch
die Remiszone läßt sich leicht
bestimmen. Dabei zeigt sich,
daß Schwarz selbst dann verliert, wenn sein König auf e8
steht: 1.♔c6 ♔d8 2.♔b7 ♗e3
3.♘b6 ♗:b6 4.♔:b6 ♔c8
5.a7.

Man kann sagen, daß Weiß bei
einem Turmbauern auf der
6. Reihe immer gewinnt, wenn
es ihm gelingt, den eigenen
König nach b7 zu bringen und
den gegnerischen dabei nicht
nach b5 oder a5 zu lassen.

Der Läufer steht ungünstig,
und es sieht so aus, als würde
Weiß nach 1.♗g1 ♘f3 verlieren.
Trotzdem gibt es eine Rettungsmöglichkeit: 2.♗h2!
♘:h2 3.♔e2! ♔f6 4.♔f2
♘g4+ 5.♔g3 h2 6.♔g2, und
es ist eine bekannte theoretische Remisstellung entstanden.
Bemerkt sei, daß Schwarz nur
deshalb nicht gewinnen
konnte, weil sein König zu
weit entfernt war. Schon von
g6 aus hätte er seiner Partei
durch 3. ... ♔f5 4.♔f2 ♔f4 zu
einem leichten Sieg verholfen.
Verschieben wir nunmehr Stellung 90 um eine Reihe nach
unten.

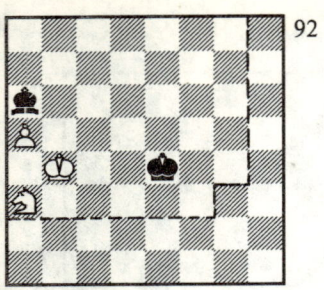

92

Weiß am Zuge. Remis
Weiß würde nur gewinnen, wenn
sich der schwarze König außer-
halb der markierten Zone be-
fände

Die Stellungsänderung hat er-
heblichen Einfluß auf das Ergebnis. Nach 1.♔c5 ♚e5
2.♔b6 ♝f1 3.♘b5 ♚e6 4.a6
♚d7 5.a7 ♝g2 hält Schwarz,
wie aus früheren Beispielen
hervorgeht, das Gleichgewicht
aufrecht. Dabei ist dieser Remisweg nicht einmal der einzige. Noch einfacher ist 2. ...
♝c8 3.♘b5 ♚e6 4.♘a7 ♚d7
5.♘:c8 ♔:c8 6.a6 ♚b8.
Prüfen wir einige andere
Standorte des schwarzen Königs:
1) ♚f4: Nach 1.♔c5 ♚e5 ergibt sich die gleiche Variante
wie bei einem König auf **e4**.
2) ♚g4: 1.♔c5 ♚f5 2.♘b5!
♚e5! (der einzige Zug; zum
Verlust führt 2. ... ♚f6 3.♔b6
♝c8 4.♘d6 ♚e6 5.a6 ♚e7
6.a7 ♝d5 7.♘b7; Schwarz
muß mit dem König unbedingt
das Feld d6 kontrollieren)
3.♔b6 ♝c8 4.♘a7 ♝g4.

Weiß hat einen Teilerfolg zu
verbuchen. Es gelingt ihm, den
Bauern bis a7 vorzustoßen.
Mehr vermag er indes nicht zu
erreichen, z. B. 5.a6 ♚d6
6.♘c8+! ♚d7! 7.♔b7 ♝f3+
8.♔b8 ♚c6 9.a7 ♚b5
10.♘d6+ ♚a6 remis.
3) ♚h4: 1.♔c5 ♚g5 2.♔b6
♝f1 (2. ... ♝c8 3.♘b5 ♚f6
4.♘d6 ♝e6 5.a6 ♚e7 6.a7
♝d5 7.♘b7) 3.♘b5 ♚f6 4.a6
♚e6 5.a7 ♝g2 6.♔c7, und
Weiß gewinnt. Gleiches trifft
zu, wenn der schwarze König
auf einem Feld zwischen **h5**
und **h8** steht.
4) ♚g3: 1.♔c5 ♚f4 2.♔b6
♝f1 (2. ... ♝c8 3.♘c4! nebst
4.♘d6) 3.♘b5 ♚e5 4.a6 ♚e6
5.a7 ♝g2 6.♔c7, und Weiß gewinnt.
5) ♚f3: 1.♔c5 ♚e4 2.♔b6
♝c8! (nur so; nach 2. ... ♝f1
3.♘b5 ♚e5 4.a6 ♚e6 5.a7
♝g2 6.♔c7 zieht Schwarz den
kürzeren) 3.♘b5 ♚d5 4.♘a7
♝g4 5.a6 ♚d6 6.♘c8+ ♚d7
remis. Ebenso hält Schwarz
das Gleichgewicht aufrecht,
wenn sich sein König auf **e3**
oder **d3** befindet.
Damit haben wir zugleich die
Remiszone ermittelt.
Zum Schluß sehen wir uns
zwei Beispiele an, in denen der
Randbauer auf der 4. Reihe
steht.

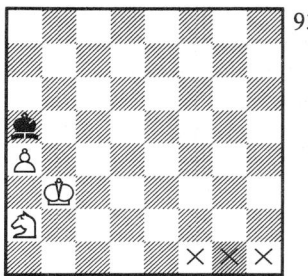

93

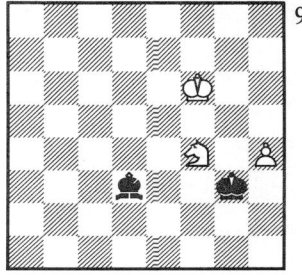

94

Weiß am Zuge
Schwarz würde nur verlieren,
wenn sein König auf f1, g1 oder
h1 stände

Hier führt nur eine sehr ungünstige Aufstellung des schwarzen Königs zum Verlust. Betrachten wir die interessantesten Fälle:
1) ♔h2: 1.♔c4 ♔g3 2.♔b5 ♗d8! (2. ... ♗e1? 3.♘b4 ♔f4 4.a5 ♔e4 5.a6 ♗f2 6.♔c6 ♗a7 7.♘d5 ♔d4 8.♘b6, und Weiß gewinnt) 3.♘b4 ♔f4 4.♘d5+ ♔e5 5.♘b6 ♔d6 6.a5 ♔c7 7.a6 ♔b8 mit Remis.
2) ♔f1: 1.♔c4 ♔e2 2.♔b5 ♗d8 3.♘b4 ♔e3 4.♘d5+ ♔d4 5.♘b6 ♔e5 6.a5 ♔d6 7.a6, und Weiß gewinnt. Gleiches trifft zu, wenn der schwarze König auf **g1** oder **h1** steht.
Einen Ausnahmefall zeigt das folgende Diagramm.

Weiß gewinnt

Nach 1.♔g5 wird deutlich, daß der Bauer wegen der ungünstigen Aufstellung des Läufers ungehindert bis h6 vordringt, während der schwarze König von der Remiszone ferngehalten wird, z. B. 1. ... ♗h7 2.h5 ♔f3 3.♘g6 ♔g3 4.h6 ♗g8 5.♔f6 ♔g4 6.♔g7 ♔g5 7.♘e7, und Weiß gewinnt. Fassen wir zusammen. Im Endspiel „Springer und Bauer gegen Läufer" gibt es zwei Haupttypen von Remisstellungen. In den einen hält der Läufer den Bauern ganz allein, in den anderen nur mit Hilfe des Königs auf. Für den zweiten Fall haben wir Remiszonen ermittelt. Nur wenn der König in diesen Zonen steht, kann er seinen Läufer im Kampf gegen den Bauern wirksam unterstützen.

Drittes Kapitel

Läufer und zwei oder mehr Bauern gegen Springer

1. Verbundene Bauern

Im Endspiel „Läufer und zwei Bauern gegen Springer" verbürgen verbundene Bauern in der Regel den Sieg. Der Gewinnplan ist ziemlich einfach. Er besteht darin, einen der Bauern in eine Dame zu verwandeln. Die Bauern müssen jedoch so vorgerückt werden, daß der Gegner sie nicht auf dem Läufer unzugänglichen Feldern blockieren kann. Sind die Bauern festgelegt, ist ein Gewinn, von seltenen Ausnahmen abgesehen, nicht möglich.

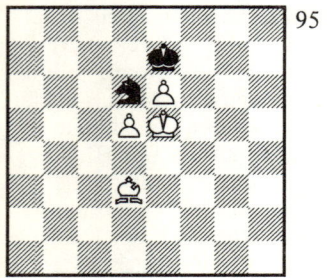

Remis

Das Diagramm zeigt eine typische Stellung mit blockierten Bauern. Die schwarzen Figuren haben sich auf Feldern, die dem Läufer unzugänglich sind, fest eingenistet. Weiß würde

gewinnen, wenn er den Gegner in Zugzwang bringen könnte. Dies aber ist nicht zu verwirklichen, z. B. 1.♔d4 ♘e8 2.♔c5 ♘d6 3.♔c6 ♘e8 4.♗g6 ♘d6. Es gelingt nicht, dem Springer alle Felder zu nehmen.

Eine Verschiebung dieser Stellung nach rechts ändert nichts am Resultat. Versetzt man sie indes um drei Linien nach links, kommt Weiß zum Erfolg.

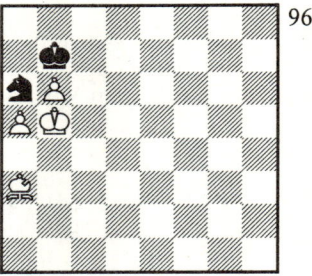

Weiß gewinnt

Mit 1.♗d6 kann Weiß dem Springer sofort alle Felder nehmen und den Gegner in Zugzwang bringen. Bemerkt sei, daß Stellungen, die sich durch Verschiebung von Beispiel 96 nach oben oder unten ergeben, ebenfalls für Schwarz verloren sind.

Versetzt man Stellung 95 um eine Reihe nach oben, vermindert dies die Anzahl der dem Springer zugänglichen Felder, und es gelingt Weiß, den Gegner in Zugzwang zu bringen.

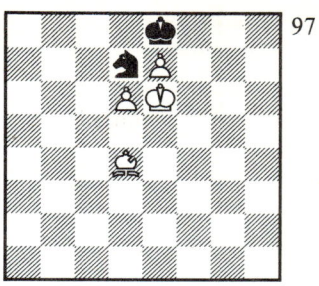

97

Der Gewinnweg ist unkompliziert: 1.♔d5 ♘b8 2.♗a7 ♘d7
3.♔c6 ♘e5+ 4.♔c7 ♘d7
5.♗d4, und das Ziel ist erreicht.

Schwarz könnte versuchen, sich mit 2. ... ♘a6 zu verteidigen, doch dies hätte nach 3.♔c4! (3.♔e6 ♘c7+!) 3. ... ♔d7 4.♔b5 den Springer gekostet.
Verschieben wir nun Stellung 97 nach rechts. Der Springer erhält dadurch zusätzliche Felder, was die weiße Gewinnführung zweifellos erschweren muß.
Als Beispiel mag die folgende Stellung dienen.

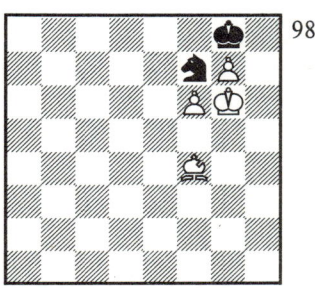

98

Weiß gewinnt

1.♔f5 ♘d8 2.♗c7 ♘c6 (nach
2. ... ♘f7 3.♔e6 ♘g5+ 4.♔e7
♘f7 5.♗f4 muß Weiß beachten, daß er auf 5. ... ♔h7 durch
6.♔:f7? patt setzen würde; zum
Gewinn führt nur 6.♔f8!)
3.♔e4! (trotzdem!) 3. ... ♔f7
4.♔d5 ♘b4+ 5.♔d6 ♘d3
(5. ... ♔g8 6.♗a5 ♘d3 7.♔e7
♘e5 8.♗c7 ♘f7 9.♗f4)
6.g8♕+ ♔:g8 7.♔e7, und
Schwarz kann die Umwandlung
des Bauern nicht verhindern.
Dieses Verfahren – das Opfer
eines Bauern mit dem Ziel, den
anderen in eine Dame zu verwandeln – ist typisch für viele
Endspiele.
Versetzen wir Stellung 98 um
eine Linie nach rechts, läßt die
Nähe des Brettrandes Pattmöglichkeiten entstehen, die bei der
Realisierung des Vorteils zusätzliche Schwierigkeiten verursachen.

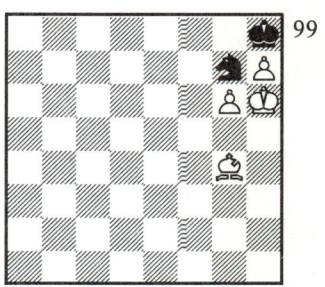

99

Weiß gewinnt

1.♔g5 ♘e8 2.♗d7. Schwarz
hat jetzt drei Fortsetzungen, die
wir uns der Reihe nach ansehen
wollen:

57

1) **2. ...** ♞d6 3.♗c6! (aber nicht 3.♔f4 ♔g7 4.♔e5 ♔:g6! mit Remis) **3. ...** ♔g7 **4.**h8♛+! ♔:h8 5.♔f6 ♔g8 **6.**♗d5+, und Weiß gewinnt.
2) **2. ...** ♞f6 3.♗c6! ♞:h7+ **4.**♔h6! ♞f6 5.g7+ ♔g8 6.♔g6 und 7.♗d5 matt.
3) **2. ...** ♞g7 3.♔f6 ♞h5+ **4.**♔f7 ♞g7.

Damit ist eine Stellung erreicht, die 1915 von W. Ward analysiert wurde.*

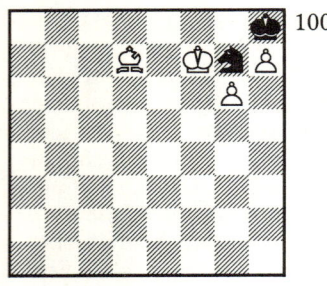

100

Anzug beliebig. Weiß gewinnt

Weiß am Zuge: **1.**♗g4 ♞f5 **2.**♔f8 ♞g7 3.♔e7, und der Springer geht verloren.
Schwarz am Zuge: **1. ...** ♞f5! **2.**♔f8 ♞g7 3.♔e7 ♞h5 4.♔f7 ♞g7 5.♗g4! ♞h5 (5. ... ♞f5 6.♔f8 ♞g7 7.♔e7 usw.) **6.**♔f8 ♞f6 7.g7+ ♔:h7 8.♔f7 ♞g8 9.♗f5+, und Weiß gewinnt.

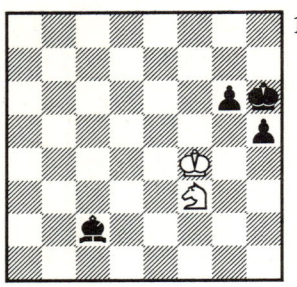

101

Schwarz am Zuge kann nicht gewinnen

Wir haben uns zwar schon von der Festigkeit von Blockadestellungen überzeugen können, aber dieses Beispiel ruft dennoch Verwunderung hervor. Stände der weiße König auf h4, hätten wir eine typische Remisstellung vor uns. Hier ist der König weniger günstig postiert, und dennoch vermag Schwarz nicht zu gewinnen.
In der Partie folgte: **1. ...** ♗f5 **2.**♞g5 h4 3.♞f3 ♔h5 4.♞g5 ♗d7 (4. ... h3 5.♞f3 ♗g4 6.♞h2 remis) **5.**♞e4! (fehlerhaft wäre 5.♞f3? ♗c8 6.♞g5 h3 7.♞f3 ♗b7 8.♞h2 ♔h4 9.♞f1 g5+ 10.♔e3 ♗g2 11.♞h2 ♔g3, und Schwarz gewinnt) **5. ...** ♗c8 6.♞f6+ ♔h6 **7.**♞e4 ♗f5 8.♞g5 ♔h5 **9.**♞h7!! (der einzige rettende Zug; nach 9.♞f3 ♗c8 10.♞g5

* Bei Ward stand der Läufer auf e2, was auf die Lösung jedoch keinen Einfluß hat.

h3 11.♘f3 ♗b7 12.♘h2 ♔h4
usw. zieht Weiß den kürzeren)
9. ... h3 10.♔g3 remis.
Hätte der Bauer g6 noch auf g7
gestanden, wäre Schwarz zum
Erfolg gekommen (102).

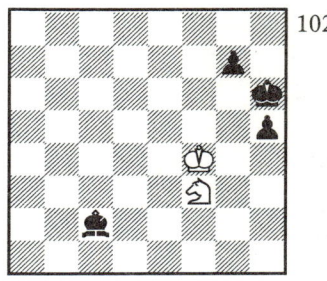

102

Schwarz am Zuge gewinnt

**1. ... ♗a4 2.♘g5 ♗e8 3.♘e6
♗d7 4.♘g5 h4 5.♘f3 ♔h5
6.♘g5 h3 7.♘f3 ♗c6** usw. Die
Kontrolle des Bauern über das
Feld f6 war hier von entscheidender Bedeutung.

Nachdem wir uns mit Blockadestellungen vertraut gemacht haben, können wir uns der Methode des Vorgehens verbundener Freibauern zuwenden.

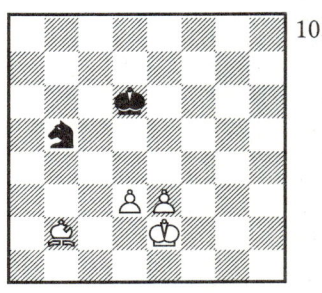

103

Weiß gewinnt

Beim Vorrücken eines Bauern
sollte man sich von einer Regel
leiten lassen, die bereits Ende
des 18. Jahrhunderts durch den
berühmten französischen
Schachspieler Philidor formu-
liert wurde:
*„Wenn mein Läufer die weißen
Felder beherrscht, muß ich meine
Bauern auf schwarze Felder stellen. In diesem Fall kann der Läufer gegnerische Figuren, die sich
zwischen den Bauern festzusetzen
versuchen, vertreiben."*
Ein grober Fehler wäre deshalb
in der Diagrammstellung 1.d4??
♔d5 2.♔d3 ♘d6 3.♗a3 ♘e4,
weil die schwarzen Figuren danach nicht mehr von den weißen
Feldern zu verdrängen sind.
Die richtige Fortsetzung ist
1.e4! ♔c5 2.♔e3 ♔d6 (der
Versuch eines aktiven Gegen-
spiels mittels 2. ... ♔b4 wird
am einfachsten durch 3.♗g7
nebst 4.d4 pariert, obwohl auch
sofort 3.d4 ♔b3 4.♗a1 ♔a2
5.d5 ♔:a1 6.e5 ♘c7 7.d6 ♘e6
8.♔e4 ♔b2 9.♔f5 ♘d4+
10.♔f6 usw. möglich ist) **3.d4
♘c7 4.♔d3** (spielbar ist außerdem 4.♗c3 nebst 5.♗a5) **4. ...
♔c6 5.♔c4 ♔d6 6.d5 ♘e8
7.e5+ ♔e7 8.♗a3+ ♔f7
9.♔c5 ♘g7 10.♔d6 ♘e8+
11.♔d7 ♘g7 12.e6+ ♔g6
13.♗b2 ♘f5 14.e7,** und Weiß
gewinnt.
Wir müssen den Leser jedoch
davor warnen, die Philidorsche
Regel blind anzuwenden. Wenn
eine Blockade ungefährlich ist,
können die Bauern auch anders

59

bewegt werden. Dies trifft besonders auf Stellungen mit Randbauern zu, in denen das Umwandlungsfeld des Turmbauern dem Läufer unzugänglich ist.

R. Fine, 1941

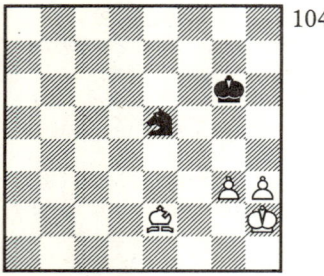

104

Weiß gewinnt

Hier ist gerade **1.g4!** am einfachsten. Falls nun 1. ... ♔g5, so 2.♔g3 ♘g6 3.♗d3 ♘h4 4.♗e4 usw. Schwarz spielt daher **1. ... ♘c6**, doch dann kommt Weiß durch **2.♔g3 ♘d4 3.♗d3+ ♔f6 4.h4 ♘e6 5.♗c4 ♘c5 6.♔f4 ♘d7 7.♗d3 ♔g7 8.g5 ♘f6! 9.♗e4** (9.gf+ ♘:f6 remis) **9. ... ♘h5+ 10.♔g4 ♘f6+ 11.♔f5 ♘h5 12.♗f3 ♘g3+ 13.♔f4 ♘f1 14.h5** zum Erfolg.
Würde Weiß „nach Philidor" **1.h4** ziehen, könnte das Spiel wie folgt verlaufen: **1. ... ♔h6 2.♔g2** (2.g4? ♘:g4+) **2. ...** ♔g7 **3.♗d1!*♘g6 4.♔h3!** (solange der Läufer noch nicht auf der Diagonale b1−h7 steht, muß sich Weiß gegen ♘g6:h4 verteidigen) **4. ... ♘e5 5.♗c2 ♘c4!** (im Fall von 5. ... ♔h6 6.♔g2 ♔h5 gewinnt Weiß am einfachsten durch 7.♗f5 mit anschließender Überführung des Königs nach f4) **6.♗d3 ♘e3 7.♔h2 ♔f6 8.♔g1 ♔e5 9.♔f2 ♘g4+ 10.♔f3 ♘h2+ 11.♔e2 ♘g4 12.♗a6 ♔e4 13.♗b7+ ♔e5 14.♔c8 ♘f6 15.♔f3** (unter enormen Anstrengungen ist es Weiß endlich gelungen, die schwarzen Figuren zurückzudrängen) **15. ... ♔d6 16.♗f5!** (16.♔f4? ♘h5+ 17.♔ beliebig ♘:g3) **16. ... ♔e5 17.♗g6 ♔e6 18.♔f4 ♘d5+ 19.♔g5 ♘f6 20.h5**, und Weiß gewinnt.
Obwohl der Zug 1.h4 den Gewinn nicht aus der Hand gab, war er doch viel schwächer als 1.g4.
Die Analyse des Beispiels 104 zeigt, daß es in Stellungen mit Randbauern, in denen das Umwandlungsfeld des Turmbauern dem Läufer unzugänglich ist, eine zusätzliche Remischance gibt: In bestimmten Fällen kann der Springer geopfert werden. Auf ebendiese Art rettet sich Schwarz im nächsten Beispiel.

---

* Fine untersuchte nur 3.♔f2?, was nach 3. ... ♘g6! 4.h5 (es drohte 4. ... ♘:h4) 4. ... ♘e5 5.♔e3 ♔h6 6.♔f4 ♘f7 7.♗c4 ♘g5 zum Remis führt. Er kam zu der Schlußfolgerung, daß der Zug 1.h4 den Gewinn vergibt. In Wirklichkeit ist aber erst 3.♔f2 der entscheidende Fehler.

M. Euwe, 1940

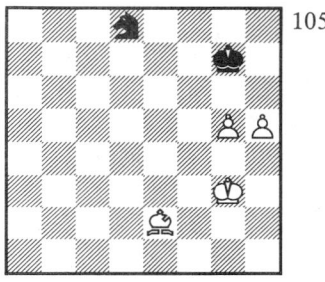

105

Schwarz am Zuge hält remis

Nach 1. ... ♘f7 2.g6 (2.♔f4 ♘:g5) 2. ... ♘e5 ist Weiß gegen die Drohung ♘e5:g6 machtlos.
In der folgenden Stellung hält Weiß remis, indem er Pattmöglichkeiten nutzt.

A. Selesniew, 1913

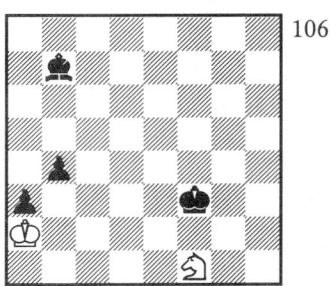

106

Remis

1.♘d2+ ♔e2 2.♘b1 (auf 2.♘b3 oder 2.♘c4 geschieht 2. ... ♗d5; nach dem Textzug droht 3.♘:a3) 2. ... ♗d5+ 3.♔a1 ♔d1 (falls 3. ... a2, so

4.♘c3+!! mit Remis) 4.♘:a3 ♔c1 5.♘c4! remis.
In Ausnahmefällen kann die schwächere Seite die Partie retten, wenn es ihr gelingt, einen der gegnerischen Bauern zu erobern und in ein unentschiedenes Endspiel mit einem Minusbauern einzulenken.

W. Jakimtschik, 1955

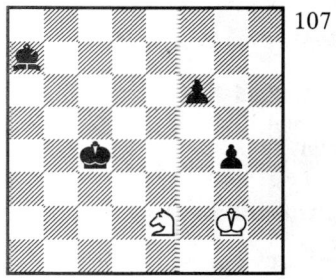

107

Remis

Weiß macht sich das fehlende Zusammenwirken der schwarzen Figuren und Bauern zunutze.
1.♔g3 ♔d3 2.♘f4+ ♔e4 3.♘h5! (3.♔g4 kostet nach 3. ... f5+ den Springer) 3. ... ♔f5! (3. ... f5 4.♘f6+ und 5.♘:g4) 4.♘:f6 ♗b8+ 5.♔h4 g3.
In dieser kritischen Situation verfügt Weiß über eine studienartige Rettungsmöglichkeit: 6.♘h5! g2 7.♘g3+ ♗:g3+ 8.♔h3! g1♕(♖) patt.
Ganz einfach zieht sich Schwarz im folgenden Beispiel aus der Affäre.

R. Butler, 1889

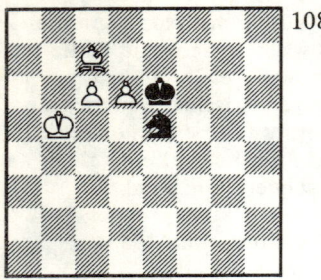

108

Schwarz am Zuge hält remis

1. ... ♔d5 2.d7 ♘:c6 3.♔b6
♘d8! 4.♗:d8 ♔d6 und 5. ...
♔:d7.

2. Isolierte Bauern

Isolierte Bauern sind schwerer
zu blockieren. Deshalb fällt der
Gewinn in der Regel noch
leichter als bei verbundenen
Bauern. Nur in seltenen Ausnahmefällen kann die schwächere Seite remis halten. Es
gibt jedoch nicht wenig Stellungen, in denen die Realisierung des Vorteils mit gewissen
Schwierigkeiten verbunden ist
und viel Genauigkeit erfordert.
Vor allem auf solche Beispiele
wollen wir uns konzentrieren.

**Prochorowitsch–Woronkow
Moskau 1952**

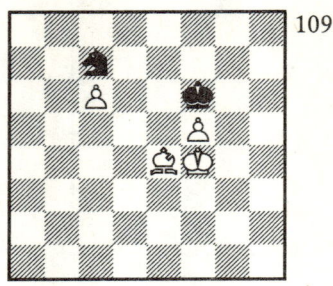

109

Weiß gewinnt

Der Gewinnplan ist recht einfach. Der weiße König muß
sich zu jenem Bauern begeben,
der durch den Springer blok-
kiert wird. Sobald der Springer
vertrieben ist, rückt der Bauer
vor. Eilt der schwarze König
dem Springer zu Hilfe, setzt
sich der andere Bauer in Bewe-
gung. Bevor sich der weiße König an die Erfüllung seiner
Aufgabe macht, ist es jedoch
erforderlich, die Aufstellung
des Läufers maximal zu verbessern.
Auf e4 steht der Läufer dem
eigenen König im Wege. Er
muß deshalb nach d7 gebracht
werden, wo er beide Bauern
deckt, den König nicht behindert und dem Springer das
wichtige Feld e8 nimmt.
Weiß gewinnt wie folgt: 1.♗f3
♘e8 (1. ... ♔e7 2.♔e5 ♘e8
3.♗d5 ♘f6 4.c7 ♘d7+ 5.♔f4
♘b6 6.♗e6) 2.♗d5 ♘c7
3.♗c4 ♘e8 4.♗e6 ♘c7

5.♗d7 ♘d5+ 6.♔e4 (jetzt kann der König dem c-Bauern zu Hilfe kommen) **6. ... ♘c7 7.♔d4 ♘b5+ 8.♔c5 ♘c7 9.♔b6 ♘d5+ 10.♔b7 ♔e7 11.c7.** Weiß hat sein Ziel ohne jede Schwierigkeit erreicht. Was aber, wenn er sich mit dem König sofort auf den Weg macht, wie dies in der Partie geschah?

1.♔e3.

Dieser Zug kompliziert die Gewinnführung erheblich, da Schwarz nun seine Figuren aktivieren kann: **1. ... ♔e5 2.♔d2! ♘e8** (2. ... ♔:e4 3.f6 ♔d5 4.f7 ♘e6 5.c7, und Weiß gewinnt) **3.♔c2** (Weiß verliert Zeit; richtig war 3.♔d3!, z. B. 3. ... ♘c7 4.♔c4 ♔d6 5.♔b4 ♘e8 6.♔b5 ♔c7 7.♔c5 ♘f6 8.♗f3 ♘e8 9.♔d5 ♘f6+ 10.♔e6 usw.) **3. ... ♔d6 4.♔b3?**

Der letzte Fehler. Mit 4.♔c3! ♔e5 (oder 4. ... ♘f6 5.♔d3 ♘e8 6.♔d4 ♘f6 7.♔e3! ♘e8 8.♔f4 ♘f6 9.♗f3 ♘e8 10.♔g5 ♔e7 11.♔g6 ♘f6 12.c7 usw.) 5.♔d3! ♔d6 6.♔c4 ♔e5 7.♔c5 wäre Weiß immer noch zum Erfolg gekommen.

4. ... ♘f6! (Schwarz nutzt die Abseitsstellung des weißen Königs und greift die Bauern an) **5.♗f3 ♘g8!**

Gegen die Drohung 6. ... ♘e7! hat Weiß keine befriedigende Verteidigung. Remis!

Je weiter die Bauern voneinander entfernt stehen, desto leichter fällt in der Regel der Gewinn. Der Plan zur Realisierung des Vorteils bleibt der gleiche: Heranführung des Königs an den Bauern, der durch den Springer blockiert wird. Aber auch hier können sich verschiedene technische Schwierigkeiten ergeben, mit denen wir uns in Beispiel 110 vertraut machen wollen.

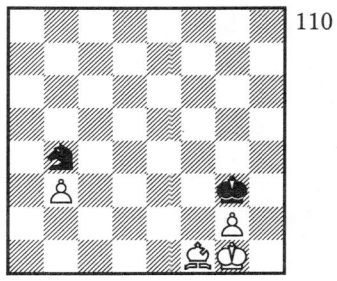

110

Weiß gewinnt

Bevor Weiß den König in Marsch setzt, muß er die Aufstellung des Läufers verbessern: **1.♗e2 ♘a2 2.♗f3 ♘b4 3.♔f1 ♘a2 4.♗b7!**

Weiß ist auf der Hut. Sowohl 4.♔e2 ♘c1+ als auch 4.♔e1 ♘c1 5.b4 (5.♗d5 ♘:b3!) 5. ... ♘d3+ würde zu Bauernverlust führen.

4. ... ♔f4 5.♔f2 ♘c1 6.♗d5! ♘d3+ 7.♔e2 ♘c1+ 8.♔d2.

Der König ist ins Freie gelangt, und der Leser kann sich selbst davon überzeugen, wie einfach Weiß jetzt gewinnt. Sehen wir uns einige Beispiele an, in denen der Abstand zwischen den isolierten Bauern minimal ist.

J. Awerbach, 1958

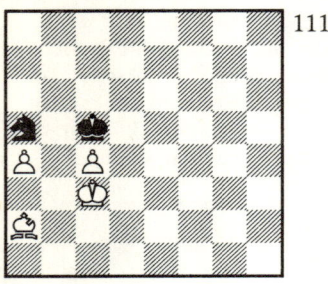

111

Weiß gewinnt

Die schwarzen Figuren scheinen sehr gut postiert zu sein. Dennoch kann Weiß die Blockade brechen.
1.♗b3 ♘c6 2.♗c2 ♘e5
3.♗d3 ♘d7 (3. ... ♘c6 4.♗e4
♘e5 5.♗d5 ♘d7 6.a5 ♘b8
7.♗b7 ♘d7 8.a6 ♔b6 9.♔d4
♘c5 10.♔d5 ♘d7 11.♗c8
♘f6+ 12.♔d4 ♘e8 13.c5+
♔a7 14.♔d5 ♘c7+ 15.♔d6
♘b5+ 16.♔d7 ♔b8 17.c6
♔a7 18.c7 usw.) 4.a5 ♘e5
5.a6 ♔b6 (5. ... ♘c6 6.♗e4
♘a7 7.♗b7) 6.c5+! ♔a7
7.♗b5. Der Rest ist einfach,
z. B. 7. ... ♘g6 8.♔d4 ♘e7
9.♔e5 ♔b8 10.♔e6 ♘c8
11.♗d7 ♘a7 12.♔d6 ♔a8
13.♔c7.
Auch der Versuch, eine *Festung* zu errichten, schlägt in derartigen Stellungen fehl.

J. Awerbach, 1958

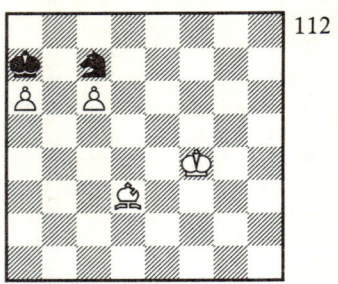

112

Weiß gewinnt

Um zu gewinnen, muß Weiß mit dem König nach b8 durchbrechen. Dies gelingt.
1.♔e5 ♔b6 2.♔d6 ♘a8
3.♗c4! (aber nicht 3.♔d7 ♘c7
4.♔c8? wegen 4. ... ♘:a6!)
3. ... ♘c7 4.♔d7 ♘a8 5.♔c8!
♔:c6 (5. ... ♘c7 6.a7 ♔:c6
7.♔b8 ♔b6 8.♗f1 ♔c6
9.♗g2+ ♔b6 10.♗b7) 6.♔b8!
(ein Fehler wäre 6.a7 ♘b6+
7.♔b8 ♘d7+ 8.♔c8 ♘b6+
9.♔d8 ♔b7 mit Remis) 6. ...
♘b6 7.♗e6! ♔b5 8.♔b7 ♔a5
9.a7 ♔b5 10.♗g4 ♔a5
11.♗e2, und Weiß gewinnt.
Wenn das Umwandlungsfeld eines Turmbauern dem Läufer unzugänglich ist, ergeben sich in der Regel zusätzliche Remischancen.

J. Behting, 1892

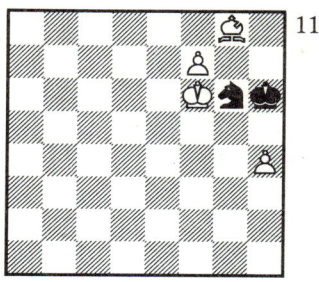

113

Weiß gewinnt

Wie soll Weiß sein materielles Übergewicht hier verwerten? Sein Läufer steht sehr ungünstig, und das Eckfeld ist ihm unzugänglich. Auf den ersten Blick scheint 1.h5 zu gewinnen, da 1. ... ♔:h5 an 2.♔g7 ♔g5 3.♗h7 ♘f4 4.♗f5 scheitert. In Wirklichkeit führt 1.h5 jedoch zum Remis, weil Schwarz auf Patt spielen kann, z. B. 1. ... ♘f8 2.♔e7 ♔g7 3.♔e8 (3.h6+ ♔h8) 3. ... ♘e6 4.♗h7 ♘c7+ 5.♔e7 ♘d5+ oder 4.h6+ ♔h8! 5.♔e7 (5.♗h7 ♔:h7 6.♔e7 ♘f4) 5. ... ♘f8. Auch im Fall von 1.♗h7 ♔:h7 2.h5 ♘e5! 3.♔:e5 ♔g7 4.♔e6 ♔f8! hält Schwarz das Gleichgewicht aufrecht.
Weiß gewinnt durch außerordentlich feines Spiel.
1.♔e6!! und nun:
1) **1. ... ♔g7 2.h5 ♘f4+**
(2. ... ♘f8+ 3.♔e7 ♔h8 4.♗h7!! ♘:h7 5.h6, und Weiß gewinnt) **3.♔d6!! ♔f8 4.h6**

♘g6 5.♔e6 ♘e7 6.♔e5 ♘g6+ (6. ... ♘:g8 7.h7) 7.♔f5 ♘h8 8.♔f6 ♘:f7 (Schwarz hat einen Bauern erobert, doch Weiß lenkt in ein gewonnenes Endspiel mit einem Mehrbauern ein; der Rest ist unkompliziert) **9.h7** ♘h8 10.♗e6 ♘f7 11.♔g6 ♘h8+ 12.♔h6 ♔e7 13.♗g4! ♔f7 14.♗f3 ♔f6 15.♗h5 ♔e7 16.♔g7 usw.
2) **1. ... ♔h5 2.♗h7! ♘f8+ 3.♔f6 ♔h6 4.♗f5 ♘g6! 5.♗e4! ♘f8 6.♔e7 ♔g7 7.h5 ♘d7 8.h6+! ♔h8 9.♗d5,** und Weiß gewinnt.
In Stellungen, in denen einer der Bauern ein Randbauer ist, dessen Umwandlungsfeld der Läufer nicht kontrollieren kann, erfordert die Realisierung des Vorteils gewöhnlich große Genauigkeit.
Charakteristisch dafür sind die folgenden Beispiele.

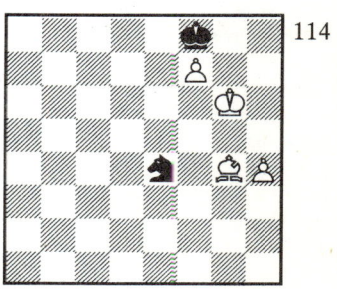

114

Schwarz am Zuge. Weiß gewinnt

1. ... ♘c5! (bereitet die meisten Schwierigkeiten; einfacher hat es Weiß nach 1. ... ♘f6

65

2.♗e6! ♘e4 3.h5) **2.♗f5!**
(zum Remis führt 2.h5 ♘d3!
3.♗e6 ♘e5+ 4.♔f6 ♘:f7!)
2. ... ♘b7 3.♗e6!
Weiß umgeht eine raffinierte
Falle. Durch 3.h5 ♘d8 4.h6
♘:f7 5.h7 ♘e5+ 6.♔f6 kann
er scheinbar leicht gewinnen.
Schwarz zieht sich jedoch mit
6. ... ♘d7+!! aus der Affäre.
3. ... ♘c5 4.♗a2 ♘d7 5.♔f5!
♔g7 (5. ... ♘f6 6.♗b3 ♘h5
7.♔g5 ♘g3 8.h5 ♘e4+ 9.♔g6
♘f6 10.h6 usw.) **6.♔e6 ♘f8+
7.♔e7 ♘g6+ 8.♔e8 ♘f8 9.h5
♘h7 10.♔e7 ♘f8 11.h6+**,
und Weiß gewinnt.

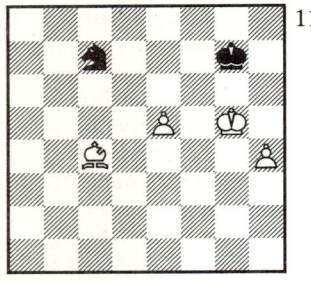

115

Weiß gewinnt

Nach **1.h5** (selbstverständlich
nicht 1.e6 ♘:e6+) hat
Schwarz die Wahl zwischen
zwei Fortsetzungen:
1) **1. ... ♘a8 2.e6 ♘c7** (2. ...
♔f8 3.♔f6 ♘c7 4.e7+ ♔e8
5.♗f7+ ♔d7 6.e8♕+ ♘:e8
7.♗:e8+ ♔:e8 8.♔g7) **3.e7
♘e8 4.h6+ ♔h7 5.♗d3+
♔h8 6.♗g6 ♘c7 7.♔f5** nebst
♔f5–e5–d6, und Weiß ge-
winnt.

2) **1. ... ♔h7 2.♔f6! ♔h6**
(2. ... ♘a8 3.e6 ♘c7 4.e7
♔h6 5.♗f7 ♔h7 6.♘e5 ♔g7
7.♗g6 ♔h6 8.♗d6 ♘b5+
9.♔d7) **3.♔e7 ♔h5** (3. ...
♘a8 4.♔d8 ♘b6 5.♗b3!
nebst e6–e7–e8♕) **4.♔d7
♘a8 5.♔c6 ♔g5 6.♔b7 ♔f5
7.e6**, und Weiß gewinnt.

**Sandor–Benkö
Budapest 1949**

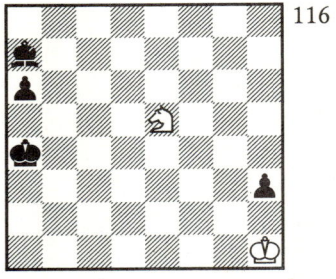

116

Weiß am Zuge

Nach **1.♘c6** stand Schwarz vor
einem schwierigen Problem.
Der Läufer hängt, und auf seinen Abzug geschieht 2.♘b8 a5
3.♘c6 mit Remis. Schwarz
machte sich jedoch die Abseitsstellung des gegnerischen
Königs zunutze. Es folgte:
**1. ... ♔b5!! 2.♘:a7+ ♔c5!
3.♘c8 a5 4.♘e7 a4 5.♘f5 a3
6.♘e3 a2 7.♘c2 ♔c4**. Weiß
gab auf, da der Springer allein
nicht den Bauern aufhält.
Zum Abschluß sehen wir uns
zwei Beispiele an, in denen
das materielle Übergewicht
nicht zum Gewinn ausreicht.

H. Rinck, 1902

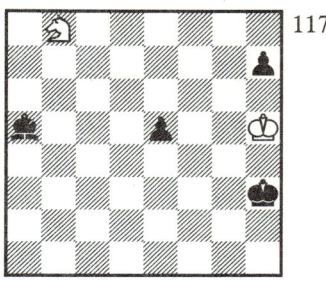

Remis

Die Stellung sieht für Weiß völlig hoffnungslos aus. Es folgt aber **1.♘d7 e4 2.♘f6 e3 3.♘d5 ♗b6** (3. ... e2 4.♘f4+) **4.♘:e3 ♗:e3 patt!!**

R. Stein, 1789

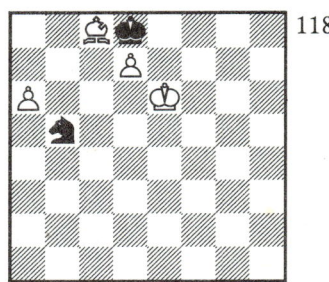

Remis

Hier kann Weiß wegen der ungünstigen Aufstellung seiner Figuren den Materialvorteil nicht behaupten, z. B. **1.♗b7 ♘c7+ 2.♔d6 ♘:a6!** oder **1.♔d5 ♘a7 2.♔d6 ♘:c8+ 3.♔c6 ♘a7+ 4.♔b6 ♔:d7 5.♔:a7 ♔c7** usw.

3. Doppelbauern

Bei Doppelbauern sind die Gewinnchancen bedeutend geringer. Wenn der König der verteidigenden Seite ein Feld vor den Bauern besetzt, das durch den Läufer nicht angegriffen werden kann, ist das Remis wie in Endspielen mit einem Bauern offensichtlich. Wichtig ist nur, daß der Springer dabei beweglich bleibt und nicht in eine Falle gerät.

Am interessantesten sind Stellungen, in denen der Springer, unterstützt von seinem König, den vorderen Bauern auf einem dem Läufer unzugänglichen Feld gestoppt hat.

Es muß indes gesagt werden, daß der zweite Bauer die Gewinnchancen im Vergleich zu Endspielen mit einem Bauern dadurch vergrößert, daß er dem Springer wichtige Felder nehmen kann.

Hier ein charakteristisches Beispiel.

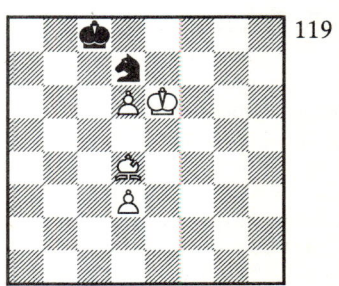

Weiß gewinnt

67

Ohne den zweiten Bauern wäre diese Stellung remis, da Läufer und König nicht in der Lage sind, dem Springer alle Felder streitig zu machen. Mit Hilfe des Bauern d3 ist dies möglich. **1.♔e7 ♘b8 2.♗a7 ♘c6+** (2. ... ♘d7 3.d4) **3.♔e8 ♘e5 4.d4! ♘d7 5.♔e7!**, und Schwarz befindet sich im Zugzwang.

Die Schlußfolgerung jedoch, daß Doppelbauern immer gewinnen, wenn es gelingt, den Gegner in Zugzwang zu bringen, wäre übereilt.

Sehen wir uns an, was geschieht, wenn man Beispiel 119 um eine Linie nach links versetzt.

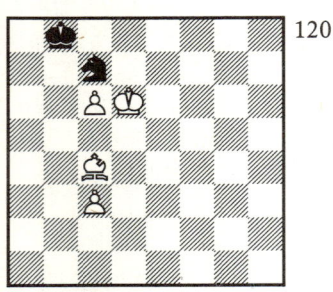

120

Remis

„Warum Remis?" mag der erstaunte Leser fragen. Wie sich zeigt, kann Weiß den Gegner zwar in Zugzwang bringen, aber dies führt nur zum Patt! **1.♔d7 ♘a8 2.♗b5 ♘b6+ 3.♔d8 ♘a8 4.c4 ♘c7 5.♔d7 ♘a8 6.♗a6 ♘b6+ 7.♔d8 ♘a8 8.♗b7 ♘c7!** (8. ... ♘b6

9.c7+! ♔:b7 10.c5 ♘c8 11.c6+, und Weiß gewinnt) **9.♔d7** (Zugzwang) **9. ... ♔a7!!** Jetzt würde 10.♔:c7 zum Patt führen. Auf 10.♗a8 oder 10.♗a6 schlägt Schwarz nicht den Läufer, sondern antwortet 10. ... ♔b8. Auch im Fall von 10.♔c8 ♔b6 11.♔b8 (11.c5+ ♔a7) 11. ... ♘e8 12.♗a8 ♔c5 13.♔c8 ♘d6+ 14.♔d7 ♘:c4 15.c7 ♘b6+ 16.♔e6 ♘c8 kommt Weiß über ein Remis nicht hinaus.

Dank einer Pattmöglichkeit kann sich Schwarz auch in der folgenden Stellung retten.

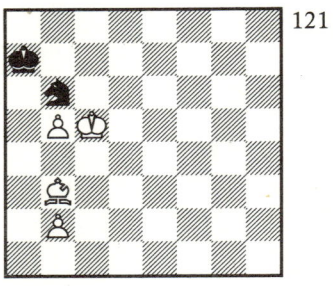

121

Remis

1.♔c6 ♘c8 2.♗e6 ♘b6 (nach 2. ... ♘e7+ 3.♔d7! ♘ beliebig 4.♔c7 zieht Schwarz den kürzeren) **3.b3 ♘a8 4.♗c8** (oder 4.♗d5 ♘b6 5.♗h1 ♘a8 6.♗g2 ♘b6 7.♔c7 ♘d5+!) **4. ... ♘b6!** (4. ... ♔b8 5.b6! ♔:c8 6.b7+, und Weiß gewinnt) **5.♗b7 ♔b8!** (gut ist auch 5. ... ♘d7! 6.♔c7 ♘b6 7.♗c6 ♘c4! oder 7. ... ♘a4) remis.

68

Im Endspiel „Läufer und drei Bauern gegen Springer" verläuft die Gewinnführung in der Regel ausgesprochen elementar.

Aber auch hier gibt es Stellungen, in denen das materielle Übergewicht nicht entscheidend ist.

B. Horwitz und J. Kling, 1851

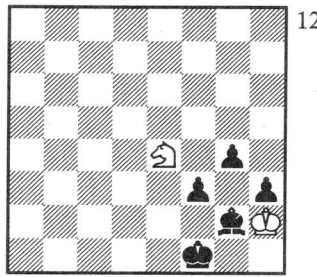

Remis

Weiß hält durch **1.♘f2!** leicht remis. Falls **1. ... g3+ 2.♔:g3 h2**, so **3.♔:h2.**

Bei einer unglücklichen Aufstellung des Königs der stärkeren Seite in der Ecke des Brettes kann dieser, wenn ihm eigene Bauern im Wege stehen, selbst zum Objekt eines Mattangriffs werden. In diesem Fall spielen die Bauern eine negative Rolle, da sie für den König eine Mausefalle bilden. Pikant sind die folgenden beiden Beispiele.

B. Horwitz, 1851

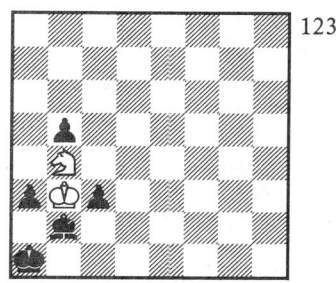

Weiß gewinnt

Nach **1.♔c2!** kann Schwarz nicht verhindern, daß er in sechs Zügen matt gesetzt wird, z. B. **1. ... ♗c1** (noch einfacher für Weiß wäre 1. ... a2 2.♘c6 ♗a3 3.♘d4 und 4.♘b3 matt) **2.♔:c1 c2 3.♔:c2 a2 4.♘d3 b4 5.♘c1 b3+ 6.♘:b3** matt.

F. Bondarenko, 1950
(Schluß einer Studie)

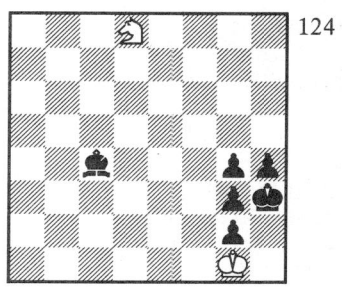

Weiß gewinnt

Um zu gewinnen, muß Weiß mit dem Springer auf eines der

neun Felder h7, h5, g6, f7, e6, d5, e4, d3 oder e2 gelangen. Kann Schwarz dies verhindern? Wir haben eine Aufgabe mit Gegenfeldern vor uns.

Schwarz muß sich auf der Diagonale a2–g8 bewegen, um die Felder e6 und f7 zu kontrollieren. Dadurch kommt der Springer nach c6 und b7 und folglich auch nach c5, d6, d4, e5 und e7.

Versuchen wir zu bestimmen, wo in diesen Fällen der Läufer zu stehen hat:

Bei Springer auf c5 – nur auf f5.

Bei Springer auf d6 – auf d5 oder g6.

Bei Springer auf d4 – nur auf c4.

Bei Springer auf e5 – nur auf g6.

Bei Springer auf e7 – auf f7 oder e4.

Schließlich ist noch das Feld f6 von Interesse. Dabei stellen wir fest, daß ein entsprechendes Gegenfeld für den Läufer nicht vorhanden ist, da dieser nicht gleichzeitig die Felder h5, h7, d5 und e4 verteidigen kann.

Um zu gewinnen, muß Weiß also mit dem Springer nach f6 gelangen.

Es ist leicht zu sehen, daß es dazu ausreicht, den Springer nach e5 zu führen, weil auf den dann erzwungenen Zug des Läufers nach g6 schon ♘e5–d7 nebst ♘d7–f6 möglich ist. Nach e5 kommt der

Springer von c6 aus. Damit ist die Lösung vorgezeichnet.

1.♘c6! ♗d3 2.♘e5! ♗g6
3.♘d7 ♗c2 4.♘f6! ♗g6
5.♘d5 und 6.♘f4 matt.

Viertes Kapitel

Springer und zwei oder mehr Bauern gegen Läufer

1. Verbundene Bauern

Zwei verbundene Bauern verbürgen in der Regel den Sieg. Es gibt jedoch nicht wenig Beispiele, in denen die Gewinnführung auf erhebliche Schwierigkeiten stößt. In einigen Blockadestellungen läßt sich der Vorteil überhaupt nicht realisieren, da ein Vorrücken der Bauern entweder völlig unmöglich ist oder zu ihrem Verlust führt.

Wir beginnen unsere Untersuchungen mit der Analyse von Beispielen mit einer diagonalen Anordnung der Bauern, wobei der vordere von ihnen bereits die vorletzte Reihe erreicht hat.

70

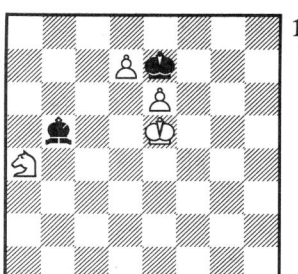

125

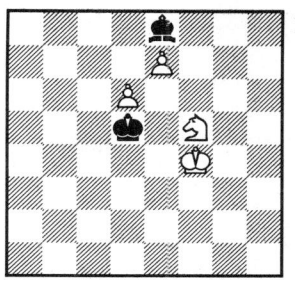

126

Weiß gewinnt

Remis

Die Hauptdrohung, mit der die stärkere Seite hier rechnen muß, ist die Hergabe des Läufers für beide Bauern.

Der weiße Springer ist angegriffen. Gleichzeitig droht 1. ...♗:d7. Weiß kann sich dagegen durch 1.♘b6 oder 1.♘c5 verteidigen. Welcher dieser Züge ist der richtige? Nach **1.♘b6! ♗c6 2.♘d5+ ♔d8 3.♔d6! ♗:d7 4.e7+** kommt Weiß zum Erfolg, denn auf 4. ... ♔c8 entscheidet 5.♘b6+, während 4. ... ♔e8 auf die Erwiderung 5.♘f6+ trifft.

Die natürliche Fortsetzung 1.♘c5 gestattet Schwarz, mit 1. ... ♗c6! remis zu halten, z. B. 2.♔d4 ♔d8 3.♔c4 ♔e7 4.♔b4 ♗d5! 5.♘b7 (sonst spielt Schwarz 5. ... ♗:e6) 5. ... ♗:b7 6.♔c5 ♗e4 7.♔b6 ♔d8! usw.

Sind die Figuren der stärkeren Seite an die Verteidigung der Bauern gebunden, kann dies die Realisierung des Vorteils gänzlich unmöglich machen.

Hier liegt solch ein seltener Fall vor. Weiß kann nicht gewinnen, z. B. **1.♔g5 ♔e5** oder **1.♔g4 ♔e5 2.♔g5 ♔e6.** Wenn die schwächere Seite die Bauern nicht unmittelbar zu schlagen droht, ist der Gewinn, sofern der vordere Bauer bereits auf der 7. oder 6. Reihe steht, in der Regel leicht zu erzielen.

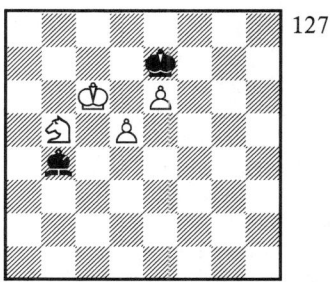

127

Weiß gewinnt

Weiß verwertet sein Übergewicht ohne Schwierigkeiten: **1.♘a7 ♗a3 2.♘c8+ ♔d8 3.d6** (möglich ist auch 3.e7+) **3. ... ♔:c8 4.e7** usw.

71

Eine Verschiebung der Stellung nach rechts oder links hat auf das Ergebnis keinen Einfluß.

Wir kommen nunmehr zur Analyse von Stellungen, in denen der vordere Bauer auf der 5. Reihe steht.

J. Awerbach, 1958

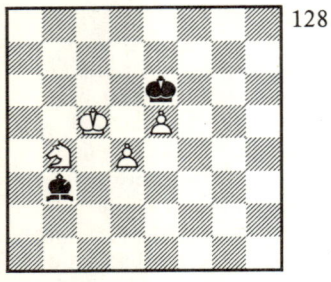
128

Weiß gewinnt

Hier ist es für Weiß nicht leicht, den Erfolg zu erringen. Der Gewinnweg ist außerordentlich interessant und originell. Sehen wir uns einige mögliche Abspiele an:
1.♘a6 ♗a2 2.♘c7+ ♔d7 3.♘d5.
Nur Remis ergäbe 3.d5 ♔:c7 4.e6 ♔d8 (aber nicht 4. ... ♗:d5? 5.♔:d5 ♔c8 6.♔c6! ♔d8 7.♔d6) 5.♔d6 ♗:d5.
3. ... ♔e6 4.♘e3! ♗b1 5.♔c4! (Weiß beabsichtigt, den König nach f4 zu führen und dann d4−d5 zu spielen) **5. ... ♗e4 6.♔c3 ♗f3 7.♔d2 ♗e4.**
Die gleiche Stellung wäre entstanden, wenn Schwarz nicht

4. ... ♗b1, sondern 4. ... ♗b3 gezogen hätte: 5.♔b4 ♗a2 6.♔c3 ♗b1 7.♔d2 ♗e4. 8.♔e2 ♔f7! 9.♔f2 ♔g6. Schwarz ist bemüht, den weißen König nicht nach f4 zu lassen, z. B. 10.♔g3 ♔g5! Dank der Abseitsstellung des gegnerischen Königs gelingt es Weiß nun jedoch, eine Umgruppierung vorzunehmen. 10.♘c4! ♗d5 11.♘d6! ♔g5. Da 10. ... ♔f7 oder 10. ... ♔f5 nicht möglich war, sieht sich der schwarze König von dem rettenden Feld e6 abgeschnitten. Der Versuch, nach e7 zurückzukehren, reicht schon nicht mehr aus, z. B. 11. ... ♔g7 12.♔e3 ♔f8 13.♔f4 ♔e7 14.♘f5+ nebst 15.♘e3 und d4−d5. 12.♔e3 ♔g4 13.♔d3 ♔f4 14.♔c3 ♔e3 15.♘b5 ♔e4 16.♘c7 nebst e6−e7−e8♕.
Auch eine passive Verteidigung hätte nicht geholfen: 13. ... ♔g5 14.♔c3 ♔f4 15.♔b4 ♔e3 16.♔c5! usw.
Schwarz konnte im 7. Zug stärker spielen.
7. ... ♗c6! (nach 7. ... ♗b7 8.♔e2 ♔f7 9.♔f2 ♔g6 10.♘c4! und 11.♘d6 kommt es zu der vorhergehenden Variante) **8.♔e2 ♔f7! 9.♘c2!** (Weiß findet erneut eine Möglichkeit, sich umzugruppieren) **9. ... ♔e6 10.♔e3 ♔f5 11.♘b4! ♗h1!**
Der einzige Zug, der den Widerstand verlängert. Alles andere verliert schneller, da Weiß

das Spiel dann in die eingangs untersuchte Variante lenken kann, z. B.:

1) 11. ... ♗a4 (oder 11. ... ♗b7 bzw. 11. ... ♗g2) 12.♘d3! nebst 13.♘c5 mit Abschneidung des Königs.

2) 11. ... ♗b5 (oder 11. ... ♗e8) 12.♘d5! nebst 13.♘c7.

3) 11. ... ♗a8 12.♘a6! nebst 13.♘c7.

Es ist originell, wie der Springer den Läufer überall aufspürt.

12.♘d3! ♔e6 (es drohte 13.♘c5) **13.♔f4! ♔d5 14.♘b4+!! ♔c4.**

Nach 14. ... ♔:d4 15.e6 ♗e4 16.♔g5! ist der Bauer nicht mehr aufzuhalten.

15.d5!

Der einzige Gewinnzug. Nach 15.e6 ♔:b4 16.♔e5 ♔c4 17.♔d6 ♗f3 18.e7 ♗h5 19.d5 ♗e8 20.♔e6 ♔c5 21.d6 ♔c6 ist das Endspiel remis.

15. ... ♔:b4 16.d6 ♗c6 17.e6, und Weiß gewinnt.

J. Awerbach, 1958

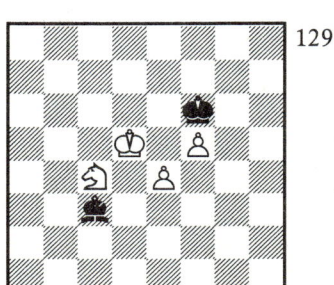

129

Weiß gewinnt

Auch in dieser Stellung, die sich durch Verschiebung von Beispiel 128 um eine Linie nach rechts ergibt, kommt Weiß zum Erfolg. Der Gewinnplan ist der gleiche. Wir beschränken uns auf eine charakteristische Variante:

1.♘b6 ♗b2 2.♘d7+ ♔e7 3.♘e5 ♔f6 4.♘f3 ♗c1 5.♔d4 ♗f4 6.♔d3 ♗d6 7.♔e2 ♗b8 8.♔f2 ♔g7 9.♘d2! ♔f6 10.♘c4 ♔g5 11.♔f3 ♗a7 (dieses Feld stand dem Läufer im vorigen Beispiel nicht zur Verfügung) **12.♘e5 ♔f6 13.♘c6!** nebst **14.♔g4** und e4−e5+.

Bemerkt sei, daß Weiß in den Stellungen 128 und 129 unabhängig davon gewinnt, wo der Läufer steht.

Ein Beispiel mit einem Läufer- und einem Zentralbauern entsteht auch, wenn man Stellung 128 um eine Linie nach links verschiebt.

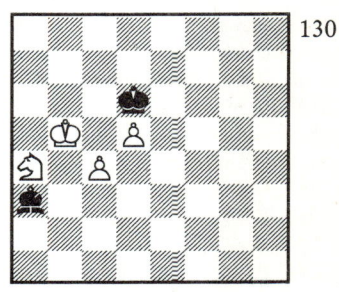

130

Weiß gewinnt

Hier gewinnt Weiß ziemlich leicht, da Schwarz nach **1.♘b6** oder **1.♘c3** in Zugzwang gerät und das Vorrücken der Bauern zulassen muß.

Es taucht die berechtigte Frage auf: Ist der Grund für die Niederlage nicht in der ungünstigen Aufstellung des Läufers a3 zu suchen? Versetzen wir den Läufer nach a1, um zu prüfen, ob Weiß auch in diesem Fall Erfolg hat.

J. Awerbach, 1958
F. Baracz, 1959

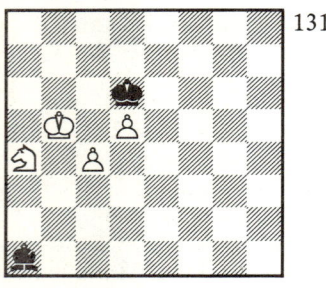

131

Weiß gewinnt

Der typische Plan – das Umgehungsmanöver des Königs in Verbindung mit einem Opfer des Springers –, der von Weiß in Beispiel 128 angewandt wurde, ist hier nicht zu verwirklichen, z. B. **1.♘c5 ♗d4 2.♘d3 ♗a7 3.♔b4 ♗d4 4.♔b3 ♗e3 5.♔c2 ♗b6 6.♔d2 ♔e7! 7.♘b2 ♔d6 8.♔d3 ♔e5 9.♘a4 ♗g1 10.♘c3 ♔d6**, und auf **11.♔e4** geschieht 11. ... ♔c5 **12.♘a4+ ♔:c4** (möglich ist auch 12. ... ♔b4 13.c5 ♔:a4

14.c6 ♗h2) 13.d6 ♗h2 14.d7 ♗c7 mit Remis.

Im Vergleich zu Beispiel 128 verfügt der Läufer hier über das zusätzliche Feld h2, was die Verteidigungsressourcen erhöht.

Wie Baracz 1959 entdeckte, kann Weiß nach 1. ... ♗d4 aber trotzdem gewinnen, wenn er die Randlinie für ein Springermanöver nutzt, z. B. **2.♘e4+! ♔e5 3.♘g5! ♔d6 4.♘f7+ ♔e7 5.♘h6! usw.** Auch 3. ... ♗e3 würde dann wegen 4.♘f7+ ♔f6 5.♘d6 ♔e5 6.♘b7 usw. nicht mehr helfen.

Es wird deutlich, daß 1. ... ♗d4 nicht die stärkste Fortsetzung war. Hartnäckiger ist **1. ... ♗b2,** obwohl Weiß den Widerstand des Gegners in diesem Fall auf die gleiche Art brechen kann: **2.♘e4+ ♔e5 3.♘g5 ♔d6 4.♘f7+ ♔e7 5.♘h6! ♔d6 6.♘f5+ ♔e5 7.♘e7 ♔d6 8.♘c8+ ♔c7 9.♘b6!,** und gegen 10.c5 gibt es keine Verteidigung.

Nunmehr ist es nicht schwer, sich in dem folgenden alten Beispiel zurechtzufinden.

74

**Perenyi–Löwenthal
London 1851**

F. Baracz, 1959

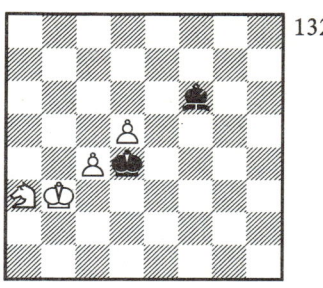

132

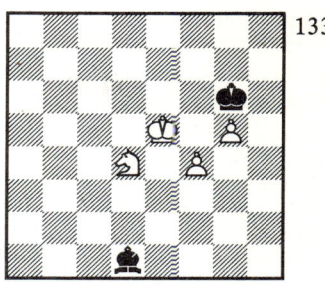

133

Weiß gewinnt

Weiß am Zuge

In der Partie geschah **1.♘b5+
♔c5 2.♘c3 ♗d8 3.♘e4+
♔d4 4.♘d6 ♗g5 5.♔a4 ♗f4**
mit Remis.
Eine einfache Analyse zeigt,
daß beide Gegner nicht die
stärksten Fortsetzungen wähl-
ten. Erstens muß Weiß wegen
seines letzten Zuges gerügt
werden. Nach **5.♘b7!** mit der
Drohung 6.d6 hätte er leicht
gewonnen, z. B. **5. ... ♔e5
6.d6 ♔e6 7.♔b4 ♔d7 8.♔b5**
usw.
Zweitens konnte sich Schwarz
mit **2. ... ♗h4** (anstelle von
2. ... ♗d8) hartnäckiger verteidigen, wenngleich Weiß auch
dann nach **3.♘a4+ ♔d6
4.♔b4 ♗f2 5.♘c3!** wie in Beispiel 131 zum Erfolg kommt.
Sehen wir uns jetzt eine Stellung mit einem Läufer- und
einem Springerbauern an.

Weiß gelingt es, den König
nach h4 zu führen, z. B.
**1.♔e4 ♗a4 2.♘f3 ♔h5 3.♔g3
♗e8** (3. ... ♗d7 4.♘f3 und
5.♘e5) **4.♘f5 ♔g6** (4. ... ♗d7
5.♘e7, und der weiße König
begibt sich nach f6) **5.♘d6
♗d7 6.♔h4** nebst **7.f5+.**
Hartnäckiger ist **1. ... ♗g4
2.♔e3 ♗d1 3.♔f2 ♔h5.** Falls
nun 4.♔g3, so 4. ... ♗a4
5.♘f5 ♔g6. Weiß spielt aber
4.♔g2! ♔h4 (4. ... ♗a4
5.♔g3 und weiter wie in der
ersten Variante) **5.g6 ♗h5
6.♘f5+ ♔g4 7.g7 ♗f7
8.♘h6+.**
Wenn Schwarz 2.♔e3 mit
2. ... ♗d7 beantwortet, entscheidet 3.♔f2 ♔h5 4.♔f3
♗e8 5.♘f5 ♔g6 6.♘d6 ♗d7
7.♔g3 ♔h5 8.♘c4! ♗e6
9.♘e5. Der schwarze König ist
abgeschnitten. Weiß beordert
den König nach f6 und ge-
winnt.
Neue Möglichkeiten ergeben
sich bei Randbauern.

J. Awerbach, 1957
Nach B. Horwitz, 1880

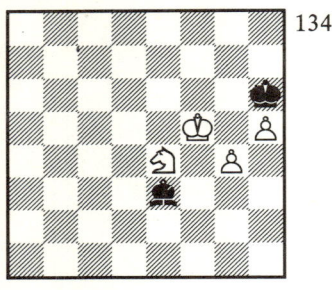

134

Remis

Hier ist die Aufstellung des Läufers von ausschlaggebender Bedeutung. Nur wenn dieser auf **e3, c1, a3** oder **b4** steht, kann Schwarz die Partie retten. Anderenfalls kommt Weiß zum Erfolg.
Befindet sich der Läufer auf e7, h4, d8, h8 oder g7, gewinnt Weiß durch 1.♘f6. Bei allen übrigen Aufstellungen des Läufers entscheidet 1.g5+! ♔:h5 2.♘f6+ ♔h4 3.g6 und 4.g7. Sehen wir uns an, wie sich Schwarz rettet, wenn der Läufer auf **e3** steht.
1.♘d6 ♗c1! Das einzige. Alles andere verliert, z. B.:
1) 1. ... ♗d2 2.♔f6! ♗c3+ (2. ... ♗g5+ 3.♔f7 ♗d2 4.♘f5+ ♔h7 5.♔f6 ♗c3+ 6.♔g5 ♗d2+ 7.♔h4 ♗e1+ 8.♘g3 und 9.g5) 3.♔f7 ♗g5 4.♘e4+! ♔:g4 5.♔g6! ♗g7 6.♘g5 ♔h4 7.♘e6 ♗h8 8.h6 ♔g4 9.h7 usw.
2) 1. ... ♗f2 2.♔f6 ♗h4+

3.♔f7 ♗g5 4.♘f5+ ♔h7 5.♔e6 ♗d8 (5. ... ♗d2 6.♔f6 wurde bereits untersucht, und auf 5. ... ♔g8 folgt 6.♘d6 ♔h7 7.♔f5 ♗e7 8.♘e4 ♔h6 9.♘f6 und 10.g5) 6.♘e7 ♔h6 7.♔f6 ♗ beliebig 8.♘f5+ und 9.g5.
3) 1. ... ♗d4 2.♔f4! nebst 3.♘f5+ und 4.g5.
4) 1. ... ♗c5 2.♘f7+ ♔g7 3.♔e6! ♗e3 4.♘d6! (ein grober Fehler wäre 4.g5 ♗:g5 5.♘:g5 ♔h6; jetzt hingegen kann Weiß die ungünstige Aufstellung des Läufers für eine erfolgreiche Umgruppierung nutzen) 4. ... ♗g5 5.♔f5 ♗e7 6.♘e4 ♔h6 7.♘f6 und 8.g5.
2.♘f7+ ♔g7 3.♘g5.
Auch 3.♔e6 ♗f4 4.♔f5 ♗c1 5.♘e5 ♔h6 6.♘d3 ♗g5! 7.♘c5 ♗c1 8.♘e6 ♗a3 bringt Weiß nichts ein.
3. ... ♔h6 4.♘e6 ♗a3!
Erneut der einzige Zug. Es drohte 5.♘f4 mit Sperrung der Diagonale. Auf 5.g5+ führt nun 5. ... ♔:h5 6.♔f6 ♗b2+ 7.♔f7 ♗c3 8.g6 ♔g4 zum Remis.
5.♘f4 ♗e7 6.♘d5 ♗g5 7.♘f6 ♗c1.
Schwarz gelingt es, alle Drohungen des Gegners zu parieren. Ungenügend wäre auch 1.♔f6 ♗d4+ 2.♔f7 ♗e3 3.♘f6 ♗g5 4.♘g8 ♗:g4.
Stände der Läufer auf b4 (oder a3), würde der weiße Gewinnversuch **1.g5+ ♔:h5 2.♘f6+ ♔h4 3.g6** an 3. ... ♗f8 scheitern, z. B. **4.♘e8 ♔h5 5.♔f6**

76

♔g4 6.♘f7 ♗h6 7.♘f6+
♔g5! 8.♘g8 ♗f8 9.♘e7 ♗h6
mit Remis.
Auf 1.♘g5 hat Schwarz, wenn
sein Läufer auf b4 steht, eine
einzige, jedoch ausreichende
Antwort: 1. ... ♗a3! (falls
1. ... ♗d2, so 2.♘f7+ ♔g7
3.♘d6 ♔h6 4.♔f6! ♗c3+
5.♔f7 ♔g5 6.♘e4+, und
Weiß gewinnt wie bereits betrachtet) 2.♘f7+ ♔g7 3.♔e6
♗c1 usw.

**J. Awerbach und J. Geller,
1954**

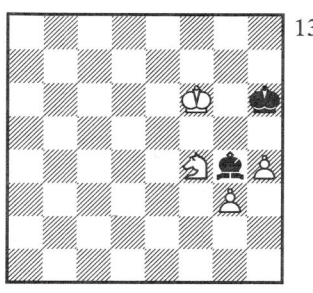

135

Schwarz am Zuge. Weiß gewinnt

Eine derartige Stellung, allerdings eine Reihe höher, entstand bei der Analyse des Beispiels 134 in den Varianten 1
und 2. Die Verschiebung hat
das Ergebnis nicht geändert.
Weiß gewinnt sogar, wenn
Schwarz am Zuge ist.
1. ... ♗d7 (sofort verlieren
würde 1. ... ♗d1 2.♔f5 ♗c2+
3.♔g4 ♗d1+ 4.♔h3 und
5.g4) 2.♔e5 ♗g4 3.♔e4! ♗c8.
Den Zug 3. ... ♗d7 sehen wir

uns anschließend gesondert an.
Schwarz muß das Feld g4 räumen, denn auf 3. ... ♔g7 führt
4.♘d5 ♔h6 5.♔f4 ♗e6
6.♘e3 ♔h5 7 ♘f5 und 8.g4 zu
einer schnellen Entscheidung.
4.♘d5 ♔h5 5.♔e5! Die
Pointe: 5. ... ♗b7 oder 5. ...
♗a6 scheitert jetzt an 6.♘f6+
und 7.g4, während 5. ... ♗d7
den Läufer kostet. Schwarz hat
die Wahl zwischen drei Fortsetzungen, von denen jedoch
keine Rettung bringt:
1) 5. ... ♔g4 6.♘f6+ ♔:g3
7.h5 ♗a6 8.h6 ♗d3 9.♘e4+
und 10.h7.
2) 5. ... ♔h6 6.♔f4 ♔h5
7.♘e3 ♗a6 (7. ... ♗h3 8.♘f5
usw.) 8.g4+! ♔:h4 9.♘f5+
♔h3 10.g5 ♗c4 11.g6 ♗b3
12.♔g5 ♗c4 13.g7.
3) 5. ... ♗h3 6.♘f4+ ♔g4
7.♘:h3.
Schwarz hätte auch 3. ... ♗d7
ziehen können. Darauf folgt
4.♘d5 ♗e6 5.♔e5! (5.♘e3
♔h5 6.♔f4 ♗b3!) 5. ... ♗c8
6.♔f4 ♔h5 7.♘e3 ♗a6
8.g4+!, und Weiß gewinnt wie
in Variante 2.

J. Awerbach, 1958
A. Chéron, 1964

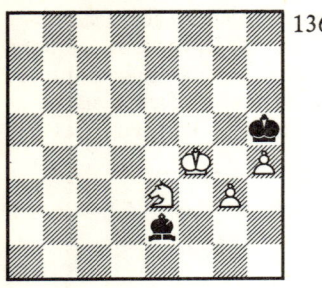

136

Weiß gewinnt

Diese Stellung entsteht, wenn man Beispiel 134 um eine Reihe nach unten verschiebt. Die Diagonale des Läufers ist hier zu kurz, was sich Weiß zunutze machen kann.*

1.♘d5 ♗d1!
Die beste Erwiderung. Zum Verlust führt sowohl 1. ... ♗a6 2.♘f6+ ♔g6 3.♘e8 ♔h5 4.♘g7+ ♔g6 5.♘f5 als auch 1. ... ♗b5 2.♘f6+ ♔g6 3.♔e5 ♗e2 4.♘d5 nebst 5.♘f4 mit Übergang zu 135.
2.♘f6+ ♔g6 3.♔e5 ♗f3!
Erneut am stärksten. Falls 3. ... ♗e2, so 4.♘d5 nebst 5.♘f4, und auf 3. ... ♔h6 entscheidet 4.♔f5 ♗c2+ 5.♔g4 (droht 6.h5) 5. ... ♔g6 (5. ... ♗d1+ 6.♔h3 ♔g6 7.♘d5) 6.♘d5 ♗f5+ 7.♔f4(f3), und Weiß setzt g3–g4 durch.

4.♘d5 ♔h5 5.♘e3!
Da Schwarz jetzt wegen 6.♔f4 nebst 7.g4 nicht mit dem König ziehen darf, bleiben ihm zwei Läuferzüge.
1) **5. ... ♗e2 6.♔f4!**
Diese Übergabe der Zugpflicht an den Gegner war das eigentliche Ziel der weißen Manöver. Der Läufer muß nun die Diagonale räumen.
6. ... ♗b5.
Wenn 6. ... ♗d3 oder 6. ... ♗a6, so 7.g4+ ♔:h4 8.♘f5+ ♔h3 9.g5 ♗c4 10.g6 ♗b3 11.g7, und Weiß gewinnt, z. B. 11. ... ♗g8 12.♔g5 ♗b7 13.♘h6 ♔g3 14.♘f7 ♔f3 15.♔h6 ♗g8 16.♔g6 ♔f4 17.♘h6 ♗c4 18.♘f7 ♗d3+ 19.♔h6.
7.♘f5! ♗e2 8.♘g7+ ♔g6 9.♘e6! ♔h5 (nur Zugumstellung wäre 9. ... ♗c4 10.♘e5 ♔h5 11.♔f5) **10.♔f5! ♗d3+.**
Nach 10. ... ♗g4 11.♔f6 ♗d1 12.♘f4+ ♔g4 13.h5! ist der Bauer nicht aufzuhalten.
11.♔f6 ♔g4.
Oder 11. ... ♗h7 12.♘f4+ ♔g4 13.h5 ♔:g3 14.♔g5!, und weiter wie in der Hauptvariante.
12.♘f4 ♔:g3 13.♔g5!, und wir haben die für Weiß gewonnene Stellung 94 erreicht.
2) **5. ... ♗c6 6.♘d5! ♔g4** (es drohte 7.♘f6+ und 8.g4)

---

* In der ersten Auflage der „Schachendspiele" (1958) galt diese Stellung als remis. Der Autor fand den Gewinnweg erst 20 Jahre später, erfuhr dann aber, daß Chéron ihn schon früher entdeckt hatte.

7.♘f6+ ♚:g3 8.h5 ♝b5 9.h6
♝d3 10.♘e4+ nebst 11.h7,
und Weiß gewinnt.
Eine interessante Remisstellung zeigt das folgende Diagramm.

Fine–Reschewski
Semmering-Baden 1937

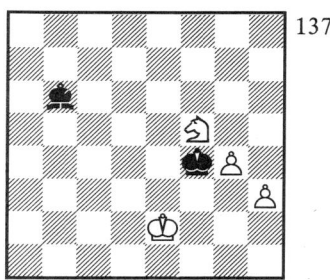

137

Remis

Wenn Weiß gewinnen will,
muß er mit dem König an die
Bauern herankommen. Dies ist
aber gar nicht so einfach. Auf
1.♔f1 mit der Drohung 2.♔g2
könnte 1. ... ♔f3! 2.g5 ♝d8
3.g6 ♝f6 folgen. Falls nun
4.g7, so 4. ... ♝:g7 5.♘:g7
♔g3 mit Eroberung des h-Bauern. Weiß entschloß sich daher, den König auf eine weite
Reise zu schicken. Es folgte:
1.♔d3 ♝d8 2.♔d4 ♝f6+
3.♔d5 ♝h8 4.♔d6 ♝e5+
5.♔e6 ♝a1 6.♔e7 ♝b2
7.♔f7 ♔g5!
Es drohte 8.♔g6 nebst 9.g5
mit schnellem Gewinn.
Schwarz hat dies verhindert,
und Weiß bleibt nichts anderes

übrig, als in das Remis einzuwilligen.
Nachdem wir uns mit den Besonderheiten diagonaler Bauernstellungen vertraut gemacht
haben, können wir uns mit der
Methode des Vorrückens verbundener Freibauern befassen.

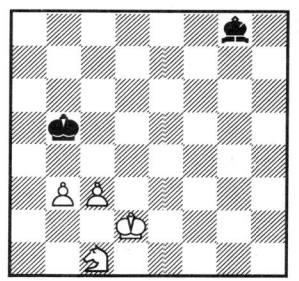

138

Weiß gewinnt

Wie wir gesehen haben, kann
es in Stellungen mit diagonaler
Anordnung der Bauern bei der
Realisierung des Vorteils zu
Schwierigkeiten kommen.
Weiß muß die Bauern deshalb
so bewegen, daß Diagonalstellungen vermieden werden.
1.♔c2 ♝e6 2.♘d3 ♝g8
3.♔b2 ♝e6 (Schwarz muß
sich passiv verhalten) 4.♔a3
♝g8 5.♘b2 ♝f7 6.b4! ♝e8.
Da auf 6. ... ♝g8 trotzdem
7.c4+ folgt, gruppiert sich
Schwarz um.
7.c4+ ♔a6 8.♔b3 ♔b6
9.♔c3 ♝d7 10.♔d4 ♝c6
11.♘d1 ♝e8 12.♘c3 (Weiß hat
die Vorbereitungen abgeschlossen, seine Bauern eine weitere
Reihe vorzustoßen) 12. ...

♔c6 13.c5 ♗d7 14.b5+ ♔b7
15.♔c4 ♔c7 16.♘d5+ ♔b7
17.♔b4 ♗e8 18.♔a5 ♗d7
19.♘b4 ♗e8 20.b6 ♗h5
21.c6+ ♔ beliebig 22.b7.
Der gezeigte Plan mag nicht
der kürzeste sein und ist
selbstverständlich nicht der
einzige. Er läßt Schwarz jedoch
nicht die geringste Chance.
Der Leser sollte vor allem beachten, wie Weiß seine Bauern
mit König und Springer „plom-
bierte" und es den gegnerischen Figuren nicht gestattete,
sich zwischen ihnen festzusetzen.
Bei der Verwirklichung des Ge-
winnmanövers benötigte der
weiße König die Turmlinie. In
Stellungen mit Randbauern
läßt sich dieser Plan daher
nicht durchführen.

J. Awerbach, 1958

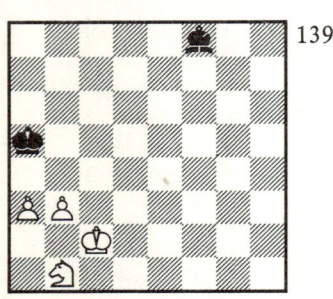

139

Weiß gewinnt

Weiß hat hier auf der ersten
Etappe des Gewinnweges beträchtliche Schwierigkeiten zu
überwinden.

1.♔b2 ♗e7 2.♘c3.
Schwarz verfügt nun über drei
Fortsetzungen, die wir uns
nacheinander ansehen wollen:
1) 2. ... ♗f8 3.♘d5! ♗g7+
(falls 3. ... ♔b5, so 4.b4 ♔c4
5.♘e3+ ♔d3 6.♘g4 ♔c4
7.♘e5+ ♔d5 8.♘g6 ♗ belie-
big 9.♔b3 ♔c6 10.♔c4 und
weiter wie in der Hauptvariante) 4.♔a2 ♔b5.
Wenn 4. ... ♗e5, so 5.b4+
♔a4 6.♘b6+ ♔b5 7.♘d7 ♗
beliebig 8.♔b3 usw. Auf 4. ...
♗d4 folgt 5.b4+ ♔a4 6.♘f4!
♗c3 7.♘d3 nebst 8.♘b2+
und 9.♔b3.
5.♘f4! ♗f6 (5. ... ♗f8 6.♘d3
♗d6 7.♔b2! ♗e7 8.b4 ♔c4
9.♔c2 nebst 10.♘b2+ und
11.♔b3) 6.♘d3! ♗e7 7.b4
♔c4 8.♘b2+ ♔c3 9.♘a4+
♔c4 (nach 9. ... ♔c2 10.b5
♗d6 11.b6 geht der Bauer zur
Dame) 10.♘b6+ ♔b5
11.♘d5! ♗d8 12.♔b3.
Die erste Etappe ist abgeschlossen. Die Bauern können
weiterrücken. Der Rest ist wesentlich einfacher.
12. ... ♔c6 13.♔c4 ♗g5 14.a4
♗d8 15.a5 ♔d6 16.a6 ♔c6
17.b5+, und Weiß gewinnt.
2) 2. ... ♗c5 3.♘d5 ♔b5!
4.♘f4! (ein Fehler wäre 4.b4?
wegen 4. ... ♔c4! mit Remis)
4. ... ♗f8 5.♘d3 ♗g7+
6.♔a2 ♗f8 (falls 6. ... ♗f6, so
7.a4+ ♔a5 8.♔a3 und 9.b4)
7.b4 ♔c4 8.♘e5+!
Aber nicht 8.♘b2+? ♔c3
9.♘a4+ ♔c4 10.♘b6+ ♔b5
11.♘d5 ♔c4 12.♘e3+ ♔c3,

und Weiß ist nicht vom Fleck gekommen.

8. ... ♚c3 (auf 8. ... ♚d5 geschieht 9.♘d7 nebst 10.♔b3) **9.b5!** (wenn 9.♘c6, so 9. ... ♚c4 10.♘a5+ ♚c3, und Weiß hat nichts erreicht) **9. ... ♚d4 10.♘d7 ♝ beliebig 11.b6,** und Schwarz muß für den Bauern seinen Läufer geben.

3) 2. ... ♝d6 **3.♘d5 ♚b5 4.b4 ♚c4 5.♘e3+ ♚d3 6.♘f5 ♝f8 7.♔b3 ♝e4** (ein verzweifelter Versuch, den Springer zu erobern, der aber leicht pariert wird) **8.♘h4 ♝e7 9.♘g6 ♝d6 10.♔c4 ♔f5 11.♔d5,** und Weiß gewinnt mühelos.

Wir haben somit festgestellt, daß die schwächere Seite bei verbundenen Bauern nur in einigen Diagonalstellungen remis halten kann.

Stehen die Bauern nebeneinander, kommt die stärkere Seite in der Regel zum Erfolg.

Bei Randbauern ist die Gewinnführung jedoch recht beschwerlich.

2. Isolierte Bauern

Mit zwei isolierten Bauern wird sich die stärkere Seite gewöhnlich durchsetzen. Eine ungünstige Figurenstellung kann die Verwertung des materiellen Übergewichts indes komplizieren. Es gibt sogar Ausnahmefälle, in denen ein Gewinn völlig unmöglich ist.

Die Aufgabe der stärkeren Seite besteht darin, den Bauern, der vom gegnerischen König angegriffen wird, durch eine Figur zu verteidigen (in der Regel durch den Springer) und mit Unterstützung des Königs den anderen Bauern zur Dame zu führen.

H. Neustadtl, 1894

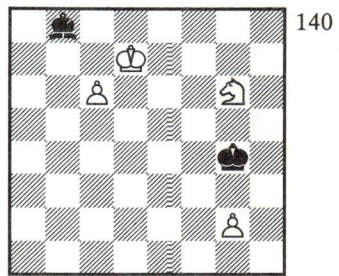

140

Weiß gewinnt

Der g-Bauer ist bedroht. Weiß kann ihn jedoch behaupten: **1.♔c8 ♝d6 2.♘e7! ♝e5** (2. ... ♝:e7 scheitert an 3.♔d7 und 2. ... ♔g3 an 3.♘f5+) **3.♔d7 ♝b8** (3. ... ♔g3 4.♘f5+ und 5.♘d6) **4.♘d5 ♔g3 5.♘e3.**

Weiß hat sein Ziel erreicht. Es droht 6.c7, und auf 5. ... ♔f2 entscheidet 6.g4 ♔:e3 7.g5. Bleibt zu ergänzen, daß Weiß auf 1. ... ♝g3(h2) mit 2.♔b7 ♝d6 3.♘e7! ♔f4 4.♘d5+ ♔g3 5.♘e3 ♔f2 6.g4 ♔:e3 7.g5 usw. fortgesetzt hätte.

Die Idee des Autors war, den

Bauern durch genaues Spiel zu decken. Diese Gewinnmethode ist indes nicht die einzige. Oft läßt sich ein anderer Plan anwenden. Bei seiner Verwirkichung wird einer der Bauern geopfert, um den gegnerischen König abzulenken und ein gewonnenes Endspiel mit einem Mehrbauern zu erhalten. In Stellung 140 kann Weiß diesen Plan ebenfalls wählen, z. B. 1.♘e7 ♔g3 2.♘d5 ♔:g2. Wegen der weiteren Lösung verweisen wir den Leser auf Beispiel 69. Der schwarze König befindet sich außerhalb der Remiszone, so daß Weiß durch 3.♘c7 zum Erfolg kommt. Spielt Schwarz 1. ... ♔f4, geschieht 2.♘d5+ ♔e4 3.♘c3+. Darauf wird 3. ... ♔d3 mit 4.g4 und 3. ... ♔f4 mit 4.♘e2+ ♔e3 5.g4 beantwortet. Zu beachten ist ferner eine von R. Fine gezeigte Gewinnmethode: 1.♘f8 ♔f5 (1. ... ♔g3 2.♘e6 ♔:g2 3.♘c7) 2.♘e6 ♗g3 3.♘d4+ ♔e4 4.♘e2 ♗e5 5.c7 usw.
Gerade wegen der Möglichkeit, einen der Bauern zu opfern, kann Weiß im nächsten Beispiel gewinnen.

De Giess–Preti
1849

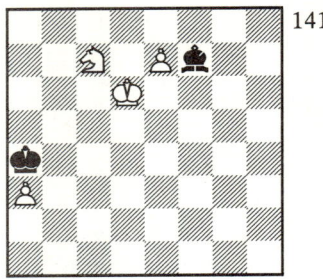

141

Weiß gewinnt

Der a-Bauer ist nicht zu verteidigen, entpuppt sich jedoch als ein „Danaergeschenk". Es folgte: 1.♔e5! ♗h5. Die Wegnahme des Bauern 1. ... ♔:a3? würde Weiß das entscheidende Tempo für ein Springermanöver liefern: 2.♔f6 ♗h5 3.♘b5+! ♔ beliebig 4.♘d6 nebst 5.♘f7 mit Sperrung der Diagonale.
2.♔f6 ♔a5 3.♔g7 ♔b6 (Schwarz hat sich entschlossen, für den e-Bauern den Läufer zu geben, um anschließend zu versuchen, dem a-Bauern mit dem König beizukommen) 4.♘d5+! (selbstverständlich nicht 4.e8♕? ♗:e8 5.♘:e8 ♔a5 mit Remis) 4. ... ♔c5 5. ♘f6 ♔d6 6.♘:h5 ♔:e7 7.♘f4 (der Rest ist elementar einfach) 7. ... ♔d6 8.♘d3 ♔d5 9.♘b4+ ♔c4 10.♘c2, und Weiß gewinnt.
Auch im folgenden Beispiel gelingt es, nach Aufgabe eines

Bauern ein gewonnenes Endspiel mit dem anderen Bauern zu erhalten.

A. Kalinin, 1960

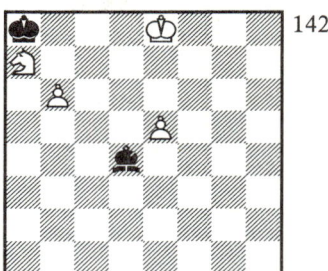

142

Weiß gewinnt

Nach **1.e6 ♗:b6** macht sich Weiß die ungünstige Eckstellung des gegnerischen Königs zunutze: **2.♔d7 ♗c5 3.♘c8 ♗f8 4.♔c7! ♗a3 5.♘d6** usw.

Was aber, wenn sich Schwarz nicht beeilt, den Bauern zu schlagen? Prüfen wir: 1. ... ♔b7 2.♘b5 ♗f2 (falls 2. ... ♗c5, so 3.♘c3 ♗:b6 4.♘e4 ♔c8 5.♘d6+ ♔c7 6.♔f7, und Weiß gewinnt) 3.♘c3! ♔:b6 4.♔f7 ♗h4 (4. ... ♗c5 5.♘a4+) 5.♘d5+ nebst 6.♘f6.

Veurman, 1936

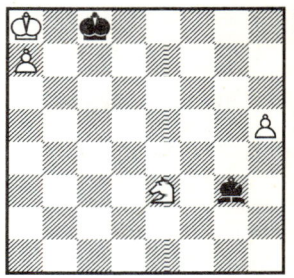

143

Weiß gewinnt

Auf den ersten Blick erscheint die Aufgabe unkompliziert. Die schwarzen Kräfte handeln getrennt: Der König hält seinen Rivalen in der Ecke fest, während der Läufer den h-Bauern nicht aus den Augen lassen darf. Weiß kann mit Unterstützung des Springers den h-Bauern zur Dame führen, für die Schwarz den Läufer geben muß. Danach hat der Springer freie Hand, seinem König zu Hilfe zu kommen. Machen wir einen Versuch: 1.h6 ♗f4 2.h7 ♗e5 3.♘c4 ♗a1 4.♘d6+ ♔c7 5.♘f7 ♔c8! 6.h8♕ ♗:h8 7.♘:h8 ♔c7! Wir haben zwar den Läufer gewonnen, doch die Partie bleibt remis, da der Springer nicht in der Lage ist, den gegnerischen König von den Feldern c7 und c8 zu vertreiben: 8.♘f7 ♔c8 9.♘d6+ ♔c7.

Um den König abzudrängen, müßte Weiß den Gegner an den Zug bringen. Dies aber ist hier nicht möglich, weil der Springer allein kein Tempo gewinnen kann. Die Aufgabe von Weiß wird deutlich. Er muß nicht nur den Läufer erobern, sondern auch eine Stellung erreichen, in der der schwarze König nach dem 7. Zug auf c8 steht. Dann gerät dieser durch 8.♘f7 ♔c7 9.♘d6 in Zugzwang und muß den weißen König aus der Ecke herauslassen. Dies ist wie folgt zu bewerkstelligen:

1.♘c4! ♔c7.
Auf 1. ... ♗f4 folgt 2.♘b6+ ♔c7 3.♘d5+, 1. ... ♗h4 wird mit 2.h6 ♗f6 3.♘d6+ ♔c7 4.♘e8+ beantwortet, und 1. ... ♗f2 trifft auf die Erwiderung 2.h6 ♗d4 3.♘d6+ ♔c7 4.♘b5+.

2.h6 ♗h4 3.♘d6!! Ein prächtiger Zug, der auch dann entscheidet, wenn Schwarz 2. ... ♗f2 oder 2. ... ♗e1 spielt. Die Felder f6, d4 und c3 sind dem Läufer jetzt wegen der drohenden Gabel unzugänglich.
Schwarz hat nur eine Möglichkeit, den Bauern zu stoppen, doch gerade sie gestattet Weiß, das erforderliche Tempo zu gewinnen.

3. ... ♗g3 4.h7 ♗e5 5.♘f7! ♗a1 6.h8♕ ♗:h8 7.♘h8 ♔c8.
Wir haben unser Ziel erreicht. Stehen die Bauern nahe beieinander, sind die Kräfte der schwächeren Seite schwerer zu isolieren. Um zu gewinnen,

müssen dann in der Regel beide Bauern vorrücken. Besonderheiten derartiger Endspiele werden durch die nachstehenden Beispiele veranschaulicht.

Buerger–Sultan Khan London 1932

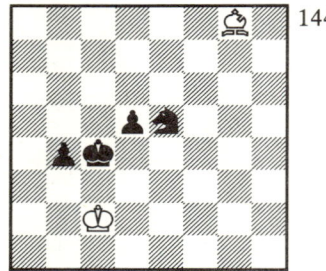

144

Schwarz am Zuge

Der schwarze König ist an die Deckung des Bauern d5 gebunden. Um den König für aktive Operationen freizubekommen, muß Schwarz seinen Springer so postieren, daß er den Bauern d5 verteidigt und dabei gleichzeitig den Vormarsch des b-Bauern unterstützt. Ein geeignetes Feld ist b6.
In der Partie folgte **1. ... b3+ 2.♔b2 ♘d3+ 3.♔b1.**
Auf 3.♔a3 entscheidet sofort 3. ... b2! 4.♔a2 ♔c3! 5.♔b1 (5.♘:d5 ♘b4+) 5. ... ♘b4 6.♗f7 d4 7.♗g6 d3 8.♗h5 d2 9.♗d1 ♘d3 nebst 10. ... ♘f2.
3. ... ♘c5! 4.♗f7 ♘a4 5.♗e8 ♘b6! 6.♔b2 ♔b4 7.♗f7 ♘c4+ 8.♔c1 ♔c3! Weiß gab auf.

Der Springer konnte auch schneller nach b6 überführt werden, z. B. durch 1. ... ♘d7 2.♗e6 ♘b6 3.♗f7 b3+ 4.♔b2 ♔b4 usw. Auf 2.♗h7 wäre 2. ... b3+ 3.♔d2 ♘b6 4.♗d3+ ♔d4! nebst 5. ... ♘c4+ möglich gewesen.

Am interessantesten vom Standpunkt der Überwindung technischer Schwierigkeiten sind Stellungen mit Turm- und Läuferbauern. Derartige Beispiele wollen wir uns etwas ausführlicher ansehen.

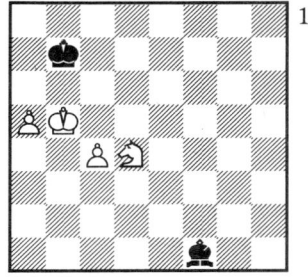

145

Weiß gewinnt

Diese Stellung entsteht, wenn man Beispiel 144 bei vertauschten Farben um eine Linie nach links verschiebt.

Am einfachsten gewinnt hier das soeben untersuchte Springermanöver: **1.♘c2!** Nun sind zwei Hauptvarianten möglich:

1) **1. ... ♗d3 2.♘a3 ♗e2 3.a6+ ♔a7** (nur Zugumstellung bedeutet 3. ... ♔c7 4.♔c5! ♗f3 5.♘b5+ ♔b8 6.♔b6) **4.♔a5 ♗f3 5.♘b5+ ♔b8 6.♔b6 ♔c8 7.a7** nebst

8.♘c7 mit leichtem Gewinn.

2) **1. ... ♗h3 2.a6+ ♔a7** (falls 2. ... ♔c7, so 3.♘a3 ♗d7+ 4.♔c5 nebst 5.♘b5+ wie in Variante 1) **3.♔a5 ♗c8** (es drohte 4.♘a3 und 5.♘b5+) **4.♘b4 ♗d7** (auf 4. ... ♗e6 kann 5.♘c6+ ♔a8 6.c5 ♗c8 7.♘e7! ♗e6 8.♔b6 nebst c6–c7–c8 geschehen; ein Fehler wäre 7.♔b6 wegen 7. ... ♗:a6) **5.c5 ♗e8 6.c6** (oder 6.♘d5 nebst ♘c3 und ♘b5 mit Übergang zu Variante 1) **6. ... ♗h5 7.c7 ♗g4 8.♘c6+ ♔a8 9.♔b6 ♗c8 10.a7** (aber nicht 10.♘e7 ♗:a6) **10. ... ♗d7 11.♘d4 ♗c8 12.♘b5 ♗d7 13.c8♕+ ♗:c8 14.♘c7** matt.

Da seine Figuren ideal standen, kam Weiß hier ziemlich leicht zum Erfolg, wenngleich er zuletzt auf Pattmöglichkeiten achten mußte.

Bei einer ungünstigen Figurenstellung fällt der Gewinn schwerer. Charakteristisch ist das folgende Beispiel.

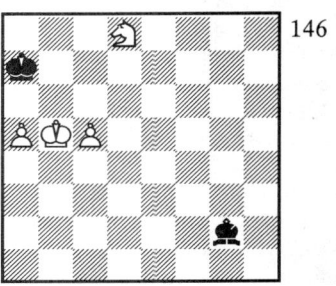

146

Weiß gewinnt

Zu dieser Stellung hätte es in einer Partie Boleslawski–Rudakowski (Moskau 1945) kommen können.

Wie soll Weiß sein Übergewicht realisieren? I. Boleslawski gab diese Variante an: 1.c6 ♗f1+ 2.♔c5 ♗a6 3.c7 ♗h3 4.♘c6 ♗c8 5.♔d6 ♗b7 6.♔d7 ♔b5. Schwarz hat scheinbar viel erreicht – er erobert einen Bauern. Es folgt jedoch 7.♘e5! ♔:a5 8.♘c4+ ♔b4 9.♘d6 ♗g2 10.♔e6 ♗h3+ 11.♘f5, und Weiß gewinnt. Das ist richtig. Ergänzt sei, daß Schwarz anstelle von 7. ... ♔:a5 auch 7. ... ♗a6 spielen konnte. Weiß verfügt darauf über eine einzige Gewinnfortsetzung: 8.♘c4! ♔:c4 9.♔c6! ♔d4 10.♔b6 ♗c8 11.a6 usw. Wenn schließlich 7. ... ♔b4, so 8.♘f7! ♔:a5 (auf 8. ... ♔c5 9.♘d6 ♗a6 geschieht 10.c8♕+ ♗:c8 11.♔:c8!) 9.♘d6 ♗a6 10.♔c6 nebst 11.♘b7.

Mit diesen Varianten sind die Verteidigungsmöglichkeiten indes nicht ausgeschöpft. Nach 5. ... ♔b7 (statt 5. ... ♗b7) hätte es Weiß noch schwerer gehabt. Zum Gewinn führt in diesem Fall 6.♘e5! ♔a6 7.♘c4 ♔b5 8.♘b6 ♗a6 9.♘d7 ♗b7 10.♘c5 ♗c8 11.a6! ♔b6 12.a7! ♔:a7 13.♔e7 ♔b6 14.♔d8.

Weiß verwirklichte den uns schon bekannten Plan: Er opferte einen Bauern, lenkte den gegnerischen König ab und erlangte ein gewonnenes Endspiel mit einem Mehrbauern. Der Sieg hing jedoch bis zum letzten Moment von einem einzigen Tempo ab.

J. Awerbach, 1958

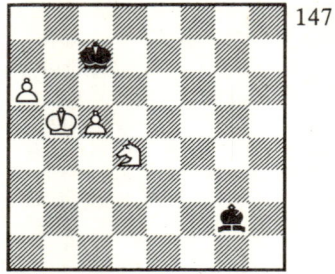

147

Schwarz am Zuge. Weiß gewinnt

Bei einem Blick auf dieses Diagramm ist kaum zu glauben, daß Schwarz nur deshalb verliert, weil sein Läufer auf der langen Diagonale zuwenig Felder besitzt. Wie man aber gleich sehen wird, ist dies tatsächlich so. Vertiefen wir uns in die Stellung. Kommt Weiß mit sofortigem 1.c6 weiter? Offenbar nicht. Wie eine Analyse zeigt, führt dieser Zug nur zum Remis. Schwarz antwortet 1. ... ♗f1+ 2.♔a5 ♗g2! und erreicht nach 3.a7 durch das Läuferopfer 3. ... ♗:c6! 4.♘:c6 ♔b7 eine bekannte Remisstellung. Die Hauptdrohung von Weiß besteht in dem Manöver 1.♘e6+ ♔d7 2.♘f4! ♗ beliebig 3.♔b6 mit leichtem Gewinn.

Schwarz verteidigt sich gegen diese Drohung durch 1. ... ♗f1+ 2.♔a5 ♗g2! Auf 1. ... ♗h1, 1. ... ♗a8 oder 1. ... ♗d5 hätte 2.c6 nebst 3.♔c5 und 4.♘b5+ gewonnen, während 1. ... ♗h3 2.♔a5 ♗g2 zur Hauptvariante führte.

3.♔b4!!

Ein schwer zu findender stiller Zug, der forciert gewinnt! Schwarz gerät unvermutet in eine Situation völligen Zugzwanges. Jede beliebige Fortsetzung erweist sich für ihn als nachteilig! Sehen wir uns die Hauptvarianten an:

1) **3. ... ♗f1 4.♘b5+ ♔c6 5.a7! ♔b7 6.c6+! ♔a8 7.♔a5 ♗:b5** (7. ... ♗g2 8.♔b6 und 9.♘c7 matt) **8.♔:b5 ♔:a7 9.♔c5 ♔b8 10.♔d6.**

2) **3. ... ♗e4 4.♘b5+ ♔d7!** (ganz schnell verliert 4. ... ♔c6 wegen 5.a7 ♔d7 6.♔a5 und 7.♔b6) **5.♘d6! ♗a8!** (betritt der Läufer ein beliebiges Feld zwischen d5 und h1, entscheidet 6.♔b5 ♔c7 7.♘e8+ ♔d7 8.♔b6! ♔:e8 9.c6, geht er nach c6, folgt 6.♔a5 ♔c7 7.♘b5+ ♔ beliebig 8.♔b6) **6.♘c4! ♔c7 7.♘b6 ♗ beliebig 8.a7** nebst **9.a8♕.**

3) **3. ... ♗d5 4.♔b5 ♗e4 5.♘e6+** (aber nicht 5.c6? ♗d3+ 6.♔a5 ♗e4! 7.a7 ♗:c6! 8.♘:c6 ♔b7 mit Remis) **5. ... ♔ beliebig 6.♘g5!** und **7.♔b6.**

Bis jetzt haben wir Stellungen mit Turm- und Läuferbauern

untersucht, in denen das Umwandlungsfeld des Randbauern dem Läufer zugänglich war. Betrachten wir einige Beispiele, in denen dies nicht der Fall ist.

Cohn–Lowzky
Opatija 1912

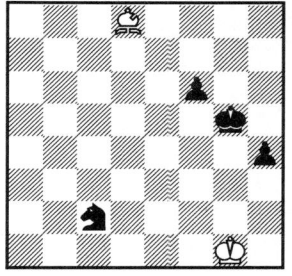

148

Schwarz am Zuge gewinnt

Es folgte **1. ... ♘d4 2.♔f2 ♘c6!** (um aktiv werden zu können, muß sich Schwarz zunächst von der Fesselung befreien) **3.♗b6 ♔g4 4.♗c7 f5 5.♗d6 f4 6.♗c7 ♘d4 7.♗d6** (Weiß bleibt nichts anderes übrig, als abzuwarten, was der Gegner unternimmt) **7. ... ♔f5 8.♗c7 ♔e4 9.♔g2 ♘f5 10.♔h3.**

Da Schwarz droht, mit Unterstützung des Königs den f-Bauern vorzurücken, versucht Weiß, zum Gegenangriff überzugehen. Eine passive Verteidigung hätte ebenfalls nicht geholfen, z. B. 10.♗b6 ♘e3+ 11.♔g1 f3 12.♗c7 h3 13.♗d6 ♘g4 14.♗g3 (wenn 14.♗c7,

87

so 14. ... f2+ 15.♔f1 ♔f3)
14. ... ♔e3 15.♗h4 ♔e2
16.♗g3 f2+ 17.♗:f2 ♘:f2
18.♔h2 ♔f3 usw.
10. ... ♔e3 11.♔g4 f3
(Schwarz kann sich diesen Lu-
xus erlauben) **12.♔:f5 h3**
13.♗g4 h2 14.♗:h2 f2. Weiß
gab auf.
Ein Opfer des Springers mit
der Idee, zwei weit vorgerückte
Bauern zu erhalten, mit denen
der Läufer nicht fertig wird, ist
ein weiteres typisches Verfahren in diesem Endspiel.
Im vorliegenden Fall war diese
effektvolle Gewinnführung indes nicht unbedingt erforderlich. Schwarz konnte mit 7. ...
h3 auch auf prosaischerem
Wege zum Erfolg kommen,
z. B. 8.♗c5 (nur Zugumstellung bedeutet 8.♔g1 ♔g3
9.♗c5 ♘f3+ 10.♔h1 ♘e5
11.♔g1 ♘d3) 8. ... ♘f3
9.♗b6 ♘e1! 10.♔g1 ♘d3
11.♔h2 f3 12.♔g1 ♔g3
13.♗a7 (oder 13.♗c7+ ♘f4
14.♗b6 ♘e2+ 15.♔h1 f2)
13. ... h2+ 14.♔h1 f2 15.♗:f2
♘:f2 matt.
Je weiter die Bauern in derartigen Endspielen vorgedrungen
sind, desto mehr Remischancen ergeben sich, die auf die
Nähe des Brettrandes zurückzuführen sind.

A. Gurwitsch, 1929

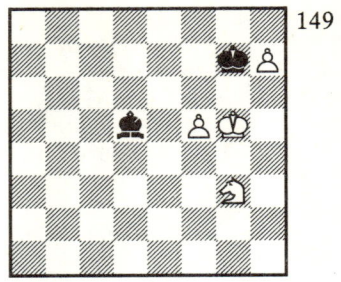

149

Weiß gewinnt

Hier muß Weiß ständig mit
Versuchen des Gegners rechnen, sich patt setzen zu lassen,
kann diese aber durch genaues
Spiel durchkreuzen.
1.♘h5+ ♔h8 2.♔h6! (selbstverständlich nicht 2.♔g6? wegen 2. ... ♗e4 und 3. ... ♗:f5)
2. ... ♗e4! (oder 2. ... ♗f7
3.♘f4 ♗e8 4.f6 ♗f7 5.♘d3
♗g6 6.♘e5! ♗e8 7.f7 ♗:f7
8.♘:f7 matt) **3.f6 ♗:h7 4.f7**
♗g8! 5.f8♗! (5.f8♕ oder
5.f8♖ führt zum Patt) **5. ... ♗**
beliebig 6.♘f6 nebst **7.♗g7**
matt.
Die Beispiele 150 bis 152 veranschaulichen äußerst seltene
Fälle, in denen das materielle
Übergewicht nicht zu verwerten ist.

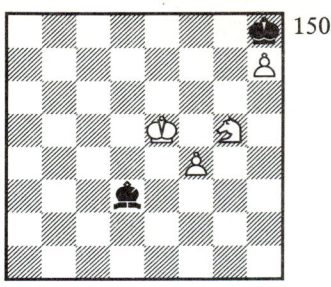

150

Remis

Weiß kann nicht **1.f5** spielen wegen **1. ...** ♗:f5 mit theoretischem Remis. Auch **1.♘e4 ♔:h7 2.f5 ♗:e4 3.♔:e4 ♔g7** brächte nichts ein. Stände der Bauer bereits auf f5, würde Weiß gewinnen: 1.f6 ♗g6 2.♔e6 ♗h5 3.♔e7 ♗g6 4.♘e6! ♗h5 5.♘f4 usw.

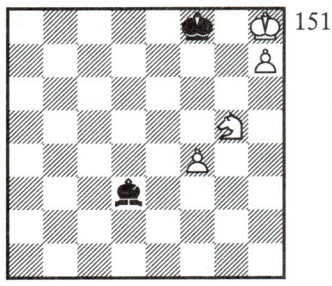

151

Remis

Der schwarze König hält seinen Rivalen in der Ecke fest, dem es nicht gelingt, aus dieser Mausefalle auszubrechen, z. B. **1.♘f3 ♗b1 2.♘d4 ♔f7 3.♘b5 ♔f8 4.♘d6 ♗c2 5.f5 ♗:f5!** (am einfachsten; mög-

lich ist aber auch 5. ... ♗d3 6.f6 ♗b1, und Weiß kann seine Stellung nicht verstärken) **6.♘:f5 ♔f7.**

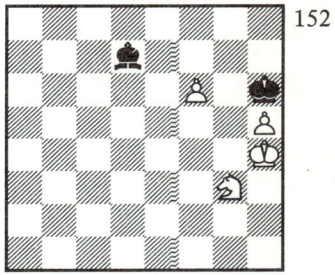

152

Remis

Auch hier werden alle aggressiven Versuche von Weiß durch genaue Verteidigung pariert, z. B. **1.♘e2 ♗e8 2.♘f4 ♗f7 3.♔g4 ♗b3 4.♔f5 ♗f7! 5.♔e4 ♔g5! 6.♔e5 ♗g8!** Zum Verlust führt 6. ... ♗e8 wegen 7.♔e6! ♔:f4 8.h6, während sich Weiß nach dem Textzug nicht in der Lage sieht, irgend etwas zu unternehmen. Ein Fehler wäre 2. ... ♗d7!, da Weiß nach 3.f7! ♔g7 4.♘g6 ♔:f7 5.♘e5+ zum Erfolg kommt.
Stände der Bauer jedoch auf f4, könnte Weiß gewinnen.

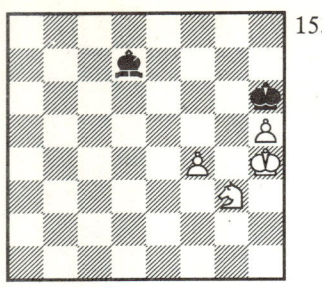

153

Weiß gewinnt

Fehlerhaft wäre 1.f5 wegen
1. ... ♗a4! 2.♔g4 (2.f6 ♗d7!)
2. ... ♗d1+ 3.♔f4 ♗b3
4.♔e5 ♔g5 5.♔d6 ♗c2 mit
Remis. Die richtige Fortsetzung ist **1.♘e4! ♗e8 2.♘f6 ♗**
beliebig 3.♘g4+ ♔g7 4.♔g5
mit leichtem Gewinn.
Dieses Beispiel zeigt, daß man
die Bauern in derartigen Positionen äußerst vorsichtig ziehen muß, um das Zustandekommen soeben betrachteter
Blockadestellungen zu vermeiden.

J. Awerbach, 1958

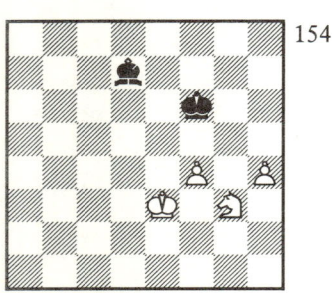

154

Weiß gewinnt

Die Hauptschwierigkeit besteht
hier darin, mit dem König das
Vorgehen der Bauern zu unterstützen. Versuchen wir es mit
einem Umgehungsmanöver:
1.♔e4 ♗c6+! (es drohte 2.f5
mit leichtem Gewinn) 2.♔d4
♗d7 3.♔d5 ♗a4 4.♔d6 ♗c2!
(der Versuch, das weitere Vordringen des Königs zu verhindern, konnte ins Auge gehen:
4. ... ♗b5 5.h5 ♗a4 6.f5 ♔g5
7.♔e7, und Weiß gewinnt)
5.♔d7 ♗d3 6.♔e8 ♗c2
7.♔f8 ♗d3 8.♔g8 ♔g6 9.h5+
♔f6 10.h6 (10.f5 ♔g5 11.♔g7
♗:f5!) 10. ... ♔g6 11.h7
♗c4+ 12.♔h8 ♔f7, und wir
haben die bereits untersuchte
Stellung 151 vor uns.
Der Versuch des weißen Königs, von hinten zu kommen,
schlug somit fehl. Der Gewinnweg ist außerordentlich kompliziert und lehrreich.
1.♔f3 ♗c8 (der Läufer darf
die Diagonale h3–c8 nicht verlassen, weil Weiß sonst durch
f4–f5 schnell zum Erfolg
käme) **2.h5 ♗d7** (auf 2. ...
♗a6 gewinnt 3.♔g4 nebst
f4–f5) **3.♘e4+ ♔f5.**
Falls 3. ... ♔g7, so 4.♔g3
♗c6 (4. ... ♔h6 5.♔h4 ♗e8
6.♘f6 und 7.♘g4+) 5.♘f2
♔f6 6.♘g4+ ♔f5 7.h6 ♔g6
8.♘e5+.
4.♘d6+! ♔f6! (auf 4. ... ♔e6
entscheidet 5.h6 ♔f6 6.f5)
5.♔g3! ♗e6!
Wie wir noch sehen werden,
hätte 5. ... ♗a4 die Aufgabe
von Weiß erleichtert. Der Zug

5. ... ♗e6 stellt zugleich eine feine versteckte Falle. Weiß scheint durch 6.h6 gewinnen zu können. Falls nämlich 6. ... ♔g6, so 7.f5+. Nach 6. ... ♗g8! 7.f5 ♔g5! endet das Spiel aber remis.
6.♘e4+ ♔f5 7.♘g5! ♗c8!
Alles andere ist schwächer, z. B. 7. ... ♗b3 8.h6 ♔g6 9.h7 ♔g7 10.f5! oder 7. ... ♗d7 8.♘f3 ♔f6 9.h6! ♗e6 (9. ... ♔g6 10.♘e5+) 10.♘h4! ♗g8 11.♔g4 nebst 12.f5 oder schließlich 7. ... ♗g8 8.♘f3 ♔f6 9.♘h4 ♔g7 10.♔g4 usw.
8.♘f3 ♔f6! 9.♘h4! ♔g7!
10.♔g2! (Weiß konnte noch immer fehlgreifen; nur zum Remis führte 10.f5 ♔h6 11.♔g4 ♗a6! 12.f6 ♗e2+)
10. ... ♔f6 11.♘e3! ♗a6!
Bittere Notwendigkeit. Der Läufer muß die Diagonale h3−c8 räumen, da er auf ihr zuwenig Felder hat! In der Tat: Auf 11. ... ♗d7 folgt 12.♘g4+ ♔f5 13.h6 ♔g6 14.♘e5+, und auf 11. ... ♗e6 entscheidet 12.♔h4! ♗c8 (wenn 12. ... ♗g8 oder 12. ... ♗b3, so 13.f5, und falls 12. ... ♗d7, so 13.♘g4+ ♔f5 14.h6) 13.♘d5+! ♔e6 (13. ... ♔f5 14.♘e7+) 14.♔g5.
12.♔h4! ♗d3 13.♘g4+ ♔f5 14.♘e5! ♗e4.
Der Läufer kann die Diagonale b1−h7 schon nicht mehr verlassen: 14. ... ♗b5 scheitert an 15.h6 ♔f6 16.f5! Falls aber 14. ... ♗c2, so 15.♔g3! ♗b3 (15. ... ♔f6 16.♘g4+!)

16.♘f3 ♔f6 17.♘h4 ♔g7 18.♔g4 ♔h6 19.♘f5+. Jetzt mangelt es dem Läufer auf der Diagonale b1−h7 an Feldern.
15.♔g3!
Diese einfache Fortsetzung bringt Schwarz in Zugzwang. Es kann folgen:
1) **15. ... ♗b1 16.♘g4 ♗d3** (16. ... ♗e4 17.♘e3+ ♔f6 18.♔g4! und 19.f5) **17.h6 ♔g6 18.♘e5+.**
2) **15. ... ♗c2 16.♘g4 ♗b1** (16. ... ♗a4 17.♘e3+ ♔f6 18.♔g4! und 19.f5) **17.♘e3+ ♔f6** (17. ... ♔e4 18.f5 usw.) **18.♔g4 und 19.f5.**
Durch wahrhaft titanische Anstrengungen ist es Weiß gelungen, den Blockadering zu brechen und mit dem König an die Bauern heranzukommen. Damit ist deren weiterer Vormarsch gesichert.
Dies glückt keineswegs immer.

Flohr−Bernstein
Zürich 1934

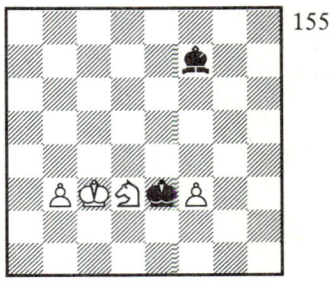

155

Kann Weiß gewinnen?

Diese Stellung ist ein klassisches Beispiel für Blockade. Die Partie endete wie folgt: **1.b4 ♗e8! 2.♘e1 ♗b5! 3.♘c2+ ♔f4 4.♔d2** (4.♘d4 ♗a6) **4. ... ♗c4 5.♘e1 ♗a6** remis.

Dieses Endspiel wurde zum Gegenstand zahlreicher Analysen, so auch von Rinck und Chéron.

Man stellte fest, daß im Fall von **2.f4** nur **2. ... ♗d7!!** remis hält (2. ... ♗b5 führt nach 3.f5! ♔e4 4.f6 ♗e8 5.b5 ♔d5 6.♔b4 ♔e6 7.b6 ♗c6 8.♘e5 ♗a8 9.f7 ♔e7 10.♔b5 ♗b7 11.♘c4 zum Verlust), z. B. **3.♘e5** (3.♔c4 ♗e6+ 4.♔c5 ♔:d3 5.b5 ♔e4 6.b6 ♗c8 mit Remis) **3. ... ♗f5** (möglich ist auch 3. ... ♗h3) **4.b5 ♔:f4 5.♔d4 ♗e4 6.♘c6 ♗g2 7.♔c5 ♗f1 8.b6 ♗a6 9.♘a5 ♔e5! 10.♔c6 ♔d4 11.♔c7 ♔c5 12.♘c6 ♔b5 13.♘b8 ♗c8!** remis.

Im Turnierbuch schlug Aljechin eine Variante vor, die seiner Meinung nach Erfolg verspricht. Sie wurde darauf in etlichen Endspielwerken abgedruckt.

1.♘e1! (dieses und die weiteren Ausrufezeichen stammen von Aljechin) **1. ... ♗e8 2.♔b4 ♔e2 3.♔c5! ♔:e1 4.b4 ♔e2 5.f4 ♔e3 6.f5 ♔e4 7.f6 ♔e5 8.b5!**, und Weiß gewinnt. Wie A. Nogowizyn jedoch zeigte, ist das Endspiel nach **8. ... ♔e6!! 9.b6 ♔d7!!** klar remis. Somit kann Weiß in Stellung 155 doch nicht gewinnen.

Auf gleiche Art, d. h. durch Angriff auf den Springer und anschließenden Wettlauf mit den Bauern, rettet sich Schwarz auch im nächsten Beispiel.

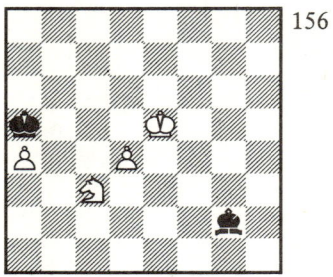

156

Schwarz am Zuge hält remis

1. ... ♔b4! (jedes Zögern wäre für Schwarz verhängnisvoll, z. B. 1. ... ♗f3 2.d5 ♔b4 3.d6 ♗c6 4.♔e6 ♔:c3 5.a5 ♔b4 6.a6 ♔b5 7.a7 ♔b6 8.a8♕! ♗:a8 9.d7 ♔c7 10.♔e7 usw.) **2.d5 ♔:c3 3.d6 ♗c6 4.a5 ♔b4 5.a6 ♔b5 6.a7 ♔b6 7.d7 ♔c7!**, und Schwarz hat die Bauern eingeholt.

J. Schulz, 1943

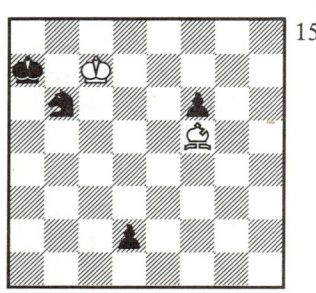

157

Remis

Weiß hält remis, weil die schwarzen Figuren schlecht stehen und ihre Bauern nicht unterstützen können.
1.♗g4! (nur so; zum Verlust führt 1.♗c2 f5 2.♔c6 f4 3.♗d1 ♘c4 4.♔c5 ♘e3 5.♗e2 d1♕ 6.♗:d1 ♘:d1 7.♔d4 ♘e3! 8.♔e4 ♘d5)
1. ... f5 (oder 1. ... ♘c4 2.♗e2! – das beste Feld für den Läufer – 2. ... f5 3.♔c6 ♘e3 4.♔c5! d1♕ 5.♗:d1 ♘:d1 6.♔d4 ♔b6 7.♔e5 ♘e3 8.♔f4 mit Remis) 2.♗e2! Die einzige Antwort! 2.♗h5 scheitert an 2. ... ♘c4 3.♔c6(d7) ♘e5+! nebst 4. ... ♘g4 und 2.♗f3 an 2. ... ♘c4, wonach Schwarz wegen der Drohung ♘c4–e5+ ein entscheidendes Tempo gewinnt.
2. ... ♘d5+ 3.♔d6 ♘c3 4.♗h5! (wie wir gleich sehen werden, gibt es auch zu diesem Zug keine Alternative) 4. ... ♔b6 (Schwarz beabsichtigt, den f-Bauern zu geben, dafür aber den König anzunähern) 5.♔e5 ♔c5 6.♔:f5 ♔d4 7.♔f4! ♔d3 8.♗g6+! remis. Hätte Weiß 4.♗f3 gespielt, wäre dieser Zug, der die Sperrung der Diagonale durch ♘c3–e2 verhindert, nicht möglich gewesen.

3. Doppelbauern

Es ist anzunehmen, daß die Gewinnchancen bei Doppelbauern geringer sind. Sehen wir uns ein Beispiel mit Zentralbauern an.

Nach R. Fine, 1941*

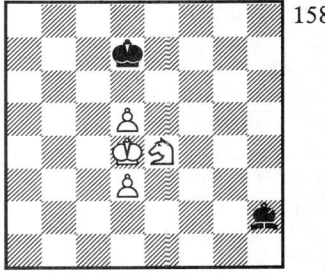

158

Weiß gewinnt nur, wenn er am Zuge ist

Weiß am Zuge kommt mühelos zum Erfolg: 1.♔c5 ♗g1+ (es drohte 2.d6 nebst 3.♔d5 und 4.♘c5+) 2.d4 ♗e3 3.♘f6+ ♔e7 4.♘g4 ♗g1 (4. ... ♗c1 5.♔c6) 5.♘e5 ♗e3 6.d6+.
Schwarz hat zwei Möglichkeiten, die aber beide zum gleichen Finale führen:
1) 6. ... ♔e6 7.♔c6! ♗:d4 8.d7 ♔e7 9.♔c7! ♗:e5+ 10.♔c8, und der Bauer geht zur Dame.
2) 6. ... ♔e8 7.♔c6! ♗:d4 8.d7+ ♔e7 9.♔c7 usw.

---

* Fine untersuchte die Stellung mit Läuferbauern, was aber, wenn Weiß am Zuge ist, keinen Einfluß auf das Ergebnis hat.

Ausgehend von dieser Analyse äußerte Fine die Ansicht, daß Doppelbauern (mit Ausnahme von Turmbauern) immer gewinnen, selbst dann, wenn der gegnerische König vor ihnen steht. Wie sich sehr leicht beweisen läßt, ist eine derartige Verallgemeinerung falsch. Fine untersuchte die Stellung nur bei weißem Zugrecht. Was geschieht aber, wenn Schwarz am Zuge ist? Er spielt natürlich **1. ... ♗g1+ 2.♔c4 ♗b6** und versucht damit, dem gegnerischen König das Feld c5 zu verwehren.

3.♘c5+ ♔d6 4.d4 ♗a7. Der Läufer darf nicht die Diagonale a7–g1 räumen. Nach 4. ... ♗c7 5.♘e4+ ♔d7 6.♔c5 kommt Weiß zum Erfolg. Jetzt hingegen muß er eine Umgruppierung vornehmen.

5.♘e4+ ♔d7 6.♘c3 ♗b6 7.♘b5 ♔e7 (die einzige Antwort; falls nun 8.d6+, so 8. ... ♔e6) **8.♔d3 ♗a5!** (der weiße König strebt nach e5, und der Läufer muß dies verhindern) **9.♔e4 ♗e1 10.♔e5 ♗g3+ 11.♔e4 ♔d7 12.♔d3 ♗h4 13.♔c4 ♗e7,** und Weiß hat sein Ziel nicht erreicht. Verschiebt man die Stellung indes um eine Linie nach links, fällt das Ergebnis anders aus.

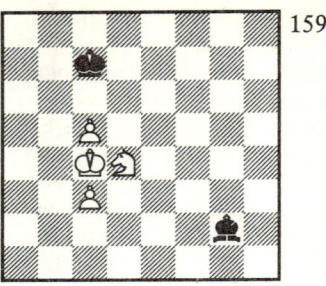

Anzug beliebig. Weiß gewinnt

Weiß am Zuge gewinnt wie im vorigen Beispiel durch **1.♔b5**. Ist Schwarz am Zuge, zeigt sich nach **1. ... ♗f1+ 2.♔b4 ♗a6 3.♘b5+ ♔c6 4.c4,** daß es dem Läufer an Raum zum Manövrieren fehlt: Auf **4. ... ♗b7** (falls 4. ... ♔b7 oder 4. ... ♔d7, so 5.♔a5) entscheidet **5.♘d4+ ♔c7 6.♔b5** mit unweigerlichem **7.c6** usw. Noch einfacher gewinnt Weiß bei Springerbauern.

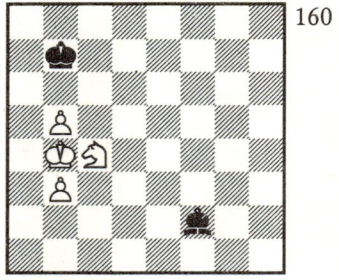

Anzug beliebig. Weiß gewinnt.

Nach **1. ... ♗e1+ 2.♔a4** kann Schwarz **3.b4** mit anschließendem Vordringen des gegnerischen Königs nach a5 nicht verhindern.

Grund für die Niederlage von Schwarz waren in allen betrachteten Beispielen jedoch nicht die weißen Bauern, sondern die ungünstige Aufstellung des Läufers, die es dem gegnerischen König gestattete, einen strategisch wichtigen Punkt zu besetzen. Um dies zu beweisen, genügt es, in Diagramm 160 den Läufer nach d8 zu versetzen.

J. Awerbach, 1980

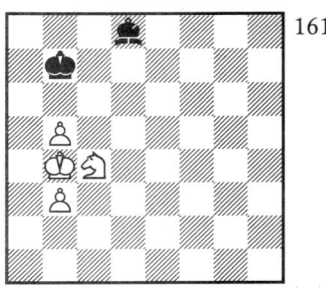

161

Weiß am Zuge. Remis

Diese Verteidigung der Einbruchspunkte von vorn ist am stärksten, obwohl eine Stellung beiderseitigen Zugzwanges entsteht, in der es für keine Seite günstig ist, ziehen zu müssen. Schwarz am Zuge kann nicht verhindern, daß der gegnerische König mit entscheidender Wirkung nach a5 oder c5 vordringt. Ist Weiß jedoch selbst am Zuge, schlagen alle Gewinnversuche fehl, z. B. **1.♔a3**

♔b8 **2.♔a4 ♔a7!** (2. ... ♔b7 3.♔b4, und Weiß gewinnt) **3.♘e3 ♗b6!** (eine Alternative wäre 3. ... ♔b7 4.♘d5 ♗h4 5.♔a5 ♗f2; der Läuferzug ist aber einfacher) **4.♘d5 ♗d4 5.♔a5 ♔b7,** und auf 6.b6 kann sowohl 6. ... ♔c6 als auch 6. ... ♗g1 7.♔b5 ♗f2 geschehen.

Wichtig erscheint, daß ein derartiger Frontalangriff des Läufers unabhängig davon möglich ist, auf welcher Linie die Bauern stehen. Dies wiederum bedeutet, daß mit Doppelbauern, sofern sie nicht allzuweit vorgerückt sind, bei richtiger Verteidigung überhaupt nicht zu gewinnen ist.

Sehen wir uns noch eine Stellung mit Springerbauern an.

W. Jakimtschik, 1957

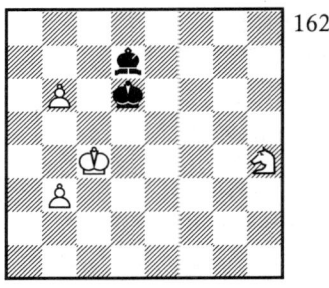

162

Weiß gewinnt

Der Bauer b6 ist von seinem König abgeschnitten, und auch der abseits stehende Springer vermag ihn vorerst nicht zu unterstützen. Trotzdem kann

Weiß das Zusammenwirken seiner Kräfte herstellen. Keinen Erfolg brächte 1.♔b4 ♗e6! 2.♘g6 ♗:b3! Richtig ist nur 1.♘g6! Schwarz verfügt danach über zwei Möglichkeiten:

1) 1. ... ♗e6+ 2.♔b5! ♗:b3, und es ist Stellung 82 erreicht, in der 3.♘e7! gewinnt.
2) 1. ... ♗f5! (keine Abhilfe schafft 1. ... ♗c6 2.♔b4 ♗e4 3.♘f4 ♗c2 wegen 4.♔a5! ♗:b3 5.♔a6, und der Bauer ist nicht aufzuhalten) 2.♘e7! ♗e4 3.♘c8+ ♔c6 (3. ... ♔d7 4.♘a7) 4.♔b4! (4.b7? ♔c7 5.♘d6 ♗g2 mit Remis) 4. ... ♗c2 5.♔a5! ♔d7 (5. ... ♔b7 6.♘d6+ ♔c6 7.♔a6, und Weiß gewinnt) 6.♘e7! ♗:b3 7.♔a6.
Springer und drei Bauern gewinnen gegen einen Läufer in der Regel ohne Schwierigkeiten. Ein Remis ist nur in Ausnahmefällen zu erzielen.

L. Prokes, 1942

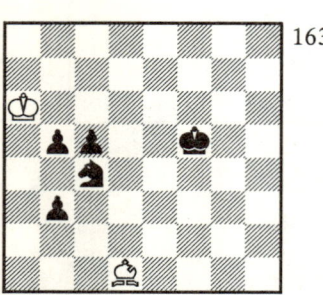

163

Remis

1.♔:b5 (falls 1.♗:b3, so 1. ... ♘a3, und Schwarz gewinnt) 1. ... ♘a3+ 2.♔a4 b2 3.♔:a3! b1♕ 4.♗c2+ ♕:c2 patt!

Fünftes Kapitel

Läufer und Bauer gegen Springer und Bauer

Derartige Endspiele sind in der Regel remis. Es gibt jedoch zahlreiche Fälle, in denen es einer Partei gelingt, zum Erfolg zu kommen. Entscheidend für den jeweiligen Ausgang des Kampfes ist die konkrete Aufstellung der Bauern und der Grad des Zusammenwirkens der Figuren. Die zu untersuchenden Endspiele unterteilen wir zweckmäßigerweise in zwei Gruppen:
1. Keine Freibauern
2. Freibauern.

1. Keine Freibauern

Bei einer derartigen Bauernkonstellation ist ein Gewinn in zwei Hauptfällen möglich:
1. Wenn es gelingt, einen Bauern zu erobern und ein gewonnenes Endspiel mit einem Mehrbauern zu erhalten.
2. Wenn sich die Figur des Gegners nicht bewegen kann und es gelingt, sie zu erobern.

S. Filaretow, 1925

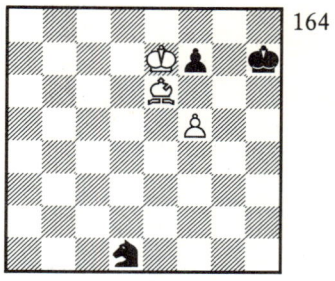

164

Weiß gewinnt

In dieser Stellung ist der schwarze Bauer nicht zu verteidigen. Seine sofortige Wegnahme würde jedoch nur zum Remis führen, z. B. 1.♔:f7 ♘f2 2.f6 ♘e4! 3.♗f5+ ♔h8 4.♗:e4 patt oder 1.♗:f7 ♘e3 2.f6 ♘f5+ 3.♔e6 ♘h6. Deshalb rückt Weiß zunächst den eigenen Bauern vor, um erst in Abhängigkeit von dem folgenden Zug des schwarzen Springers zu entscheiden, wie der Bauer zu nehmen ist.
1.f6 ♘f2 (1. ... ♘e3 2.♔:f7 ♘g2 3.♔e8 ♘f4 4.♗f5+ ♔h8 5.f7 usw.) **2.♗:f7 ♘g4 3.♗g6+ ♔h8!** (ein geistreicher Rettungsversuch) **4.f7 ♘h6! 5.f8♗!**
Der einzige Gewinnzug. Unzureichend ist sowohl 5.f8♕+ ♘g8+ nebst Patt als auch 5.f8♖+ ♔g7 6.♗b1 ♘g8+ 7.♔e8 ♘f6+!
In der entstandenen Stellung erweisen sich die beiden Läufer dem Springer überlegen, da

sich der schwarze König in einem Mattnetz befindet. Das weitere ist einfach.
5. ... ♘g4 6.♗f5 ♘e5 7.♔f6 ♔g8 8.♗h6 ♘f7 9.♗e6 ♔h7 10.♗f8 ♘h8 11.♗f5+ ♔g8 12.♗b4 ♘f7 13.♗e6 usw.

L. Kubbel, 1928

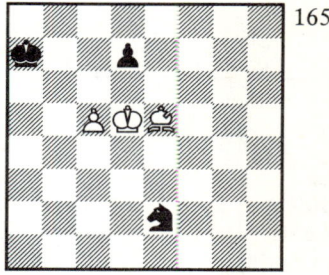

165

Weiß gewinnt

Nach **1.♔d6** ist Schwarz nicht in der Lage, den Bauern zu verteidigen. Hinzu kommt, daß auch der Springer ungünstig steht: Um in den Kampf eingreifen zu können, benötigt er Zeit. Weiß gewinnt leicht, muß allerdings genau spielen, z. B.
1. ... ♘c1 2.♗d4! (selbstverständlich nicht 2.♔:d7 ♘d3 mit Remis) **2. ... ♔a8** (falls 2. ... ♘b3, so 3.c6+ ♘:d4 4.cd usw.) **3.♔:d7 ♘b3 4.c6 ♘a5 5.c7 ♘c6** (ein letzter Versuch) **6.c8♖+** (aber nicht 6.c8♕+ ♘b8+ nebst Patt).

**Berger–Tschigorin
Barmen 1905**

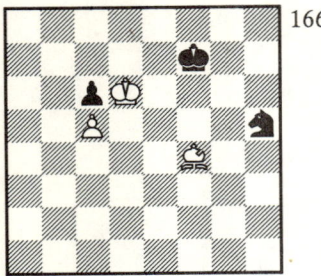

166

Weiß gewinnt

Nur der Gewinn des Bauern c6
würde hier noch nicht die Partie entscheiden, da Schwarz
den Springer zu Hilfe holt und
den gegnerischen Bauern aufhält. Weiß verfügt indes über
einen starken Zug, der den
Springer abschneidet, und zwar
1.♗e5! Der schwarze König
muß jetzt allein gegen die weißen Figuren kämpfen, was
seine Kräfte jedoch überfor-
dert. Nach 1. ... ♔e8 2.♔:c6
♔e7 3.♔b7 ♔e6 4.c6 ♔:e5
5.c7 kommt Weiß zum Erfolg.
Anstelle von 3.♔b7 hätte
3.♔d5 ♔d7 4.c6+ ♔e7 5.♔c5
♔e6 den Gewinn verzögert.
Weiß müßte dann doch mit
6.♔b6 den Läufer opfern, da
sowohl 6.♔d4? ♘f6 7.♗:f6
♔d6 als auch 6.c7 ♔d7 7.♔b6
♔c8 8.♔c6 ♘f6 nur zum Re-
mis führt.
Dank der Tatsache, daß der
schwarze Springer außer Gefecht gesetzt war, konnte Weiß

in Beispiel 166 ohne besondere
Mühe gewinnen. Versetzt man
die Stellung jedoch um eine
Reihe nach unten, spielt die
Unbeweglichkeit des Springers
schon keine große Rolle mehr,
obwohl sich Schwarz sehr exakt verteidigen muß.

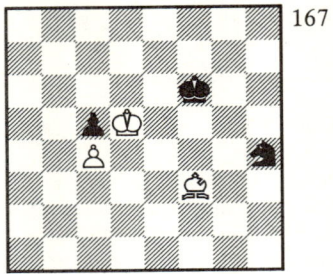

167

Weiß kann nicht gewinnen

Nach 1.♗e4 ♔e7 2.♔:c5 ♔e6
brächte das Läuferopfer hier
nichts ein. Auf 3.♔b6 folgt
3. ... ♔e5. Falls nun 4.c5, so
4. ... ♔:e4 5.c6 ♘f5 6.c7
♘e7.
Weiß kann 3.♔d4 ♔d6 4.♔d3
versuchen, wonach 4. ... ♔c5
5.♔c3 ♔d6 6.♔d4 ♔e6 7.c5
♔e7 8.♔d5 ♔d7 9.c6+ ♔c7
10.♔c5 ♔c8 11.♔d6 ♔d8
12.c7+ ♔c8 13.♗d3 usw. zum
Verlust führen würde. Schwarz
setzt indes mit 4. ... ♔e5
5.♔e3 ♔e6 6.♔d4 ♔d6 fort.
Weiß kommt dann nicht weiter, denn auf 7.c5+ geschieht
7. ... ♔e6 8.♔c4 ♔e5!
(9.♔d3 ♘f5 10.♗:f5 ♔d5)
9. ... ♔:e4 10.c7 ♘f5 mit Remis.

98

G. Mattison, 1924

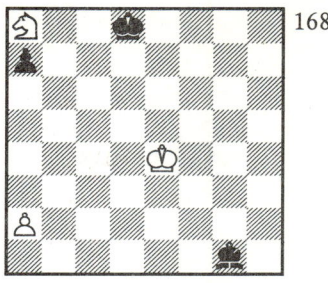

168

Remis

Der Springer sitzt in der Falle, und auf den ersten Blick ist nicht zu erkennen, wie er gerettet werden könnte. Auf **1.♘d5** mit der Drohung **2.♔c6** folgt **1. … ♔d7.** Wenn nun **2.a4** mit der Absicht 3.a5 nebst 4.♘b6, so **2. … a5.** Danach scheint Weiß auf verlorenem Posten zu stehen. In Wirklichkeit entpuppt sich erst jetzt seine elegante Idee. Nach **3.♔c4 ♔c6** opfert sich der Springer mit **4.♘c7!!** überraschend selbst. Auf **4. … ♔:c7** spielt Weiß schließlich **5.♔b5 ♗b6 6.♔a6** und zwingt den Gegner, ihn durch **6. … ♔c6** patt zu setzen.

Wir haben uns einige Beispiele angesehen, in denen die sich verteidigende Seite den Springer besaß. Es kommt indes auch vor, daß die Läuferpartei um das Remis kämpfen muß. Wir meinen damit Stellungen, in denen der eigene Bauer verlorengeht und der Läufer allein nicht in der Lage ist, den Bauern des Gegners aufzuhalten. Alles hängt dann davon ab, wie weit der König der sich verteidigenden Seite vom Bauern entfernt ist.

Wichtig ist, ob der König der schwächeren Seite nach Verlust des Bauern in die Remiszone eindringen kann.

169

Weiß kann nicht gewinnen

Der schwarze König steht sehr weit vom Bauern entfernt. Um zu gewinnen, muß Weiß aber nicht nur den gegnerischen Bauern erobern, sondern auch die Verwandlung des eigenen in eine Dame sichern. Dies erfordert, zweimal die Diagonale des Läufers zu sperren, und dazu benötigt der schwerfällige Springer Zeit.

Um remis zu halten, braucht der Läufer die Unterstützung des Königs, da er allein nicht gegen den Bauern bestehen kann (51). Der König muß also angenähert werden, doch wie? Die erste Sperrung der Diagonale ist nicht zu vermeiden, folglich gilt es, die zweite zu verhindern. Dazu muß der schwarze König rechtzeitig nach d8 gelangen. Obwohl er sehr weit von diesem Feld entfernt ist, bringt er dieses Kunststück fertig, z. B. 1.♘c8 ♔g3 2.♘:b6 ♔f4 3.♘d7 ♔f5! (zum Verlust führt 3. ... ♗a7 4.♘b6 ♗b8 5.♘d5+! ♔f5 6.b6 ♗g3 7.b7 ♗b8 8.♘c7 ♔f6 9.♔d7) 4.♘c5 ♔f6 5.b6 ♔e7 6.b7 ♗h2 7.♘a6 ♔d8. Stände sein König in der Ausgangsposition auf h1, käme Schwarz zu spät: 1.♘c8 ♔g2 2.♘:b6 ♔f3 3.♘d7 ♔e4 4.♘c5+ ♔e5 5.b6 ♔f6 6.b7 ♗h2 7.♘a6 und 8.♘c7.

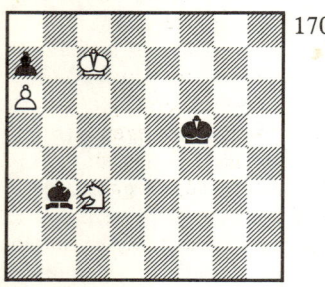

170

Weiß gewinnt

Schwarz verliert wegen der ungünstigen Aufstellung seines Königs den Bauern, wonach Weiß auf uns bereits bekannte Art gewinnt (86), da der schwarze König nicht in die Remiszone gelangt.
1.♘b5 ♔f6 (bittere Notwendigkeit; falls 1. ... ♗c4, so 2.♘d6+ mit Läufergewinn)

2.♘:a7 ♗c4 3.♘b5! ♔e7 4.a7 ♗d5 5.♘d6 ♗a8 6.♘c4! (86)
6. ... ♗d5 7.♔c8 ♗e4 8.♘a5 ♗a8 9.♘b7 ♔e8 10.♘d6+ ♔e7 11.♔c7 ♔e6 12.♘c4 ♔e7 13.♔b8 ♔d8 14.♘a5 ♔d7 15.♘b7 ♔c6 16.♔:a8 ♔c7 17.♘d6!, und Weiß gewinnt.

A. Troitzky, 1924

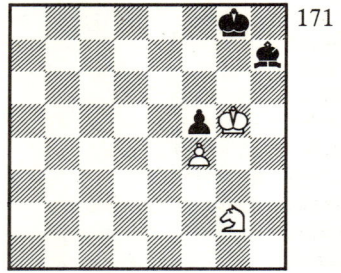

171

Weiß gewinnt

Diese Stellung demonstriert einen Ausnahmefall. Wie soll Weiß hier gewinnen, da die Eroberung des Bauern doch zu einem unentschiedenen Bauernendspiel führt? Trotzdem kommt Weiß wegen der äußerst ungünstigen Aufstellung des Läufers zum Erfolg.
1.♔h6! ♔h8 2.♘h4 ♔g8 3.♘f3 ♔h8 (sowohl der an die Verteidigung des Läufers gebundene König als auch der Läufer, der den König schützen muß, sind gezwungen, dem Lauf der Dinge tatenlos zuzusehen) 4.♘e5 ♔g8 5.♘c6 ♔h8 6.♘e7 ♗g8 7.♘g6 matt!

Ein unwahrscheinliches Finale!
Bedauerlicherweise leidet die
Studie etwas unter einer Dop-
pellösung im 5. Zuge. Weiß
kann auch 5.♘d7 ♔h8 6.♘f8
spielen.

2. Freibauern

Bei Freibauern ergeben sich
weit mehr Gewinnchancen. Ein
Sieg wird u. a. dann möglich,
wenn es gelingt, den eigenen
Bauern eher in eine Dame zu
verwandeln, als es der Gegner
zu tun vermag.
In Stellungen mit Freibauern
ist ein Läufer gewöhnlich stärker als ein Springer, da er
dank seiner größeren Reich-
weite leichter an zwei Fronten
kämpfen, d. h. den eigenen
Bauern unterstützen und den
des Gegners am Vorrücken
hindern kann.

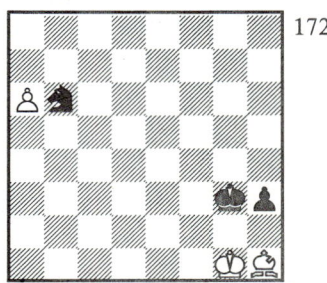
172

Weiß gewinnt

Dieses Beispiel ist typisch. Der
schwarze König steht sehr aktiv, und Weiß darf sich scheinbar keinerlei Hoffnungen ma-

chen. Nach **1.a7** wird indes
deutlich, daß der König Schritt
für Schritt zurückweichen
muß, der weiße König an seinen Bauern herankommt,
Schwarz schließlich in Zugzwang gerät und verliert.
Zum Beispiel: **1. ... ♔g4
2.♔f2** (selbstverständlich nicht
2.♔h2 ♔f4 3.♔:h3 ♔e5
4.♔g4 ♔d6 5.♔f5 ♔c7 6.♔e5
♘a8! 7.♗:a8 ♔b6 mit Remis)
2. ... ♔f4 3.♔e2 ♔f5 (der
Versuch, den Läufer zu erobern, schlägt fehl: 3. ... ♔g3
4.♔e3 ♔h2 5.♗b7 ♔g1
6.♔d4 h2 7.♔c5, und Weiß
gewinnt) **4.♔e3 ♔e5 5.♔d3
♔e6 6.♔c3 ♔d6 7.♔b4 ♔d7
8.♔b5 ♔c7 9.♔a6,** und Weiß
hat sein Ziel erreicht.
Dieses Beispiel zeigt anschaulich, wie sehr der Läufer dem
Springer bei einem Spiel an
zwei Flügeln überlegen ist.
Seine Aufgabe – Kampf mit
dem Bauern des Gegners und
Unterstützung des eigenen
Bauern – hat der Läufer ideal
gelöst.
Auf die Diagrammstellung zu-
rückkommend, sei darauf ver-
wiesen, daß 1.a7 der einzige
Gewinnzug war. Nur Remis ergäbe 1.♗b7 ♔f4 2.♔f2 ♔e5
3.♔e3 ♔d6 4.♔d4 ♔c7
5.♔c5 ♘c8. In diesem Fall
kann der Läufer das Vorgehen
seines Bauern schon nicht
mehr unterstützen.

Lissizyn–Sagorowski
Leningrad 1953

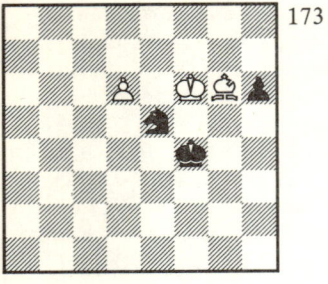

173

Weiß gewinnt

Auch hier ist der Läufer bedeutend stärker als der Springer. Weiß steht im Moment allerdings an einem Scheideweg.

Schwarz droht mit 1. ... ♘d7+ 2.♔e6 ♘b6, wonach der Springer schon nicht mehr abzudrängen wäre. Diese Drohung darf nicht durch 1.♗e8 pariert werden, denn nach 1. ... h5! 2.♗:h5 ♘d7+ nebst 3. ... ♘b6 endet die Partie ebenfalls remis. Dies bedeutet, daß Weiß 1.♗f5! spielen und dem schwarzen Bauern gestatten muß, etwas weiter vorzurücken. Dieser Zug führt zum Gewinn. Auf f5 erfüllt der Läufer seine Aufgabe am besten. Er schränkt die Beweglichkeit der schwarzen Figuren ein, unterstützt seinen eigenen Bauern und läßt den gegnerischen nicht weit kommen.

Es folgte 1. ... h5 2.♔e6 h4 3.♔f6 (die Bauernzüge sind erschöpft, und Schwarz ist in Zugzwang geraten) 3. ... ♘c6 (auch durch ein Bauernopfer war die Aufstellung der Figuren nicht zu verbessern; nach 3. ... h3 4.♗:h3 ♔e4 5.♔e6 ♔d4 6.♗f5 befindet sich Schwarz erneut im Zugzwang) 4.d7 ♘d8 5.♗e6 ♔e4 6.♗h3 ♔f3 (ein letzter Versuch, Widerstand zu leisten) 7.♔e7 ♘b7 (auf 7. ... ♘c6+ folgt, wie G. Lissizyn zeigte, 8.♔d6 ♘d8 9.♔c7 ♘f7 10.♗e6) 8.♗f1 ♔g3 9.♗a6 ♘c5 10.d8♕. Schwarz gab auf.

Colliander–Kraßnig
München 1936

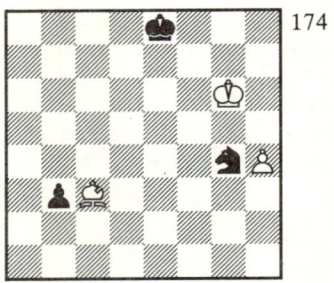

174

Weiß am Zuge

Auch hier gelang es Weiß, den Vorteil des Läufers gegenüber dem Springer deutlich zu machen. Nach 1.h5 ♔f8 2.♔g5 ♘f2 3.h6! ♘e4+ 4.♔g6 ♘d6 5.♗g7+ ♔e7 6.h7 ♘f7 7.♗b2 stellte Schwarz den Widerstand ein.

Bemerkt sei, daß 3. ... ♔f7

4.h7 ♘e4+ 5.♔f5! ♘:c3
6.h8♕ b2 7.♕h7+ usw. ebenfalls keine Rettung brachte.
Schwarz war mit seiner Verteidigung jedoch nicht auf der
Höhe. Weiß konnte seinen
Bauern nur deshalb vorstoßen,
weil er die Möglichkeit besaß,
den Läufer zu opfern. Dies
wäre zu verhindern gewesen,
wenn Schwarz nicht 1. ... ♔f8,
sondern 1. ... ♔e7!! gespielt
hätte. Danach scheitert jeder
Gewinnversuch an der ungünstigen Postierung des Läufers.
Zum Beispiel: 2.♔g5 (auch die
Verbesserung der Aufstellung
des Läufers bringt nichts ein:
2.♗b2 ♔e6! 3.♔g5 ♘e5 mit
leichtem Remis) 2. ... ♘f2
3.♗d4 (3.h6 trifft jetzt auf die
Erwiderung 3. ... ♘e4+
4.♔h5 ♘:c3 5.h7 b2 6.h8♕
b1♕) 3. ... ♔f7! 4.h6 ♘e4+
5.♔f5 ♘g3+ (oder 5. ...
♘d6+) 6.♔g5 ♘e4+ 7.♔h5
♘f6+ mit Remis.
Dank der ungünstigen Aufstellung des Läufers konnte
Schwarz seine Kräfte im
Kampf gegen den Bauern vereinen. Durch die Drohung mit
einer Gabel gewann er ein
wichtiges Tempo. Diese Fähigkeit des Springers zu einem
Doppelangriff vermag die Partie in bestimmten Situationen
zu retten. Sehen wir uns das
folgende Beispiel an.

**Nasarewski−Simonenko
Kiew 1939**

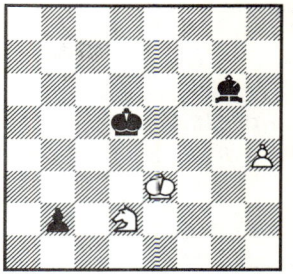

175

Weiß am Zuge

Wie wir bereits wissen, hängt
das Resultat in derartigen Stellungen davon ab, ob Schwarz
den Gegner in Zugzwang bringen kann. Gelingt dies, zieht
Weiß den kürzeren, anderenfalls endet die Partie remis.
1.h5! ♗h7 (1. ... ♗:h5 2.♔d3
mit sofortigem Remis) **2.h6
♔c5 3.♔e2 ♔d4 4.♔d1 ♔c3.**
Auf 4. ... ♔d3 konnte, wie
Konstantinopolski zeigte,
5.♔e1 ♔c3 6.♔e2! (6.♔d1?
♗d3 7.♔e1 ♔c2 führte zum
Verlust) 6. ... ♔c2 geschehen.
Danach scheint Weiß verloren
zu sein, denn 7.♔e1 wird mit
7. ... ♗d3 beantwortet, und
auf 7.♔e3 entscheidet 7. ...
♔d1. Es folgt jedoch 7.♘c4!!
♗d3+ 8.♔e3 ♗:c4 9.h7 b1♕
10.h8♕, wonach Schwarz nicht
gewinnen kann.
**5.♔e1 ♔c2 6.♔e2 ♗d3+
7.♔e1!** (7.♔e3? würde wegen
7. ... ♔c3 verlieren) **7. ...
♔c1 8.♘b3+ ♔b1 9.♔d1!**

103

Weiß ist auf der Höhe. Er konnte noch immer fehlgreifen, z. B. 9.♘d2+? ♔c2 oder 9.♔d2? ♗a2 10.♘c1+ ♔a3!
9. ... ♗c2+ 10.♔e2 ♗h7 11.♔d1 ♗c2+ 12.♔e2 ♗g6 13.♔d1 ♗h5+ 14.♔d2 ♔a2 15.h7 b1♛ 16.♘c1+ ♔a3 17.h8♛ remis.
Dank der Möglichkeit, 7.♘c4 zu spielen und mit einer Gabel zu drohen, vermochte Weiß dem Zugzwang zu entgehen. Statt 4. ... ♔c3 konnte Schwarz auch 4. ... ♗d3 5.♔e1 ♔e3 ziehen. Darauf hätte Weiß nach 6.♔d1 ♔f2 verloren, mit 6.h7 ♗:h7 7.♘c4+ aber wiederum das Remis erzwungen.
Schließlich sei noch erwähnt, daß der erste Zug von Weiß der einzig richtige war. Weiß rettete sich nur deshalb, weil es ihm gelang, den Bauern bis h6 vorzustoßen. Um uns davon zu überzeugen, wollen wir prüfen, was in Stellung 175 nach 1.♔e2? ♔d4 geschehen wäre.

Hier kann sich Weiß schon nicht mehr retten, da der Läufer den Zweifrontenkampf ausgezeichnet besteht, während eine Gabeldrohung wegen der größeren Entfernung des weißen Bauern zum Umwandlungsfeld ungefährlich ist.
Mögliche Fortsetzungen sind:
1) **1.♔d1 ♔c3 2.♔e1** (2.♔e2 ♔c2 3.♔e3 ♔d1 oder 3.♔e1 ♗h5) **2. ... ♔d3!** (der einzige Gewinnzug; nur zum Remis führt 2. ... ♔c2 3.♔e2 ♗d3+ 4.♔e3 ♔c3 5.h5 mit Übergang zu einer Variante aus Beispiel 175) **3.♔d1** (oder 3.♘b1 ♔c2 4.♘d2 ♗h5) **3. ... ♗h5+ 4.♔e1 ♔c2.**
2) **1.♔e1 ♔c3 2.♔d1 ♗h5+ 3.♔e1 ♔c2.**
3) **1.♔f2 ♔d3! 2.♔e1 ♔c3! 3.♔e2 ♔c2 4.♔e3 ♔d1** usw.
Ein originelles Remis veranschaulicht das folgende Beispiel.

L. Prokes, 1941

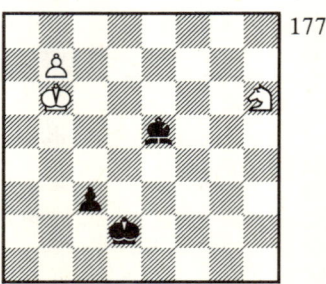

177

Remis

Es sieht so aus, als käme der

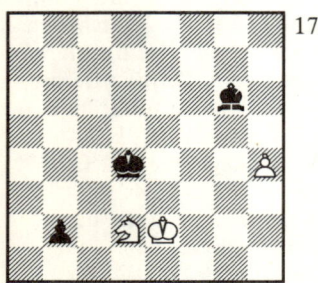

176

Weiß am Zuge
Kann Schwarz gewinnen?

Läufer im Spiel an zwei Fronten mühelos zurecht. Weiß zeigt jedoch, daß dies nicht so ist.

1.♘f5 ♔d3 (zwangsläufig zum Remis führt 1. ... c2 2.b8♕ ♗:b8 3.♘d4 c1♕ 4.♘b3+) 2.♘e7! ♔c4 (oder 2. ... c2 3.♘c6 ♗d6 4.b8♕ ♗:b8 5.♘b4+) 3.♘c6 ♗h2 4.♘a5+ ♔b4 5.♘c6+ ♔a3 6.♘d4 remis.

Wenn die Partie, die den Springer besitzt, mit dem König ein dem Läufer unzugängliches Feld vor dem gegnerischen Bauern besetzen kann, muß dies wie in Endspielen „Läufer und Bauer gegen Springer" automatisch zum Remis führen. Voraussetzung ist allerdings, daß der Springer nicht in einer Falle sitzt.

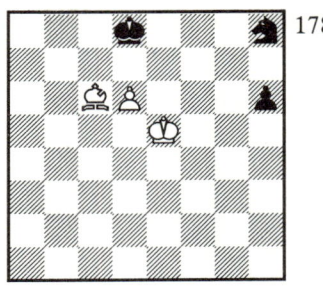

178

Weiß gewinnt

Schwarz bleibt das Remis verwehrt, weil der Springer nach 1.♔f6 nicht mehr aus der Ecke herauskommt. Auch der Vormarsch des h-Bauern bringt keine Rettung, denn der vorzüglich postierte Läufer wird,

bis sich auch der weiße König seinem Bauern wieder zuwenden kann, mit dem Spiel an zwei Fronten erfolgreich fertig, z. B. 1. ... h5 2.♔g7 h4 3.♔:h8 h3 4.♔g7 h2 5.♔f6 usw.

Wenn der Springer zentralisiert ist und der Läufer allein gegen den Bauern kämpfen muß, übersteigt dies nicht selten seine Kraft.

So vermag Schwarz den Bauern im folgenden Beispiel nicht aufzuhalten.

L. Kubbel, 1908

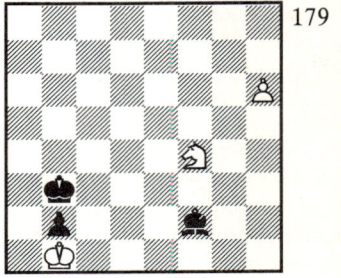

179

Weiß gewinnt

Es folgt 1.♘e6! (der einzige Gewinnzug; nach 1.♘e2? ♗h4 nebst 2. ... ♗f6 kann sich Schwarz retten) 1. ... ♗h4 2.♘c5+! ♔c4 3.♘e4! Der Springer ist unter Tempogewinn auf das Zentralfeld gelangt und hindert den Läufer am Betreten der Diagonale c3–h8.

Hätte Schwarz 1. ... ♗g3 gespielt, wären dem Läufer durch

2.♘d4+ ♔c4 3.♘f3! wiederum alle Felder genommen worden.
Die Stärke einer Zentralstellung des Springers wird anschaulich in folgender Studie demonstriert.

Z. Vecsey, 1934
J. Awerbach, 1956

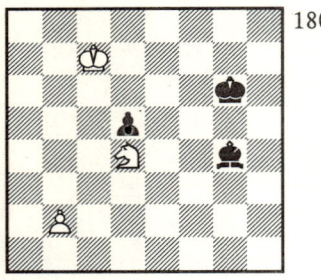

180

Weiß gewinnt

Die weißen Figuren stehen ideal. Der Springer blockiert den gegnerischen Bauern, nimmt dem Läufer eine Reihe wichtiger Felder im Zentrum und begünstigt damit den Vormarsch des eigenen Bauern zum Umwandlungsfeld. Der König verwehrt dem Läufer das Feld c8 und steht ebenfalls bereit, seinen Bauern zu unterstützen.
Nach den einleitenden Zügen **1.b4 ♗h3 2.b5 ♗f1 3.b6 ♗a6** kommt es zu der Stellung von Vecsey. Schwarz hat den ersten Ansturm abgewehrt und den Bauern gestoppt. Jetzt hängt alles davon ab, ob Weiß den

Läufer aus seiner Position verdrängen kann.
4.♘c6! ♔h7.
Auf den ersten Blick ein seltsamer, in Wirklichkeit aber der einzig mögliche Zug. Es zeigt sich, daß der König seinem Bauern nicht zu Hilfe eilen kann, z. B.:
1) 4. ... ♔f5 5.♘b4 d4 (offensichtlich erzwungen) 6.♘:a6! d3 7.♘b4 d2 8.♘d5! d1♛ 9.♘e3+ usw.
2) 4. ... ♔f6 5.♘b4 d4 6.♘:a6 d3 7.♘c5 d2 8.♘e4+.
3) 4. ... ♔f7 5.♘b4 d4 6.♘c6! d3 7.♘e5+ ♔e6 8.♘:d3 nebst 9.♘b4. Vielleicht kann der König aber auf der g-Linie bleiben? Prüfen wir:
4) 4. ... ♔g7 5.♘e7 d4 6.♘f5+ und 7.♘:d4.
5) 4. ... ♔g5 5.♘b4 d4 6.♘:a6! d3 7.♘c5 d2 8.♘e4+.
Wir haben somit festgestellt, daß ein Königszug auf ein beliebiges Feld der f- oder g-Linie zum Verlust des Bauern führt. Untersuchen wir nunmehr, was geschieht, wenn der König auf die h-Linie zurückweicht.
6) 4. ... ♔h6 5.♘e7 und 6.♘f5+.
7) 4. ... ♔h5 5.♔b8!
Jetzt zeigt sich, daß der schwarze König wieder kein einziges Feld findet, auf dem er nicht durch den „allmächtigen" Springer aufgespürt würde.
Auf 5. ... ♔h6 oder 5. ... ♔h4 folgt 6.♘e7 nebst 7.♘f5+ mit

Gewinn des Bauern. Auf 5. ...
♔g6 entscheidet 6.♔a7 ♗c8
7.♘e7+ und 8.♘:c8. Spielt
Schwarz 5. ... ♔g5, ist 6.♘b4
d4 7.♘:a6! d3 8.♘c5 und
9.♘e4+ möglich. 5. ... ♔g4
schließlich wird mit 6.♘b4 d4
7.♘:a6 d3 8.♘c5 d2 9.♘e4
d1♕ 10.♘f2+ beantwortet.
Bleibt zu ergänzen, daß 5. ...
♗b5 auf die Erwiderung
6.♔b7! ♗ beliebig 7.♘d4
träfe. Danach ist der Weg für
den weißen Bauern frei, denn
auf einen Zug des Läufers ent-
lang der Diagonale a6−f1 geschieht 8.♔a7, während 7. ...
♗d7 an 8.♔c7 scheitert.
5.♔b8! ♔h8.
Erneut die einzige Möglichkeit, Bauernverlust zu vermeiden. Auf 5. ... ♔g7 oder 5. ...
♔h6 folgt 6.♔a7 ♗c8 7.♘e7
d4 8.♘:c8 d3 9.♘d6 d2
10.♘f5+ nebst 11.♘e3, und
5. ... ♔g6 oder 5. ... ♔g8 verbietet sich wegen 6.♔a7 ♗c8
7.♘e7+ und 8.♘:c8.
6.♔a7 ♗c8 7.♘e7 d4 8.♘:c8!
Solange der schwarze König
nicht auf h8 stand, war das
Endspiel „Dame und Springer
gegen Dame" remis. Jetzt hingegen gelingt es Weiß, die ungünstige Aufstellung des
feindlichen Königs auszunutzen.
**8. ... d3 9.b7 d2 10.b8♕ d1♕
11.♘e7+ ♔g7 12.♕g8+ ♔f6**
(12. ... ♔h6 13.♕g6 matt)
**13.♘d5+ ♔e5 14.♕g7+ ♔d6
15.♕e7+ ♔c6 16.♕c7+,** und
Schwarz verliert die Dame.

Wie Bjusandjan später zeigte,
verfügt Weiß jedoch über
einen anderen, weit weniger
dramatischen Gewinnweg.
Kehren wir zu der Stellung
nach dem 5. Zug von Schwarz
zurück.

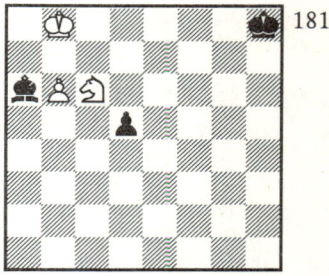

181

Weiß gewinnt

Mit **6.♔a8! ♔h7** (6. ... ♗b5
7.♔b7 nebst 8.♘d4) **7.♔a7
♗c8 8.♔b8 ♗a6 9.♔c7** ge-
lingt es Weiß, die Zugpflicht
an den Gegner zu übertragen.
Auf **9. ... ♔h8** (andere Kö-
nigszüge kosten den Bauern)
folgt dann **10.♘b4 d4 11.♘:a6
d3 12.b7 d2 13.b8♕+.**
Bei weit vorgerückten Bauern
treten allgemeine Überlegun-
gen in den Hintergrund, und
alles hängt von der konkreten
Situation ab.

J. Moravec, 1959/61

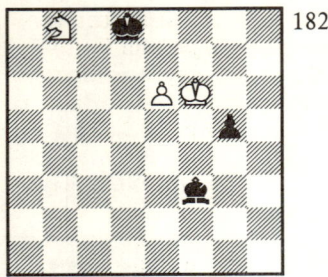

182

Weiß gewinnt

Der Unterschied in der Aufstellung der Könige verbürgt Weiß hier ein entscheidendes Übergewicht.
1.e7+ ♔e8 2.♘a6! ♔d7 (falls 2. ... ♗h5, so 3.♔e6! ♗g4+ 4.♔d6 ♔f7 5.♘c7, und der Bauer geht zur Dame) **3.♘c5+ ♔e8 4.♘e6! ♔d7** (4. ... ♗h5 5.♘g7+) **5.♘g7** usw.
Sehen wir uns nunmehr einige Stellungen an, in denen eine unmittelbare Verwandlung des Bauern nicht möglich ist, im Verlaufe des Spiels aber der gegnerische Bauer erobert werden kann. Selbstverständlich hängt in diesem Fall alles von der Konstellation des entstehenden Endspiels mit einem Mehrbauern ab.

B. Sewitow, 1938

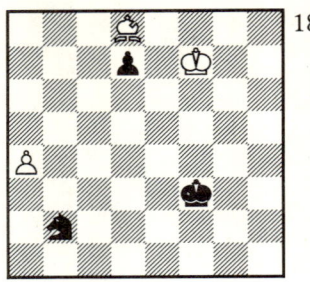

183

Weiß gewinnt

In dieser Stellung folgt **1.a5 ♘c4 2.a6 ♘e5+** (einfacher hat es Weiß nach 2. ... ♘d6+ 3.♔e7 ♘b5 4.♔:d7 ♔e4 5.♔c6 ♘a7+ 6.♔b7 ♘b5 7.♔b6 ♘d6 8.♗c7 ♘c8+ 9.♔b7 usw.) **3.♔e8!**
Mit diesem Zug gewinnt Weiß ein wichtiges Tempo. Nur zum Remis führt 3.♔e7? ♘c6+ 4.♔d6 ♔e4 5.♗c7 ♔d4 6.♔:d7 ♔c5 7.♔c8 ♔b5 8.♔b7 ♔c5 9.♗b6+ ♔b5 oder 9. ... ♔d6.
3. ... ♘c6 4.♗c7 ♔e4 5.♔:d7 ♔d5 6.♔c8. Die Autorlösung geht jetzt wie folgt weiter:
6. ... ♔c4 7.♗b6 ♔b4 8.♔c7 ♔b5 9.♔b7, und Schwarz befindet sich im Zugzwang.
Aus dem ersten Kapitel wissen wir jedoch, daß Schwarz bei einem Randbauern auf der 6. Reihe die horizontale Opposition der Könige anstreben muß. Bedeutend stärker ist deshalb **6. ... ♔e6!**, z. B. 7.♔b7? ♔d7 mit Remis (40).

Weiß kommt indes auch bei dieser Fortsetzung zum Erfolg: **7.♗f4** (möglich ist außerdem 7.♗g3 oder 7.♗h2) **7. ... ♔d5 8.♔b7!** (8.♗c7 ♔c5 9.♔b7 ♔b5 10.♗c7 ♔c5 mit Remis) **8. ... ♔c5 9.♗c7! ♔d5 10.♔b6 ♘e7 11.♗g3 ♘c6 12.♗f4! ♘e7 13.♗c1 ♘c8+ 14.♔c7 ♘d6** (oder 14. ... ♔c5 15.♗a3+ ♔b5 16.♔b7 ♘a5 17.♗f8! ♔b5 18.♗b4) **15.♗a3 ♘b5+ 16.♔b6 ♔c4 17.♗f8,** und Weiß gewinnt.

A. Selesniew, 1915

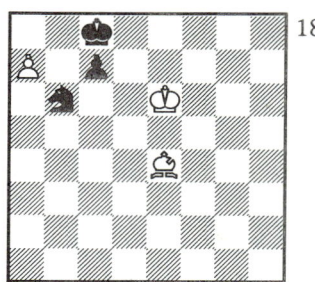

184

Weiß gewinnt

Weiß ist im Vorteil. Um zu gewinnen, muß er seinen Bauern jedoch in eine Dame verwandeln, und bis dahin ist es noch ein sehr weiter Weg. Wäre Schwarz am Zuge, könnte er die Partie remis halten, indem er seinen Bauern opfert, um mit dem König an den gegnerischen Bauern heranzukommen: 1. ... c6! 2.♗:c6 (sonst 2. ... ♔b7) 2. ... ♔c7 3.♗e4! ♘a8!! 4.♗:a8 ♔b6.

Die schwarze Drohung ist nur auf eine Art zu parieren: **1.♗c6! ♔d8 2.♔f5** (der Versuch, den Gegner in Zugzwang zu bringen, könnte sofort zum Remis führen. z. B. 2.♔f6 ♘c8! 3.a8♕ patt!) **2. ... ♔e7 3.♔e5.**

Die Aufgabe von Weiß besteht darin, mit dem König nach b7 durchzubrechen, um den eigenen Bauern zu unterstützen und den des Gegners zu erobern. Diesem Plan hat Schwarz nichts entgegenzusetzen.

3. ... ♔f7 4.♔d4 ♔e6 5.♔c5 ♔e5 6.♔b4! ♔e6 7.♗a5! ♔d6 8.♔b5 ♔e6 9.♗a6 ♔e7 10.♔b7 ♔d6 11.♗g2 ♔d7 12.♗f3 ♔d6 13.♗c6 (Schwarz ist in Zugzwang geraten und muß den Bauern geben; danach ist der Springer nicht mehr auf b6 zu behaupten) **13. ... ♔c5 14.♔:c7,** und Weiß gewinnt.

M. Euwe, 1951
J. Awerbach, 1957

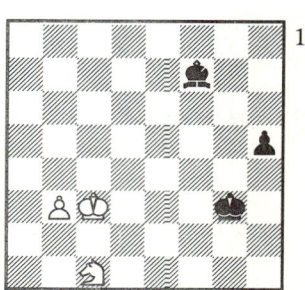

185

Kann Weiß remis halten?

109

Schwarz ist deutlich im Vorteil. Sein Bauer ist weiter vorgerückt und wird durch den König unterstützt. Vor allem aber kann der Läufer an beiden Flügeln zum Einsatz kommen.

Völlig hoffnungslos wäre deshalb 1.b4 h4 2.b5 h3 3.b6 ♗d5 4.♘e2+ ♔g4.

Die Aufgabe von Weiß ist klar. Er muß den eigenen Bauern im Stich lassen, seine Kräfte vereinen und ein unentschiedenes Endspiel mit einem Bauern weniger anstreben. Zunächst führt er den Springer heran.

1.♘e2+.

Schwarz verfügt jetzt über zwei Hauptfortsetzungen, die wir uns nacheinander ansehen wollen:

1) **1. ... ♔f2 2.♘f4 h4 3.♔d4!** (ein trefflicher Zug; Weiß gibt den Bauern, erreicht jedoch eine Remisstellung, die wir schon im ersten Kapitel untersuchten) **3. ... ♗:b3 4.♔e5 ♗d1 5.♔f5 ♔g3 6.♔e5** (selbstverständlich nicht 6.♔g5 ♗g4, und Weiß verliert; Euwe versah den Zug 6.♔e5 mit einem Ausrufezeichen, wozu indes keinerlei Anlaß besteht; Weiß kann ebensogut 6.♔e4 spielen, z. B. 6. ... ♗g4 7.♔e3! ♗f3 8.♘h3! usw.) **6. ... ♗c2 7.♘e2+ ♔f3 8.♘g1+!** (dies aber ist tatsächlich der einzige Zug; zum Verlust führt sowohl 8.♘d4+ ♔f2 9.♔f4 h3 10.♘f3 ♗d1 11.♘h2

♔g2 als auch 8.♘f4 ♔g4) **8. ... ♔g4** (8. ... ♔g2 9.♔f4!) **9.♔f6 ♗d3 10.♔g7** (sogar dies ist möglich) **10. ... ♔g3 11.♔h6 ♔g2 12.♔g5** mit Remis.

Wir haben somit festgestellt, daß Weiß nach 1. ... ♔f2 das Gleichgewicht aufrechterhält. Sollte Schwarz wirklich nicht in der Lage sein, den Aufbau einer Remisstellung mit dem Springer auf f4 zu verhindern?

2) **1. ... ♔f3!** (dies sieht bedeutend stärker aus als die vorhergehende Fortsetzung; Schwarz läßt den Springer nicht nach f4) **2.♔d2.**

Traurige Notwendigkeit. Weiß muß den Springer mit dem König verteidigen, denn auf 2.♘d4+ entscheidet 2. ... ♔f2 3.♘f5 ♗g6 4.♘e7 ♗e4 5.♔d4 h4 usw., und auf 2.♘g1+ folgt 2. ... ♔g2 3.♘e2 h4 4.♔d4 ♔f3! 5.♘g1+ ♔f2 6.♘h3+ ♔g3 7.♘g5 ♗:b3 (Weiß konnte sich mit dem Springer auf g5 festsetzen; wie wir jedoch aus dem ersten Kapitel wissen, steht der Springer dort nicht so stark wie auf f4) 8.♔e5 (8.♔e3 ♗d5 9.♔e2 ♔g4 10.♘h7 h3 11.♘f6+ ♔g3) 8. ... ♗c2 9.♔e6 ♔g4 10.♔f6 ♗d3, und Schwarz gewinnt.

2. ... h4!

Euwe untersuchte nur 2. ... ♗:b3 und gelangte zu der Schlußfolgerung, daß Weiß nach 3.♘d4+ ♔g2 4.♔e3 h4 5.♘e2! ♗d1 6.♘f4+ ♔g3

7.♔e4 remis hält. In der Tat läßt weder 7. ... ♗c2+ 8.♔e3 ♔g4 9.♘d5 h3 10.♔f2 ♗e4 11.♘f6+ noch 7. ... ♗g4 8.♔e3 ♗f3 9.♘h3 Schwarz zum Erfolg kommen.

Durch die Wegnahme des Bauern büßt Schwarz jedoch ein wichtiges Tempo ein, das es Weiß gestattet, den König heranzuholen. Nach 2. ... h4 ist dies nicht möglich.

3.♘g1+ (3.♔e1 ♗:b3 4.♘d4+ ♔g2 5.♘e2 ♗c4 6.♘f4+ ♔g3 7.♘h5+ ♔f3) 3. ... ♔g2 4.♘e2 ♔f2! (wie Woronkow zeigte, führt 4. ... ♗h5 5.♘f4+ ♔g3 6.♘:h5+ ♔f3 7.♘f4! nur zum Remis) 5.♘f4 ♗:b3, und wir haben bei vertauschten Farben Stellung 43 vor uns, in der der Mehrbauer gewinnt.

Somit kann Weiß die Partie bei genauem Spiel des Gegners nicht retten.

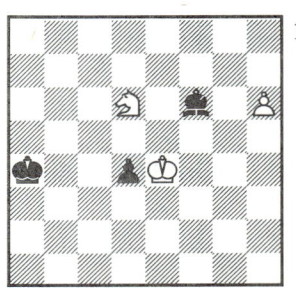
186

Weiß gewinnt

Weiß ist im Vorteil, weil der gegnerische König weit vom eigentlichen Hauptkampfplatz

entfernt steht. Auf den ersten Blick ist jedoch nicht zu erkennen, wie dieses Übergewicht verwertet werden kann. Der Versuch, den Bauern zu erobern, führt nur zum Remis, z. B. 1.♘f5 ♔b5 2.♘:d4+ ♔c5 3.♘f5 ♗g5 4.h7 ♗f6 5.♘h6 ♔d6 6.♔f5 ♗c3 7.♔g6 ♔e7.

Weiß kommt zum Erfolg, wenn er sich die etwas beengte Aufstellung des Läufers zunutze macht.

1.♘e8! ♗h8 (die einzige Möglichkeit, den Läufer zu behaupten; 1. ... ♗e5 scheitert an 2.♔:e5! d3 3.♘d6 d2 4.♘c4 d1♕ 5.♘b2+) 2.♘g7! (plötzlich sitzt der Läufer hinter Schloß und Riegel) 2. ... ♔b3 3.♔:d4 ♔c2 4.♔e5 ♔d3 5.♔f6 ♔e4 6.♔f7! ♔f4 7.♔g8 ♔g5 8.♔h7, und Weiß gewinnt.

Sechstes Kapitel

Läufer und zwei oder mehr Bauern gegen Springer und Bauer

Um in derartigen Endspielen zum Erfolg zu kommen, genügt es in der Regel:
einen der Bauern in eine Dame zu verwandeln oder für ihn wenigstens den Springer zu gewinnen;
den gegnerischen Bauern zu erobern.

Von größtem Interesse sind für uns folgende Bauernkonstellationen der stärkeren Seite:
1. Verbundene Freibauern
2. Verbundene Bauern, ein Freibauer
3. Isolierte Freibauern
4. Isolierte Bauern, ein Freibauer.

1. Verbundene Freibauern

Der langschrittige Läufer ist in der Lage, den Kampf gleichzeitig an zwei Fronten zu führen. Deshalb wird die stärkere Seite ihr materielles Übergewicht meist ohne Schwierigkeiten realisieren, wenn der gegnerische Bauer noch nicht allzu weit vorgerückt ist, der Läufer ihn blockiert und die eigenen Bauern unterstützt.
Hier ein charakteristisches Beispiel.

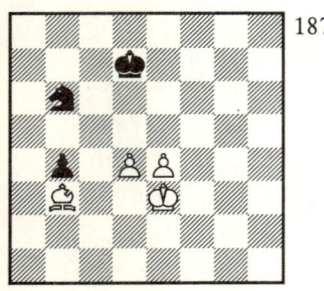

187

Weiß gewinnt

Weiß löst seine Aufgabe ohne jede Mühe.
1.e5 ♔c6 2.♔e4 ♔b5 (eine passive Verteidigung wäre

zwecklos; Schwarz geht daher zum Gegenangriff über) **3.d5 ♘c4 4.♔d4 ♘d2 5.♗c2 b3 6.♗d3+ ♔b6 7.e6 ♔c7 8.♔c5 b2 9.d6+ ♔c8 10.e7,** und Weiß gewinnt.
Es muß jedoch betont werden, daß in Endspielen mit Freibauern nicht sosehr das materielle Übergewicht den Ausschlag gibt. Viel wichtiger ist, wie weit die Bauern bereits vorgerückt sind und wie in diesem Zusammenhang die Figuren zur Wirkung kommen.

W. Jakimtschik, 1958

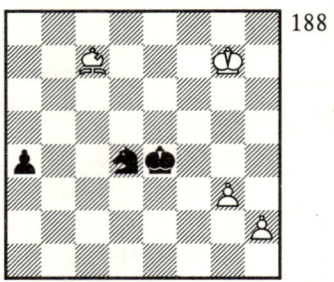

188

Remis

Weiß muß sich trotz seines Materialvorteils verteidigen, da Schwarz über einen weit vorgerückten Bauern und die aktivere Figurenstellung verfügt. Weiß erzwingt das Remis nur auf studienartigem Wege.
1.♗a5! ♔d3! (ein schnelles Remis ergäbe 1. ... a3 2.♗b4 a2 3.♗c3) **2.♗b4 ♔c4 3.♗a3 ♔b3 4.♗c1 ♘e2 5.♗g5 a3 6.♗f6!** (zum Verlust führt 6.h4

②:g3! 7.⌘f7 ②e4 8.⌘h6 a2
9.⌘g7 ②c3 10.h5 a1♕ 11.h6
♕b1 12.⌘g8 ②d5 usw.) 6. ...
②c3 7.h4 a2 8.h5 a1♕ 9.h6.
Eine erstaunliche Stellung! Obwohl Schwarz eine Dame mehr hat, kann er nicht gewinnen, denn auf 9. ... ♕a7+ folgt
10.⌘g6! ♕c7 11.h7.
Bei einer ungünstigen Aufstellung des Läufers und seiner Bauern kann es sogar vorkommen, daß die Springerpartei ihren Bauern in eine Dame verwandelt und gewinnt.
Hier zwei solcher Ausnahmefälle.

G. Fedotow, 1956

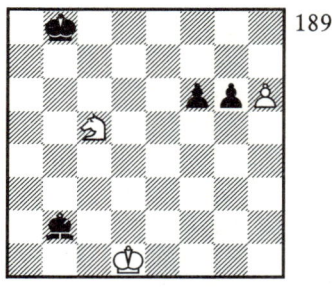

189

Weiß gewinnt

Der Mehrbauer f6 spielt für Schwarz eine negative Rolle, da er den Kampf des Läufers mit dem gefährlichen Freibauern des Gegners behindert.
Die Aufgabe von Weiß besteht darin, mit dem Springer nach f5 zu gelangen, bevor Schwarz selbst f6–f5 spielt. Dies erreicht er wie folgt: 1.⌘c2 ♗d4

2.②b3 ♗e5 3.②a5! ⌘c7 (falls
3. ... ⌘c8, so 4.②c6 ♗a1
5.⌘d3 und 6.②d4 mit Aussperrung des Läufers) 4.②c4
♗d4 5.⌘d3 ♗a1 6.②e3 ♗e5
(Schwarz darf wegen der Drohung 7.②d5+ und 8.②c3 immer noch nicht f6–f5 spielen)
7.②f5, und Weiß gewinnt.

L. Kubbel, 1910

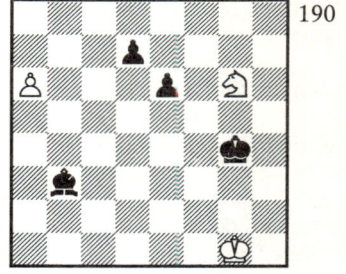

190

Weiß gewinnt

Dank der ungünstigen Aufstellung des schwarzen Königs hat Weiß die Möglichkeit, den Läufer durch eine Springergabel unschädlich zu machen:
1.②e7 ♗c2 (falls 1. ... ♗d1,
so 2.②c6! ♗f3 3.②e5+)
2.②d5 ♗e4 3.②f6+, und
Weiß gewinnt.

J. Somow-Nassimowitsch, 1934

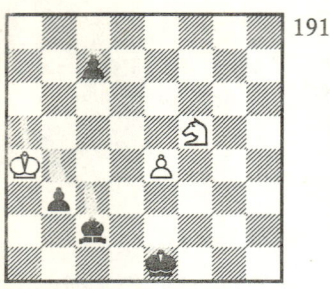

191

Remis

Auch dieses Beispiel ist eine Ausnahme. Weiß hält trotz des gefährlichen schwarzen Freibauern remis: 1.♘d4 c5! 2.♘:b3! c4 3.e5 cb 4.♔a3 ♔d2 5.e6 ♔c3 6.e7 ♗g6 7.e8♕! ♗:e8 patt!

2. Verbundene Bauern, ein Freibauer

Hier besteht der Hauptplan in einem Angriff auf den gegnerischen Bauern. Gelingt es, diesen zu erobern, ist der Gewinn in der Regel gesichert.

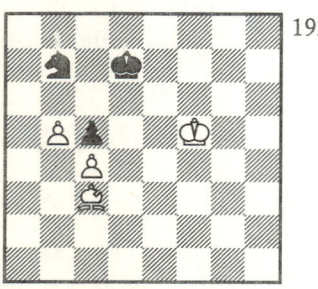

192

Weiß gewinnt

Nach 1.♔e5 ♔c7 2.♔d5 ♔b6 3.♗e5 ♘d8 4.♗d6 ♘b7 5.♗e7 bringt Weiß den Gegner in Zugzwang und erobert den Bauern c5.

Stände der schwarze König auf d6, wäre die Gewinnführung ebenfalls unkompliziert: 1.♔f6 ♘d8 2.♗e5+ ♔d7 3.♗g3 ♘e6 4.♔e5 ♘c7 5.♗h4, und der weiße König gelangt nach d5.

Bei der hier zur Debatte stehenden Bauernstruktur gelingt es nur in seltenen Ausnahmefällen, den Freibauern sofort zu verwerten.

Mönke–Heinrich „Westphalia" 1926

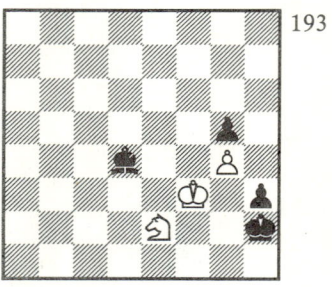

193

Schwarz am Zuge

1. ... ♗e3! 2.♘g3 (der Läufer ist natürlich nicht zu nehmen, denn nach 2.♔:e3 ♔g2 geht der Bauer zur Dame) 2. ... ♗d2! 3.♘e2 (falls 3.♘f1+ ♔g1 4.♘:d2, so 4. ... h2, und auf 3.♔f2 entscheidet 3. ... ♗e1+) 3. ... ♗e1 4.♘d4 ♔h1 5.♘e2 h2 6.♘d4 ♔g1

7.♘e2+ ♔f1 8.♘g3+ ♗:g3
9.♔:g3 h1♖! (9. ... h1♕?
patt), und Schwarz gewann.

3. Isolierte Freibauern

Die nachstehenden Beispiele
zeigen anschaulich, welche
Pläne in derartigen Endspielen
angewandt werden können.

M. Lewitt, 1934

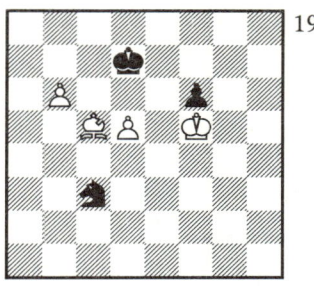

194

Weiß gewinnt

Der Bauer b6 ist am weitesten
vorgerückt, kann aber nicht
durch den König unterstützt
werden. Weiß opfert ihn daher,
um den schwarzen König abzulenken und den Vormarsch
des d-Bauern zu sichern.
1.b7 (möglich ist auch 1.d6
♔c6 2.b7, bedeutet aber nur
Zugumstellung) **1. ... ♔c7
2.d6+ ♔:b7 3.d7 ♔c7 4.♔e6
♘d5 5.♗f2,** und Schwarz befindet sich im Zugzwang, z. B.
5. ... ♘f4+ 6.♔e7 ♘d5+
7.♔e8 oder 5. ... ♔d8 6.♔d6
f5 7.♗h4+ oder schließlich
5. ... f5 6.♗g3+ f4 7.♗h4.

**Prochorowitsch–Woronkow
Moskau 1952**

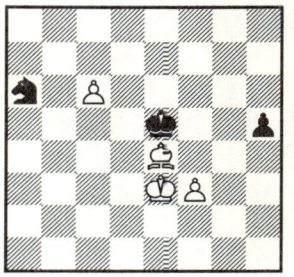

195

Weiß am Zuge

Die schwarzen Figuren stehen
aktiv, und der h-Bauer droht
vorzurücken. Weiß muß deshalb, bevor er mit der Verwandlung eines seiner Bauern
in eine Dame beginnt, zu-
nächst den gegnerischen Freibauern liquidieren.
Es folgte **1.f4+ ♔d6 2.f5 ♔e5.**
Der 2. Zug von Weiß war erzwungen, da 2. ... ♘b8 nebst
3. ... ♘:c6 drohte. Jetzt hingegen würde Weiß auf 2. ... ♘b8
durch 3.♔f4 ♘:c6 4.♗:c6 ♔:c6
5.♔g5 und 6.♔:h5 gewinnen.
3.♔f3 ♔f6 (im Fall von 3. ...
♘c7 konnte 4.♔g3 geschehen,
da der Läufer wegen der Drohung f5–f6 nicht genommen
werden darf) **4.♔f4 ♘c7
5.♗f3 h4 6.♗g2 ♘e8 7.♔g4
♘c7 8.♗e4 ♘e8 9.♔:h4 ♘c7
10.♔g4 ♘e8 11.♔f4 ♘c7,**
und wir haben Stellung 109 erreicht, in der Weiß sein materielles Übergewicht ohne
Schwierigkeiten verwertet.

Kotow–R. Byrne
New York 1954

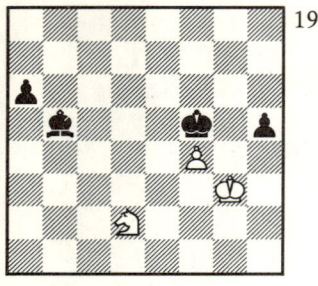

196

Schwarz am Zuge

Schwarz verfügt über einen entfernten Freibauern, der jedoch wegen der ungünstigen Aufstellung des Läufers im Moment noch nicht vorrücken kann (1. ... a5 2.♘b3 a4 3.♘d4+). In der Partie folgte:
1. ... ♗e8 2.♘c4 ♗f7 3.♘d6+ ♔e6.
Wie Bondarewski zeigte, hätte 3. ... ♔f6! zum Gewinn geführt, z. B. 4.♘b7 ♗d5 5.♘a5 ♔e6 6.♔h4 ♔d6 7.♔:h5 ♔c5 8.♔g5 ♔b5 9.♔f5 ♔:a5 10.♔e5 ♗g8 11.♔d4 ♔b4 usw.
Keine Rettung brachte auch 4.♘e4+ ♔e7 5.♘c5 a5 6.♔h4 ♔f6 7.♘e4+ ♔f5! 8.♘d6+ ♔:f4 9.♘:f7 a4 10.♘g5 a3 11.♘e6+ ♔e3 12.♘c5 ♔d2 13.♘b3+ ♔c2 14.♘d4+ ♔b2.
4.♘b7 ♔d5?
Schwarz wählt einen verfehlten Plan und vergibt den Gewinn. Die richtige Fortsetzung war

4. ... ♔f5! 5.♘d6+ ♔f6! oder 5.♘a5 ♔e4 (Bondarewski).
5.♔h4!
Es ist eine eigenartige Stellung entstanden. Der schwarze König darf weder nach c4 noch nach c6 oder e4 ziehen, weil ihn überall eine Gabel erwartet.
5. ... ♗e8 (da dem Läufer das Feld a1 unzugänglich ist, bringt auch 5. ... ♗g8 6.♔:h5 ♔c6 7.♔g5! ♔:b7 8.♔f5 a5 9.♔e4 a4 10.♔d3 a3 11.♔c2 ♗a2 12.♔c3 usw. nichts ein)
6.f5 ♔c6 7.♘a5+ ♔b6 8.♘c4+ ♔c5 9.♘a5 ♔b6 10.♘c4+ ♔c5 11.♘a5 ♗f7 (falls 11. ... ♔b4, so 12.♘b7 a5 13.f6 ♗f7 14.♘d8 ♗d5 15.♘c6+! und 16.♘:a5)
12.♘b7+ ♔b6 13.f6 a5 14.♘d8! ♗e8 15.♘b7 a4 16.♘d6) 13.♘d6 ♗d5 14.f6 a5 15.f7 ♗:f7 16.♘:f7 a4 17.♘e5 ♔b5 remis.

4. Isolierte Bauern, ein Freibauer

Wenn es der stärkeren Seite gelingt, den Freibauern durch den König zu unterstützen, wird sie in der Regel ohne große Schwierigkeiten gewinnen.

Eliskases–Euwe
Buenos Aires 1947

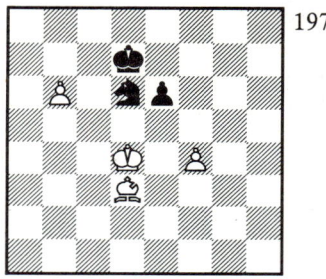

197

Weiß gewinnt

Es folgte **1.♔c5 ♘b7+ 2.♔b5
♘d8 3.♔a6 ♔c6.**
Schwarz versucht, zum Gegenangriff überzugehen. Bei passiver Verteidigung hätte er noch
schneller verloren, z. B. 3. ...
♔c8 4.♔a7 ♘c6+ 5.♔a8
♘a5 6.♗b5.
4.♗e4+ ♔c5 5.♗h1! (da der
Bauer f4 gefährdet ist, verbietet
sich b6–b7) **5. ... ♔d4 6.♔a7!**
Der Trumpf der weißen Stellung ist der Bauer b6. Er muß
zur Dame gehen. Falls jetzt
6. ... ♔e3, so 7.♔b8 ♔:f4
8.♔c7 mit Abdrängung des
Springers.
6. ... e5 7.f5 e4 8.♔b8 (eine
Alternative war 8.f6) **8. ... e3
9.♗f3 ♘c6+ 10.♔c7 ♘b4
11.♔d6.** Schwarz gab auf.
Wenn der König der schwächeren Seite versucht, den Freibauern aufzuhalten, eröffnet
sich gewöhnlich die Möglichkeit, mit dem eigenen König
zum gegnerischen Bauern

durchzubrechen. Einen derartigen Plan verfolgt Weiß im
nächsten Beispiel.

Nimzowitsch–Janowski
Karlsbad 1907

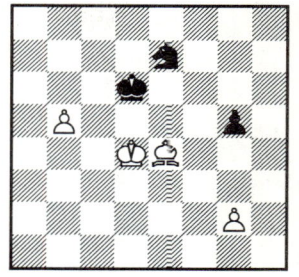

198

Weiß gewinnt

Der Gewinn wird auf elementare Art erzielt: **1.b6 g4** (1. ...
♘c6+ 2.♗:c6 ♔:c6 3.♔e5)
**2.b7 ♔c7 3.♔e5 g3 4.♔f4
♘g8 5.♔:g3 ♘f6 6.♗f3 ♘d7
7.♔f4 ♔d6 8.♔f5 ♔e7 9.♗c6
♘b8 10.♗b5.** Schwarz gab
auf.
Sehen wir uns nunmehr einige
Beispiele an, in denen der
„Nichtfreibauer" der stärkeren
Seite ein Randbauer ist, dessen
Umwandlungsfeld nicht die
Farbe des Läufers trägt.
In solchen Endspielen treten
zusätzliche Schwierigkeiten
auf, da die Eroberung des
Springers für den anderen
Bauern häufig nur zum
Remis führt, wenn der König
der schwächeren Seite rechtzeitig die rettende Ecke erreicht.

117

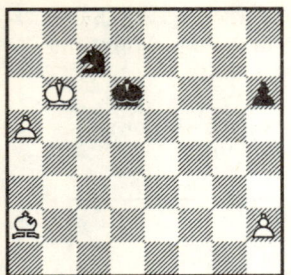

199

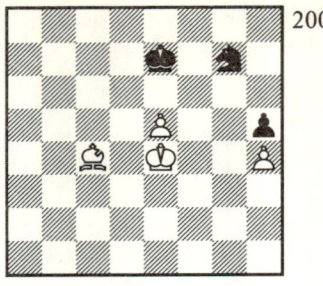

200

Weiß gewinnt

Schwarz am Zuge. Weiß gewinnt

Ein grober Fehler wäre 1.a6
♘:a6 2.♔:a6 ♔e7 usw. Kann
Weiß den Gegner aber nicht
durch 1.♗b3 ♘a8+ 2.♔b7
♘c7 3.♗a4 ♘e6 4.♔b6 ♘c7
5.♗c6 in Zugzwang bringen?
Vorläufig noch nicht, denn
Schwarz antwortet 5. ... ♘a6!,
und nach 6.♔:a6 ♔:c6 ergibt
sich ein unentschiedenes Bauernendspiel.
Um zu gewinnen, muß Weiß
zunächst den h-Bauern vorrük-
ken: **1.h4** ♘a8+ (1. ... h5
scheitert an 2.♗f7 nebst
3.♗:h5) **2.♔b7** ♘c7 **3.♗b3**
♔d7 **4.♗a4+** ♔d6 **5.♗c6**
♘e6 **6.♔b6** ♘c7 **7.h5!** Jetzt
ist das Endspiel nach 7. ...
♘a6 **8.♔:a6** ♔:c6 für Schwarz
verloren, z. B. **9.♔a7** ♔c7
10.a6 ♔c8 **11.♔b6** ♔b8
12.♔c6 ♔a7 **13.♔d6** ♔:a6
14.♔e6 ♔b6 **15.♔f6** ♔c6
16.♔g6 ♔d6 **17.♔:h6** ♔e7
18.♔g7! usw.

Um zum Erfolg zu kommen,
muß Weiß den h-Bauern er-
obern. Wenn sich Schwarz passiv verhielte, würde der weiße
König über f4 und g5 nach g6
vordringen. Schwarz geriete
dann in Zugzwang und könnte
den Bauern nicht behaupten.
Ihm bleibt nichts anderes
übrig, als den Bauern gleich
im Stich zu lassen und zu versuchen, seinerseits den e-Bauern zu gewinnen oder für ihn
den Springer zu opfern, um danach mit dem König in die
Ecke h8 zu gelangen.
1. ... ♘e8 **2.♔f5** ♘c7 **3.♔g5**
♘a8 **4.♔:h5** ♘b6 **5.♗b5!**
(nachdem er sich einen gefährlichen Freibauern auf der h-Linie verschafft hat, braucht sich
Weiß nicht mehr an den zweiten Bauern zu klammern) **5. ...**
♔e6 **6.♔g6** ♔:e5 (auf 6. ...
♘d5 folgt 7.♗c4) **7.h5** ♘d5
8.h6 ♘f6 (falls 8. ... ♘f4+, so
9.♔f7 ♘e6 10.♗d7 ♘g5+
11.♔g6 ♘f4 12.♗c8) **9.♗c4**
♘d7 **10.♔f7** ♘f6 **11.♗d3**,
und Weiß gewinnt.

118

Aus der Analyse geht hervor, daß Weiß nicht gewinnen könnte, wenn der schwarze Bauer auf h6 postiert wäre.

Bondarewski–Pachman
Moskau–Prag, 1946

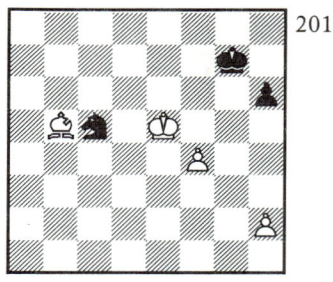

201

Schwarz am Zuge. Weiß gewinnt

Stände der Springer auf f6, hätten wir eine elementare Remisstellung vor uns, da Weiß weder den f-Bauern vorrücken noch den gegnerischen h-Bauern angreifen könnte. Der Springer ist jedoch ziemlich ungünstig postiert. Kann Weiß diesen Umstand nutzen und versuchen, sein materielles Übergewicht zu realisieren?
1. ... ♘b7 2.f5 ♘d8 3.h4!
In der Partie spielte Weiß weniger gut: 3.f6+? ♔g6 4.♗d3+ ♔g5 5.♗e4. Nach 5. ... h5! 6.♗d5 h4 7.h3 ♔g6 8.♗e4+ ♔g5 9.♗g2 ♘f7+ 10.♔e6 ♘h6 11.♗e4 ♔f4 12.♗h7 ♔g3 13.♗f5 ♔f4·

14.♗g4 ♔e4! wäre Schwarz zur Punkteteilung gekommen, da er 15.f7 mit 15. ... ♘:f7 16.♔:f7 ♔e5 beantwortet und sein König dann in der Remiszone steht.*
Mit 14. ... ♔g5? ließ sich Schwarz diese Möglichkeit jedoch entgehen. Es folgte 15.f7! ♘:f7 16.♔:f7 ♔h6 17.♗f5, und Weiß gewann, da der schwarze König die Remiszone verlassen hatte.
Nach dem Textzug erreicht Weiß sein Ziel selbst bei bester Verteidigung des Gegners, obwohl die Gewinnführung noch einige Mühe macht.
Sehen wir uns die mögliche Fortsetzung 3. ... ♘f7+ an. Versucht Schwarz, das Vordringen des Königs mit 3. ... ♔f7 zu verhindern, kommt Weiß durch 4.♗c4+ ♔e7 5.♗d5! ♔d7 6.f6 h5 7.♔f5 ♔d6 8.♔e4! ♔d7 (8. ... ♔c7 9.f7) 9.♔e5 ♔e8 10.♔f5 ♔f8 11.♔g6 leicht zum Erfolg.
4.♔e6 ♔f8! (der weiße König darf nicht nach e7 gelassen werden) 5.♗a4 ♘d8+.
Oder 5. ... h5 6.f6 ♘h6 7.♗b3! ♔e8 8.♔e5!, und Weiß gelangt mit dem König nach g6, wonach er ähnlich gewinnt wie in der Hauptvariante.
6.♔f6 ♘b7 7.♔g6 ♘d6 8.f6 ♘e4 9.♗b3! h5.
Oder 9. ... ♘c5 10.♗a2 ♘d7 (10. ... ♘e4 11.h5 ♘d6

---

* Ausführlicheres über derartige Stellungen siehe in dem Band „Läufer- und Springerendspiele" (Teil Läuferendspiele), Sportverlag, Berlin 1988.

12.♔:h6 usw.) 11.h5 ♘e5+
12.♔:h6, und Weiß gewinnt.
10.♗d5 ♘g3 11.♗f3! ♔g8
12.♗:h5 ♘e4 13.f7+ ♔f8
14.♗g4!, und wir haben die
für Weiß gewonnene Stel-
lung 115 vor uns.
Wenn alle Bemühungen, den
Freibauern zur Dame zu führen oder den gegnerischen
Bauern zu erobern, fruchtlos
bleiben, endet das Spiel in der
Regel remis.

F. Zedek, 1923

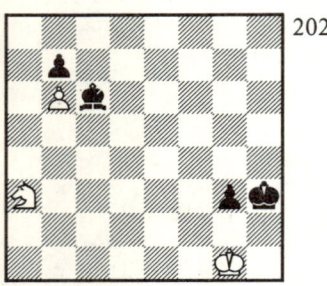

202

Remis

Der weiße König ist nicht von
g1 zu vertreiben. Die einzige
Möglichkeit besteht für
Schwarz in einem Angriff auf
den b-Bauern. Da der Läufer
hierzu nicht in der Lage ist,
muß der König herangeholt
werden. Aber auch dieser Versuch bringt nicht den ge-
wünschten Erfolg, wenn der
Springer inzwischen nach a8
gelangt. Schwarz muß also bemüht sein, den Springer nicht
nach a8 zu lassen.

Dieses Beispiel ist wie viele
andere durch die Anwendung
der Methode der Gegenfelder
zu lösen.
Um dem Springer das Feld c7
zu verwehren, muß der Läufer
die Felder b5, d5, e6, e8 und
zum Teil auch a6 bewachen,
denn wenn sich der Läufer
nicht auf c8 oder auf der Diagonale a8–h1 befindet, kann
der Springer nach a6 ziehen.
Nehmen wir an, der Springer
sei nach d6 gelangt. Wo muß
in diesem Fall der Läufer stehen? Die Antwort ist klar: Den
Bauern b7 decken und die Felder b5 und e8 verteidigen kann
er nur von c6 aus. Und wenn
sich der Springer auf c5 aufhält? In diesem Fall gehört der
Läufer nach d5. Es zeigt sich
nämlich, daß, wenn der Läufer
auf c8 steht, Weiß durch
1.♘e4 ♗d7 (es drohte 2.♘d6)
2.♘c5 ♗c8 3.♘e4 Zugwiederholung erzwingt. Setzen wir
die Analyse fort. Welches Feld
entspricht dem Feld d4? Das
Feld d7 kommt nicht in Betracht, denn dann folgt 1.♘b3
♗e6 (es drohte 2.♘c5) 2.♘d4
♗d7 3.♘b3 usw., wiederum
mit Zugwiederholung. Zu vermeiden wäre diese nur, wenn
sich der Läufer auf c4 befindet. Weiterhin ist leicht festzustellen, daß dem Feld f5 die
Felder b5 oder d5 entsprechen.
Nachdem die wichtigsten Felder ermittelt sind, wollen wir
uns nunmehr eine Eventualvariante ansehen:

1.♘c2 ♗b5 2.♘d4 ♗c4! 3.♘f5 ♗b5 (oder 3. ... ♗d5) 4.♘d4 ♗c4 5.♘f5 ♗b5.
Schwarz gelingt es, unter genauer Beachtung der Gegenfelder den Springer nicht nach a8 zu lassen. Mehr vermag er nicht auszurichten.

Der Autor führt folgende Fortsetzung an, in der sich Schwarz nicht an die Gegenfelder hält. Er zeigt, daß der Springer in diesem Fall nach a8 durchbricht: 3. ... ♗e6 4.♘d4 ♗d7 5.♘b3! g2 6.♘a5 (möglich ist auch 6.♘c5 ♗c8 7.♘e4! ♗d7 8.♘c5 ♗c8 oder 7. ... ♗e6 8.♘d6 ♗d5 9.♘e8 nebst 10.♘c7) 6. ... ♗c8 7.♘c4 ♗e6 (7. ... ♗d7 8.♘a5) 8.♘d6 ♗d5 9.♘e8 nebst 10.♘c7 mit Remis.
Eine interessante Rettungsmöglichkeit demonstriert Weiß im nächsten Beispiel.

K. Gawrilow, 1954

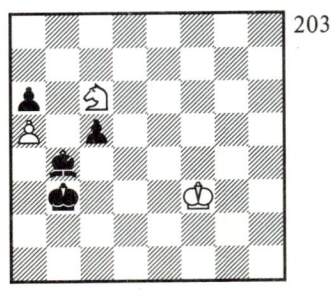

203

Remis

1.♔e4! c4 2.♔d5! c3 3.♘d4+ ♔b2 4.♔c6 ♗:a5 5.♔b7!

In einem heroischen Marsch hat sich der weiße König dem a-Bauern genähert, den Schwarz nicht mehr behaupten kann. Das weitere ist einfach. 5. ... ♗d8 6.♔:a6 ♗f6 7.♘e2 c2 8.♔b5 ♔b3 9.♔c5 ♗e7+ 10.♔b5 ♗f6 11.♔c5 mit Remis.
Läufer und drei Bauern werden sich in der Regel gegen Springer und Bauer durchsetzen. Es folgen zwei Ausnahmen, in denen es nicht gelingt, den Vorteil zu realisieren.

Simagin–Tschukajew
Woroschilowgrad 1955

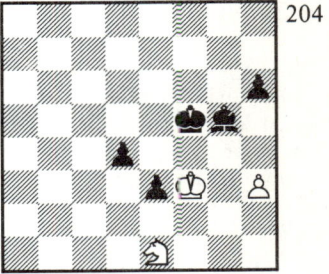

204

Remis

Ohne die Bauern auf der h-Linie wäre die Stellung klar remis. Es zeigt sich indes, daß das Vorhandensein eines zusätzlichen Bauernpaares am Resultat nichts ändert, da der schwarze König nicht in der Lage ist, ohne wesentliche Materialeinbuße ins weiße Lager einzudringen.
In der Partie folgte 1.♘c2

♞e5 2.♘e1 h5 3.♘d3+ ♞d5
4.♘b2 ♝e7 5.♘d3 ♝d6
6.♘e1 ♝c5 7.♘d3 ♞c4
8.♞e2 ♝d6 9.♘e1 ♞d5.
Schwarz mußte einsehen, daß
am Damenflügel kein Durch-
kommen ist, und begibt sich
mit dem König zum h-Bauern.
10.♞f3 ♞e5 11.♘g2 ♝c5
12.♘f4 ♞f5 13.♘d3 ♝b6
14.♘f4 ♞g5 15.♘g2 d3.
Nachdem er sich davon über-
zeugt hat, daß mit einfachen
Mitteln nichts auszurichten ist,
opfert Schwarz einen Bauern.
16.h4+!
Ein wichtiger Zwischenzug, der
den schwarzen König abdrängt
und damit die Partie rettet.
Zum Verlust führte 16.♘:e3
♝:e3 17.♘:e3 ♞h4 18.♘:d3
♞:h3 usw.
16. ... ♞f6 17.♘:e3 d2.
Schwarz konnte seinen d-Bauern aktivieren, was für einen
Gewinn aber nicht ausreicht.
18.♘d1 ♞f5 19.♞e2 ♞g4
20.♞:d2 ♞:h4 21.♞e2 ♞g3
22.♞f1 h4 23.♘c3 ♞h2
(23. ... h3 24.♘e4+ ♞f4
25.♘f2 mit Remis) 24.♘e4
♝d4 25.♘f2 ♝a7 26.♘e4
♝b6 27.♘f2 ♞g3 28.♞g1 h3
29.♞h1 remis.

Torre–Marshall
Marienbad 1925

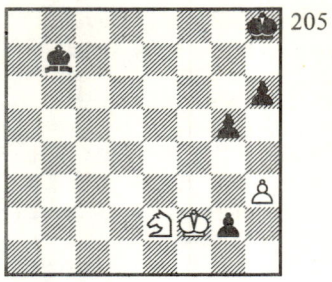

205

Remis

Hier gelingt es Weiß, die gegnerische Bauernübermacht zu
entwerten.
1.♘g3 ♘g7 2.h4! gh+.
Keinen Erfolg brachte auch
2. ... ♘g6, z. B. 3.hg ♘:g5
4.♘g1! h5 5.♘h3+ ♘f5
6.♘g1 h4+! 7.♘:h4 ♘f4
8.♘h3 ♘e3 9.♘g3 mit Remis,
oder 6. ... ♘e5 7.♘e2 ♘e4
8.♘:g2! ♘e3+ 9.♘f1 ♝a6
10.♘e1! mit dem gleichen Ergebnis.
3.♘h2 ♘f6 4.♘f4! h3 5.♘:h3
♘f5 6.♘f2 ♘f4 7.♘d3+ ♘g4
8.♘e1 g1♛+ 9.♘:g1 ♘g3
10.♘g2 remis.

122

Springer und zwei oder mehr Bauern gegen Läufer und Bauer

Die stärkere Seite wird in der Regel zum Erfolg kommen, wenn es ihr im weiteren Verlauf gelingt:

einen der Bauern in eine Dame zu verwandeln oder für ihn wenigstens den Läufer zu erobern und ein gewonnenes Endspiel mit Springer und Bauer gegen einen Bauern zu erreichen;

den gegnerischen Bauern zu erobern und ein gewonnenes Endspiel mit zwei Mehrbauern zu erhalten;

nach Abtausch eines Bauernpaares ein gewonnenes Endspiel mit Springer und Bauer gegen den Läufer herbeizuführen.

Die Wahl des Planes hängt weitgehend von der Bauernkonstellation ab. Deshalb teilen wir das zu untersuchende Material zweckmäßigerweise entsprechend der Bauernstruktur der stärkeren Seite in folgende Gruppen ein:
1. Verbundene Freibauern
2. Verbundene Bauern, ein Freibauer
3. Verbundene Bauern, kein Freibauer
4. Isolierte Freibauern
5. Isolierte Bauern, ein Freibauer.

1. Verbundene Freibauern

Hier wird das Resultat wesentlich dadurch bestimmt, ob die stärkere Seite den gegnerischen Bauern wirksam bekämpfen und gleichzeitig die eigenen Freibauern zur Dame führen kann.

Das folgende Beispiel ist klassisch.

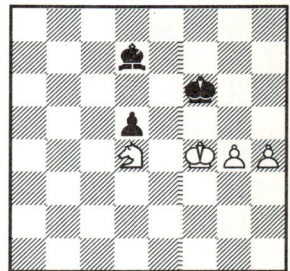

206

Weiß gewinnt

Die weißen Kräfte stehen günstig. Der schwarze Bauer ist ungefährlich, und der Springer kann die eigenen Bauern beim Vorgehen unterstützen. Die Aufgabe läßt sich ohne Schwierigkeiten bewältigen.
1.h5 (am einfachsten; möglich sind jedoch auch andere Fortsetzungen) **1. ...** ♔g7 (falls 1. ... ♗e8, so 2.♘f5 ♗d7 3.g5+ ♔f7 4.♔e5 d4 5.g6+ ♔f8 6.♘:d4 ♗g4 7.h6, und Weiß gewinnt) **2.♘f5+ ♔h7 3.g5 ♗e8 4.♔g4 ♗f7 5.♔h4 ♗e8 6.♘d6! ♗d7** (6. ... d4 7.♘:e8 d3 8.♘f6+ ♔g7 9.♘e4 usw.) **7.g6+ ♔g7**

8.♔g5 d4 9.h6+ ♚f8 10.h7
♚g7 11.♘f7, und Weiß gewinnt.
Verschiebt man die Stellung
jedoch um eine Reihe nach
unten, ist ein Gewinn unmöglich.

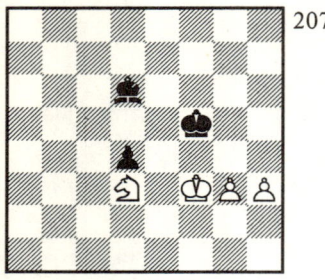

207

Weiß kann nicht gewinnen

Weiß gelingt es nicht, seine
Kräfte zu koordinieren, z. B.
1.h4 ♔g6 2.♘f4+ ♚h6 3.g4.
Der Versuch, den schwarzen
Bauern zu erobern, schlägt
fehl. Auf 3.♔e4 folgt 3. ...
♗b4! 4.♔:d4 (4.g4 ♗e7!
5.♘g2 d3! 6.♔:d3 ♗:h4) 4. ...
♗e1 5.♘e2 ♚h5 6.♔e5 ♚g4
7.♔ beliebig ♗:g3 8.♘:g3
♔:h4 usw.
3. ... ♗e7! 4.♔g3 ♗f6 5.♔h3
(falls 5.♘e6, so 5. ... d3 6.g5+
♗:g5 7.hg+ ♚h5) **5. ... ♗e7,**
und Weiß kann sich nicht von
der Stelle rühren.

Marshall–Marco
Monte Carlo 1904

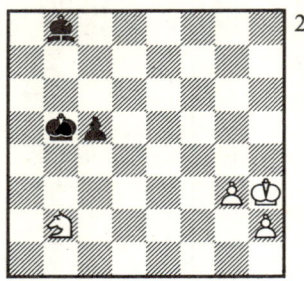

208

Weiß am Zuge

Hier ist es für Weiß ebenfalls
schwer, das Zusammenspiel
seiner Kräfte zu gewährleisten.
Der Springer muß den gefährlichen schwarzen Bauern bewachen und der König seine Bauern unterstützen. Aber auch
die schwarzen Figuren sind
vorerst weit von den weißen
Bauern entfernt.
In der Partie geschah **1.♔g2**
c4 2.♔f3 c3 3.♘d3 ♚c4
4.♘e1 ♚d4 5.h4 ♗d6 6.g4
♗e7 **7.g5 ♚e5 8.♔g4.**
Weiß hat seine Bauern ein gu-
tes Stück vorangebracht, ohne
den gegnerischen König an sie
heranzulassen.
8. ... ♗f8 9.♘c2 ♚e4 10.h5
♚d3 11.♘a1!! (nur zum Remis führte 11.♘e1+ ♚d2!
12.♘f3+ ♚e3 13.♘e1 ♚d2)
11. ... ♚e4 12.h6 ♚e5
13.♔h5 ♚f5 14.♘c2.
Schwarz befindet sich im Zugzwang. Er muß sich entweder
mit dem König entfernen und

dessen weißen Rivalen nach g6 lassen oder den Läufer wegziehen.

14. ... ♗d6 15.♘d4+! ♔e4 16.♘e2 c2 17.g6 ♗a3 18.g7 ♔d3 19.g8♕ ♔:e2 20.♕a2. Schwarz gab auf.

Dem schwarzen König ist es wegen fehlerhaften Manövrierens nicht gelungen, seinen Läufer im Kampf gegen die Freibauern zu unterstützen. Bei richtiger Verteidigung hätte Weiß sein Übergewicht nicht realisieren können. Am einfachsten ließ sich das Remis durch **5. ... ♔e5! 6.g4 ♔f6!** erreichen. Danach wäre es Weiß schwergefallen, die gegnerische Verteidigung zu brechen, z. B. **7.g5+ ♔f5 8.♘c2 ♗a7 9.♘e3+ ♔g6 10.♔e2 ♔h5 11.♘g2 ♗b8** (aber nicht 11. ... ♗f2? 12.♔:f2 c2 13.♔g3! ♔g6 14.♘f4+ und 15.♘e2) **12.♔d3 ♗g3 13.♔:c3 ♗:h4.** Aber auch nach der Fortsetzung in der Partie hätte Schwarz noch nicht zu verlieren brauchen. Er mußte nur, als die weißen Bauern die 5. Reihe betraten, zielstrebig handeln. Der entscheidende Fehler war, den König durch 10. ... ♔d3? zu entfernen. Nach 10. ... ♔e5! 11.h6 ♔e6! 12.♔h5 ♔f7! 13.♘e1 ♗c5 14.g6+ ♔f6 konnte sich Schwarz, wie nachstehende Varianten zeigen, erfolgreich verteidigen:

1) 15.g7 ♔f7 16.♘c2 ♗d6

17.♔g5 ♗e7+ 18.♔f5 ♗d6 19.♘e3 ♗e7 20.♔f4 ♗f6 mit Remis.

2) 15.h7 ♔g7 16.♔g5 ♗b6 17.♘c2 ♗c5 18.♔f4 ♔h8 19.♘e3 ♗f8 20.♔e5 ♗g7+ 21.♔e6 ♗f8 22.♔f7 ♗g7 mit gleichem Ergebnis.

2. Verbundene Bauern, ein Freibauer

Ist nur ein Freibauer vorhanden, hängt das Ergebnis in bedeutendem Maße davon ab, ob die stärkere Seite den einzigen Bauern des Gegners erobern kann.

Romanowski–Werlinski
Moskau 1925

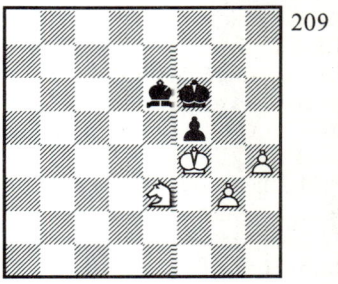

209

Weiß am Zuge

Hier wird der Kampf um den Bauern f5 entbrennen. Um ihn zu gewinnen, muß Weiß den gegnerischen König abdrängen und mit dem eigenen nach e5 oder g5 gelangen. Vorläufig werden diese Felder jedoch durch den schwarzen König bewacht, während der Läufer nicht nur den Bauern deckt, sondern den König auch vor Schachgeboten bewahrt, die ihn von seiner Hauptaufgabe ablenken würden. Wäre Schwarz am Zuge, geriete er sofort in Zugzwang, denn 1. ... ♔g6 wird mit 2.♔e5 beantwortet, und auf 1. ... ♗d7 oder 1. ... ♗c8 folgt 2.♘d5+ ♔e6 3.h5!

Am Zuge ist indes Weiß, und würde er 1.h5 spielen, wäre er nach 1. ... ♗f7! 2.h6 ♗e6! selbst im Zugzwang, z. B. 3.♘c2 ♗g8 4.♘d4 ♗h7 mit leichtem Remis.

Sehen wir uns zunächst den Partieverlauf an: 1.♘c2 ♗f7 2.♘a3 ♗d5 3.♘b5 ♗e6 4.♘d6! (Weiß ist es gelungen, den Gegner in Zugzwang zu bringen) 4. ... ♗d7 5.h5! ♗e6 6.♘e8+! ♔f7 7.♘c7 ♗c8 8.♔g5 ♗d7 9.♘d5 ♔g7 10.♘e3 ♔h7 11.♘:f5. Schwarz gab auf.

Dieser Partieschluß wurde wiederholt analysiert und in vielen Endspielwerken als klassisches Beispiel für die Realisierung eines Vorteils angeführt. Eine wirklich erschöpfende Analyse der Stellung gab es bisher nicht. Deshalb wollen wir sie uns ausführlicher ansehen.

Die Hauptdrohung von Weiß besteht in der Herbeiführung einer Situation, in der ein Vorstoß des h-Bauern oder ein Vordringen des Königs auf die Felder e5 oder g5 möglich ist.

Ein wichtiges taktisches Mittel ist dabei ein Springerschach, das den gegnerischen König ablenkt. In der Partie gelang es Weiß, eine solche Stellung schon mit seinem 4. Zuge zu erreichen. Kann Schwarz mit dem Läufer aber nicht so manövrieren, daß dieser ein Springerschach, das den König ablenkt, nicht zuläßt und gleichzeitig den h-Bauern kontrolliert? Versuchen wir, diese Frage mit Hilfe der Methode der Gegenfelder zu beantworten.

Wie wir bereits wissen, gehört der Läufer, wenn der Springer auf e3 steht, nach e6. Es läßt sich leicht ermitteln, daß, wenn der Springer auf d4 auftaucht, der Läufer nach d7 oder g6 muß. Stellen wir fest, wohin sich der Läufer zu wenden hat, wenn der Springer auf das Feld d6 zieht. In diesem Fall muß er die Felder h5 und e8 kontrollieren und gleichzeitig den Bauern f5 verteidigen. Es ist offensichtlich, daß er dieser Aufgabe gerecht wird, wenn er auf g6 steht.

Sehen wir uns weitere Gegenfelder an. Dem Feld c7 entspricht nur das Feld f7. Hielte sich der Läufer auf c6 auf, würde Weiß durch 1.h5 ♗e4 2.♘e8+ gewinnen. Versuchen wir nunmehr, ein Läuferfeld für den Fall zu finden, daß der Springer nach b6 gelangt. Hielte sich der Läufer auf e6 auf, wäre Schwarz verloren:

1.h5! ♗g8 (noch schlechter ist
1. ... ♗f7 2.♘d7+ ♔e6 3.h6)
2.♘d7+ ♔e6 3.h6! ♔:d7
4.♔:f5 ♔e7 5.♔g6 ♔f8 6.h7,
und Weiß gewinnt.
Vielleicht ist f7 das richtige
Feld für den Läufer? Eine einfache Analyse zeigt, daß
Schwarz nach 1.♘d7+ ♔e6
2.♘e5! ♗e8 3.♘c4 ♔f6
4.♘e3! das Gegenfeld nicht erreichen kann.
Bleibt noch zu prüfen, was geschieht, wenn der Läufer auf
g8 steht. Diese Stellung bildet
eine elegante Studie.

J. Awerbach, 1958

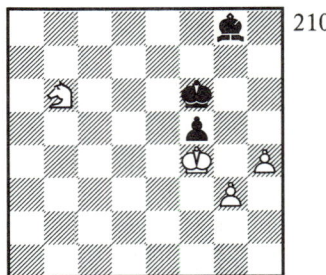
210

Weiß gewinnt

Weiß kommt durch genaues
Spiel zwangsläufig zum Erfolg:
1.♘d7+ ♔e6 (falls 1. ... ♔g6,
so 2.h5+! ♔h6 3.♔:f5 ♗f7
4.♘f6) **2.♘c5+! ♔f6 3.h5!
♗h7!**
Am stärksten. Schnell verloren
hätte 3. ... ♗f7 4.♘d7+ ♔e6
5.h6. Weiß steht jetzt vor der
Aufgabe, den Gegner in Zugzwang zu bringen. Dies ist jedoch nicht so leicht zu ver-

wirklichen. Unzureichend ist
z. B. 4.♘b7 ♗g8 5.♘d6 ♗h7!
4.♘d7+ ♔e7 5.♘e5 ♔f6 6.h6!
Die einzige Gewinnfortsetzung.
Eine hübsche, aber falsche
Fährte wäre 6.♘f3 ♗g8 7.♘h4
♗f7? 8.h6 ♗e6 9.h7 ♔g7
10.♘g6!, und Weiß gewinnt.
Die richtige Antwort 7. ...
♗e6! 8.h6 ♗c8! macht jedoch
einen Strich durch diese Rech-
nung. Nach 6.h6 hat Schwarz
zwei Möglichkeiten:
1) **6. ... ♗g8 7.♘d7+!** (der
Springer betritt zum dritten
Mal das Feld d7, diesmal aber
mit entscheidender Wirkung)
7. ... ♔g6 (7. ... ♔e7 8.♔:f5
führt zu schon betrachteten
Fortsetzungen) **8.h7!!** Der h-
Bauer dringt unaufhaltsam vor.
Nach 8. ... ♗:h7 9.♘f8+ oder
8. ... ♔:h7 9.♘f6+ hat Weiß
sein Ziel erreicht.
2) **6. ... ♔e6! 7.♘f3 ♔f6
8.♘h4!** Auch hier gerät
Schwarz in Zugzwang und
muß entweder den weißen König nach g5 lassen oder den
Bauern f5 geben. Das weitere
ist verhältnismäßig einfach,
z. B. **8. ... ♗g8 9.♘:f5 ♗h7
10.g4 ♔g6 11.g5 ♔h5
12.♘g3+ ♔g6 13.♔g4 ♗g8
14.♘e2 ♗b3 15.♘f4+ ♔h7
16.♔f5 ♗c2+ 17.♔f6 ♗b1
18.♘e6 ♗c2 19.♘f8+ ♔g8
20.g6! ♔:f8 21.h7,** und Weiß
gewinnt.
Wir haben somit festgestellt,
daß der Läufer die Hauptdrohung von Weiß nicht parieren
kann, wenn der Springer nach

b6 gelangt. Vielleicht ist es aber möglich, dem Springer dieses Feld zu verwehren? Kehren wir zu der Stellung 209 zurück, um 1.♘c2 mit 1. ... ♗c8 zu beantworten und im Fall von 2.♘a3 mit 2. ... ♗a6 fortsetzen zu können. Dann geschieht 2.♘d4 ♗d7! 3.♘b3 ♗b5 4.♘c5 ♗c6! 5.♘a6 ♗d5 (oder 5. ... ♗e8) 6.♘c7 ♗f7! Schwarz hat mit dem Läufer das Gegenfeld f7 besetzt. Es folgt jedoch 7.♘a8!!, und der Springer gelangt trotz allem nach b6!

Prüfen wir zu guter Letzt, ob sich Schwarz nicht wirksamer verteidigen konnte, wenn er den Läufer auf der Diagonale b1−h7 hielt. J. Rabinowitsch und Fine beantworteten diese Frage negativ und führten diese Variante an: 1.♘c2 ♗f7 2.♘a3 ♗d5 3.♘b5 ♗a2 4.♘d6 ♗b1 5.♘e8+ ♔f7 6.♘c7 ♔g6 7.♘d5 ♗c2 8.♘e5 ♔h5 9.♘f4+ ♔h6 (falls 9. ... ♔g4, so 10.♔f6! ♔:g3 11.h5!) 10.♔f6 ♗b1.

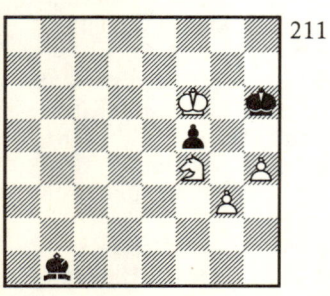

211

Weiß am Zuge

Weiß hat den schwarzen König abgedrängt und erobert den Bauern f5: 11.♘e6 ♔h5 12.♔g7. Nun verliert sowohl 12. ... ♔g4 13.♘f4! ♔:g3 14.h5! als auch 12. ... f4 13.♘:f4+ ♔g4 14.h5 ♔:g3 15.♘g6.

In dem Endspiel scheint „nichts mehr drin" zu sein, doch Schwarz besitzt in Stellung 211 eine letzte Chance: Auf 11.♘e6 kann 11. ... ♗c2! 12.♘g7 ♗d1! 13.♘:f5+ ♔h5 14.♘g7+ ♔h6! 15.♘e6! ♗g4! geschehen.

Schwarz wehrt sich verzweifelt. Schnell verlor 15. ... ♔h5 16.♘f4+ ♔h6 (16. ... ♔g4 17.h5 ♔:g3 18.h6 und 19.♘g6) 17.♔f5! ♗c2+ 18.♔g4 ♗d1+ 19.♔h3 und 20.g4.

16.♘f4!, und wir haben die für Weiß gewonnene Stellung 136 vor uns.

Erst jetzt läßt sich mit Bestimmtheit sagen, daß Weiß in Stellung 209 zum Erfolg kommt.

Ist nur ein Freibauer vorhanden, gelingt es nur in seltenen Ausnahmefällen, diesen unmittelbar zu verwerten. Einen davon zeigt das folgende Diagramm.

L. Prokes, 1947

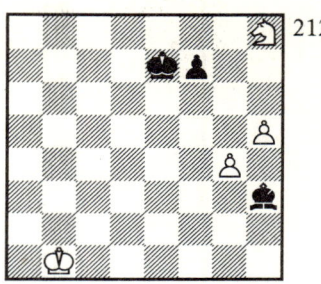

212

Weiß gewinnt

1.h6 &f8 (falls 1. ... &:g4, so **2.♘g6+ fg 3.h7**) **2.h7 &g7 3.♘:f7.** Schwarz kann sich gegen die Drohung 4.h8♕ nur durch **3. ... &:h7** verteidigen, verliert dann aber nach **4.♘g5+** den Läufer.

Wenn der eigene Bauer nicht zu verwandeln und der gegnerische nicht zu erobern ist, endet die Partie gewöhnlich remis. Hier ein charakteristisches Beispiel.

Capablanca–Fine
Semmering-Baden 1937

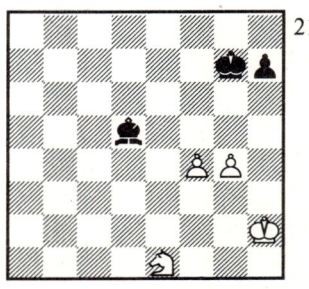

213

Remis

Weiß gelang es nicht, seinen Vorteil zu realisieren. Es folgte **1.♔g3 ♔f6 2.♘f3 &e4 3.♘e5 &c2 4.♔h4 h6 5.♘d7+ ♔g7 6.f5 &a4! 7.♘c5 &d1 8.♔g3 ♔f7 9.♔f4 &e2 10.♘e4 &d1 11.♘c3 &b3 12.♔e5 &c4,** und die Gegner einigten sich auf Remis.

3. Verbundene Bauern, kein Freibauer

Hier hängt das Ergebnis vor allem davon ab, ob die stärkere Seite in der Lage ist, den einzigen Bauern des Gegners zu erobern oder nach Abtausch eines Bauern ein gewonnenes Endspiel mit einem Mehrbauern zu erhalten.

B. Horwitz, 1885

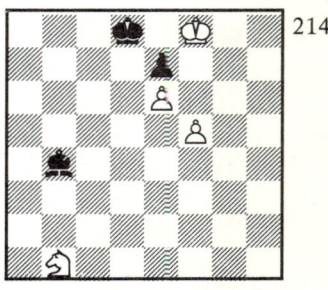

214

Weiß gewinnt

Weiß kommt zum Erfolg, indem er den Bauern e7 beseitigt: **1.♔f7 ♔c7.**
Zum gleichen Schluß führt **1. ... &e1 2.♘a3 &c3 3.♘c4 &d4 4.♘d6! &e5** (4. ... &f6

5.♘e4 ♗h4 6.f6) 5.♘c8 ♗f6
6.♘:e7! ♗:e7 7.f6 ♗:f6 8.♔:f6
♔e8 9.e7.
2.♘d2! ♔d8 (oder 2. ... ♗:d2
3.f6 ♗b4 4.fe, und Schwarz
kann aufgeben) **3.♘f3 ♗d6
4.♘h4 ♗a3 5.♘g6 ♗b4
6.♘:e7! ♗:e7 7.f6 ♗:f6
8.♔:f6 ♔e8 9.e7,** und Weiß
gewinnt.
Unkompliziert ist der Gewinnweg auch im nächsten Beispiel.

M. Botwinnik, 1944

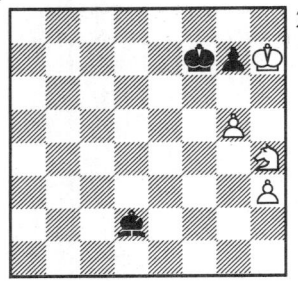

216

Weiß gewinnt

L. Prokes, 1947

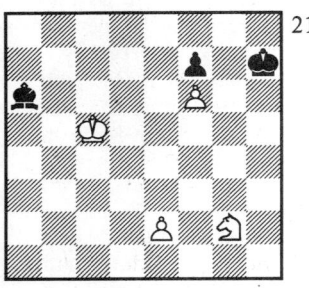

215

Weiß gewinnt

1.e4! ♔g6.
Die Hauptidee des Autors war
1. ... ♗b7. Weiß gewinnt
durch 2.e5! ♗:g2 3.e6! fe
4.♔d6 ♗f3 5.f7 mit Verwandlung des Bauern.
**2.e5 ♔f5 3.♔d6 ♗c8 4.♘e3+
♔g6.**
Auch der Versuch einer aktiven Verteidigung mittels 4. ...
♔e4 schlägt fehl, z. B. 5.♘d5
♗e6 6.♘c7 ♗b3 7.e6! usw.
**5.♔e7 ♗e6 6.♘c2 ♗c4
7.♘d4 ♗d5 8.e6 ♗c4!
9.♘e2!,** und Weiß ist am Ziel.

Hier ist der Gewinnplan – ein
Angriff auf den Bauern g7 –
bedeutend schwerer zu verwirklichen, da er nicht auf der
Hand liegende studienartige
Züge erfordert.
1.♘f3! ♗f4 2.h4 ♗g3
(Schwarz muß die Abwartetaktik beibehalten; auf 2. ... g6
kann 3.h5! geschehen) **3.h5
♗f4 4.g6+!** (jetzt ist der richtige Zeitpunkt hierfür gekommen) **4. ... ♔f6** (4. ... ♔f8
scheitert an dem bereits bekannten Manöver
♘f3–d4–f5:g7 nebst h5–h6)
5.♘e5!! (ein effektvoller Ent-
scheidungszug) **5. ... ♔:e5**
(auf 5. ... ♗:e5 gewinnt 6.h6!;
wenn Schwarz den Springer
nicht schlägt und z. B. 5. ...
♗c1 zieht, folgt 6.h6! ♗:h6
7.♘g4+ usw.) **6.♔:g7 ♔e6
7.h6 ♔e7 8.♔h7,** und Weiß
gewinnt.
Spielt Schwarz 1. ... ♗c3,
kommt Weiß nach 2.h4! ♗b2
(wenn 2. ... g6, so 3.♘h2 ♗b2

4.♘g4 mit der Drohung
5.♘h6+) 3.h5 ♗c3 4.♘h4!
♗d2 5.g6+ ♔f6 6.♘f5! (ein
erneutes Opfer!) 6. ... ♔:f5
7.♔:g7 ♔g5 8.♔h7! (aber
nicht 8.h6? ♔h5 9.h7 ♗c3+
10.♔f7 ♔h6) 8. ... ♗c3 9.h6
ebenfalls zum Erfolg.

Bei dem Versuch, den einzigen
schwarzen Bauern zu erobern,
schreckte Weiß in den betrachteten Beispielen selbst vor
einem Springeropfer nicht zurück. Dies war möglich, weil
die weit vorgerückten weißen
Bauern zu einer bedrohlichen
Macht wurden, mit der die
schwarzen Figuren nicht zu-
rechtkamen.

Versetzen wir nunmehr in Stellung 214 alle Steine mit Ausnahme des Springers b1 um
eine Reihe nach unten.

J. Awerbach, 1958

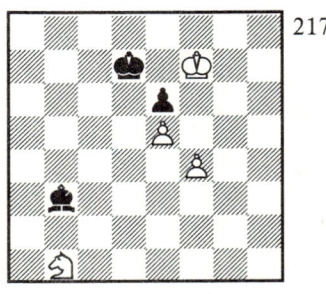

217

Weiß kann nicht gewinnen

In der entstandenen Stellung
kann Weiß nicht mehr gewinnen, da der Bauer nicht zu erobern ist und seine Beseitigung

durch ein Springeropfer nur
zum Remis führt. Schwarz
muß sich allerdings exakt verteidigen.

1.♘c3 ♗c2!
Der Springer darf vorerst nicht
nach e4 gelassen werden. Im
Fall von 1. ... ♗c4 2.♘e4
♔c6 (es drohte 3.♘c5+)
3.♔e7 und 4.♘g5 kommt
Weiß mühelos zum Erfolg.
**2.♘e2 ♗d1 (möglich ist auch
2. ... ♗e4 3.♘d4 ♗d5 4.♔f6
♗c4 5.♘f3 ♗e2 6.♘g5 ♗g4!)
3.♘g3 ♗f3!**
Der einzige Zug! Wenn 3. ...
♗c2, so 4.♘h5 ♗b3 (4. ...
♗f5 5.♘g7! ♗g4 6.f5!)
5.♘f6+ ♔c6 (5. ... ♔d8
6.♘h7 ♔d7 7.♘f8+ und
8.♘:e6) 6.♔e7 ♗c4 7.♘e4
und 8.♘g5 mit Gewinn des
Bauern.
Hinzugefügt sei, daß auf
3.♘d4 nur 3. ... ♗h5+ remis
hielt. Zum Verlust führte sowohl 3. ... ♗g4 4.♔f6 ♗h3
5.f5 ef 6.e6+ ♔e8 7.♘b5
nebst 8.♘d6+ und 9.e7+ als
auch 5. ... ♗:f5 6.♘:f5 ef
7.♔f7!
**4.♔f6 ♗g4 5.♘e4 (endlich ist
der weiße Springer auf e4 an-
gelangt, doch nun ist dies
schon ungefähr ich) 5. ... ♔c6!
6.♔e7 ♗f5 7.♘g5 ♔d5 8.♔f6
♗g4 9.♘:e6 (hier kommt
Weiß mit diesem Opfer über
ein Remis nicht hinaus) 9. ...
♗:e6 10.f5 ♗g3! (10. ... ♗c8
11.e6 ♔d6 12.e7 ♗d7 13.♔f7
♔e5 14.f6 nebst 15.♔g7 und
16.f7) 11.e6 ♔d6 12.e7 ♔d7**

13.♔g7 ♔:e7! mit Remis. Auf 9.♘:e6 war sogar 9. ... ♔e4 möglich, was Weiß in Zugzwang bringt.

V. Halberstadt, 1956

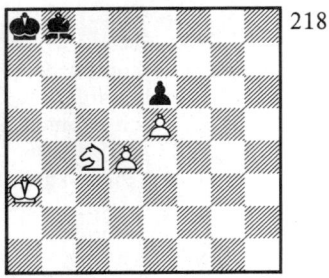

218

Weiß gewinnt

Weiß kommt schwer an den Bauern e6 heran, kann sich jedoch die ungünstige Aufstellung des Läufers b8 zunutze machen. Er gewinnt, indem er Drohungen gegen den Läufer mit einem Angriff auf den Bauern e6 kombiniert.
1.♔b4! (nur zum Remis führt 1.♘b6+ ♔b7 2.♘d7 ♗a7 3.♘c5+ ♔c6 4.♘:e6 ♔d5) 1. ... ♔b7 (1. ... ♗a7 verliert schnell wegen 2.d5! ♔b8 3.d6 ♔c8 4.♔b5 ♔b7 5.♘a5+ ♔c8 6.♔c6) 2.♔b5 ♔c7! (falls 2. ... ♗a7, so 3.♘a5+ ♔c7 4.♘b3 ♔d7 5.♘c5+ ♔e7 6.♔a6 ♗b8 7.♔b7) 3.♘a5! (3.♘d6 ♗a7! 4.♔a6 ♗:d4 5.♘b5+ ♔c6 6.♘:d4+ ♔d5 7.♘f3 ♔e4) 3. ... ♔d7 4.♘b7! ♗c7 5.♔c5!
Der letzte genaue Zug. Wenn

5.♘c5+, so 5. ... ♔e7 6.♔a6 ♔f7 7.♘b7 ♔g6 8.♘d6 ♔g5 9.♔b7 ♗a5 10.♔c6 ♔f4 11.♔d7 ♗c3 mit Remis.
5. ... ♗b8 6.♔b6 ♗c7+ 7.♔b5 ♗b8 8.♘c5+ ♔e7 9.♔b6, und Schwarz verliert den Läufer.
Sehen wir uns nunmehr zwei Beispiele an, in denen es nicht gelingt, den gegnerischen Bauern ungestraft einzuheimsen, ein Bauerntausch aber nur zum Remis führt.

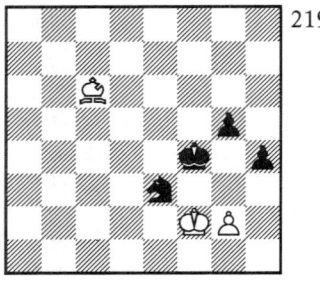

219

Remis

Schwarz kann den weißen König an den Brettrand drängen, doch das ist auch alles, z. B.
1. ... ♘g4+ 2.♔g1 ♔g3 3.♗b7 ♘e3 4.♗c6 g4 5.♗d7! Eine weitere Abwartetaktik konnte sich verhängnisvoll auswirken. Falls 5.♗b7, so 5. ... h3 6.gh gh 7.♔h1 ♘g4 8.♔g1 h2+ 9.♔f1 ♘e3+ 10.♔e2 ♘g2. Jetzt hingegen ist 5. ... h3 nicht möglich, und auf 5. ... ♘:g2 folgt 6.♗:g4. Komplizierter ist die Remisführung im nächsten Beispiel.

J. Keeble, 1911

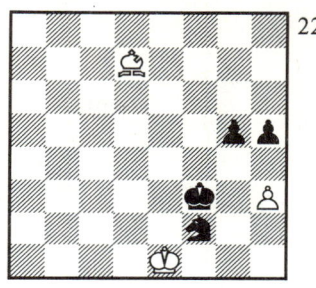

220

Kann Weiß remis halten?

Zu dieser Stellung kam es in
einer Partie Adcock–Chambers
(Glasgow 1911), die von
Schwarz gewonnen wurde. Da-
mals veröffentlichte Keeble
eine Analyse, die belegen
sollte, daß Weiß das Endspiel
durch 1.h4 remis halten kann.
Hier die von ihm angeführten
Varianten:
1. ... gh 2.♗e8 h3 3.♗:h5+
♔g2 4.♔e2 h2 5.♗f3+ ♔g1
6.♗b7 ♘g4 7.♔e1 ♘e3
8.♗h1! usw.
Oder 1. ... g4 2.♗e8 g3
3.♗:h5+ ♔g2 4.♔e2 nebst
5.♗f3.
Vor einiger Zeit wies jedoch
Leluaschwili (Tbilissi) nach,
daß die Analyse Keebles fehlerhaft ist. In der ersten Variante setzt Schwarz anstelle
von 3. ... ♔g2 mit 3. ... ♔e3!
4.♗e8 h2 5.♗c6 ♘e4 fort, wonach der Bauer nicht aufzuhalten ist. In der zweiten Variante
beantwortet Schwarz 2.♗e8
mit 2. ... ♘d3+ 3.♔f1 ♘f4

und erobert nach 4. ... ♔g3
den Bauern h4. Weiß war folglich nicht in der Lage, die Partie zu retten.

4. Isolierte Freibauern

Wie bei verbundenen Freibauern hängt das Resultat auch
hier davon ab, wessen Freibauern gefährlicher sind.

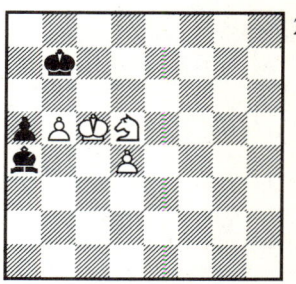

221

Weiß gewinnt

Weiß erreicht sein Ziel durch
den zügigen Vormarsch seiner
Bauern.
1.♘f6 ♗b3 2.d5 a4 3.d6 a3
(auf 3. ... ♗e6 entscheidet
4.♔b4 ♔b6 5.d7) **4.d7 a2**
(falls 4. ... ♔c7, so 5.b6+
♔d8 6.b7) **5.d8♕ a1♕** (die
Bauern wurden gleichzeitig
verwandelt, doch nun setzt
Weiß matt) **6.♕b6+ ♔a8**
(6. ... ♔c8 7.♕c6+ ♔b8
8.♘d7+, 9.♕b6+ und 10.♕b8
matt) **7.♕c6+ ♔a7 8.b6+
♔a6 9.b7+ ♔a7 10.b8♕+!
♔:b8 11.♘d7+ ♔a7
12.♕b6+ und 13.♕b8 matt.**
Die Stärke eines zentralisierten

Springers veranschaulicht folgende Studie.

R. Réti, 1922

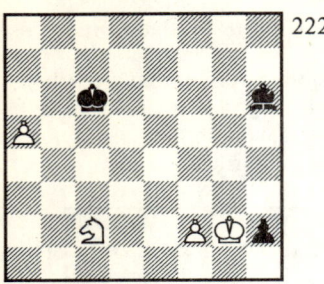

222

Weiß gewinnt

Weiß darf nicht auf h2 nehmen, denn darauf geschieht 1. ... ♔b5 nebst 2. ... ♔:a5. Zum Gewinn führt ein originelles Manöver: **1.♘d4+!** ♔c5 **2.♔h1!!** Schwarz befindet sich plötzlich im Zugzwang. Der König kann nicht nach b4 oder d5 ziehen, weil der a-Bauer zur Dame ginge, und auf 2. ... ♔d6 oder einen beliebigen Läuferzug folgt eine Springergabel. Eine amüsante Stellung! Hätte Schwarz 1. ... ♔b7 gespielt, wäre nach 2.♔:h2 das Endspiel mit zwei Mehrbauern ebenfalls leicht für Weiß gewonnen gewesen, z. B. 2. ... ♔a6 3.♘b3 ♗f4+ 4.♔h3 ♔b5 5.♔g4 ♗b8 6.f4 ♔b4 7.f5 ♔:b3 8.f6 ♔b4 9.f7 ♗d6 10.a6 usw.

In derartigen Endspielen mit Freibauern auf beiden Seiten spielt das materielle Übergewicht oft keine große Rolle. Es gibt Fälle, in denen die Läuferpartei gewinnt.

J. Marwitz, 1937

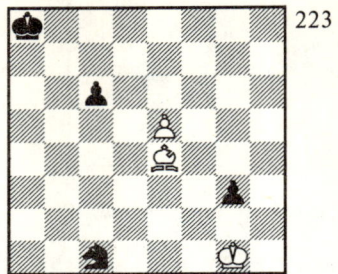

223

Weiß gewinnt

Das sofortige 1.e6 ♘e2+ 2.♔f1 führt wegen 2. ... g2+! 3.♗:g2 ♘g3+ und 4. ... ♘f5 nicht ans Ziel. Weiß muß sich die ungünstige Aufstellung der schwarzen Figuren zunutze machen.

1.♗d3! (droht 2.e6) **1. ...** ♔b7 **2.♗c4!** ♔b6 **3.♔g2** ♔c5 **4.♔:g3!** ♔:c4 **5.e6** ♘e2+ **6.♔h2!**, und der weiße Bauer geht zur Dame.

5. Isolierte Bauern, ein Freibauer

Je nach Aufstellung der Figuren der schwächeren Seite können im vorliegenden Fall bei der Realisierung des Vorteils die verschiedensten Pläne zur Anwendung kommen.

N. Grigorjew, 1931

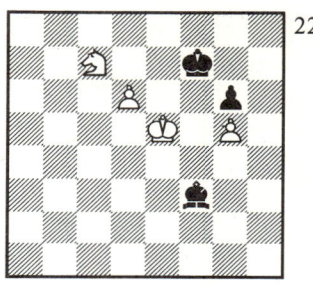

224

Weiß gewinnt

Der schwarze König ist vom Bauern d6 abgeschnitten. Der weiße Plan besteht darin, den d-Bauern in eine Dame zu verwandeln, ohne den g-Bauern zu verlieren. Dazu muß der König den langen Marsch nach c8 antreten.

1.♔d4 ♗c6 2.♔c5 ♗d7 3.♔b6 ♗a4.

Schwarz wählt den besten Verteidigungsplan. Der König kann wegen 4.♘d5 nicht ziehen. Gleichzeitig darf sein weißer Rivale nicht nach c6 gelassen werden.

4.♔a7!

Weiß muß sehr genau spielen. Falls sofort 4.♔b7, so 4. ... ♗d7!, und Weiß kommt vorerst nicht weiter, z. B.:

1) 5.♘d5 ♔e6 6.♔c7 ♗a4 7.♘e7 ♗e8 8.♘:g6 ♔f5! 9.♔d8 ♗a4 mit Remis.

2) 5.♘b8 ♗f5! (zum Verlust führt 5. ... ♗e4? 6.♔c8 und 7.d7 oder 5. ... ♗h3? 6.♘d5 ♔e6 7.♘f4+ ♔:d6 8.♘:h3 oder schließlich 5. ... ♗g4? 6.♘d5 ♔e6 7.♘f6! ♔:d6 8.♘:g4 ♔e6 9.♘f6 ♔f5 10.♘h7) 6.♘d5 ♔e6 mit Remis.

4. ... ♗c6 5.♔b8 ♗d7 6.♔b7 (jetzt ist Schwarz am Zuge, und dies wird ihm zum Verhängnis) **6. ... ♗f5 7.♘d5 ♔e6 8.♔c6!** (als der König auf b8 stand, war dieser Zug nicht möglich) **8. ... ♔e5 9.♘f6 ♔f4 10.♘h7.** Der g-Bauer ist nun gedeckt, und der d-Bauer kostet Schwarz den Läufer. Weiß hat sein Ziel erreicht.

Bemerkt sei, daß Weiß in Stellung 224 unabhängig davon gewinnt, wo sich sein König oder der schwarze Läufer aufhalten.* Die Gewinnführung konnte übrigens, beginnend mit dem 9. Zug, auch anders abgeschlossen werden: 9.♘e7 ♗e6 (9. ... ♗c2 10.♔c7 ♗a4 11.♘c6+ usw.) 10.♘:g6+ ♔f5 11.♘f8 ♗c8 12.♔c7, und Weiß gewinnt.

Verschiebt man Stellung 224 um eine Linie nach rechts, kommt Weiß ebenfalls zum Erfolg.

* Ausgenommen natürlich den Fall, wo der weiße König auf h7 oder h8 steht

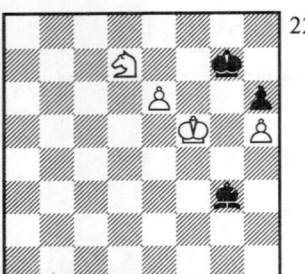

225

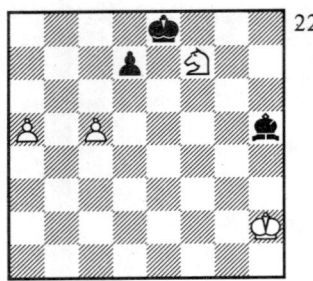

226

Weiß gewinnt

1.♔e4 ♗d6 2.♔d5 ♗e7
3.♔c6 ♗a3 4.♔b7! ♗b4
5.♔c8! ♗e7 6.♔c7! ♗g5
7.♘e5 ♔f6 8.♔d6! ♔f5
9.♘f7!
Sinnlos wäre 9.♘g6 ♔g4, da
der Punkt, der dem Feld h7 in
Stellung 224 entspricht, dem
Springer hier nicht zur Verfügung steht.
9. ... ♗f6 10.♘:h6+ ♔g5
11.♘g8 ♗d8 12.♔d7, und
Weiß gewinnt.
Bei einer ungünstigen Figurenstellung der sich verteidigenden Seite kann mitunter auch
ohne die unmittelbare Annäherung des Königs an den Bauern entscheidender Vorteil erzielt werden.

Weiß gewinnt

Die schwarzen Figuren sind
vorerst nicht auf den Kampf
gegen den gefährlichen Freibauern a5 eingestellt. Der König steht weitab, und auch der
Läufer benötigt ein Tempo, um
den Bauern aufzuhalten. Wenn
Weiß die Vorzüge seiner Position nutzt, gelingt es ihm, ein
partieentscheidendes Übergewicht zu erlangen.
1.c6! (der zweite Bauer opfert
sich, um dem Läufer den
Kampf gegen den Bauern a5
maximal zu erschweren) 1. ...
dc 2.a6 ♗f3 3.♘g5 ♗d5
4.♘e6! (droht vernichtend
5.♘c5; der folgende Zug von
Schwarz ist deshalb erzwungen) 4. ... c5 5.♘c7+ ♔d7
6.♘:d5 ♔c8! 7.♘b6+ ♔b8
8.♘d7+ ♔a7 9.♘:c5, und
Weiß gewinnt.

G. Fedotow, 1954

227

Weiß gewinnt

Der schwarze König vermag sich am Kampf gegen den weißen Freibauern nicht zu beteiligen. Diesen Bauern muß der Läufer stoppen. Wenn Schwarz jedoch mit dem König den b-Bauern angreift, kann er sich auf der a-Linie selbst einen Freibauern verschaffen. Um zu gewinnen, muß Weiß diese Drohung seines Gegners parieren. Dies geschieht so:
1.♘f4 ♗d1 2.♘d5+ ♚b3 3.f6 ♗h5 4.♘f4 ♚:b2! (die einzige Möglichkeit, Widerstand zu leisten; falls 4. ... ♗e8, so 5.♔f8 ♗b5 6.♔e7 ♗c4 7.♘e6)
5.♘:h5 a4 6.♘f4! a3 7.♘d3+ ♚c3 8.♘b4! ♚:b4 9.f7 a2 10.f8♕+, und Weiß gewinnt.
Der Springer ist angesichts seiner Fähigkeit, mit Gabeln aufzuwarten, eine außerordentlich heimtückische Figur. Die Beispiele 228 bis 230 legen dafür beredtes Zeugnis ab. In allen Fällen entscheidet der Vormarsch des Freibauern.

A. Troitzky, 1914

228

Weiß gewinnt

Der schwarze Läufer verfügt über eine Vielzahl von Feldern. Es ist kaum zu glauben, daß er in wenigen Zügen verlorengeht. Die Lösung der Studie lautet:
1.b6 ♚d6 2.♘f5+ ♚d7 3.♘e7! ♗a2!
Geht der Läufer nach h7, folgt 4.♔d2, und Schwarz gerät in Zugzwang. Ein beliebiger Zug des Läufers auf eines der vier Felder f7, e6, c4 oder b3 führt nach 4.b7 ♚c7 5.♘c6! ♚:b7 6.♘d8(a5)+ zu einer Gabel und zum Verlust des Läufers.
4.♔d2 ♗b1.
Die Diagonale a2−g8 erweist sich plötzlich als zu kurz! Der Läufer findet auf ihr keine Felder mehr.
5.♔c1 ♗a2 6.♔b2, und der Läufer ist gefangen!
Dieses Thema wurde bereits etwas früher in folgender Studie dargestellt.

L. Kubbel, 1909

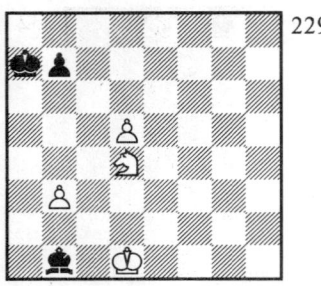

229

Weiß gewinnt

1.d6 ♔b6.
Auf 1. ... ♔b8 ist nicht nur
die Textfortsetzung, sondern
auch 2.♘f3 nebst 3.♘e5 und
Annäherung des Königs an
den Bauern möglich (gezeigt
von Tschechower).
2.♔c1, und der Läufer sitzt in
der Falle. Zieht er nach d3, e4,
g6 oder h7, geht er durch 3.d7
♔c7 4.♘e6+ ♔:d7 5.♘c5+
bzw. 5.♘f8+ verloren. Wenn
aber 2. ... ♗a2, so 3.♔b2,
ebenfalls mit Eroberung des
Läufers.
Auch in der folgenden Studie
gelingt es, den Läufer zu fangen.

M. Liburkin, 1947
(aus einer Studie)

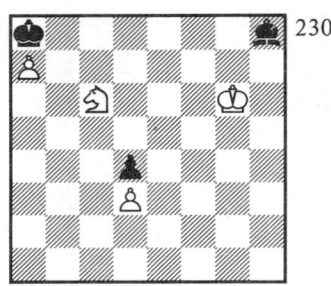

230

Weiß gewinnt

1.♔f7 ♔b7 2.a8♕+! (der
Bauer wird geopfert, um eine
Zugzwangsituation zu schaffen) **2. ... ♔:a8 3.♔g6! ♔b7
4.♘d8+ ♔b6 5.♘f7** usw.
Oft kommt es vor, daß der un-
verzügliche Vormarsch des
Freibauern nicht ans Ziel
führt. In diesem Fall muß die
stärkere Seite die Drohung,
den Freibauern vorzurücken,
mit einem Angriff auf den Bauern des Gegners kombinieren.

V. Kosek, 1914

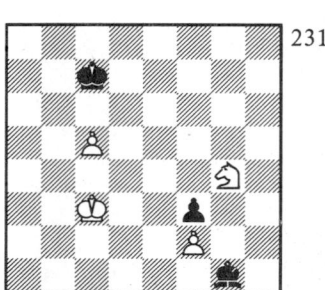

231

Weiß gewinnt

Der Versuch, den Bauern sofort in eine Dame zu verwandeln, schlägt fehl, z. B. 1.♔c4 ♚c8! (falls 1. ... ♚c6, so 2.♘e5+ ♚c7 3.♘d3 ♚c6 4.♔d4 ♚c7 5.♔e3 nebst ♔:f3 mit leichtem Gewinn) 2.♔d4 ♚b7! (auf 2. ... ♚c7 würde 3.♔d5 ♚d7 4.♘e5+ ♚c7 5.♘d3 geschehen) 3.♔d5 ♚c7! 4.c6 ♚c8 5.♔d6 ♚d8 6.c7+ ♚c8 mit Remis.

Um zu gewinnen, muß Weiß den Springer nach d3 überführen und dann den Bauern f3 erobern. Kann Schwarz diesen Plan verhindern? Wieder gibt die Methode der Gegenfelder Antwort.

Wie wir schon wissen, muß bei weißem König auf c4 der schwarze auf c8, bei weißem König auf d4 der schwarze auf b7 und bei weißem König auf d5 der schwarze auf c7 stehen. Ermitteln wir nunmehr, welches Feld dem Punkt d3 entspricht. Dieser grenzt an die Felder c4 und d4, müßte seine Gegenfelder also auf c7 und b8 finden.

Das Feld b8 kommt nicht in Betracht, weil dann 1.♔e3 und auf 1. ... ♚c7 bereits 2.♘e5 mit Gewinn des f-Bauern möglich wäre. Das Feld c7 ist indes schon durch den König besetzt. Die Lösung ist einfach: 1.♔d3 ♚c6 2.♔c4! ♚b7 3.♔d4! ♚c7 4.♔d5 ♚d7 5.♘e5+ ♚c7 6.♘d3 ♝h2 7.♔e4 ♚c6 8.♔:f3, und Weiß gewinnt.

N. Grigorjew, 1931

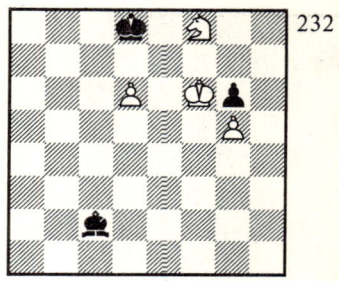

232

Weiß gewinnt

Weiß hat den gegnerischen Bauern angegriffen. Seine sofortige Wegnahme würde jedoch nicht ans Ziel führen, z. B. 1.♘:g6? ♔d7 2.♘e7 ♔:d6 3.♘f5+ ♔d7 4.g6 ♝b3 mit klarem Remis.

Der Gewinn wird durch kombiniertes Spiel erreicht: **1.d7!** ♝f5 **2.♔f7!**, und Schwarz muß entweder den Bauern geben oder den weißen König nach d6 lassen. In beiden Fällen siegt Weiß elementar.

Interessant ist, daß Weiß in dieser Stellung unabhängig davon gewinnt, wo der schwarze Läufer steht. Auch der Springer kann sich auf b8, c5 oder e5 aufhalten, weil in all diesen Fällen mit der Überführung des Königs nach d6 ein Springermatt droht.

Wer sich mit den Stellungen 224 und 232 vertraut gemacht hat, wird sich auch im folgenden Beispiel leicht zurechtfinden.

N. Grigorjew, 1931

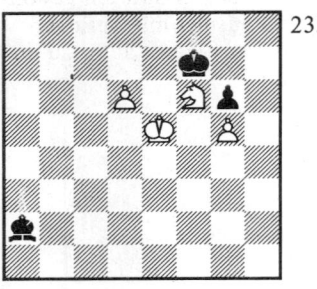

233

Weiß gewinnt

N. Grigorjew, 1931

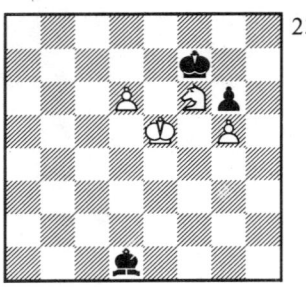

234

Weiß gewinnt

1.♘d5 ♚e8 (es drohte 2.d7)
2.♘c7+ ♚d7! 3.♘a6! ♚e8
4.♘b8 ♚f7! (sonst entsteht
nach 5.♚f6 Beispiel 232)
5.♚d4 ♝b3.
Schnell verlieren würde 5. ...
♚e6 6.d7 ♚e7 7.♚c5 und
8.♚c6 oder 5. ... ♚e8 6.♚c5
♚d8 7.♚c6 und 8.d7. Jetzt
führt 6.d7? nach 6. ... ♚e7
7.♚c5 ♝a4! zum Remis.
6.♚c5 ♝a4! 7.♚d5! (ein feiner Abwartezug; falls 7.♚b6,
so 7. ... ♚e6 8.♚c7 ♝e8! mit
Remis) 7. ... ♝b5 8.♘c6!
♚e8 9.♘e5 ♝a4 10.♚e6
nebst 11.d7 mit leichtem Gewinn.
In Beispiel 233 gewinnt Weiß
auch bei anderen Aufstellungen des Läufers. Sehen wir uns
zwei davon an (d1 und h3).

1.♘d5 ♚e8 2.♘c7+ ♚d7
3.♘a6! ♚e8! 4.♘b8! ♚f7!
(bisher verläuft alles nach be-
kanntem Muster) 5.♚d5
♝f3+ (wenn 5. ... ♝a4, so
trotzdem 6.d7! ♚e7 7.♚c5!
♝:d7 8.♘:d7 ♚:d7 9.♚d5,
und Weiß gewinnt) 6.♚c5
♚e8! 7.d7+!
Der Versuch, mit 7.♚b6 ♚d8
8.♘c6+ ♚c8! 9.d7+ ♚:d7
10.♘e5+ den Läufer zu er-
obern, führt wegen 10. ... ♚e6
11.♘:f3 ♚f5 usw. nur zum Remis.
7. ... ♚e7 8.♘c6+ ♝:c6
(8. ... ♚:d7 9.♘e5+ ♚e6
10.♘:f3 ♚f5 11.♚d6, und
Weiß gewinnt) 9.♚:c6 ♚d8
10.♚c5! usw.

N. Grigorjew, 1931

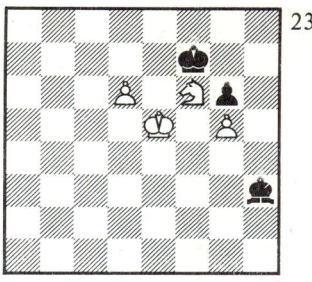

235

Weiß gewinnt

1.♔d5! ♝g2+ 2.♔c5 ♚e6
3.♘h7! ♝e4.
Schwarz verteidigt sich gegen
die Drohung 4.♘f8+ und
5.♘:g6. Auf 3. ... ♝h3 entscheidet 4.♔c6, und 3. ... ♝f7
wird mit 4.♔b6 beantwortet.
4.♘f8+ ♔f7 5.♔b6, und
Weiß gewinnt.
Grigorjew hielt diesen Weg für
den einzigen. Ans Ziel führt
indes auch 1.♘d5 ♔e8 2.♘e7!
(aber nicht 2.♘c7+ ♔d7
3.♘a6 ♔e8 4.♘b8 ♔f7) 2. ...
♔f7 3.♔d5 ♝d7 4.♘c6!
Grigorjew untersuchte nur
4.♔c5 ♔e6! 5.♘:g6 ♔f5
6.♘f8 ♝c8 7.g6 ♔f6 nebst
8. ... ♔g7 mit Remis.
Der Textzug ist stärker.
Schwarz kann sich nicht retten, z. B. 4. ... ♝e6+ 5.♔c5
♝f5 6.♘e5+ ♔e6 7.d7 ♔e7
8.♔c6 usw.
In seltenen Fällen, wenn die
Bauern weit voneinander entfernt stehen, ist es bisweilen
möglich, einen Bauern zu opfern, um den gegnerischen König abzulenken und ein gewonnenes Endspiel mit Springer
und Bauer gegen Läufer zu erhalten.

R. Fine, 1941

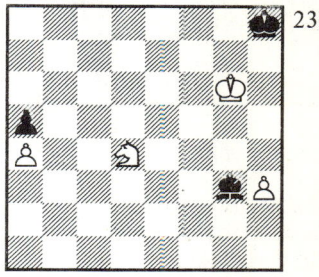

236

Weiß gewinnt

Am einfachsten ist hier 1.♔f5
♔h7 2.♔e4 ♔g6 3.♔d5 ♔h5
4.♔c4 ♝e1 (4. ... ♔h4
5.♘f5+) 5.♔b5 ♝c3 6.♘c6
♔h4 7.♔:a5 ♔:h3 8.♘c6
♔g4 9.♘b4 ♔f5 10.a5 ♔e6
11.a6 ♝d4 12.♔c6 ♝f2
13.♘d5 ♝a7 14.♔b7, und
Weiß gewinnt, indem er mit
♘b6 den Läufer aussperrt.
In allen bisher betrachteten
Beispielen konnte die stärkere
Seite ihr Übergewicht unter
mehr oder weniger großen
Schwierigkeiten verwerten.
Dies ist jedoch nicht immer
möglich.
Wir kommen nunmehr zur
Analyse von Stellungen, in denen die schwächere Seite bei
richtiger Verteidigung remis
hält.

O. Hey, 1913

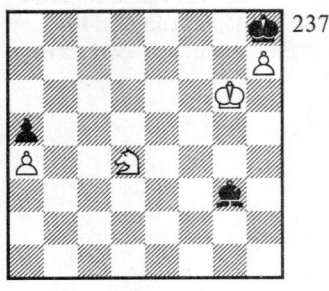

237

Springer	Läufer
c6	c7
e6	e7, h4
f5	f4, f8
f3	f4

Schwarz am Zuge hält remis

Diese Stellung bildet eine Ausnahme. Der Plan von Weiß besteht darin, Mattdrohungen mit einem Angriff auf den Bauern a5 zu verbinden. Schwarz kann das Gleichgewicht durch genaues Spiel aufrechterhalten.

Bei der Ermittlung der richtigen Antworten kommt Schwarz wiederum die Methode der Gegenfelder sehr zustatten. So muß Schwarz 1.♘c6 unbedingt mit 1. ... ♗c7 beantworten, um sowohl den Bauern als auch die Felder d8 und e5 zu verteidigen. Das heißt, daß dem Feld c6 das Feld c7 entspricht. Steht der Springer auf e6, gehört der Läufer nach e7 oder h4, um die Drohungen ♘e6–g5 und ♘e6–d8 zu parieren.

Auf diese Weise läßt sich eine Tabelle mit Gegenfeldern zusammenstellen.

Wir sehen, daß der Läufer auf der Diagonale h2–b8 bleiben, gleichzeitig aber die Möglichkeit haben muß, nach e7 oder h4 zu gelangen. Dafür geeignete Felder gibt es auf der Diagonale zwei: g3 und d6. Da der Läufer auf g3 steht, kann Schwarz folglich nur durch 1. ... ♗d6! das Gegenfeld behaupten.

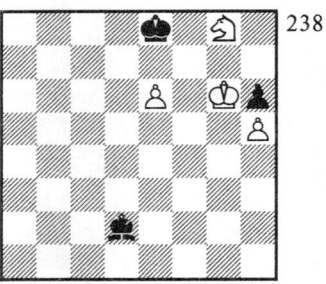

238

Remis

Diese Stellung entstand durch Verschiebung von Beispiel 232 um eine Linie nach rechts. Weiß kann nicht mehr gewinnen, denn auf **1.e7 ♗g5 2.♔g7** geschieht **2. ... ♗:e7 3.♔:h6** (oder 3.♘:e7 ♔:e7 4.♔:h6 ♔f7) **3. ... ♗a3 4.♔g6 ♗c1** mit Remis. Zum

gleichen Resultat führt auch
2.⊘:h6 ♗:e7 3.⊘f5 ♗b4 4.h6
♗c3 5.⊘g7+ ♔f8.
Ebenso remis ist die folgende
Stellung.

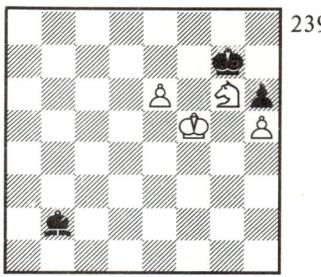

239

Remis

1.⊘e5 ♔f8 2.⊘d7+ ♔e7
3.⊘b6 ♔f8 4.⊘c8 ♔e8 (hier
ist dies möglich) 5.♔g6 ♗c1
6.e7 ♗g5 7.♔g7 ♗:e7! usw.
Selbst bei weit vorgerückten
Bauern ist ein Gewinn nicht
immer zu erzielen. Es kann
deshalb nicht verwundern, daß
auch die nächsten Beispiele remis sind.

**Metchand–Shipman
Detroit 1956**

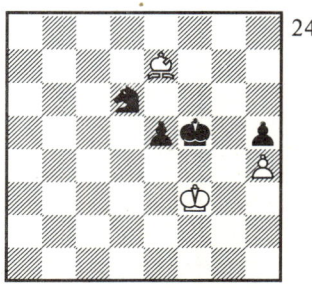

240

Schwarz am Zuge

Es folgte 1. ... ♔e6 2.♗d8
♔d5 3.♗e7 ⊘f5 4.♗d8 ♔d4
5.♗f6 ♔d5 6.♗d8 ⊘d4+
7.♔e3 ⊘e6 8.♗e7 e4 9.♗f6
⊘f8 10.♔f4 ⊘g6+ 11.♔f5 remis.

**Capablanca–Torre
Moskau 1925**

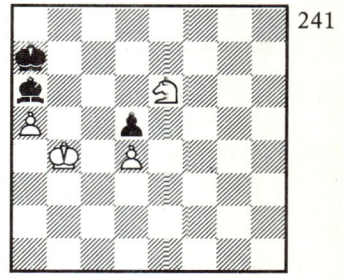

241

Weiß am Zuge

Trotz der Möglichkeit, einen
zweiten Bauern zu gewinnen,
erlangt Weiß kein entscheidendes Übergewicht.
1.⊘c7 ♗c4 2.♔c5 ♗b3!
3.♔c6 (3.⊘:d5 ♔a6) 3. ...
♗c4 4.a6 ♗e2! (umgeht die
Falle 4. ... ♗b3? 5.♔b5!
♗c4+ 6.♔a5 nebst 7.⊘b5+)
5.♔:d5 ♔b6 6.♔d6 ♗g4 7.d5
♗f3!, und Weiß vermag das
mit 8. ... ♗:d5! drohende Remis nicht zu verhindern.
Man beachte, daß sich die
schwächere Seite gerade deshalb aus der Affäre ziehen
konnte, weil ihr einziger Bauer
auf einem Feld von der Farbe
des Läufers stand und von diesem gedeckt wurde.

Durch die Nutzung einer Pattmöglichkeit rettet sich Weiß
im folgenden Beispiel.

A. Kopnin, 1954
(Schluß einer Studie)

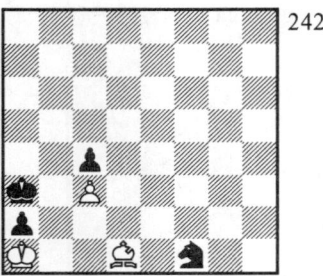

242

Remis

1.♗e2! (es drohte 1. ... ♘d2)
**1. ... ♘e3 2.♗d1! ♘g2 3.♗e2
♘e1 4.♗d1 ♘d3 5.♗e2 ♔b3
6.♗d1+ ♔:c3.**
Es sieht so aus, als würde
Schwarz nun gewinnen, denn
auf 7.♔:a2 geschieht 7. ...
♔d2 8.♗a4 (8.♗b3 ♘c1+)
8. ... ♘c5 9.♗b5 c3.
Nach **7.♗b3!!** ist das Remis jedoch offensichtlich.
Sehen wir uns jetzt zwei Beispiele an, in denen die schwächere Seite nur deshalb eine
Niederlage hinnehmen mußte,
weil sie sich in Remisstellungen falsch verteidigte.

**Awerbach–Shuchowizki
Vilnius 1946**

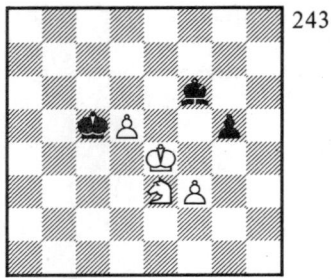

243

Schwarz am Zuge

Schwarz spielte unvorsichtig
1. ... ♗b2? und stellte nach
2.d6 ♔c6 (2. ... ♗f6 3.♔f5
und 4.♔e6) **3.♘c4 ♗c1
4.♔e5 ♗f4+ 5.♔e6** den Widerstand ein. Mit **1. ... ♔d6**
hätte er hingegen remis halten
können, z. B. **2.♘c4+ ♔c5!**
(2. ... ♔d7 3.♔f5 ♗d8 4.d6)
**3.♘e5 ♔d6 4.♘f7+ ♔e7
5.♘h6 ♔d6** usw.

**Judd–Mackenzie
1888**

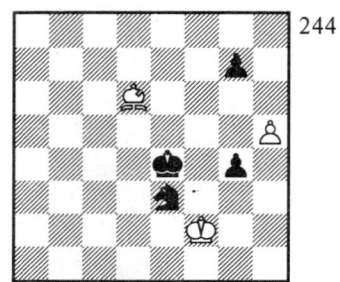

244

Schwarz am Zuge

144

Hier droht 1.♗f8 ♘f5 2.♗:g7 mit elementarem Remis. Schwarz parierte dies durch 1. ... ♘f5, worauf Weiß 2.♗c7 antworten mußte, z. B. 2. ... ♘d4 3.♗d6 ♔f5 (3. ... ♘e6 4.♔g3 ♔f5 5.♔h4) 4.♗f8 ♘e6 5.♗:g7! mit Remis. Er entschloß sich jedoch zu aktivem Spiel und griff mit 2.♗f8? den g-Bauern an. Es folgte 2. ... g3+ 3.♔g1 ♔f3! 4.♗:g7 ♘:g7! 5.h6 ♘e6 6.h7 ♘f4 7.h8♕ ♘e2+ 8.♔f1 g2+ 9.♔e1 g1♕+ 10.♔d2 ♕c1+ 11.♔d3 ♘f4+ 12.♔d4 ♕a1+ mit Gewinn der Dame h8.

Springer und drei Bauern werden sich gegen Läufer und Bauer in der Regel durchsetzen.

Sehen wir uns einige Ausnahmen an, in denen sich der Vorteil aus verschiedenen Gründen nicht verwerten läßt.

Capablanca–Torre
Moskau 1925

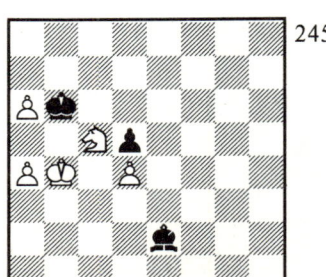

245

Weiß am Zuge

Capablanca zog hier 1.a5+

♔a7 2.♘e6, und nach 2. ... ♗:a6 entstand die Remisstellung 241.

Stärker war 1.♔c3! ♗f3 2.♔d2 ♗g2 3.♔e3 ♗h3 4.♔f4 ♗g2 5.♘e5 ♗f3 6.♘e6 ♗e4 7.♔d7.

Wenn sich Schwarz jetzt weiter passiv verhält, verliert er, z. B. 7. ... ♗f3 8.♔c8! ♔a7 (es drohte 9.♔b8) 9.♔c7 ♗e2 10.♔c6 ♗f3 11.♔b5 ♗g2 12.♘e6! ♗f1+ 13.♔a5 ♗:a6 14.♘c7 ♗c4 15.♘b5+ ♔b8 16.♔b6 nebst a5–a6.

Durch 7. ... ♗f5+! könnte sich Schwarz aber auch in diesem Fall retten, z. B. 8.♔d6 ♗e4 9.♘e6 ♔:a6 10.♘c7+ ♔a5 11.♘:d5 ♗f3 12.♘c3 ♔b4! 13.d5 ♔:c3 14.♔c5 ♗:d5! remis.

F. Bondarenko, 1946

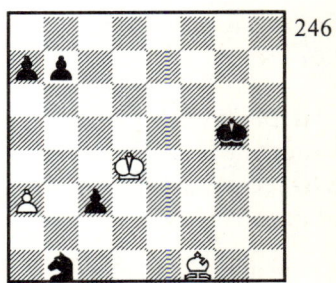

246

Remis

Weiß gelingt es, daß materielle Übergewicht des Gegners zu entwerten: 1.♗d3 ♘:a3 2.♔:c3 ♔f4 3.♔b3 ♔e3 4.♗a6! usw.

H. Rinck, 1917

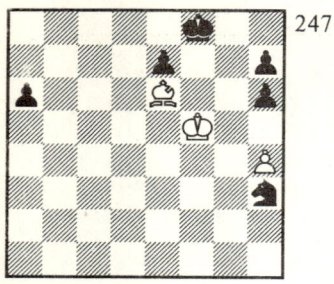

247

Remis

Hier helfen Schwarz auch drei
Mehrbauern nicht. Nach
1.♔e4! ♘f2+ 2.♔e3 ♘d1+
3.♔d2 ♘b2 4.♔c3 ♘a4+
5.♔b4 ♘b6 6.♔c5 ♘a4+
wird klar, daß sich der Springer den aufdringlichen Verfolgungen des weißen Königs
nicht entziehen kann.

Achtes Kapitel

Endspiele mit großer Bauernzahl – Realisierung eines materiellen Übergewichts

In diesem und im nächsten
Kapitel werden Endspiele untersucht, in denen auf beiden
Seiten mindestens zwei Bauern
vorhanden sind.
Uns kommt es hier nicht darauf an, alle möglichen Fälle er-
schöpfend darzulegen. Wir wollen vielmehr anhand einiger

charakteristischer Stellungen
die Hauptangriffs- und Verteidigungsmethoden in Endspielen mit großer Bauernzahl verdeutlichen.
Ein Mehrbauer stellt in derartigen Endspielen einen ernsthaften Vorteil dar, der in den
meisten Fällen den Sieg verbürgt. Der Plan für seine Verwertung hat Besonderheiten,
die vor allem davon abhängen,
ob die stärkere Seite den Läufer oder den Springer besitzt.
Es ist deshalb zweckmäßig, die
zu untersuchenden Stellungen
wie bisher in zwei Gruppen
einzuteilen. In der ersten hat
die stärkere Seite den Läufer,
in der zweiten den Springer.

**1. Verwertung eines Mehrbau-
ern mit Läufer gegen Springer**

Hier läßt sich der gleiche Gewinnplan anwenden wie in
Endspielen mit gleichfarbigen
Läufern (siehe „Läufer- und
Springerendspiele", Sportverlag,
Berlin 1988). Dieser Plan besteht im Normalfall aus fünf
Etappen:
1. König und Läufer beziehen
die günstigsten Positionen
(Verstärkung der Figurenstellung).
2. Die Bauern werden so vor-
teilhaft wie möglich angeordnet (Verstärkung der Bauernstellung), die Bildung eines
Freibauern wird vorbereitet.
3. Nach Verbesserung der Fi-
guren- und Bauernstellung

wird ein Freibauer geschaffen, der mit Unterstützung des Königs vorrückt.

Die weiteren Operationen hängen vom Plan des Verteidigers ab:

4. Versucht der Gegner, den Freibauern mit dem Springer aufzuhalten, wird dieser durch Läufer und König verdrängt und so die Verwandlung des Bauern oder die Eroberung des Springers für den Bauern gesichert.

5. Wenn der gegnerische König sich am Kampf gegen den Freibauern beteiligt, wird dessen weiteres Vordringen in der Regel unmöglich sein. In diesem Fall nutzt die stärkere Seite den Umstand, daß der gegnerische König durch den Freibauern abgelenkt ist, und greift mit dem eigenen König die feindlichen Bauern am anderen Flügel an, um dort entscheidenden Materialvorteil zu erzielen. Dabei hängt viel davon ab, ob es gelingt, in der gegnerischen Bauernstellung Schwächen zu erzeugen, die es dem König gestatten, Zugang zu den Bauern zu finden.

Selbstverständlich muß man nicht immer alle fünf Etappen des geschilderten Planes verwirklichen. In jedem konkreten Fall können Besonderheiten auftreten, die auf die Beurteilung der Stellung und den Plan einwirken. All dies wollen wir uns bei der Analyse einzelner Beispiele ansehen.

Nimzowitsch–Janowski Karlsbad 1907

248

Weiß gewinnt

Weiß besitzt bereits einen Freibauern. Zur Verbesserung seiner Figurenstellung muß zunächst der König dem Freibauern zu Hilfe kommen.

1.♔f3 ♔e7 2.♔e3 f6 3.♔d4 ♔d6 4.♗d1.

Jetzt verstärkt Weiß die Aufstellung seines Läufers. Er wird so postiert, daß er den Freibauern unterstützt und gleichzeitig die gegnerischen Bauern angreift.

4. ... ♘b6 5.♗f3 ♘c8 6.h4.

Schwarz läßt ein weiteres Vorrücken des Freibauern vorerst nicht zu. Weiß muß deshalb mit dem König zu den gegnerischen Bauern durchbrechen. Mit dem Textzug wird deren Schwächung angestrebt.

6. ... ♘e7.

Falls 6. ... ♘b6, so 7.♗e4 g5 8.fg fg 9.h5 ♘d7 10.♗f3 ♘b6 11.♔e4 (der König versucht, sich dem h-Bauern zu nähern) 11. ... ♔e6 12.♗g4+ ♔f6 13.♔d4! Da der schwarze Kö-

147

nig durch die Verteidigung der Einbruchsfelder auf den Königsflügel abgelenkt wurde, begibt sich der weiße zu seinem Freibauern, was die Partie schnell entscheidet.

7.♗e4 g5.
Nach 7. ... f5 8.♗f3 ♘c8 9.♗d5 ♘e7 10.♗f7 gerät Schwarz in Zugzwang und muß den weißen König nach f6 lassen.

8.fg fg 9.hg hg, und wir haben Stellung 198 erreicht, in der Weiß nach Eroberung des g-Bauern gewinnt.

Dieses Beispiel war unkompliziert. Schwarz besaß keinerlei Gegenchancen und mußte sich auf passives Abwarten beschränken. Meist treten bei der Realisierung eines materiellen Übergewichts jedoch verschiedene Schwierigkeiten auf. Der Gegner erlangt Gegenchancen, die man einzukalkulieren hat. Gerade solchen Stellungen soll unser weiteres Interesse gelten.

Spielmann–Krejčik
Wien 1930

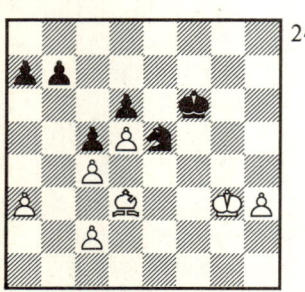
249

Weiß gewinnt

Der Läufer muß den Bauern c4 decken, was seine Handlungsfreiheit etwas einschränkt. Dennoch kommt Weiß zum Erfolg. Zunächst verbessert er die Aufstellung seines Königs, dann setzt er den Freibauern in Marsch.

1.♔f4 a6 2.♗e2 (Weiß entzieht seinen Läufer dem Abtausch, um nicht mit der Drohung 2. ... b5 3.cb ♘:d3+ 4.cd ab rechnen zu müssen)
2. ... b6 3.h4 ♘f7 4.h5 ♘h6 5.♗g4 ♘f7 6.a4 ♘e5 7.♗e2 ♘f7 8.♗d3 a5 9.♗e2 ♘e5 (falls 9. ... ♘h6, so 10.♗f1 ♘f7 11.♗d3 ♘h6 12.♗g6 ♘g8 13.♗f5 ♘h6 14.♗e6, und der Springer befindet sich hinter Schloß und Riegel)
10.h6! ♘g6+.
Weiß gibt den Freibauern, um mit dem König auf e6 einzudringen. Schwarz lehnt das Opfer indes ab.
11.♔g4 ♘e5+ 12.♔h5 ♘f7 13.h7 ♔g7 14.♗d3 ♔f6 15.♔g4 ♘e5+ 16.♔f4 ♘f7 17.♗e2 ♔g6 18.♗f3! ♘h8.
Schwarz nimmt den Bauern auch jetzt nicht, da der weiße König nach 18. ... ♔:h7 19.♔f5 ♔g7 20.♗e2 ♔f8 21.♔e6 zu den schwarzen Bauern durchbricht.
19.♗g4 ♘f7 20.♗e6 ♘h8 21.♗d7! ♔:h7 (diesmal sieht sich Schwarz gezwungen, den Bauern zu schlagen; 21. ... ♘f7 würde wegen 22.♗e8 sofort verlieren) **22.♔f5 ♔g7 23.♗e8!** (Weiß hat keine Lust,

die durch 23.♔e6 ♘f7 24.♗e8 ♘e5 25.♔:d6 ♘:c4+ entstehenden Varianten zu berechnen, und zieht es vor, in ein gewonnenes Bauernendspiel einzulenken) **23. ... ♔f8 24.♗h5 ♔e7 25.♔g5 ♘f7+ 26.♗:f7 ♔:f7 27.♔f5.** Schwarz gab auf.

In diesem Beispiel tauschte Weiß seinen materiellen Vorteil (den Mehrbauern) für einen positionellen (die aktive Königsstellung) ein. Die aktive Königsstellung garantierte ihrerseits neuen Materialgewinn. Dieses Verfahren kann man als *Transformierung eines Vorteils* bezeichnen.

**Bontsch-Osmolowski–Konstantinopolski
Moskau 1949**

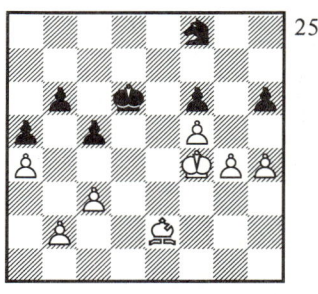

250

Weiß gewinnt

Weiß hat schon alle Vorbereitungen getroffen, um einen Freibauern zu bilden. Es folgte:
1.g5 hg+ 2.hg fg+ 3.♔:g5 ♔e5 4.♗d3 (4.f6 ♘h7+) **4. ...**

♘d7 5.♔g6 ♘f6 6.♔f7 (der König begibt sich auf eine weite Reise; sein Ziel ist, den Bauern b6 anzugreifen) **6. ... ♘d5 7.♗c4** (einfacher war sofort 7.♔e8) **7. ... ♘e3 8.♗e6 ♘g4** (8. ... ♘:f5 führt zu einem verlorenen Endspiel) **9.♔e7 ♘f6 10.♗c8 ♘e4 11.♔d7 ♔:f5 12.♔c6+ ♔e5 13.♔:b6.**

Weiß ist es gelungen, mit dem König zu den gegnerischen Bauern durchzubrechen. Das weitere ist eine Sache unkomplizierter Technik.

13. ... ♘d6 14.♗a6 ♔d5 15.♗b5 ♘c8+ 16.♔:a5 ♔d6 17.♗a6 ♘e7 18.♔b6 ♘d5+ 19.♔b7 ♘e3 20.♗e2 c4 21.a5.
Schwarz gab auf.

**Hodaj–Becker
Wien 1926**

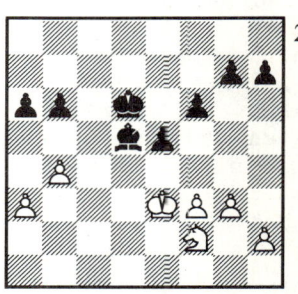

251

Schwarz am Zuge

Schwarz hat einen Mehrbauern. Einen Freibauern zu bilden wäre vorläufig jedoch nicht günstig, da er kaum Unterstützung durch den König fände. Zu Hilfe kommt der Umstand, daß die weißen Bauern am Damenflügel durch den König angegriffen werden können und schutzbedürftig sind. Schwarz stellt die Bildung eines Freibauern zurück und beordert den König zu den gegnerischen Bauern am Damenflügel. Er muß sich dabei beeilen, denn Weiß droht, die Zugänge durch 1.♘d1 nebst 2.♘c3! abzuriegeln.

1. ... ♔c6 2.♘d1 ♔b5 3.♘b2 g5! 4.f4.
Weiß zieht ein schnelles Ende vor, indem er dem Gegner zu einem gefährlichen entfernten Freibauern verhilft. Bei passiver Verteidigung würde der schwarze König schließlich an die weißen Bauern herankommen, z. B. 4.♔e2 a5 5.ba ba 6.♔e3 h5 7.♔e2 ♔c5 8.♔e3 ♗c6 mit Zugzwang.

4. ... ef!
Ein strategischer Fehler wäre 4. ... e4?, da sich der weiße König des Feldes d4 bemächtigen würde und Schwarz den Freibauern schwer unterstützen könnte.

5.gf g4 6.f5 h5 (droht h5–h4, g4–g3 usw.) **7.♔d4 ♗f3!**
Meidet die Falle 7. ... h4?? 8.♔:d5 g3 9.hg hg (9. ... h3 10.♘d1 h2 11.♘f2) 10.♘d1! ♔a4 (10. ... g2 11.♘c3 matt!) 11.♘e3.

8.♔e3 h4 9.h3 (oder 9.♔f4 a5 10.ba ba 11.♔e3 ♗c6 12.♔f2 ♔c5 usw.) **9. ... ♗c6 10.hg h3 11.♘d3 h2.** Weiß gab auf.

Wir haben bereits gesehen, welche Bedeutung es für die Verwirklichung des Gewinnplanes hat, Schwächen im gegnerischen Lager zu schaffen. Interessant ist in dieser Hinsicht das folgende Beispiel.

Konstantinopolski–Panow Moskau 1949

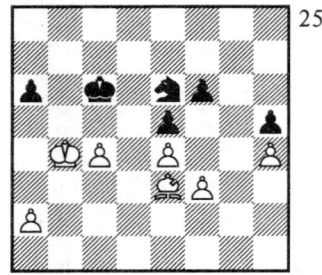
252

Weiß am Zuge

Weiß hat auf c4 einen Mehrbauern. Es gelingt jedoch nicht, ihn voranzubringen. Auch mit dem König zu den gegnerischen Bauern am Königsflügel durchzubrechen ist vorläufig nicht möglich. Schwarz krankt indes an einer empfindlichen Schwäche: Die Bauern f6 und e5 stehen auf Feldern von der Farbe des Läufers. Nur wegen des Vorhandenseins dieser Schwächen vermag Weiß sein materielles Übergewicht zu realisieren.
1.♔a5 ♔b7 2.♗b6 ♘g7!
Die einzige Möglichkeit, Widerstand zu leisten. Nach 2. ... ♘f8 3.♗d8 ♘d7 4.a3 ♔a7

5.c5 Kb7 6.Kb4 Sc6 7.Le7 Kc7 8.Kc4 Sc6 9.Ld6 kann Schwarz aufgeben.

3.Ld8 f5! 4.Kb4 (etwa die gleichen Folgen hat 4.Lf6 fe! 5.fe Se6 6.L:e5 Sc5) **4. ... fe 5.fe Se6 6.Lf6! Kc6** (6. ... Sf4 7.Kc5!) **7.L:e5 Sc5 8.Kc3 S:e4+ 9.Kd4 Sc5.** Weiß hat das Brett von überflüssigen Bauern gesäubert und begibt sich nun mit dem König zum h-Bauern. Die einzige Remischance für Schwarz besteht darin, für den Springer den h- und c-Bauern zu gewinnen, doch Weiß kann dies verhindern. In Betracht kommt folgende Variante: **10.Ke3 Sb7! 11.Kf4 Kc5 12.Kg5 K:c4 13.Kh5 Kd5 14.Lh2 Ke6 15.Kg6 Sd8 16.h5 Sf7,** und wir haben bei vertauschten Flügeln die für Weiß gewonnene Stellung 199 vor uns.

Zu all dem kam es in der Partie aber nicht. Weiß zögerte im 6. Zuge und spielte 6.Le7, worauf sich Schwarz retten konnte:

6. ... Kc6 7.c5 Sd4! 8.Kc4 Kd7 9.Lf6 Se6 10.Ld8 (genauer war 10.Lg5, doch auch damit ließ sich die Begegnung nicht mehr gewinnen) 10. ... Sc6 11.Lg5 Sa5+ 12.Kb4 Sc6+ 13.Kc4 Sa5+ 14.Kd3 Sc6 15.Ld2 Sd4 16.Le1 Sf3 17.Lg3 Sd4 18.Kc4 Sf3!

Schwarz muß aktiv spielen. Zum Verlust führte 18. ... Sc6 19.Le1! Sd4 20.Lb4!

Sc6 (20. ... Lf3 21.c6 S:h4 22.Kc5 Sg6 23.Kb6) 21.a4! Sd4 22.a5 Sc6 23.Lc3 Se7 24.c6! (eine erneute Transformierung des Vorteils; Weiß opfert den Bauern, um seinen König zu aktivieren) 24. ... S:c6 25.Kc5 Sb8 26.Kb6 Sd7+ 27.K:a6 Sc5+ 28.Kb6 Se4 29.Lb4, und der a-Bauer geht zur Dame.

19.Lf2 Sd2+ 20.Kd3 Sf3 21.Kc3 Sh2 22.Kc4 Sg4 23.Lg3 Sf6! (der Springer greift nun von der anderen Seite an) 24.c6 (ein letzter Versuch, den Schwarz jedoch durch genaues Spiel pariert) 24. ... S:e4 25.c7 Sd6+ 26.Kc5 Sc8 27.a4 e4 28.Kd4 Kd7 29.K:e4 Se7! 30.a5 Sg6 31.Kd5 S:h4! 32.Kc5 Sf5 33.Lh2 Kc8 34.Kb6 Se3 35.Lg3 h4 36.L:h4 Sc4+ remis.

R. Fine, 1941

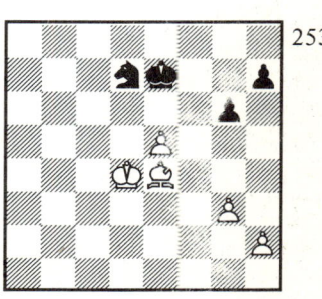

253

Weiß am Zuge

Weiß kommt nur deshalb zum Erfolg, weil er die schwarzen

Bauern mit dem König angreifen kann. R. Fine gibt folgende Varianten an:

1.♗d5 ♞b8 2.♗g8 h6.
Nach 2. ... ♔f8 gewinnt Weiß, indem er seinen Läufer opfert: **3.♗:h7! ♔g7 4.♔d5! ♔:h7 5.♔d6 ♔g7 6.e6 ♔f8 7.♔c7! ♔e7 8.♔:b8 ♔:e6 9.♔c7 ♔f5 10.♔d6 ♔g4 11.♔e6 ♔h3 12.♔f6** usw.

3.♗d5 ♞d7 4.♗e4! ♞f8.
Mit 4. ... g5 würde Schwarz dem gegnerischen König den Weg zu den Bauern öffnen, z. B. **5.♗d5 ♞b6 6.♔e4 ♞d7 7.♔f5 ♞f8 8.h3 ♞d7 9.g4 ♞f8 10.e6 ♞h7 11.♔g6 ♞f6 12.♗c4,** und Weiß gewinnt.

5.♔d5 ♔d7 6.h4!
Schwarz hat jetzt zwei Möglichkeiten, die aber beide verlieren:

1) **6. ... ♔e7 7.h5 gh 8.♗f5!** (ein wichtiges Verfahren: der Springer wird lahmgelegt) **8. ... h4** (falls 8. ... ♞d7, so 9.♗:d7 ♔:d7 10.e6+ ♔e7 11.♔e5, und auf 8. ... ♔d8 entscheidet 9.♔d6 ♔e8 10.e6 h4! 11.e7! hg 12.♔e4) **9.gh ♔d8** (auf 9. ... h5 gewinnt Weiß am einfachsten, wenn er seinen König nach g5 bringt) **10.♔d6 ♔e8 11.h5 ♔f7 12.♗c2 ♔g8** (12. ... ♔e8 13.♗g6+!) **13.♔e7 ♔g7 14.♗f5! ♔g8 15.♔f6 ♔h8 16.♔f7.**

2) **6. ... h5 7.♗c2! ♔e7 8.♗b1!** (bevor Weiß seinen König an die gegnerischen Bauern heranführt, verbessert er die Aufstellung des Läufers)

8. ... ♔d7 9.♔e4 ♔e7 (es gibt nichts Besseres; falls 9. ... ♞e6, so 10.♗a2! ♞c5+ 11.♔d4 ♞a4 12.♗f7 usw.) **10.♗a2 ♞d7 11.♔f4 ♔f8** (auf 11. ... ♞c5 geschieht 12.♔g5 ♞e4+ 13.♔:g6 ♞:g3 14.♗c4! ♔f8 15.♔g5 ♞e4+ 16.♔:h5 ♞c5 17.♗b5! ♔e7 18.♔g6 ♔e6 19.h5 ♔:e5 20.h6 ♞e6 21.♗c4 ♞f8+ 22.♔g7 ♔f5! 23.♗b3 ♔g5 24.♗f7) **12.♗b1 ♔f7 13.♗c2 ♞f8** (oder 13. ... ♔g7 14.e6 ♞c5 15.♔e5) **14.♗b3+ ♔g7 15.♔e4!** (kaum hat sich der schwarze König vom e-Bauern entfernt, macht sich Weiß dies schon zunutze) **15. ... ♞d7 16.♔d5 ♔f8 17.♔d6 ♞b6 18.♔c7.**
Stände der schwarze Bauer in der Ausgangsstellung noch auf g7, könnte Weiß sein materielles Übergewicht nicht verwerten.

R. Fine, 1941

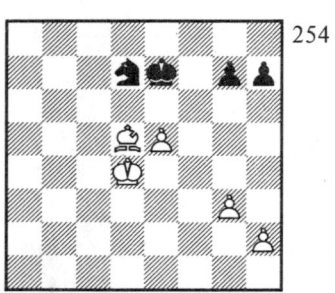

254

Weiß am Zuge

Auf **1.♗e4** setzt Schwarz, um eine Schwächung seiner Bau-

ern zu vermeiden, mit **1. ...
h6!** fort. Es kann folgen:
**2.♗f5 ♘b6 3.♗c2 ♘d7
4.♗b3 ♘b6 5.♔e4 ♔f8!
6.♔f5 ♘c8 7.♔e6.**
Auch ein Durchbruch des Königs zu den gegnerischen Bauern bringt nichts ein, z. B.
**7.♔g6 ♘e7+ 8.♔h7 ♘c6 9.e6
♘e7.** Die schwarzen Figuren
erfüllen ihre Pflichten ausgezeichnet: Der König deckt den
Bauern g7, der Springer stoppt
den e-Bauern.
**7. ... ♘e7 8.♔d6 ♘g6 9.e6
♘e7 10.♗c2 ♘c8+ 11.♔d7
♘e7 12.h4 ♘g8.**
Weiß kann seine Stellung
nicht weiter verstärken. Remis.
Wir haben hier ein sehr interessantes Phänomen kennengelernt. Der weiße König konnte
sowohl zu seinem eigenen
Freibauern als auch zu den
Bauern des Gegners druchbre-
chen. Dies reichte aber noch
nicht zum Gewinn, weil
Schwarz nicht in Zugzwang zu
bringen war. Der Kampf kon-
zentrierte sich auf zu engem
Raum, so daß es der schwächeren Seite gelang, das Zusammenwirken ihrer Figuren zu
gewährleisten.
Wenn alle Bauern an einem
Flügel stehen, erhöhen sich natürlich die Chancen der schwächeren Seite, weil sie das Zusammenspiel von König und
Springer bei der Blockade
eines Freibauern und der Verteidigung eigener Bauern leichter verwirklichen kann.

Charakteristisch ist folgende
Stellung.

**Kortschnoi–Awerbach
Moskau 1955**

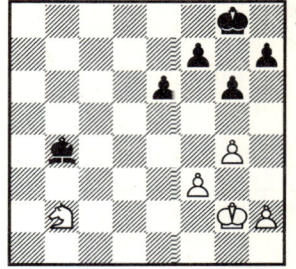
255

Schwarz am Zuge

Außer der Tatsache, daß alle
Bauern an einem Flügel stehen, ist für die Stellungsbeurteilung noch von Belang, daß
das Umwandlungsfeld des
Randbauern dem Läufer unzugänglich ist und dies die Remischancen zusätzlich vergrößert. Schwarz kann nicht gewinnen.
**1. ... ♗d6 2.♘d3 f6 3.h3 ♔f7
4.♔f2 e5 5.♔e3 ♔e6 6.♔e2
f5 7.gf+ gf 8.♔f2 ♔d5.**
Oder **8. ... ♔f6 9.♔g2 ♔g5
10.f4+! ef 11.♘e1** nebst
12.♘f3 mit klarem Remis.
Der Zug **8. ... ♔d5** ist stärker,
hilft aber ebenfalls nicht, z. B.
**9.♔e3 ♗c5+ 10.♔e2 ♔d4
11.♘e1 e4 12.♘g2 ♔e5 13.fe
fe** (**13. ... ♔:e4 14.♘h4 f4
15.♘f3**) **14.♔d2 ♗e7 15.♔e5
♗g5 16.♔f2 ♔d4 17.♔e2** remis.

Trägt die Stellung einen geschlossenen Charakter, erhöht
dies in der Regel die Chancen
des Verteidigers, da es für den
König in solchen Fällen nicht
leicht ist, den Freibauern zu
unterstützen oder die gegnerischen Bauern anzugreifen.

**Tschiburdanidse – Gaprinda-
schwili
Pizunda 1978**

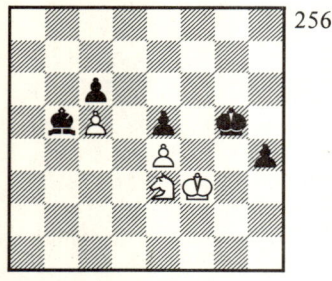

256

Weiß am Zuge

1.♘d1!
Die weiße Stellung ist kritisch.
Dennoch gelingt es auf geist-
reiche Art, eine letzte Barriere
gegen den schwarzen König zu
errichten.
1. ... ♗c4?
Dieser Zeitverlust kommt
Schwarz teuer zu stehen: Weiß
kann sich umgruppieren und
das Eindringen des gegnerischen Königs verhindern.
Richtig war 1. ... h3! 2.♔g3
h2 3.♘f2 ♗f1! 4.♘h1 ♗d3
5.♔f3 (5.♘f2 h1♕) 5. ... ♔h4
6.♘f2 ♗c2 7.♘h1 (7.♔g2
h1♕+! 8.♔:h1 ♔g3) 7. ...

♗d1+ 8.♔g2 ♗e2! (aber
nicht 8. ... ♗h5 9.♘f2 ♗e2
10.♔:h2 mit Remis) 9.♘f2
h1♕+! 10.♘:h1 ♔g4 11.♔f2
♗f3 12.♘g3 ♔f4, und nach
Eroberung des Bauern muß
Schwarz allmählich gewinnen.
2.♘f2 ♗f1 3.♘h1 ♗h3 (jetzt
führt 3. ... h3 4.♔g3 h2 wegen
5.♘f2 ♗e2 6.♘h3+ ♔h5
7.♘f2 bereits zum Remis)
4.♘f2 ♗e6 5.♘d3 ♗g4+
6.♔f2 ♔f6 7.♘b4 ♗d7 8.♔f3
h3 9.♔g3 ♔e7 10.♘d3 ♔f6
11.♘b4, und die Gegnerinnen
einigten sich schnell auf eine
Punkteteilung.

**Keres – Bondarewski
Leningrad 1941**

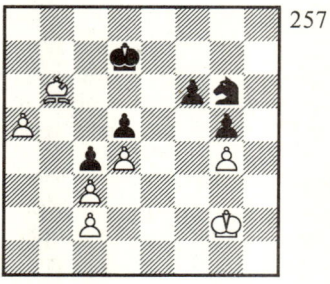

257

Schwarz am Zuge

Weiß verfügt über ein deutliches Übergewicht. Er besitzt
einen entfernten Freibauern,
und die schwarzen Bauern am
Königsflügel sind schwach,
weil sie durch den Läufer angegriffen werden können. Weiß
kann seinen König jedoch
schwer ins Spiel bringen, und

ohne dies ist an einen Gewinn nicht zu denken.

Wie Botwinnik zeigte, hätte Schwarz durch 1. ... ♗c8! remis gehalten, z. B. 2.♗c5 (falls 2.a6, so 2. ... ♘f4+ 3.♔f3 ♘e6 mit Überführung des Springers nach e8 und wenn möglich über d6 nach e4) 2. ... ♔b7 3.♔f3 ♔a6 4.♗b6 ♘f8 5.♗d8 ♘d7 6.♔e2 ♔b5 7.♔d2 ♔a6 8.♔c1 ♔b5 9.♔b2 ♔a6 10.♔a2 ♔b5 11.♗a3 ♘f8! 12.♗:f6 ♘e6 13.a6! ♔:a6 14.♔a4 ♔b6 15.♔b4 ♔a6 16.♗:g5 ♘:g5 17.♔c5 ♘e4+ 18.♔:d5 ♘f6+ nebst 19. ... ♘:g4.

Statt dessen beging Schwarz mit 1. ... f5 einen ernsten positionellen Fehler, der dem weißen König den Weg frei machte. Es folgte 2.a6 ♔c6 3.a7 ♔b7 4.♔f3 ♘h4+ 5.♔g3 fg.

„Nach 5. ... f4+ 6.♔f2 ♘g6 7.♗d8 ♔:a7 8.♗:g5 ♔b7 9.♔f3 ♔c6 10.♗:f4 ♔d7 11.g5 ♔e6 12.♔g4 ♘e7 13.♔h5 bricht Weiß mit dem König entweder von unten her oder (nach Opfer des Bauern g5) über die 5. Reihe ein" (Botwinnik).

6.♔:g4 ♘g2 7.♔:g5 ♘e3 8.♔f4 ♘:c2 9.♔e5 ♘e3 10.♗c5 ♔a8 11.♔e6! (Weiß bringt den Gegner allmählich in Zugzwang) 11. ... ♔b7 12.♔d6 ♘d1 (oder 12. ... ♔a8 13.♔c6) 13.♔:d5 ♘:c3+ 14.♔:c4 ♘e4 15.d5 ♔a8 16.♔d4 ♘f6 17.d6 ♔b7 18.♔c4. Schwarz gab auf.

Kotow–Plater
Moskau 1947

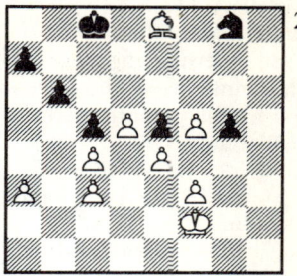

258

Weiß am Zuge

Hier hat Weiß sogar zwei Mehrbauern. Es ist jedoch nicht zu sehen, wie der König ihr weiteres Vorgehen unterstützen soll, denn die Stellung trägt einen geschlossenen Charakter.

Auf 1.♔g3 folgt 1. ... ♘f6, und der Versuch, mit dem König nach b5 zu gelangen, wird durch a7−a6 unterbunden.

Wenn Schwarz zu 1. ... ♔c7 käme, wären die weißen Chancen gleich Null. Der erste Zug ist daher erzwungen.

1.d6 ♘f6 2.♗c6 ♔d8 3.♔e2 (der König steuert das Feld b5 an) 3. ... ♔c8 4.♔d2 ♔d8 5.♔c2 ♔c8 6.♔b3 ♔b8 7.♔a4 a6!

Der König darf offensichtlich nicht nach b5 gelassen werden. Jetzt aber tauscht Weiß den d-gegen den a-Bauern, um einen Einbruchspunkt am Damenflügel zu schaffen. Allerdings muß er zunächst mit dem König nach g3 zurückkehren, um den Zug g5−g4 zu verhindern.

8.♔b3 ♚c8 9.♔c2 ♚b8
10.♔d2 ♚c8 11.♔e2 ♚b8
12.♔f2 ♚c8 13.♔g2.
Hätte Schwarz während der
Königswanderung g5–g4 ge-
spielt, könnte Weiß nun über
g3 und h4 ins gegnerische Lager einbrechen.
**13. ... ♚b8 14.d7 ♚c7
15.♗b7! ♔:d7** (zieht Schwarz
statt dessen 15. ... a5, folgt
16.♗c6, und der weiße König
dringt über b5 nach a6 vor)
16.♗:a6 ♚c7.
Wenn Weiß den Läufer nach
d5 führen könnte, würde er
leicht gewinnen. Dies läßt sich
indes nicht verwirklichen.
Weiß beordert den Läufer daher nach g4, wo er den Vorstoß
g5–g4 pariert und nach h5 zu
ziehen droht, sobald der Springer das Feld f6 räumt.
**17.♗b5 ♚d6 18.♗a4 ♚c7
19.♗d1 ♚d6 20.♔f2 ♚c7
21.♔e3 ♚c6 22.♔d3 ♚b7
23.♗e2 ♚a7 24.♗f1 ♚b7
25.♗h3 ♚a7 26.♔c2 ♚a6?**
Ein unscheinbarer Fehler.
Weiß strebt eine Zugzwangsituation an, weshalb Schwarz
sehr genau spielen muß. Richtig war laut Kotow **26. ...
♚b7! 27.♔b3 ♘g8! 28.♔a4
♚a6 29.♗g4 ♘f6!**, und
Schwarz ist dem Zugzwang
entgangen. Weiß kann in diesem Fall **30.♗h3 ♘g8 31.♗f1!
♘f6 32.♗g2!** versuchen. Wenn
darauf **32. ... ♘g8**, so **33.♗h3!
♘f6 34.♗g4! ♘g8 35.♗h5
♘f6 36.♗f7 g4 37.fg ♘:g4
38.♗e6! ♘f6 39.♗c8+ ♚a7**

**40.♔b5 ♘:e4 41.♔c6 ♘f6
42.♗e6 e4 43.♗d5 ♘:d5 44.cd
e3 45.f6 e2 46.f7 e1♛ 47.f8♛**,
und Weiß gewinnt. Auf das
„superfeine" **32.♗g2** geschieht
jedoch **32. ... g4!**, und Schwarz
hält remis.
27.♔b3 ♚a5 (falls 27. ...
♚a7, so 28.♔a4 ♚a6
29.♗g4!, und Schwarz befindet
sich im Zugzwang) **28.♗g4!
♚a6 29.♔a4 ♚a7 30.♔b5
♚b7 31.a4! ♘e8 32.a5 ♘d6+
33.♔a4 ♘e8 34.♗h3!**
Eine letzte Feinheit. Weiß ist
es gelungen, das schwarze Boll-
werk zu erschüttern. Nach
34. ... ♚a6 (34. ... ♘f6
35.♔b5) 35.f6! ♘:f6 36.♗c8+
♚a7 37.♔b5 ba 38.♔:c5 a4
39.♔b4 ♚b8 40.♗f5 ♚c7
41.♔:a4 garantieren ihm die
beiden Mehrbauern den Sieg.
In den nächsten beiden Beispielen gelingt es der schwächeren Seite, eine Festung zu
errichten, in die der gegnerische König nicht einzudringen
vermag.

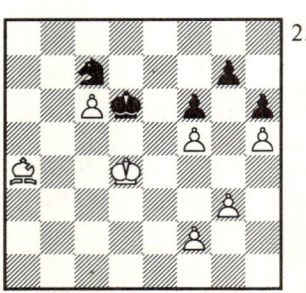

259

Schwarz am Zuge
Weiß kann nicht gewinnen

Die vorteilhafte Aufstellung
der schwarzen Figuren läßt
nicht zu, daß Weiß sein materielles Übergewicht realisiert.
Der König ist nicht in der
Lage, zu den gegnerischen
Bauern durchzubrechen. Auch
der Versuch, mit dem König
den Freibauern zu unterstützen, schlägt fehl.
Zum Beispiel: **1. ... ♘a6
2.♔c4 ♘c7 3.♔b4 ♘d5+
4.♔a5** (oder **4.♔b5 ♘c3+
5.♔a5 ♘:a4 6.♔:a4 ♔:c6** mit
unentschiedenem Bauernendspiel) **4. ... ♘c3 5.♗b5 ♘d5
6.♔a6 ♔c7 7.♗a4 ♘c3
8.♗b5 ♘d5** usw. oder **3.g4
♘d5 4.♗d1 ♘e7! 5.♗f3 ♘:c6
6.♗:c6 ♔:c6**, ebenfalls mit
Remis.

**Awerbach–Friedstein
Moskau 1957**

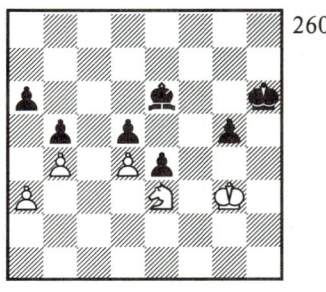
260

Schwarz am Zuge. Remis

In dieser Stellung einigten sich
die Partner auf Remis. In der
Tat kann Schwarz trotz der
beiden Mehrbauern nicht gewinnen, z. B. **1. ... g4 2.♔h4!**

(nach **2.♘g2 e3! 3.♘:e3 ♔g5
4.♘g2 ♔f5** bricht der
schwarze König in die Festung
ein) **2. ... ♔g6 3.♔g3 ♔h5
4.♘g2! ♔g5** (**4. ... e3
5.♘f4+**) **5.♘e3 ♔g6 6.♔h4!
♔f6 7.♔g3 ♔g5 8.♘g2,** und
Schwarz hat nichts erreicht.

2. Verwertung eines Mehrbau-
ern mit Springer gegen Läufer

Besitzt die stärkere Seite den
Springer, ist der Plan zur Realisierung des Materialvorteils
in seinen Grundzügen der gleiche wie bei einem Läufer.
Zunächst ist eine maximale
Verbesserung der eigenen Fi-
guren- und Bauernstellung anzustreben. Mit der Bildung
eines Freibauern und vor allem
mit dessen Vormarsch sollte
man sich hingegen nicht son-
derlich beeilen. Der Läufer ist
eine weitreichende Figur. Die
Schaffung und das Vorrücken
eines Freibauern ist deshalb
nicht immer gleichbedeutend
mit der Einschränkung der Beweglichkeit des Läufers. Vor-
rang hat hier die Schwächung
der gegnerischen Bauernforma-
tion mit dem Ziel, dem König
Einbruchspunkte für die Annäherung an die Bauern und für
die Bildung eines zweiten Freibauern zu schaffen.
Ein Freibauer oder die Drohung, einen solchen zu bilden,
spielt in diesem Fall hauptsächlich eine ablenkende
Rolle. Erst wenn der Gegner

an die Verteidigung eigener Schwächen gebunden ist, wird es gewöhnlich möglich sein, mit dem Vorgehen oder der Schaffung eines Freibauern zu beginnen.

Spielmann–Maróczy
Karlsbad 1929

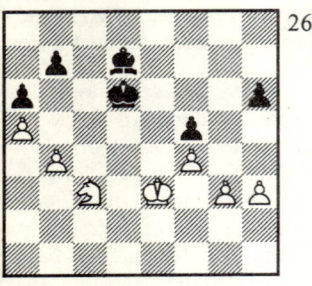

261

Weiß gewinnt

Weiß hat nicht nur einen Mehrbauern, sondern auch einen bedeutenden Positionsvorteil. Dieser besteht darin, daß die schwarzen Bauern b7, a6 und f5 auf Feldern von der Farbe des Läufers angeordnet sind und der schwarze König deshalb die Zugänge zu diesen Bauern vor dem gegnerischen König schützen muß. Der Versuch von Weiß, sofort einen Freibauern zu bilden, schlägt jedoch fehl, denn auf 1.♔f3 kann 1. ... ♗c6+ oder 1. ... h5 geschehen.
Weiß behält sich die Möglichkeit, einen Freibauern zu bilden, als Drohung vor und versucht, unverzüglich mit dem König zu den schwachen Bau-

ern des Gegners durchzubrechen. Um zu gewinnen, muß er den schwarzen König von d6 verdrängen. Es folgte:
1.♔d4! (die Zugänge zum feindlichen Lager werden besetzt) **1. ... ♗e6.**
Falls 1. ... ♗c6, so 2.g4 fg (2. ... ♗g2 3.gf ♗:h3 4.♘e4+ ♔e7 5.♔e5) 3.hg ♗f3 4.♘e4+ ♔e6 5.f5+ ♔e7 6.♘f2 ♔f6 7.♔e3 und 8.♔f4.
2.♘a4 h5 3.♘c5 ♗d5 4.♘d7 (möglich ist auch das weniger spektakuläre 4.♘d3) **4. ... ♗b3 5.♘e5 ♗c2 6.♘c4+ ♔c6 7.♔e5!**
Fine wies mit Recht darauf hin, daß dies einfacher ist als die Partiefortsetzung 7.♘e3 ♗b1 8.♘d1 ♔d6 9.♘c3 ♗c2 10.♔c4 ♔c6 11.h4 ♔d6 12.b5! ab+ 13.♘:b5+ ♔e7 14.♔c5 ♗e4 15.♘d6, die ebenfalls zum Gewinn führte.
7. ... ♗d3 (oder 7. ... ♔b5 8.♘a3+ ♔:b4 9.♘:c2+ ♔:a5 10.♔:f5 ♗a4 11.♔e4 ♔b3 12.♔d3 b5 13.f5 a5 14.f6 usw.) **8.♘d6 ♗b1 9.♘:f5 ♔b5 10.♘d6+ ♔:b4 11.♘:b7 ♗d3 12.f5** mit leichtem Gewinn.
Hier brauchte Weiß nicht einmal einen Freibauern zu bilden. Seine Aufgabe erschöpfte sich in der Ausnutzung der im gegnerischen Lager vorhandenen Schwächen.
Dank der Möglichkeit, die schwarzen Bauern angreifen zu können, kommt Weiß auch im nächsten Beispiel zwangsläufig zum Erfolg.

**Löwenfisch–Rauser
Tbilissi 1937**

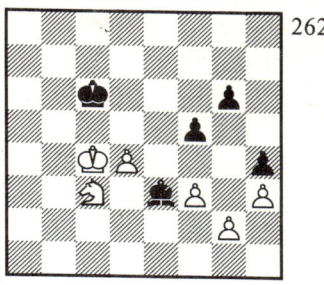

262

Weiß gewinnt

Fehlerhaft wäre 1.♘b5 ♗f2 2.d5+? ♔d7, wonach Weiß seine Stellung kaum verstärken könnte.

Weiß spielte richtig: **1.♘d5!
♗g5 2. f4! ♗d8 3.♘b4+ ♔d6
4.♘d3 g5 5.♘e5 ♔e6 6.d5+
♔f6 7.♔c5 gf 8.♘c6.** Schwarz gab auf.

Die Schaffung und Ausnutzung von Schwächen im gegnerischen Lager bildet das Leitmotiv derartiger Endspiele.

**Botwinnik–Rjumin
Moskau 1936**

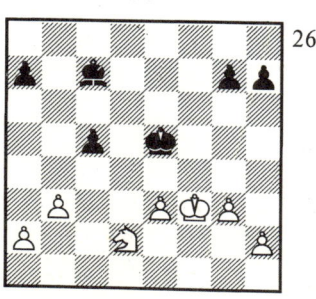

263

Weiß gewinnt

Weiß verfügt über einen freien Mehrbauern im Zentrum. Ihn vorzurücken wäre jedoch verfrüht. Zunächst muß die Aufstellung des Königs und der Bauern verbessert werden.
1.g4.
Nimmt dem gegnerischen König das Feld f5 und entfernt die Bauern von den schwarzen Feldern, damit sie später, wenn sich der König auf den Weg macht, nicht durch den Läufer angegriffen werden können.
**1. ... ♔d5 2.h3 ♗d8 3.♔e2
♗c7 4.♔d3** (Weiß beabsichtigt, den König nach c4 oder e4 zu bringen) **4. ... ♗g3
5.♘e4 ♗e1 6.♘g5** (es kann nie schaden, die gegnerischen Bauern zu schwächen) **6. ... h6
7.♘e4 ♗h4 8.♘c3+ ♔c6.**
Falls **8. ... ♔e5,** so **9.♔c4
♗f2 10.♘d1 ♗g1 11.♔:c5,**
und Weiß gewinnt mühelos,
z. B. **11. ... ♔e4 12.b4! ♔d3
13.♔d5 ♔d2 14.e4 ♔:d1
15.e5 ♗b6 16.e6 ♗d8 17.a4
♔c2 18.b5 ♔b3 19.a5 ♔b4
20.b6,** und einer der Bauern geht zur Dame.
9.♔e4 (Weiß hat seine Königsstellung weiter verbessert) **9. ...
♗f6 10.♘b1 ♔d6 11.♘a3
♔e6.**
Der schwarze König versucht, seinen weißen Widersacher nicht in sein Lager zu lassen. Doch nun beginnt der Springer, die gegnerischen Bauernschwächen zu attackieren.
**12.♘b5! a5 13.♘c7+ ♔d7
14.♘d5 ♗b2 15.♘b6+.**

Schwarz gab auf. Nach 15. …
♔e6 16.♔d3 ♗a3 17.♔c4
♔e5 18.♔b5 ♗b4 19.♘c4+
und 20.♘:a5 steht er auf verlorenem Posten.

Panow–Alatorzew
Tbilissi 1937

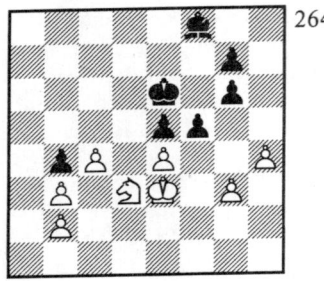

264

Weiß gewinnt

Weiß verfügt über einen Freibauern, den der König vorerst aber nicht unterstützen kann. Zunächst muß dieser von der Verteidigung des Bauern e4 entlastet werden, indem die Bauernstruktur am Königsflügel geklärt wird.
1.♔f3 ♗e7 2.g4! f4.
Wenn sich Schwarz sträuben würde, wäre er nach h4–h5 dennoch zu einer Entscheidung gezwungen, z. B. 2. …
♗f8 3.h5 fg+ 4.♔:g4 gh+
5.♔:h5 ♔f6 6.c5 g6+ 7.♔g4
♗e7 8.c6 ♔e6 9.♘:e5. Er zieht es deshalb vor, die Stellung am Königsflügel abzuriegeln.
3.h5! g5.
Der Zug 3. … gh gäbe Weiß

die Möglichkeit, am Königsflügel einzubrechen, z. B. 4.gh
♗f8 5.♔g4 ♗e7 6.c5 ♗f8
(6. … ♔f6 7.c6 ♔e6 8.♘:e5
usw.) 7.c6 ♗d6 8.♔g5 ♔f7
9.♘:b4 f3 10.♘d3, und Weiß gewinnt.
Die erste Aufgabe ist erfüllt. Nach dem Textzug können die schwachen schwarzen Bauern e5 und g5 von f3 aus durch den Springer angegriffen werden. Auf diesem Feld steht der Springer ideal, da er zugleich den gegnerischen Freibauern blockiert. Der weiße König begibt sich jetzt auf den Damenflügel, um die auf der b-Linie entstehenden Freibauern zu unterstützen.
4.♔e2 ♗f8 5.c5 ♗e7 6.♘:b4!
♗:c5 7.♘c2 ♗e7 (falls 7. …
♗d4, so 8.♘e1! ♗:b2 9.♘f3
♔f6 10.b4 ♗a3 11.b5 ♗c5
12.♔d3, und der b-Bauer rückt mit Hilfe des Königs unaufhaltsam vor, da der gegnerische König an die Verteidigung seiner Bauern gebunden ist)
8.♔d3 ♔d6 9.♔c4, und Weiß hat keine sonderlichen Schwierigkeiten mehr. Wenn z. B.
9. … ♔c6, so 10.♘e1 ♗d8
11.♘f3 ♗f6 12.b4 ♔b6 13.b5
♔b7 14.♔c5 ♗e7+ 15.♔d5
♗f6 16.♔e6, und Schwarz erleidet angesichts der Drohung h5–h6 schwere materielle Verluste.
Wir müssen den Leser jedoch enttäuschen. Die nach dem 5. Zug von Schwarz gezeigte Fortsetzung stammt nicht aus

der Partie. Weiß spielte schwächer 6.c6, so daß sein Gegner nach 6. ... ♗d8 7.♘:b4 ♔d6 8.♘d3 ♗f6 9.♘e1 ♔:c6 10.♔d3 mit dem König eine aktivere Position beziehen konnte.

Es folgte 10. ... ♔b5 11.♔c3 ♗d8 12.♘f3 ♗e7! 13.b4! (13.♘:e5? ♗f6 14.♔d4 f3) 13. ... ♗d8 14.♔b3 (auch hier war 14.♔c2! ♗f6 15.♔b3 bzw. 14. ... ♔:b4 15.♘:e5 ♗f6 16.♘f3 ♔c4 17.b3+ ♔b4 18.e5 ♗e7 19.♘d4 genauer) 14. ... ♗f6 15.♘e1 ♗e7 16.♘f3 ♗f6 17.♔c3 ♗d8 18.♘d2 ♗e7 19.♔d3! ♗d8 (falls 19. ... ♔:b4, so 20.♘c4 ♗f6 21.♘d6 ♗e7 22.♘e8 ♗f8 23.♘c7) 20.♘c4 ♗c7 21.♔c3 ♔c6.

Unter kolossalen Mühen ist es Weiß schließlich gelungen, den schwarzen König zurückzudrängen, denn auf 21. ... ♗b8 hätte 22.♘d2! und 23.♘f3 entschieden.

Das weitere ist einfacher: 22.♘a3 ♗d8 23.♔c4 ♗b6 24.b5+ ♔d6 25.♔d3 ♔c5 26.♘c4 ♗c7 27.b6! ♗:b6 28.♘:e5 ♗d8 29.♘f3 ♗f6 30.e5 ♗d8 31.♔e4 ♔c6 32.♘d4+ ♔d7 33.♘f5 ♗c7 34.♘:g7 f3 35.e6+ ♔e7 36.♔:f3 ♗e5 37.♘f5+ ♔:e6 38.b3 ♔d5 39.♘g3 ♗g7 40.♘e4 ♗h6 41.♔e3 ♔e5 42.b4 ♗f8 43.b5. Schwarz gab auf.

Schwierigkeiten, die in derartigen Stellungen bei der Verwertung eines Materialvorteils auftreten, veranschaulicht das folgende Beispiel.

Fine−Reschewski
Semmering-Baden 1937

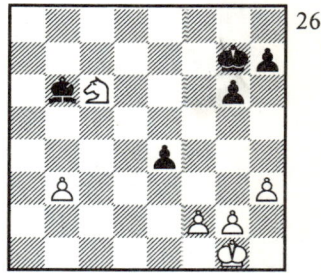

265

Weiß am Zuge

Der König kann den Freibauern schwer unterstützen. Mit dessen sofortigem Vormarsch würde Weiß nur riskieren, ihn zu verlieren. Die schwarzen Figuren haben bessere Perspektiven als die weißen. Der Läufer bekämpft den Freibauern und greift gleichzeitig den Bauern f2 an, während der König schnell ins Zentrum gelangt. Trotzdem vermag Weiß sein materielles Übergwicht zu realisieren.

1.♘b4 ♔f7 2.♘d5 ♗d4 3.♔f1 ♔e6 4.♘e3 ♗c5 5.♔e2 h5. Auf 5. ... ♔e5 gab R. Fine folgende Variante an: 6.♘c2 ♔d5 7.b4 ♗f8 8.b5 ♗c5 (oder 8. ... ♔c5 9.♔e3 ♔:b5 10.♔:e4 ♔c6 11.♔e5 ♔d7 12.♔f6 ♔e8 13.♘e3, und der weiße König kommt schließ-

lich an den Bauern h7 heran)
9.♘e3+ ♔d4 10.h4 ♗b6
11.♘g4 (Weiß nutzt den Umstand, daß der schwarze König
im Kampf gegen den Freibauern abgelenkt wurde, um mit
dem Springer die Bauern am
anderen Flügel anzugreifen)
11. ... ♔c4 12.♘f6 ♔:b5
13.♘:h7 ♗d8 14.g3 ♔c4
15.♘f8 g5 16.h5, und Weiß gewinnt.
**6.♘c2 g5 7.b4 ♗d6 8.g3 ♔e5
9.b5 ♗c5 10.♘e3 ♔d4
11.♘f5+ ♔e5.**
Im Fall von 11. ... ♔c4 verliert Schwarz beide Bauern am
Königsflügel: 12.♘g7 ♔:b5
13.♘:h5 ♔c4 14.♘f6 ♔d4
15.f3! ef+ 16.♔:f3 ♗e7
17.♘g8! ♗d8 18.♘h6 ♗f6
19.♔g4 ♔d5 20.♘f7 usw.
(Fine).
12.♘g7 h4 13.g4 (die schwarzen Bauern am Königsflügel
werden festgelegt) **13. ... ♗b6
15.♘f5 ♗c5 15.♘e3 ♔d4
16.f3!**
In der Partie geschah schwächer 16.♘f5+? ♔c4 17.♘h6
♔:b5 18.♘f7 ♔c4! 19.♘:g5,
und nach 19. ... ♔d5! 20.f3
ef+ 21.♘:f3 ♔e4!! 22.♘:h4
♔f4 23.♘f5 ♗b6 konnte sich
Schwarz trotz zweier Minusbauern retten (137).
16. ... ♗b6 (oder 16. ... ef+
17.♔:f3 ♔e5 18.b6!) **17.♘f1!**
♔e5 (nach 17. ... ef+ 18.♔:f3
♔c4 19.♔e4 ♔:b5 20.♔f5
♗d8 21.♘d2 und 22.♘f3
kommt Weiß mühelos zum Erfolg) **18.♘d2 ef+ 19.♔:f3 ♔f6**

20.♘c4 ♗c7 21.b6 ♗f4 22.b7
♔e6 23.♔e4 ♔d7 24.♔f5,
und Weiß gewinnt.
Sehen wir uns nunmehr zwei
Fälle an, in denen alle Bauern
an einem Flügel stehen. Hier
läßt sich sogar mit drei gegen
zwei Bauern gewinnen, wenn
es gelingt, mit dem König zu
den feindlichen Bauern durchzubrechen.

**Lyskow–Beilin
Moskau 1949**

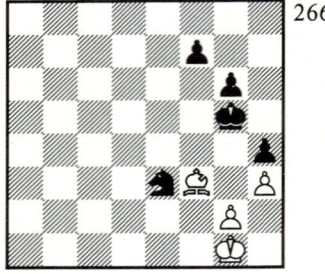

266

Schwarz am Zuge

Um zu gewinnen, muß
Schwarz mit dem König nach
g3 oder f2 gelangen. Dies ist
möglich:
**1. ... ♔f4 2.♔f2 ♘f5 3.♗b7
♘d6! 4.♗d5 ♘e4+ 5.♔g1 f6
6.♗c6 ♔e3 7.♗e8 g5 8.♗d7.**
Etwas hartnäckiger war 8.♔f1
und wenn 8. ... ♘d2+, so
9.♔e1, um den schwarzen König nicht nach e2 zu lassen. In
diesem Fall brächte 9. ... f5
10.♗d7 f4 11.♗c8 f3 12.gf
♘:f3+ 13.♔f1 ♘d4 14.♗g2
♘e2 15.♗g4! ♘f4+ 16.♔f1

keinen Erfolg, da dem schwarzen König das Feld g3 verwehrt bliebe.

Richtig ist 8. ... ♔f4 9.♗c6 ♘c5 10.♔f2 ♘d3+ 11.♔e2 ♘e5! 12.♗b7 ♔g3 13.♔f1 f5 nebst f4−f3 mit etwa den gleichen Folgen wie in der Partie.

8. ... ♔e2 9.♗c8 ♘g3 10.♗d7 ♔e1! 11.♗c8 ♘e2+ 12.♔h2 ♔f2.

Schwarz ist es gelungen, den gegnerischen König abzudrängen und auf f2 einzubrechen. Das weitere ist einfach.

13.♗d7 ♘d4 14.♔h1 f5 15.♗e8 f4 16.♗d7 f3 (der f-Bauer dient als Rammbock, der die gegnerische Festung zerstört) 17.gf ♘:f3 18.♗g4 ♔g3 19.♗f5 ♘d4 20.♗g4 ♘c2 21.♔g1 ♘e1 22.♗e2 ♘g2. Weiß gab auf, da nach 23. ... ♘f4 der Bauer h3 verlorengeht.

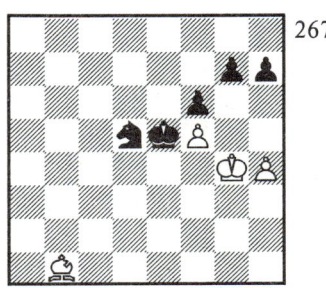

267

Schwarz am Zuge gewinnt

Diese Stellung bildet eine Ausnahme. Schwarz ist mit dem König zu dem schwachen weißen Bauern durchgebrochen und scheint ihn zu erobern.

Auf 1. ... ♘e3+ folgt jedoch 2.♔h5!, und der Bauer ist nicht zu nehmen, da Weiß nach 2. ... ♘:f5? 3.♗:f5 ♔:f5 patt wäre. Schwarz spielt deshalb 2. ... ♔f4!, womit er den weißen König hinter Schloß und Riegel bringt und durch 3. ... ♘f1 nebst 4. ... ♘g3 matt zu setzen droht.

Weiß kann sich den Mattdrohungen nicht unbeschadet entziehen, z. B. 3.♗d3 ♔g3! 4.♗e4 (sonst folgt 4. ... ♘g2 und 5. ... ♘f4 matt) 4. ... ♘d1 5.♗d3 ♘f2 6.♗f1 ♘h1, und gegen das Matt in zwei Zügen gibt es keine befriedigende Verteidigung.

Interessant erscheint, daß Schwarz nicht zum Erfolg käme, wenn der Bauer h7 auf h6 stände, da nach 1. ... ♘e3+ 2.♔h5 die gefährliche Drohung 3.♔g6 auftaucht.

Wie ein Materialvorteil zu realisieren ist, wenn der Gegner über einen entfernten Freibauern verfügt, zeigt das nächste Beispiel.

Kajew–Konstantinopolski
Kiew 1940

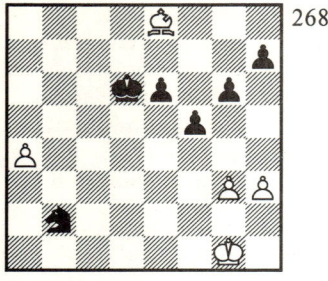

268

Schwarz am Zuge

Es folgte 1. ... ♘c4 (der Bauer darf nicht weit vorgelassen werden, da er sonst die schwarzen Figuren binden könnte) 2.♔f2 g5 (bereitet die Bildung zweier verbundener Freibauern vor) 3.♗b5 ♔d5 4.♔e2 e5 5.♗d7. Weiß kann sich auch nicht retten, wenn er mit dem König seinem Freibauern zu Hilfe eilt, da die beiden schwarzen Bauern zu stark sind, z. B. 5.♔d3 e4+ 6.♔c3 ♘a5 7.♗d7 f4 8.gf gf 9.♔b4 f3 10.♗g4 ♘c6+ 11.♔b5 ♘e5 12.a5 ♘:g4 13.a6 f2 14.a7 f1♛+.
5. ... f4 6.gf gf 7.♔f3 ♘d2+ 8.♔g4 ♘b3 9.♗e8. Oder 9.♔f3 ♘d4+ 10.♔g4 (auf 10.♔f2 ist 10. ... e4 11.a5 e3+ 12.♔f1 ♔c5 13.♗c8 f3 usw. möglich) 10. ... h5+! 11.♔:h5 e4, und einer der schwarzen Bauern zieht ein. 9. ... ♔e4 10.♗c6+ ♔e3 11.♗d5 ♘c5!

Ein Fehler wäre 11. ... ♘a5 12.♔f5 f3, da Weiß nach 13.♔:e5 f2 14.♗g2 remis hält. 12.a5 e4 13.♗c4 h5+ 14.♔f5. Falls 14.♔:h5, so 14. ... f3 15.♗g4 (15.♗f1 ♔f2 16.♗c4 e3) 15. ... ♘d3 16.a6 ♘e5+ 17.♔g3 ♘:c4 18.a7 ♘b6, und Schwarz gewinnt.
14. ... f3 15.♗f1. Beschleunigt die Niederlage. Längeren Widerstand leistete 15.a6 ♘d3 16.a7 f2 17.♗:d3 ed 18.a8♛ f1♛+ 19.♔g6 d2.
15. ... ♔f2 16.a6 ♘:a6 17.♔:e4 ♘c5+ 18.♔f4 ♘e6+ 19.♔e4 ♘g5+. Weiß gab auf. Hier mußte Schwarz ständig mit dem Vorrücken des weißen Freibauern rechnen. In bestimmten Fällen kann solch ein Bauer die Chancen aufwiegen und die Realisierung eines materiellen Übergewichts unmöglich machen.

Kotow–Smyslow
Moskau 1949

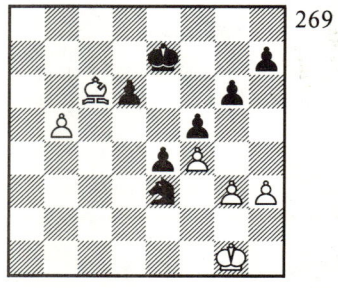

269

Weiß am Zuge

Hier kann Schwarz nicht ge-

164

winnen: **1.b6! ♔d8 2.♔f2 ♘c4 3.b7 ♔c7.**
Der weiße Freibauer ist an und für sich nicht gefährlich. Aber Schwarz hat am Königsflügel Schwächen, die verteidigt werden müssen, und dabei spielt der weiße Bauer wie üblich eine ablenkende Rolle.
4.♗d5 ♘b6 5.♗c6! (genau gespielt; nach 5.♗g8? ♘d7 6.♗:h7 ♘f8 7.♗g8 ♔:b7 kommt Schwarz zum Erfolg)
5. ... ♘c4 6.♗d5 ♘a5 7.♔e3 ♘:b7 8.♗g8 (jetzt ist dies möglich) **8. ... h6 9.♗f7 ♔d7 10.♗:g6 ♔e6 11.g4 fg 12.hg d5 13.g5! hg 14.♗:e4! de 15.♔:e4 gf** remis.
Wenn es der schwächeren Seite gelingt, den feindlichen Freibauern zu stoppen und die eigenen Bauern vor dem Zugriff des gegnerischen Königs zu schützen, endet das Spiel gewöhnlich remis.

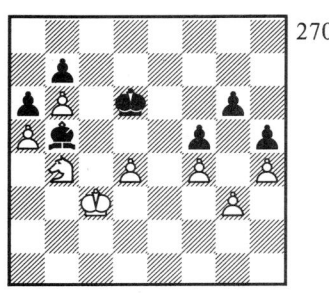

270

Weiß am Zuge. Remis
Schwarz am Zuge. Weiß gewinnt

Weiß ist materiell und positionell im Vorteil. Er besitzt einen Mehrbauern, und die gegnerischen Bauern stehen auf Feldern von der Farbe des Läufers. All das ist aber zuwenig, um die Partie zu gewinnen, da es dem König nicht gelingt, ins schwarze Lager einzubrechen. Es kann folgen:
1.♘d3 ♔d5 2.♘e5 ♗e8 3.♔d3 ♗b5+ 4.♔d2 ♗e8 5.♔c3 ♔d6!
Der Versuch, die weißen Bauern anzugreifen, konnte Schwarz zum Verhängnis werden: 5. ... ♔e4 6.♔c4 ♔e3 7.d5 ♔f2 8.d6 ♔:g3 9.♘:g6!
6.♔c4 ♗b5+ 7.♔c3 ♗e8 8.♘d3 ♔d5 9.♘c5 ♗c6 10.♔d3 ♔d6 11.♔c4 ♗d5+ 12.♔c3 ♗c6 13.♘d3 ♗e8 usw.
Auch das Bemühen, dem König den Weg durch ein Bauernopfer zu öffnen, schlägt fehl, z. B. **1.d5 ♔c5! 2.♘c6 ♗:c6 3.dc ♔:c6 4.♔c4 ♔d6 5.♔d4 ♔e6!**
Weiß hat den Kampf um die 5. Reihe gewonnen. Dies reicht aber nicht aus, um die Partie für sich zu entscheiden. Der letzte Zug von Schwarz war übrigens der einzige. Zum Verlust führte 5. ... ♔c6 6.♔e5 ♔b5 7.♔d6! ♔:a5 8.♔c7 ♔b4 9.♔:b7.
6.♔c5 ♔e7 7.♔d5 ♔d7 8.♔e5 ♔e7 mit Remis.
Interessant ist, daß Weiß gewinnen würde, wenn Schwarz am Zuge ist, z. B. **1. ... ♗d7 2.d5 ♔c5 3.♘:a6+** usw. oder **1. ... ♗e2 2.♘d3 und 3.♘e5.**

165

Zum Schluß sehen wir uns einige Studien an, in denen es der stärkeren Seite gelingt, den Bauern entweder ohne Unterstützung des Königs in eine Dame zu verwandeln oder für ihn die gegnerische Figur zu erobern.

E. Holm, 1915

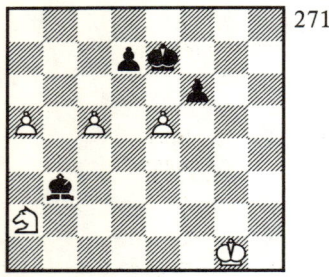

271

Weiß gewinnt

Schwarz benötigt nur einen Läuferzug, um den gegnerischen Freibauern aufzuhalten. Zu seinem Leidwesen ist aber Weiß am Zuge.
Es folgt **1.c6! dc.**
Jetzt türmen sich auf dem Wege des Läufers Barrikaden auf. Lehnt Schwarz das Bauernopfer mit 1. ... ♗c4 ab, gewinnt Weiß nach 2.c7 ♗a6 3.♘b4 ♗c8 4.ef+ ♔:f6 5.a6 und 6.a7 ebenfalls.
2.a6 ♗d5 3.♘c3 ♗f3 4.♔f2 ♗h1 5.♔e3 f5 (wenn 5. ... c5 6.♘e4 f5, so 7.♘:c5 nebst 8.♔f4 mit leichtem Gewinn; nun folgt jedoch ein überraschender Schlag!) **6.♘d5+!!**

♗:d5 7.♘d4 ♗g2 8.♔c5! f4 9.a7 f3 10.a8♕ f2 11.♕a7+ ♔f8 12.♕b8+ ♔g7 13.♕c7+ ♔h6 14.♕d6+ ♔h5 15.♕d1+ ♔h4 16.e6, und Weiß gewinnt.

Der Kampf des Springers mit Freibauern gegen einen Läufer fand in der Studienkomposition breiteste Widerspiegelung. Hauptverfahren des Spiels sind die Sperrung der Diagonale, die Blockade und nicht zuletzt die Gabel.

J. Berger, 1890

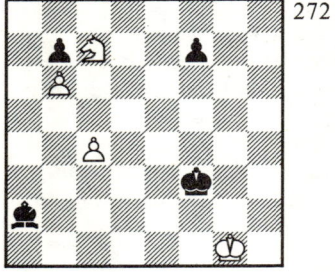

272

Weiß gewinnt

Der c-Bauer geht forciert zur Dame: **1.c5 ♗b1 2.♘e6! fe 3.c6 ♗e4 4.c7,** und Weiß gewinnt.
In der folgenden Studie gelingt es dem Läufer, den Bauern zu stoppen. Dabei gerät er jedoch in eine Gabel und zieht den kürzeren.

L. Prokes, 1941

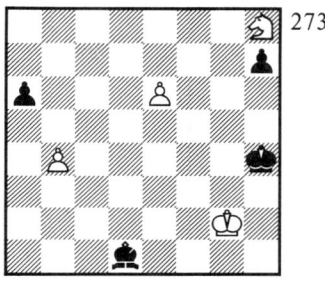

273

Weiß gewinnt

Weiß schließt durch zwei aufeinanderfolgende Opfer die Diagonalen des Läufers: **1.b5! ab 2.♘g6+! ♔g4! 3.e7 ♗f3+ 4.♔f2 ♗c6.**
Der Läufer ist zwar rechtzeitig gekommen, geht aber nach 5.♘e5+ verloren.

Neuntes Kapitel

Endspiele mit großer Bauernzahl – Realisierung eines positionellen Übergewichts

In diesem Kapitel werden Beispiele behandelt, in denen eine Partei über einen bestimmten Positionsvorteil verfügt. In jedem einzelnen Fall wollen wir versuchen, den Charakter des Übergewichts und die Methoden seiner Verwertung exakt zu definieren.

Die Stellungsbeurteilung hängt in derartigen Endspielen von der konkreten Anordnung der Figuren und Bauern ab, wobei alle Faktoren eng miteinander verflochten sind. Deshalb kann ein positionelles Übergewicht aus der Summe vieler kleiner Vorteile bestehen. Wir werden den jeweiligen Hauptfaktor herausgreifen und auf dieser Grundlage die Einteilung des Materials vornehmen.

1. Realisierung eines positionellen Übergewichts mit Läufer gegen Springer

a) Freibauer

Wenn eine Seite einen Freibauern besitzt oder die Möglichkeit hat, einen solchen zu bilden, ist dies in vielen Endspielen, darunter auch in Endspielen mit leichten Figuren, ein wesentlicher Vorteil. Besonders gefährlich ist ein Freibauer für König und Springer, wenn sie weit von ihm entfernt stehen.
Hier einige charakteristische Beispiele.

Goldberg–Tolusch
Moskau 1949

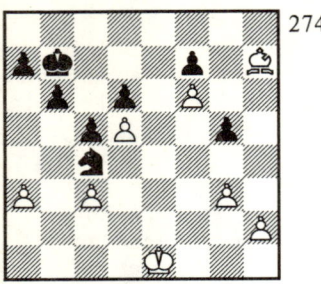

274

Weiß gewinnt

Befände sich der schwarze König auf f8, könnte man Zweifel hegen, ob Weiß besser stände. Der König ist jedoch weit vom Königsflügel entfernt, und im Hinblick auf den schwachen schwarzen Bauern f7 und die Möglichkeit, auf der h-Linie einen Freibauern zu bilden, ist Weiß positionell beträchtlich im Vorteil.
Es folgte **1.h4! gh** (oder 1. ... ♘e5 2.♗f5) **2.gh ♘e5 3.♗f5! ♘f3+ 4.♔f2 ♘:h4 5.♗e4** (durch das Bauernopfer hat Weiß den Springer gefangen) **5. ... ♔c7 6.♔g3 ♘g6 7.♗:g6 fg 8.f7.** Schwarz gab auf.
Die Drohung, einen am Rande stehenden Springer aus dem Spiel auszuschließen, ist eines der taktischen Mittel, die in derartigen Endspielen zur Anwendung kommen können.

Judowitsch–Awerbach
Moskau 1949

275

Schwarz am Zuge gewinnt

Auch hier wird das Übergewicht von Schwarz dadurch geprägt, daß er einen Freibauern bilden kann, der zwangsläufig den Gewinn bringen muß, weil der weiße König abseits steht. In der Partie folgte **1. ... a5! 2.♔g3 b4 3.♔f2 a4.**
Schwarz darf nicht zögern, da der weiße König seinem Springer zu Hilfe eilt. Nur die unbarmherzigen Spielregeln lassen diesen nicht schneller vorankommen.
4.♔e3 ♗:a2! 5.♔d3 ♗b1+.
Nach 5.♘:a2 b3 6.♘c3 a3 wäre einer der schwarzen Bauern zur Dame gegangen. Jetzt hingegen drohte wirklich 6.♘:a2, z. B. 5. ... a3? 6.♘:a2 b3 7.♘c1 b2 8.♔c2.
6.♔c4 b3 7.♔c3 f5!
Der weiße König hat die schwarzen Freibauern gestoppt. Doch nun verlagert sich der Kampf auf den anderen Flügel.

**8.♗b2 ♘c2 9.ef ef 10.f4 ♗e4
11.g3 gf 12.gf ♗g2 13.h4 ♗f1.**
Weiß gab auf.

A. Troitzky, 1924

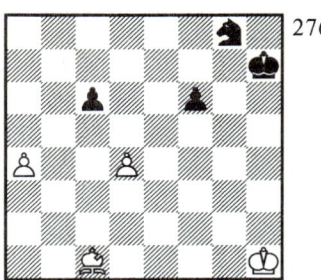

276

Weiß gewinnt

Die schwarzen Figuren stehen
weit vom Freibauern entfernt.
Im Augenblick kann ihn der
Springer noch erreichen. Weiß
gewinnt, indem er dem Springer den Weg zum Damenflügel
verlegt.
1.♗a3 f5 2.d5! (ein bekanntes
Verfahren; Weiß wälzt dem
Springer Hindernisse in den
Weg) **2. ... cd 3.a5 ♘f6 4.a6
♘e8 5.♗d6! ♘:d6 6.a7,** und
Weiß gewinnt.
Spielt Schwarz **4. ... ♘d7,** entscheidet ebenfalls ein Opfer:
5.♗c5! ♘:c5 6.a7. Die von
Weiß gewählte Zugfolge war
erzwungen. Bei sofortigem **1.d5**
kann sich Schwarz durch **1. ...
cd 2.♗a3 d4! 3.♔g2 f5! 4.a5
♘f6 5.a6 ♘d5 6.a7 ♘c7** retten.

A. Kusnezow, 1955

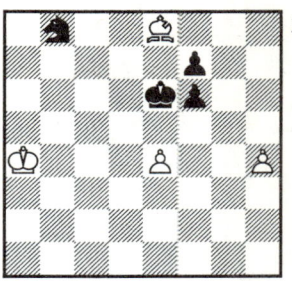

277

Weiß gewinnt

In dieser Stellung kann der
schwarze König den Bauern erreichen, doch nach **1.h5 ♔e7
2.h6 ♔f8 3.♔b5** fängt Weiß
den am Rande stehenden
Springer, z. B. **3. ... ♔g8
4.♔b6 ♔h7 5.♔b7 ♔:h6
6.♔:b8 ♔g6 7.♗d7** usw.
Deshalb spielt Schwarz **1. ... f5
2.h6 ♔f6.** Weiß antwortet darauf nicht **3.e5+?** ♔g6 **4.e6
♔:h6 5.e7 ♘a6 6.♗c6 ♘c7**
mit Remis, sondern **3.ef! ♘a6
4.♔b5!! ♘c7+ 5.♔c5! ♘:e8
6.♔c6.**
Eine komische Stellung!
Schwarz befindet sich trotz seines Materialvorteils im Zugzwang und muß die Verwandlung des Bauern in eine Dame
zulassen. Setzt Schwarz, statt
den Läufer zu schlagen, mit
5. ... ♘a6+ fort, führt am einfachsten **6.♔c4 ♘c7 7.♗c6
♘a6 8.♔b5 ♘c7+ 9.♔b6
♘e6 10.fe fe 11.♗e8!** ans Ziel.

Plater—Botwinnik
Moskau 1947

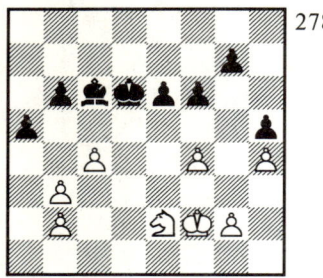

278

Weiß am Zuge. Schwarz gewinnt

Schwarz verfügt über ein deutliches positionelles Übergewicht. Er hat die Möglichkeit, im Zentrum einen Freibauern zu bilden, während am Damenflügel zwei seiner Bauern drei weiße im Schach halten. Der weiße König kann den gegnerischen Freibauern jedoch blockieren. Die Aufgabe von Schwarz besteht deshalb darin, mit dem König zu den Bauern des Damenflügels durchzubrechen.
Es folgte **1.♘d4.**
Der Gegenangriff 1.f5 wird durch 1. ... ef (nicht aber 1. ... e5 2.♘g3 ♗e8 3.♘e4+, und Weiß ist gerettet) 2.♘f4 ♗e8 3.♘d5! b5! 4.♘e3 ♔e5 usw. pariert.
1. ... g6 2.g3 e5 3.fe+ fe
4.♘c2 ♗e4 5.♘e1 ♔c5 (der Springer ist abgedrängt und der Weg für den schwarzen König frei) **6.♔e3 ♗f5 7.♘f3 ♔b4 8.♘d2 ♗c2.**

Schwarz hat seinen Plan verwirklicht und erlangt nunmehr Materialvorteil.
9.♔f3 ♗:b3 10.♔e4 ♗:c4
11.♔:e5 ♗d3 12.♔d4 ♗f5
13.♘c4 b5 14.♘d2 a4 15.♔d5
♗h3.
Zum Gewinn führte auch
15. ... a3 16.ba+ ♔:a3
17.♔c5 b4 18.♘c4+ ♔b3
19.♘e3 ♗e6, doch Schwarz hat sich vorgenommen, den a-Bauern in eine Dame zu verwandeln.
16.♔d4 ♗g2 17.♔d3 ♔c5
18.♔c3 b4+ 19.♔d3 ♗d5
20.♘b1 ♗e6 21.♘d2 ♗f5+
22.♔e3 ♗c2. Weiß gab auf.

Spasski—Fischer
Santa Monica 1966

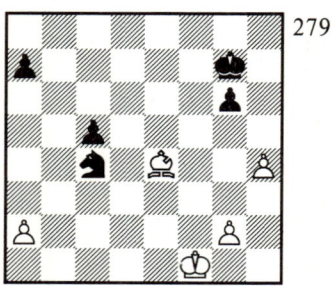

279

Weiß am Zuge

Das Diagramm zeigt eine Standardposition, die die Überlegenheit des Läufers über den Springer demonstriert. Das Spiel wird hier an zwei Flügeln verlaufen, wobei Weiß in der Perspektive die Möglichkeit hat, einen entfernten Freibau-

ern zu bilden. Der schwarze
Freibauer ist im Moment ungefährlich und bietet eher eine
Zielscheibe für einen Angriff.
Die Hauptaufgabe von Weiß
besteht darin, mit dem König
zum Bauern a7 vorzudringen.
Das Spiel erfordert jedoch Fi-
ligrantechnik.
1.♔e2.
Dieser natürliche Zug ist ungenau und räumt Schwarz Ge-
genspiel ein. Richtig war
1.♔f2! Worin liegt der Unterschied? Es zeigt sich, daß der
Textzug dem Läufer wichtige
Felder zum Manövrieren
nimmt, was sich Schwarz mit
1. ... ♔h6! hätte zunutze machen können. Falls nämlich
2.g4, so 2. ... ♘e5 3.♗f3 g5!
4.h5 c4 5.♔e3 c3, und
Schwarz hat nichts mehr zu
fürchten. Selbstverständlich ist
der Zug 2.g4 nicht der beste.
Aber auch nach 2.♔d3 ♘e5+
3.♔e3 g5 4.hg+ ♔:g5 verheißt
die aktive Königsstellung
Schwarz bei dem reduzierten
Bauernmaterial bestimmte Rettungschancen. Schwarz ließ
sich diese Möglichkeit indes
entgehen.
1. ... ♘e5 2.♔e3 ♔f6 3.♔f4
(einfacher ist 3.♗c2, um das
Feld e4 für den König frei zu
machen) **3. ... ♘f7 4.♔e3.**
Wiederum nicht die stärkste
Fortsetzung. Weiß fürchtet völlig zu Unrecht die Antwort
g6–g5. Durchaus möglich war
4.♗d5, und wenn 4. ... g5+,
so 5.hg ♘:g5 6.♗c4.

4. ... g5.
Schwarz versucht, Gegenspiel
zu bekommen, beschleunigt
aber nur seine Niederlage, da
Weiß einen gefährlichen entfernten Freibauern erhält. Aber
auch nach der von Gligorić
empfohlenen hartnäckigeren
Fortsetzung 4. ... ♘h6 5.♔d3
♘f5 6.♔c4 ♘:h4 7.♔:c5 ♔e5
8.♗b7 ♔f4 9.♔b5 ♔g3
10.♔a6 ♘:g2 11.♔:a7 ist
leicht zu erkennen, daß der
Springer mit dem weißen Freibauern nicht allein fertig wird.
**5.h5 ♘h6 6.♔d3 ♔e5 7.♗a8
♔d6 8.♔c4 g4 9.a4 ♘g8
10.a5 ♘h6 11.♗e4 g3 12.♔b5
♘g8 13.♗b1 ♘h6 14.♔a6
♔c6 15.♗a2.** Schwarz gab auf.

**Spasski–Botwinnik
Moskau 1966**

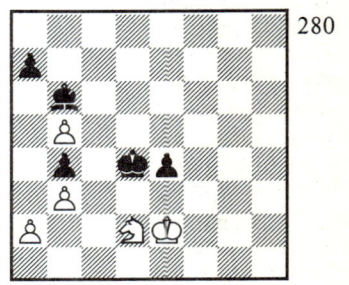

280

Weiß am Zuge

Schwarz verfügt im Grunde genommen über einen Mehrbauern, und sein König droht zum
Bauern a2 durchzubrechen.
Weiß spielte daher 1.♘c4, um
das Feld b2 unter Kontrolle zu

nehmen. Nach 1. ... ♔c3
2.♔d1 ♗d4 3.♔e2 e3 geriet er
jedoch in Zugzwang und
mußte den gegnerischen König
an den Bauern heranlassen. Es
folgte 4.♘a5 ♔b2 5.♘c6 ♗c5
6.♘e5 ♔:a2 7.♘d3 ♗e7, und
Weiß gab sich geschlagen.
Die richtige Fortsetzung war
1.♘f1!, um den Bau einer Festung vorzubereiten. Auf 1. ...
♔c3 geschieht 2.♘g3! e3
3.♔d1 ♔b2 4.♘e2 ♔:a2
5.♔c2 mit gesichertem Remis.
Falls aber 1. ... ♗c7, so
2.♘e3 ♗f4 3.♘g4 ♗g5 (auf
3. ... ♔c3 führt 4.♘f6 ♔b2
5.♘d5! ♗d6 6.♔d1 ♔:a2
7.♔c2 ♔a3 8.♘e3 ♗f4 9.♘f5
e3 10.♘d4 zum Remis) 4.♘f2
♔e5 5.♘g4+ ♔f5 6.♘f2 ♗c1
7.♘h3 ♗b2 8.♔e2 ♔e5
9.♔e2 ♗d4 10.♘g5! ♔f5
11.♘f7, und Schwarz ist nach
wie vor weit von seinem Ziel
entfernt.
Wenn beide Seiten über Freibauern verfügen, hängt die
Stellungsbeurteilung in erster
Linie davon ab, wie weit diese
Bauern vorgerückt sind und
wie wirksam sie durch die Figuren gestoppt oder unterstützt
werden. In derartigen Stellungen werden die Vorzüge des
Läufers gegenüber dem Springer in der Regel besonders
deutlich, da der Läufer leichter
an zwei Fronten kämpfen
kann. Die folgenden Beispiele
unterstreichen dies.

**Liverpool–Glasgow
Fernpartie**

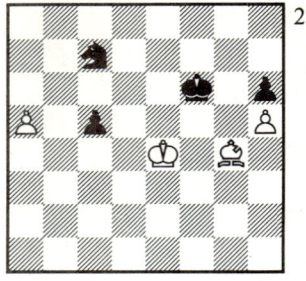

281

Weiß gewinnt

Weiß hat einen entfernten
Freibauern, sein König steht
etwas aktiver, während der
Läufer den eigenen Freibauern
unterstützen und gleichzeitig
den des Gegners bremsen
kann. Diese Vorteile reichen
vollauf zum Gewinn.
1.♗e2 ♔e6 2.♗c4+! ♔d6.
Schwarz ist gezwungen, den
weißen König an den h-Bauern
heranzulassen und alle Hoffnungen in seinen c-Bauern zu
setzen. Nach 2. ... ♔f6 3.♔f4
müßte der König ohnehin wegziehen, dann aber in einer
noch ungünstigeren Situation.
3.♔f5 ♘d5 4.♔g6 ♘e3
5.♗e2 c4 6.♔:h6 c3 7.♗d3
♘g4+.
Falls 7. ... c2 8.♗:c2 ♘:c2, so
9.♔g6 ♘d4 10.♔f6! ♘e6
11.a6!, und Weiß gewinnt. Nur
zum Remis würde 10.h6 ♘e6
11.h7 ♘f8+ führen.
8.♔g5 ♘e5 9.♗c2 ♘c4 10.a6.
Schwarz gab auf.

172

**Kashdan–Tartakower
Bled 1931**

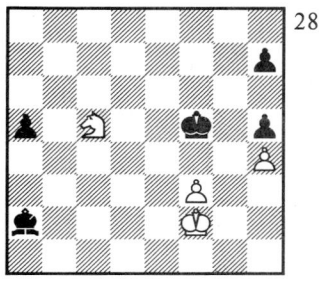

282

Schwarz am Zuge

Das materielle Übergewicht
des Nachziehenden, ein ver-
doppelter Mehrbauer, hat hier
keinerlei Bedeutung. Entschieden wichtiger ist, daß Schwarz
einen gefährlichen entfernten
Freibauern, den aktiveren König und einen Läufer besitzt,
der an zwei Fronten gleichzeitig kämpfen kann.
Schwarz eilt mit dem König
seinem Freibauern zu Hilfe.
**1. ... ♔e5 2.♔e3 ♔d5 3.♘e4
♔c4 4.f4 a4 5.f5 a3 6.f6 ♔b4
7.♔d2 ♗f7 8.♔c1 ♗g6!**
Schwarz hat den Läufer bestmöglich aufgestellt. Er unterstützt den eigenen Bauern, indem er den gegnerischen König fernhält, und stoppt zugleich den weißen.
9.♘d2 ♔c3! (droht 10. ... a2;
nicht spielbar für Weiß ist jetzt
10.♘e4+ ♗:e4 11.f7 a2)
**10.♘b1+ ♔b3 11.♘d2+ ♔b4
12.♘e4 ♔c4! 13.♘d2+ ♔d3
14.♘b3 ♔c3.** Weiß gab auf.

Im Vergleich zu dem mächtigen Läufer hinterließ der
Springer in diesem Beispiel
einen geradezu kläglichen Eindruck.
Besitzen beide Seiten zwei
oder mehr Freibauern, macht
sich der Vorteil des Läufers gegenüber dem Springer in der
Regel noch deutlicher bemerk-
bar.

**Dubois–Steinitz
Wettkampf 1862**

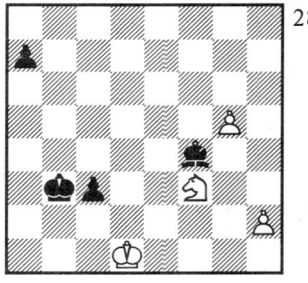

283

Weiß am Zuge. Schwarz gewinnt

Der Läufer hält die weißen
Freibauern leicht auf, während
König und Springer schließlich
in Zugzwang geraten. Auch das
Zugrecht kann Weiß nicht retten.
**1.♘d4+ ♔b2 2.g6 ♗h6 3.h4
a5 4.h5 a4 5.♘c2 a3 6.♘d4 a2
7.♘c2 ♗g7!**
Schwarz konnte noch fehlgreifen. Nach 7. ... a1♕+?
8.♘:a1 ♔:a1 9.♔c2 ♗g7
10.h6 endet die Partie remis.
Ein verzweifelter Versuch von
Weiß, den gegnerischen König

173

in der Ecke einzusperren, wird leicht widerlegt.

8. ♘a1 ♔:a1 **9.** ♔c2 ♗h6 **10.** g7 ♗:g7 **11.** ♔c1 c2 **12.** ♔:c2 ♗h6. Weiß gab auf. In Stellungen mit mehreren Freibauern ist eine genaue und konkrete Berechnung von entscheidender Bedeutung, besonders wenn sich die Parteien im Verlauf des Kampfes genötigt sehen, ihre Figur für einen Bauern zu geben.

N. Grigorjew, 1926

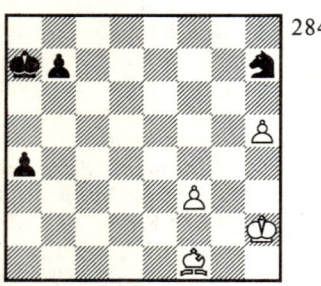

Kann Weiß gewinnen?

Diese Stellung wurde von Grigorjew als ein Beispiel angeführt, das die Überlegenheit des Läufers gegenüber dem Springer demonstrieren soll. Der Autor gab folgende Eventualvariante an:

1. h6 a3 **2.** ♗c4 b5 **3.** ♗g8 ♔b6 **4.** ♔g3! ♔c5 (4. ... b4 **5.** ♔f4 ♔b5 **6.** ♗b3!) **5.** ♔f4 ♔d4 **6.** ♔f5 ♔c3 **7.** ♔g6 b4 **8.** ♔:h7 b3 **9.** ♔g6! a2 **10.** h7 a1♛ **11.** h8♛+, und Weiß gewinnt.

Wie der Autor der Studie meint, nützt es auch nichts, wenn der König dem Springer zu Hilfe kommt. Grigorjew weist auf folgende Fortsetzung hin: **2.** ... ♔b6 **3.** ♔g3 ♔c5 **4.** ♗g8 ♔d6 **5.** ♔f4 ♔e7 **6.** ♔f5 ♔f8 **7.** ♗a2 ♔e7 **8.** ♔g6 ♘f8+ **9.** ♔g7 ♘e6+ **10.** ♔g8 ♘f8 **11.** f4 ♘d7 **12.** ♔g7 ♘f6 **13.** ♔g6. Er schließt mit den Worten: „Schwarz muß verlieren, da ihm die Züge ausgehen werden."

Diese Behauptung ist falsch, da es Weiß nicht gelingt, eine Zugzwangsituation herbeizuführen, z. B. 13. ... b5 **14.** f5 b4 **15.** ♗e6 ♘d7! **16.** ♗:d7 a2 **17.** f6+ ♔:d7 **18.** h7 a1♛, und Schwarz kann sich behaupten. Auch **16.** ♔g7 ♘f6 **17.** ♗f7 bringt Weiß nichts ein, da 17. ... ♘h7! folgt. Somit kann sich Schwarz retten, wenn er zur Unterstützung des Springers den König heranholt. Die Beurteilung derartiger Stellungen fällt gewöhnlich nicht leicht, da allgemeine Erwägungen in den Hintergrund treten und alles von einer exakten und konkreten Berechnung abhängt, wobei sehr oft ein einziges Tempo den Ausschlag gibt.

Außerordentlich lehrreich sind die folgenden beiden Beispiele.

Schtscherbakow–Awerbach
Moskau 1950

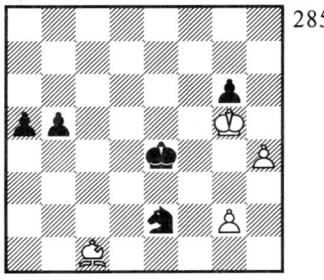

285

Weiß am Zuge

In dieser Stellung wurde die
Partie abgebrochen. Schwarz
freute sich angesichts seines
Mehrbauern schon auf einen
für ihn günstigen Ausgang des
Kampfes, wobei er folgende
Varianten im Auge hatte:
1) 1.♗b2 b4 2.g4 (2.♔:g6 a4
3.h5 a3 4.♗g7 ♘f4+, 5. ...
♘:h5 und 6. ... b3) 2. ...
♘f4! 3.♗c1 (3.h5 gh 4.gh
♘:h5) 3. ... b3! 4.♗a3 a4
5.♗c1 ♔f3 6.♗a3 ♘h3+
7.♔:g6 ♔:g4 8.h5 ♘f4+
9.♔f6 ♔:h5 10.♔e5 b2
11.♗:b2 ♘d3+ 12.♔d4 ♘:b2
13.♔c3 a3 14.♔b3 ♘c4.
2) 1.♔:g6 ♘:c1 2.h5 ♘d3
3.h6 ♘e5+ 4.♔g7 ♔f5 5.h7
♘g6 6.g4+ ♔g5.
Diese Varianten zeigen, daß
die Züge 1.♗b2 und 1.♔:g6
Tempoverlusten gleichkom-
men, die in Stellungen mit
Freibauern immer schwerwie-
gende Folgen haben. Bei der
häuslichen Analyse fand
Schwarz einen Zug für Weiß
(den dieser übrigens auch ab-
gegeben hatte), der ebenfalls
dem Vormarsch der Freibauern
dient, ohne dabei Zeit einzu-
büßen.
1.g4!! ♘:c1.
Eine erzwungene Antwort.
Plötzlich wird klar, daß es bereits Schwarz ist, der am
Rande des Abgrundes steht, da
seine Freibauern eindeutig zu
spät kommen.
2.h5 gh 3.gh b4 (dem Springer
gelingt es nicht mehr, den
Bauern aufzuhalten: 3. ... ♘d3
4.h6 ♘e5 5.h7 ♘f7+ 6.♔f6
♘h8 7.♔g7, und Weiß gewinnt)
4.h6 b3 5.h7 b2 6.h8♕ ♘d3!
Eine studienartige Feinheit,
die die Partie rettet. Zum Verlust führte 6. ... b1♕ 7.♕h7+.
Jetzt hingegen kann Weiß trotz
eines großen materiellen Übergewichts nicht gewinnen, z. B.
**7.♕h1+ ♔e3 8.♕b1 a4 9.♔f5
a3 10.♔e6 ♔d2 11.♕a2 ♘c1.**
Deshalb wurde die Partie ohne
Wiederaufnahme remis gegeben.

Tarrasch–Lasker
Hastings 1895

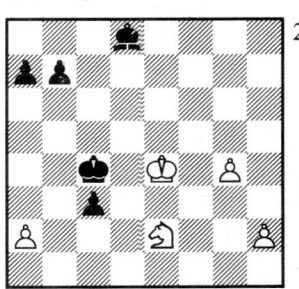

286

Weiß am Zuge

Auch diese Stellung ist ohne konkrete Berechnung schwer zu beurteilen. Schwarz scheint im Vorteil zu sein, da sein Freibauer weiter vorgerückt ist. Wie eine Analyse zeigt, konnte Weiß die Partie trotzdem noch retten, wenn er sofort den Springer opferte, z. B. 1.♘:c3! ♔:c3 2.♔f5 ♔b2 3.g5 ♗:g5 4.♔:g5 ♔:a2 5.h4 b5, und nach beiderseitiger Verwandlung der Bauern entsteht ein unentschiedenes Damenendspiel.

Statt dessen beging Weiß mit 1.♔f5? einen Fehler, der zum Verlust führt: 1. ... c2 2.g5 ♗:g5 3.♔:g5 ♔d3 4.♘c1+ ♔d2 5.♘b3+ ♔d1 6.a4 a5 7.♔g4 b5! 8.ab a4 9.b6 ab 10.b7 b2 11.b8♕ c1♕, und Schwarz muß das entstandene Endspiel gewinnen.

Schwarz nutzte indes nicht die Gunst der Stunde, sondern griff mit 1. ... ♔d3? seinerseits daneben. Dieser fatale Tempoverlust entschied die Partie zugunsten von Weiß. Es folgte 2.♘:c3! ♔:c3 3.g5 ♗b6 (hier ist es für 3. ... ♗:g5 schon zu spät; nach 4.♔:g5 ♔b2 5.h4 erhält Weiß seine Dame früher) 4.h4 ♗d4 5.h5 b5 6.h6 b4 7.g6 a5 8.g7 a4 9.g8♕. Schwarz gab auf.

b) Schwächen in der gegnerischen Bauernstellung

Es kann zweierlei Schwächen in einer Bauernstellung geben:
1. Direkte Bauernschwächen –

schwache Bauern, die des Schutzes ihrer Figuren bedürfen;
2. Schwache Felder zwischen den Bauern, die, ebenfalls durch Figuren, vor dem Eindringen des gegnerischen Königs verteidigt werden müssen. In beiden Fällen werden die Figuren zur Passivität verurteilt, verlieren ihre Beweglichkeit und büßen erheblich an Kraft ein. Schwächen in der Bauernstellung sind deshalb ein ernsthafter positioneller Nachteil, der häufig zur Niederlage führt.

Hat der Gegner mehrere schwache Bauern, besteht der Gewinnplan darin, seine Figuren an die Verteidigung dieser Bauern zu binden und dann einen von ihnen mit König und Läufer anzugreifen, um so entscheidenden Materialvorteil zu erzielen.

Hier ein charakteristisches Beispiel.

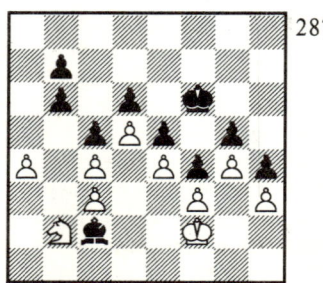

287

Schwarz am Zuge

Im weißen Lager sind die Bauern a4, c4, f3 und h3 und außerdem auch die Bauern e4, d4 und d5 schwach. Der Springer ist an die Verteidigung des Bauern a4 gebunden, der König kann ihm nicht zu Hilfe kommen. Schwarz gewinnt, indem er sich mit dem König auf die Reise nach a5 begibt.
1. ... ♔e7 2.♔e2 ♔d7 3.♘d2 ♗b3 4.♔e2 ♔c7 5.♘d2 ♔b8 6.♔e2 ♔a7 7.♔e1 ♔a6 8.♘d2 ♔a5 9.♔c1 ♗:a4.
Schwarz konnte seinen Plan ungehindert verwirklichen, da Weiß keinerlei Möglichkeit zu einem Gegenspiel hatte. Das Weitere ist einfach.
10.♘d3 (oder 10.♘:a4 ♔:a4 11.♔b2 b5 12.cb ♔:b5 13.♔b3 ♗a5 14.♔a3 b5 15.♔b3 c4+ 16.♔a3 b4+ 17.cb ♔b5, und Schwarz gewinnt) 10. ... ♗b3 11.♘b2 b5 12.cb c4! 13.♔d2 ♔:b5 14.♔e1 ♗a5 15.♔e2 b5 16.♔e1 b4 17.♔d2 ♔b5 18.cb ♔:b4, und Weiß kann den Widerstand einstellen.
Wenn der Gegner nur einen schwachen Bauern besitzt, in seinem Lager jedoch Einbruchspunkte vorhanden sind, besteht der Gewinnplan gewöhnlich aus folgenden Hauptetappen:
1. Der Läufer greift den schwachen Bauern an und bindet eine der gegnerischen Figuren an dessen Verteidigung.
2. Der König besetzt die Zugänge zum gegnerischen Lager

und zwingt die zweite Figur, die Einbruchsfelder zu decken.
3. Der Gegner wird in Zugzwang gebracht.
Diese letzte Etappe ist der Kulminationspunkt, der die Gewinnführung krönt.
Die folgenden Beispiele zeigen, wie der genannte Plan in jedem konkreten Fall verwirklicht wird.

Konstantinopolski–Kasparjan Moskau 1947

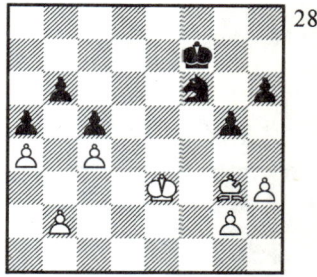
288

Weiß am Zuge

Weiß bringt den Gegner schnell in Zugzwang.
1.♗c7 ♘d7 2.♔e4 ♔e6 3.♗d8! ♘e5 4.b3 ♘c6.
Der verzweifelte Versuch eines Gegenangriffs. Falls 4. ... ♘d7, so 5.g4, und Schwarz hat keine nützlichen Züge.
5.♗:b6 ♔d6 6.g4 ♘d4 7.♗:a5 ♘:b3 8.♗c3.
Weiß konnte seinen positionellen in einen materiellen Vorteil verwandeln. Das Weitere ist hier nicht mehr von Interesse. Es sei darauf hingewiesen, daß

die stärkere Seite bei nur einer gegnerischen Bauernschwäche zur Realisierung ihres positionellen Übergewichts unbedingt mit dem König in die feindliche Bauernstellung einbrechen muß. Hätten in Beispiel 288 beide Seiten je einen weiteren Bauern, der auf e2 bzw. e6 stände, würde die Partie remis enden, da der schwarze König nicht an die Verteidigung der Einbruchspunkte gebunden wäre, Schwarz nicht in Zugzwang käme und der weiße König nicht in sein Lager eindringen könnte.

**Fischer–Taimanow
Vancouver 1971**

289

Weiß am Zuge

In der schwarzen Stellung gibt es zwei gravierende Mängel: Die Bauern am Königsflügel sind auf Feldern von der Farbe des Läufers festgelegt, und am Damenflügel sind Einbruchspunkte vorhanden, über die der weiße König ins gegnerische Lager gelangen kann.

Hier reicht dies zum Gewinn. Und dennoch, stände der Springer auf d6, würde es Weiß angesichts des geschlossenen Charakters der Stellung nicht gelingen, sein Übergewicht zu realisieren.

1.♘d3 ♘e7 (es drohte 2.♗:c6 ♔:c6 3.♔c4 mit gewonnenem Bauernendspiel, da Weiß zwei Tempi in Reserve hat) 2.♗e8 ♔d5 3.♗f7+ ♔d6 4.♔c4. Weiß ist bemüht, mit dem König ins gegnerische Lager einzudringen. Schwarz vermag dies nicht zu verhindern.

4. ... ♔c6 5.♗e8+ ♔b7 6.♔b5 ♘c8 7.♗c6+ (selbstverständlich nicht 7.♗:g6 ♘d6 matt) 7. ... ♔c7 8.♗d5! ♘e7.

Falls 8. ... ♘d6+ 9.♔a6 ♘e4, so 10.♗f7 ♘:g3 11.♗:g6 ♔c6 12.♗e8+ ♔c7 13.♔a7 ♘e2 14.♗:h5 ♘:f4 15.♗f7, und der Vormarsch des h-Bauern entscheidet.

9.♗f7 ♔b7 10.♗b3! Weiß gewinnt das erforderliche Tempo, um den König einen weiteren Schritt voranzubringen.

10. ... ♔a7 11.♗d1 ♔b7 12.♗f3+ ♔c7 (nach 12. ... ♔a7 13.♗g2 dringt der weiße König auf c6 ein) 13.♔a6 ♘g8 14.♗d5 ♘e7 15.♗c4! ♘c6.

Wenn 15. ... ♔c6, so 16.♗b5+. Schwarz kann dem Zugzwang nicht entrinnen. 16.♗f7 ♘e7 17.♗e8! ♔d8 18.♗:g6! (ein entscheidendes Opfer) 18. ... ♘:g6 19.♔b6

♔d7 20.♔:c5 ♘e7 21.b4 ab 22.cb ♘c8 23.a5 ♘d6 24.b5 ♘e4+ 25.♔b6 ♔c8 26.♔c6 ♔b8 27.b6. Schwarz gab auf.

Marco und Fähndrich–Charousek und Schlechter Beratungspartie, Wien 1897

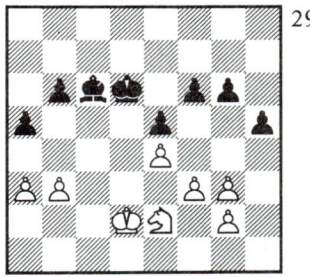

290

Schwarz am Zuge

Im weißen Lager gibt es den schwachen Bauern g2 und den Einbruchspunkt d4. Schwarz kann sein Übergewicht leicht realisieren.
1. ... ♔c5 2.♔c3 (es drohte 2. ... a4 3.ba ♔c4) 2. ... ♗b5! 3.♘c1 ♗f1 4.♘d3+ ♔b5 5.♘e1 g5.
Die weißen Figuren sind nunmehr gebunden. Der Springer muß den Bauern decken, und auf einen Königszug folgt 6. ... a4 und 7. ... ♔c4. Außerdem hat Weiß noch ein weiteres Handikap zu tragen: Nach 6. ... h4 droht 7. ... ♗:g2! 8.♘:g2 h3, und der Bauer ist nicht aufzuhalten. Der folgende verzweifelte Versuch ist noch der beste Ausweg.

6.f4 gf 7.gf h4 8.fe fe 9.♘f3 ♗:g2 10.♘:e5 h3 11.♘g4 ♗:e4 12.♔d4 ♗c2 13.♔c3 ♗f5 14.♘h2 ♔c5 15.♔d2 ♔d4 16.♔c1 ♗e6. Weiß gab auf.
Wie ein Einbruch ins gegnerische Lager erzwungen wird, zeigt das nächste Beispiel.

Gilg–Szekely Stubninske Teplice 1930

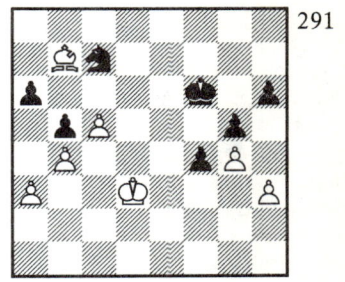

291

Weiß am Zuge

1.♔e4 ♔e6 2.♔d4 ♔f6 3.♗c8! ♘e6+ 4.♔d3! 4.♔d5? konnte nach 4. ... f3 sogar zum Verlust führen. Bei der Verwirklichung seines Planes muß Weiß ständig den f-Bauern im Auge behalten.
4. ... ♘c7 5.♔e4 (jetzt muß der schwarze König zurückweichen) 5. ... ♔e7 6.♔e5 ♔d8. Falls 6. ... f3, so 7.♗b7! f2 8.♗g2. Weiß holt danach zunächst den Bauern f2 ab, zieht den Läufer dann wieder nach b7 und dringt mit dem König erneut ins gegnerische Lager ein.

179

7.♗b7 ♔e7.
Um den schwarzen König weiter zurückzudrängen, muß Weiß ein Tempo gewinnen. Dies geschieht so:
8.♗c6! ♘e6 9.♗d5! ♘c7 10.♗b7! ♔d7 11.♔f5 ♘e6 12.♗:a6 ♔c6 13.♔:e6!
Schwarz gab auf, denn 13. ... f3 scheitert an 14.♔e5 f2 15.a4! ba 16.♔d4.

Ein fehlendes Zusammenspiel zwischen Bauern und Figuren ist im Grunde genommen ebenfalls auf Mängel in der Bauernstruktur zurückzuführen. Bauern können sowohl den König als auch den Springer stark behindern, ihnen jegliche Perspektive nehmen und sie nicht aktiv werden lassen.

N. Grigorjew, 1931

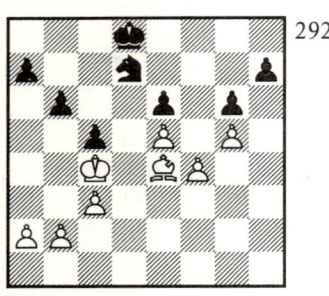

292

Weiß gewinnt

Wegen der ungünstigen Bauernstruktur sind die schwarzen Figuren, besonders der Springer, stark eingeengt. Hinzu kommt, daß es im schwarzen Lager Schwächen gibt: den Bauern e6 und gelegentlich auch den Bauern h7 sowie das Einbruchsfeld b5. Die weißen Figuren sind hingegen sehr günstig postiert. Der Läufer kann sich an beiden Flügeln ins Spiel einschalten, der König steht in der Nähe des Einbruchsfeldes. All dies ergibt ein entscheidendes positionelles Übergewicht für Weiß.
Sehen wir uns die hauptsächlichen Varianten Grigorjews an.
1.♗f3!
Bevor Weiß mit dem König ins gegnerische Lager einbricht, will er die schwarzen Figuren an die Verteidigung des Bauern e6 binden.
„Warum nicht gleich 1.♔b5?" könnte der Leser fragen. In diesem Fall würde es Schwarz gelingen, die Aufstellung des Springers zu verbessern: 1. ... ♘b8 2.♗f3 ♔c7 3.♗g4 a6+ 4.♔c4 ♔d7 nebst 5. ... ♘c6. Jetzt ist diese Umgruppierung nicht mehr möglich, z. B. 1. ... ♘b8 2.♗g4! ♔d7 3.♔b5 ♔e7 (3. ... ♘c6 4.♗:e6+!) 4.a4 ♔d7 5.a5 usw. Auf 1. ... ♔c7 geschieht 2.♗g4! ♘f8 3.♔b5 ♔b7 4.♗f3+ ♔c7 5.♔a6 ♔b8 6.b4! cb 7.cb ♘d7 8.♗c6 ♘f8 9.b5 usw. Wenn 1. ... a5, so 2.♔b5 ♔c7 3.♗g4 ♘f8 4.a4 ♔b7 5.♗f3+ ♔c7 6.♗c6 usw.
Der folgende Zug bereitet Weiß noch die meisten Schwierigkeiten.
1. ... a6 2.a4 ♔c7 3.♗g4!
Es drohte 3. ... ♘b8, während

180

Schwarz nunmehr völlig in die Defensive gedrängt wird.

3. ... ♘f8 **4.a5** ♔c6 **5.ab** ♔:b6 **6.**♗d1! (das entscheidende Läufermanöver) **6. ...** ♘d7 **7.**♗a4 ♘b8 (oder 7. ... ♘f8 8.♗e8 a5 9.♗a4) **8.**♗e8 ♘c6 **9.**♗f7 ♘d8 **10.**♗g8 ♘c6 **11.**♗:e6, und Weiß gewinnt.

Stände der Springer nicht auf d7, sondern auf c7, wo er gleichzeitig den schwachen Bauern e6 und das Feld b5 deckt, könnte Weiß offensichtlich nicht gewinnen. In diesem Fall würde sich der Springer gut mit den Bauern ergänzen. Hier ein weiteres Beispiel zu diesem Thema.

N. Grigorjew, 1926

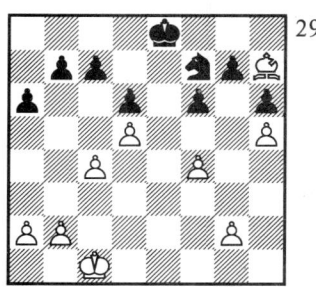

293

Weiß am Zuge

In der schwarzen Stellung gibt es, abgesehen von b7 und indirekt a6, keine schwachen Bauern. Allerdings sind auf e6 und g6 Einbruchspunkte vorhanden, die der Verteidigung bedürfen. Der erste Eindruck besagt jedoch, daß Weiß dort

schwer durchkommt. Weit schlimmer ist ein weiterer Mangel: Der Springer hat keinen vernünftigen Zug und ist durch Bauern stark eingeengt. Weiß kann sein Übergewicht realisieren.

1.♔d2 ♘d8 **2.**♔d3 b6 (ein Versuch, dem Springer neue Felder zu eröffnen) **3.**♗f5 c5. Auf 3. ... ♘b7 folgt 4.b4 a5 5.a3. Natürlich hätte es jetzt keinen Sinn, 4.dc zu spielen, da dies den Springer befreien würde.

4.♗c8! a5 (damit ist auf b5 ein zusätzliches Einbruchsfeld entstanden) **5.g4** ♔f7 **6.**♗f5 ♔e7 **7.**♔c3 ♘b7 (oder 7. ... ♘f7 8.♔b3 ♔d8 9.♗e6) **8.**♗c8! ♘d8 **9.**♔b3 ♘f7 **10.**♔a4 ♔d8 **11.**♗e6 ♘h8 **12.f5** (im Ergebnis der beengten Aufstellung des Springers ist dieser nun vollends außer Gefecht gesetzt) **12. ...** ♔c7 **13.**♔b5 ♔b7 **14.a4,** und Weiß gewinnt.

Zum Schluß sehen wir uns eine Stellung an, die der Endspielkenner A. Rubinstein außerordentlich fein behandelte.

Hier läßt sich gut verfolgen, wie die Erzeugung und Festlegung von Schwächen, die Bildung von Einbruchsfeldern und das Eindringen des Königs ins gegnerische Lager praktisch vor sich geht.

Réti–Rubinstein
Göteborg 1920

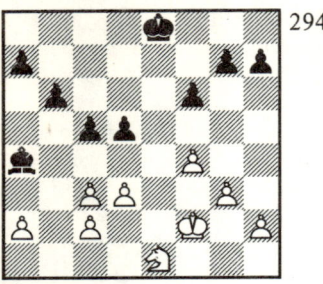

294

Schwarz am Zuge

1. ... ♔e7 2.♔e3 ♔e6 3.g4?
Der schwarze König drohte,
nach f5 vorzudringen. Weiß
versucht, das Einbruchsfeld zu
decken, schwächt dabei aber
seine Bauern.
Wie Euwe zeigte, bestand die
richtige Fortsetzung in 3.d4!
♔d6 (3. ... ♔f5 4.♔f3 mit der
Drohung 5.♘g2 und 6.♘e3+)
4.♔d2 ♔c6 5.♘g2! ♔b5
6.♘e3 mit guten Chancen auf
eine erfolgreiche Verteidigung.
3. ... ♔d6 4.h3 g6 5.♔d2
♗d7!
Dank seiner Langschrittigkeit
kann der Läufer leicht von
einem auf den anderen Flügel
überführt werden. Es droht
6. ... h5.
6.♘f3 ♔e7!
Sehr exakt. Falls sofort 6. ...
h5, so 7.g5! ♗:h3 8.gf mit
schönem Gegenspiel für Weiß.
7.♔e3 h5! 8.♘h2 (schlechter
ist 8.gh gh 9.h4 ♔e6 nebst
10. ... ♔f5) 8. ... ♔d6 9.♔e2.

Kann sich Weiß retten? Euwe
wies darauf hin, daß 9.d4! besser gewesen wäre.
Fine meinte, daß Schwarz
auch dann gewinnt. Zum Beweis gab er folgende Variante
an: 9. ... ♔c6 10.♔d2 ♔b5
11.♔d3 (11.f5 hg 12.fg g3
usw.) 11. ... ♗c8 12.♔d2 ♔c4
13.dc bc 14.♘f1 d4! 15.cd
♔:d4, und Weiß ist nicht in
der Lage, seine Schwächen zu
verteidigen.
9. ... d4! 10.cd.
Auf 10.c4 führt Fine folgende
Eventualfortsetzung an: 10. ...
hg 11.hg ♔e7! 12.♔d2 g5!
13.f5 (oder 13.fg fg 14.♔e2
♔f6! 15.♔d2 ♔e5) 13. ...
♔d6 14.♘f3 ♗c6 15.♔e2 a6
16.♔f2 ♗:f3 17.♔:f3 b5!
18.♔e4 ♔c6 19.♔f3 ♔d7!
20.♔e4 ♔d6 21.♔f3 ♔e5
22.cb ab 23.a3 ♔d5 24.♔g3 c4
25.♔f3 c3 26.♔g3 ♔c5
27.♔f3 b4 28.ab+ ♔:b4
29.♔e4 ♔a3 30.♔:d4 ♔b2,
und Schwarz gewinnt.
Gleichzeitig erwähnte Fine,
daß Weiß nach sofortigem
11. ... g5 durch 12.fg fg
13.♔f2! ♗a4 (13. ... ♔e5
14.♔g3 ♗a4 15.♘f3+ und
16.♘e1) 14.♘f3 ♗:c2 15.♔e2
remis hält.
10. ... cd 11.♔d2 hg 12.hg
♗c6 13.♔e2.
Spielt Weiß 13.c3, wäre nach
13. ... dc+ 14.♔:c3 ♗g2! sein
Springer außer Gefecht gesetzt.
Schwarz gewinnt dann, indem
er sich einen Freibauern am
Damenflügel verschafft.

182

13. ... ♗d5 14.a3 b5 15.♘f1
a5 (eine Alternative ist, nach
15. ... g5 mit dem König einzubrechen) 16.♘d2 a4!
17.♘e4+ (gegen die Drohungen b5−b4 und g6−g5 gibt es
keine Rettung) 17. ... ♗:e4
18.de b4! 19.♔d2 ba 20.♔c1
g5! Weiß gab auf.

c) Bessere Königsstellung in offenen Positionen

Eine bessere Königsstellung ist
in Endspielen mit leichten Figuren von großer Bedeutung.
Wie wir aus der Analyse ge-
schlossener Stellungen bereits
wissen, ist es zur Realisierung
eines positionellen Übergewichts in der Regel unerläß-
lich, Bauernschwächen des
Gegners mit dem König anzugreifen.
In diesem Abschnitt geht es
um die Rolle eines aktiven Königs in offenen Positionen.
Hier kommt der Vorteil des
Läufers gegenüber dem Springer besonders zur Geltung.
Wer in einer offenen Stellung
einen Läufer gegen den Springer und dazu noch einen aktiven König besitzt, ist positionell im Vorteil.
Zu realisieren ist dieses Übergewicht nach folgendem Plan:
1. Der König nähert sich so
weit wie möglich den gegnerischen Bauern.
2. Im Lager des Gegners werden Einbruchsfelder geschaffen.
3. Der Läufer bemüht sich, die
Figuren des Gegners, die die

Zugänge zu ihren Bauern verteidigen, zu binden.
4. Die eingeengten gegnerischen Figuren werden entweder direkt durch Figuren und
Bauern vertrieben oder müssen
sich unter Zugzwang zurück-
ziehen.
5. Der König dringt ins feindliche Lager ein und stellt ein
entscheidendes materielles
Übergewicht sicher.
Mit Details dieses Planes machen uns die folgenden Beispiele vertraut.

Stoltz−Kashdan
Den Haag 1928

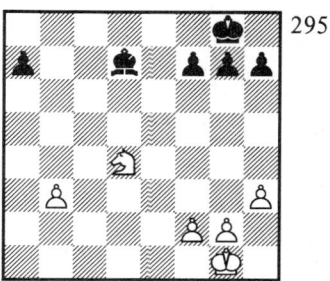
295

Schwarz am Zuge gewinnt

Auf den ersten Blick ist unverständlich, weshalb Schwarz im
Vorteil sein soll. Weiß hat
scheinbar keine Schwächen,
einen ausgezeichnet stehenden
Springer, und dem schwarzen
König wird sich, wenn er im
Zentrum eintrifft, der weiße
entgegenstellen.
Sehen wir uns den Partieverlauf an.

1. ... ♚f8 2.♔f1 ♚e7 3.♔e2 ♚d6 4.♔d3 ♚d5.

Da Schwarz am Zuge war, konnte er sich die aktivere Königsstellung sichern.

5.h4 ♝c8!

Schwarz überführt den Läufer nach a6, um den weißen König zu verdrängen und den Bauern g2 anzugreifen. Deshalb hat Weiß den h-Bauern beizeiten auf ein schwarzes Feld gestellt.

6.♘f3.

Ließ sich der Springer auf d4 behaupten? Ernsthaft in Betracht kam 6.f3 ♝a6+ 7.♔e3, und falls 7. ... ♚c5, so 8.♘c2, z. B. 8. ... ♝f1 9.g3 ♝a6 10.♘d4 ♝b7 (10. ... ♚b4 11.♘c6+) 11.♔d3 ♚b4 12.♔c2 ♝d5 13.♔b2 g6 14.♔c2 a6 15.♔b2, und Schwarz muß sich noch anstrengen, um die weiße Bastion zu erschüttern. Der Versuch, den Springer zu aktivieren, bleibt ergebnislos und beschleunigt nur die Niederlage.

6. ... ♝a6+ 7.♔c3.

Auf 7.♔e3 konnte 7. ... ♚c5 8.♘g5 ♚b4 9.♘:f7 ♔:b3 geschehen. Schwarz hätte dadurch einen gefährlichen entfernten Freibauern erhalten, der in dieser Stellung entscheidet.

7. ... h6 8.♘d4 g6 9.♘c2 ♚e4 (der König hat die Zugänge zu den gegnerischen Bauern besetzt) **10.♘e3 f5 11.♔d2 f4.**

Der weiße Springer wird abgedrängt. Auf 12.♘c2 folgt 12. ... ♝f1! 13.♘e1 ♚f5 14.f3 g5 15.hg ♔:g5, und der König gelangt nach g3. Mit seinem nächsten Zug versucht Weiß, zum Gegenangriff überzugehen.

12.♘g4 h5 13.♘f6+ ♚f5 14.♘d7 ♝c8! 15.♘f8 g5! 16.g3 (16.hg ♔:g5, und der Springer geht verloren) **16. ... gh 17.gh ♚g4 18.♘g6 ♝f5 19.♘e7 ♝e6 20.b4 ♔:h4 21.♔d3 ♚g4 22.♔e4 h4 23.♘c6 ♝f5+ 24.♔d5 f3 25.b5 h3 26.♘:a7 h2 27.b6 h1♕ 28.♘c6 ♕b1 29.♔c5 ♝e4.** Weiß gab auf.

Der Vorteil des Läufers gegenüber dem Springer trat hier sehr markant zutage. In einer offenen Stellung ist es für König und Springer schwer, die Zugänge zum eigenen Lager zu verteidigen. Gerade deshalb gab die aktivere Aufstellung des schwarzen Königs den Ausschlag.

**Tschechower–Lasker
Moskau 1935**

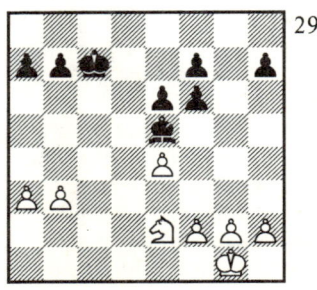

296

Weiß am Zuge
Schwarz gewinnt

Stände sein Bauer auf a4, würde Weiß dem gegnerischen König durch 1.♘c1 ♔c6 2.♘d3 den Weg verlegen und remis halten. Der Bauer befindet sich jedoch auf a3, und nach 1.a4 dringt Schwarz mit 1. ... ♔c6 2.♘c1 ♔c5 ins weiße Lager ein. Weiß führt deshalb den König heran.
1.♔f1 b5!
Sehr exakt. Schwarz legt die gegnerische Bauernschwäche fest. Im Fall von 1. ... ♗b2 2.a4 ♔c6 3.♔e1 ♔c5 4.♔d2 ♔b4 5.♔c2 wäre der weiße König rechtzeitig zur Stelle.
2.♔e1 ♗b2 3.a4 ba 4.ba ♔c6!
Erneut der beste Zug. Als ein Schlag ins Wasser erwiese sich 4. ... ♔b6 5.♔d2 ♔a5 wegen 6.♔c2 ♗e5 7.f4 ♗d6 8.♔b3.
5.♔d2 ♔c5! 6.♘c3 (oder 6.♔c2 ♗d4 7.f3 ♔c4!, und Weiß kann Materialverlust nicht mehr vermeiden, z. B. 8.♘c1 ♗e5 9.h3 ♔b4 und 10. ... ♔:a4) **6. ... ♔b4 7.♘b5 a5! 8.♘d6 ♔:a4 9.♔c2.**
Wenn 9.♘:f7, so 9. ... ♔b3 10.♘d8 a4 11.♘:e6 a3 12.♘c5+ ♔c4, und Schwarz gewinnt.
9. ... ♗e5 10.♘:f7 ♗:h2 11.♘d8 e5 12.♘c6 ♗g1 13.f3 ♗c5 14.♘b8 ♔b5 15.g4 ♗e7 16.g5 fg 17.♘d7 ♗d6 18.♘f6 ♔c4. Weiß gab auf, da 19.♘:h7 mit 19. ... ♗e7 beantwortet würde.

Bogatyrtschuk–I. Rabinowitsch
Leningrad 1923

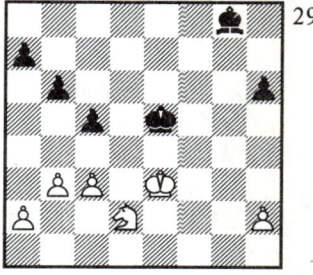

297

Schwarz am Zuge

Schwarz, der über den Läufer und einen aktiven König verfügt, ist im Vorteil.
Es folgte **1. ... ♗d5 2.♘b1.**
Weiß sucht nach Möglichkeiten zu einem Gegenspiel. Falls 2.♘f3+, so 2. ... ♔f5 3.h3 a5 4.c4 ♗e4 5.a3 ♗c2 6.♘d2 ♔g5 7.♔f3 ♔h4 8.♔g2 ♗d1! 9.♔h2 h5 10.♔g2 ♔g5 11.♔g3 h4+ 12.♔f2 ♔f4, und Schwarz gewinnt.
2. ... ♔f5 3.♘a3 a6 (Schwarz läßt den Springer nicht zur Entfaltung kommen) **4.♘c2 ♔g4 5.♔f2 ♔f4 6.♘e3 ♗f7 7.♔e2 b5 8.♔f2 ♔e4.**
Nach Abdrängung des gegnerischen Königs ist der schwarze auf die 4. Reihe vorgedrungen und hat die Zugänge zum weißen Lager besetzt.
9.♔e2 ♗e6 10.♘g2 ♗g4+ (einfacher war sofort 10. ... c4) **11.♔d2 ♗e6 12.♘e1 c4! 13.bc** (oder 13.b4 ♗g4! 14.♘g2 ♔f3

185

usw.) **13. ... &:c4 14.a3 a5
15.&c2 a4 16.&d4 h5!**
Zu seinem Leidwesen gerät
Weiß allmählich in Zugzwang.
**17.&c2 &f3 18.&e3 &f2
19.&f5 &g2 20.h4 &f3
21.&e7 &g3! 22.&g6 &f7**
(stände der König auf g4, wäre
dieser Zug nicht möglich)
**23.&e5 &d5 24.&g6 &e4
25.&e5 &:h4.**
Das Weitere ist bereits eine
Sache der Technik.
**26.&e3 &d5 27.&d3 &c4
28.&f2 &g3 29.&e4+ &g4
30.&f6+ &g5 31.&e4+ &f5
32.&g3+ &g4 33.&f2 &d3
34.&h1 &f4! 35.&g3 &g6
36.&f1 &e4 37.&e2 &f7
38.&d2+ &f4 39.&f2 &c4
40.&f3 &e4 41.&e1 &e6
42.&e2 &g4+ 43.&d2 h4
44.&d3 h3 45.&f2+ &f3
46.&e1 h2.**
Weiß gab auf.

2. Realisierung eines positionellen Übergewichts mit Springer gegen Läufer

a) Freibauer

Ein Läufer kommt in der Regel besser mit einem Freibauern zurecht als der Springer.
Deshalb kann dieser Vorteil erst in Verbindung mit einigen anderen entscheidend werden.

**Löwenfisch–Ragosin
Moskau 1939**

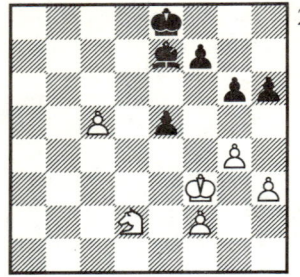
298

Weiß gewinnt

Hier kommt Weiß nur deshalb
zum Erfolg, weil es seinem aktiven König gelingt, den Freibauern zu unterstützen.
1.c6 &d8 (oder 1. ... f5 2.gf gf
3.&c4 &f6 4.&d6+ &d8
5.c7+) **2.&e4 &c7 3.&d5! f5**
(es gibt nichts Besseres) **4.gf gf
5.&:e5 &:c6 6.&b3** (Weiß ist
in erster Linie bemüht, den
gegnerischen König auf Distanz zu halten; der abgeschnittene Bauer läuft nicht weg)
**6. ... &d6+ 7.&e6 &h2
8.&d4+ &c5 9.&:f5 h5
10.&g3 &d4 11.&f5 h4
12.&h5 &g1 13.f3 &f2
14.&f4 &e1 15.&g6 &d5
16.&d4.** Schwarz gab auf.
In den nächsten beiden Beispielen erlangt Weiß dank der
ungünstigen Aufstellung der
gegnerischen Figuren entscheidenden Materialvorteil.

V. Vuković, 1947

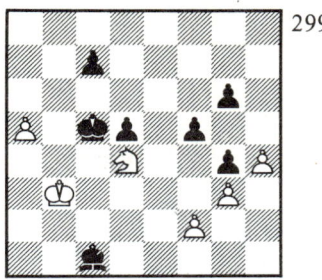

299

Weiß gewinnt

Der gefährliche Freibauer a5 macht den Springer unverwundbar. Schwarz benötigt noch zwei Züge, um seine Stellung zu konsolidieren (c7–c6 und ♔c5–d6). In dieser Zeit gelingt es Weiß jedoch, die dominierende Springerposition auszunutzen.

1.♔a2 ♗h6 2.♔b1 c6 3.♔c2 ♔d6.

Kaum glaubt Schwarz, aufatmen zu können, bricht auch schon die Katastrophe über ihn herein.

4.h5! ♗g7 5.♘e6! ♔:e6 6.h6 ♗d4 7.♔d3 c5 8.a6 ♔e5 9.h7 c4+ 10.♔e2 ♔e4 11.a7, und Weiß gewinnt.

Naegeli–Collijn
Bern 1932

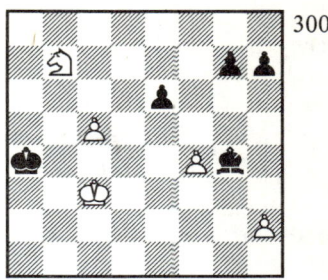

300

Weiß gewinnt

Hier erobert Weiß den Läufer:
1.c6 ♔b5 (1. ... ♗f3 2.♘c5+ und 3.c7) 2.c7 e5 3.f5! ♗:f5 4.♘d6+ ♔c6 5.♘:f5 ♔:c7 6.♘:g7 usw.

Eliskases–Flohr
Semmering-Baden 1937

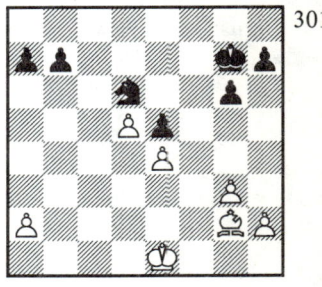

301

Schwarz am Zuge

Dieses Beispiel ist außerordentlich lehrreich. Schwarz verfügt über einen unbestreitbaren Positionsvorteil. Erstens kann er sich einen entfernten Freibauern verschaffen, und zweitens ist sein Springer stärker als der an die Verteidigung des Bauern e4 gebundene Läufer. Weiß hat jedoch nur eine Schwäche – den Bauern e4, der durch den Läufer gedeckt ist. Der Ausgang der Partie hängt deshalb davon ab, ob es Schwarz gelingt, mit dem König ins gegnerische Lager einzudringen und dort ein entscheidendes materielles Übergewicht sicherzustellen. Die schwarzen Manöver werden dabei zweifellos durch den Stolz der weißen Stellung – den gedeckten Freibauern d5 – behindert.

1. ... b5 2.♔d2 a5 3.♔d3 ♔f6 4.♗f3 ♔e7.
Der schwarze König begibt sich auf den Damenflügel, um die Bauern zu unterstützen.

5.h4?
Dieser Zug schwächt unnötig die Bauern und führt letztlich zum Verlust. Laut Euwe mußte 5.♗d1 ♔d8 6.a4 geschehen, um unverzüglich die Lage am Damenflügel zu klären, z. B.:
1) 6. ... ba 7.♗:a4 ♔c7 8.♗c2 ♔b6 9.♔c3 mit besseren Aussichten als in der Partie.
2) 6. ... b4 7.♗b3 ♔c7 8.♗c2 ♔b6 9.♗b3 ♘b7 10.♔c4 ♘c5 11.♗c2 g5 12.g4 h6 13.h3 b3 14.♗b1 b2 15.♔c3 ♘:a4+ 16.♔b3 ♘c5+ 17.♔:b2 ♔b5 18.♔c3, und Schwarz kommt schwer an die weißen Schwächen heran.

5. ... h6 6.♗d1 ♔d8 7.a4
(jetzt ist dies schon nicht mehr so stark wie vorher) **7. ... ba.**

Hier war 7. ... b4! die richtige Fortsetzung. Euwe gab folgende Hauptvariante an:
8.♗b3 ♔c7 9.♗d1 ♔b6 10.♗c2 (10.♗b3 ♘b7 11.♔c4 ♘c5 12.♗c2 h5) 10. ... ♘b7 11.♔c4 ♘c5 12.g4 g5 13.h5 b3 14.♗b1 b2 15.♔c3 ♘:a4+ 16.♔b3 ♘c5+ 17.♔:b2 ♘d7 nebst 18. ... ♘f6.

8.♗:a4 ♔c7 9.♗c2 ♔b6 10.♔c3 ♔b5 11.♔b3 ♔c5 12.♔a4 ♘c4 13.♗b3?
Der entscheidende Fehler. 13.♗b1 ♘d2 14.♗d3 hätte verhindert, daß der Springer die Bauern angreift.

13. ... ♘d2 14.♗c2 ♘f1!
15.♔:a5 ♘:g3 16.♔a4 ♘h5 (der Rest ist einfacher) **17.♔b3 ♔d4! 18.♔b4 ♘f6 19.d6 g5 20.hg hg 21.♔b5 g4 22.♗d1 g3 23.♗f3 ♔e3 24.♗h1 ♔f2 25.♔c6 g2 26.♗:g2 ♔:g2 27.d7 ♘:d7 28.♔:d7 ♔f3.**
Weiß gab auf.

Awerbach–Panow
Moskau 1950

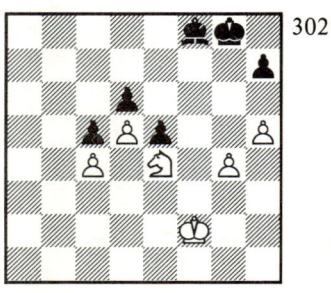

302

Weiß gewinnt

188

Die Bauernstruktur erinnert etwas an jene des letzten Beispiels. Auch hier ist der Springer bedeutend stärker als der an die Verteidigung seiner Bauern gebundene Läufer. Weiß hat es jedoch wesentlich leichter, da sein König ohne Schwierigkeiten ins gegnerische Lager eindringen kann.

1.g5 (macht dem König den Weg frei) **1. ... ♔g7 2.♘f3 ♔f7 3.♘g4 ♗e7 4.♔f5 ♗f8.** Hätte Schwarz so manövriert, daß er 4.♔f5 mit 4. ... ♗e7 beantworten konnte, wäre Weiß nach **5.h6 ♗f8 6.♘f6 ♗e7 7.♘:h7 e4 8.g6** ebenfalls zum Erfolg gekommen.

5.♘f6 h6! (die einzige Möglichkeit, Widerstand zu leisten) **6.gh ♗:h6 7.♘e4 ♗f8 8.h6 ♗:h6** (oder 8. ... ♗e7 9.h7 ♔g7 10.♔e6 ♗f8 11.h8♕+ ♔:h8 12.♔f7) **9.♘:d6+ ♔e7 10.♘e4 ♗e3 11.d6+ ♔d7 12.♔:e5.** Schwarz gab auf. In den letzten beiden Beispielen beruhte der Vorteil des Springers gegenüber dem Läufer darauf, daß der Läufer an die Verteidigung von Bauernschwächen gebunden war und es schwer hatte, gleichzeitig den Freibauern zu bekämpfen.

b) Bauern des Gegners auf Feldern von der Farbe des Läufers

Wenn die Bauern des Gegners auf Feldern von der Farbe des Läufers stehen, ist dessen Kampfkraft wesentlich beeinträchtigt, da ihm die Felder zwischen den Bauern unzugänglich sind. Dies kann dem gegnerischen König die Möglichkeit geben, in die Bauernstellung einzubrechen.

Smyslow–Derkatsch
Kiew 1937

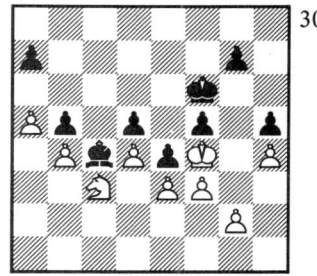

303

Weiß gewinnt

Der weiße Vorteil ist offensichtlich. Der schwarze Läufer muß seine Bauern verteidigen, der König die Punkte e5 und g5 vor dem Eindringen des gegnerischen Königs bewachen. Schwarz hat fast keine nützlichen Züge und wird schnell in Zugzwang gebracht.

1.a6 g6 2.fe fe.
Oder 2. ... de 3.g3 ♗d3 4.d5 ♗c4 5.d6 ♔e6 6.♔g5 ♔:d6 7.♔:g6 ♔e5 8.♔:h5 ♔f6 9.♔h6 ♗d3 10.♘d5+ ♔e5 11.♔g7.

3.g3 ♔e6 4.♔g5 ♔f7 5.♘d1.
Der weiße König ist ins gegnerische Lager eingebrochen, und nun kommt ihm der Springer zu Hilfe.

189

5. ... ♗f1 6.♘f2 ♔g7 7.g4 hg
8.♘:g4 ♗h3 9.♘f6 (oder
9.♘e5 ♗f5 10.h5) 9. ... ♗e6
10.♘e8+. Schwarz gab auf.

Awerbach–N. N.
Ljubljana 1956
(aus einer Simultanvorstellung)

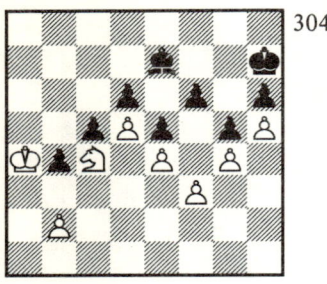

304

Weiß gewinnt

Dem weißen König steht der
Weg ins gegnerische Lager of-
fen. Es ist jedoch Vorsicht geboten, da Schwarz über einen
Mehrbauern verfügt, der den
Springer in gewissem Maße
bindet. Das positionelle Übergewicht von Weiß ist indes so
groß, daß er trotz des Minusbauern gewinnt, nachdem er
den Gegner in Zugzwang gebracht hat.
1.♔b5 ♔g7 2.♔c6 ♔f7
3.♔d7 ♗f8 4.♘a5 ♗e7
5.♘c6 ♗f8 6.♔d8! ♗g7
7.♔c7! ♗f8 8.♔d7 ♗g7.
Falls 8. ... ♔g8, so 9.♔e6
♔g7 10.♘a5 ♔g8 11.♘c4
♔g7 12.♘e3 ♔g8 13.♘f5 c4
14.♘e3 c3 15.b3 nebst 16.♘c2
und 17.♘:b4 mit leichtem Ge-

winn. Oder 8. ... ♔g7 9.♔e6
♔g8 10.♔:f6 ♗g7+ 11.♔e7!
♗f8+ 12.♔e6 ♔g7 13.♘a5
♔g8 14.♘c4 ♔g7 15.♘e3
♔g8 16.♘f5 usw.
9.♔:d6 ♗f8+ 10.♔d7 b4
11.♘a5 c3 12.bc bc 13.d6 c2
14.♘b3. Schwarz gab auf.
Schwarz konnte auch 6. ...
♔g7 spielen. Darauf würde
7.♔e8 ♔g8 8.♘a5 ♔g7
9.♘c4 ♔g8 10.♘e3 ♔g7
11.♘f5+ ♔g8 nichts einbrin-
gen. Weiß muß zunächst die
Zugpflicht dem Gegner übertragen: 7.♔c7 ♔g8 (7. ... ♔f7
8.♔d7 und 9.♔e6) 8.♔c8!
♔g7 9.♔d8! ♔g8 10.♔e8
♔g7, und erst jetzt führt
11.♘a5 ♔g8 12.♘c4 ♔g7
13.♘e3 ♔g8 14.♘f5 usw. zum
Gewinn.

Popa–Halić
Bukarest 1938

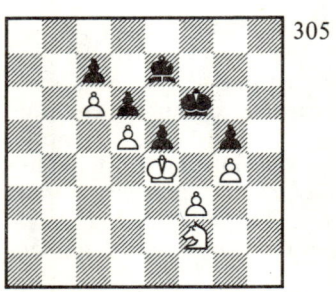

305

Weiß gewinnt

Hier gelingt es dem weißen
König nicht, über das Feld f5
in die gegnerische Stellung
einzubrechen. Zum Gewinn

führt ein Marsch des Königs zum Bauern c7, gefolgt von einem Angriff des Springers auf diesen Bauern.
1.♔d3 ♔f7 2.♔c4 ♔e8 3.♔b5 ♔d8 4.♔a6 ♔c8 5.♔a7 ♗f6 6.♘e4 ♗e7 7.♔a8! (räumt das Feld für den Springer) **7. ... ♗d8 8.♘c3 ♗f6 9.♘b5 e4** (es drohte 10.♘a7+ ♔d8 11.♔b7 und 12.♘b5 mit Eroberung des Bauern c7) **10.fe ♗e5 11.♘a7+ ♔d8 12.♔b7 ♗c3 13.♘b5 ♗a5 14.♘:d6.**
Schön, aber nicht unbedingt erforderlich. Genausogut war das prosaische 14.♘d4 nebst 15.♘e6+.
14. ... cd 15.e5 ♗c7 16.e6 ♗a5 17.e7+ ♔:e7 18.c7 ♗:c7 19.♔:c7. Schwarz gab auf.

Awerbach–Lilienthal
Moskau 1949

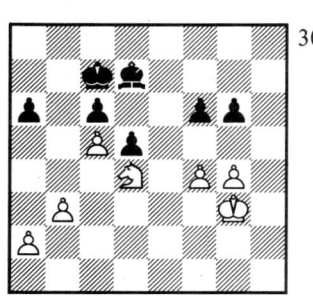

306

Weiß gewinnt

Der Gewinnweg ist unkompliziert. Mit **1.g5!** öffnet Weiß

seinem König den Weg ins gegnerische Lager. Es folgte
1. ... fg.
Auf 1. ... f5 gewinnt Weiß durch 2.♘f3 ♗e8 3.♘e5 ♔d8 4.♔f3 ♔e7 5.♔e3 ♔e6 6.♔d4 ♔e7 7.♘d3! ♔e6 8.♘b4 a5 9.♘d3 ♗d7 10.a4 ♗e8 11.b4 ab 12.♘:b4, wonach der Freibauer auf der a-Linie entscheidet.
2.fg ♗c8 3.♔f4* a5 4.♔e5 ♗g4 (falls 4. ... ♗a6, so 5.♔f6 ♗d3 6.♔e7 und 7.♘e6+ mit Abdrängung des schwarzen Königs) **5.♔f6 ♗h5 6.♔e7 ♗g4 7.a3! ♗d1 8.♘e6+ ♔b7 9.♔d6 ♗:b3 10.♘d8+ ♔c8 11.♘:c6 a4 12.♘e7+,** und Weiß gewinnt.

Subarew–Alexandrow
Moskau 1915

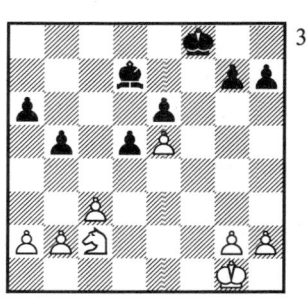

307

Weiß gewinnt

Der weiße Plan zerfällt in mehrere Etappen:
1. Der König dringt, soweit dies möglich ist, auf den

---

* Die Partie wurde nach 3.♔f4 abgebrochen. Schwarz gab auf, ohne das Spiel wiederaufzunehmen.

schwarzen Feldern ins gegnerische Lager ein.

2. Der Springer nutzt den Umstand, daß der schwarze König an die Verteidigung der Einbruchsfelder am Damenflügel gebunden ist, um die Bauern am anderen Flügel anzugreifen und dort neue Schwächen zu schaffen.

3. Schwarz, der seine schwachen Bauern mit dem Läufer verteidigen muß, gerät schließlich in Zugzwang. Die Herbeiführung einer Zugzwangsituation ist die letzte, im Grunde genommen entscheidende Etappe.

Es ist lehrreich zu verfolgen, wie Weiß diesen Plan verwirklicht.

1.♔f2 ♔e7.
Keine Rettung bringt 1. ... ♔f7 2.♔e2 ♔g6 3.♘e3 ♔g5 4.g3, wonach der schwarze König „wie vor einer Wand" stände, während der weiße seine Wanderung mit 5.♔d3 und 6.♔d4 fortsetzt.
2.♔e3 ♔d8 3.♔d4 ♔c7 4.♔c5 ♗c8 5.♘b4 ♗b7 6.g3 ♗c8 7.♘d3 (jetzt macht sich der Springer auf den Weg)
7. ... ♗d7 8.♘f4! g6 9.♘h3! h6 10.♘f4! g5 11.♘h5 ♗e8 12.♘f6 ♗f7 13.♘g4 h5 14.♘e3! ♗g6 (oder 14. ... g4 15.♘g2 ♗g6 16.♘f4 ♗f7 17.b4, und Schwarz befindet sich im Zugzwang) **15.h4 gh 16.gh ♗e4!**
Schwarz versucht, den Springer nicht nach f4 zu lassen, da

dies zu Zugzwang führen würde.
17.♘f1 ♗f3 18.♘d2 ♗e2 19.♘b3 ♗g4 20.♘d4 ♗h3 21.♘e2 ♗f5 22.♘f4 (endlich!) **22. ... ♗g4 23.b4,** und Weiß gewann.

Die freie Bahn, die sich dem König in den meisten der betrachteten Beispiele bot, ist bei weitem nicht immer vorhanden. Oft muß erbittert darum gerungen werden, mit dem König ins gegnerische Lager eindringen zu können, und jeder Schritt vorwärts will hart erkämpft sein.

Sehr bezeichnend ist das folgende Beispiel.

N. Grigorjew, 1931

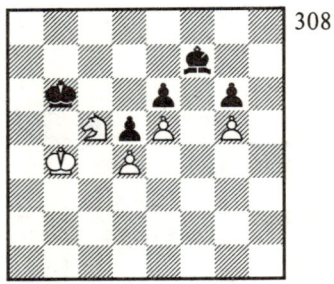

308

Weiß gewinnt

1.♘a4+ ♔c6.
Schwächer ist 1. ... ♔a6, z. B. 2.♔c5 ♔a5 3.♘c3 ♗g8 4.♘e2! ♗a4 5.♔d6 ♔b4 6.♔e7 ♔c4 7.♔f8, und Weiß erobert nicht nur den Läufer, sondern führt auch einen seiner Bauern zur Dame.

192

2.♔a5 ♔b7 3.♘c5+ (selbst-
verständlich nicht 3.♔b5?
♗e8+ 4.♔ beliebig ♗:a4 mit
Remis) 3. ... ♔c7 (falls 3. ...
♔a7, so 4.♔b5 ♗e8+ 5.♔b4!
♗f7 6.♔a5 ♗g8 7.♔b5, und
der König dringt ins schwarze
Lager ein) 4.♔b5!
Der konsequenteste Gewinnweg. Wie Grigorjew zeigte, entsteht nach 4.♘d3 ♗e8 5.♘f4
♗f7 6.♔b5 ♔b7 7.♔c5 ♔c7
8.♘d3 ♗e8 9.♘b4 ♗f7
10.♘a6+ ♔b7 11.♔d6! ♔:a6
12.♔e7 ♗g8 13.♔f8 ♔b5
14.♔:g8 ♔c4 15.♔f7 ♔:d4
16.♔:e6 ein Damenendspiel
mit einem Mehrbauern.
4. ... ♗e8+ 5.♔a6 ♗f7
6.♘b7 ♗e8! 7.♘a7!! ♗f7
8.♘d6! ♗g8 9.♔a6! (jetzt,
nachdem der Läufer im eigenen Lager eingesperrt ist, kann
Weiß die Aufstellung seines
Königs verstärken) 9. ... ♔c6
10.♔a5! ♗h7 11.♘f7! ♗g8
12.♘h8 ♗h7 13.♔a6! (der Beginn eines Zweikampfes zwischen den Königen) 13. ...
♔c7 14.♔b5 ♔b7 15.♔c5
♔c7 16.♘f7 ♗g8 17.♘d6!
♗h7 18.♘e8+ ♔d8 19.♘f6,
und Weiß gewinnt.
Bleibt noch zu ergänzen, daß
Weiß auf 7. ... ♔c6 durch
8.♔b8! ♔b6 9.♔c8 ♗f7
10.♘d6 ♗g8 11.♔d7 ♔a5
12.♔e7 ♔b4 13.♔f8 ♔c3
14.♘b5+ ♔c4 15.♔:g8 usw.
zum Erfolg kommen würde.
Wie wir wissen, kann ein
Springer allein kein Tempo gewinnen. Deshalb kommt es in

blockierten Stellungen sehr oft
zu Situationen beiderseitigen
Zugzwanges. Um dem Gegner
die Zugpflicht zu übertragen,
ist dann mitunter ein höchst
exaktes Manövrieren mit
Springer und König erforderlich.

**Henneberger–Nimzowitsch
Winterthur 1931**

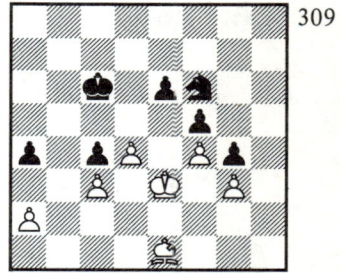

309

Schwarz am Zuge gewinnt

Vorerst ist nicht zu sehen, wie
der schwarze König ins weiße
Lager eindringen könnte.
Es folgte 1. ... ♘e4 2.♔e2
♔d5 3.♔e3 ♔d6!
Die Übergabe der Zugpflicht
beginnt. Warum setzt Schwarz
aber nicht gleich mit 3. ...
♘d6 4.♗d2 ♘b5 5.♗e1 ♘a3
6.♗d2 ♘c2+ 7.♔e2 ♔e4
fort? Es zeigt sich, daß ihm
nach 8.♗c1 nichts anderes
übrigbliebe, als mit 8. ... ♘e1
äußerst riskante Verwicklungen
einzugehen. Er wählt daher
einen sichereren Weg.
4.♔e2 ♔c6 5.♔e3 ♔d5
6.♔e2 ♘d6 7.♔e3 ♘b5

8.♗d2 ♘a3 9.♗c1 (nach
9.♗e1 ♘c2+ 10.♔d2 ♘:e1
11.♔:e1 ♔e4 12.♔e2 a3 zieht
Weiß sofort den kürzeren)
9. ... ♘b1 10.♗b2 a3! 11.♗a1
♔d6! (erneute Übergabe der
Zugpflicht) 12.♔e2 ♔c6
13.♔d1!
Am hartnäckigsten. Schnell
verlieren würde 13.♔e3 ♔d5
14.♔f2 ♘d2 15.♔g2 ♘b3!
13. ... ♔d5 14.♔c2 ♔e4
15.♔:b1 ♔f3 16.♗b2! ab!
17.a4 ♔:g3 18.a5 ♔h2 19.a6
g3 20.a7 g2 21.a8♕ g1♕+
22.♔:b2 ♕g2+!, und Schwarz
gewann.

**Schlechter–Walbrodt
Wien 1889**

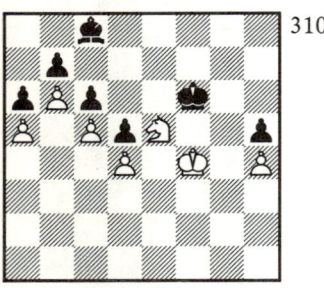

310

Weiß gewinnt

Der weiße Vorteil ist offensichtlich. Schwarz hat bereits
keine nützliche Fortsetzung
mehr. Auf einen Läuferzug
folgt ♘e5:c6, und der König
darf das Feld f6 wegen der
Antwort ♔f4–g5 nicht verlassen. Am Zuge ist jedoch Weiß,
und dieser verfügt über kein

Tempo, mit dessen Hilfe er die
Zugpflicht an den Gegner ab-
treten könnte. Springermanöver würden nicht helfen, da der
Springer allein nicht in der
Lage ist, ein Tempo zu gewinnen.
Weiß steht vor der Aufgabe,
den Tempogewinn durch ver-
einte Manöver des Springers
und des Königs zu erzielen.
Nehmen wir an, er spielt
1.♔f3. Schwarz hat darauf nur
eine richtige Erwiderung: 1. ...
♔e7. Sofort verlieren würde
1. ... ♔f5 wegen 2.♘f7 oder
1. ... ♔g7 wegen 2.♔e3(g3)
♔f6 3.♔f4.
Etwas komplizierter ist die Gewinnführung nach 1. ... ♔e6.
Weiß antwortet 2.♘d3! mit der
Drohung 3.♘f4+. Schwarz
sieht sich zu 2. ... ♔f6 genötigt (2. ... ♔e7 3.♔f4 ♔f6
4.♘e5), gerät dann aber durch
3.♔e3! in Zugzwang.
Es kann folgen: 3. ... ♔f5
(3. ... ♗f5 4.♘e5 ♗c8 5.♔f4,
und falls 3. ... ♔e7, 3. ... ♔f7
oder 3. ... ♔g6, so 4.♔f4 ♔f6
5.♘e5) 4.♘f4 ♔g4 5.♘:h5!
(dies ist einfacher als 5.♘g6
♔g3 6.♘e7 ♗d7 7.♘g8! ♔:h4
8.♘f6 ♗g4 9.♔f4 ♔h3
10.♘:h5) 5. ... ♔:h5 6.♔f4
♔g6 7.♔e5 ♔f7 8.♔d6 ♔e8
9.♔c7, und Weiß gewinnt.
Wir haben somit festgestellt,
daß dem Feld **f3** das Feld **e7**
entspricht. Es läßt sich auch
unschwer nachweisen, daß für
die Felder **g3** und **e3** nur das
Gegenfeld **e6** vorhanden ist.

194

Setzt Schwarz nämlich auf 1.♔e3 oder 1.♔g3 mit 1. ... ♔e7 fort, gewinnt Weiß nach 2.♔f3 ♔e6 wie angegeben durch 3.♘d3! ♔f6 4.♔e3! Auch wenn Schwarz 1.♔e3 oder 1.♔g3 mit 1. ... ♔f5 beantwortet, zieht er nach 2.♔f3 ♔e6 3.♘d3! den kürzeren. Weiter läßt sich ermitteln, daß den Feldern f2, e2 und g2 lediglich das Feld f6 entspricht (von f2 und e2 gelangt man auf die Felder f3 und e3, von f2 und g2 auf die Felder f3 und g3, die ihre Gegenfelder auf e6 und e7 haben). In einer Tabelle zusammengefaßt, sieht das so aus:

Weißer König	Schwarzer König
f4, f2, e2, g2	f6
f3	e7
g3, e3	e6

Jetzt bereitet die Lösung keine Schwierigkeiten mehr. Um zu gewinnen, muß Weiß mit dem König auf die 2. Reihe zurückgehen. Wenn sich der weiße König auf den Feldern e2, f2 und g2 bewegt, verliert Schwarz das Gegenfeld. Weiß kann diese Felder auf den verschiedensten Wegen erreichen. Deshalb gibt es auch mehrere Lösungen, z. B.:
1.♔e3 ♔e6! 2.♔e2 ♔f6! 3.♔f2! oder 1.♔f3 ♔e7!

2.♔g2 ♔f6! 3.♔f2! oder 1.♔g3 ♔e6! 2.♔g2 ♔f6! 3.♔f2!
Der Leser, der dieses Beispiel aufmerksam studiert hat, wird mühelos noch weitere Möglichkeiten finden.

Awerbach – Koljakow Moskau 1951

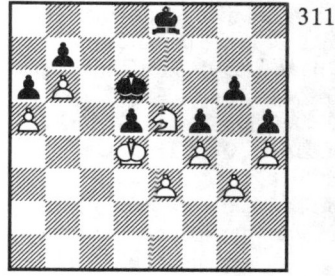

311

Weiß am Zuge

Diese Stellung hat mit der vorigen vieles gemeinsam. Das weiße Übergewicht unterliegt keinem Zweifel. Der Läufer ist an die Verteidigung des Bauern g6 gebunden, der schwarze König muß den Punkt c5 vor dem Eindringen seines Rivalen bewachen. Wenn Schwarz ziehen müßte, würde er sofort verlieren. Am Zuge ist jedoch Weiß.
Es folgte 1.♔d3 ♔e6.
Falls 1. ... ♗b5+, so 2.♔c3! ♗e8 3.♔d4, und Schwarz befindet sich bereits im Zugzwang. Auf 1. ... ♔c5 geschieht 2.♔c3 ♗b5 (das Bauernopfer 2. ... d4+ behandeln

195

wir anschließend gesondert)
3.♔d4 ♔:a5 4.♔c5 (Weiß nähert sich der Hauptschwäche
des Gegners – dem Bauern b7)
4. ... ♔a4 5.♔d6 a5 6.♔c7
♔b3 7.♔:b7 a4 8.♔c7 a3 9.b7
a2 10.b8♕+, und Weiß ge-
winnt.
2.♔c3 ♔e7 3.♔b3 ♔e6
4.♘d3 ♔d6? 5.♔c3! (wegen
seines schlechten 4. Zuges ist
Schwarz in Zugzwang geraten)
5. ... ♗c6 6.♘e5 ♔c5 7.♘:g6
♔b5 8.♘e5 d4+ 9.♔:d4 ♗g2
10.♘c4 ♔b4 11.♘d6 ♔:a5
12.♔c5 ♗a4 13.♘:f5 ♔b3
14.♘d4+ ♔c3 15.f5 ♗e4
16.f6 ♗g6 17.♘c6 ♗e8
18.♘a5. Schwarz gab auf.
Schwarz hat indes nicht alle
Verteidigungschancen genutzt.
Vor allem mußte er 4. ... ♔d6
durch 4. ... ♔d7! ersetzen.
Weiß wollte darauf 5.♘c5+
♔c6 6.♔b4 ♗f7 7.♘:b7 ♔:b7
8.♔c5 spielen, doch hätte
Schwarz nach 8. ... ♗e8
9.♔:d5 ♗c6+ 10.♔e6 ♗f3
11.♔f6 ♔c6 12.♔:g6 ♗g4
13.♔f6 ♔d6! 14.♔f7 ♔d7 das
Gleichgewicht aufrechterhalten.
Schwarz konnte sich auch anders verteidigen. Nach 1.♔d3
♔c5 2.♔c3 besaß er die Möglichkeit, mit 2. ... d4+! einen
Bauern zu opfern, z. B. 3.ed
♔d5!, und Weiß steht erneut
vor Problemen, da es ihm
nicht gelingt, mit dem König
ins gegnerische Lager einzudringen. So würde sich nach
4.♘d3 ♗b5 5.♘b4+ ♔d6!

Stellung 270 ergeben, in der
das materielle Übergewicht
nicht zu realisieren ist.

Belawenez–Rauser
Leningrad 1937

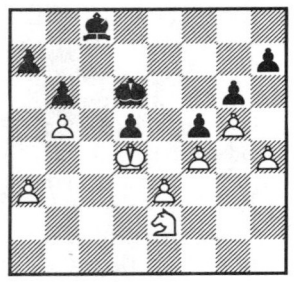

312

Weiß am Zuge

Schwarz ist stark eingeengt,
kann seine Schwächen vorerst
jedoch mit Erfolg verteidigen.
Der weiße Plan besteht darin,
durch den Vorstoß des h-Bauern bis h6 die Verteidigung des
Nachziehenden weiter zu erschweren, da dieser dann mit
der Möglichkeit eines Springer-
opfers auf f5 oder g6 rechnen
muß.
1.♘g3 ♗d7 (auf 1. ... a6
konnte 2.ba ♗:a6 3.h5 ♔e6
4.h6 mit der unabwendbaren
Drohung ♘g3–h5 folgen) 2.a4
♔e6 (im Fall von 2. ... ♗e8
spielt Weiß trotzdem 3.h5 gh
4.♘:f5+, denn 4. ... ♔e6
scheitert an 5.♘g7+ nebst
6.♘:e8 mit gewonnenem Bauernendspiel) 3.h5 ♗e8 4.h6
♔d6 5.♘e2.
Hier wurde die Partie abgebro-

chen und Weiß zum Sieger erklärt. Eine mögliche Fortsetzung wäre 5. ... ♗d7 6.♘c3 ♗e6 7.♘a2 ♗f7 (noch schlechter ist 7. ... ♗c8 8.♘b4 ♗b7 9.♘d3 ♗c8 10.♘e5 und 11.♘:g6) 8.♘b4 ♗e6 9.♘c6 a5 10.ba!! ♔:c6 11.a7! ♔b7 12.♔e5 ♗d7 13.♔f6 ♗:a4 14.♔g7 b5 15.♔:h7 b4 16.♔:g6 b3 17.h7 ♗e8+ 18.♔f6 b2 19.h8♕ b1♕ 20.a8♕+ ♔:a8 21.♕:e8+ mit leicht gewonnenem Damenendspiel.

Auch der Versuch, den Springer auf a7 einzusperren, schlägt fehl. Auf 9. ... ♗c8 10.♘:a7 ♗d7 geschieht 11.♔d3! ♔c7 12.♔c3 ♔b7 (oder 12. ... ♔d6 13.♔d4!, und Schwarz muß den Springer freilassen) 13.♔d4! ♔:a7 14.♔e5, und Weiß gewinnt.

Flohr–Capablanca
Moskau 1935

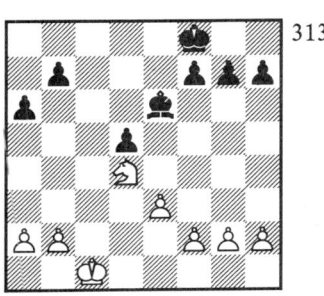

313

Schwarz am Zuge

Bei der Beurteilung von Stellungen dieses Typs gingen die Meinungen lange Zeit auseinander. Capablanca gelang es hier als erstem, den richtigen Verteidigungsplan zu verwirklichen und zu demonstrieren, daß der weiße Vorteil nicht zum Gewinn ausreicht.

1. ... ♔e7 2.♔d2 ♔d6 3.♔c3 b6!

Schwarz zieht seine Bauern so, daß keine Einbruchsfelder entstehen.

4.f4 ♗d7 5.♘f3 f6! 6.♔d4 a5! 7.♘d2 ♗c8 8.♘b1 ♗e6 9.♘c3 ♔c6 (der schwarze König braucht sich um den Punkt e5 nicht zu kümmern; dieser wird durch den Bauern f6 zuverlässig geschützt) **10.a3 h6.**

Wie I. Rabinowitsch zeigte, verfügt Weiß für den Fall, daß sich der Gegner passiv verteidigt, über einen interessanten Gewinnplan:

1. Der Springer wird nach h4 geführt.
2. Der f-Bauer rückt nach f5 vor und wird durch g2–g4 gestützt.
3. Der Springer begibt sich nach f4, um den Läufer an das Feld f7 zu binden und den schwarzen König zu zwingen, auf den Feldern c6 und d6 zu manövrieren.
4. Steht der König auf c6, folgt 1.♘e6! ♗:e6 2.fe ♔d6 3.e7! ♔:e7 4.♔:d5 ♔d7 5.b4 mit gewonnenem Endspiel.

Schwarz gibt deshalb die Bauernstruktur f6–g7–h6 auf und stellt den g- und h-Bauern auf weiße Felder.

11.g3 h5! 12.b4!
Die Überführung des Springers nach h4 bliebe jetzt ergebnislos, da Schwarz rechtzeitig zu g7–g6 und ♝e6–f7 kommt. Nach dem Textzug droht Weiß 13.b5+ ♚d6 14.f5. Falls darauf 14. ... ♝f7, so 15.♞e2 nebst 16.♞f4 mit entscheidendem Angriff auf die Bauern h5 und d5.
12. ... ab 13.ab ♚d6 14.b5! g6 15.f5!
Nach diesem Bauernopfer muß Schwarz genau spielen, um die Partie zu retten.
15. ... gf (erzwungen; auf 15. ... ♝:f5 gewinnt 16.♞:d5 ♝d7 17.♞:f6 ♝:b5 18.♞d5 ♚c6 19.♞e7+) **16.♞e2 ♝d7.**
Exakter war 16. ... ♝g8! 17.♞f4 ♝f7, um erst nach 18.h3 mit 18. ... ♝e8 den Bauern b5 anzugreifen. Letztlich wäre es dann zu der gleichen Fortsetzung wie in der Partie gekommen, wobei Weiß allerdings ein Tempo weniger zur Verfügung gehabt hätte. Aber auch der Partiezug reicht zum Remis.
17.♞f4 ♝e8! 18.♞:d5 ♝:b5 19.♞:b6 ♝c6 20.♞c4+ ♚e6 21.♞b2 ♝b5 (Schwarz manövriert mit dem Läufer so, daß der Springer nicht nach f4 gelangt) **22.♞d1 ♝e2 23.♞f2 ♝f1! 24.♞d3!**
Ein letzter Versuch, den Schwarz jedoch pariert.
24. ... ♝:d3 25.♚:d3 ♚e5! 26.♚e2 ♚e4! 27.h3 (falls 27.♚f2, so 27. ... h4! 28.gh f4)

27. ... ♚d5! 28.♚f3 ♚e5 remis. Nach 29.h4 ♚d5 30.♚f4 ♚e6 31.e4 fe 32.♚:e4 f5+ sind alle Zweifel ausgeräumt.

c) Bessere Königsstellung
Wir konnten uns bereits davon überzeugen, welch große Rolle in derartigen Endspielen den Königen zufällt. Eine aktive Königsstellung gab bei der Realisierung sowohl eines materiellen wie auch eines positionellen Vorteils oft den Ausschlag. Es folgen nun einige Beispiele, in denen der Hauptfaktor des Übergewichts der Springerpartei in der besseren Königsstellung besteht.

**Tschigorin–Charousek
Budapest 1896**

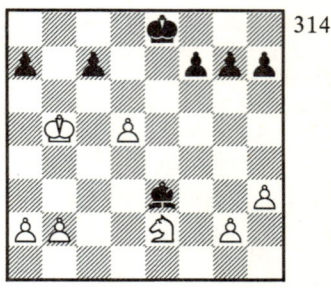

314

Weiß gewinnt

1.♚c6 ♚d8 2.b4 h5 3.a4 ♝d2.
Schwarz versucht zu verhindern, daß sich der Gegner am Damenflügel einen Freibauern verschafft.
4.b5 h4 5.♞d4 g5 6.♞f5 ♝e1 7.♞h6!

198

Weiß muß das Vorrücken des
f-Bauern erzwingen, um dem
Springer das Feld e6 zu sichern.
**7. ... f6 8.♘f5 ♗b4 9.♘d4
♔c8 10.♘e6 ♗d6 11.a5 ♗g3
12.b6 ab 13.ab cb 14.d6,** und
Weiß gewinnt.

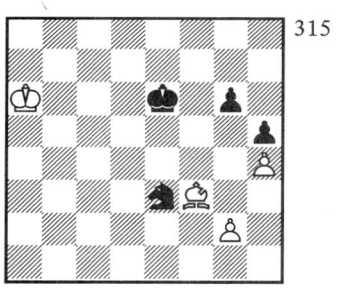
315

*Schwarz am Zuge kann nicht ge-
winnen*

Daß Schwarz nicht gewinnen
kann, dürfte zunächst Erstau-
nen hervorrufen. Der schwarze
König steht wesentlich aktiver
als sein Opponent und droht,
in die gegnerische Bauernstellung einzudringen. Schwarz
verfügt damit zweifellos über
ein positionelles Übergewicht.
Dennoch reichen die weißen
Verteidigungsressourcen angesichts des reduzierten Materials aus, um die Partie zu retten. Nicht unerheblich ist dabei, daß die schwarzen Bauern
durch den Läufer angegriffen
werden können.
Mögliche Varianten sind:
1) **1. ... ♔f5 2.♗c6!**
Der einzige Zug. Zum Verlust

führt **2.♔b5 ♔f4 3.♔c5 ♔g3
4.♗e4 ♘f5 5.♔d5 ♘:h4
6.♔e5 ♘:g2! 7.♗:g6 h4 8.♗f5
♘e3 9.♗e6 ♘g4+ 10.♔d4 h3
11.♔d3 ♔f2!** usw. (siehe zweites Kapitel).
**2. ... ♔e5 3.♔b6 ♘f5 4.♗e8!
♔f6** (4. ... ♘:h4 5.g3) **5.♗d7!**
(wiederum die einzige Fortsetzung; nach 5.♔c5 ♘:h4 6.♗c6
♔e5 7.♔c4 ♔f4 büßt Weiß
auch den zweiten Bauern ein)
5. ... ♘:h4 6.g4! ♔g5 (im Fall
von 6. ... hg 7.♗:g4 wäre die
Hilfe des weißen Königs nicht
mehr erforderlich, da der Läufer allein mit dem Bauern fertig wird) **7.gh gh 8.♔c5 ♘f5
9.♔c4 h4 10.♔d3 h3 11.♔e2
h2 12.♗c6 ♘d4+ 13.♔f2
♘:c6 14.♔g2** mit Remis.
War der Zug 1. ... ♔f5 aber
nicht ein Tempoverlust? Prüfen
wir:
2) **1. ... ♔e5 2.♗c6 ♘f5
3.♗e8 ♔f6 4.♗d7! ♘:h4 5.g4
♔g5 6.gh gh 7.♔b5 ♘f5
8.♔c4 h4 9.♔d3,** und es ist
die gleiche Variante entstanden.
Nach 1. ... ♔e5 kann Weiß indes auch anders spielen: **2.g3
♔f5** (2. ... ♘f5 3.g4) **3.♗e2
♔e4 4.♔b5 ♘f5 5.♗d1! ♘:g3
6.♗c2+** und **7.♗:g6** mit Remis.
Zum Schluß sehen wir uns
Beispiele an, in denen der gegnerische König zum Angriffs-
objekt wird.
Zunächst ein Fall, bei dem es
dem Läufer gelingt, die Mattdrohungen abzuwehren.

F. Bondarenko, 1946

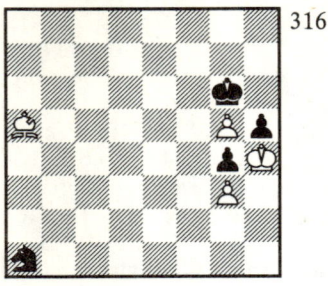

316

Springer	Läufer
c2	f2
d3, b3	c3
e4, c4, f7	f4
c6, e6	f6
d5, b5	c5
e8, a5, c5, d8	e5
a7	e7, d4
c7	d4
c3	d6, e3

Remis

Diese Stellung ist ein Beispiel für die Nutzung von Gegenfeldern.

Um zu gewinnen, muß Schwarz mit dem Springer auf eines von 11 (!) Feldern durchbrechen: h2, g1, e1, d2, e3, d4, e5, d6, e7, g7 oder g5. Untersuchen wir, ob der Läufer dies verhindern kann. Wenn der Springer auf c2 steht und droht, nach e1, e3 oder d4 zu ziehen, ist der richtige Platz für den Läufer das Feld f2. Befindet sich der Springer auf c4, gehört der Läufer nach f4. Weicht der Springer nach a3 aus, muß der Läufer nach e3 gehen. Gelangt der Springer nach c6, hat sich ihm der Läufer auf f6 entgegenzustellen. Auf diese Weise erhalten wir eine Tabelle mit Gegenfeldern.

Ermitteln wir nunmehr, wohin der Läufer in der Ausgangsposition ziehen muß. Von a1 aus kann der Springer nach b3 oder c2 gehen, d. h., der Läufer muß entweder nach c3 oder nach f2 gelangen können. Dies ist von d4 oder e1 aus zu bewerkstelligen. Das Feld d4 kann der Läufer nicht erreichen, folglich ist der richtige Zug 1.♗e1.
Die Lösung läßt sich anhand der Tabelle direkt zu Papier bringen:
1.♗e1 ♘c2 2.♗f2 ♘a3 3.♗e3 ♘c4 4.♗f4 ♘a5 5.♗e5 ♘c6 6.♗f6 ♘a7 7.♗e7(d4) ♘b5 8.♗c5 ♘c7 9.♗d4 ♘d5 10.♗c5 ♘c3 11.♗d6(e3) ♘e4 12.♗f4 ♘c5 13.♗e5 ♘b3 14.♗c3 mit Remis.
Dem Läufer ist es gelungen, den Springer auf keines der 11 Felder zu lassen!
Im nächsten Beispiel wird der Läufer nicht mit dem Springer fertig.

G. Adamson, 1923

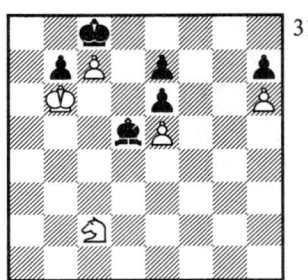

317

Weiß gewinnt

Schwarz muß vor dem Springer
die Bauern e6 und h7 sowie
die Felder b5 und g6 verteidigen. Diese Aufgabe übersteigt
die Kraft des Läufers.
Fertigen wir eine Tabelle der
Gegenfelder an.

Springer	Läufer
c5	d5
d4	c4
f4, g5	f5
d3	e4
c3, e2	d3
e4	kein Gegenfeld

Um zu gewinnen, muß Weiß
den Springer also nach e4 bringen. Die Lösung ist einleuch-
tend:
1.♘a3 ♗c6 2.♘b1 ♗e4!
3.♘c3 ♗d3! 4.♘a4 ♗e4
5.♘c5 ♗d5! 6.♘d3 ♗e4!
7.♘f4 ♗f5! 8.♘e2 ♗d3!
9.♘c3 ♗f1 10.♘e4 usw.

L. Kubbel, 1925

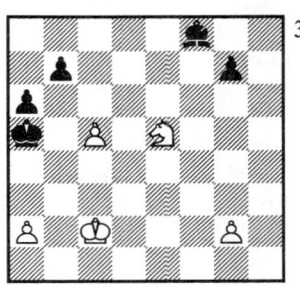

318

Weiß gewinnt

Auf den ersten Blick ist nicht
zu erkennen, weshalb der
schwarze König hier ungünstig
stehen soll. Es folgt jedoch
1.c6!! bc 2.♔b3, wonach
Schwarz wegen der Drohung
3.a4 nebst 4.♘c4 matt den
Läufer verliert.

**Bagirow–Ressel
Helsinki 1961**

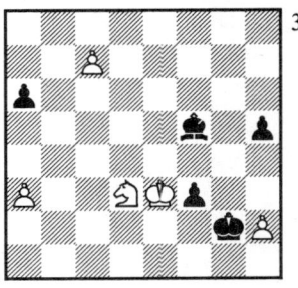

319

Weiß am Zuge

Nach **1.♘f4+ ♔:h2 2.♔:f3 h4**
kam es zu einer Stellung, in
der Weiß auszunutzen ver-

201

suchte, daß der schwarze König vor seinem eigenen Bauern
stand.

3.♘g6 h3

Auch nach 3. ... ♔h3 kann
Schwarz die Partie nicht retten, z. B. 4.♘e7 ♗g4+ 5.♔f2
♗d7 6.c8♕ ♗:c8 7.♘:c8
♔g4 8.♘b6 ♔f4 9.♘a4 ♔e5
10.♘c5 ♔d5 11.♘:a6 ♔c4
12.♘b4 ♔b3 13.♘c2 oder

10. ... a5 11.♘b3 ♔d5
12.♘:a5 ♔c5 13.♘b3+ ♔b5
14.♘a1 ♔a4 15.♘c2, und
Weiß gewinnt.

**4.♔f2! ♔h1 5.♘e7 ♗d7
6.c8♕ ♗:c8 7.♘:c8 ♔h2**
(7. ... h2 8.♘d6 a5 9.♘f5 und
10.♘g3 matt) **8.♘d6 a5 9.♘f5
a4 10.♘e3 ♔h1 11.♘f1.**

Schwarz gab auf.

Turm gegen Leichtfigur

Turm gegen Läufer

Erstes Kapitel

Turm gegen Läufer (ohne Bauern)

Mit Turm gegen Läufer (ohne Bauern) ist bei richtiger Verteidigung selbst dann nicht zu gewinnen, wenn der König der schwächeren Seite an den Brettrand gedrängt wurde. Dieser braucht sich vor den angreifenden Figuren des Gegners nur in eine Ecke zurückzuziehen, deren Farbe nicht der des Läufers entspricht. Eine solche Ecke bezeichnet man als ungefährlich. Hier eine typische Schlußstellung mit einem König in einer ungefährlichen Ecke.

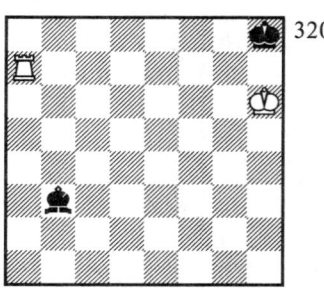

320

Remis

Schwarz behauptet das Gleichgewicht, wenn er mit dem Läufer auf der Diagonale a2–g8 bleibt. Auf 1. ♖e8+ folgt 1. ... ♗g8, wonach sowohl 2. ♔g6 als auch ein Abwartezug des Turmes auf der 8. Reihe zum Patt führt.

Befindet sich der König der schwächeren Seite in einer Ecke von der Farbe des Läufers, kann die Turmpartei in der Regel gewinnen. Diese Ecke bezeichnet man deshalb als gefährlich.

B. Horwitz und J. Kling, 1851

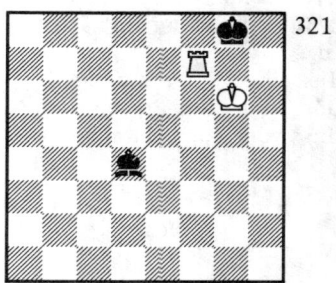

321

Schwarz am Zuge. Weiß gewinnt

Dieses Beispiel veranschaulicht die Gewinnmethode bei einem König in einer gefährlichen Ecke.

Weiß droht, durch 1. ♖d7 ♗b6

2.♖b7 ♗c5 3.♖b8+ ♔f8
4.♖a8 (oder einen beliebig anderen Turmzug auf der
8. Reihe) 4. ... ♔h8 5.♖:f8
matt zu setzen. Dagegen hilft
auch 1. ... ♗c5 nicht, denn
nach 2.♖c7 ♔f8 3.♖c8 folgt
ebenfalls Matt im nächsten
Zuge.
Schwarz bleibt nur eine einzige Möglichkeit: 1. ... ♗g1!
Der Läufer versteckt sich vor
den Angriffen des Turmes hinter dem gegnerischen König.
Weiß steht jetzt vor der Aufgabe, den Läufer aus diesem
Unterschlupf zu vertreiben.
Dies geschieht so: 2.♖f1 ♗h2!
3.♖f2 ♗g3 4.♖g2! ♗e5.
Der Läufer muß das Versteck
verlassen. Wenn 4. ... ♗h4, so
5.♔h5+, und auf 4. ... ♗d6
entscheidet 5.♖d2 ♗e7 6.♖c2
und 7.♖c8.
5.♖e2 ♗d6 6.♖e8+ ♔f8
7.♖d8 nebst Matt im nächsten
Zuge.
Hier eine weitere wichtige Stellung, in der das Ergebnis allerdings vom Zugrecht abhängt.

B. Horwitz und J. Kling, 1851

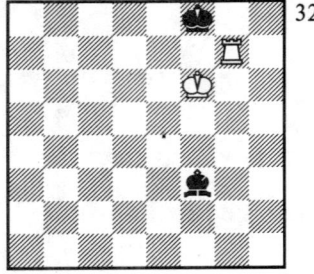

322

Weiß am Zuge gewinnt
Schwarz am Zuge hält remis

Die Gegenüberstellung der Könige bedeutet für Schwarz
ständige Mattgefahr. Weiß
kann, wenn er am Zuge ist, gewinnen. Zwar versteckt sich
der Läufer vorläufig noch hinter dem „breiten Rücken" des
gegnerischen Königs, doch
wird er von dort durch das bereits aus Beispiel 321 bekannte
Turmmanöver vertrieben.
Es folgt 1.♖g3 ♗e4.
Zum Verlust des Läufers führt
sowohl 1. ... ♗h5 2.♖h3 ♗f7
3.♖h8+ ♔g8 4.♔g6 als auch
1. ... ♗c6 2.♖c3 ♗d7 3.♖b3!
♔g8 4.♖b8+ nebst 5.♖b7.
2.♖e3 ♗g2 3.♖e2! ♗f3
4.♖f2, und Weiß gewinnt.
Schwarz am Zuge kann sich
retten, wenn er mit dem König
durch 1. ... ♔e8! die Flucht
ergreift, z. B. 2.♔e6 ♔d8
3.♔d6 ♔c8, und Weiß ist
nicht in der Lage, weitere
Mattdrohungen zu schaffen, da
seinem König das Feld c6 unzugänglich ist.

Die drei soeben betrachteten Beispiele sind *Grundstellungen.* Ihre Kenntnis ist sehr wichtig, um sich in komplizierteren Situationen zurechtzufinden.

J. Berger, 1889

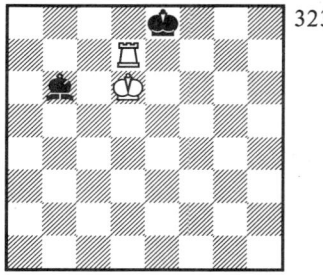

323

Weiß am Zuge gewinnt
Schwarz am Zuge hält remis

Weiß am Zuge kommt zum Erfolg, indem er die Stellungen 321 oder 322 (letztere bei eigenem Zugrecht) herbeiführt. Dies geschieht so:
1.♔e6! ♔f8 (im Fall von 1. ... ♗e3 entsteht Beispiel 322) 2.♖f7+ ♔g8 (wenn 2. ... ♔e8, so 3.♖b7) 3.♔f6! ♗d4+ 4.♔g6, und es ist Stellung 321 erreicht.
Schwarz am Zuge ergreift mit dem König die Flucht: 1. ... ♔f8! 2.♔e6 ♔g8! 3.♔f6 (falls 3.♖f7, so 3. ... ♗d4!, und Weiß kann keine Mattdrohungen schaffen, da er nicht die Opposition erlangt) 3. ... ♔f8! Offensichtlich der einzige Zug! Schwarz bringt den König selbst in Opposition. Der Leser

kann sich jedoch leicht davon überzeugen, daß es Weiß nicht gelingt, diese gefährliche Gegenüberstellung auszunutzen. Kehren wir zu Beispiel 321 zurück. Wenn Weiß auf 1. ... ♗g1 nicht 2.♖f1, sondern 2.♖d7? spielt, rettet sich Schwarz, indem er mit dem König aus der Gefahrenzone ausbricht.

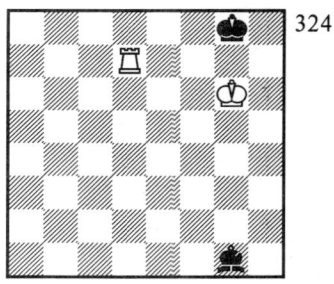

324

Schwarz am Zuge hält remis

1. ... ♔f8! 2.♔f6.
Wie soll Schwarz jetzt fortsetzen? Falls 2. ... ♔e8, so 3.♔e6 ♔f8 4.♖f7+ ♔g8 5.♔f6! Weiß hat den König erneut in die gefährliche Ecke getrieben und wird die Opposition einnehmen.
Zum Remis führt nur 2. ... ♗b6!, wodurch die Schlußstellung des vorigen Beispiels entsteht.

W. Platow, 1925

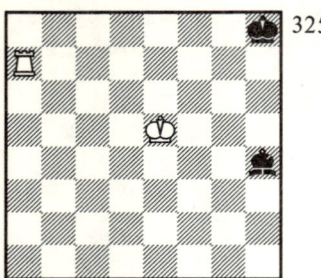

325

W. Platow, 1925

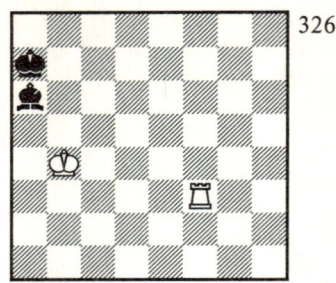

326

Weiß gewinnt

Um zu gewinnen, muß Weiß den gegnerischen König in der gefährlichen Ecke festhalten.
1.♔f5! ♔g8 (sonst geschieht 2.♔g6) **2.♖a4!!**
Ein äußerst interessantes Moment. Weiß macht sich die ungünstige Aufstellung des Läufers zunutze.
2. ... ♗e1.
Auf 2. ... ♗d8 oder 2. ... ♗g3 verliert Schwarz den Läufer sofort, im Fall von 2. ... ♗f2 nach 3.♔g6. Auch auf 2. ... ♗e7 entscheidet 3.♔g6, da es gegen 4.♖a8+ keine befriedigende Verteidigung gibt.
3.♔g6 ♔f8 4.♖f4+!, und Weiß gewinnt: 4. ... ♔g8 oder 4. ... ♔e8 scheitert an 5.♖e4.
In den folgenden Studien kann Weiß ebenfalls Stellung 321 erreichen.

Weiß gewinnt

1.♔a5! ♗e2.
Wenn 1. ... ♗b7, so 2.♖f7 ♔b8 3.♔b6, und wenn 1. ... ♗c4, so 2.♖c3 ♗d5 3.♖c7+ und 4.♔b6.
2.♖f7+ ♔b8 3.♔b6 ♔c8 4.♔c6! ♔d8 5.♔d6! ♔c8 (der König muß umkehren, denn auf 5. ... ♔e8 entscheidet 6.♖e7+) **6.♖c7+ ♔b8 7.♔c6,** und die Aufgabe ist erfüllt.

F. Sackmann, 1898

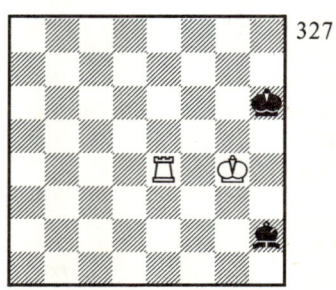

327

Weiß gewinnt

Ein Mattnetz ist vorläufig nicht vorhanden, und auf den ersten Blick ist auch nicht zu erkennen, wie es geknüpft werden könnte. Schwarz wird jedoch sein ungünstig postierter Läufer zum Verhängnis.

1.♔f5 ♔g7.
Es drohte 2.♖h4+. Falls 1. ... ♗b8, so 2.♖e8! ♗g3! (2. ... ♗c7 oder 2. ... ♗a7 3.♖e6+, und Weiß gewinnt) 3.♖g8 ♗f2 4.♖g6+ ♔h7 (falls 4. ... ♔h5, so 5.♖g2) 5.♔f6 mit Übergang zu Beispiel 321. Zu Stellung 321 oder 322 kommt es auch nach 1. ... ♗g3 2.♖g4 ♗e1 3.♖g6+.
2.♖d4!
Ein schwer zu findender Zug. Trotz scheinbarer Bewegungsfreiheit kann sich der Läufer jetzt nicht von der Stelle rühren. Wenn 2. ... ♗b8, so 3.♖d7+ ♔h6 4.♖d8 ♗c7 (4. ... ♗a7 5.♖d6+) 5.♖c8! ♗a5 6.♔f6 ♔h7 7.♔f7 ♔h6 8.♖c6+, und nach 8. ... ♔h7 haben wir Stellung 321 vor uns. Zum Verlust führt auch 2. ... ♔f7 (2. ... ♔g8 3.♔f6 ♗c7 4.♖d7 und 5.♖f7) wegen 3.♖d7+ ♔e8 4.♔e6 ♔f8 5.♖f7+.
Schwarz bleibt deshalb nur eine Antwort: **2. ... ♔f8 3.♔e6 ♗g3 4.♖c4!**
Schwarz befindet sich im Zugzwang:
1) **4. ... ♗e1 5.♔f6 ♔g8 6.♔g6 ♔f8 7.♖f4+**, und der schwarze König muß in die gefährliche Ecke.

2) **4. ... ♗h2 5.♖h4 ♗g3** (5. ... ♗c7 6.♖h7 und 7.♖f7+) **6.♖h3 ♗e1 7.♔f6 ♔g8 8.♔g6 ♔f8 9.♖f3+**, und Weiß hat sein Ziel erreicht.

W. Platow, 1906

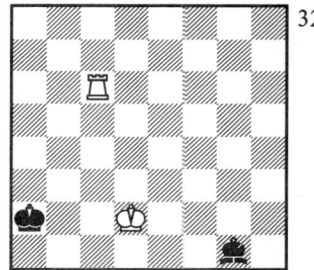

328

Weiß gewinnt

Befände sich der Läufer auf der Diagonale a1−h8, könnte Weiß nicht gewinnen. Der ungünstig postierte Läufer ermöglicht es, Stellung 321 aufzubauen.
Dies geschieht folgendermaßen: **1.♔c3! ♗f2.**
Falls 1. ... ♗h2, so 2.♖a6+ ♔b1 3.♔b3 ♔c1 4.♖a1+ und 5.♖a2+ mit Eroberung des Läufers. 1. ... ♗e3 führt nach 2.♔c2 ♔a3 3.♖c3+ zum gleichen Ergebnis.
2.♖e6 ♔b1 (auf 2. ... ♗h4 entscheidet, wie schon aus Beispiel 325 bekannt, 3.♔c2 ♔a3 4.♖e3+, und auf 2. ... ♗c5 zieht Schwarz durch 3.♖a6+ ♔b1 4.♔b3 ♔c1 5.♖c6 den kürzeren) **3.♖e2 ♗h4 4.♖c2**, und die Aufgabe ist erfüllt.

J. Enevoldsen, 1949

T. Moljen, 1897

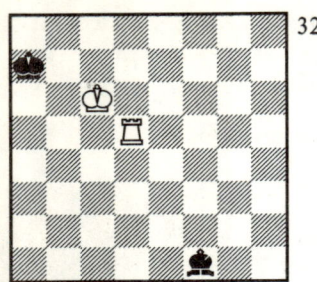

329

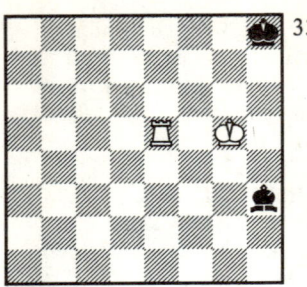

330

Weiß gewinnt

Weiß gewinnt

Nach 1.♖d2 gelingt es Weiß auch hier, Stellung 321 herbeizuführen, z. B. **1. ...** ♗c4 **2.**♖b2! ♗ beliebig (2. ... ♔a6 3.♖b4) **3.**♖b6.

In all diesen Beispielen wurde Schwarz die ungünstige Aufstellung des Läufers zum Verhängnis, die nicht zuließ, daß der König aus der gefährlichen Ecke ausbrach.

Eine schlechte Läuferstellung kann selbst dann eine Niederlage verschulden, wenn der König in einer ungefährlichen Ecke steht.

Stände der Läufer auf einem Feld der Diagonalen b1–h7 oder a2–g8, könnte Schwarz das Gleichgewicht aufrechterhalten. Zu seinem Leidwesen ist dies aber nicht der Fall.
1.♖e8+ ♔g7 **2.**♖e7+ ♔f8 **3.**♔f6 ♔g8 **4.**♔g6 ♔f8 **5.**♖e5!
Es hat sich eine originelle Zugzwangstellung ergeben, in der Schwarz über keinen nützlichen Zug verfügt, z. B. 5. ... ♗g2 **6.**♔f6 ♗f3 (6. ... ♔g8 7.♖g5+) **7.**♖e3, und Weiß gewinnt wie in Beispiel 322. Am hartnäckigsten ist **5. ...** ♗d7. Darauf folgt **6.**♔f6 ♔g8 **7.**♖g5+! ♔f8 (7. ... ♔h8 8.♔f7) **8.**♖a5! ♗c6! **9.**♖a6 ♗g2! **10.**♖a2 ♗e4 **11.**♖e2 ♗f3 **12.**♖f2!, und wieder gewinnt Weiß wie in Stellung 322.

Maestro, 1939

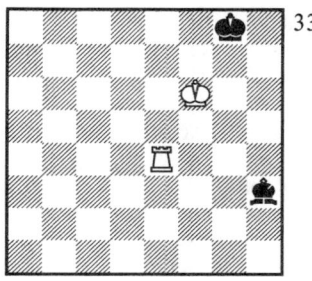

331

Weiß gewinnt

Auch in diesem Beispiel bringt
1. ♖d4! den Gegner in Zugzwang. Auf die einzig in Betracht kommende Antwort
1. ... ♗f1 entscheidet 2.♔g6
♔f8 3.♖f4+ nebst 4.♖:f1.
Zum Abschluß möchten wir
den Leser mit einer Stellung
bekannt machen, in der Weiß
gewinnen kann, ohne daß ein
Mattnetz vorhanden wäre.

A. Selezki, 1931
(Schluß einer Studie)

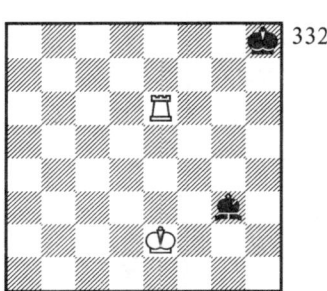

332

Weiß gewinnt

Nach 1.♔f3! büßt Schwarz
überraschend den Läufer ein,
da dieser kein befriedigendes
Abzugsfeld besitzt.

Zweites Kapitel

Turm gegen Läufer und Bauer

Das normale Ergebnis in derartigen Endspielen ist ein Remis.
Nur in Ausnahmefällen gelingt
es, mit dem Turm zu gewinnen.
Noch seltener sind Stellungen,
in denen die Läuferpartei zum
Erfolg kommt.
Der Turm gewinnt gegen den
Läufer, wenn es möglich ist,
ein Mattnetz um den gegnerischen König zu knüpfen oder
den Läufer zu erobern. Dies
trifft auch zu, wenn die schwächere Seite noch einen Bauern
besitzt.
Hier charakteristische Beispiele.

F. Sackmann, 1912

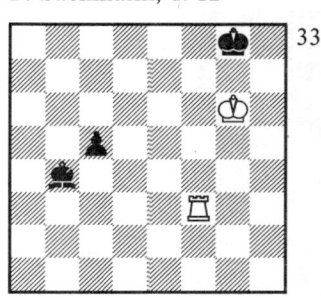

333

Weiß gewinnt

Der schwarze König befindet sich in einer gefährlichen Ecke. Um zu gewinnen, muß Weiß den Turm mit Tempogewinn auf die 8. Reihe bringen. Wenn Schwarz am Zuge ist, bereitet dies keine Schwierigkeiten: Der Läufer muß stillhalten, denn auf 1. ... ♗a5 geschieht 2.♖a3 nebst 3.♖a8, und auf 1. ... ♗d2 oder 1. ... ♗e1 entsprechend 2.♖d3 bzw. 2.♖e3. Schwarz ist deshalb zu **1. ... c4** gezwungen, worauf nicht 2.♖f4? ♗a3! 3.♖:c4 ♔f8! mit Remis, sondern **2.♖f5! ♗c3 3.♖f7! ♗b4** folgt. Der Läufer mußte den Unterschlupf verlassen, und Weiß verwirklicht das entscheidende Turmmanöver: **4.♖b7 ♗d6 5.♖d7 ♗f8 6.♖d8 c3 7.♖c8 c2 8.♖:c2.** Liegt die Zugpflicht bei Weiß, besteht seine Aufgabe darin, diese dem Gegner zu übertragen. Nach **1.♖f5! ♗a3 2.♖f1 ♗b4 3.♖f3!** kann Schwarz die Waffen strecken.

F. Sackmann

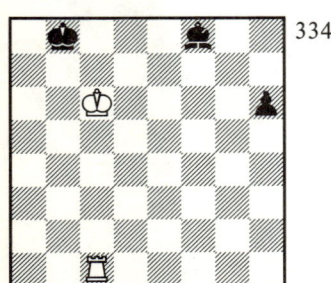

334

Weiß gewinnt

Hier steht der König in einer ungefährlichen Ecke. Schwarz wird jedoch die ungünstige Aufstellung seines Läufers zum Verhängnis. Wichtig ist, daß das Beispiel remis ausginge, wenn der Bauer nicht auf dem Brett wäre und der Läufer nach h6 ziehen könnte. Dies ist ein weiterer Beweis dafür, daß ein Bauer eine negative Rolle spielen kann, wenn er die Bewegungsfreiheit seiner eigenen Figuren beeinträchtigt. Weiß kommt durch **1.♖e1 ♔a7** (1. ... ♗a3 2.♖b1+ ♔c8 3.♖a1) **2.♖f1!** zum Erfolg. Auf 2. ... ♗b4 entscheidet 3.♖a1+ und 4.♖b1. Ein ähnliches Bild ergibt sich in der folgenden Studie.

S. Birnow, 1946

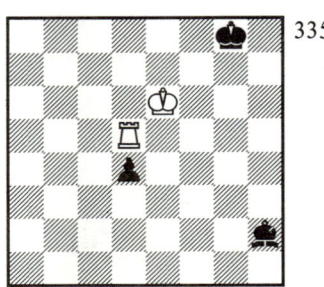

335

Weiß gewinnt

Wäre der schwarze Bauer nicht, würde Weiß nach 1.♔f6 ♗c7 2.♖d7 und 3.♖f7 Stellung 321 herbeiführen und leicht gewinnen. Hier ist diese Idee nicht anwendbar. Aber gerade dank dem Bauern gelingt es Weiß, einen anderen Plan zu verfolgen und den Läufer zu fangen.

1. ♖g5+ ♔f8 2. ♖h5 ♗c7 (schlecht ist 2. ... ♗g3 oder 2. ... ♗g1 wegen 3. ♖f5+ und 4. ♖g5) **3. ♔d7! ♗b6 4. ♖b5 ♗a7 5. ♖a5 ♗b6 6. ♖a8+ ♔f7 7. ♔c6**, und der Läufer fällt.

Läufer und Bauer gewinnen gegen den Turm, wenn es möglich ist, den Bauern zur Dame zu führen (wir haben selbstverständlich keine Stellungen im Auge, in denen der Turm sofort geschlagen werden kann). Dazu muß der Bauer in der Nähe des Umwandlungsfeldes stehen. Eine weitere Voraussetzung ist in der Regel, daß die Figuren des Gegners ungünstig postiert sind.

Deutsche Schachzeitung, 1887

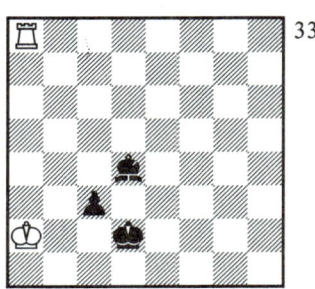

336

Schwarz am Zuge gewinnt

Nach 1. ... c2 ist Weiß nicht in der Lage, den Bauern zu stoppen, z. B. **2. ♖c8 ♗c3**

3. ♖d8+ ♔e2 4. ♖e8+ ♔f2 5. ♖f8+ ♔g2 6. ♖g8+ ♔h2, und die Schachgebote sind erschöpft.

Das gleiche Thema, jedoch in komplizierterer Form, behandeln auch die folgenden Studien.

L. Ehrlich, 1928

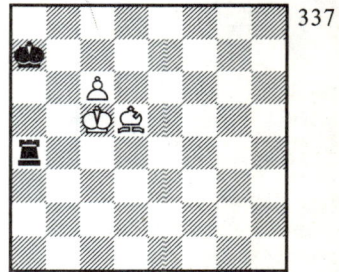

337

Weiß gewinnt

Auf das offensichtliche **1. c7** geschieht 1. ... ♖a5+!, worauf nur **2. ♔c4!** gewinnt, z. B. 2. ♔d6(d4) ♖:d5+! 3. ♔:d5 ♔b7 4. ♔d6 ♔c8 mit Remis oder 2. ♔c6 ♖:d5! 3. c8♕ ♖c5+! 4. ♔:c5 patt! Im Fall von 2. ♔b4 hält Schwarz das Gleichgewicht durch 2. ... ♖b5+! 3. ♔c4 ♖b8 4. ♗e6 ♔b7 aufrecht.

Nach 2. ♔c4 ist folgende Fortsetzung möglich: 2. ... ♖a1 3. ♗c6! ♖c1+ 4. ♔d5 ♖d1+ 5. ♔e6! (wenn 5. ♔e4 ♖e1+ 6. ♔f3, so 6. ... ♖e8 7. ♗:e8 ♔b7 mit Remis) 5. ... ♖e1+ 6. ♔f7 ♖f1+ 7. ♔g7 ♖g1+ 8. ♔h7! Eine letzte Feinheit.

Auf 8.♔h8 zieht sich Schwarz mit 8. ... ♖b1! 9.c8♕ ♖b8 aus der Affäre. Jetzt hingegen kann er aufgeben.

L. Prokes, 1948

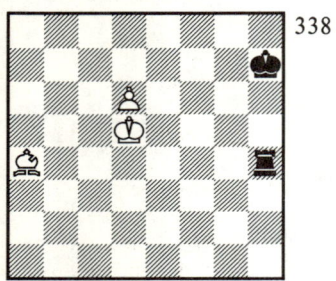

338

Weiß gewinnt

1.d7 ♖h2 2.♔c4 ♖d2 3.♗c2+! ♖:c2+ (wenn Schwarz das Opfer ablehnt, sperrt der Läufer mit 4.♗d3 die Linie) 4.♔d3 ♖c1 5.♔d2, und der Bauer ist nicht aufzuhalten.

A. Troitzky, 1929
(Schluß einer Studie)

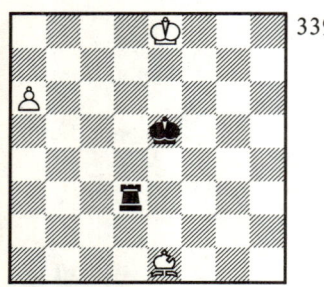

339

Weiß gewinnt

Schwarz droht, durch 1. ... ♖a3 den Bauern zu erobern. Deshalb nimmt Weiß mit 1.♗b4! das Feld a3 unter Kontrolle. Nun wird deutlich, daß es dem Turm wegen der ungünstigen Aufstellung seines Königs nicht mehr gelingt, den Bauern zu stoppen. Auf 1. ... ♖d1 2.a7 ♖a1 entscheidet 3.♗c3+. Unzureichend ist auch 1. ... ♖e3 2.a7 ♔f6+ wegen 3.♔f8! (3.♔d8? ♔f7 mit Remis) 3. ... ♖h3 4.♗c3+, und Weiß gewinnt. Etwas komplizierter ist das folgende Beispiel.

H. Weenink, 1917

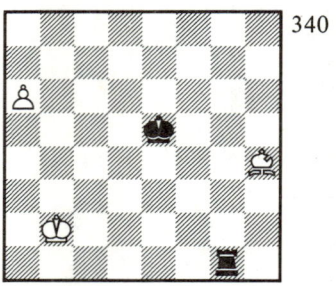

340

Weiß gewinnt

Auf 1.a7 scheitert 1. ... ♖g8 an 2.♗g3+ ♔ beliebig 3.♗b8 ♖g2+ 4.♔b3. Schwarz versucht daher, den weißen König durch 1. ... ♖g2+! auf die 3. Reihe zu treiben, um den Läufer mit Schach schlagen zu können.
Weiß durchkreuzt dieses Vorhaben indes mit 2.♔b1(a1)

罝g1+ 3.♗e1!! Nach 3. ...
罝:e1+ 4.♔b2 罝e2+ 5.♔b3
罝e3+ 6.♔b4 罝e4+ 7.♔b5
oder 3. ... 罝g8 4.♗g3+ ♔ beliebig 5.♗b8 罝g1+ 6.♔b2
罝g2+ 7.♔b3 kann Schwarz
aufgeben.
Die ungünstige Aufstellung
seines Königs auf einem weißen Feld wird Schwarz im folgenden Beispiel zum Verhängnis.

V. Kivi, 1945
(Schluß einer Studie)

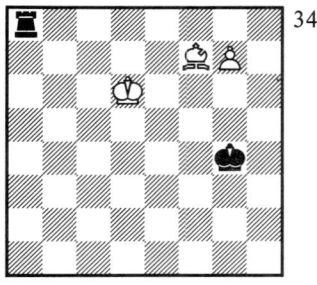
341

Weiß gewinnt

Weiß kann die 8. Reihe sperren und den Bauern zur Dame
führen: 1.♗d5! 罝e8! 2.♔d7
罝b8 3.♔c7 罝e8 4.♗f7 罝a8
5.♗e6+ ♔g5 6.♗c8 罝a7+
7.♗b7.

Drittes Kapitel

Turm und Bauer gegen Läufer

Turm und Bauer sind erheblich stärker als ein Läufer. Es
ist daher nicht verwunderlich,
daß der Bauer in den meisten
Fällen den Erfolg garantiert.
Es gibt jedoch nicht wenige
Stellungen, in denen der Gewinn erst nach Überwindung
beträchtlicher Schwierigkeiten
zustande kommt.
Bekannt sind auch einige Ausnahmen, in denen die schwächere Seite remis hält.
Der Plan zur Realisierung des
Vorteils bedarf in diesem Endspiel keiner besonderen Erläu-
terungen: Die stärkere Seite
muß die gegnerischen Figuren
abdrängen und den Bauern zur
Dame führen.

1. Mittelbauer

Hier ein charakteristisches Beispiel, das schon mehr als zwei-
hundert Jahre alt ist.

F. A. Philidor, 1777

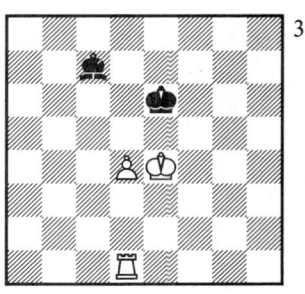
342

Weiß gewinnt

Weiß gewinnt auf elementare
Art: 1.罝a1 ♗g3 2.罝a6+
♗d6 3.罝b6! ♔d7 4.♔d5 ♗g3

5.♖b7+ ♗c7 6.♖a7! ♔d8
7.♔c6 ♗g3 8.d5 und 9.d6
usw.

Der Leser sollte beachten, daß
sich Weiß mit dem Vorrücken
des Bauern nicht beeilte. Er
war zunächst bemüht, mit
Hilfe des Turmes den gegnerischen König zurückzudrängen
und den eigenen weitestgehend
zu aktivieren. Erst dann erhielt
der Bauer „grünes Licht".
Was aber, wenn Weiß den
Bauern sofort gezogen hätte?
Nehmen wir an, in Stel-
lung 342 sei 1.d5+ ♔d7 geschehen.

B. Guretzky-Cornitz, 1860

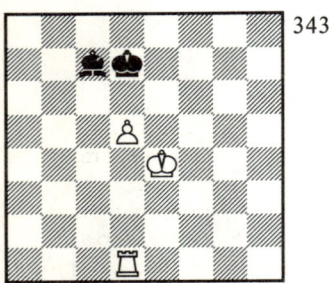

343

Weiß gewinnt

Die Verwertung des Vorteils
kostet Weiß jetzt viel Mühe, da
er nur schwer seinen König aktivieren und den Bauern vorrücken kann. Philidor hielt
diese Stellung sogar für remis,
und erst nahezu hundert Jahre
später fand der deutsche Analytiker Guretzky-Cornitz eine
Gewinnmöglichkeit.

Um zum Erfolg zu kommen,
muß Weiß mit dem König
nach e5 oder c5 gelangen.
Durch feines Manövrieren mit
Turm und König ist dies möglich.
1.♖g1!
Zunächst aktiviert Weiß seinen
Turm. Dieser Zug, auf den
Chéron aufmerksam machte,
führt schneller ans Ziel als das
von Guretzky-Cornitz untersuchte 1.♖a1.
Schwarz hat nun eine äußerst
begrenzte Wahl an Fortsetzungen. Schlecht ist sowohl 1. ...
♗h2 2.♖g7+ ♔d6 3.♖g2
♗e5 4.♖g6+ als auch 1. ...
♗b6 2.♖g7+ ♔d6 3.♖g6+
♔c7 4.♖:b6. Im Fall von 1. ...
♗d6 2.♖g7+ ♗e7 3.♔e5
oder 1. ... ♗d8 2.♖g7+ ♔d6
3.♖g6+ ♔d7 4.♔e5 erreicht
Weiß sein Ziel, den König voranzubringen, sofort.
Es bleiben zwei Möglichkeiten:
den Läufer im eigenen Lager
zu halten (1. ... ♗b8) oder ihn
in die weiße Stellung zu beordern (1. ... ♗a5). Sehen wir
uns diese Fortsetzungen der
Reihe nach an:
1) **1. ... ♗b8** (nur Zugumstellung bedeutet 1. ... ♔d6
2.♖g6+ ♔d7 3.♔d4 usw.)
2.♖g8.
Es sieht so aus, als würde
2.♖g7+ ♔d6 3.♔d4 schnell
entscheiden. Nach 3. ...
♗a7+! geht der Kampf indes
von vorne los.
**2. ... ♗c7 3.♖g7+ ♔d6
4.♖g6+ ♔d7 5.♔d4 ♗f4.**

214

Es gibt nichts Besseres. Der Läufer muß sein Lager verlassen, da 5. ... ♗b8 6.♖g7+ ♔d6 7.♔c4 ♗c7 wegen 8.♖g6+ ♔d7 9.♔c5 usw. rasch verliert.

6.♖g4! ♗d2.

Falls 6. ... ♗c1, so 7.♖g7+ ♔d6 8.♖g2!, und Schwarz ist schon nicht mehr in der Lage, das Zusammenspiel seiner Figuren zu gewährleisten, z. B.:
8. ... ♗f4 (8. ... ♔d7 9.♔e5) 9.♔e4 ♗c1 10.♖a2! ♗g5 11.♖a6+ ♔d7 12.♔e5 usw.
8. ... ♗a3 9.♖g6 ♔d7 10.♖b6 (droht 11.♔e5) 10. ... ♗f8 11.♖b7+ ♔d6 12.♔e4 ♗e7 13.♖b6+ ♔c7 14.♖a6, und Weiß gewinnt.

7.♖g2!

Weiß vermeidet eine für dieses Endspiel äußerst charakteristische Falle. Nach 7.♖g7+ ♔d6 8.♖g6+ ♔d7 scheint der Bauernvorstoß 9.d6 möglich zu sein. Darauf folgt jedoch 9. ... ♔c6! 10.♔e5 ♗b4!, und es entsteht eine einzigartige Remisstellung.

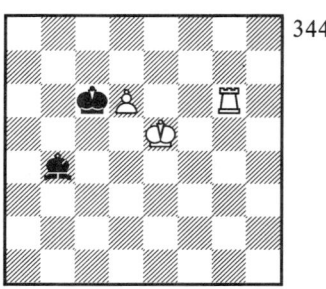

344

Remis

Weiß vermag nichts zu unternehmen. Seine Figuren sind „auf ewig" an den Bauern gebunden.

Im übrigen könnte der Läufer hier auch auf b3 stehen.

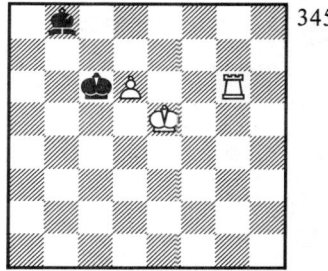

345

Remis

Wenn Schwarz am Zuge ist, verfügt er über eine einzige, aber ausreichende Antwort:
1. ... ♔c5.

Nur wenn der Läufer auf f8 steht, hängt alles Weitere vom Zugrecht ab. Der Leser kann sich selbst davon überzeugen, daß es dann für beide Seiten ungünstig wäre, den ersten Zug machen zu müssen.

Nachdem wir diese wichtigen Remisstellungen kennengelernt haben, kehren wir zur Analyse unseres Beispiels zurück.
7. ... ♗f4.

Schlecht wäre 7. ... ♗a5 wegen 8.♔c5 und 7. ... ♗c1 wegen 8.♔e5. Nicht besser ist 7. ... ♗h6 8.♔e5 ♗f8 9.♖g6, und Schwarz befindet sich im Zugzwang. Falls schließlich 7. ... ♗b4, so 8.♖b2! ♗f8

215

9.♖b7+ ♔d6 10.♔e4! ♗e7
11.♖b6+ ♔c7 12.♖a6, und
Weiß gewinnt.

8.♖f2! ♗b8.
Verhältnismäßig am hartnäckigsten. Auf 8. ... ♗c7 entscheidet 9.♖f7+ ♔d6
10.♖f6+ ♗e7 11.♖g6 ♗d6
12.♖g7+ usw. Die gleichen
Konsequenzen hat 8. ... ♗g3
9.♖f7+ ♔d6 10.♖f6+ ♔e7
11.♖g6 ♗d6 12.♖g7+.

**9.♖f7+ ♔d6 10.♔c4 ♗c7
11.♖f6+ ♔e7** (11. ... ♔d7
12.♔c5) **12.♖g6 ♗d6 13.♔b5
♔d7 14.♖g7+ ♗e7
15.♖:e7+,** und Weiß gewinnt.
2) **1. ... ♗a5 2.♖g7+ ♔d6
3.♖g6+ ♔d7 4.♔d4 ♗e1!**
Nach 4. ... ♗d2 5.♖g2 ♗f4
6.♖f2 bzw. 5. ... ♗b4 6.♖b2
geht das Spiel in bereits betrachtete Varianten über. 4. ...
♗b4 5.♖g1 würde lediglich
die Textfortsetzung abkürzen.
5.♖g7+ ♔d6 6.♖g2! ♗b4
(6. ... ♔d7 7.♔c5) **7.♖g6+
♔d7 8.♖g1 ♔d6.**
Falls 8. ... ♗f8, so 9.♖g3!
♗b4 10.♖b3! ♗f8 (auf 10. ...
♗d2 oder 10. ... ♗e1 geschieht 11.♔e5) 11.♖b7+
♔d6 12.♔e4, und Weiß gewinnt wie bereits untersucht.
9.♖c1 ♗d2.
Auf 9. ... ♗a5 entscheidet
10.♖c6+ ♔d7 11.♔c5 ♗d2
12.d6 ♔e6 13.♖c7 und auf
9. ... ♔d7 wie schon gesehen
10.♖b1 ♗d2 11.♖b2 ♗f4
12.♖f2 usw.
10.♖c6+ ♔d7 11.♖c2 ♗e1.
11. ... ♗f4 wird mit 12.♖f2

und 11. ... ♗h6 mit 12.♖g2
beantwortet. Nach 11. ... ♗g5
12.♔e5 ♗e7 13.♖g2 ♗d6+
14.♔d4 geht das Spiel in die
Textfortsetzung über.
12.♔c5 ♗g3 13.♖g2 ♗d6+
(13. ... ♗e5 14.♖g6 und
15.d6) **14.♔d4 ♗f8 15.♖g3!
♗b4 16.♖b3 ♗e1 17.♔e5,**
und Weiß hat sein Ziel
schließlich erreicht.
Wir haben uns davon überzeugt, daß in diesem Endspiel
zunächst der gegnerische König zurückgedrängt und der
eigene in die bestmögliche Position gebracht werden muß.
Erst dann darf der Bauer in
Marsch gesetzt werden.
Stellungen vom Typ des Beispiels 343, in denen der König
der stärkeren Seite wegen der
Schachgebote des Läufers
nicht sofort ein Feld neben
dem Bauern betreten kann (im
Diagramm 343 waren es die
Felder e5 oder c5), verdienen
eine eingehende Betrachtung.
Um zu gewinnen, muß die
stärkere Seite mit dem König
unbedingt ein Feld neben dem
Bauern besetzen. Es liegt auf
der Hand, daß die beiderseitigen Möglichkeiten dabei davon
abhängen, auf welcher Linie
oder Reihe der Bauer steht.
Wir haben uns ein Beispiel mit
einem Bauern auf d5 angesehen. Analysieren wir nunmehr
andere Stellungen mit einem
Mittelbauern.
Wenn der Bauer die Brettmitte
noch nicht überschritten hat,

kann der Turm die gegnerischen Kräfte von hinten angreifen, was die Gewinnführung erleichtert.

Die Beispiele 346, 348 und 349 liefern dafür anschauliche Beweise.

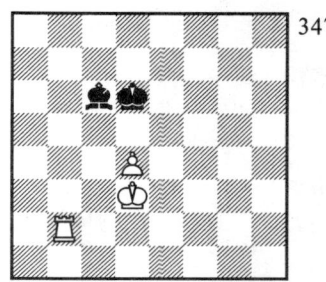

347

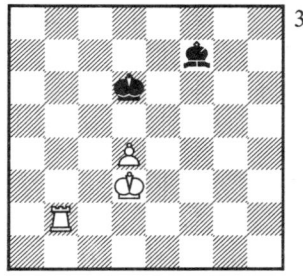

346

Weiß gewinnt

Weiß steht vor der Aufgabe, sich mit dem König auf e4 oder c4 festzusetzen.
1.♖b6+ ♔d5 2.♖f6 ♗g8. Falls 2. … ♗e6, so 3.♖f8 ♔d6 4.♖d8+ ♔e7 5.♖a8 ♔d6 6.♖a6+ ♔d5 7.♖a5+ ♔d6 8.♔e4, und auf 2. … ♗e8 folgt 3.♖f5+ ♔d6 4.♔c4.
3.♖f8 ♗h7+ 4.♔c3 (mit der Drohung 5.♖d8+ und 6.♔c4)
4. … ♗b1 5.♖a8! ♗h7 6.♖d8+! (selbstverständlich nicht 6.♖a5+ ♔d6 7.♔c4 ♗g8+ 8.d5? ♔e5! mit Remis)
6. … ♔c6 7.♔c4 ♗e4 8.d5+ (jetzt ist dies möglich) 8. … ♔c7 9.♖e8 usw.
Stand der Läufer auf f7 vielleicht ungünstig? Versetzen wir ihn nach c6.

Weiß gewinnt

Auch hier gelingt es Weiß, den Gegner auszumanövrieren.
1.♖b8! ♗g2 2.♖g8 ♗f3 3.♖f8 ♗b7.
Wenn 3. … ♗g2, so 4.♖f6+ ♔d5 5.♖f5+ ♔e6 (sonst 6.♔c4) 6.♖g5 ♗d5 7.♖g6+, und Weiß gewinnt.
4.♖f6+ ♔d5 5.♖b6 ♗c6 6.♖b8! ♔d6 7.♖d8+ ♔e7 8.♖h8 ♔d6 9.♖h6+ ♔d5 10.♖h5+ ♔d6 11.♔c4, und Weiß gewinnt.

B. Guretzky-Cornitz, 1860

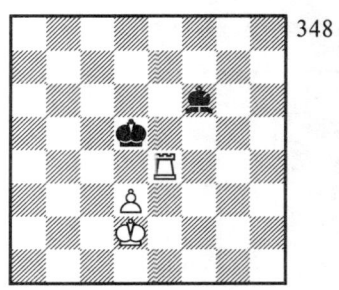

348

Weiß gewinnt

Um zu gewinnen, muß der

weiße König auf c3 oder e3 festen Fuß fassen.
1.Rb4 Bg5+ 2.Kc2 Be7.
Offenbar am hartnäckigsten. Falls 2. ... Bf6, so 3.Rb5+ Kd4 4.Rb7 Kd5 5.Rf7 Be5 (auf 5. ... Ke6 entscheidet 6.R:f6+ nebst 7.Kc3, und auf 5. ... Bh8 gewinnt 6.Rd7+ Ke6 7.Rh7 Be5 8.Kb3 Kd5 9.Rh5 Kd4 10.R:e5 und 11.Kc4) 6.Kd2 Bb2 (6. ... Bd6 7.Rd7 Ke6 8.Rd8 Bc7 9.Rc8 Ba5+ 10.Ke3 Kd5 11.Rb8 und 12.Rb5+) 7.Rd7+ (möglich ist auch 7.Rf5+ Kd4 8.Kc2 Ba3 9.Rf4+ Ke5 10.Ra4 Bc5 11.Kc3 Kd5 12.Ra5) 7. ... Kc6 8.Rd8 Bf6 9.Rf8 Bd4 10.Rf5, und Weiß gewinnt.
3.Rb5+ Kd4 4.Rb7 Bf6 5.Rd7+ Ke5 6.Kd2 Ke6 7.Rb7 Kd5 8.Rf7 Be5 9.Rd7+ Ke6 10.Ra7 Kd5 11.Ra5+ Kd4 12.Ra4+ Kd5 13.Ke3 usw.

B. Guretzky-Cornitz, 1860

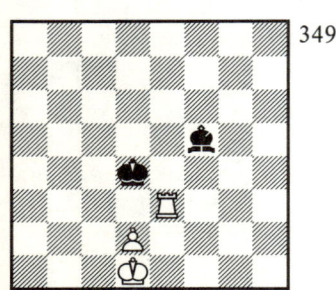

349

Weiß gewinnt

1.Rb3 Bg4+ 2.Kc1 Be6 3.Rb8 Bf5 4.Rd8+ Kc4 5.Kd1 Bg4+ (auf 5. ... Bd3 folgt 6.Ke1, wonach der König nach e3 gelangt) **6.Kc2 Bf5+ 7.d3+ Kc5 8.Kc3**, und Weiß gewinnt wie in Beispiel 342. Zum Abschluß der Analyse von Stellungen mit einem Mittelbauern sehen wir uns noch ein Beispiel an, in dem der Bauer die 6. Reihe erreicht hat. Ein Turmangriff aus dem Rückraum ist dann nicht mehr möglich. Dafür erlangt die Nähe des Bauern zum Umwandlungsfeld entscheidende Bedeutung. Aber selbst hier fällt die Gewinnführung keineswegs leicht.

Nach B. Guretzky-Cornitz, 1860

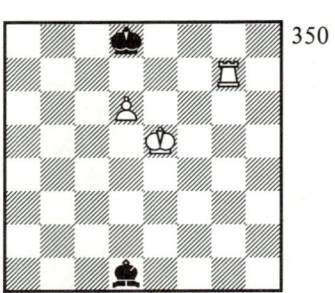

350

Weiß gewinnt

1.Rg1! Bc2!
Es zeigt sich, daß der Läufer nur auf der Diagonale a4–d1 operieren kann. Auf 1. ... Bf3 oder 1. ... Bh5 entscheidet sofort 2.Ke6, und auf 1. ... Be2

folgt 2.Tg8+ Kd7 3.Tg7+ Kd8 4.d7 Kc7 5.d8D+!! (Weiß opfert den Bauern und erhält ein gewonnenes Endspiel mit Turm gegen Läufer) 5. ... K:d8 6.Kd6 Kc8 (wegen des Läufers auf e2 darf Schwarz nicht 6. ... Ke8 ziehen) 7.Tc7+ Kb8 (oder 7. ... Kd8 8.Tc2 Ld3 9.Td2 wie in Beispiel 322) 8.Kc6! Lf3+ 9.Kb6, und der schwarze König befindet sich in einer gefährlichen Ecke (siehe Stellung 321). Dieses Verfahren – das Opfer des Bauern mit dem Ziel, ein Mattnetz zu knüpfen – ist bei einem Bauern auf der 6. Reihe typisch.

Kehren wir jedoch zur Hauptvariante zurück: **2.Tg2! Lb3!** Auf 2. ... Lb1 oder 2. ... Lh7 entscheidet wiederum 3.Ke6, während 2. ... Ld1 auf die Erwiderung 3.Td2 La4 4.d7! L:d7 5.Kd6 Kc8 6.Tc2+ Kd8 7.Th2 trifft. Auf ähnliche Art gewinnt Weiß auch nach 2. ... Ld3.

3.Tg3!

Jetzt sind folgende Varianten möglich:

1) **3. ... La4 4.Kd5 Lb5** (4. ... Kd7 wird mit 5.Tg7+ Kd8 6.Tg4! Ld1 7.Td4! beantwortet; falls darauf 7. ... Le2, 7. ... Lf3+ oder 7. ... Lh5, so entscheidet 8.Ke6; falls aber 7. ... Lc2 oder 7. ... Lb3+, so 8.Kc6) **5.Kc5 La4 6.Tg4! Ld1 7.Td4 nebst 8.d7.**

2) **3. ... Lc4 4.Tg4! La6** (4. ... La2 5.Tb4! Kc8 6.Ta4 Lb3 7.Ta3, und Weiß gewinnt; oder 4. ... Lb3 5.Tb4! La2 6.Tb8+ Kd7 7.Tb7+ Kd8 8.d7! Ke7 9.Tb2 Lf7 10.Td2) **5.Tg8+ Kd7 6.Tg7+ Kd8 7.Kd5 Lb5** (keine Rettung bringt 7. ... Ld3 8.Tg3! Lf5 9.Ke5 Lb1 10.Ta3 Kd7 11.Ta7+ nebst 12.Ke6 oder 8. ... Lb5 9.Kc5 La4 10.Tg4 Ld1 11.Td4) **8.Kc5 Ld3 9.d7! Kc7 10.Te7 Lf5 11.d8D+! K:d8 12.Kd6 Kc8 13.Tc7+ Kb8 14.Kc6, und Weiß gewinnt.**

3) **3. ... La2 4.Ta3 Lc4 5.Ta4 Lb5 6.Tg4! Kd7** (falls 6. ... La6, so 7.Tg8+ Kd7 8.Tg7+ und 9.Kd5 wie in der Variante 2; ebendahin führt auch 6. ... Lf1 7.Kd5 Lb5) **7.Tg7+ Kd8 8.Kd5,** und Weiß gewinnt wie in den vorhergehenden Varianten, denn auf 8. ... La4 entscheidet 9.Tg4! und auf 8. ... Ld3 entsprechend 9.Tg3!

Somit kommt Weiß in Stellungen mit einem Bauern auf der 6. Reihe zum Erfolg, wenn er den Bauern gibt und ein gewonnenes Endspiel mit Turm gegen Läufer herbeiführt.

Wir haben festgestellt, daß die stärkere Seite mit einem Mittelbauern auch dann immer gewinnt, wenn der König nicht sofort ein Feld neben dem Bauern betreten kann. Allerdings fällt der Gewinn nicht leicht, wenn der Bauer bereits auf der 5. oder 6. Reihe steht.

2. Läuferbauer

Bei einem Läuferbauern sind Stellungen bekannt, in denen das materielle Übergewicht nicht zu realisieren ist. Hier ein altes Beispiel.

E. del Rio, 1750

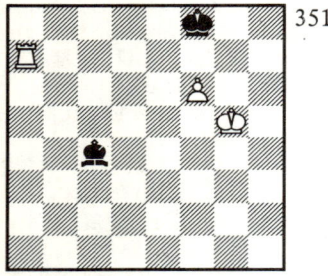

351

Remis

In dieser Stellung ist die Diagonale a2−g8 lang genug. Wenn Schwarz mit dem Läufer auf dieser Schrägen bleibt, kann er den weißen König am Betreten der Felder e6 und g6 hindern und das Gleichgewicht mühelos aufrechterhalten. Zum Beispiel: **1.♖c7 ♗a2(d5) 2.♖b7 ♗c4** usw. Dagegen würde 1. ... ♗b5? zum Verlust führen: 2.f7! ♔g7 3.♔f5 ♗a4 4.♖b7 ♗d1 (4. ... ♗c6 5.♔e6! ♗:b7 6.♔e7) 5.♔e6 ♗h5 6.♖c7 (hier lassen sich die weißen Figuren nicht „an die Kette legen", da die Läuferdiagonale zu kurz ist) 6. ... ♗g6 7.f8♕+! ♔:f8 8.♔f6. Noch erstaunlicher sind die folgenden beiden Stellungen.

P. Benkö, 1967

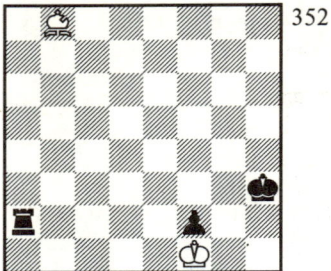

352

Remis

Hier konnte Schwarz den Bauern zwar auf die vorletzte Reihe bringen, doch zum Gewinn reicht dies nicht aus. Die weiße Verteidigung verlangt allerdings eine Fülle von Feinheiten, da es um die strikte Einhaltung von Gegenfeldern geht. **1.♗c7!**
Die einzige Antwort. Zum Verlust führt sowohl 1.♗e5 ♖a5 2.♗d6 ♖f5 nebst ♔g4−f3 als auch 1.♗d6 ♖a6 2.♗c5 (2.♗e7 ♖a7 bzw. 2.♗e5 ♖a5) 2. ... ♔g3! 3.♗:f2+ ♔f3 usw. Jetzt hingegen würde Weiß auf 1. ... ♖a7 durch 2.♗b6 remis halten. **1. ... ♖b2 2.♗d6! ♖c2 3.♗e5! ♖d2 4.♗f4! ♖e2!!**
Es sieht so aus, als sei Weiß im Zugzwang, doch ...
5.♗b8!!
Erneut die einzige Erwiderung. Schlecht wäre 5.♗c7 wegen 5. ... ♖a2! und 5.♗d6 wegen 5. ... ♖b2! In all diesen Beispielen scheitert 6.♗g3 an 6. ... ♔g4! 7.♗:f2 ♔f3.
5. ... ♖e8 6.♗g3!!

Nur dieser Zug rettet die Partie.

P. Benkö, 1967

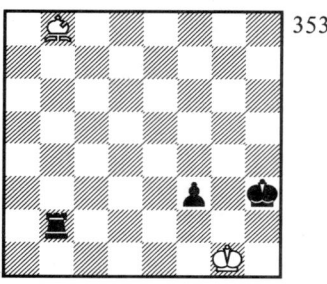

353

Remis

Nach 1.♗d6 ♖d2 2.♗f4 ♖g2+ 3.♔f1 f2 hält ausschließlich 4.♔e2! remis. Schwarz kann seine Stellung nicht verstärken.

Mit einem Läuferbauern auf der 5. Reihe kommt Weiß zum Erfolg, auch wenn er dabei beträchtliche Schwierigkeiten zu überwinden hat.

L. Centurini, 1865

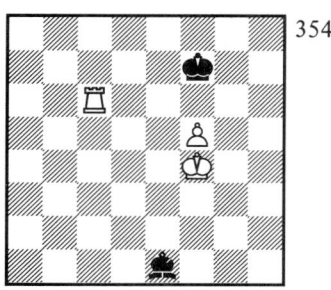

354

Weiß gewinnt

1.♖c7+ ♔f6 2.♖c2! ♗h4! Offensichtlich der einzige Zug. Auf 2. ... ♔f7 entscheidet unmittelbar 3.♔g5, im Fall von 2. ... ♗b4 zieht Schwarz nach 3.♖c6+ ♔f7 4.♔e5 den kürzeren, und 2. ... ♗a5 trifft auf die Erwiderung 3.♖c6+ ♔f7 4.f6! ♔g6 5.♔e5 ♗d8 6.♖a6. **3.♖c6+ ♔f7 4.♖c1 ♔f6.** Alles andere ist schlechter. Auf 4. ... ♗e7 folgt 5.♖c7 ♔f6 6.♖c6+ ♔f7 7.♔e5. Die Gewinnführung abkürzen würde auch 4. ... ♗f2 5.♖c2 ♗h4 (5. ... ♗d4 6.♖d2 ♗c3 7.♖d7+ ♔f6 8.♖d6+ ♔e7 9.♖c6 ♗f6 10.♖c7+) 6.♖h2 ♗d8 7.♖h7+ ♔f6 8.♖a7! und weiter wie in der Hauptvariante nach dem 13. Zug. **5.♖g1 ♗f2 6.♖g6+ ♔f7 7.♖g2 ♗e1!** Wenn 7. ... ♗d4, so wiederum 8.♖d2, und wenn 7. ... ♗b6, so ebenfalls 8.♖d2 ♗a5 9.♖d7+ ♔f6 10.♖d6+ ♔f7 11.♔g5. **8.♔g5 ♗a5** (auf 8. ... ♗c3 9.♖c2 ♗f6+ 10.♔f4 ♗d8 11.♖c3! ♗h4 entscheidet 12.♖h3 ♗e1 13.♔e5) **9.♖c2 ♗d8+ 10.♔f4 ♗h4 11.♖h2 ♗d8 12.♖h7+ ♔f6 13.♖a7 ♗c7+! 14.♔g4 ♗d8 15.♖a6+ ♔f7 16.♔h5! ♗g7 17.♖d6 ♗e7** (17. ... ♗a5 18.f6+ ♔f7 19.♔g5) **18.♖d7 ♔f6 19.♖:e7,** und Weiß gewinnt.

Mit einem Läuferbauern auf der 4. Reihe gewinnt Weiß, indem sein Turm die gegnerischen Kräfte von hinten angreift.

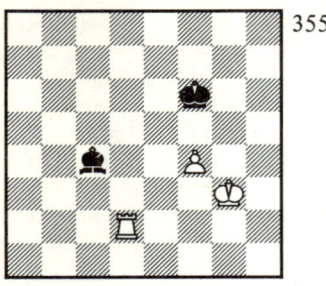

355

Weiß gewinnt

1.♖d6+ ♔f5 2.♖d8 ♔f6
3.♖f8+ ♔e7 4.♖c8 ♗e6
5.♖c6 ♔f6 6.♔h4 ♔f5
7.♖:e6 usw.

3. Springerbauer

Bei einem Bauern auf der
6. Reihe übt die Nähe des Umwandlungsfeldes erneut entscheidenden Einfluß aus.

Nach B. Horwitz und J. Kling, 1851

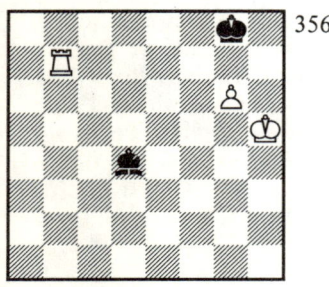

356

Weiß gewinnt

Weiß gewinnt durch ein typisches Verfahren: Durch das Opfer des Bauern zwingt er den gegnerischen König, in der gefährlichen Ecke zu bleiben.
1.g7! ♔h7 (falls 1. … ♗:g7, so 2.♔g6 usw.) 2.♖f7! ♗c3
3.g8♕+ ♔:g8 4.♔g6, und es ist die Gewinnstellung 321 erreicht.
Mit einem Springerbauern auf der 4. oder 5. Reihe ist der Gewinn leichter zu erzielen als bei einem entsprechenden Läufer- oder Mittelbauern.

L. Centurini, 1865

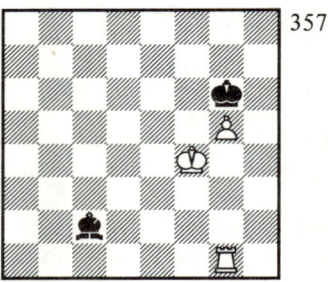

357

Weiß gewinnt

1.♖g2 ♗d3 2.♖d2!
Die gleiche Fortsetzung entscheidet auch nach anderen Abzügen des Läufers, z. B.
1. … ♗f5 2.♖d2! ♗c8 (2. …
♗h3 3.♖d3 ♗f1 4.♖d6+
♔g7 5.g6! ♔h6 6.♔f5)
3.♖d6+ ♔g7 4.g6 ♔h6
5.♖d8! ♗e6 (5. … ♗a6
6.♔f5) 6.♔e5 und 7.♔f6.
2. … ♗b1 3.♖d6+ ♔g7

222

4.♔g4 ♗e4 5.♖d4 ♗g2
(falls 5. ... ♗h7, so 6.♖d7+
♔g6 7.♖d6+ und 8.♔h5)
6.♖d7+ ♔g6 7.♖d6+ ♔g7
8.g6 ♔h6 9.♔f5, und Weiß gewinnt.

Nach J. Enevoldsen, 1949

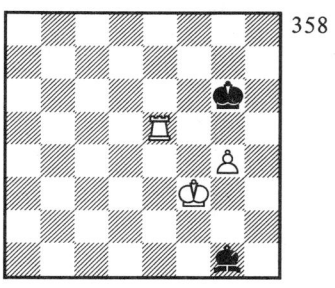
358

Weiß gewinnt

1.♖e6+ ♔g5 2.♖e2! ♗d4
3.♖e8 ♔g6 4.♖g8+ ♔f7
5.♖d8 ♗f6 6.♖d6 ♔g6
7.♔f4, und Weiß gewinnt.
Außerordentlich lehrreich ist
das folgende Beispiel aus einer
praktischen Partie.

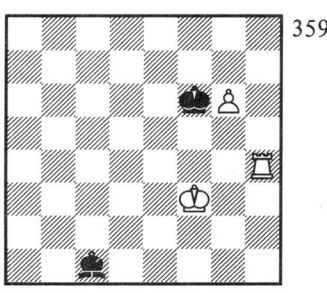
359

Weiß gewinnt

Weiß steht vor der Aufgabe,
Beispiel 356 herbeizuführen.
Dies war wie folgt zu bewerkstelligen:
1.♖g4! ♔g7 2.♔e4 ♗b2
3.♔f5 ♗c3 4.♖c4 ♗b2
5.♖c7+ ♔g8, und nach 6.g7!
♔h7 7.♖f7! gewinnt Weiß
ohne jede Mühe.
In der Partie versuchte er jedoch, den Turm sofort auf den
anderen Flügel zu spielen:
1.♖c4 ♗h6! 2.♖c6+?
Der entscheidende Fehler! Es
war noch nicht zu spät, nach
2.♖g4! ♗g7 3.♔g3 mit dem
König nach h5 zu gehen und
schließlich doch die Stellung 356 zu erreichen.
Auf den Textzug geschah 2. ...
♔g5! mit Remis, da es gegen
das Manöver 3. ... ♗g7 nebst
4. ... ♗f6 mit Vernichtung des
Bauern g6 keine Verteidigung
mehr gab.
Damit beenden wir die Analyse von Stellungen, in denen der König der stärkeren
Seite nicht sofort ein Feld neben dem Bauern betreten
kann.
Wir haben in diesem Endspiel
schon eine Reihe von Remisstellungen kennengelernt (344,
345, 351–353 sowie den
Schluß der Partie 359). Es
erscheint nützlich, sich hier
noch mit einigen weiteren vertraut zu machen.

J. Vancura, 1924

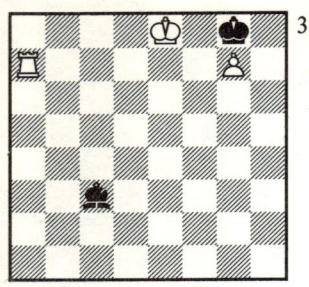

360

8.♖g4 ♗c3 9.♔f5 ♗:g7
10.♔g6 ♔f8 11.♖f4+ ♔g8
12.♖a4, und Weiß gewinnt.

A. Troitzky, 1898

361

*Weiß am Zuge gewinnt
Schwarz am Zuge hält remis*

Nach **1. ... ♗f6!** kann Weiß
wegen der ungünstigen Aufstellung seines Königs keine wirk-
samen Schritte unternehmen,
z. B. **2.♖b7 ♗g5! 3.♖b5 ♗f6!
4.♖b7 ♗g5** usw.
Ist Weiß jedoch selbst am
Zuge, gelingt es ihm, die Figurenstellung zu verbessern und
das Finale des vorigen Beispiels herbeizuführen.
Dies geschieht so: **1.♖a3!
♗e5!** (falls 1. ... ♗:g7, so
2.♖g3 ♔h7 3.♔f7 usw.)
2.♖e3 ♗b8! (eine interessante
Verteidigung; es droht 3. ...
♔:g7) **3.♖e7! ♗d6!**
Schwarz war im Zugzwang.
Auch bei anderen Läuferzügen
bringt Weiß den Turm auf die
g-Linie (auf 3. ... ♗h2 oder
3. ... ♗g3 folgt 4.♖e2 nebst
5.♖g2, und auf 3. ... ♗f4 entsprechend 4.♖e4 nebst
5.♖g4).
**4.♖e6 ♗a3 5.♖g6! ♗b4
6.♔d7 ♗a3 7.♔e6 ♗b2**

Remis

Schwarz befindet sich in einer
tragikomischen Lage. Um zu
gewinnen, muß er seinen Turm
mit Tempogewinn, d. h., ohne
den Bauern zu verlieren, freispielen. Dies ist aber nicht
möglich, da sich der weiße König ständig hinter dem schwarzen versteckt, z. B. **1.♗f3!** (der
einzige Zug) **1. ... ♔b2 2.♔b4
♔c2 3.♔c4 ♔d2 4.♔d4 ♔e1
5.♔e3 ♔f1 6.♗e2+ ♔e1
7.♗f3.**
Schwarz würde auch nichts
nützen, selbst am Zuge zu
sein: **1. ... ♔b2 2.♔b4 ♔c1
3.♔c3 ♔d1 4.♔d3 ♔e1 5.♔e3
♔f1 6.♗d3+ ♔e1 7.♗e4.**
Die folgenden beiden Beispiele
nehmen einen ähnlichen Ausgang. Die schwächere Seite rettet sich, indem sie den gegnerischen Bauern unschädlich
macht.

224

J. Fritz, 1939

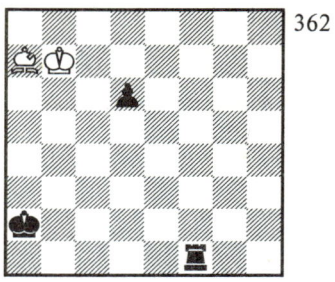

362

Remis

1.♘c6 ♖d1 2.♗b8 d5 3.♘c5
d4 (es drohte 4.♗e5 und
5.♗d4) 4.♘c4 d3 5.♘c3 ♖b1
6.♗e5! ♖b3+ 7.♘d2 ♖b5
8.♗d4 ♖b3 9.♘c3 usw.

J. Moravec, 1941

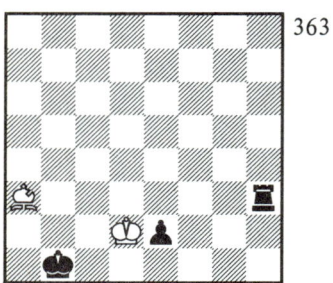

363

Remis

1.♗c5 ♖h5 2.♗e3! ♖h2
3.♗g1 (selbstverständlich nicht
3.♔e1 ♔c2) 3. ... ♖g2
4.♗d4! (Weiß läßt den schwarzen König nicht nach b2) 4. ...
♖g4 5.♗e3! ♖g2 6.♗d4 ♔a2
7.♔e1! ♖g4 8.♗e3 ♖g2 9.♗f2.

Eine andere Möglichkeit ist
1. ... ♖c3 2.♗b6! (der Läufer
muß auf die Diagonale a5−e1
gelangen) 2. ... ♖c2+.
Falls 2. ... ♖b3, so 3.♗f2! ♖b2
4.♔e1 ♖c2 5.♗e3 ♔b2 6.♗d2,
nicht aber 3.♗a5 ♖b5! 4.♗c3
♖c5 5.♗f6 ♖c6 6.♗ beliebig
♖e6, und Schwarz gewinnt.
3.♔e1 ♔b2 4.♗a5! ♖c5
5.♗b6! ♖c6 6.♗d4+ usw.

4. Turmbauer

Bei einem Turmbauern unterscheidet sich die Spielführung
etwas von jener in Stellungen
mit anderen Bauern.
Wie im Endspiel Turm gegen
Läufer hängt das Ergebnis hier
von der Farbe des Läufers ab.
Trägt das Umwandlungsfeld
die Farbe des Läufers (gefährliche Ecke), bereitet die Verwertung des Vorteils keine besonderen Schwierigkeiten, wenngleich es nur einen einzigen
Gewinnweg gibt.

**Nach B. Guretzky-Cornitz,
1863**

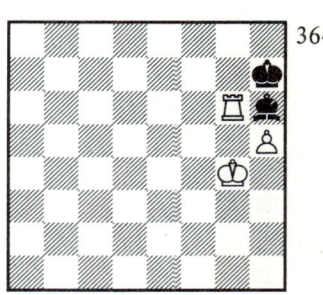

364

Weiß gewinnt

225

1.♔f5 ♗d2 2.h6!
Das Standardverfahren. Weiß
gibt den Bauern, um ein Endspiel Turm gegen Läufer zu erhalten, in dem der gegnerische
König in der gefährlichen Ecke
steht. Falls 2. ... ♗:h6, so
3.♔f6 und 4.♔f7 (321).
Schwarz läßt den Bauern daher
vorerst unangetastet.
**2. ... ♗e3 3.♖g7+! ♔:h6
4.♖g6+ ♔h7 (4. ... ♔h5
5.♖g3) 5.♔f6 ♗d4+ 6.♔f7
♗a7**, und wir haben die um
90 Grad gedrehte Gewinnstellung 321 vor uns.
Weitaus mehr Schwierigkeiten
hat die stärkere Seite, wenn
das Umwandlungsfeld des Bauern dem Läufer unzugänglich
ist, dieser aber eine Reihe an-
grenzender Felder kontrollieren
und so die Zugänge zum König verteidigen kann.
In einigen Fällen ist ein Gewinn dann überhaupt nicht
möglich.

C. Cozio, 1766

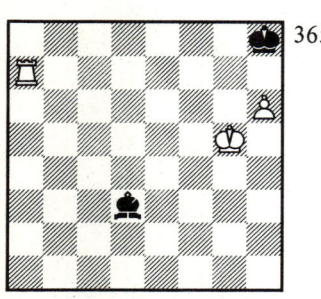

365

Remis

Eine derartige Stellung wäre
ohne den Bauern remis. Aber
auch so hält Schwarz das
Gleichgewicht leicht aufrecht,
wenn er mit dem Läufer auf
der Diagonale b1–h7 manö-
vriert. Weiß kann den König nicht
aus der Ecke h8 verdrängen.
Daraus ergibt sich die wichtige
Schlußfolgerung, *daß man den
Vorstoß eines Turmbauern (wie
auch anderer Bauern) nicht über-
stürzen darf und zunächst weitestgehend den eigenen König aktivieren muß.*
Sehen wir uns jetzt zwei interessante Hilfsstellungen an.
*Wenn der gegnerische König auch
nur um eine Linie vom Bauern
abgeschnitten werden kann, fällt
der Gewinn verhältnismäßig leicht.*

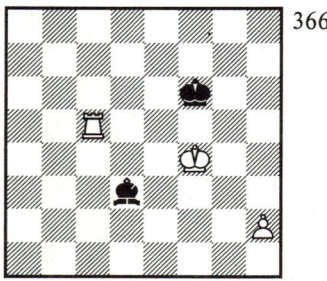

366

Weiß gewinnt

**1.♖g5! ♗g6 2.h4 ♗d3 3.h5
♗h7 4.h6 ♗g6 5.♖g3 ♔f7**
(5. ... ♗c2 6.♖g7 ♗g6 7.♖a7
und 8.h7) **6.♖g1 ♔f6 7.♖a1!
♗h7 8.♖a7!** (8.♖a6+? ♔f7
führt nur zum Remis) **8. ...
♔g6 9.♔e5! ♔:h6 10.♔f6,**
und es ist eine Gewinnstellung

vom Typ des Beispiels 322 erreicht.

J. Lequesne, 1858

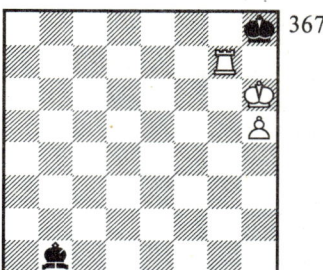

367

Weiß gewinnt

1. ♖b7!
Wie wir noch sehen werden, ist dieser Zug sehr wichtig. Der gegnerische König darf vorerst nicht aus der Ecke herausgelassen werden.
1. ... ♗a2 2.♖b8+ ♗g8
3.♔g5 ♔g7 4.♖b7+.
Möglich ist auch 4.h6+ ♔h8
5.♔f6! ♔h7 6.♖b7+ ♔h8
(6. ... ♔:h6 7.♖b2) 7.♔g6 ♗d5
8.♖e7, und Weiß gewinnt.
4. ... ♔h8 5.♔g6 ♗d5
6.♖h7+ ♔g8 7.♖e7! (ein solches Manöver wäre auch auf andere Läuferzüge gefolgt)
7. ... ♔h8 (ebendahin führt
7. ... ♔f8 8.♔f6 ♗c4 9.h6
♔g8 10.h7+ ♔h8 11.♔g6
usw.) 8.h6 ♗a2 9.h7 ♗b1+
10.♔h6, und Weiß gewinnt.
Aus diesem Beispiel darf man allerdings nicht ableiten, daß Weiß mit einem Bauern auf h5 immer zum Erfolg kommt.

Nach J. Berger

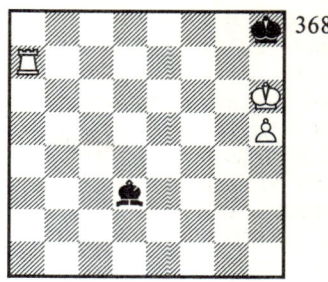

368

Schwarz am Zuge hält remis

Wir haben soeben festgestellt, daß 1. ... ♗c4 2.♖a8+ ♗g8
3.♔g5 verliert.
Schwarz rettet sich, indem er mit dem König das gefährliche Feld h8 verläßt: 1. ... ♔g8
2.♖g7+ ♔f8!, z. B. 3.♖g4
♗c2 4.♖d4 ♗b1 5.♖d8+
♔f7 6.♖d2 ♗e4 7.♖f2+
♔g8. Erst bei einem Bauern auf h4 gewinnt Weiß immer.

Nach B. Guretzky-Cornitz, 1863

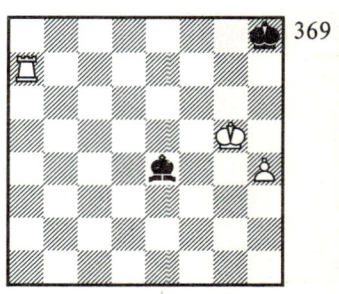

369

Weiß gewinnt

227

1.♘h6 ♚g8.
Wie in Beispiel 367 verliert
auch hier 1. ... ♗d5 2.♖d7
♗e6 3.♖d8+ ♚g8 4.♔g5
♚g7 5.♖d7+ ♚h8 6.♔g6
♗b3 7.♖h7+ ♚g8 8.♖c7
♚h8 (8. ... ♚f8 9.♖g7) 9.h5
♗d5 10.♖h7+ ♚g8 11.♖e7!
♚h8 12.h6 ♗b3 13.h7.
2.♖g7+ ♚f8 (2. ... ♚h8
3.♖e7! führt zu Stellung 367)
3.♖g5.
Der weiße König muß seinem
Bauern den Weg frei machen.
Dies wird durch Turmzüge vorbereitet.
3. ... ♚f7 4.♖g3 (auf 4.♔h5,
um mit dem König über g4 ins
Freie zu gelangen, folgt 4. ...
♗f3+; jetzt ist 5.♔g5 geplant)
4. ... ♗c2 5.♔h5 ♚f6.
Falls 5. ... ♗d1+, so 6.♔g5
♚g7 7.♖c3! Schwarz bekommt
den Läufer nicht rechtzeitig
auf die Diagonale b1–h7 und
verliert, z. B. 7. ... ♗e2 8.h5
♗b5 9.h6+ ♚h7 10.♖c7+
♚h8 11.h7.
Auch 5. ... ♗a4 6.♔g5 ♚g7
hilft nicht, da Weiß wiederum
die entscheidende Antwort
7.♖c3! parat hat.
Auf 5. ... ♗b1 ebnet der weiße
König seinem Bauern schließlich mit 6.♖g5! den Weg, z. B.
6. ... ♚f6 7.♔g4 ♗g6 8.h5
♗h7 9.h6 ♗g6 10.♔f4 ♗h7
11.♖g7 ♗d3 12.♖a7 und 13.h7.
6.♖g5 ♗d1+ (es drohte
7.♔g4; falls 6. ... ♗f5, so
7.♔h6 ♗c2 8.♖g2! und
9.♖f2+ mit Abdrängung des
schwarzen Königs) **7.♔h6 ♚f7**

(auf 7. ... ♗f3 entscheidet
8.♖g1 und 9.♖f1+) **8.♖g7+**
♚f6 (8. ... ♚f8 wird mit
9.♔g6 und 10.♔f6 beantwortet) **9.♖g1 ♗e2 10.♖g2 ♗d3**
11.♖f2+, und Weiß gewinnt.
Wie die nachstehende Studie
zeigt, muß man bei einem
Turmbauern bisweilen mit
Pattmöglichkeiten rechnen.

J. Vancura, 1924

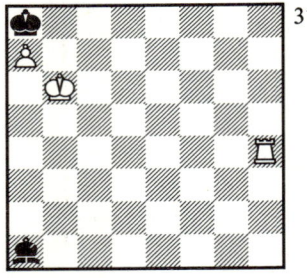

370

Weiß gewinnt

Hier führt 1.♘a6 ♗d4 2.♖h7
scheinbar schnell ans Ziel.
Nach 2. ... ♗g7!! kann sich
Schwarz jedoch retten, da der
Turm auf der h-Linie ungünstig postiert ist.
Weiß gewinnt, indem er die
Aufstellung des Läufers a1 ausnutzt: **1.♔b5! ♗b2.**
Auch andere Läuferzüge helfen
nicht, z. B. 1. ... ♗f6 2.♖f4
♗e5 3.♖e4 ♗ beliebig 4.♔a6.
Weiß gelingt es, die Aufstellung
seines Turmes zu verbessern.
2.♖b4 ♗c3 3.♖c4 ♗e5
4.♔a6, und Weiß gewinnt.
In den nächsten beiden Studien, die ein und dasselbe

Thema behandeln, verliert die stärkere Seite den Bauern. Da der gegnerische König jedoch am Brettrand steht, kommt sie durch ein interessantes Turmmanöver dennoch zum Erfolg. Diesem Turmmanöver sollte der Leser besondere Aufmerksamkeit schenken.

L. Kubbel, 1934

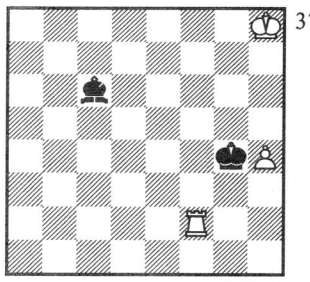

371

Weiß gewinnt

1. **♖f6 ♗e8 2. ♖h6 ♗h5**
3. **♔g7 ♔:h4** (falls 3. ... ♗e8, so 4. ♔f6 ♗h5 5. ♖h8) 4. **♔f6**
♔g4 5. ♖h8! ♔h4 6. ♔f5, und Weiß gewinnt.

J. Fritz, 1953

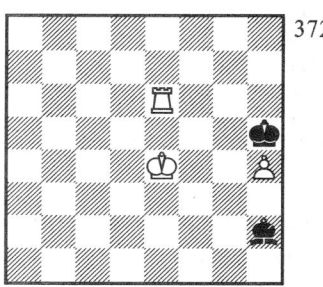

372

Weiß gewinnt

1. **♔f3 ♗g3! 2. ♖e2! ♗:h4**
(oder 2. ... ♔h4 3. ♖e4+)
3. **♖h2 ♔g5 4. ♖h1! ♔h5**
5. **♔f4**, und Weiß gewinnt.
Die gleiche Idee, allerdings in wesentlich komplizierterer Form, wurde indes schon weit früher in einer prächtigen Studie dargestellt.

J. Vancura, 1924

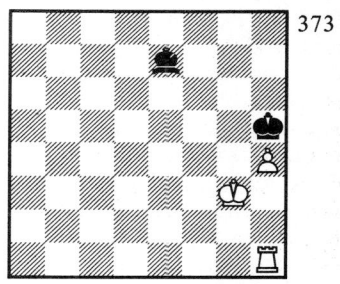

373

Weiß gewinnt

Diese Aufgabe ruft Verwunderung hervor. Auf den ersten Blick ist nicht zu erkennen, wie Weiß die Blockade brechen will. In der Tat würde Schwarz in einer derartigen Stellung bei jedem anderen Bauern (außer einem Turmbauern) das Gleichgewicht aufrechterhalten. Hier dagegen ist von entscheidender Bedeutung, daß der schwarze König auf einer Randlinie steht. Weiß kann sich dies zunutze machen, um durch ein außerordentlich feines Manöver die Aufstellung seines Turmes zu verbessern.

1.♗f4 ♝d6+!
Andere Läuferzüge sind
schlechter, z. B. 1. ... ♝f8
2.♖d1! ♝e7 3.♖d7 ♝b4
4.♖h7+ ♔g6 5.♖b7 nebst
6.♔g4 oder 1. ... ♝d8 2.♖c1!
♝f6 3.♖c7 ♝d4 4.♖h7+
♔g6 5.♖d7.
2.♔f5 ♝c5.
Im Fall von 2. ... ♝b4 3.♖c1
♝a5 würde 4.♖c2! eine originelle Zugzwangsituation schaffen, z. B. 4. ... ♔:h4 5.♔f4!
♔h3 6.♔f3! ♔h4 7.♖c4+,
und Weiß gewinnt.
3.♖c1! ♝e3 4.♖c4 ♝g1!
Auf 4. ... ♝f2 geschieht 5.♔f4
♝e1 (5. ... ♔:h4 6.♔f3+ oder
5. ... ♝:h4 6.♔f5 mit Gewinn)
6.♖c8! ♝d2+ 7.♔g3 ♝e1+
8.♔h3 usw.
5.♖a4 (fehlerhaft wäre 5.♔f4
wegen 5. ... ♔:h4 6.♖c8
♝h2+! mit Remis) **5. ... ♝b6
6.♖e4 ♝g1 7.♖c4! ♝e3
8.♔e4 ♝d2** (8. ... ♝f2 9.♔f4
♝e1 10.♖c2! usw.) **9.♖c2!**
Aber nicht 9.♔f3 ♝e1!
10.♖c1 ♝:h4 11.♖h1 ♔g5,
denn nun ist gar Weiß im Zugzwang.
9. ... ♝h6 (falls 9. ... ♝e1, so
10.♔f4) **10.♖h2 ♝g7.**
Ebendahin führt 10. ... ♝f8
11.♔f3!
11.♔f4! ♝f8 12.♔f3! ♝a3.
Oder 12. ... ♝d6 13.♖d2 ♝e7
14.♔f4 usw.
13.♖a2 ♝e7.
Auf 13. ... ♝d6 folgt 14.♖a4
und auf 13. ... ♝b4 einfach
14.♖a8! ♝c3 15.♔g3 ♝e1+
16.♔h3.

14.♖e2! ♝d8 (wenn 14. ...
♝:h4, so wie in den beiden
vorhergehenden Beispielen
15.♖h2 ♔g5 16.♖h1! ♔h5
17.♔f4) **15.♖d2 ♝e7 16.♔f4
♝f6 17.♖d7 ♝c3 18.♖h7+
♔g6 19.♖c7,** und Weiß gewinnt.
Eine äußerst schwierige Studie!
Zum Abschluß ein Beispiel aus
der Praxis.

David−Tschistjakow
Moskau 1936

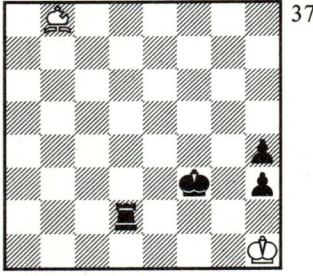

374

Schwarz am Zuge gewinnt

Wie soll Schwarz hier gewinnen? Die einzige Möglichkeit
ist, einen der Bauern zu opfern
und Stellung 367 anzustreben.
1. ... h2.
Am genauesten war 1. ... ♔g4
2.♝c7 h2 3.♝:h2 ♔h3 4.♝g1
♔g3 5.♝b6 ♖h2+ 6.♔g1
♖c2! 7.♔h1 h3 und 8. ... h2.
**2.♝:h2 ♖d1+ 3.♔g1 ♔g4
4.♔g2 h3+** (möglich ist auch
4. ... ♖d2+) **5.♔h1 ♔f3!
6.♔h2 ♖d2+ 7.♔h1** (falls
7.♔:h3, so 7. ... ♖d7, und
Weiß verliert den Läufer) **7. ...
♔g3 8.♝b6 h2.** Weiß gab auf.

230

Viertes Kapitel

Turm gegen Läufer und zwei oder mehr Bauern

Im Gegensatz zum Mittelspiel sind Läufer und zwei Bauern im Endspiel gewöhnlich stärker als ein Turm. Sind die Bauern indes noch nicht weit vorgerückt und können König und Turm sie aktiv bekämpfen, gelingt es in der Regel, das Gleichgewicht aufrechtzuerhalten. Wir untersuchen drei Bauernkonstellationen:

1. Verbundene Bauern
2. Isolierte Bauern
3. Doppelbauern.

1. Verbundene Bauern

Bei verbundenen Bauern ist von großer Bedeutung, wie weit sie von ihren Umwandlungsfeldern entfernt sind.

Hier ein typisches Beispiel mit Bauern, die die Brettmitte noch nicht überschritten haben.

R. Fine, 1941

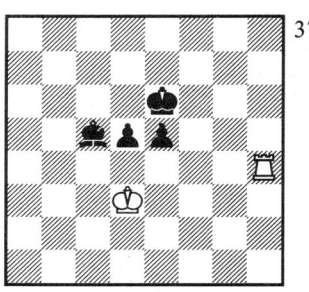

375

Schwarz am Zuge. Remis

Der Verteidigungsplan – entweder den Turm für beide Bauern zu geben oder die Bauern festzulegen – verlangt von Weiß aktives Spiel.

Möglich sind folgende Varianten:

1) **1. ... ♗f5 2.♖h5+ ♔f4 3.♖h4+ ♔f3** (3. ... ♔g5 4.♖a4 ♔f5 5.♖a5) **4.♖h5! e4+ 5.♔c2 e3 6.♖:d5 e2 7.♖d1** (zum Remis führt auch 7.♖f5+ ♔e4 8.♔d2, nicht aber 7.♖e5 ♗e3).

2) **1. ... ♗e7 2.♖h1 e4+** (falls 2. ... ♔f5, so 3.♖f1+ ♔g4 4.♖g1+ ♔f3 5.♖f1+ ♔g2 6.♖f5 ♗d6 7.♖f6 usw.) **3.♔d4 ♗f6+ 4.♔e3 ♗d8** (auf 4. ... ♗b2 folgt 5.♖h6+ ♔e5 6.♖h5+ ♔d6 7.♖h4! ♗c1+ 8.♔d4!) **5.♖h6+ ♔e5 6.♖h5+ ♔d6 7.♖h6+ ♔c5 8.♖e6! ♗g5+ 9.♔e2 ♗f4 10.♔f2 ♔d4 11.♔e2.**

Schwarz kann seine Stellung nicht verstärken, da der Vorstoß e4–e3 nur zur Blockade der Bauern führen würde.

In der letzten Variante gelang es Weiß, den Turm höchst wirkungsvoll in den Rücken der Bauern zu überführen (8.♖e6). Diese Möglichkeit – ein Angriff des Turmes von hinten – ist ein zuverlässiges Verteidigungsmittel in Stellungen, in denen die Bauern gerade die Brettmitte überschritten haben. So kann Weiß im nächsten Beispiel das Gleichgewicht behaupten, wenn er dabei exakt zu Werke geht.

Nach A. Chéron, 1926

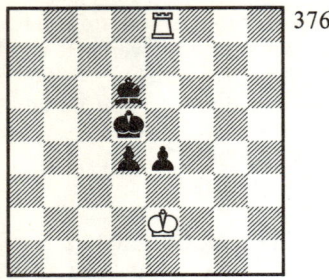

376

Remis

Schwarz beabsichtigt, beide
Bauern durch **1. ... d3+
2.♔e3 ♝c5+ 3.♔d2 ♔d4
4.♖d8+ ♔c4 5.♖e8 e3+**
einen weiteren Schritt voranzubringen, was ihm, wie wir noch
sehen werden, den Gewinn verbürgt.
Gegen dieses Manöver hat
Weiß nur eine Verteidigung:
1.♖d8!
Jetzt sind alle schwarzen Gewinnversuche zum Scheitern
verurteilt, z. B. **1. ... ♔c6
2.♔d2 ♝b4+ 3.♔e2 ♝c5**
(falls 3. ... ♔c5, so 4.♖e8
♔d5 5.♖d8+ ♔c4 6.♖e8
d3+ 7.♔e3 ♝c5+ 8.♔:e4 mit
klarem Remis) **4.♔d2 ♔b5**
(Schwarz droht, den König
nach c4 zu bringen und seine
Stellung dadurch entscheidend
zu verstärken; wieder hat Weiß
nur eine Antwort) **5.♖e8!**, und
nach **5. ... ♝b4+ 6.♔e2 d3+
7.♔e3 d2 8.♖d8 ♔c6 9.♖:d2**
findet der Kampf ein friedli-
ches Ende.

Sind die Mittelbauern jedoch
bis auf die 6. (3.) Reihe vorgedrungen, kann auch ein Angriff des Turmes von hinten
keine Rettung bringen.

Nach von der Lasa, 1843

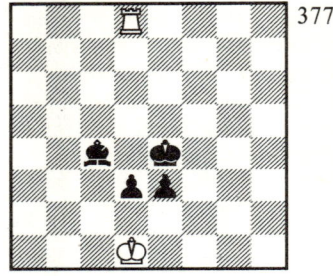

377

Schwarz am Zuge gewinnt

Durch feine Manöver von König und Läufer gelingt es
Schwarz, den Widerstand des
Gegners zu brechen.
1. ... ♝d5! (der Bauer durfte
noch nicht vorrücken; jetzt
aber droht d3–d2) **2.♖e8+
♔d4 3.♖d8 ♔c5.**
Schwarz plant, 4. ... ♝c4 zu
spielen und dann den König
nach c3 zu führen. Bisher
nahm man an, daß Weiß dem
nichts entgegenzusetzen habe,
z. B. **4.♔e1 ♝c4 5.♖e8 d2+
6.♔d1 ♝b3+** oder **4.♖c8+
♔b4 5.♖b8+ ♔c3 6.♖c8+
♝c4** usw.
S. Claussen fand 1962 indes
eine interessante Verstärkung.
Er empfahl, den Turm auf der
lebenswichtigen d-Linie zu be-
lassen und mit **4.♖d7 ♝c4**

232

5.♖d8 ♔b4 6.♖d7 ♔c3
7.♖d6! (wie wir noch sehen werden, ist dies das beste Feld für den Turm) fortzusetzen. Was soll Schwarz jetzt tun? Das „natürliche" 7. ... d2 führt wegen 8.♖d3+! sofort zum Remis. Durch diese Drohung ist der Handlungsspielraum von Schwarz erheblich eingeschränkt. Dennoch kommt er zum Erfolg, wenn er den Läufer auf die Diagonale d1–h5 bringt.

Es kann folgen: 7. ... ♗f7! 8.♔e1 ♗h5 9.♖c6+ ♔d4 10.♖d6+ ♔c4 11.♖d7 ♗g4! (die Pointe; von g4 aus unterstützt der Läufer sowohl den König als auch die Bauern) 12.♖d6 (12.♖d8 ♔c3) 12. ... ♔c3 13.♖c6+ ♔d4 14.♖d6+ ♔c4, und Weiß befindet sich im Zugzwang. Auf 15.♖d8 entscheidet 15. ... ♔c3, während 15.♔f1 auf die Erwiderung 15. ... d2 trifft.

Wenn der Turm nach seinem 7. Zug auf d7 oder d8 gestanden hätte, wäre der Läufer mit 7. ... ♗e6 gleich nach g4 gelangt.

Versetzen wir nunmehr in Beispiel 377 den Bauern e3 nach c3 und lassen König und Läufer die Plätze tauschen. Wie wirkt sich dies auf die Beurteilung der Stellung aus?

S. Claussen, 1962

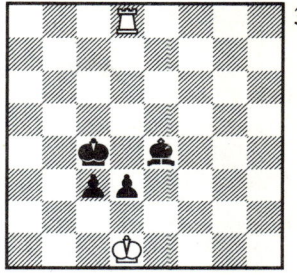

378

Schwarz am Zuge

Der schwarze Plan ist der gleiche wie im vorigen Beispiel. Zunächst wird der König nach e3 und dann der Läufer nach a4 gebracht. Letzteres ist nur über das Feld c6 zu erreichen, was die Aufgabe erschwert.

1. ... ♗d5! 2.♖c8+ ♔d4 3.♖d8 ♔e5 4.♖d7 ♗e4 5.♖d8 ♗f6 6.♖d7 ♔e3 7.♖d6! (jetzt muß Schwarz eine letzte Barriere überwinden) 7. ... ♗f3+ 8.♔c1 ♔e2 (droht 9. ... ♗e4 nebst 10. ... d2) 9.♖e6+ ♔f2 10.♖d6 ♔e3! Weiß ist im Zugzwang. Ein Schach auf e6 verbietet sich wegen 11. ... ♗e4. Der Turm muß deshalb die 6. Reihe räumen und die Überführung des Läufers über c6 nach a4 zulassen.

11.♖d7 ♗c6 12.♖d6 ♗a4 13.♖e6+ ♔d4 14.♖d6+ ♔e4 15.♖d8 ♔e3, und gegen d3–d2 gibt es keine Verteidigung.

Hätte Weiß im 9. Zuge nicht 9.♖e6+, sondern 9.♖d4 gespielt, wäre er nach 9. ... ♝c6 um einen nützlichen Zug verlegen gewesen. Auf 10.♔b1 z. B. entscheidet 10. ... ♔d2 11.♖c4 ♝a4! 12.♖c5 ♝c2+ 13.♔a2 ♔c1! 14.♖:c3 d2, und der Bauer geht zur Dame.

S. Claussen, 1962

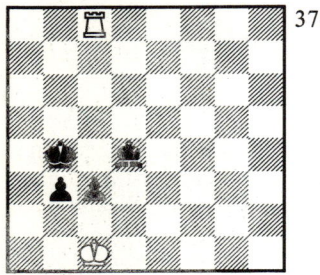

379

Schwarz am Zuge

Entgegen der Meinung von Berger und Chéron kann Schwarz in dieser Stellung nicht gewinnen. Hier eine mögliche Fortsetzung:
1. ... ♝c5 2.♖b8+ ♔c4 3.♖c8 ♔d5 4.♖c7 ♝d4 5.♖c8 ♔e4 6.♖c7 ♔d3 7.♖c6.
Weiß wartet ab. Wie in den beiden vorhergehenden Beispielen würde 7. ... c2 wegen 8.♖c3+! sofort zum Remis führen. Um zu gewinnen, muß Schwarz mit dem Läufer nach a3 gelangen. Wie ist dies aber zu bewerkstelligen? Falls z. B. 7. ... ♝e5, so 8.♖c8, und nun scheitert 8. ... ♝d6 an 9.♖d8. Schwarz konnte den Läufer im

4. Zuge nach a3 spielen: 4. ... ♝a3+ 5.♔b1 ♔d4. Nach 6.♖d7+ ♔e3 7.♖c7 ♔d2 8.♖d7+ kommt er dann aber nicht weiter, da sein König daran gehindert wird, den c-Bauern zu unterstützen.
Ist der Turm nicht in den Rücken der bis auf die 6. (3.) Reihe vorgedrungenen Bauern gelangt, läßt sich mitunter sogar gewinnen, wenn der eigene König sehr weit entfernt steht.

J. Vancura, 1928

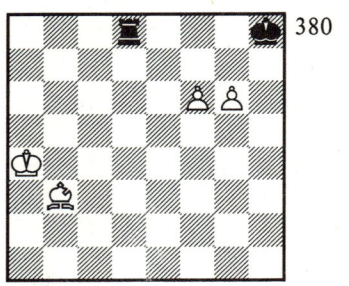

380

Weiß gewinnt

Weiß muß den König heranholen, ohne den Turm in den Rücken der Bauern zu lassen.
1.♝c4! (falls 1.g7+ ♔h7 2.♝f7, so 2. ... ♖d4+ nebst 3. ... ♖g4 mit Remis) 1. ... ♖b8 2.g7+ ♔h7 3.♝f7 ♖d8 4.♔b5 ♖c8 5.♔b6 ♖a8 6.♔b7 ♖d8 7.♔c7 ♖a8 8.♔d6 ♖a6+ 9.♔e7 ♖a7+ 10.♔f8 ♖a8+ 11.♝e8, und Schwarz kann die Waffen strecken.
Randbauern sind in diesem

234

Endspiel schwächer als andere. Deshalb hält die Turmpartie selbst dann remis, wenn diese Bauern schon auf der 6. (3.) Reihe stehen.

Von der Lasa, 1843

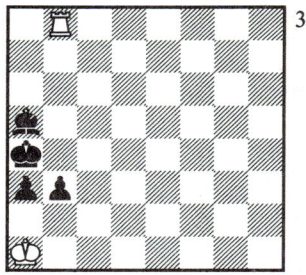
381

Remis

Bei Mittelbauern wäre Weiß in einer derartigen Stellung verloren. Hier aber erzwingt er mit 1. ♖a8! das Remis.
Mögliche Fortsetzungen sind:
1) 1. ... a2 2.♔b2 ♔b5 3.♖b8+ ♔b6 4.♖a8 usw.
2) 1. ... ♔b5 2.♖b8+ ♔c4 3.♖a8! (zum Verlust führt 3.♖c8+ ♔d3!, z. B. 4.♖a8 ♔c2! oder 4.♔b1 ♔d2! 5.♖a8 a2+ 6.♔b2 a1♕+! 7.♔:a1 ♔c2! 8.♖c8+ ♔c3+ 9.♖:c3+ ♔:c3; diese interessante Variante wurde 1862 von Steinitz gezeigt) 3. ... ♔b5 4.♖b8+ ♔b6 5.♖a8!
Der Leser kann sich selbst davon überzeugen, daß sich das Ergebnis nicht ändern würde, wenn Schwarz einen andersfarbigen Läufer besäße.

R. Fine, 1940

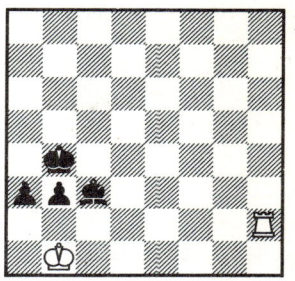
382

Schwarz am Zuge. Remis

Dieses Beispiel zeigt, daß man gegen Randbauern auch mit einem weniger günstig postierten Turm remis halten kann. Hier eine mögliche Fortsetzung: 1. ... ♔c4 2.♖g2 ♗d4 3.♖h2 ♔d3 4.♖b2! (eine bereits bekannte Pattidee) 4. ... ♔c3 5.♖e2 ♗c5 6.♖b2 ♗e3 7.♖h2 ♗d2 8.♖h3+ ♔b4 9.♖h4+ ♔b5 10.♖h3!, und Schwarz kann seine Stellung nicht verstärken.
Zwei weit vorgerückte verbundene Bauern sind eine gewaltige Kraft. Wenn König und Turm nicht zusammenwirken, kann es deshalb vorkommen, daß die Bauern ohne die Hilfe des eigenen Königs zur Dame gehen.
Hier zwei charakteristische Beispiele.

L. Prokes, 1941

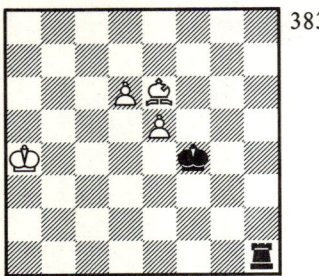

383

Weiß gewinnt

Nach **1.d7** kann Schwarz die Bauern nicht aufhalten, z. B. **1. ... ⬜d1 2.♗d5! ⬜:d5 3.e6** und **4.e7** oder **1. ... ⬜h8 2.♗g8!** (aber nicht **2.♗f7 ♔:e5 3.♗e8 ⬜h4+** und **4. ... ⬜d4** mit Remis) **2. ... ⬜:g8 3.e6** und **4.e7** oder schließlich **1. ... ⬜a1+ 2.♗a2!** (falls **2.♔b3**, so **2. ... ⬜a8 3.♗d5 ⬜b8+** mit Remis) **2. ... ⬜:a2+ 3.♔b3 ⬜a8 4.e6** usw. Um dem e-Bauern den Weg zu ebnen, opferte Weiß in allen Varianten den Läufer.

L. Prokes, 1949

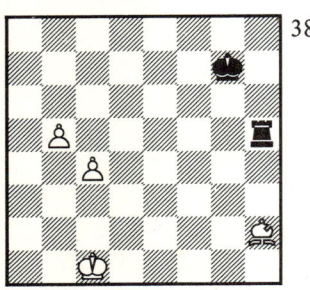

384

Weiß gewinnt

Auch hier ist der Turm allein nicht in der Lage, die Bauern zu stoppen: **1.b6 ⬜c5 2.♗e5+! ♔f7 3.b7! ⬜:c4+ 4.♗c3!**, und nach **4. ... ⬜:c3+ 5.♔b2** geht der Bauer zur Dame.

Die folgende Stellung veranschaulicht einen seltenen Fall, wo die Turmpartei remis hält, obwohl der eigene König weit von den Bauern entfernt steht.

W. Corteling, 1928

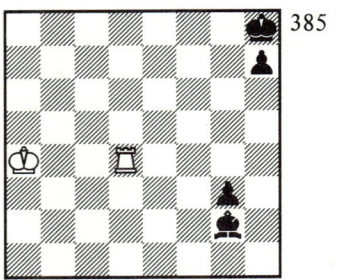

385

Remis

Weiß scheint vor einer unlösbaren Aufgabe zu stehen, und einfache Verteidigungsmethoden führen in der Tat zum Verlust, z. B. **1.♖g4 ♗c6+ 2.♔b4 g2 3.♔c5 h5 4.♖g5 ♗f3.**

Weiß muß unter allen Umständen Zeit für die Annäherung seines Königs an die Bauern gewinnen.

1.♖d8+! ♔g7 2.♖d3 ♗c6+ 3.♔b4 g2 4.♖g3+ ♔f6 5.♔c5 ♗b7 6.♔d4 h5 7.♔e3 h4.

Es sieht so aus, als sei Weiß

zu spät gekommen, denn auf
8.♖g4 entscheidet 8. ... h3
9.♔f2 h2. Es folgt jedoch
8.♔f2!! hg+ 9.♔g1, und Weiß
hat sich dank einer Pattmöglichkeit gerettet.
Zu gewinnen ist mit Turm gegen Läufer und zwei Bauern
nur in seltenen Ausnahmefällen, wenn die ungünstige Aufstellung des Läufers und der
Bauern es zuläßt, um den gegnerischen König ein Mattnetz
zu knüpfen oder den Läufer zu
erobern.

F. Sackmann, 1915

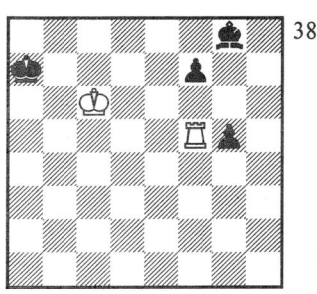

386

Weiß gewinnt

Nach 1.♖f1!! ist Schwarz verloren. Dies beweisen folgende
Varianten: 1. ... ♔b8 2.♖b1+
♔a7 3.♖b7+ ♔a8 (3. ... ♔a6
4.♖b8 und 5.♖:g8) 4.♖e7
♗h7 5.♔b6 oder 1. ... f6
2.♖a1+ ♔b8 3.♖b1+ ♔c8
4.♖h1!, und der Läufer fällt.

2. Isolierte Bauern

Bei isolierten Bauern ist im

Gegensatz zu verbundenen
noch nicht entscheidend, wie
weit sie vorgerückt sind.

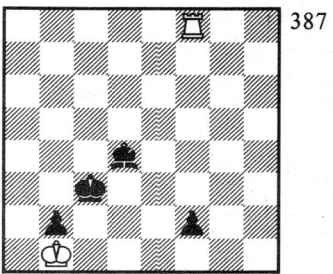

387

Remis

Obwohl beide Bauern unmittelbar vor ihrem Umwand-
lungsfeld stehen, hält Weiß das
Gleichgewicht aufrecht.
Schwarz kann nichts Wirksames unternehmen. Der Ver-
such, sich mit dem König dem
f-Bauern zu nähern, schlägt
fehl, denn auf 1. ... ♔d3 folgt
2.♖:f2 nebst 3.♔:b2.
Stände sein König jedoch auf
d3, könnte Schwarz, wenn er
am Zuge wäre, gewinnen.

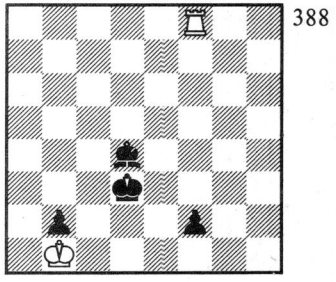

388

Schwarz am Zuge

Hier gewinnt ein für derartige Stellungen typischer Plan: Der König nähert sich jenem Bauern, der durch den Turm kontrolliert wird.

1. ... ♔e2 2.♖e8+ ♗e3
3.♖f8 ♗c1! 4.♖e8+ ♔f3
5.♖f8+ ♗f4.

Dieses interessante Läufermanöver mit dem Ziel, erst den Bauern zu verteidigen und anschließend die Turmlinie zu sperren, wurde erstmals 1745 in einer Studie des syrischen Schachspielers Stamma vorgestellt.

Die Sperrung von Geraden, auf denen der Turm wirkt, durch den Läufer gehört zu den taktischen Mitteln dieses Endspiels. Hier ein weiteres Beispiel zu diesem Thema.

G. Mattison, 1914

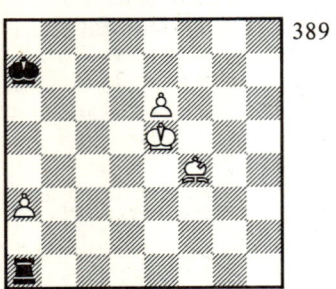

389

Weiß gewinnt

Hier gelingt es Weiß, den e-Bauern zur Dame zu führen:
1.♗e3+ ♔b7 2.e7 ♖:a3
3.♗a7!!
Auch ein Sperrzug. Auf 3. ...

♖:a7 folgt 4.e8♕, und auf
3. ... ♔:a7 gewinnt 4.♔f4(d4)
♖a4+ 5.♔f5 ♖a5+ 6.♔f6
♖a6+ 7.♔f7.
Schwarz ist deshalb zu 3. ...
♖a1 4.♔f4 ♖f1+ gezwungen, worauf aber das Opfer 5.♗f2!! sofort entscheidet: 5. ...
♖:f2+ wird mit 6.♔e3 ♖f1
7.♔e2 beantwortet.

In einem derartigen Endspiel muß der König der stärkeren Seite in der Regel jenen Bauern unterstützen, den der Turm angreift. Bei weit vorgerückten Bauern führt dies meist zum Erfolg.

Nur in Ausnahmefällen, wenn der Bauer, gegen den der Turm kämpft, noch nicht weit vorgedrungen ist, läßt sich das Gleichgewicht aufrechterhalten.

M. Euwe, 1940

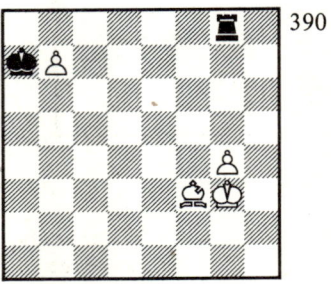

390

Remis

Der weiße König unterstützt zwar den Bauern, gegen den der Turm eingesetzt ist, aber hier bleibt das ergebnislos, weil

238

der Bauer nicht vorankommt, z. B. 1.♔h4 ♖h8+ 2.♔g5 ♖g8+!, und falls 3.♔h6, so 3. ... ♖:g4.

Wenn der König der sich verteidigenden Seite von den Bauern entfernt steht und der Turm sie allein bekämpfen muß, sind die Remischancen, besonders bei weit vorgerückten Bauern, gering. Einer der Bauern geht dann gewöhnlich zur Dame.

In den folgenden Beispielen kann sich Weiß dabei die ungünstige Aufstellung des gegnerischen Königs zunutze machen.

H. Rinck, 1907

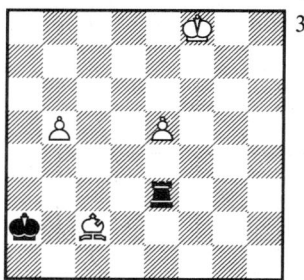

391

Weiß gewinnt

Nach 1.b6 ♖:e5 2.♗d3! kann Schwarz den Bauern nicht mehr aufhalten, denn auf 2. ... ♖e6 oder 2. ... ♖d5 entscheidet 3.♗c4+. Keine Rettung bringt auch 2. ... ♖h5 3.♗c4+ ♔a3 4.b7 ♖h8+ 5.♗g8 usw.

Bedeutend komplizierter ist das nächste Beispiel. Um zu gewinnen, muß Weiß den c-Bauern wie in der bekannten Studie von Saavedra in einen Turm verwandeln.

W. und M. Platow, 1908

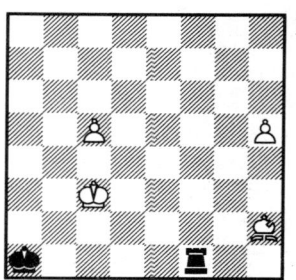

392

Weiß gewinnt

1.♔b4! (der einzige Zug; 1.h6 wird mit 1. ... ♖f6 beantwortet, und auf 1.♔c4 geschieht 1. ... ♖f5 2.c6 ♖:h5 3.c7 ♖:h2) **1. ... ♖f5.**
Falls 1. ... ♖b1+, so 2.♔c4! (2.♔a5 führt nach 2. ... ♖h1 3.♗e5+ ♔a2 4.c6 ♖:h5 zum Remis) 2. ... ♖c1+ (hier scheitert 2. ... ♖h1 an 3.♗e5+ ♔a2 4.c6 ♖:h5 5.c7 ♖h4+ 6.♗d4) 3.♔d5 ♖d1+ 4.♔e6 ♖c1 5.♗d6 ♖h1 6.c6 ♖:h5 7.♗e5+ ♔a2 8.c7, und der Bauer ist nicht aufzuhalten.
2.c6 ♖:h5 3.c7 ♖h4+ 4.♔b5! ♖h5+ 5.♔b6 ♖h6+ 6.♗d6!! (ein effektvoller Schlag; keinen Erfolg brächte 6.♔b7 wegen 6. ... ♖h7 oder 6.♔c5 wegen 6. ... ♖:h2) **6. ... ♖:d6+**

7.♔b5! (nun braucht sich der König nur noch vor den Schachgeboten zu verbergen) 7. ... ♖d5+ 8.♔b4 ♖d4+ 9.♔b3 ♖d3+ 10.♔c2 ♖d4! Ein überraschender Versuch, auf Patt zu spielen. Wenn sich Weiß eine Dame holt, ist Schwarz nach 11. ... ♖c4+! 12.♕:c4 patt. Auf 11.♔c3 aber folgt 11. ... ♖d1.
11.c8♖! ♖a4 12.♔b3!, und Schwarz verliert wegen der Mattdrohung den Turm.
Wenn der Turm allein gegen die Bauern und den Läufer kämpfen muß, ist eine Rettung nur in Ausnahmefällen möglich.
Hier zwei solcher Beispiele.

W. Chortow, 1962

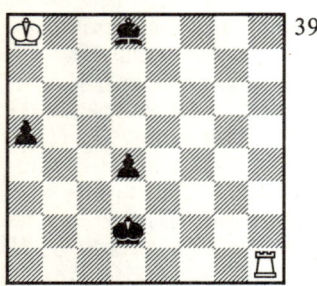

393

Remis

Der weiße König steht weit von den Bauern entfernt, und der Versuch, ihn ins Spiel zu bringen, schlägt fehl, z. B. 1.♔b7 ♗e7 2.♔a6 ♗b4 3.♔b5 d3 4.♔c4 ♔c2, und Schwarz gewinnt.

Richtig ist **1.♖h5!** mit der Drohung, einen Bauern zu gewinnen.
1. ... d3 **2.♖d5** a4! (eine unvermutete Chance; Schwarz opfert den Läufer, um sich zwei gefährliche Bauern zu verschaffen) **3.♖:d8** a3 **4.♖d4!** Eine außerordentlich feine Riposte! Alles andere verliert, z. B. 4.♔b7 ♔c2 5.♖c8+ ♔b2 6.♖d8 a2 oder 4.♖d7 ♔c3 5.♖c7+ ♔b4 6.♖b7+ ♔c5 7.♖c7+ ♔b6 8.♖b7+ ♔c6 9.♖b1 a2 10.♖a1 d2 11.♔a7 ♔b5, und mit der Rückkehr des Königs zu seinen Bauern kommt Schwarz zum Erfolg.
4. ... ♔c3 **5.♖a4!** ♔b3 **6.♖d4** ♔c2 **7.♖c4+** ♔b2 **8.♖b4+** ♔c3 **9.♖a4** usw.

A. Daniel, 1908

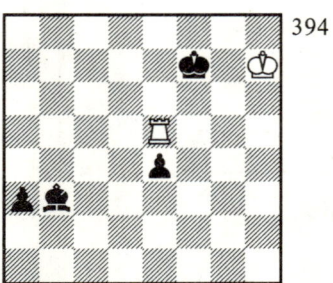

394

Remis

Der Bauer e4 ist indirekt verteidigt (1.♖:e4 ♗c2), und der a-Bauer droht, sich in eine Dame zu verwandeln. Falls 1.♖a5, so 1. ... a2 nebst

e4−e3−e2 usw. Dennoch kann sich Weiß retten, und das dank der günstigen Aufstellung seines eigenen Königs!
1.☐:e4! ♗c2 2.♔h8! (der Beginn eines Spiels auf Patt; Schwarz versucht indes eine andere Chance) 2. ... a2 3.☐e1 ♗b1.
Schwarz hat die Umwandlungsreihe gesperrt, und der Kampf scheint entschieden. Doch nun ergibt sich für Weiß die neue Ressource 4.☐e5!!, die es gestattet, den Turm auf die a-Linie zu überführen. Nach 4. ... a1♛ wäre er patt, und auf 4. ... a1☐ begegnet er der Mattdrohung durch 5.☐a5.

3. Doppelbauern

Bei Doppelbauern sind die Gewinnchancen bedeutend geringer, und das normale Ergebnis ist ein Remis.
Die Läuferpartei kann nur gewinnen, wenn wenigstens einer ihrer Bauern dicht vor dem Umwandlungsfeld steht und es dem gegnerischen König nicht gelingt, sich wirksam am Kampf zu beteiligen.
Hier ein typisches Beispiel.

V. Kivi, 1945

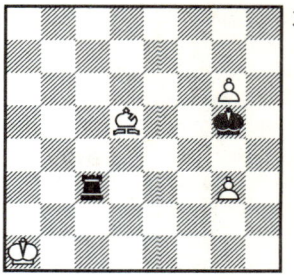

395

Weiß gewinnt

Die Aufgabe von Schwarz, den Turm für den einen Bauern zu geben und mit dem König den anderen zu erobern, erweist sich nach 1.g7 ☐c8 2.g4!! als unlösbar. Weiß erreicht zunächst eine Stellung, in der die gegnerischen Figuren den Bauern nichts anhaben können, und stellt dann durch die Annäherung des Königs den Sieg sicher. Das Spiel ist jedoch sehr interessant und voller Feinheiten.
Folgende Variante ist möglich: 2. ... ☐b8 3.♗e6 ♔h4 4.♔a2 ♔g5 5.♔a3 ♔f4 6.♔a4 ♔g5 7.♔a5 ♔f4 8.♔a6 ♔g5 9.♔a7 ☐e8! 10.♗f7! ☐d8! 11.♔b6!!
Weiß umgeht eine Falle. Wenn 1..♔b7, so 11. ... ♔h6! 12.g8♛ ☐d7+ mit ewigem Schach oder Patt. Jetzt wird 11. ... ♔h6 mit 12.g8☐ beantwortet, und auf 11. ... ♔:g4 geschieht 12.♔c7! ☐a8 13.♗e6+ ♔g5 14.♗c8! ☐a7+

15.♗b7 mit Umwandlung des Bauern in eine Dame.
11. ... ♖b8+ **12.**♔c7 ♖a8
13.♔d6 ♔:g4! **14.**♗d5!, und wir haben die Gewinnstellung 341 vor uns.
Bemerkt sei, daß 2.g4 der einzige Gewinnzug war. Nach 2.♗e6? ♖a8+ 3.♔b2 ♔f6! 4.g8♕ ♖:g8 5.♗:g8 ♔f5 nebst 6. ... ♔g4 hält Schwarz remis.
Originell ist die folgende Studie.

W. und M. Platow, 1907

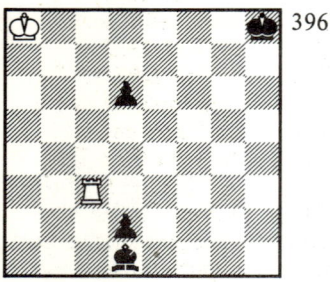

396

Remis

Angesichts der Drohung 1. ... ♗f3+ und 2. ... d1♕ erscheint die weiße Stellung hoffnungslos. Dennoch gibt es eine Rettung!
1.♖h3+ ♔g7 **2.**♖g3+ ♔h6.
Schwarz nimmt notgedrungen zu diesem Zuge Zuflucht. Wenn der König die f-Linie betritt, ist 3.♖d3 möglich, da der Läufer nach 3. ... ♗f3+ mit Schach geschlagen werden kann. Auf 2. ... ♔h7 setzt Weiß die Schachgebote fort.

3.♖d3 ♗f3+ **4.**♔a7! d1♕
5.♖:d6+! ♕:d6 patt!
Gegen Läufer und drei Bauern hat es ein Turm noch schwerer.
Wir führen einige Beispiele an, die Verfahren der Verwertung des Vorteils bei einem solchen Kräfteverhältnis veranschaulichen.
Zunächst ein Fall, wo einer der Bauern an der Schwelle des Umwandlungsfeldes steht und der Turm nicht mit ihm fertig wird.

A. Kakowin, 1952

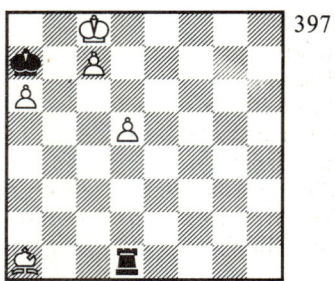

397

Weiß gewinnt

1.♔d7 ♖:d5+ **2.**♔c6! (aber nicht 2.♔e8 ♖c5 3.♗d4 ♔a8!, und Schwarz ist gerettet) **2. ...** ♖d2 **3.**♗d4+!! ♖:d4 **4.**♔b5 ♖d5+ **5.**♔b4 ♖d4+ **6.**♔b3 ♖d3+ **7.**♔c2, und der Bauer ist nicht aufzuhalten.
Wenn Schwarz mit 4. ... ♖d8 auf Patt spielt, muß nicht 5.cd♕(♖), sondern 5.cd♘! geschehen.

Im nächsten Beispiel gelingt es, eine Sperre zu verwirklichen.

L. Prokes, 1947

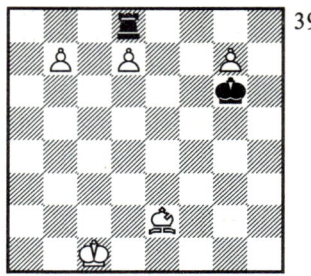

398

Weiß gewinnt

1.♗a6! (droht 2.b8 und
3.♗c8) 1. ... ♖b8 2.g8♕+
♖:g8 3.b8♕ ♖:b8 4.♗c8,
und der letzte der Bauern geht
zur Dame.
Ein typisches Beispiel für die
Verwertung dreier Freibauern
zeigt die folgende Stellung.

Wittek–Schwarz
Graz 1890

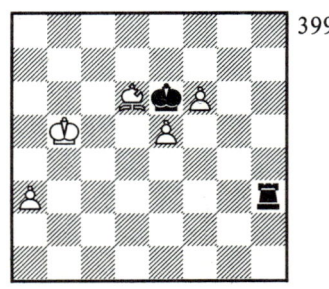

399

Schwarz am Zuge. Weiß gewinnt

Die Bauern sind zuverlässig
durch den Läufer gedeckt.
Zwar sind zwei von ihnen
durch den gegnerischen König
blockiert, doch Weiß hat die
Möglichkeit, den a-Bauern zur
Dame zu führen.
1. ... ♖b3+ 2.♔c4 ♖b1 3.a4
♖a1 4.♔b3 ♖b1+ 5.♔a2
♖b7 6.♔a3 ♖b1 7.a5 ♖a1+
8.♔b4 ♖b1+ 9.♔c5 ♖a1
10.♔b6.
Einfacher war 10.♔b5! ♖b1+
11.♗b4!, z. B. 11. ... ♔:e5
12.f7 ♖f1 13.f8♕ oder 11. ...
♖f1 12.a6 ♔:e5 13.a7 ♖a1
14.f7 oder schließlich 11. ...
♖a1 12.a6 ♖a2 13.♗a5
♖b2+ 14.♔c6 ♖b8 15.♗c7,
und Schwarz muß für den a-
Bauern den Turm geben.
10. ... ♖b1+ 11.♔c6 ♖a1.
Nach 11. ... ♖c1+ 12.♔b7
♖b1+ 13.♔c8 ♖a1 14.♗c7
mündet das Spiel letzten Endes in die Partiefortsetzung
ein.
12.♗c7! ♖c1+ 13.♔b7 ♔d7.
Falls 13. ... ♖b1+, so
14.♗b6! ♔:e5 15.a6 ♔e6
(15. ... ♔:f6 16.a7 ♖a1
17.♗d4+) 16.a7 ♖a1 17.♗d4
♖a2 18.a8♕, und Weiß ge-
winnt.
14.♗b6 ♔e6 15.a6 ♔:e5 16.a7
♖a1 17.f7. Schwarz gab auf.
Hier ein Beispiel, in dem ein
Remis gelingt.

Schiffers–Ascharin
Petersburg 1875

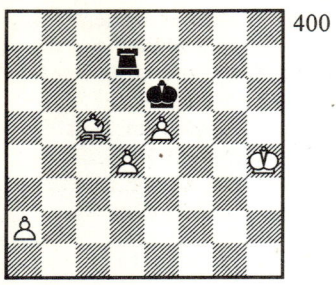
400

Schwarz am Zuge hält remis

Da der weiße König abseits
steht und der Läufer das Umwandlungsfeld des Randbauern
nicht beherrscht, kann Schwarz
seinen Turm gegen die beiden
Mittelbauern opfern und die
Partie retten.
**1. ... ♖d5 2.a4 ♖:e5! 3.de
♔:e5 4.a5 ♔d5 5.a6 ♔c6
6.♔g5 ♔c7 7.♗a7 ♔c6 remis.**

Fünftes Kapitel

Turm und Bauer gegen
Läufer und Bauer

In Endspielen dieses Typs hängen die beiderseitigen Chancen
in erster Linie davon ab, ob
Freibauern vorhanden sind
oder nicht. Es ist daher zweckmäßig, die Beispiele in zwei
Gruppen einzuteilen:
1. Freibauern
2. Keine Freibauern.

1. Freibauern

Ein Turm kommt besser als
ein Läufer mit einem Freibauern zurecht. Deshalb liegt der
Vorteil in einem derartigen
Endspiel gewöhnlich bei der
Turm- und nur in seltenen
Ausnahmefällen bei der Läuferpartei.
Hier ein Beispiel für die Realisierung des Vorteils mit Turm
gegen Läufer.

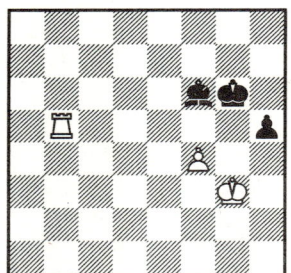
401

Weiß gewinnt

Weiß verwirklicht einen typischen Plan: Zunächst drängt
der den gegnerischen König
zurück, dann führt er seinen
Bauern zur Dame. Der
schwarze Bauer ist ungefährlich und sein Vorgehen durch
den Turm leicht zu neutralisie-
ren.
Es kann folgen: **1.♔f3 ♗e7
2.♔e4 ♗f6 3.♖b6.**
Dies ist bedeutend einfacher
als 3.f5+ ♔g5 4.♖b8 ♗c3
5.♖g8+ ♔f6, wonach Weiß
zwar den schwarzen Bauern gewinnt, sich aber noch plagen

muß, um endgültig zum Erfolg zu kommen.

3. ... h4 4. ♖a6 ♚f7.
Falls 4. ... h3, so 5. ♖a3 h2 6. ♖h3, und falls 4. ... ♚g7, so 5. ♔f5 ♝d8 6. ♖a7+ ♚h6 7. ♖a8 ♝e7 8. ♖e8 mit Eroberung des Bauern.
5. ♔f5 ♝d8 6. ♖a7+ ♝e7 7. ♖b7 ♚f8 8. ♔e6 ♝c5 9. f5 ♔g8 10. f6 h3 11. ♖b3 h2 12. ♖g3+, und Weiß gewinnt.
Unkompliziert ist die Gewinnführung auch im nächsten Beispiel.

unterstützt wurde und die weißen Kräfte kaum von ihrer Hauptaufgabe – der Verwandlung des eigenen Bauern in eine Dame – ablenkte.
Wenn der gegnerische Bauer schon in der Nähe des Umwandlungsfeldes steht, ist die Verwertung der Qualität erschwert. Um zum Erfolg zu kommen, muß dieser Bauer dann unbedingt neutralisiert werden.

Chess Players' Chronicle, 1856

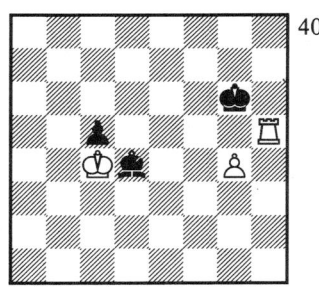

402

Weiß gewinnt

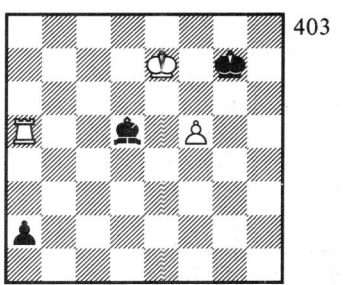

403

Weiß gewinnt

1. ♔d3 ♝f2 2. ♖d5 ♝d4 3. ♔e4 ♝g1 4. ♔f4 ♖h2+ 5. ♔f3 ♝g1 6. g5 ♔h5 (falls 6. ... c4, so 7. ♔g4 c3 8. ♖d6+ ♔f7 9. ♖d3 c2 10. ♖c3, und der Bauer geht verloren) **7. ♔f4 c4 8. ♖d1 ♝c5 9. ♔f5 ♔h4 10. ♖c1,** und das Ziel ist erreicht.
In diesen Beispielen hatte Weiß keine Schwierigkeiten, da der schwarze Bauer weit vom Umwandlungsfeld entfernt war, nicht von seinem König

In dererlei Endspielen obliegen dem Turm gewöhnlich zwei Aufgaben: den eigenen Freibauern zu unterstützen und den des Gegners aufzuhalten. Dazu muß er so aktiv wie möglich postiert sein. Stände der Turm hier auf der 1. Reihe, würde Weiß leicht gewinnen, indem er mit 1. ♖g1+ den gegnerischen König abdrängen und anschließend den Bauern vorrückt. Es ist also erforderlich, den Turm auf die 1. Reihe zu

245

überführen. Wie läßt sich dies erreichen?

Auf 1.♖a4 oder 1.♖a3 verfügt Schwarz über die Erwiderung 1. ... ♗c4! bzw. 1. ... ♗b3!, und auf 1.♖a6 mit der Drohung ♖a6–g6–g1 folgt 1. ... ♗f7!

Der Gewinnweg ist ziemlich kompliziert. Zunächst muß der Gegner an den Zug gebracht werden: 1.♖a7 ♔g8 2.♖a8! ♗d5 3.♖a5! ♔g8 4.♖a7! ♗d5!

Die einzige Antwort. Auf 4. ... ♗c4 oder 4. ... ♗b3 entscheidet 5.♖a4 bzw. 5.♖a3 und auf 4. ... ♗f7 schließlich 5.♖a6! ♗c4 6.♖g6+ ♔h7 7.♖g1 ♗d3 8.♖h1+!

5.♔d6+ ♗f7 6.♔e5 ♔h6 7.♔f6.

Jetzt sind folgende Fortsetzungen möglich:

1) **7. ... ♗g8 8.♖a8 ♔h7 9.♔e7 ♗d5 10.♖a6! ♗c4.** Falls 10. ... ♔g7, so 11.♖g6+ ♔h7 12.♖g1 ♗e4 13.♔f7!, und falls 10. ... ♗g8, so 11.f6 ♗c4 12.♖a7 ♔g6 13.♖a4! **11.♖a7!** Schwarz befindet sich im Zugzwang und kann die Überführung des Turmes nicht verhindern, z. B. 11. ... ♗b3 12.f6 ♔g6 13.♖a3! oder 11. ... ♔g7 12.f6+ ♔g6 13.♖a4! oder 11. ... ♗g8 12.♔f8+ ♔h8 13.f6.

2) **7. ... ♗d5 8.♖a3 ♗b3 9.♖a8 ♔h7** (9. ... ♗g8 verliert wegen 10.♔e7 ♗d5 11.♖a6+ ♔h7 12.f6 ♗c4 13.♖a5 ♔g6 14.♖a4!) **10.♔e7** ♗d5 11.♖a6! und weiter wie in Variante 1.

3) **7. ... ♗b3 8.♔e7** usw.

W. Tschechower, 1962

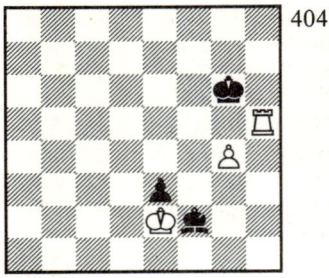

404

Kann Weiß gewinnen?

Der Bauer e3 bindet die gegnerischen Kräfte erheblich. Trotzdem glaubte Tschechower, daß Weiß zum Erfolg käme, wenn er durch Manöver des Turmes gewisse Besonderheiten dieser Stellung ausnutzt, z. B. 1.♔f3 ♗g1 2.♖d5 ♗f2 3.♖b5 ♗g1 4.g5 ♔h5 5.♖d5 ♗f2 6.♖e5 ♗g1 (falls 6. ... ♗h4, so 7.♔f4 e2 8.♖:e2 ♗:g5+ 9.♔f5, und Weiß gewinnt wegen der ungünstigen Aufstellung des schwarzen Königs) 7.♖e8 (noch ein taktisches Moment – der Bauer ist wegen eines Schachgebots von hinten nicht zu nehmen) 7. ... ♗f2 8.♔f4 ♔g6 9.♖e6+ ♔f7 10.♔f5 ♗g1 11.g6+ ♔g7 12.♖e7+, und Weiß gewinnt. Wenn Schwarz im 4. Zuge mit **4. ... ♗f2** fortsetzt, folgt laut Tschechower 5.♖e5 ♗h4

6.♔g4, und falls 6. … e2, so 7.♖e6+ und 8.♖:e2. Hier läßt sich die schwarze Verteidigung aber verstärken. Statt 5. … ♗h4 muß unbedingt 5. … ♔h5! geschehen, um den weißen König nicht nach g4 zu lassen. Auf 6.♔f4 ist dann schon 6. … ♗h4 möglich, was Weiß in Zugzwang bringt. Nach 7.♔f5 ♗:g5 8.♖e8 ♔h4 ist das Remis offensichtlich. Weiß konnte indes versuchen, seinen Bauern auf etwas andere Art zu unterstützen. Kehren wir zu der Stellung nach dem 1. Zug von Schwarz zurück. Aufmerksamkeit verdiente 2.♖e5 (statt 2.♖d5) 2. … ♔f6! (falls 2. … ♗f2, so 3.♔f4, und Weiß gewinnt) 3.♖e8 ♔g5 4.♖g8+ ♔f6 5.g5+ ♔f7! (Schwarz muß sich exakt verteidigen; schlecht wäre 5. … ♔f5 wegen 6.♖f8+ ♔g6 7.♔g4, und Weiß hat sein Ziel erreicht) 6.♖a8 ♗f2! (wenn 6. … ♔g6, so 7.♔g4) 7.♖a4! (unzureichend ist 7.♖a6 wegen 7. … ♗h4 8.g6+ ♔g7 9.♔:e3 ♗f6 und 7.♖a5 wegen 7. … ♗h4 8.♖e5 e2 9.♔:e2 ♔g6) 7. … ♔g6 8.♖g4 ♗e1 (am einfachsten, wenngleich dies eine genaue Berechnung erfordert) 9.♔:e3 ♗a5 10.♖g2 (10.♖c4 ♗d8 usw.) 10. … ♗d8 11.♔f4 ♗e7 mit Remis, da sich Weiß nicht freispielen kann.

Stellungen, in denen es nicht gelingt, das materielle Übergewicht zu realisieren, sind in diesem Endspiel gar nicht so selten. Machen wir uns mit den typischsten vertraut.

Kudrjaschow–Awerbach Jerewan 1968

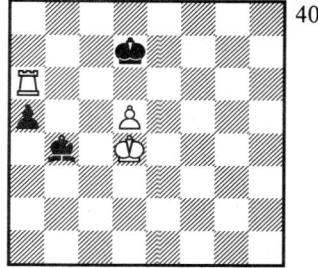

405

Remis

Der schwarze Bauer steht sehr günstig: Er hilft dem Läufer, sich auf dem wichtigen Feld b4 zu behaupten. Dies hat zur Folge, daß der weiße König weder auf e5 noch auf c5 Fuß fassen kann. Alle Gewinnversuche blieben ergebnislos: 1.♔c4 ♗e1 2.♖g6 ♗b4 3.♔d4 ♗e1 4.♖c6 ♗f2+ 5.♔e5 ♗g3+ 6.♔f5 ♗e1 7.♖b6 ♗b4 8.♖h6 ♗d2 9.♖h2 ♗b4 10.♔e4 ♔d6 11.♖h7 ♗c3 12.♔d3 ♗e1 13.♔c4 ♗b4 14.♖h6+ ♔d7 15.♔d4 ♗e1 16.♖e6 ♗b4 remis.

J. Awerbach, 1981

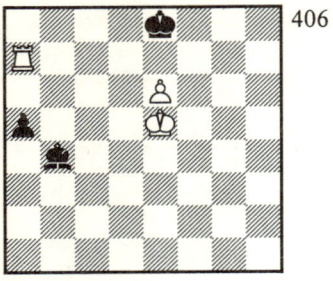

406

Remis

Nach 1.♖a8+ ♔e7 2.♔d5 gerät Schwarz in Zugzwang, und sein Läufer muß die wichtige Diagonale a3−f8 verlassen. Weiß kann daraus jedoch kein Kapital schlagen, z. B. 2. ...
♗c3 3.♖a7+ ♔e8 4.e7 ♔f7!
5.♔d6 ♗b4+ 6.♔d7 ♗:e7
mit Remis.
Es können jedoch Stellungen entstehen, in denen der Turm nach Abtausch der Bauern über den Läufer triumphiert.

J. Awerbach, 1981

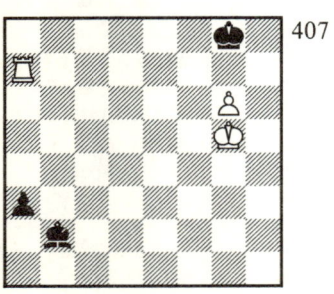

407

Weiß gewinnt

Alles verläuft wie im vorigen Beispiel: 1.♖a8+ ♔g7 2.♔f5 ♗c1 3.♖a7+ ♔g8 4.g7 ♔h7 5.♔f6 ♗b2+ 6.♔f7 ♗:g7 7.♖:a3. Hier aber kommt Weiß zum Erfolg, da der gegnerische König in einer gefährlichen Ecke steht (321).
Bemerkt sei, daß der schwarze Bauer ebensogut auf b4, c5 oder d6 stehen könnte. Auch dann wendet Weiß das gleiche Verfahren an: Er führt eine Zugzwangstellung herbei, erzwingt den Abtausch der Bauern und erreicht ein gewonnenes Endspiel mit Turm gegen Läufer.
Bekanntlich ist mit Turm und Randbauer nicht immer gegen einen Läufer zu gewinnen. Derartige Stellungen verdienen deshalb besondere Aufmerksamkeit.

J. Awerbach, 1981

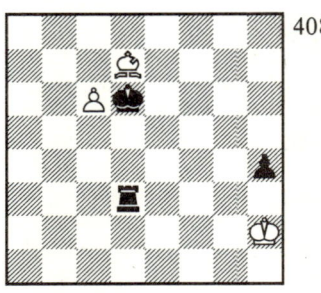

408

Schwarz am Zuge gewinnt

Schwarz verfolgt einen typischen Plan: Er führt den König an seinen Bauern heran, schafft eine Zugzwangsituation, erzwingt den Abtausch der Bauern und erhält ein gewonnenes Endspiel, da der gegnerische König in einer gefährlichen Ecke steht.

1. ... 🨂c3 2.🨀g2 🨔e5 3.🨘h2 🨔f4 4.🨀g2 🨂c2+ 5.🨘h3 🨔g5 6.🨗e8 🨂c3+ 7.🨘h2 h3 8.🨗d7 🨘h4 9.🨗f5 (es gibt nichts Besseres; falls 9.🨗e8, so 9. ... 🨂c2+ und 10. ... 🨀g3) 9. ... 🨂:c6 10.🨗:h3 🨂c2+ 11.🨗g2 🨂d2 12.🨀g1 🨀g3, und Schwarz gewinnt.

Ganz anders verhält es sich, wenn es sich wie im folgenden Beispiel um eine ungefährliche Ecke handelt.

J. Awerbach, 1980

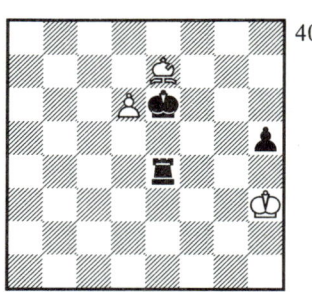

409

Remis

1. ... 🨂d4 2.🨀g3 🨔f5 3.🨘h3 🨂d3+ 4.🨘h4 🨀g6 5.🨗f8 🨂d4+ 6.🨘h3 h4 7.🨗e7 🨘h5. Bisher entwickelte sich alles wie im vorigen Beispiel, doch nun tritt ein äußerst wesentlicher Unterschied zutage: 8.🨗f6! 🨂:d6 (falls 8. ...

🨂d3+ 9.🨀g2 🨀g4, so 10.🨗e5) 9.🨗e5, und wir haben die Remisstellung 368 vor uns. Was aber, wenn der Läufer auf einer weniger günstigen Diagonale stände? Diesen Fall veranschaulicht das nächste Beispiel.

N. Nowotelnow, 1974

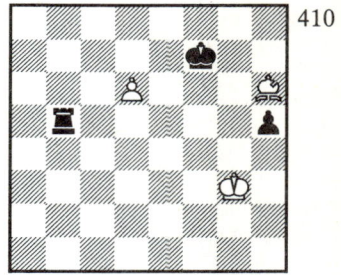

410

Schwarz am Zuge

Fehlerhaft wäre natürlich 1. ... 🨀e6 oder 1. ... 🨀g6, da der Läufer dann mit 2.🨗f8! auf die für Weiß lebenswichtige Diagonale h4–d8 gelangt. Nicht besser ist auch 1. ... 🨂d5 wegen 2.🨘h4! 🨀g6 3.🨗f8 usw.

Einzig richtig ist **1. ... 🨂b4!**, was 2. ... 🨂g4+ droht und 2.🨗g5 verhindert.

2.🨘f3 🨂d4 3.🨗f4 (der Läufer wurde auf eine weniger günstige Diagonale gezwungen) 3. ... 🨀e6 4.🨘e3 🨂a4! 5.🨘f3. Schwarz drohte bereits, den Randbauern vorzurücken, z. B. 5.🨗g3 h4 6.🨗f4 🨂a2, und der Bauer ist nicht aufzuhalten.

5. ... ♖a3+ 6.♔e2 ♖b3!
7.♔f2 ♔f5 8.♗g3 ♖d3
9.♗h2.
Schwächer ist 9.♔g2 ♔g4
10.♗e5 wegen 10. ... ♖d5
11.♗h2 ♖d2+ 12.♔h1 ♔f3
13.♗e5 ♖d5 14.♗h2 ♖d1+
usw.
9. ... ♖h3! 10.♔g2 ♖a3
11.♔f2 ♔e4 12.♗g3 ♖d3.
Bevor Schwarz den Angriff
fortsetzt, hat er seine Kräfte so
aktiv wie möglich aufgestellt.
Falls nun 13.♗h2, so 13. ...
♖d2+ 14.♔e1 (bezüglich
14.♔g1 ♔f3 siehe die Anmerkung zum 9. Zug von Weiß)
14. ... ♖:h2! 15.d7 ♔e3, und
Schwarz gewinnt.
13.♔g2 ♖d2+ 14.♔h3 ♔f3
15.♔h4 ♖d4+ 16.♔h3 ♖d1
17.♗e5 ♖h1+ 18.♗h2 ♔f2!
(Weiß wurde in Zugzwang gebracht und muß seinen Bauern
vorrücken) 19.d7 ♖d1 20.♔h4
♖:d7 21.♗f4 ♔f3 22.♗h6
(22.♗g5 ♖h7) 22. ... ♖d5
23.♗g5.
Weiß kann lediglich einen
Scheinerfolg verbuchen – er
erobert den Bauern.
23. ... ♔e4! 24.♔:h5 ♔f5
25.♔h4 ♖d4+ 26.♔h5 ♖d1,
und Schwarz gewinnt.
Und wenn Weiß im 8. Zuge
versucht, den Läufer auf die
Diagonale d8–h4 zu bringen?
Prüfen wir:
8.♗h6 ♔g4 9.♔e2.
Schlechter ist 9.♔g2 wegen
9. ... ♖d3 10.♗f8 ♖d2+
11.♔f1 ♔f3 12.♔e1 (12.♔g1
♔g3 13.♔f1 ♖f2+) 12. ...

♖d4 13.♗e7 ♖d5 14.♗f8 h4,
und Schwarz gewinnt.
9. ... ♖b5 10.♗f8.
Falls 10.♔e3, so 10. ... ♖f5
11.♗g7 ♖d5 12.♗f8 h4
13.♗e7 h3 14.♔f2 h2 15.♔g2
♖d2+ 16.♔h1 ♔h3.
10. ... ♖e5+ 11.♔d3 h4
(jetzt, da sich der gegnerische
König entfernt hat, kann der
Bauer vorrücken) 12.♔d4 ♖e8
13.♗e7.
Nicht besser ist 13.♗g7 wegen
13. ... ♔f5! 14.d7 ♖d8
15.♔e3 ♖:d7, und der Läufer
hat keine guten Abzugsfelder.
Falls z. B. 16.♗h6, so 16. ...
h3 17.♔f2 h2 18.♔g2 ♖h7.
Auf 16.♗c3 ist sogar 16. ...
♖d3+! möglich, und auf
16.♗f8 entscheidet schließlich
16. ... h3 17.♔f2 h2 18.♔g2
♖d2+ 19.♔h1 ♔g4.
13. ... h3 14.d7 ♖g8 15.♗d6
♖d8 16.♔e3 ♖:d7 17.♗h2
♖f7! (der Rest ist einfach,
nachdem der weiße König vom
Bauern abgeschnitten wurde)
18.♔e2 ♖f3 19.♔e1 ♖g3!
20.♔f1 ♖g2 21.♗d6 ♔f3, und
Schwarz gewinnt.
Da sich sein Läufer mit einer
weniger günstigen Diagonale
begnügen mußte, kam Weiß
somit um eine Niederlage
nicht herum. Die Gewinnführung verlangte von Schwarz jedoch viel Mühe und große Genauigkeit.

<table>
<tr><td>

Tal—Lengyel
Miskolc 1964

</td><td>

Larsen—Olafsson
Moskau 1959

</td></tr>
</table>

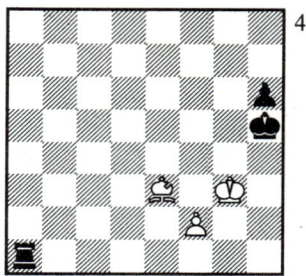 411

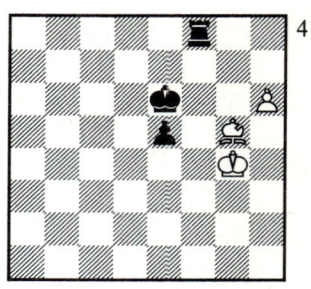 412

<table>
<tr><td>

Remis

</td><td>

Schwarz am Zuge gewinnt

</td></tr>
</table>

Der weiße Bauer steht hier sehr gut, da er den König vor möglichen Flankenangriffen schützt. Die Stellung kommt einer Festung gleich, die die schwarzen Figuren nicht einnehmen können.
1.♔h3 ♖g1 2.♔h2 ♖g8 3.♔h3 ♖g6 4.♗f4 ♖c6 5.♗e3 ♖c4 6.♔g3 ♖a4 7.♔h3 ♖a1 8.♔g3 ♖g1+ 9.♔h3 ♖g6 10.♗f4 ♖g8 remis.
Auch ein Vorstoß seines Bauern hätte Schwarz nichts eingebracht, z. B. 1. ... ♖a4 2.♔g3 ♔g6 3.♔h3 h5 4.♔g3 h4+ 5.♔h3 ♔h5 6.♗b6 ♖a3+ 7.♗e3 ♖b3 8.♔g2 ♔g4 9.♗c5 h3+ 10.♔h2 ♖b7 11.♗e3 ♔f3 12.♗c5 ♖g7 13.♗e3 ♖g6 14.♗d4, und die schwarze Initiative ist in eine Sackgasse geraten.
Sehen wir uns jetzt einige Beispiele an, in denen der König der Läuferpartei den eigenen Bauern unterstützen kann.

Schwarz kommt nur zum Erfolg, weil dem weißen König der Brettrand zum Verhängnis wird.
1. ... ♖g8 2.♔h5 ♔f5 3.♗h4 ♖h8! (Schwarz überführt den Turm in eine günstigere Position auf der 7. Reihe.) 4.♗g5 ♖h7 5.♗e3 ♖b7.
In der Partie machte Schwarz einige Abwartezüge mit dem Turm, die wir hier nicht anführen.
6.♗g5 e4 7.♗e3 ♖b3! (Alternativen waren 7.♗d2 ♖b2 oder 7.♗c1 ♖b1; jetzt scheitert 8.h7 an 8. ... ♖:e3 9.♔h4 ♖e1) 8.♗g5 ♖h3+ 9.♗h4 e3!! 10.h7 e2 11.h8♕.
Da er sich als erster eine Dame holte, hat Weiß scheinbar Oberwasser bekommen. Nach 11. ... ♖:h4+! mußte er sich jedoch angesichts der zwangsläufigen Folge 12.♔:h4 e1♕+ 13.♔h3 ♕h1+ geschlagen geben.

Vidmar–Tartakower
Semmering 1926

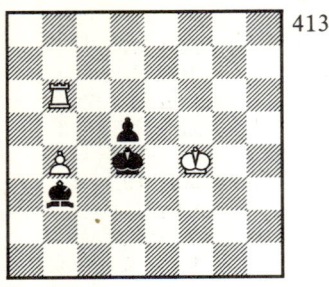

413

Weiß gewinnt

Wäre Schwarz am Zuge,
könnte er die Partie remis halten, indem er mit 1. ... ♗a4
nebst 2. ... ♔c4 und 3. ...
♗b5 seinen Hauptfeind – den
Bauern b4 – sofort vernichtet.
Am Zuge ist jedoch Weiß, der
mit 1.♖c6! den gegnerischen
König vom Freibauern ab-
schneidet. Bemerkt sei, daß
1.b5 nicht gewonnen hätte, da
Schwarz den Bauern nach
1. ... ♔c5 2.♖b8 ♗c4 3.b6
♔c6 nebst 4. ... ♗a6 und
5. ... ♗b7 zur Strecke bringt.
1. ... ♗c4 2.♔f3!
Erneut ein guter Zug. Auf
2.♔f5 geschieht nicht 2. ...
♔c3 3.b5 d4 4.b6 d3 5.♖d6
d2 (5. ... ♗a6 6.♔e4) 6.♔e4
♗a6 7.♔e3 ♔c4 8.♖:d2 ♔c5
9.♖b2, wonach Weiß, wenn er
den König nach a5 führt, gewinnt, sondern 2. ... ♔d3!
Falls nun 3.♔e5, so 3. ... d4
4.♖c8 (4.♖d6 ♔c3) 4. ...
♔c3 5.b5 d3 6.b6 d2 mit Re-

mis, und falls 3.♖c5, so 3. ...
♔c3 4.b5 d4 5.b6 d3 6.b7 d2
7.b8♕ d1♕ mit dem gleichen
Resultat.
Der Partiezug verfolgt das Ziel,
das Vorgehen des schwarzen
Bauern zu verhindern: Auf
2. ... ♔c3 entscheidet jetzt
3.b5 d4 (3. ... ♔b4 4.b6) 4.b6
d3 5.♖:c4+ ♔:c4 6.b7 d2
7.♔e2.
2. ... ♔d3 3.♔f2 ♔d4.
Schwarz muß passiv abwarten,
was der Gegner unternimmt.
Mit 3. ... ♔d2 würde er nach
4.♖c5 ♔d3 5.b5 ♔d4 6.b6
den kürzeren ziehen.
4.♔e1 ♗b5 (wenn 4. ... ♔d3,
so 5.♔d1 ♗b3+ 6.♔c1 ♗c4
7.♔b2, und der b-Bauer kostet
Schwarz den Läufer) **5.♖c5**
♗e8 6.♔d2 ♗a4 7.♔c1 ♗e8
8.♔b2 ♗a4 9.♔a3 ♗e8
10.♔b3.
Der weiße König ist seinem
Bauern zu Hilfe gekommen.
Alles Weitere bereitet keine
Schwierigkeiten mehr. Die
schwarzen Figuren werden allmählich zurückgeworfen, und
der b-Bauer setzt sich in Bewe-
gung.
10. ... ♗d7 11.♖c1 ♗b5
12.♖d1+ ♔e5 13.♔c3 ♗d7
14.♖a1.
Weiß braucht 14. ... d4+ wegen 15.♔c4 ♗e6+ 16.♔c5
nicht zu fürchten. Noch einfacher war indes 14.♖e1+ ♔d6
15.♔d4!, und falls 15. ... ♔c6,
so 16.♖e5.
14. ... ♗b5 15.♖a5 ♗f1
16.♖c5 ♔d6 (auf 16. ... ♔e4

gewinnt 17.b5 d4+ 18.♔d2)
**17.♔d4 ♗a6 18.b5 (am einfachsten) 18. ... ♗b7 19.♖c1
♗a8 20.♖g1 ♔c7 21.♔c5
♗b7 22.♖g7+ ♔b8 23.♔b6
♗c8 24.♖g8 d4 25.♔c6,** und
Schwarz stellte den Widerstand
ein.

**Smyslow–Awerbach
Leningrad 1960**

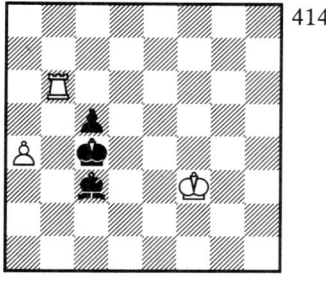

414

Schwarz am Zuge hält remis

Diese Stellung würde etwas an
die vorige erinnern, wenn man
diese nach links verschoben
hätte. Die Tatsache, daß sein
Freibauer auf einer Randlinie
steht, verschlechtert die Aussichten von Weiß, und
Schwarz kann das Endspiel remis halten.
1. ... ♔d3! 2.♖d6+.
Falls 2.♖b3, so 2. ... ♔c4,
und jetzt führt sowohl
3.♖:c3+ ♔:c3 4.a5 c4 5.a6
♔b2 6.a7 c3 7.a8♕ c2 als
auch 3.♖a3 ♗a5 4.♔e4 ♔b4
5.♖a1 c4 6.♔d4 c3 7.♖b1+
♔a3! 8.♔d3 c2 nur zum Remis.
2. ... ♔c4! (aber nicht 2. ...

♗d4 3.a5 c4 4.a6 c3 5.a7 c2
6.a8♕ c1♕ 7.♕e4+, und
Weiß gewinnt) **3.♔e4 ♔b4
4.♔d5! ♗d4.**
Nach 4. ... ♔:a4 5.♔c4! gerät
Schwarz mit dem König in ein
Mattnetz und verliert.
5.♖a6 ♗g1 6.a5 ♗d4 7.♖a8
(7.♔c6 c4) 7. ... **♔b5 8.a6
♔b6 9.♔c4 ♗a1 10.♖e8.**
Weiß läßt den Fehler des Gegners ungestraft. Statt 9. ...
♗a1? mußte 9. ... ♗f2 oder
9. ... ♗e3 geschehen. Jetzt
hätte Weiß durch 10.♖b8+!
♔a7 11.♖d8 ♗d4(e5) 12.♔b5
♗e3 13.♖d7+ und 14.a7 gewinnen können.
**10. ... ♗d4 11.♖e6+ ♔a7
12.♔d5.**
Falls 12.♔b5, so natürlich
12. ... c4! mit Remis (365).
12. ... ♗g1 13.♖g6 ♗f2 remis.

J. Awerbach, 1986

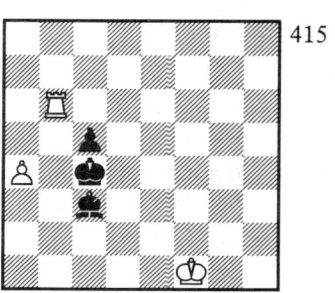

415

Schwarz am Zuge hält remis

Auf f1 steht der weiße König
besser als auf f3. Trotzdem
kann Schwarz auch hier das

253

Gleichgewicht aufrechterhalten. Dies geschieht allerdings auf studienartigem Wege: 1. ... ♔d3 2.♖b3 c4 3.♖a3.
Schwarz muß sich jetzt entscheiden. Nach der natürlichen Fortsetzung 3. ... ♔d2 4.a5 ♗d4 5.♖a2+! ♔d3 6.♔e1! c3 7.♔d1 ♗c5 8.a6 ♗a7 9.♖h2 ♗b6 10.♖h3+ ♔c4 11.♖h7 kommt Weiß zum Erfolg.
Richtig ist 3. ... ♔c2! und auf 4.a5 dann 4. ... ♗b4!!
Nun sind folgende Varianten möglich:
1) 5.a6 ♗:a3 6.a7 ♔b1 7.a8♕ c3 8.♕b7+ ♗b2 9.♕e4+ c2 10.♔e2 ♗c3 11.♕f5 ♔b2 mit Remis.
2) 5.♖a4 ♔b3 6.a6 (6.♖:b4+ ♔:b4 7.a6 c3 8.♔e2 ♔b3 9.♔d1 ♔b2) 6. ... ♔:a4 7.a7 c3 8.a8♕+ ♔b3 9.♕d5+ ♔b2 10.♕c4 c2 usw.
3) 5.♖a1 ♔b2 6.a6 ♔:a1 7.a7 c3 8.a8♕+ ♔b1 9.♕e4+ c2 10.♔e2 ♗c3 usw.

Gufeld–Bagirow
Leningrad 1963

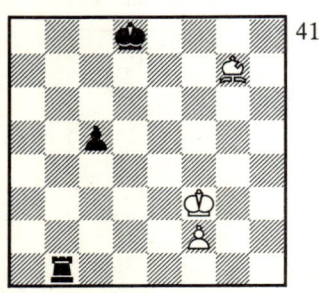

416

Weiß am Zuge

Hier liegen zwei Linien zwischen den Bauern. Wäre Schwarz am Zuge, käme er mühelos zum Erfolg, wenn er den gegnerischen König um diese Distanz von seinem Bauern abschneiden würde. Es könnte folgen: 1. ... ♖e1! 2.♗c3 ♖e6 3.♔f4 (3.♗d2 c4 4.♗e3 c3 5.♔e2 ♖d6) 3. ... c4 4.♔f5 ♔e7 5.f4 ♖e3 6.♗d4 ♖h3, und der Bauer geht zur Dame.
In der Partie lag das Zugrecht jedoch bei Weiß, der seinen König natürlich mit 1.♔e4! dem gegnerischen Bauern annäherte.
1. ... ♖d1.
Der Marsch des Königs zum Damenflügel, um den eigenen Bauern zu unterstützen, verspricht nicht viel: 1. ... ♔c7 2.♔d5 ♔b6 3.f4 ♖d1+ 4.♔e6 c4 5.f5, und der weiße Bauer ist nicht weniger gefährlich als der schwarze.
2.♗f8 c4 3.♗b4 ♔d7 4.f4 ♖c1. Wie Chenkin zeigte, wird Weiß die Aufgabe damit etwas erleichtert. Genauer war 4. ... ♖d3!, um den Läufer vorerst nicht nach c3 zu lassen. Aber auch dann kann Weiß, wie die von ihm angeführten Varianten belegen, mit 5.f5 das Gleichgewicht aufrechterhalten.
Schwarz hat zwei Möglichkeiten, aktiv zu werden – den König zum gegnerischen Bauern zu beordern oder mit ihm den eigenen zu unterstützen, z. B.:
1) 5. ... ♔e8 6.♗a5 ♔f7

**7.♗e1 ♔g7 8.♗a5 ♔f6
9.♗e1 ♔g5 10.♗b4 ♖h3**
(10. ... ♖d7 11.♗c3) **11.♔d4
♖h4+ 12.♔c5.**
Ein typisches Manöver, das wir
schon des öfteren beobachten
konnten. Weiß gelingt es jetzt,
den gegnerischen Bauern zu
vernichten.
12. ... ♔:f5 13.♗c3 mit Remis, da es gegen 14.♗d4 nebst
15.♔:c4 keine Verteidigung
gibt.
2) **5. ... ♔d8** (Schwarz ist bemüht, den Marsch des Königs
zum eigenen Bauern vorzubereiten) **6.♗e1 ♔e7 7.♗a5
♔d6 8.♗b4+ ♔d7 9.♗a5
♔c6 10.♗e1 ♖h3** (falls 10. ...
♔b5, so 11.f6) **11.f6! ♔d6
12.♔d4** remis.
In der Partie (nach 4. ... ♖c1)
folgte:
**5.♔d4 ♔c6 6.♗c3 ♔b5 7.f5
♖d1+ 8.♔e4 ♔c5 9.f6 ♔d6
10.♗e5+ ♔e6 11.♗c3 ♖d3
12.♗a1!** (der Läufer hat sich
auf der langen Diagonale fest-
gesetzt und kann von ihr nicht
vertrieben werden) **12. ... ♔f7
13.♗b2.**
Selbstverständlich nicht
13.♗d4 oder 13.♗e5 wegen
13. ... ♖h3, und der schwarze
Bauer geht zur Dame.
**13. ... ♔g8 14.♗a1 ♔f8
15.♗b2,** und die Partie endete
remis.
Hier noch zwei Beispiele, in
denen es auf studienartigem
Wege gelingt, den gefährlichen
Freibauern des Gegners zu vernichten und remis zu halten.

A. Selesniew, 1919

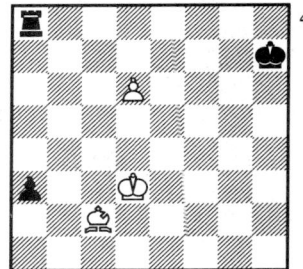

417

Remis

Auf den ersten Blick ist nicht
zu erkennen, wie der schwarze
Bauer gestoppt werden könnte.
Es folgt aber **1.d7! a2.**
Falls 1. ... ♔g7, so 2.♗b3!
♔f6 3.♔c2 ♔e7 4.♔b1 ♔:d7
5.♔a2 mit theoretischem Remis (365).
**2.d8♕! ♖:d8+ 3.♔c3+ ♔g7
4.♔b2 ♖d2 5.♔a1!** Die Lage
hat sich geklärt. Die Antwort
5. ... ♖:c2 führt zum Patt. Anderenfalls spielt Weiß aber
6.♗b3 und erobert den Bauern
a2.

W. von Holzhausen, 1903

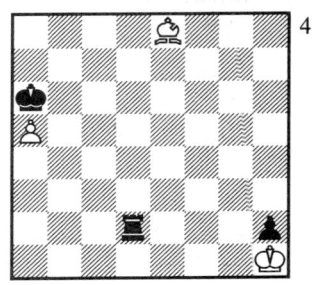

418

Remis

255

Um den Bauern h2 zu vernichten, muß Weiß mit dem Läufer nach g2 gelangen. Geschieht aber 1.♗c6?, kann Schwarz den Bauern nach 1. … ♖d6! nebst 2. … ♖h6 von hinten decken und das Endspiel gewinnen. Auf 1.♗g6 oder 1.♗h5 folgt ebenfalls 1. … ♖d6!, z. B. (nach 1.♗h5): 2.♗e2+ ♔:a5, und nun scheitert 3.♔:h2 an 3. … ♖d2 mit Läufergewinn.

Weiß hat nur eine rettende Fortsetzung: 1.♗f7! ♔:a5 (wenn 1. … ♖d7, so 2.♗c4+ und 3.♔:h2) 2.♗e6! ♖d6 3.♗h3! ♖d2 4.♗g2, und die Aufgabe ist gelöst. Remis.

Wenn der Bauer der Läuferpartei an der Schwelle des Umwandlungsfeldes steht und die Figuren des Gegners ungünstig postiert sind, kann sogar der Läufer über den Turm triumphieren.

Hier einige solcher Fälle.

G. Sachodjakin, 1934

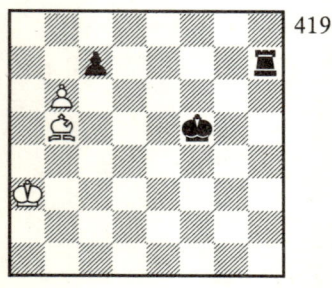

419

Weiß gewinnt

Die ungünstige Aufstellung des gegnerischen Königs ermöglicht es Weiß, den Bauern nach **1.b7** ♖h8 2.♗d7+ und 3.♗c8 in eine Dame zu verwandeln. Schwarz erwidert deshalb **1. … ♖h3+! 2.♔a2!!** Der einzige Gewinnzug. Im Fall von 2.♔a4 (b4) ♖h8 3.♗d7+ ♔e5 4.♗c8 ♖h1! oder 2.♔b2 ♖h8 3.♗d7+ ♔e5 4.♗c8 ♖h6! kann Schwarz sich retten.
2. … ♖h2+ 3.♔a1 ♖h1+ 4.♗f1! ♖:f1+ (zum Verlust führt auch 4. … ♖h8 5.♗h3+! ♔e5 6.♗c8 ♖h1+ 7.♔a2! ♖h2+ 8.♔a3, und die Schachgebote sind erschöpft) **5.♔b2 ♖f2+ 6.♔c3 ♖f3+ 7.♔c4 ♖f4+ 8.♔c5,** und der Bauer ist nicht aufzuhalten.

W. Platow, 1906

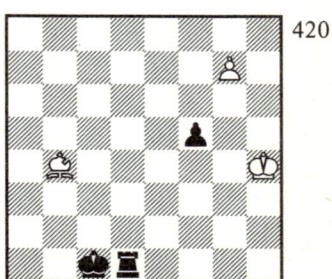

420

Weiß gewinnt

In dieser Stellung entscheidet **1.♗d6!** (nach 1.♗c5 ♖d8 2.♗f8 ♖d4+ und 3. … ♖g4 hält Schwarz remis; jetzt hingegen scheitert 1. … ♖d4+

2.♔h5 ♖g4 an 3.♗f4+ nebst
4.♗g5) 1. ... ♖h1+ 2.♗h2!
♖:h2+ 3.♔g3 ♖h1 4.♔f2
♖h2+ 5.♔f3!
Nur Remis ergäbe 5.♔g1 ♖h4
und 6. ... ♖g4+. Weiß muß
deshalb zunächst den f-Bauern
beseitigen.
5. ... ♖h3+ 6.♔f4 ♖h4+
7.♔:f5 ♖h5+ 8.♔f4, und
Weiß gewinnt, indem er den
König nach g2 führt.

L. Prokes, 1941

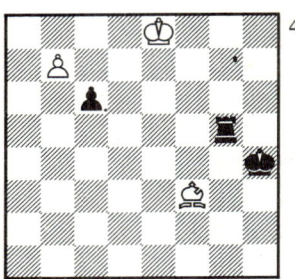

Weiß gewinnt

Nach 1.♗d5! ♖h5 2.♔f8 cd
(2. ... ♖h8+ 3.♗g8) 3.♔g7
kann Schwarz den Bauern
nicht aufhalten, z. B. 3. ...
♖g5+ 4.♔f7 ♖f5+ 5.♔e7
♖e5+ 6.♔d7.

2. Keine Freibauern

Sind keine Freibauern vorhanden, läßt sich mit Turm gegen
Läufer in drei Fällen gewinnen:
1. wenn es gelingt, den gegnerischen Bauern zu erobern und

ein gewonnenes Endspiel zu
erreichen;
2. wenn es gelingt, ein Mattnetz um den gegnerischen König zu knüpfen;
3. wenn es gelingt, den Läufer
zu gewinnen.
Zunächst betrachten wir eine
Hauptremisstellung, die für dieses Endspiel charakteristisch
ist.

**Rubinstein–Tartakower
Wien 1922**

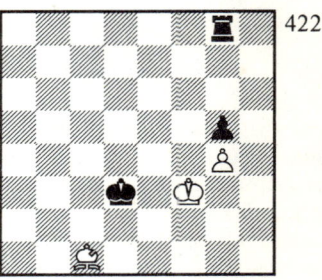

Schwarz am Zuge. Remis

Schwarz ist an die Verteidigung des Bauern g5 gebunden
und kann deshalb nicht mit
beiden Figuren über den weißen König herfallen. Er würde
gewinnen, wenn es ihm ge-
länge, den König nach h4 zu
bringen. Dies ist indes nicht
möglich, und auf 1. ... ♔c2
folgt bereits 2.♗:g5! ♖:g5
3.♔f4 ♖g8 4.g5 ♔d3 5.♔f5
♔d4 6.g6 ♔d5 7.♔f6 ♔d6
8.♔f7 mit Remis.
Schwarz versuchte dennoch auf
Gewinn zu spielen: 1. ... ♔d4

2.♗d2 ♔e5 3.♗e3 ♔f6
4.♗d4+ ♔g6 5.♗e3 ♖b8.
Der schwarze König hat vor-
übergehend die Verteidigung
des Bauern übernommen, um
dem Turm Gelegenheit zu geben, eine bessere Position zu
beziehen.
6.♗d2 ♖b5 7.♔e4 ♔f6
8.♗c3+ ♔e6 9.♗d2 ♔d6
10.♗e3 ♔c6 11.♗d2 ♔b6
12.♗e3+ ♔a5 13.♗d2+ ♔a4
14.♗e3 ♔b3 15.♗c1 ♔c2.
Schwarz hat scheinbar einen
Teilerfolg erzielt. Aber wieder
nutzt Weiß die Abseitsstellung
des gegnerischen Königs und
führt mit 16.♗:g5! ♖:g5
17.♔f4 das schon erwähnte
unentschiedene Endspiel mit
Bauer gegen Turm herbei.
Es könnte der Eindruck entstehen, daß Schwarz nur deshalb
keine ernsthaften Drohungen
zu schaffen vermochte, weil
eine seiner Figuren ständig
den Bauern bewachen mußte.
In Wirklichkeit konnte sich
Weiß auch anders verteidigen.
Statt 5.♗e3 war genausogut
5.♗e5 ♖c8 6.♗g3 möglich.
Der Leser kann sich selbst davon überzeugen, daß es
Schwarz danach nicht gelingt,
die so entstandene Festung im
Sturm zu nehmen.
Wenn der Läufer in Stellungen
mit blockierten Bauern nicht
in der Lage ist, den Bauern der
Turmpartei anzugreifen, erhöhen sich deren Gewinnchancen
beträchtlich, da in diesem Fall
beide Figuren – Turm und Kö-

nig – am Angriff teilnehmen
können.
Hier eine typische Stellung, in
der es möglich ist, mit Turm
gegen Läufer zu gewinnen.

R. Fine, 1941

423

Weiß gewinnt

1.♔c4 ♔d6 2.♖h6+ ♔d7
3.♔d5 ♔e7 4.♖h7+.
Weiß muß den gegnerischen
König abdrängen und anschließend durch die Hergabe des
Turmes für Läufer und Bauer
ein gewonnenes Bauernend-
spiel erreichen.
4. ... ♔f6.
Falls 4. ... ♔e8, so 5.♔e6
♔f8 6.♖h8+ ♔g7 7.♖b8!
♗c3 8.♔e7 ♗d4 9.♖b1
♗c5+ (nach 9. ... ♗e3
10.♖f1 ♗f4 11.♖g1+ wird
der König noch weiter wegge-
trieben) 10.♔e6 ♗d4 11.♖f1
nebst 12.♖f5 und 13.♖:e5.
5.♔d6 ♗c3 6.♖b7! ♗d4 (auf
6. ... ♗d2 entscheidet 7.♖b8
♗f4 8.♖f8+) 7.♖b3 ♔f7
8.♔d7 ♔f6 9.♖f3+ ♔g6
10.♔e6 nebst 11.♖f5 und
12.♖:e5.

Es ist klar, daß Weiß bei einer Verschiebung der Stellung 423 um eine Reihe nach oben leicht gewinnt, da er, nachdem er den König abgedrängt hat, den Turm für Läufer und Bauer geben kann.

Für uns sind Stellungen von Interesse, die entstehen, wenn man Beispiel 423 um eine oder zwei Reihen nach unten verschiebt, weil der schwarze König in diesem Fall schwerer an den Brettrand zu treiben ist.

Nach J. Enevoldsen, 1949

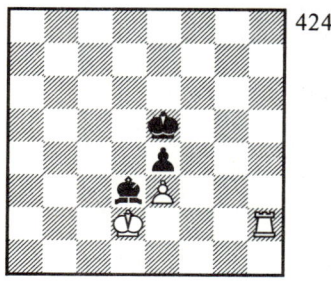

424

Weiß gewinnt

Bis zu einem bestimmten Augenblick verläuft die Abdrängung hier wie im vorigen Beispiel: 1.♔c3 ♔d5 2.♖h5+ ♔d6 3.♔d4 ♔e6 4.♖h6+ ♔f5 5.♖b6 ♗c2 6.♔d5 ♗d3 7.♖b2 ♔f6 8.♔d6 ♔f7 9.♖f2+ ♔e8 10.♖f5 ♗c2 11.♖c5 ♗b1 12.♖c7 ♗d3 13.♖e7+ ♔d8.

Oder 13. ... ♔f8 14.♔e6 ♗c4+ 15.♔f6 ♗d3 16.♖e5! ♔g8 (16. ... ♗c2 17.♖c5 oder

16. ... ♗b1 17.♖b5) 17.♖e8+ ♔h7 18.♖f8, und Weiß gewinnt durch 19.♔e5, 20.♖f4 und 21.♖:e4.

14.♖e5! ♗c2 15.♖b5! ♔e8 16.♔e6 ♔d8 (ebendahin führt 16. ... ♔f8 17.♖f5+ ♔e8 18.♖c5!) **17.♖d5+ ♔e8 18.♖c5 ♗b3+ 19.♔e5**, und Weiß gewinnt den Bauern und mit ihm die Partie.

Wenn Schwarz anstelle von 4. ... ♔f5 mit 4. ... ♔e7 fortsetzt, kann es wie folgt weitergehen: 5.♔e5 ♔d7 6.♖d6+ ♔e7 7.♖d4 ♗c2 8.♖c4 ♗d3 9.♖c7+ ♔d8 10.♔d6, und Weiß gewinnt wie schon betrachtet.

Rohacek–Stoltz
München 1942

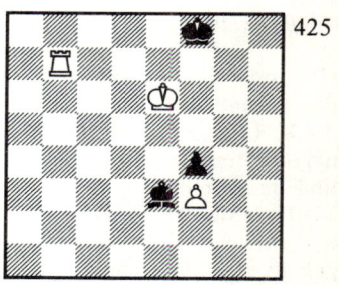

425

Weiß gewinnt

Dieses Beispiel zeigt, daß der König auch anders abzudrängen ist.

1.♖f7+ ♔e8 2.♖f5! ♗d2 3.♔f6 (wie wir wissen, führt 3.♖c5 ♔f8 4.♔f6 ♔e8 5.♖e5+ ♔f8 6.♖d5 ebenfalls zum Gewinn) 3. ... ♔f8 (oder 3. ... ♗c3+ 4.♘g6 ♗d2 5.♘g7 ♗c3+ 6.♘g8! ♗d2 7.♖e5+ mit Abdrängung des Königs) 4.♖c5 ♔g8 5.♖c8+ ♔h7 6.♘f7. Schwarz gab auf, da der König nach 7.♖g8 abgeschnitten ist und Weiß mühelos zum Erfolg kommt.

Nach J. Enevoldsen, 1949

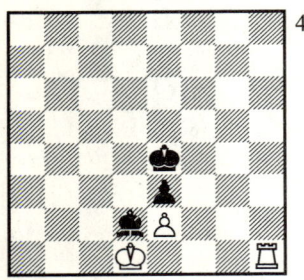

426

Weiß gewinnt

Um zu gewinnen, muß Weiß den gegnerischen König auf die 8. Reihe zurückwerfen, wonach er den Turm für Läufer und Bauer geben kann. Die Methode der Abdrängung ist die gleiche wie in den vorhergehenden Beispielen.
1.♔c2 ♔d4 2.♖h4+ ♔d5 3.♔d3 ♔e5 4.♖h5+ ♔e6 (falls 4. ... ♔f4, so 5.♖c5 ♔g4 6.♔e4, und Schwarz kann aufgeben) 5.♔e4 ♔d6 6.♖d5+ ♔e6 7.♖c5 ♔d6 8.♖c4! ♔e6 9.♖c6+ ♔d7 10.♔d5 ♔e7 11.♖e6+ ♔f7 12.♖e4! ♗c1 13.♖b4 ♔e7 14.♔e5 ♔d7 15.♖d4+ ♔e7

16.♖c4! ♗d2 17.♖c7+ ♔d8 18.♖h7 ♗c1 19.♔e4 ♗d2 20.♖h3 und 21.♖:e3.
Besonderheiten, die in derartigen Endspielen auftreten, wenn die Bauern auf einer Springerlinie stehen, veranschaulichen die folgenden Stellungen.

J. Enevoldsen, 1949

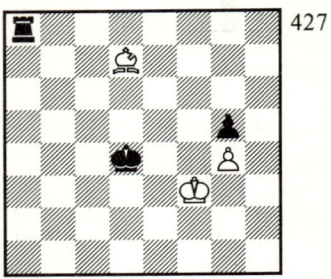

427

Schwarz am Zuge gewinnt

1. ... ♖a3+ 2.♔g2 ♔e4 3.♗f5+ ♔f4 4.♗e6 ♖d3 5.♗f5 ♖d2+ 6.♔h3 (falls 6.♔g1, so 6. ... ♔g3 7.♔f1 ♖f2+ 8.♔g1 ♖f4! usw.) 6. ... ♔f3! 7.♗e6 ♖d6 8.♗f7 ♖h6+ 9.♗h5 ♔f2 10.♔h2 ♖:h5+! 11.gh g4 12.h6 g3+ 13.♔h3 g2 14.h7 g1♕ 15.h8♕ ♕g3 matt.

J. Enevoldsen, 1949

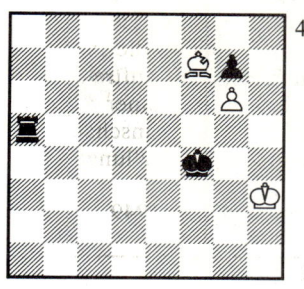

428

Romanowski–I. Rabinowitsch
Leningrad 1924

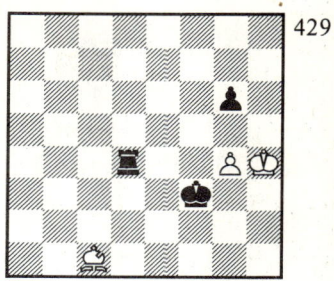

429

Schwarz am Zuge gewinnt

1. ... ♖h5+ 2.♔g2 ♖h6
3.♗e8 ♖h8 4.♗f7 ♖h5
5.♗e8 ♖e5!
Die Turmmanöver haben das
Ziel, den weißen König nicht
auf das bessere Feld h3 zu lassen.
6.♗f7 ♖e3 7.♔f2 ♖f3+
8.♔g2 ♖g3+ 9.♔f2 ♖e3
10.♔g2 (falls 10.♗d5, so
10. ... ♖d3, und auf 10.♗a2
entscheidet 10. ... ♖f3+)
10. ... ♔g4 11.♔f2 ♖f3+
12.♔g2 ♖f6! 13.♗e8 ♖d6!
14.♔f2 ♖d2+ 15.♔e3 ♖b2
16.♗f7 ♔g3 nebst 17. ... ♖f2
und 18. ... ♖f6, und Schwarz
kann den Turm für Läufer und
Bauer geben.

Remis

Weiß verliert den Bauern g4,
rettet sich jedoch durch einen
Angriff auf den Bauern des
Gegners.
1.♔g5! ♖:g4+ 2.♔f6 ♖c4 (es
drohte 3.♗g5) 3.♗h6!
Wie Romanowski nachwies,
hätte 3.♗b2 wegen 3. ... ♖c2!
und 4. ... ♖g2 verloren. Jetzt
folgt auf 3. ... ♖c6+ einfach
4.♔g5 nebst 5.♗g7 und 6.♗f6
mit Vernichtung des gegnerischen Bauern.
3. ... ♔g4 4.♔:g6 ♖c6+
5.♔g7 ♔f5 6.♗e3 remis.
In derartigen Endspielen ist
bei der Verteidigung höchste
Präzision geboten.

Gligorić–Polugajewski
Amsterdam 1970

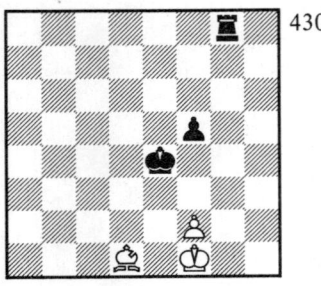

430

Schwarz am Zuge

Um zu gewinnen, muß
Schwarz den Bauern nach f3
vorrücken. Sofortiges 1. ... f4
scheitert jedoch an 2.♗c2+
♔f3 3.♗d1+ ♔e4 4.♗c2+
♔e5 5.♔e2 mit Remis. Schwarz
versucht deshalb, zunächst den
Läufer abzudrängen.
1. ... ♖d8 2.♗a4?
Dies führt auf interessante Art
zum Verlust. Schlecht war
auch 2.♗e2 wegen 2. ... f4
3.♔g2 ♖g8+ 4.♔f1 f3. Richtig ist 2.♗h5!, um auf 2. ...
♖h8 mit 3.♗f7 fortzusetzen,
denn nach 3. ... f4 würde
4.♔g2 f3+ 5.♔g3 ♖h6 6.♗e8
remis halten.
2. ... ♖c8!
Der Läufer befindet sich plötzlich „im Abseits" und kann
seinem König nicht rechtzeitig
zu Hilfe kommen.
3.♗d7 (es gibt nichts Besseres;
wenn 3.♗b3, so 3. ... f4
4.♔g2 ♖c7 nebst 5. ... ♖g7+
und 6. ... f3) **3. ... ♖c5!**

Schafft die Drohung 4. ... ♔f3
und deckt beizeiten das Feld
h5. Auf 4.♗e8 entscheidet
jetzt 4. ... f4 5.♗g6+ ♔f3, da
kein Schach auf h5 möglich
ist, und im Fall von 4.♔g2
folgt 4. ... f4 5.♗g4 ♖g5. Das
Weitere ist bereits Agonie.
4.♔e2 f4 5.♗e8 f3+ 6.♔d2
♖d5+ 7.♔c2 ♔f4 8.♗f7 ♖g5.
Bauernverlust ist unvermeid-
lich: 9.♔d2 ♖g2 10.♔e1
♖g1+ 11.♔d2 ♖f1. Weiß gab
daher auf.
Probleme, die es zu lösen gilt,
wenn die Bauern auf benachbarten Linien stehen, zeigen
die folgenden Beispiele.

J. Awerbach, 1981

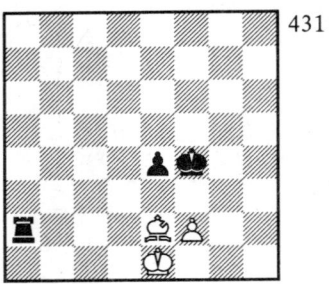

431

Weiß am Zuge

Die weiße Stellung scheint hier
mehr gefährdet als im vorigen
Beispiel. Es droht 1. ... ♖a1+
2.♔d2 (2.♗d1 e3) 2. ... ♖h1
3.♗d1 (3.♗c4 ♔f3) 3. ...
♖h2 4.♔e1 e3, und Schwarz
gewinnt. Keine Rettung bringt
z. B. 1.♗h5 wegen des Manö-
vers 1. ... ♖a1+ 2.♔e2 ♖h1

3.♗e8 ♖h2 4.♔e1 ♔f3. Auch
1.♗d1 scheitert an 1. ... e3.
Weiß zieht sich aus der Affäre,
indem er den König nach g2
bringt: 1.♔f1! ♖a1+ 2.♔g2
♖b1 3.♗h5!
Erneut der richtige Zug. Zum
Verlust führt 3.♗c4 wegen
3. ... ♖b2 4.♔g1 ♔f3. Ungenügend ist auch 3.♗f1 ♖b2
4.♔g1 e3 5.fe ♔g3! 6.e4 ♖b1
7.e5 ♖e1 usw.
3. ... ♖e1 4.♗e8 ♖e2 5.♔f1
♖d2 6.♗h5 remis.
Würde es sich auf das Ergebnis
auswirken, wenn man diese
Stellung um eine Linie nach
rechts verschöbe?

Nach G. Barcza, 1967

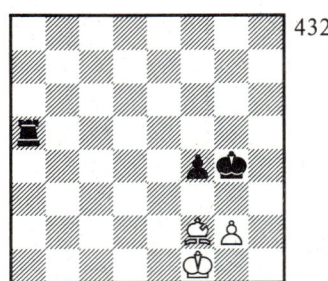

432

Weiß am Zuge

Der erste Eindruck besagt, daß
sich die weiße Stellung noch
mehr verschlechtert hat. Wenn
z. B. wie im vorigen Beispiel
1.♔g1, so 1. ... ♖a1+ 2.♔h2
♖c1 3.♗d4 ♖c2 4.♔g1 ♔g3,
und Schwarz ist bereits am
Ziel. Unzureichend wäre auch
hier 1.♗e1 wegen 1. ... f3.

Die einzig richtige Fortsetzung
ist 1.♔e1! Wenn Schwarz jetzt
seine Drohung verwirklicht,
mit 1. ... ♖a1+ 2.♔e2 ♖h1
den Bauern anzugreifen, folgt
3.♗e1! ♖h2 4.♔f1. Auf 4. ...
f3 kann Weiß dann durch
5.gf+ ♗:f3 6.♔g1 ♖g2+
7.♔h1! die theoretische Remisstellung 320 erreichen. Gefährlicher ist der Abwartezug
2. ... ♖c1. Weiß hat darauf
wieder nur eine richtige Antwort: 3.♔d2! (schlecht wäre
nach wie vor 3.♗e1 ♖c2+
4.♔f1 f3) 3. ... ♖h1 4.♔e2
♖h2 5.♔f1 f3 6.♔g1!
Des Pudels Kern! Weiß nutzt
eine studienartige Chance, da
Turm und Läuferbauer gegen
einen Läufer nicht gewinnen.
6. ... ♖:g2+ 7.♔f1, und wir
haben bei vertauschten Farben
die Remisstellung 351 vor uns.

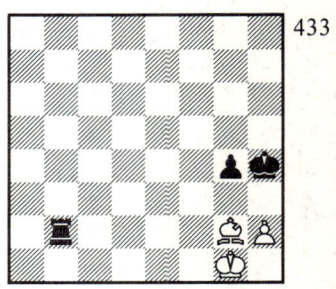

433

Weiß am Zuge. Schwarz gewinnt

In dieser Stellung verfügt Weiß
über keinen nützlichen Zug.
1.♗f1 trifft auf die Erwiderung
1. ... g3, und im Fall von
1.♗e4 entscheidet 1. ... ♔h3.

263

Wenn schließlich 1.♔f1, so
1. ... ♖a2 2.♔g1 g3.

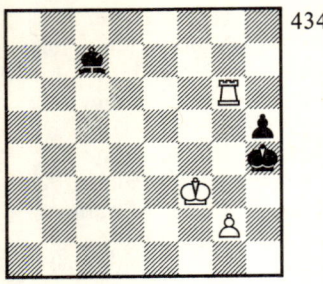

434

Weiß gewinnt

Auf den ersten Blick erscheint
die Lage für Schwarz hoffnungslos, da sein König in der
Falle sitzt. Nach z. B. 1.♔e4
♗g3 2.♔f5 ♗f2 3.♔f4 ♗g3+!
wird indes deutlich, daß der
Erfolg so einfach nicht zu erzielen ist. Der richtige Plan besteht in einer völligen Umgruppierung der Figuren.
1.♖c6 ♗b8.
Sofort verlieren würde 1. ...
♗e5 2.♖c4+ ♔g5 3.♖c5 ♔f5
4.g3, wonach sich der weiße
König über g2 und h3 dem
Bauern h5 nähert.
2.♖c4+ ♔g5 3.♖d4 ♗c7.
Falls 3. ... ♗a7, so 4.♖d5+
♔g6 (4. ... ♔h4 5.g3+) 5.g3
♗b8 6.♔g2, und der König
geht nach h4. Auf 3. ... ♗h2
entscheidet 4.g3 ♗g1 5.♖d5+
♔g6 6.♔f4 ♗h2 7.♖d2 nebst
8.♖d6+ bzw. 6. ... ♗f2
7.♖d6+ ♔g7 8.♖d2 ♗e1
9.♖e2 nebst 10.♔g5.
4.g3 ♗b8 5.♖d5+ ♔g6

6.♔g2. Weiß begibt sich mit
dem König nach h4 und er-
obert den Bauern h5.
Wohl am schwierigsten sind
Stellungen mit Randbauern.
Hier ein klassisches Beispiel.

**Salwe – Rubinstein
Prag 1909**

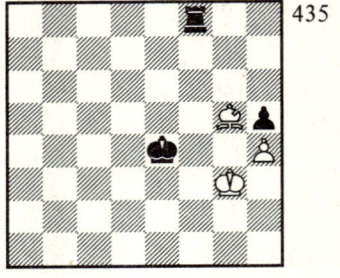

435

Schwarz am Zuge

Da Rubinstein in der Partie
zum Erfolg kam, hielt man
diese Stellung für Schwarz gewonnen. 1954 zeigte Baranow,
daß Weiß viel besser spielen
konnte und Rubinsteins Plan,
den weißen König bis hinter
die c-Linie zurückzudrängen,
bei richtiger Verteidigung nicht
zu verwirklichen ist.
Diese Schlußfolgerung ver-
wirrte die Theoretiker, da man
die Stellung nunmehr als remis
ansehen mußte. Erst 1963 wies
Maiselis nach, daß Rubinsteins
Plan falsch war und der weiße
König nicht aus der Ecke vertrieben, sondern im Gegenteil
auf die h-Linie gedrängt werden muß.

Sehen wir uns zunächst den Partieverlauf an.

1. ... ♖f7 2.♗h6 ♖f3+ 3.♔g2 ♖d3 4.♗g5 ♔f5 5.♔f2 ♔g4 6.♔e2.

Versuche, mit dem König in der Ecke h1 zu bleiben, wären verfehlt, z. B. 6.♔g2 ♖c3 7.♔f2 ♖c2+ 8.♔g1 ♔g3 9.♔f1 ♖c6 10.♔g1 ♖e6 11.♔f1 ♖e8, und Schwarz gewinnt.

6. ... ♖f3 7.♗h6 ♔g3 8.♗g5 ♖f8 9.♔e3 ♖e8+ 10.♔d3 ♔f3 11.♔d4 ♖e6.

Der weiße König ist abgedrängt, aber noch nicht weit genug. Bei einem Opfer des Turmes gegen den Läufer und den Bauern h4 würde er rechtzeitig nach f1 gelangen, z. B. 11. ... ♖e4+ 12.♔d3 ♖g4 13.♔d2 ♔g3 14.♔e1 ♖:h4 15.♗:h4+ ♔:h4 16.♔f1.

Um zu gewinnen, muß Schwarz den König entweder hinter die c-Linie oder die 4. Reihe zurücktreiben. Letzteres konnte er in der Partie erreichen – allerdings unter tatkräftiger Mithilfe des Gegners. 12.♔d5?

Baranow fand, daß gerade dieser Zug die Niederlage verschuldete. Der König entfernt sich freiwillig von dem Feld f1. Die richtige Fortsetzung untersuchen wir im Anschluß an die Partie.

12. ... ♖e4 13.♗f6 ♔f4 14.♗d8 ♔f5 15.♗g5 ♖g4 (droht unter anderem 16. ... ♖:g5) 16.♗e7 ♖g7 17.♗f8 ♖d7+ 18.♔c6.

Zum sofortigen Verlust des Bauern führt 18.♔c4 wegen 18. ... ♔g4.

18. ... ♖d4 19.♗e7 ♔e6 20.♔c5 (sonst wird der König nach 20. ... ♖c4+ hinter die c-Linie zurückgeworfen) 20. ... ♖d5+ 21.♔c4 ♖f5! 22.♗d8 ♔d7!

Jetzt muß der Läufer die Diagonale g5−d8 verlassen (23.♗g5 ♖:g5), und nach 23.♗b6 ♖f4+ 24.♔d3 ♖:h4 ist das Endspiel für Schwarz gewonnen.

Wie mußte Weiß anstelle von 12.♔d5? fortsetzen?

Baranow stellte fest, daß Weiß das Gleichgewicht durch 12.♔d3! und auf 12. ... ♖d6+ durch 13.♔c3 behaupten konnte.

Sehen wir uns die entstandene Position an.

B. Baranow, 1954

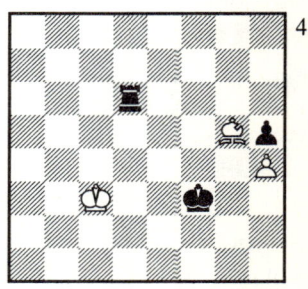

436

Schwarz am Zuge. Remis

Bei richtiger Verteidigung gelingt es Weiß, einer weiteren Abdrängung zu entgehen. Er

braucht lediglich die diagonale Opposition der Könige anzustreben, z. B. 1. ... ♖d7 2.♔c4 ♔e4 3.♔c3 ♖d3+, und jetzt hält nur 4.♔c2! remis, während der König nach 4.♔c4 ♖g3 5.♗f6 (5.♔b4 ♖:g5! 6.hg ♔f5) 5. ... ♖g6 6.♗e7 ♖c6+ über die c-Linie zurückgetrieben wird.
Möglich ist auch 2.♔c2 ♔e2 3.♔c3. Auf 3. ... ♖d3+ muß dann aber unbedingt 4.♔c4 geschehen (4.♔c2? ♖g3 5.♗b2 ♔d1!, und Schwarz gewinnt).
Kehren wir nunmehr zu Stellung 435 zurück, um den von Maiselis vorgeschlagenen Gewinnweg zu betrachten.
1. ... ♔d3 2.♗f4 ♔e2 3.♗g5 ♖f3+ 4.♔g2 ♖a3 5.♗e7 ♖a4 6.♗d8 ♖g4+ 7.♔h3 ♔f3 8.♗c7 ♖g1 9.♗h2.
Falls 9.♔h2, so 9. ... ♖f1 10.♗d8 ♔g4 11.♔g2 ♖f5 12.♗g5 ♖f8! 13.♗e7 ♖e8 14.♗g5 ♖e2+ 15.♔f1 ♔f3 16.♔g1 ♔g3 17.♔f1 ♖e8!, und der Bauer geht verloren.
9. ... ♖f1 10.♗g3 ♖h1+ 11.♗h2 ♔e4! 12.♔g2 ♖d1! Der Plan des Nachziehenden ist sehr interessant. Er gruppiert seine Kräfte um, ohne dabei den weißen Läufer auf die Diagonale g5–d8 und den König auf die e-Linie zu lassen, z. B.:
1) 13.♗g3 ♔f5 14.♔f3 ♖d3+ 15.♔g2 ♔g4 16.♗e1 ♖b3 17.♗f2 ♖b2 18.♔f1 ♔f3, und Schwarz gewinnt.

2) 13.♗c7 ♖d7! 14.♗a5 (14.♗b8 ♔f5 15.♔f3 ♖d3+ 16.♔g2 ♔g4) 14. ... ♔f4 15.♗c3 ♔g4 16.♗f6 ♖f7 17.♗d8 ♖f5 18.♗g5 ♖f8 und weiter wie in der Anmerkung zum 9. Zug von Weiß.
3) 13.♗g1 ♔f4! 14.♗c5 ♔g4 15.♗e7 ♖e1 16.♗g5 ♖e2+ usw.
Wenn der Bauer der schwächeren Seite noch nicht die 4. Reihe erreicht hat, ist die Gewinnführung einfacher.

J. Enevoldsen, 1949

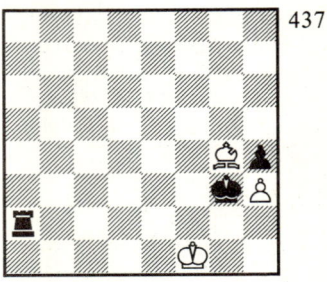

437

Schwarz am Zuge gewinnt

Die Abdrängung geht wie folgt vonstatten: 1. ... ♖f2+ 2.♔e1 (sofort verlieren würde 2.♔g1 ♖f7 3.♗e6 ♖e7) 2. ... ♔g2 3.♗d7 ♖f7 4.♗g4 ♖e7+ 5.♔d2 ♔f2 6.♔d3 ♖e5! Weiß befindet sich im Zugzwang und kann im Unterschied zu Beispiel 435 eine weitere Abdrängung nicht verhindern, z. B. 7.♗c8 ♖e3+ 8.♔d4 ♔f3 9.♗d7 ♔f4 10.♗g4 ♖g3 11.♗d7 ♖g7

12.♗e6 ♖g6 13.♗c8 ♖d6+
14.♔c5 ♔e5 15.♗g4 ♖d4
16.♗h5 ♖d3 17.♗g4 ♖c3+
18.♔b4. Der weiße König ist
nun weit genug vom Bauern
entfernt, und nach 18. ... ♖c1
19.♔b3 ♔f4 20.♔b2 ♖h1
21.♔c2 ♔g3 22.♔d2 ♖:h3
kommt Schwarz zum Erfolg.

J. Enevoldsen, 1949

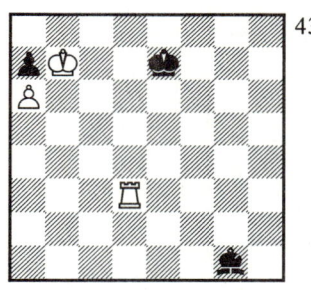

438

Weiß gewinnt

1.♔c6 ♗b6 2.♖d7+ ♔e8.
Nach 2. ... ♔e6 erfolgt die
Abdrängung wie in Stel-
lung 435: 3.♖b7 ♗e3 4.♖b2
♗g1 5.♖e2+ ♔f7 6.♔b7 ♔f8
7.♔a8 ♔f7 (Schwarz versucht,
dem Turm die 7. Reihe zu verwehren) 8.♖g2! ♗e3 9.♖g3!
♗d4 10.♖d3 ♗g1 11.♖d7+
und 12.♖:a7.
3.♔d6 ♗c5+ 4.♔e6 ♔f8
5.♖f7+ ♔g8 6.♔f6 ♗d4+
7.♔g6 ♗g1, und Weiß ge-
winnt wie in Beispiel 321
durch 8.♖f1 ♗h2 9.♖f2 ♗g3
10.♖g2 usw.
Wenn der Bauer der stärkeren
Seite sein Ausgangsfeld noch

nicht verlassen hat, ist der Gewinn oft mit nicht geringen
Schwierigkeiten verbunden, da
er komplizierte vielzügige Manöver erfordert.
Zunächst sehen wir uns einige
kritische Hilfsstellungen an.

Nach A. Chéron, 1957

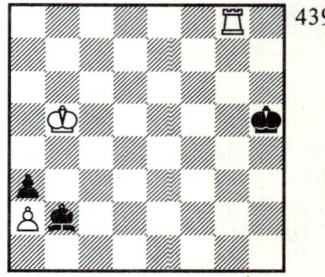

439

Weiß gewinnt

Mit 1.♔b4 schafft Weiß die
Drohung 2.♖g3 nebst 3.♖:a3.
Schwarz ist deshalb zu 1. ...
♔h4 gezwungen. Darauf folgt
jedoch 2.♔b3 mit der Absicht
3.♖g2 und 4.♖:b2. Schwarz
hat wiederum nur eine Antwort: 2. ... ♔h3. Nun entscheidet am einfachsten 3.♖g1
♗d4 4.♖c1! ♗b2 5.♖c4!
♔g3 6.♖a4 ♔f3 7.♖:a3, und
Weiß gewinnt.
Zum Ziel führte übrigens auch
3.♖g6 ♗c1 4.♖c6 ♗b2
5.♖c4 und 6.♖a4.

A. Chéron, 1957

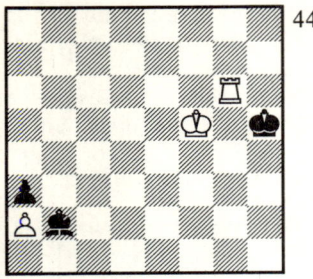

440

Anzug beliebig. Weiß gewinnt

Bei Schwarz am Zuge: **1. ...
♔h4** (1. ... ♝c1 2.♖g1 oder
1. ... ♝d4 2.♖g3) **2.♖g1 ♔h3
3.♔f4 ♔h2 4.♖g4! ♔h3
5.♔f3 ♔h2 6.♔f2.**
Dies ist einfacher als das von
Chéron betrachtete 6.♖h4+
♔g1 7.♖h3.
6. ... ♔h3.
Falls 6. ... ♝f6, so 7.♖g2+
♔h1 8.♔f1 ♝b2 9.♖g3 ♔h2
10.♖b3 ♝c1 11.♔e2! ♔g2
12.♔d1 ♝b2 13.♔c2 ♔f2
14.♖:b2 ab 15.a4, und Weiß
gewinnt.
**7.♖a4 ♝c1 8.♔e2 ♔g2
9.♔d1 ♝b2 10.♔c2 ♔f3
11.♔b3 ♔e3 12.♖:a3 ♝:a3
13.♔:a3 ♔d4 14.♔b4,** und
Weiß gewinnt.
Ist Weiß am Zuge, gestaltet
sich seine Aufgabe schwieriger.
**1.♖e6 ♔h4 2.♖e3 ♝c1
3.♖e1 ♝d2.**
Nach 3. ... ♝b2 4.♖g1 ♔h3
5.♔f4 geht das Spiel in schon
untersuchte Varianten über.
4.♖h1+! ♔g3 5.♖d1 ♝b4

**6.♖d3+ ♔f2 7.♔e4 ♔e2
8.♔d4 ♝f8 9.♔c4**

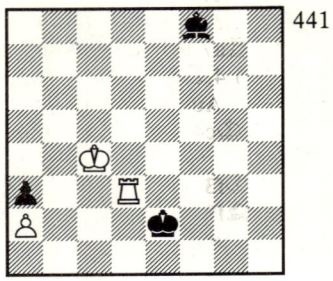

441

**9. ... ♝e7 10.♖h3 ♔d2
11.♔b3 ♝d6 12.♖h6 ♝f8
13.♖f6 ♝e7 14.♖f7 ♝c5**
(14. ... ♝d6 15.♖d7) **15.♔c4!**
und **16.♔b4** mit Gewinn des
Bauern.
Wenn Schwarz 11.♔b3 mit
11. ... ♔e2 beantwortet, führt
12.♖h6 ♝f8 13.♖h8 ♝c5
14.♖c8! ♝d6 15.♖a8! ♝c5
(15. ... ♔d2 16.♖d8) 16.♖:a3
zum Ziel. Setzt Schwarz anstelle von 10. ... ♔d2 mit
10. ... ♔f2 fort, entscheidet
11.♔b3 ♝d6 12.♖h6 ♝e7
13.♖a6 und 14.♖:a3.

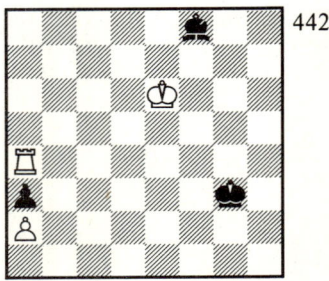

442

Weiß gewinnt

Hier erobert Weiß ungehindert den Bauern.

1.♘d5 ♝e7.

Falls 1. ... ♔f3, so 2.♖a8 ♝e7 3.♖a7 ♝b4 (3. ... ♝f8 4.♖f7+) 4.♖b7 ♝d2 5.♖b3+. Auf 1. ... ♔g2 gewinnt 2.♘c4 ♔f3 3.♔b3 und 4.♖:a3.

2.♖d4 ♔f3 3.♔c4 ♔e3 4.♖d7 ♝f8 5.♖d8 ♝g7 6.♖d3+ und 7.♖:a3.

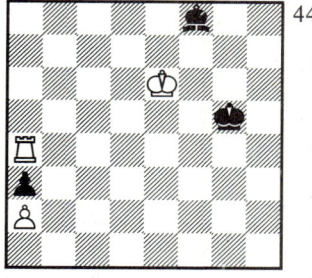

443

Weiß gewinnt

Auch hier verliert Schwarz den Bauern.

1.♔f7 ♝d6 (1. ... ♝c5 2.♖a5) 2.♖a5+ ♔g4 (2. ... ♔f4 3.♔e6!) 3.♖a6 ♝c5 4.♖c6 ♝e3 5.♖c3 und 6.♖:a3.

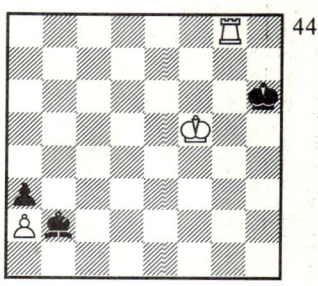

444

Weiß gewinnt

1.♖g3! ♔h7.

Zu sofortigem Verlust führt 1. ... ♝c1 2.♖g6+ ♔h7 3.♔f6 ♝b2+ 4.♔f7 ♝e5 5.♖g5 ♝f4 6.♖h5+ usw.

2.♔e4 ♔h6 3.♔d5 ♔h5 4.♔c4 ♔h4 5.♖g8 ♝e5 6.♔b3 ♝d6 7.♖g6 ♝e7 8.♔c4 ♔h5 9.♖g2! ♝d6.

Oder 9. ... ♝f6 10.♖g3! ♝e7 11.♔d5 mit Übergang in bereits untersuchte Fortsetzungen.

10.♔d5 ♝b4 11.♖g3! ♔h4 12.♖b3 ♝f8 13.♖f3 ♝e7 14.♔e6 ♝c5 15.♖c3 ♝f8.

Hier hat Weiß gleich zwei Gewinnmöglichkeiten: 16.♖c4+ ♔g5 (g3) 17.♖a4 und weiter wie schon analysiert, oder 16.♖c8 ♝g7 (16. ... ♝h6 17.♖c4+ ♔g5 18.♔f7 ♔f5 19.♖c3) 17.♔f5 usw.

Mit 5. ... ♝f6 (anstelle von 5. ... ♝e5) konnte sich Schwarz auch anders verteidigen.

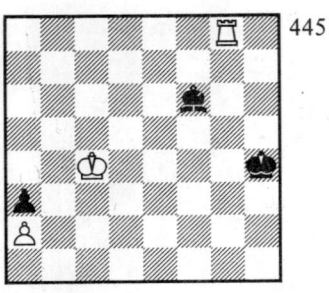

445

15. ☖b5+ ☗h4 16. ☖a5 ☗g3
17. ☖a7 ♝c5 18. ☖a4 ♝f8,
und wir haben Stellung 442
vor uns, in der 19.☗d5
zwangsläufig gewinnt.

Sechstes Kapitel

Turm und Bauer gegen Läufer und zwei oder mehr Bauern

6. ☖g6 ♝g5 7.☗d5 ☗h5
8. ☖c6 ♝d2 (8. ... ☗g4 9. ☖c3
♝e7 10.☗e6 ♝f8 11. ☖c8
♝h6 12. ☖c4+ usw.) 9.☗e6
☗g5.
Falls 9. ... ☗g4, so 10. ☖c2
♝e1 11. ☖c4+ und 12. ☖a4.
10. ☖c4! ☗h6.
Es gibt nichts Besseres. 10. ...
♝e1 trifft auf die Erwiderung
11. ☖a4, und auf 10. ... ☗h5
folgt 11.☗f6 ♝g5+ 12.☗f5
☗h6 13. ☖c6+ ☗h5 14. ☖c3.
Falls schließlich 10. ... ☗g6,
so 11. ☖c2 ♝b4 12. ☖g2+
☗h6 13. ☖g3 ♝c5 14.☗f7
☗h5 15.☗f6 ☗h4 16. ☖g6
usw.
11. ☖c2 ♝e1 12. ☖h2+ ☗g5
13. ☖h3 ♝b4 14. ☖b3 ♝f8.

Sind im Endspiel Turm und
Bauer gegen Läufer und zwei
Bauern nur Freibauern auf
dem Brett, wird das Ergebnis
weniger durch den Mehrbesitz
der Qualität als vielmehr davon bestimmt, wie weit die
Bauern vorgerückt sind und
wie die Figuren sie bekämpfen
können.
Mit dem Turm läßt sich gegen
den Läufer hauptsächlich dann
gewinnen, wenn der vom Turm
unterstützte Freibauer stärker
ist als die beiden gegnerischen.
In diesem Fall muß sich der
Läufer gewöhnlich für den
Bauern opfern, wonach alles
davon abhängt, wie der Turm
mit dem Freibauern des Gegners zurechtkommt.
Hier ein typisches Beispiel.

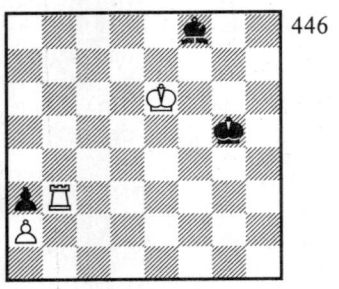

446

Below–Tatarinzew
Kislowodsk 1960

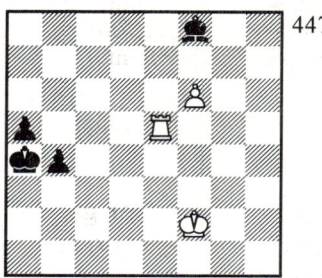

447

Weiß am Zuge

Sowohl 1.f7 b3 als auch 1.♖e8
♝c5+ 2.♔e2 b3 3.♔d3 ♔a3
würde Schwarz Gegenchancen
einräumen. Um erfolgreich gegen die Bauern bestehen zu
können, muß Weiß unverzüglich den König heranholen.
1.♔e2! b3 2.♔d1! ♔b4 3.♖e8
(jetzt, da der König am Kampf
gegen die Bauern teilnimmt,
ist es an der Zeit, den Läufer
zu erobern) 3. ... ♝h6 4.♖h8
♝g5 5.f7 ♝e7 6.f8♕ ♝:f8
7.♖:f8 ♔a3 8.♖f2 b2 9.♔c2
♔a2 10.♔c3 ♔a3 11.♖:b2 a4
12.♖b8. Schwarz gab auf.
Interessante taktische Möglichkeiten demonstriert die folgende Studie.

S. Birnow, 1947

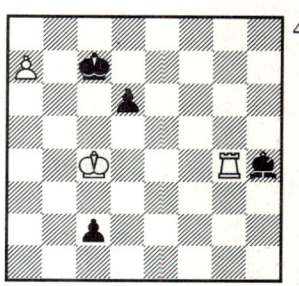

448

Weiß gewinnt

Der schwarze Bauer droht, sich
mit Schach in eine Dame zu
verwandeln. 1.♖g1 brächte
nichts ein, da 1. ... ♔b7 leicht
remis hält.
Zum Gewinn führt 1.♖g7+
♔b6 2.a8♘+!
Der Bauer muß in einen Springer verwandelt werden, doch
gerade dieser Springer spielt in
der Folge eine entscheidende
Rolle beim Angriff.
2. ... ♔a6 3.♘c7+ ♔a5 (falls
3. ... ♔b7, so 4.♘e6+! ♔b6
5.♖g1 und 6.♖c1 mit Eroberung des Bauern c2) 4.♖g1
♝g5! (es drohte 5.♖c1;
Schwarz opfert deshalb den
Läufer und setzt alle Hoffnungen in seinen nächsten Zug)
5.♖:g5+ d5+! 6.♖:d5+ ♔a4.
Wenn 6. ... ♔b6, so 7.♖b5+
♔:c7 8.♖c5+ und 9.♔b4.
Nach dem Textzug scheint
Schwarz gerettet, da der c-
Bauer nicht aufzuhalten ist.
Ein effektvoller Springerzug
zerstört jedoch alle Illusionen.

7.♘b5! c1♕+ 8.♘c3+, und
Schwarz muß die Dame geben,
da er nach 8. ... ♔a3 9.♖a5+
♔b2 durch 10.♖a2 matt ge-
setzt würde.

Mit dem Läufer läßt sich in
diesem Endspiel gegen den
Turm gewinnen, wenn die eigenen Bauern weit vorgerückt
sind, Turm und König nicht
mit ihnen fertig werden und
wenigstens einer der Bauern
zur Dame geht. Das hauptsäch-
liche taktische Verfahren besteht dabei darin, mit dem
Läufer die Gerade, auf der der
Turm wirkt, zu sperren.

Die folgenden Stellungen veranschaulichen charakteristische
Besonderheiten derartiger Endspiele.

G. Mattison, 1927

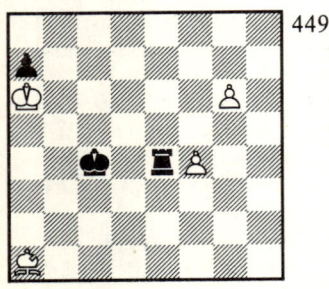

449

Weiß gewinnt

Der Versuch, die Bauern sofort
zu verwandeln, schlägt fehl.
Nach 1.g7 ♖e8 2.f5 ♔d5
3.♔b7 ♔d6 kann der schwarze
König seinem Turm zu Hilfe
eilen.

Zum Gewinn führt 1.♗e5
♖e1 2.g7 (falls 2.f5, so 2. ...
♔d5 3.f6 ♔e6 4.f7 ♖f1 mit
Remis) 2. ... ♖g1 3.♗f6!
(auch jetzt brächte 3.f5 nichts
ein, da der schwarze König
durch 3. ... ♔d5 4.♗f6 ♔c6!
5.♔:a7 ♔d7 an die Bauern
herankommt) 3. ... ♖g6!
4.♔b7!
Die Wegnahme des Bauern
4.♔:a7 ergäbe nach 4. ... ♔d5
5.f5 ♖g4 6.♔b8 ♔d6 7.♔c8
♖a4! nur ein Remis.
4. ... ♔d5 5.f5 ♖g1 6.♔c8!
Die einzige Gewinnfortsetzung.
Schlecht ist 6.♔c7 wegen 6. ...
♔e4! Falls darauf 7.♗g5, so
7. ... ♖:g5 8.f6 ♔f5 9.f7
♖:g7, und der Bauer ist gefesselt.
6. ... ♔e4 (oder 6. ... a5
7.♔d7 a4 8.♗a1 ♔e4 9.f6 a3
10.f7, und Weiß gewinnt)
7.♗g5!! (die Hauptidee der
Studie) 7. ... ♖:g5 8.f6, und
einer der Bauern geht zur
Dame.
Auch mit 3. ... ♔d5 4.♗g5
♔c6 kann sich Schwarz nicht
retten. Nach 5.♔a5 ♖a1+
6.♔b4 ♖b1+ 7.♔c4 ♖b8 ent-
scheidet 8.♗e7! ♖g8 9.♗f8
♔d7 10.♔d5 ♔e8 11.♔e6
♖:f8 12.f5!! a5 13.f6 a4
14.f7+!

W. und M. Platow, 1908   **J. Vancura, 1916**

450   451

Weiß gewinnt   *Weiß gewinnt*

Die unmittelbare Verwandlung des h-Bauern in eine Dame ist nicht möglich, denn auf 1.h7 folgt 1. ... ♖e1+! 2.♔d7 ♖d1+ bzw. 2.♔d6 ♖e8 mit gesichertem Remis.
Der Gewinn wird durch **1.a8♕+!** erreicht (mit diesem Zug lenkt Weiß den schwarzen König ab und macht dem eigenen das wichtige Feld c7 zugänglich) **1. ... ♔:a8 2.h7 ♖e1+ 3.♔d7 ♖d1+ 4.♔c7 ♖c1+ 5.♗c4!! ♖:c4+.**
Auf 5. ... ♖h1 entscheidet 6.♗d5+. Der Läufer muß deshalb genommen werden. Da jedoch der schwarze Bauer g4 die Manövrierfähigkeit des Turmes auf der 4. Reihe einschränkt, sind nach **6.♔d7 ♖d4+ 7.♔e7 ♖e4+ 8.♔f7 ♖f4+ 9.♔g7** die Schachgebote erschöpft, und der Bauer geht zur Dame.

Mit dem Versuch, den König zur Unterstützung der Bauern heranzuholen, würde Weiß hier keinen Erfolg haben, da auch der schwarze König rechtzeitig zur Stelle ist, z. B. 1.♔g3 ♖e8 2.♔f4 ♔c7 3.♔g5 ♔d7 4.♔f6 h5 5.♔f7 h4 6.g8♕ ♖:g8 7.♔:g8 ♔e8 8.♔g7 h3 mit Remis bzw. 4.♔h6 ♔e6 5.♔:h7 ♔f7 mit dem gleichen Ergebnis.
Um zu gewinnen, muß Weiß den e-Bauern opfern: **1.e8♕! ♖:e8 2.♗f8 ♖e2+ 3.♔h3 ♖e3+ 4.♔h4 ♖e4+** (falls 4. ... ♖e1, so 5.♗d6+ ♔b7 6.g8♕ ♖h1+ 7.♔g4 ♖g1+ 8.♗g3) **5.♔h5 ♖e5+ 6.♔h6 ♖e1** (auf 6. ... ♖e6+ entscheidet 7.♔:h7 und 8.g8♕) **7.♗c5! ♖e8 8.♔:h7 ♖d8 9.♗e7! ♖c8 10.♗f8 ♖c7 11.♗d6,** und Schwarz kann aufgeben.

L. Kubbel, 1923

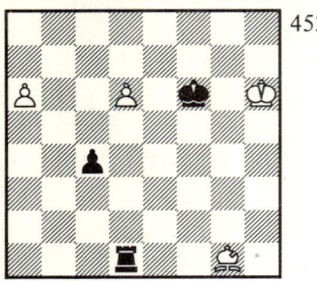

452

Weiß gewinnt

Weiß kann den Widerstand des Gegners durch genaues Spiel brechen.
1.a7 ♖d3 (1. ... ♖:g1 scheitert an 2.a8♕, wonach das Feld h1 durch die Dame kontrolliert wird, und 1. ... ♖a1 geht nicht wegen 2.♗d4+) **2.♔h5!**
Falls 2.♔h7, so 2. ... ♖a3 3.d7 ♖:a7! Der d-Bauer ist gefesselt, und nach 4.♗:a7 ♔e7 hält Schwarz remis. Jetzt ist diese Variante nicht möglich: Auf 3. ... ♔e7 entscheidet 4.♗c5+.
2. ... ♖d5+ 3.♔h4 ♖a5 4.d7! (eine letzte Feinheit; wenn zuerst 4.♗b6, so 4. ... ♖:a7!)
4. ... ♔e7 5.♗b6, und Weiß gewinnt.
In den untersuchten Beispielen mußte sich der Turm mit zwei Freibauern auseinandersetzen. Es folgen nunmehr einige Stellungen, in denen er nur einen Bauern zu bekämpfen hat.
In den nächsten beiden Studien wird Schwarz die ungünstige Aufstellung des Königs zum Verhängnis.

L. Kubbel, 1909

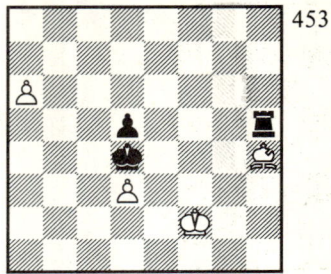

453

Weiß gewinnt

1.a7 ♖f5+ **2.♔e2** ♖e5+ (falls 2. ... ♖f8, so 3.♗f6+ ♔c5 4.♗e7+) **3.♔d2!** ♖e8 **4.♗f2+** ♔e5 **5.♗g3+** ♔f5 **6.♗b8,** und der Bauer a7 ist nicht aufzuhalten.

J. de Villeneuve-Esclapon, 1909

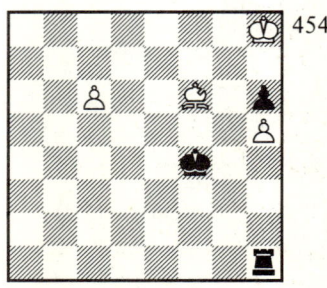

454

Weiß gewinnt

Hier geht der Bauer nach **1.♗c3!** ♖:h5 **2.♗b4!** ♖h1

3.c7 zur Dame, da **3. ...** 🖤c1 an **4.♗d2+** scheitert.

H. Neustadtl, 1897

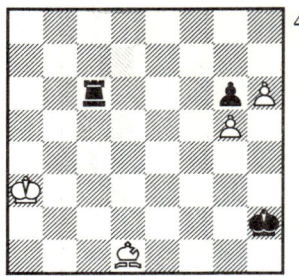

455

Weiß gewinnt

Aus der Theorie der Turmendspiele wissen wir, daß der Turm allein nicht in der Lage ist, zwei verbundene Bauern, die die 6. Reihe erreicht haben, aufzuhalten.
Weiß macht sich diesen Umstand zunutze: **1.♗h5! ♔g3.** Der schwarze König eilt zu Hilfe. Die Annahme des Opfers durch **1. ... gh** verliert nach **2.h7 🖤c8 3.g6** sofort. **2.♗:g6 ♔f4 3.h7 🖤c8 4.♗e8!** (ein verwegener Läufer; er opfert sich erneut, um wertvolle Zeit zu gewinnen) **4. ... 🖤:e8 5.g6,** und Weiß ist am Ziel. Hinzugefügt sei, daß nach **3. ... 🖤c3+ 4.♔b4 🖤h3!** ebenfalls ein Läuferopfer entschieden hätte: **5.♗h5!** Wenn der Turm im Kampf gegen weit vorgerückte Bauern nicht auf die Hilfe des Königs rechnen kann, steht er gewöhnlich auf verlorenem Posten.

Eine Rettung ist dann nur in Ausnahmefällen möglich. Mit einigen von ihnen wollen wir den Leser bekannt machen.

F. Amelung

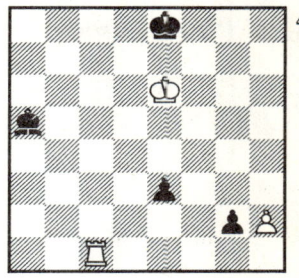

456

Remis

Die Bauern sind scheinbar nicht mehr zu stoppen. Es folgt jedoch: **1.♔f5! e2 2.♔g4! e1♛ 3.🖤:e1+ ♗:e1 4.♔h3! g1♘+.** Die Verwandlung des Bauern in eine Dame oder einen Turm würde zum Patt führen. Jetzt aber erobert Weiß nach **5.♔g2 ♘e2 6.♔f1** eine der Figuren und hält remis.

J. Fritz, 1951

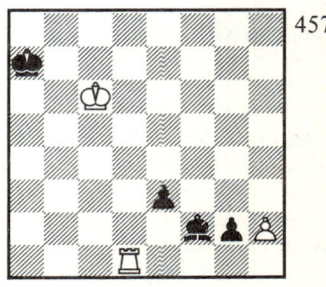

457

Remis

Die weiße Verteidigung ist hier darauf gerichtet, die Stellung Amelungs zu erreichen:
1.♖a1+ ♔b8 2.♖b1+ ♔c8
3.♖a1 ♔d8 4.♔d6 ♔e8
5.♔e6 ♗h4 6.♔f5 usw.

W. und M. Platow, 1906

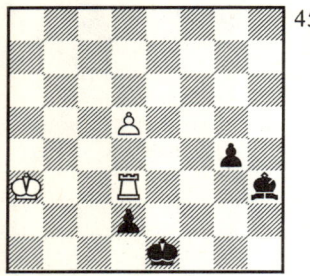

458

Remis

In diesem Beispiel kommt es überraschend zu einer Pattstellung.
1.d6 g3 2.d7 ♗:d7 3.♖:g3 (ein Feind weniger!) 3. ... ♗b5!
Was soll Weiß jetzt tun? Helfen kann nur ein Patt: 4.♖b3! d1♕ 5.♖b1!, und Weiß ist gerettet.
Eine interessante Verteidigung demonstriert Schwarz im folgenden Beispiel.

J. Berger

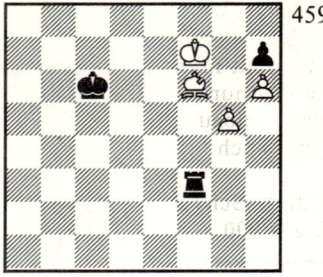

459

Schwarz am Zuge hält remis

Der weiße König ist in die Stellung des Gegners eingedrungen und droht, dessen einzigen Bauern zu vernichten. Schwarz kann sich retten, weil Weiß über Randbauern verfügt und der eigene König in der Nähe steht.
1. ... ♔d7 2.♔g7 ♔e6 3.♔:h7 ♖:f6!
Falls jetzt 4.gf, so 4. ... ♔f7! 5.♔h8 ♔f8!, und Weiß kann trotz seiner beiden Mehrbauern nicht gewinnen.
Weiß kann versuchen, die Kraft der beiden Bauern durch 4.g6 zu nutzen, doch nach
4. ... ♖f8! 5.♔g7 (5.g7 ♔f7!)
5. ... ♖a8 6.h7 ♔f5! 7.♔h6 ♖a1 8.♔g7 ♖a7+ 9.♔h6 ♖a1 erzwingt Schwarz das Remis.
Alles, was über das beiderseitige Vorhandensein von Freibauern in diesem Endspiel gesagt wurde, trifft auch auf Stellungen zu, in denen die Läuferpartei mehr als zwei Bauern besitzt.

Entscheidend ist nicht so sehr das materielle Übergewicht als vielmehr, wie weit die Bauern vorgerückt sind und wie die Figuren mit ihnen fertig werden. Verfügt nur die Läuferpartei über Freibauern, hat sie in der Regel auch Gewinnchancen.

Wittek–Schwarz
Graz 1890

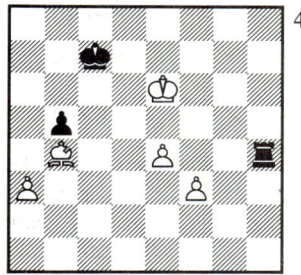

460

Weiß am Zuge

Weiß hat zwei verbundene Freibauern und einen aktiven König. Diese beiden Faktoren verhelfen ihm zum Sieg, obwohl Schwarz gewisse Remischancen besitzt. Sie bestehen darin, daß der Turm gelegentlich für die beiden Mittelbauern geopfert werden kann, weil dem Läufer das Feld a8 unzugänglich ist.
Die Partie verlief wie folgt:
1.f4! ♖h6+ 2.♔e5 ♔d7 3.f5 ♖h1 4.♔f6 ♖h2 5.e5 ♔e8 6.♔e6 ♖h1 7.♔d5.
Weiß verwirklicht den üblichen Plan. Da die schwarzen Kräfte durch die beiden Bauern gebunden sind, begibt er sich mit

dem König zum anderen Flügel, um sein materielles Übergewicht noch mehr zu vergrößern.
7. ... ♖h5.
Wenn 7. ... ♖f1, so 8.f6 ♖f2 (8. ... ♔f7 9.♗c3! und 10.e6+!) 9.♔c6 ♖e2 10.♗d6 ♖b2 11.e6 ♖f2 12.f7+ ♖:f7 13.ef+ ♔:f7 14.♔:b5, und dem schwarzen König bleibt die Ecke a8 verwehrt.
8.f6 ♔f7 9.♗c3! ♔e8
(Schwarz kann den König nicht auf f7 behaupten, denn im Fall von 9. ... ♖g5 entscheidet 10.♔d6) **10.♔c6.**
Noch einfacher war 10.♔e6 ♖h6 11.♗d2 ♖g6 12.♗f4 ♔f8 13.♔f5 ♖g1 14.e6 ♖f1 15.♔g4, und mit den beiden verbundenen Bauern auf der 6. Reihe gewinnt Weiß wie in Beispiel 377.
10. ... ♖h3 11.♗b4 ♔f7 12.♔:b5 ♔e6 13.♗d6, und wir haben die für Weiß gewonnene Stellung 399 vor uns.

Foltys–Keres
München 1936

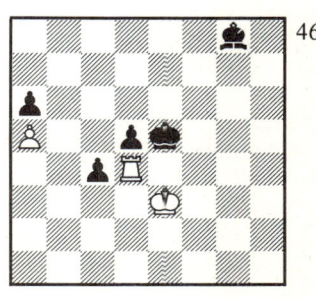

461

Remis

Hier ist die schwarze Stellung weniger günstig als die weiße im vorigen Beispiel. Die verbundenen Bauern sind noch nicht weit vorgerückt und blockiert. Am schwersten wiegt indes, daß der Bauer a6 schutzbedürftig ist. Weiß kann diesen Umstand nutzen und die Partie retten.

1.♖h4 ♗e6 2.♖h5+ ♗f5 3.♖h4 ♗g6! 4.♖h6!
Die weiße Verteidigung gründet sich auf die Schaffung eines Freibauern auf der a-Linie. Zum Verlust führt sowohl 4.♖d4 c3 5.♖d1 ♗f5 als auch 4.♖g4 ♗e4!, und die Bauern rücken vor.

4. ... d4+ 5.♔f2!
Der König muß in der Nähe der Freibauern bleiben, darf ihr Vorgehen aber nicht begünstigen. Fehlerhaft wäre 5.♔e2 (5.♔d2 c3+) 5. ... ♗d3+ 6.♔d2 ♗e4 7.♖:a6 c3+, und die Bauern sind nicht mehr aufzuhalten.

5. ... ♗e4 6.♖:a6 c3 7.♖a7! ♔d6.
Wie P. Keres zeigte, hält Weiß das Gleichgewicht auch nach 7. ... d3 aufrecht: 8.♔e3 d2! 9.♖d7 ♗d5 10.♔e2 ♗f3+ 11.♔e3! d1♕ 12.♖:d1 ♗:d1 13.a6! ♗c2 14.a7 ♗e4 15.a8♕! ♗:a8 16.♔d3 mit Eroberung des letzten schwarzen Bauern.

8.♖g7 ♔c5 (auf 8. ... d3 ist 9.♖g1 d2 10.♔e3! ♗c2 11.♔d4 oder 10. ... ♔c5 11.♖d1 und 12.♖:d2 möglich)

9.a6 d3 10.♔e3 d2 11.♖d7 (noch einfacher ist 11.♖g1 ♔b6 12.♖d1) **11. ... ♗d5 12.♔e2 ♗f3+ 13.♔e3! ♗d5 14.♔e2 ♗f3+ 15.♔e3 ♔c6 16.♖:d2,** und die Gegner einigten sich auf Remis.

Wie wir bereits aus dem vierten Kapitel dieses Abschnitts wissen, muß man bei zwei verbundenen Bauern auf der 6. Reihe mit Pattmöglichkeiten rechnen.

Interessante Feinheiten veranschaulicht das folgende Beispiel.

Goldstein–Schamkowitsch Moskau 1946

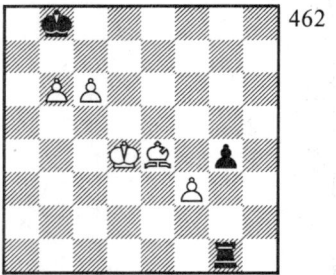

462

Schwarz am Zuge

Weiß steht klar auf Gewinn, denn es droht 1.c7+. Er faßte die Antwort des Gegners 1. ... ♖d1+ deshalb als ein Racheschach auf und zog 2.♔e5?, was überraschend den Gewinn vergab. Richtig war 2.♔e3. Auf den Textzug fand Schwarz die starke Erwiderung **2. ... gf.** Wenn nun 3.c7+, so 3. ...

♔c8 4.♗f5+ ♖d7! 5.♗h3 f2
6.♔e4 f1♕ 7.♗:f1 ♖:c7 mit
Remis. Im übrigen mußte sich
Weiß auch in der Partie nach
3.♗:f3 ♖d7!! 4.♗d5 ♖b7! mit
einem Remis begnügen.

Mit Turm und „Nichtfrei-
bauer" gegen Läufer und drei
Bauern ist nur in Ausnahmefällen zu gewinnen, wenn es
gelingt, einen Mattangriff zu
organisieren, den Läufer zu erobern oder durch die Vernichtung eines der gegnerischen
Bauern selbst einen Freibauern
zu erhalten.

Letzteren Fall zeigt das folgende Beispiel.

Petrow–Jarowizyn
Swerdlowsk 1948

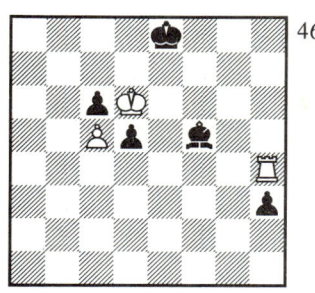

463

Weiß gewinnt

Das schwarze Bauernüberge-
wicht wird durch den aktiven
weißen König und die ungünstige Aufstellung des eigenen
Monarchen entwertet. Die Gewinnchancen liegen hier ausschließlich bei Weiß, der sich
mit 1.♔:c6 sofort einen Freibauern verschaffte. Dieser na-

türliche Zug entpuppte sich jedoch als ein Fehler, denn nach
1. ... d4! 2.♖:d4 h2 3.♖d1
h1♕ 4.♖:h1 ♗e4+ endete die
Partie remis.

Richtig war **1.♖h5!**, um zunächst den h-Bauern unschädlich zu machen.

Es konnte folgen: **1. ... ♗g4**
2.♖g5 ♗d1.

Zum Verlust des Bauern führt
2. ... h2 3.♖g8+ und 4.♖h8.
Schlecht ist sowohl 2. ... ♗d7
wegen 3.♖e5– und 4.♖h5 als
auch 2. ... ♗f3 wegen 3.♖e5+
und 4.♖f5.

3.♖g3 ♗a4 4.♖:h3 ♔f7 5.♖h4
♗b5 6.♖b4 ♔e8 (es drohte
7.♖:b5) **7.♖f4! ♗c4 8.♔:c6**
♗d8 9.♔d6 ♔c8 10.c6 usw.

Wenn die Läuferpartei mehr
als drei Bauern besitzt, ist die
Verteidigung mit Turm und
Bauer angesichts der gegnerischen Bauernlawine in der Regel hoffnungslos.

Das folgende Beispiel ist sehr
bezeichnend.

Fine–Keres
Holland 1938

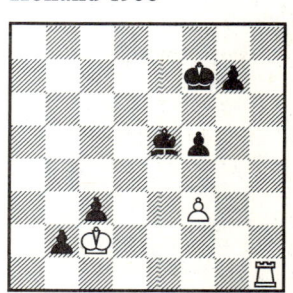

464

Schwarz am Zuge gewinnt

279

Schwarz verwertete sein Übergewicht ohne jede Schwierigkeit: **1. ... g5 2.♖e1 ♔f6
3.♖f1 ♔g6 4.♖e1 ♗f6 5.♖g1
g4! 6.fg f4 7.g5 ♗d4! 8.♖d1
♗e3! 9.♔:c3 ♗c1 10.♖d6+
♔:g5 11.♖b6 f3 12.♔d3 ♔f4
13.♖b8 ♔g3.** Weiß gab auf,
da der f-Bauer ihm den Turm
kostet.

Siebentes Kapitel

Endspiele mit großer Bauernzahl – gleiche Anzahl von Bauern

In diesem und dem folgenden
Kapitel werden Stellungen untersucht, in denen jede Seite
mindestens zwei Bauern besitzt. Bei der Auswahl der Beispiele haben wir uns auf die
typischsten beschränkt. Sie sollen die charakteristischen
Pläne verdeutlichen und die
Besonderheiten des Kampfes
zwischen Turm und Läufer bei
einer großen Anzahl von Bauern veranschaulichen.
Im Kampf zwischen Turm und
Läufer spielen Freibauern eine
enorme Rolle. Im Gegensatz
zum Läufer ist ein Turm in
der Lage, einen eigenen Freibauern gleichsam „vorwärtszu-
schieben" und einen feindlichen Freibauern aufzuhalten.
Ein Läufer kann seinen Bauern
nur decken. Weil der Läufer

bedeutend schlechter als der
Turm mit einem Freibauern
fertig wird, ist, wenn jede Seite
einen Freibauern besitzt oder
zu bilden vermag, die Turmpartei in der Regel im Vorteil.
Der König muß dem Läufer zu
Hilfe kommen, doch dann
greift der Turm mit seiner größeren Beweglichkeit die Bauern des Gegners am anderen
Flügel an.
Das folgende Beispiel unterstreicht dies recht deutlich.

**Adams–Fine
Dallas 1940**

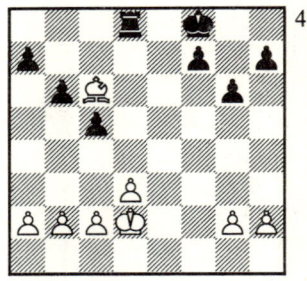

465

Schwarz am Zuge gewinnt

Schwarz verwirklicht den für
derartige Stellungen typischen
Plan. Nachdem er die Aufstellung seiner Figuren verbessert
hat, bildet er am Königsflügel
einen Freibauern, dessen dro-
hender Vormarsch den weißen
König zwingt, den Damenflügel zu verlassen. Dadurch bleiben aber die dort stehenden
Bauern ohne Schutz, so daß
sie der Turm angreifen und ein

entscheidendes materielles Übergewicht erzielen kann. In der Partie folgte 1. ... ♔e7 2.♗b5 f5 3.♔e3 ♔f6 4.a4 ♔e5 5.c3 a5 6.♗c6 g5 7.h3! Dieser Zug wurde in der Partie nicht gemacht. Weiß spielte 7.♔d2 und mußte sich nach 7. ... ♖d6 8.♗b5 g4 wegen Verlust des Bauern h2 geschlagen geben. Die Variante mit 7.h3 wurde von R. Fine gezeigt. 7. ... h5 8.♗f3 g4 9.hg hg 10.♗e2 f4+ 11.♔f2. Erzwungen, da Schwarz nach 11.♔d2 f3 12.gf g3 13.♗f1 ♔f4 14.♗g2 ♖h8 15.♔e2 ♖h2 16.♔f1 ♔e3 sein Übergewicht leicht verwertet. 11. ... ♔f5 12.♗f1 ♖e8 13.♗e2 g3+ 14.♔f1 ♖e3 15.♗d1 (falls 15.♔e1, so 15. ... f3 und 16. ... g2; nach 15.b3 ♔e5 verliert Weiß den Bauern d3) 15. ... ♔e5 (möglich ist auch 15. ... ♖:d3 16.♗c2 c4 17.♔e2 f3+ 18.gf g2 19.♔f2 ♔f4) 16.♗c2 f3 17.gf ♖:f3+ 18.♔g1 ♖f2 usw. Das soeben betrachtete Beispiel war gewissermaßen ein Idealfall. Weiß hatte dem Plan des Nachziehenden nichts entgegenzusetzen, da dessen aktive Figurenstellung die Bildung eines eigenen Freibauern nicht zuließ. Komplizierter ist das Spiel, wenn die Läuferpartie ebenfalls Freibauern besitzt und diese noch dazu weit vorgerückt sind. In diesem Fall kann der Kampf einen scharfen Charakter annehmen und das Ergebnis von einem einzigen Tempo abhängen.

Aljechin–Tartakower Wien 1922

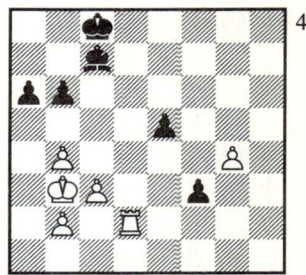

466

Weiß am Zuge

Weiß verfügt über den entfernten Freibauern g4, aber auch Schwarz hat seine Trümpfe – zwei verbundene Freibauern. Die Aufgabe von Weiß besteht darin, entweder die gegnerischen Bauern zu stoppen und mit dem König zu blockieren, wonach der eigene Freibauer entscheidet, oder aber seinen Bauern eher zu verwandeln. Wie A. Aljechin nachwies, sind folgende Fortsetzungen ungenügend:
1) 1.♔c4 e4 2.♔d4 ♗f4 3.♖f2 e3 4.♖:f3 e2, und Schwarz gewinnt.
2) 1.♖h2 e4 2.♖h8+ ♔d7 3.♖f8 ♗g3 4.g5 ♗d6! 5.♖f6 ♗e5! 6.♖f7+ ♔e6 7.♖f8 (7.g6 ♗f6) 7. ... ♔e7 mit Remis.

3) 1.♘c2 e4 2.♖d4 e3 3.♘d1 e2+ 4.♘d2 ♗g3 5.♖e4 ♗h4, und Weiß kann seine Stellung nicht verstärken.

4) 1.g5 e4 2.♖d5 (2.g6 ♗e5 und 3. ... e3) 2. ... f2 3.♖f5 e3 4.g6 e2 (möglich ist auch 4. ... ♗e5) 5.g7 f1♕ 6.g8♕+ ♔b7 7.♕d5+ ♔a7.

Aljechin fand am Brett den einzigen Gewinnzug. Mit **1.♖d5!!** brachte er den Turm ohne Zeitverlust in eine bessere Position.

1. ... e4.

Falls 1. ... f2, so 2.♖d1 e4 3.♔c2 ♗f4 4.♖f1 nebst 5.♔d1, und Weiß kann die Bauern blockieren. Nach dem Textzug erhebt sich die Frage: Wer ist schneller?

2.♖f5 ♗g3 3.g5 ♔d7 4.g6 ♔e6 5.g7! ♔:f5 6.g8♕.

Weiß war als erster am Ziel. Das Weitere ist einfach: 6. ... ♗f4 7.♕f7+ ♔g4 8.♕g6+ ♗g5 9.♕:e4+ ♔g3 10.♕g6 ♔g4 11.♕:b6. Schwarz gab auf.

Wir haben uns davon überzeugt, daß in derartigen Endspielen eine aktive Figurenstellung außerordentlich wichtig ist, da man nur dann gegen gefährliche Freibauern erfolgreich bestehen kann.

Hier ein weiteres Beispiel, das diese Feststellung unterstreicht.

Vidmar–Bogoljubow Nottingham 1936

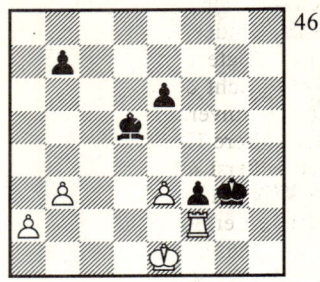

467

Schwarz am Zuge

Die schwarzen Figuren stehen ausgezeichnet, was man von den weißen, die durch den gegnerischen Freibauern gebunden sind, nicht sagen kann. Die einzige Gefahr, die dem Nachziehenden droht, ist, daß sich Weiß einen entfernten Freibauern verschafft. Dies ist jedoch, solange der Turm derart passiv steht, schwer zu verwirklichen.

Schwarz konnte die Möglichkeiten des Gegners durch den paradoxen Zug 1. ... b5!! sofort entkräften. Angesichts der Drohung 2. ... b4 muß Weiß **2.a4** antworten, und nach **2. ... ba 3.ba ♗c4! 4.a5 ♗a6** kommt es zu einer Situation dynamischen Gleichgewichts: Weiß ist wegen der erzwungenen Inaktivität seines Turmes und der günstigen Aufstellung des schwarzen Läufers nicht in der Lage, den Freibauern voranzubringen, z. B. **5.♖b2** (5.♖f1

♔g2) 5. ... ♗c4 6.♖c2 ♗d3
7.♖a2 ♗a6.
Schwarz ließ sich diese Gelegenheit indes entgehen. In der
Partie folgte 1. ... ♗e4? 2.a4!
Weiß macht die erwähnte
Chance unverzüglich zunichte.
Der weitere Kampf gestaltet
sich äußerst lehrreich, denn
der Gewinn ist keineswegs
leicht zu erzielen.
2. ... ♗c6.
Auch 2. ... ♗d5 3.♖b2!
(selbstverständlich nicht 3.b4
♗b3! 4.a5 ♗c4 5.♖b2 ♗b5
mit Remis) 3. ... ♗c6 4.♔f1
ist nicht besser. Schwarz hat
danach keinen sinnvollen Zug,
da 4. ... e5 zur Partiefortsetzung führt.
3.♖b2 e5 4.♖d2! ♗e8 5.♔f1
(Weiß verbessert allmählich
die Aufstellung seiner Figuren)
5. ... ♗c6.
Falls 5. ... ♗f7, so 6.♖d7!
♗:b3 7.♖g7+ ♔h4 8.a5, und
es entsteht etwa die gleiche Position wie in der Partie.
6.♖d6 (die entscheidende
Überführung des Turmes) 6. ...
♗e4 7.♖f6 (nach 7.♖d7 f2!
8.♖g7+ ♔f3 9.♖f7+ ♔:e3
10.♖:f2 ♔d3 erlangt Schwarz
gute Remischancen) 7. ...
♗d3+ 8.♔e1.
Es läßt sich eine gewisse Zwi-
schenbilanz ziehen. Weiß hat
durch die Aktivierung des Turmes seine Stellung erheblich
verstärkt. Der Turm droht, auf
der g-Linie Schach zu bieten
und den schwarzen König auf
die Randlinie zu drängen.

8. ... ♗c2 9.a5 ♗:b3.
Wenn Schwarz den Bauern
nicht schlägt und 9. ... ♗d3
spielt, gerät er nach 10.b4 in
Zugzwang und verliert sofort.
10.♖g6+ ♔h4 11.♔f2 e4
12.♖d6 (mit der Drohung
13.♖d7) 12. ... ♗c4 13.♖d4
♗b5 14.♖:e4+ ♔h3 15.♖e7
(noch einfacher war 15.♔:f3)
15. ... ♗c6 16.♖g7 ♔h4
17.♖g3 ♔h5 18.♖:f3 ♔g5
19.♖f4 ♗h1 20.♔e2, und
Schwarz gab endlich auf.
Im folgenden Beispiel konnte
Schwarz nur dank der aktiven
Aufstellung seiner Figuren der
Niederlage entgehen.

**Smyslow–Awerbach
Leningrad 1960**

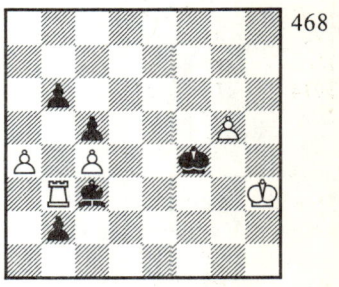
468

Schwarz am Zuge hält remis

Die schwarze Stellung er-
scheint hoffnungslos. Falls
z. B. 1. ... ♔:g5, so 2.♔g3.
Weiß bringt den König nach
d3 und gewinnt den Bauern b2
oder b6 und damit die Partie.
Schwarz rettet sich durch aktives Spiel. Er nutzt die Abseits-

stellung des weißen König und begibt sich mit dem eigenen zum Bauern c4.

1. ... ♔e4! 2.g6 ♔d3 3.g7 b1♕ 4.♖:b1 ♗:g7 5.♖:b6 ♗c3!

Jetzt führt 6.♖b3 ♔:c4 7.♖:c3+ ♔:c3 8.a5 c4 9.a6 ♔b2 10.a7 c3 11.a8♕ c2 nur zum Remis. Weiß zog deshalb 6.♔g4 ♔:c4 7.♔f3, kam aber auch damit nicht zum Erfolg (414).

Gefährlicher für Schwarz war 6.♔g2 ♔:c4 7.♔f1, doch bei richtiger Verteidigung hält er auch dann remis (415).

Die nächsten beiden Beispiele mögen vielleicht nicht sehr charakteristisch sein, veranschaulichen jedoch einige studienartige Feinheiten, die im Kampf zwischen Turm und Läufer bei Vorhandensein von Freibauern auftreten können.

A. Troitzky, 1911

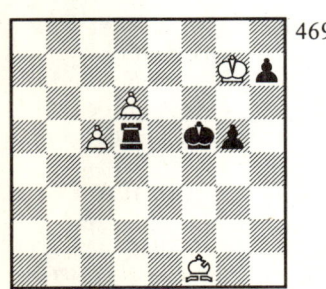

469

Remis

Die weißen Bauern sind weit vorgerückt, einer von ihnen

wird jedoch eine Beute des Turmes. Was ist zu tun, um die Partie zu retten?

Die natürliche Fortsetzung 1.♔f7 führt nach 1. ... ♖:c5 2.d7 ♖d5 3.♔e7 h5 4.d8♕ ♖:d8 5.♔:d8 zwar zum Gewinn des Turmes, das dadurch entstehende Endspiel mit Läufer gegen zwei Bauern ist wegen der äußerst ungünstigen Aufstellung des eigenen Königs jedoch für Weiß verloren, z. B. 5. ... g4 6.♔e7 h4 7.♔d6 h3 8.♔d5 ♔f4 9.♔d4 ♔f3 usw.

Die Rettung kommt überraschend.

1.♗g2!

Der Zug erscheint unverständlich. Weiß zwingt den Gegner, den Bauern zu schlagen, da 1. ... ♖d2 mit 2.♔f7! ♖:g2 3.d7 ♖d2 4.c6 g4 5.♔e7 beantwortet würde.

1. ... ♖:c5 2.d7! ♖c7 3.♔h6! ♖:d7 4.♗h3+ g4 5.♗:g4+ ♔:g4 patt!

Weiß hat all seine Habe „verschleudert", aber gerade dadurch die Partie gerettet.

Hier ein weiteres Beispiel, das mit einem Patt endet.

284

G. Nadareischwili, 1953

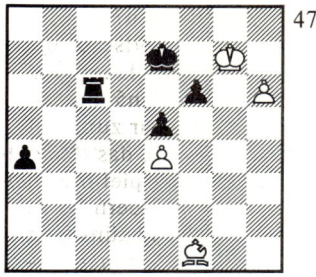

470

Remis

Schwarz verfügt über einen bedeutenden Materialvorteil: Turm und Bauer gegen Läufer. Mit seinem starken Freibauern auf der h-Linie hat Weiß jedoch ernsthafte Gegenchancen. Weiß kann durch 1.♗b5 sofort einen Bauern erobern, aber nach 1. ... ♖c1 2.♗:a4 (falls 2.h7, so 2. ... ♖g1+ 3.♔h6 a3 4.♗c4 ♖h1+ 5.♔g7 ♖:h7+ 6.♔:h7 f5! 7.ef ♔f6, und der Läufer ist gegen die beiden Bauern machtlos) 2. ... ♖g1+ 3.♔h8 f5 4.ef e4 5.♗c2 e3 6.♗d3 ♔f6 7.h7 ♖g4 kommt Schwarz leicht zum Erfolg. Zum Remis führt **1.h7 ♖c8 2.♗b5!** (ein präziser Zug; wenn 2.♗c4, so 2. ... a3!, und Weiß befindet sich im Zugzwang) **2. ... a3 3.♗c4!** Es hat sich eine Stellung beiderseitigen Zugzwangs ergeben. Nur wenn der Gegner am Zuge ist, kann Weiß verhindern, daß der Turm in den Rücken des Bauern gelangt, z. B.:

3. ... ♖a8 4.♗a2! Nur so. Nach 4.♗d5 ♖d8! 5.♗f7 ♖b8! 6.♗c4 ♖b2! 7.♗f7 (7.h8♕ ♖g2+ 8.♔h7 ♖h2+ 9.♔g7 ♖:h8 10.♔:h8 f5! 11.ef ♔f6 führt ebenfalls zum Gewinn von Schwarz) 7. ... ♖h2 8.♗d5 ♖:h7+ 9.♔:h7 f5! 10.ef ♔f6 geht einer der Bauern zur Dame. **4. ... ♖b8 5.♗f7! ♖d8 6.♗d5!** Auf jeden Zug des Turmes hat der Läufer nur eine einzige Erwiderung. Wir haben hier erneut ein Beispiel mit Gegenfeldern vor uns. Dem Feld c8 entspricht das Feld c4. Weitere Gegenfelder sind d8 – d5, b8 – f7 und a8 – a2. Wenn Weiß mit dem Läufer auf diesen Feldern manövriert, hält er das Gleichgewicht aufrecht. Jetzt würde 6. ... ♖f8 nach 7.♗g8! sogar verlieren. Schwarz versucht deshalb seine letzte Chance: **6. ... ♖h8!** **7.♔:h8** (aber nicht 7.♗g8 wegen 7. ... ♖:h7+!) **7. ... ♔f8,** und der weiße König befindet sich hinter Schloß und Riegel. Es droht 8. ... f5 mit Bildung eines zweiten Freibauern. Weiß rettet sich jedoch durch eine Pattidee. **8.♗g8 f5 9.ef e4 10.f6 e3 11.f7 e2 patt!** In Ausnahmefällen, wenn die Läuferpartei über starke Freibauern verfügt, mit denen die gegnerischen Figuren nicht fertig werden, kann sie selbst einen Bauern zur Dame führen.

Hier ein Beispiel, in dem trotz ungünstiger Aufstellung des Läufers ein studienartiger Gewinn möglich ist.

W. Korolkow, 1951

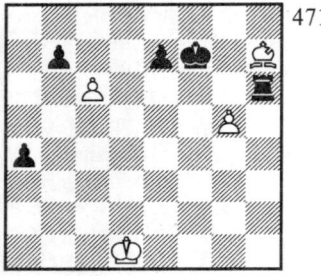

471

Weiß gewinnt

1.g6+! ♔g7 2.cb ♖h1+.
Jetzt entspinnt sich ein originelles Duell zwischen Turm und König, in das am Schluß überraschend der eingesperrte Läufer eingreift.
3.♔c2 ♖h2+ 4.♔c1! (4.♔b1 a3!) 4. ... ♖h1+ 5.♔b2 ♖h2+ 6.♔a3 ♖h3+ 7.♔:a4 ♖h1.
Wenn der Turm weiterhin Schach bietet, begibt sich der weiße König über b3 nach c7.
8.♗g8!!, und Weiß gewinnt, da der Läufer mit entscheidender Wirkung seinem König zu Hilfe kommt, z. B. 8. ... e6 9.♗:e6 ♖h8 10.♗c8 ♖h1 11.♗f5 ♖h8 12.♔a5, und Schwarz büßt für den Bauern b7 den Turm ein.
Sind keine Freibauern vorhanden, die Bauern aber auf beide Flügel verteilt, ist die Verwertung der Qualität in der Regel eine elementare Angelegenheit. Selbst wenn es dem Gegner gelingt, alle Bauern zu decken, können König und Turm seine Figuren gewöhnlich zurückdrängen, in sein Lager eindringen und ein entscheidendes Übergewicht sicherstellen. Die Verteidigung wird noch dadurch erschwert, daß die schwächere Seite gelegentlich mit einem Opfer des Turmes für Läufer und Bauer mit Übergang in ein gewonnenes Bauernendspiel rechnen muß. Im Kampf zwischen Turm und Läufer sind Stellungen von besonderem Interesse, in denen alle Bauern auf einem Flügel stehen. In solchen Fällen spielt sich das Geschehen auf einem begrenzten Brettabschnitt ab. Die Verteidigungsmöglichkeiten sind größer, da die Bauern leichter gedeckt werden können.
Bei Bauern auf einem Flügel wird die schwächere Seite gewöhnlich versuchen, eine Festung zu errichten. Das Ergebnis hängt dann davon ab, ob König und Turm sie zu stürmen vermögen.

R. Fine, 1941

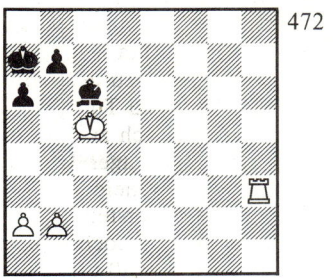

472

Weiß gewinnt

·Um zu gewinnen, muß Weiß
den gegnerischen König vom
Bauern b7 abdrängen und diesen erobern.
1.♔d6 ♚b8.
Schwarz kann dem weißen König das Feld c7 nicht streitig
machen: Auf 1. ... ♚b6 folgt
2.♖b3+.
**2.♖h8+ ♚a7 3.♔c7 ♝d5
4.a3 ♝c6.**
Im Fall von 4. ... b5 gewinnt
Weiß, indem er mit dem König nach b6 eindringt, z. B.
**5.♔d6 ♝f3 6.♔c5 ♝e4 7.♖e8
♝f3 8.♖e7+ ♚b7 9.♖g7
♚b8 10.♔b6** usw.
5.♖h6 ♝f3 6.♖b6 ♝e4 7.b4
(nachdem Weiß mit König und
Turm die wichtigsten Zugänge
zum gegnerischen Lager besetzt hat, beginnt er mit der
abschließenden Etappe –
einem Bauernsturm) **7. ... ♝f3
8.a4 ♝e4 9.b5! ab 10.ab ♝d5
11.♖d6 ♝c4 12.♖a6+** usw.
Weiß konnte seinen Plan nur
deshalb erfolgreich verwirkli-

chen, weil Schwarz nicht zu
einer Anordnung seiner Figuren und Bauern gelangte, die
ein optimales Zusammenwirken gewährleistet hätte.
Schwarz konnte weder das Eindringen des gegnerischen Königs in die günstigste Ausgangsposition (auf das Feld c7)
noch den Bauernsturm verhindern.
Die vorteilhafteste Verteidigungsstellung bei Randbauern
und einem Läufer, der das
Eckfeld kontrolliert, zeigt das
folgende Diagramm.

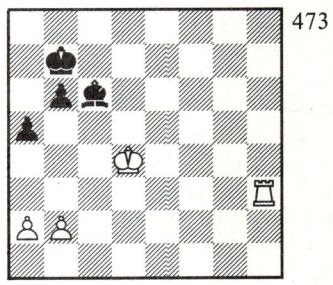

473

Remis

Diese Stellung unterscheidet
sich nicht allzusehr von der vorigen, doch hat Schwarz hier
eine rationellere Anordnung
seiner Kräfte erreicht: Die Bauern stehen auf schwarzen Feldern, und der Läufer bewacht
die unmittelbaren Zugänge c6
und b5. Weiß kann deshalb
nicht gewinnen, z. B.:
**1.♔e5 ♚c7 2.♖h7+ ♚b8
3.♔d6 ♝f3 4.a4 ♝e4 5.♖f7
♝g2 6.b4.**

König und Turm haben günstigere Positionen bezogen, und Weiß beginnt mit dem Bauernsturm. Eine Überführung des Königs nach c4 verspricht ebenfalls nichts, da der Läufer von c6 aus alle Drohungen parieren würde.
6. ... ab 7.♖f4 ♔b7 (möglich ist auch 7. ... b3 8.♖b4 ♔a7 9.♔c7 ♔a6! 10.♖:b6+ ♔a5 mit Gewinn des Bauern a4)
8.♖:b4 ♔a6 9.♔c7 ♔a5, und Schwarz tauscht sämtliche Bauern.
Genaugenommen hat Weiß auch hier die Zugänge zur gegnerischen Festung erstürmt. Dabei erlitt er aber so schwere Verluste, daß das Ergebnis schließlich gleich Null war.

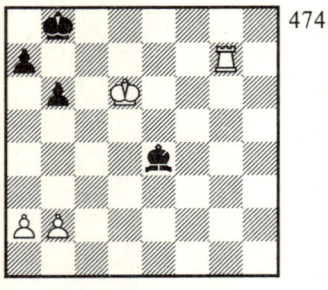

474

Weiß am Zuge gewinnt
Schwarz am Zuge hält remis

Liegt das Zugrecht bei Schwarz, kann er mit **1. ... a5!** rechtzeitig eine Festung aufbauen.
Weiß am Zuge spielt **1.b4!** Er verhindert damit das bestmögliche Zusammenwirken der schwarzen Kräfte und gewinnt durch einen Bauernsturm, z. B.:
1. ... ♗f3.
Falls 1. ... a5, so 2.ba ba 3.♔c5 a4 (es drohte 4.♔b6! mit sofortiger Vernichtung des Bauern) 4.♔b6! ♔c8 5.♖c7+ ♔d8 6.♖c4, und Schwarz verliert den Bauern a4.
2.a4 ♗e4 3.a5! ba 4.ba a6 5.♔c5 ♗d3 6.♔b6 ♔c8, und wir haben eine Stellung vom Typ des Beispiels 437 vor uns, die für Weiß gewonnen ist.

Moissejew–Botwinnik
Moskau 1952

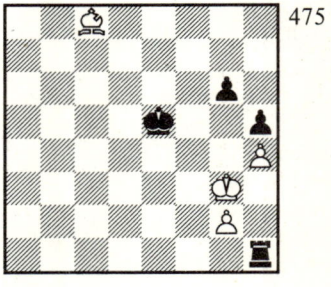

475

Schwarz am Zuge

Wegen der ungünstigen Aufstellung seiner Kräfte kann Weiß keine unbezwingbare Festung vom Typ des Beispiels 473 errichten.
Schwarz verwirklicht den Sprengungszug g6–g5, legt anschließend den weißen Bauern auf g2 fest und schafft im gegnerischen Lager das wichtige Einbruchsfeld g3.

1. ... ♚f6 2.♗d7 g5 3.hg+
♚:g5 4.♗c8 h4+ 5.♔f3 ♖c1
6.♗d7 ♖c2 (6. ... ♖c3+
7.♔e4 ♖g3 bliebe wegen
8.♗h3 ergebnislos) 7.♗e6
♖c7!
Schwarz bringt den Gegner in
Zugzwang. Weiß steht vor
einer wenig beneidenswerten
Wahl. Verläßt der Läufer die
Diagonale h3−c8, entscheidet
8. ... ♖c3+ 9.♔e4 ♖g4. Falls
aber 8.♗h3, so 8. ... ♖c3+
9.♔e4 ♖g3! 10.♔e5 ♖e3+
11.♔d4 ♔f4. Weiß entschließt
sich daher zu einem verzweifelten Schritt.
8.g4 ♖c3+ 9.♔g2 h3+
10.♔h2 ♔h4 11.g5 ♖c2+.
Weiß gab auf.
Betrachten wir nunmehr ein
Beispiel mit Randbauern, in
dem der Läufer das Eckfeld
nicht kontrolliert.

R. Fine, 1941

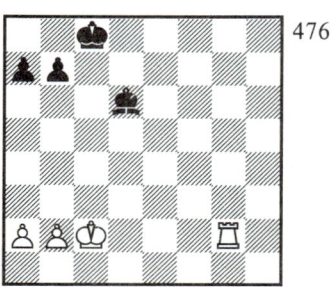
476

Weiß gewinnt

Hier ist Schwarz nicht in der
Lage, das Gleichgewicht aufrechtzuerhalten. Weiß drängt

die gegnerischen Figuren allmählich ab und bricht mit
dem König zu den Bauern
durch.
Es kann folgen: 1.♔c3 (der
König begibt sich auf die weite
Reise zu den Bauern des Gegners) 1. ... ♚c7 2.♔c4 a6.
Oder 2. ... ♚c6 3.♖g6 b5+
4.♔d4 ♚c7 5.♔d5 ♗f8
6.♖f6! ♗e7 7.♖f7 ♔d7
8.♖:e7+ ♔:e7 9.♔c5 ♔d7
10.♔:b5 ♔c7 11.♗a6, und der
weiße Mehrbauer gewinnt.
3.♔d5 ♗f4 4.♖f2 ♗e3.
Wenn 4. ... ♗g3, so ebenfalls
5.♖f7+ ♔b6 6.♔e6. Nach
6. ... ♔c6 kommt Weiß dann
ähnlich wie in der Hauptvariante zum Erfolg: 7.♖f3 ♗h2
8.♖c3+ ♔b6 9.♖h3 ♗f4
10.♔d7 usw.
5.♖f7+ ♔b6 6.♔d6 ♗d4
7.b3 ♗c5+ 8.♔d7 ♔b5
9.♔c7 b6 10.♖f4 ♗e3 11.♖e4
♗c5 12.♔b7!
Weiß kreist den schwarzen König mehr und mehr ein. Falls
nun 12. ... ♗f8, so 13.♖e5+
♗c5 14.a3 a5 15.♖f5 a4
16.b4.
12. ... ♗g1 13.a3 ♔c5 (es
drohte 14.♖e5+ ♗c5 15.b4)
14.♔:a6, und Schwarz kann
aufgeben.
Aber auch hier gibt es eine
ideale Verteidigungsstellung, in
der die zweckmäßige Anordnung der Figuren und Bauern
alle Angriffe des Gegners zum
Scheitern verurteilt.

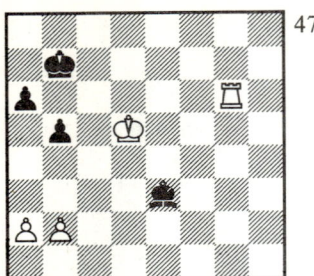

477

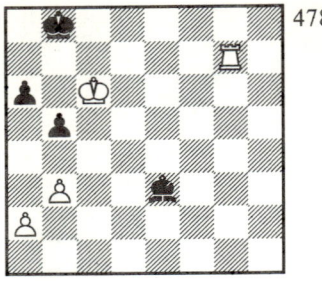

478

Remis

Weiß gewinnt

Der Leser kann sich selbst davon überzeugen, daß alle Versuche, die Festung im Sturm zu nehmen, pariert werden. Der Verteidigungsplan ist einfach. Schwarz bleibt mit dem Läufer auf der Diagonale a7–g1 und verhindert so den Einbruch des gegnerischen Königs. Begibt sich dieser nach b4, wird er durch den Läufer von b6 aus auf Distanz gehalten. Schwarz muß sich nur davor hüten, den Läufer nach a7 oder b6 zu ziehen, solange der weiße König auf d5 steht. Auf 1. ... ♗a7? entscheidet in diesem Fall 2.♖g7+ ♔b6 3.♖:a7! ♔:a7 4.♔c6, und nach 1. ... ♗b6? 2.♖g7+ ♔b8 (schlecht ist auch 2. ... ♗c7 3.♔c5 ♔b8 4.♔c6) 3.b3 ♗f2 4.♔c6 ♗e3 kommt es zu Stellung 478, in der es Weiß gelingt, die schwarze Festung durch einen Bauernsturm zu zerstören.

1.b4 ♗d4 2.♖g3! ♗f2 3.♖f3 ♗d4 4.a4! ba 5.♖a3 ♔a7 6.♖:a4, und gegen 7.b5 gibt es keine befriedigende Verteidigung.
Das folgende Beispiel weist eine etwas andere Bauernstruktur auf.

Samichowski–Kasparjan Moskau 1931

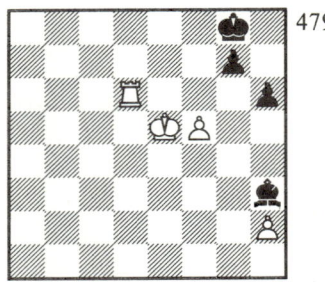

479

Schwarz am Zuge

Die weißen Bauern sind hier schwächer als in den vorhergehenden Beispielen. Stände der Läufer auf einem der freien Felder der Diagonale b1–h7, wäre die einzige Drohung des Gegners – der Vorstoß f5–f6 – ungefährlich. Zum Leidwesen von Schwarz ist sein Läufer aber weniger günstig postiert. In dem Bestreben, die Aufstellung des Läufers zu verbessern, spielte Schwarz 1. ... ♗f1, doch nach 2. ♖d8+ (möglich war auch sofort 2.f6) 2. ... ♔f7 3. ♖d7+ ♔g8 4.f6 gf+ 5.♔:f6 ♗c4 6.♔g6 ♔h8 7.♔:h6 erreichte Weiß eine theoretische Gewinnstellung (369).

Aber auch mit 1. ... ♔f7 vermochte Schwarz die Partie nicht zu retten. Davon zeugt folgende Variante: 2.♖d7+ ♔g8 3.♖d3! ♗f1 4.♖d8+ ♔f7 5.♖d7+ ♔g8 6.f6 usw. Nicht zum Ziel führte statt dessen 3.♖c7 ♗f1! (aber nicht 3. ... ♗g2 4.f6! gf+ 5.♔f5, da Schwarz nach 6.♔g6 den h-Bauern verliert; jetzt hingegen hätte 4.f6 wegen 4. ... gf+ 5.♔:f6 ♗d3! ein klares Remis zur Folge) 4.♔e6 ♗d3! Schlecht ist 4. ... ♗h3 5.♖c3! Auf 5. ... ♗f1 oder 5. ... ♗g2 entscheidet dann 6.f6, während 5. ... ♗g4 mit 6.♖g3 und 7.f6 bestraft würde.

Ein typisches Beispiel für die Verwertung der Qualität bei je drei Bauern an einem Flügel bildet der folgende Partieschluß.

Golowko–Awerbach
Moskau 1950

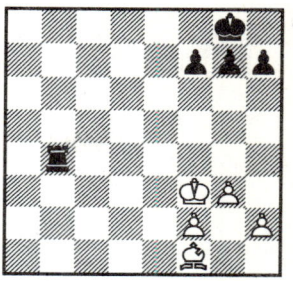

480

Schwarz am Zuge gewinnt

Der Gewinnplan ist ungefähr der gleiche wie bei zwei Bauern. Die stärkere Seite muß den gegnerischen König abdrängen und mit dem eigenen ins feindliche Lager eindringen. Eine sehr wichtige Rolle spielt wiederum ein Bauernsturm, der den König des Gegners noch mehr einengt und seine Bauern bindet.

1. ... g5 (Schwarz macht seinem König den Weg frei, bremst gleichzeitig die weißen Bauern und bereitet einen Bauernsturm vor) **2.h3.**
Dieser natürliche Zug erleichtert Schwarz die Gewinnführung beträchtlich. Die richtige Fortsetzung 2.♔e3 untersuchen wir anschließend.

2. ... h5!
Da Weiß den Bauern g3 geschwächt hat, beginnt Schwarz sofort mit dem Sturm, in dessen Ergebnis die gegnerischen Bauern festgelegt und schnell attackiert werden können.

3.♗d3 ♔g7 4.♔e3 h4! 5.gh.
Wenn Weiß abwartet und bei-spielsweise 5.♗c2 zieht, wer-den seine Figuren nach 5. ... hg 6.fg ♔f6 7.♗d3 ♔e5 8.♗c2 f5 9.♗d3 ♖b3 zurück-geworfen, und Schwarz reali-siert sein Übergewicht ohne sonderliche Mühe, z. B. 10.h4 gh 11.gh ♖b4 12.h5 ♖h4 13.♗e2 ♔f6 14.♗f3 ♔g5 15.♔f2 ♖b4 16.♔g3 ♖b3, und es ist eine Stellung vom Typ des Beispiels 401 erreicht. Auf 5.g4 verfolgt Schwarz den üblichen Plan: Der König wird zum Angriff auf den Bauern f2 nach e1 beordert.
5. ... ♖:h4 6.♗f1 ♔f6 7.♔f3 ♖f4+ 8.♔g3 ♔e5 9.♗g2 ♔d4 10.♗b7 ♔d3 11.♗a6+ ♔d2 12.♗b7 ♔e2 13.♗a6+ ♔e1 14.f3 ♔d2.
Eine kleine Ungenauigkeit. Nach 14. ... ♖h4! 15.♗b5 ♔d2 wäre der schwarze König sofort auf das Feld e3 gelangt, wozu er jetzt noch einige Zeit benötigt.
15.♔f2! ♖b4 16.♗f1 f5 17.♗a6 f4 18.♗f1 ♖b2 19.♗e2 ♔c3 20.♔e1 ♔d4 21.♔f2 ♖d2. Weiß gab auf, da nach 22.♔f1 ♔e3 weiterer Ma-terialverlust nicht zu vermei-den ist.
Sehen wir uns nunmehr an, was geschehen wäre, wenn Weiß 2.♔e3 gespielt hätte, z. B.:
2. ... ♖b3+ 3.♗d3 ♔g7 4.♔e2.
Falls 4.f4, so 4. ... gf+ 5.gf

♔f6 6.h3 (6.h4 ♖:d3+ 7.♔:d3 ♔f5 8.♔e3 ♔g4, und Schwarz gewinnt) 6. ... h5! 7.♔e4 h4 8.♔e3 ♔e6 9.♔d4! ♖:d3+! 10.♔:d3 ♔d5 11.♔e3 f6 12.♔f3 f5, und Schwarz ge-winnt im Bauernendspiel.
Wir erkennen, daß das Vorge-hen der Bauern nur Schwächen mit sich bringt. Weiß behält daher am besten seine Abwar-tetaktik bei und läßt den schwarzen König nicht nach e1.
4. ... h6 5.♔e3 ♔f6 6.♔e2 ♔e5 7.♔e3 f6 8.♔e2 (falls 8.f4+, so 8. ... gf+ 9.gf+ ♔d5 10.h3 ♖:d3+! 11.♔:d3 f5 12.♔e3 ♔c4, und Schwarz ge-winnt) 8. ... f5 9.♗c4.
Ganz schlecht ist 9.♔e3 f4+ 10.gf+ gf+ 11.♔e2 f3+ 12.♔e3 ♖a3 13.♔d2 ♔f4 14.♗c4 ♖a5 15.h3 ♖a1!, und Weiß büßt nach 16. ... ♖h1 und 17. ... ♖f1 einen der Bau-ern ein.
9. ... ♖a3 10.♗b5 f4 11.♗c6 (nach 11.gf+ verläuft das Spiel fast genauso wie in der Partie) 11. ... g4! 12.gf+ (zum Verlust führt auch 12.♗d7 f3+ 13.♔e1 ♖a1+ 14.♔d2 ♖a2+ 15.♔e1 ♖e2+) 12. ... ♔:f4 13.♗d5 h5 14.♗c6 h4 (der Vorstoß des h-Bauern entschei-det) 15.♗d5 h3 16.♔d2, und nach 16. ... ♖a1 17.♔e2 ♖g1 18.♗c6 ♖g2! 19.♔f1 ♖:h2 20.♔g1 g3 kann Weiß aufge-ben.
Hervorgehoben sei, daß die Verwertung des Vorteils in

einem derartigen Endspiel große technische Präzision erfordert, da sich durch den Abtausch von Bauern verschiedene Remismöglichkeiten ergeben können.
Von besonderem Interesse sind Stellungen, in denen die an einem Flügel stehenden Bauern festgelegt sind.

R. Cholmow, 1973

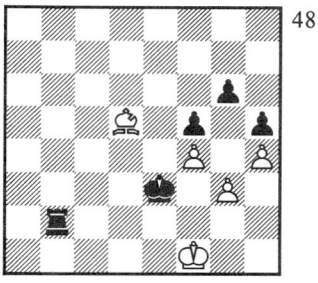

481

Weiß am Zuge

Weiß hat eine Verteidigungsstellung errichtet, die auf den ersten Blick unbezwingbar erscheint. Trotzdem kann Schwarz, wie die Analyse Cholmows zeigt, die Festung sprengen und im Sturm nehmen.
1.♗c6 ♖d2 2.♔g1 ♖d6 3.♗b7 g5!
Nachdem Schwarz den Turm in eine bessere Position gebracht hat, bricht er die gegnerische Stellung mit Hilfe von Bauernopfern auf. Weiß verfügt über zwei Antworten: Er kann auf g5 mit dem h- oder dem f-Bauern schlagen:

1) **4.hg h4 5.gh.**
Falls 5.♔g2, sc 5. ... hg 6.♔:g3 ♖d4 7.♔h4 ♔:f4! 8.g6 ♖d8 bzw. 8.♔h5 ♖d3! 9.♔h6 ♖h3+ 10.♔g6 ♖g3 usw.
5. ... ♔:f4 6.♗c8.
Nicht besser ist 6.♔g2 wegen 6. ... ♖d2+ 7.♔h3 ♖d3+ 8.♔g2 ♖g3+ 9.♔h2 ♔g4 10.♗c8 ♖h3+ 11.♔g2 ♖:h4 12.g6 ♖h6 usw.
6. ... ♔g3 7.♔f1 f4 8.h5 f3, und Schwarz gewinnt.
2) **4.fg!**
Dieser Zug stellt Schwarz vor größere Probleme als das Schlagen mit dem h-Bauern.
4. ... f4 5.gf ♔:f4 6.♔f2 ♔g4 7.♗e4 ♔:h4 8.g6 ♖d7 9.♔f3 ♔g5 10.♔g3 ♖e7 11.♗b1 h4+ 12.♔h3 ♖e3+ 13.♔h2 ♖g3 14.♗c2 ♔f4 15.♗b1 h3 16.♗f5.
Am hartnäckigsten. Weiß versucht, den gegnerischen König nicht nach h4 zu lassen. Wenn 16.♗e4, so 16. ... ♔g4 17.♗f5+ ♔h4 18.♗e4 ♖e3! 19.♗d5 ♖e2+ 20.♔g1 h2+ 21.♔f1 ♖e5 22.♗b7 ♖g5, und Schwarz gewinnt.
16. ... ♔f3 17.♗c8! ♖:g6 18.♗b7+ ♔g4 19.♗c8+ ♔h4 20.♗:h3, und nach 20. ... ♖c6! entsteht bei vertauschten Farben die für Schwarz gewonnene Stellung 326.
Noch einfacher als 6. ... ♔g4 ist laut Cholmow 6. ... ♖d2+. Hier eine der von ihm angeführten Varianten: 7.♔e1 ♖h2 8.g6 ♖:h4 9.♗c8! ♔f3 (aber nicht 9. ... ♖h2 wegen

293

10.♗g4!!) 10.♔d2 ♖d4+
11.♔c3 ♖d1 usw.
Hier noch ein Beispiel mit jeweils drei Bauern an einem
Flügel, in dem ein andersfarbi-
ger Läufer auf dem Brett ist.

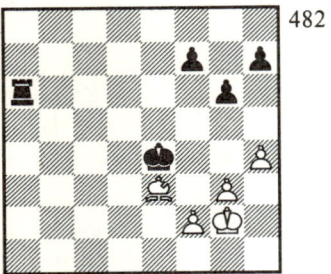

482

Schwarz am Zuge gewinnt

Schwarz kommt dank der aktiven Aufstellung seiner Figuren
ohne besondere Schwierigkeiten zum Erfolg.
1. ... ♔d3 2.♔f1.
Auf 2.♔f3 entscheidet 2. ...
♖f6+ 3.♗f4 h5, z. B. 4.♔g2
♖:f4 5.gf ♔e4 6.♔g3 f5 oder
4.g4 hg+ 5.♔:g4 ♔e2.
2. ... ♖a1+ 3.♔g2 ♔e2
4.♗d4 ♖a3 5.♗c5 ♖f3
6.♗d4 h6 7.♗c5 g5 8.hg hg
9.♗d4 f5 10.♗c5 f4, und
Schwarz gewinnt wie Weiß in
Beispiel 472.

Achtes Kapitel

Endspiele mit großer Bauernzahl – ungleiche Anzahl von Bauern

In diesem Kapitel werden Endspiele untersucht, in denen die
Läuferpartei bei einer Gesamtzahl von mindestens fünf Bauern über ein mehr oder weniger großes Bauernplus verfügt.
Die Praxis hat gezeigt, daß ein
Turm ungefähr so stark ist wie
ein Läufer und zwei Bauern.
Diese im großen und ganzen
richtige Bewertung trifft selbstverständlich nicht immer zu.
Sind Freibauern vorhanden, erhöht sich die Kraft des Turmes, der dank seiner Beweglichkeit besser als der Läufer
mit den eigenen Bauern zusammenwirken und die des
Gegners bekämpfen kann.

Woronkow–Ignatjew
Moskau 1958

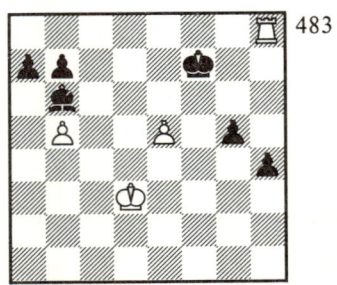

483

Weiß am Zuge

Formal gesehen besteht Materialgleichheit. Eine dynamische Einschätzung ergibt jedoch, daß sich die Waagschale angesichts des starken, vom König unterstützten Freibauern e5 und der aktiven Aufstellung des Turmes zugunsten von Weiß neigen wird.

1. ♖h7+ ♔e6 (auf 1. ... ♔g6 entscheidet 2.e6) **2.♔e4 ♝c5 3. ♖h6+!**

Weiß hält seine Linie konsequent ein. Der b-Bauer läuft nicht weg. Zunächst muß der e-Bauer weiter vorgerückt werden.

3. ... ♔d7 4.e6+ ♔d8 5.♖h8+ ♔c7 6.♖h7+ ♔d8 7.♖:b7 g4 8.♖d7+ ♔e8 9.♖h7 ♝f2 10.♔f4 g3.

Weiß hat den gegnerischen König auf die letzte Reihe zurückgedrängt. Der Versuch von Schwarz, seine Bauern zu aktivieren, wird leicht pariert.

11.♔f3 h3 12.♖:h3 ♔e7 13.♖h6 ♔d6 14.♖g6 ♝e1 15.♔f4! (ein grober Fehler wäre 15.e7+ ♔:e7 16.♖g7+ ♔d6 17.♖:a7 ♔c5 18.♖b7, denn nach 18. ... ♝a5 nebst 19. ... ♝b6 erobert Schwarz den Bauern b5) **15. ... ♝f2 16.♔f5 ♔e7 17.♖g7+ ♔e8 18.♔e5 ♝e1 19.♔d5!** (umgeht eine letzte Falle: 19.♖:a7? g2 20.♖g7 ♝c3+) **19. ... ♝f2 20.♔d6 ♔f8 21.♖g4.** Schwarz gab auf.

Interessante taktische Nuancen hält das folgende Beispiel bereit.

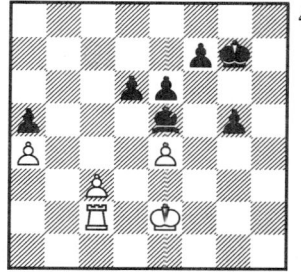

484

Weiß am Zuge

Auf den ersten Blick scheint Schwarz mit zwei Bauern für die Qualität ein ausreichendes materielles Äquivalent zu besitzen. Weiß kann jedoch dank der Schwäche des Bauern a5 mit Hilfe eines eleganten Bauerndurchbruchs schnell einen gefährlichen Freibauern bilden.

1.c4! ♝d4 2.e5 (der gleiche Zug folgt auch auf 1. ... ♝f6) **2. ... ♝:e5 3.c5 dc 4.♖:c5 ♔f6 5.♖:a5.**

Im Ergebnis der Kombination hat sich die Stellung erheblich verändert. Für den a-Bauern muß Schwarz den Läufer geben.

5. ... ♝d4 6.♖b5 ♔g6 7.a5 f5 8.♖b4! ♝g1 9.a6 g4 10.♖b7 f4 11.a7 ♝:a7 12.♖:a7.

Trotz des materiellen Übergewichts kann Weiß nicht gewinnen. Schwarz muß seine Bauern diagonal anordnen und gleichzeitig verhindern, daß sie

295

der Turm von hinten angreift. Richtig war deshalb 12. ... ♔f6! 13.♖a8 ♔f7 nebst g4–g3 und e6–e5 mit theoretischem Remis (derartige Stellungen werden ausführlich in dem Band untersucht, der der Analyse von Turmendspielen gewidmet ist). In der Partie spielten beide Kontrahenten ungenau, so daß Schwarz schließlich verlor.

Wenn die Turmpartei keine Freibauern besitzt, ist von großer Bedeutung, ob im gegnerischen Lager Bauernschwächen vorhanden sind.

Mit seiner enormen Manövrierfähigkeit vermag der Turm Bauern auf den verschiedensten Brettabschnitten anzugreifen und dem Gegner materielle Verluste zuzufügen.

Löwenfisch–Freyman
Leningrad 1934

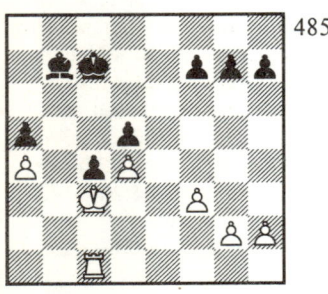

485

Weiß am Zuge

Der Turm hat hier die Möglichkeit, auf zwei offenen Linien in die gegnerische Stellung einzufallen. Schwarz ist gezwungen, sich auf die Verteidigung der Bauern an beiden Flügeln zu beschränken, und kann selbst nicht aktiv werden. Um sein unbestreitbares Übergewicht zu verwerten, muß sich Weiß seiner einzigen Schwäche, des Bauern a4, entledigen. Erst dadurch erlangt sein Turm völlige Handlungsfreiheit. Diesem Ziel dient das folgende Manöver.

1.♖e1! ♔d7 2.♖b1! ♗c6 3.♖b6 ♗:a4 4.♖b7+ ♔e8 5.♖a7 ♗d7 6.♖:a5 ♗e6 7.f4!
Die erste Etappe ist abgeschlossen. Jetzt kann der Angriff auf die schwarzen Bauern beginnen.

7. ... g6 (falls 7. ... f5, so 8.♖a7 ♗d7 9.♔b4 ♔e7 10.♔c5, und Schwarz kommt um Materialverlust nicht herum) 8.f5! gf 9.♖a8+ ♔e7 10.♖h8 ♔f6 11.♖:h7 (ein wichtiger Teilerfolg: Dank der Beweglichkeit des Turmes konnte sich Weiß einen Freibauern verschaffen) 11. ... f4 12.♖h8 ♔g6 13.♖g8+ ♔h6 14.♖d8 ♔g6 15.♔d2 ♔f5.
Wenn sich Schwarz passiv verhält, überführt Weiß den König nach f3 und erobert den Bauern f4, da ein Vorstoß des c-Bauern leicht pariert würde. Nach dem Textzug kann Weiß den gegnerischen König vom Freibauern abschneiden.

16.♖g8! ♔e4 17.♔c3 ♔f5 18.h4 ♔f6 19.h5 ♗f5 20.h6 ♗g6 21.♖d8 ♗e4 22.♖d6+!

♔g5 23.h7 ♗:h7 24.♖:d5+ ♔g4 25.♖e5 (jetzt ist der d-Bauer an der Reihe, den Siegesmarsch zum Umwandlungsfeld anzutreten) 25. ... f3 26.gf+ ♔:f3 27.d5. Schwarz gab auf.

Im folgenden Beispiel werden Schwarz seine Bauernschwächen trotz eines eigenen starken Freibauern zum Verhängnis.

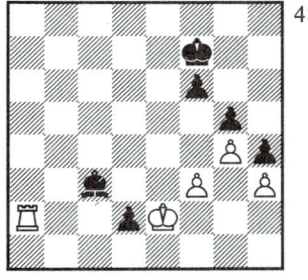

486

Weiß gewinnt

Die entscheidende Schwäche ist hier der Bauer h4! Der erstaunte Leser könnte einwenden: Aber der Bauer h4 ist doch durch den Bauern g5 gedeckt! Wie die Analyse zeigt, wird der Bauer g5 leicht beseitigt oder selbst zu einer Schwäche.
1.♖c2 ♗a5 2.♖c5 ♗b4 3.♖c4 ♗a5 4.f4! gf.
Falls 4. ... ♔g6, so 5.fg fg 6.♖c6+ ♔g7 7.♖c5 ♗d8 8.♔:d2, und Weiß gewinnt mühelos, wenn er sich mit dem König dem Bauern g5 nähert.

5.♖:f4 ♔g6 6.♖f5 ♗b4 7.♖h5 ♗c3 8.♖:h4.
Hätte Schwarz den d-Bauern gegeben, käme Weiß zum Erfolg, indem er mit dem König auf den weißen Feldern in die gegnerische Stellung eindringt, z. B. 6. ... ♗c7 7.♔:d2 ♗d6 8.♔d3 ♗g3 9.♔e4 ♗e1 10.♔d5 ♔f7 11.♖f1 (aber nicht 11.g5 ♔g6 12.♖f1 ♗c3) 11. ... ♗g3 12.♖b1 ♗e5 13.♖b7+ ♔g6 14.♔e6 ♗g3 15.♖d7 ♗e5 16.♖d8! ♔g7 (16. ... ♗c3 17.♖g8+ ♔h7 18.♔f7 und 19.♖g6) 17.♔f5 ♗c3 18.♖d7+ usw.
8. ... ♗a5 (schlecht ist auch 8. ... f5 9.gf+ ♔:f5 10.♖g4! ♗a5 11.♖g8 ♗c3 12.h4 ♗f6 13.h5 ♗g5 14.♖g6 ♗f4 15.♖a6 ♗g5 16.h6 usw.)
9.♖h5 ♗c3 10.h4 ♗b4 11.♖d5 ♗c3 12.♖:d2, und Schwarz kann den Widerstand einstellen.
Der Grund für die Niederlage von Schwarz war tatsächlich der Bauer h4. Nimmt man in Beispiel 486 die Bauern h3 und h4 vom Brett, ergibt sich ein elementares Remis. Der Leser kann sich selbst davon überzeugen, daß der schwarze d-Bauer dann alle weißen Angriffsversuche zunichte macht. Könnte Schwarz auf eine erfolgreiche Verteidigung rechnen, wenn sein Läufer auf f4 stände?

487

Remis

Hier ist der Läufer aktiver postiert. Er deckt den Bauern d2 und unterbindet zugleich den Vorstoß f3–f4.

Weiß kann nicht gewinnen, z. B. 1.♖a4 ♔e6 2.♖e4+ ♔d5 3.♔d1 ♔d6, und falls nun 4.♖:f4, so 4. ... gf 5.♔:d2 ♔c6! 6.♔c2 ♔d6 7.♔b3 ♔d5 mit Remis.

Die nächsten Beispiele zeigen anschaulich, welche Schwierigkeiten bei der Verwertung der Qualität auftreten können.

Botwinnik–Zuidema
Amsterdam 1966

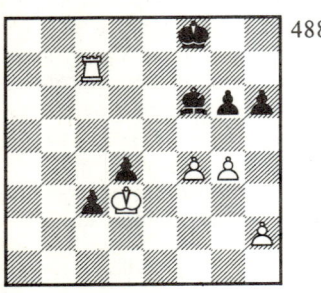

488

Weiß am Zuge

Die Aktionen des Königs und des Turmes werden durch die gegnerischen Freibauern erheblich beeinträchtigt. Trotzdem kommt Weiß zum Erfolg, indem er die schwarzen Figuren einengt und sich dann einen Freibauern verschafft.

1.h4 ♔g8.

Im Fall von 1. ... ♗:h4 2.♔:d4 bringt Weiß den König nach e6 und entscheidet das Spiel durch den Vorstoß des f-Bauern.

2.♔e4 ♗g7 3.g5 hg.

Botwinnik führt eine interessante Variante an, die sich nach 3. ... h5 ergeben konnte: 4.♖c6 ♔f7 5.♔d3! ♗h8 6.♖c7+ ♔g8 7.♖c8+ ♔h7 8.♖a8 ♗g7 9.♖a6 ♗h8 10.f5! gf 11.♖h6+ ♔g8 12.♖:h5 ♗g7 13.g6, und Weiß gewinnt.

4.hg ♔f8 5.♔d3 ♔g8 6.♖c6 ♔f7 7.♔e4.

Weiß zwingt den Läufer auf das Eckfeld, wonach es möglich wird, den gegnerischen König auf die Randlinie zu drängen. Dies ist für den weiteren Spielverlauf äußerst wichtig.

7. ... ♗h8 8.♖c7+ ♔g8 9.♖c8+ ♔h7 10.f5!

Der richtige Zeitpunkt zu entschlossenem Handeln. Weiß ignoriert die Antwort 10. ... d3, auf die er durch 11.♔:d3 gf 12.g6+ ♔g7 13.♔c3 gewinnen würde.

10. ... gf+ 11.♔:f5 ♗g7 (es gibt nichts Besseres; falls 11. ... d3, so 12.g6+ ♔g7 13.♖:c3 usw.) **12.♖e8!!**

Eine letzte Feinheit. Nur dieses studienartige Manöver des Turmes führt zum Ziel.
12. ... d3 (auf den Abwartezug 12. ... ♗h8 wird Schwarz durch 13.g6+ ♔g7 14.♖c8 in tödlichen Zugzwang gebracht) **13.g6+ ♔h6 14.♖e3.**
Diese Überführung des Turmes erhellt den Sinn des 12. Zuges von Weiß. Auf 12. ... c2 wäre 13.g6+ ♔h6 14.♖e2 gefolgt.
14. ... ♗d4 (keine Rettung brächte 14. ... ♗e5 15.♖:e5 ♔g7 wegen 16.♖e7+ ♔g8 17.♔f6) **15.♖:d3 c2 16.♖h3+ ♔g7 17.♖h7+.** Schwarz gab auf. Nach 17. ... ♔g8 18.♖c7 verliert er den Bauern c2, und es entsteht die für Weiß gewonnene Stellung 356.

Lasker–Ragosin
Moskau 1936

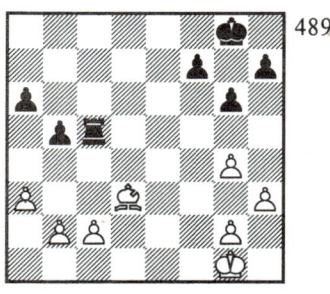

Schwarz am Zuge

Schwarz besitzt ein geringes materielles Übergewicht – die Qualität für einen Bauern. Die Überlegenheit des Turmes über den Läufer besteht bekanntlich in seiner wesentlich größeren Beweglichkeit. Um diesen Vorteil zu nutzen, ist es erforderlich, mit Turm oder König ins weiße Lager einzudringen. Vorläufig ist jedoch nicht zu sehen, wie dies geschehen könnte.

Zunächst bringen beide Seiten ihre Könige ins Spiel.
1. ... ♔g7 2.♔f2 ♔f6 3.♔e3 ♔e5! (Schwarz darf 4.♔d4 nebst 5.c4 nicht zulassen) **4.g5.**
Eine außerordentlich verpflichtende Fortsetzung. Weiß versucht, ein schwarzes Spiel am Königsflügel zu erschweren, schwächt dabei aber seine Bauern und ermöglicht das Eindringen des Turmes in sein Lager. Fine hielt den Zug 4.g5 für den entscheidenden Fehler und empfahl 4.♗e4 mit der Folge 4. ... f5 5.gf gf 6.♗d3 ♖c7 7.♔f3, wonach sich Weiß seiner Meinung nach behaupten kann. Uns scheint indes, daß 7. ... ♖g7! in Verbindung mit der Drohung f5–f4 Schwarz auch hier gute Gewinnchancen bietet, z. B. 8.c4 f4 9.cb ♖g3+ 10.♔e2 ♖:g2+ 11.♔f1 ♖g3 oder 8.g4 fg 9.hg h6, und Weiß dürfte seine Schwächen an beiden Flügeln kaum verteidigen können, oder schließlich 8.g3 h5 9.♗e2 (Entlastung brächte weder 9.c4 ♔d4 10.♗:f5 bc mit der Drohung 11. ... ♖b7 noch 9.h4 ♖g4 10.♗e2 f4! 11.gf+ ♔f5) 9. ... h4 10.gh ♖h7 11.♔g3 f4+ 12.♔g4 ♖g7+, und

Schwarz muß letzten Endes gewinnen.

Man sollte den Zug 4.g5 deshalb nicht tadeln. Auch er zwang Schwarz zu höchst genauem Spiel.

4. ... ♔d6! 5.h4.

Diese Fortsetzung ist dagegen wirklich zu rügen. Die besten Rettungschancen bot unseres Erachtens 5.♔f4! Für Schwarz wäre es danach nicht einfach gewesen, seine Stellung zu verstärken. So würde z. B. 5. ... ♖e5 sehr unangenehm mit 6.c4 beantwortet.

5. ... h6.

Fehler auf Fehler! Mit 5. ... ♖e5+ 6.♔d4 ♖e1 konnte der Turm ins gegnerische Lager einbrechen, z. B. 7.c4 ♖d1 8.♔c3 ♔c6, und Weiß vermag Materialverlust nicht zu vermeiden. Auch nach 6.♔d2 ♔c5 droht 7. ... h6 8.gh ♖h5 mit Öffnung neuer Linien für den Turm.

6.gh ♖h5 7.g3 ♖:h6 8.c4! (Weiß nutzt die ihm gebotene Möglichkeit, um dem Gegner die Aufgabe soweit wie möglich zu erschweren) **8. ... ♖h5 9.cb.**

Die Aufhebung der Spannung ist günstig für Schwarz. Wie I. Rabinowitsch zeigte, hätte Weiß den Gegner mit 9.b4! vor wahrscheinlich unlösbare Probleme stellen können, z. B. 9. ... ♖e5+ 10.♔f4 f5 (es drohte 11.g4) 11.cb ab 12.h5! gh 13.♗:f5 ♖e1 (13. ... ♔d5 14.♗d7 ♔c4 15.a4!) 14.♗g6 ♔d5 (auf 14. ... ♖a1 oder 14. ... ♖h1 geschieht 15.♗e8) 15.♗:h5 ♖a1 (15. ... ♔c4 16.g4) 16.♗e8 ♔c4 17.♗f7+ ♔c3 18.♗e8 mit Remis.

9. ... ab 10.b3 ♖e5+ 11.♔f4 ♖d5 12.♗e4.

Falls 12.♔e4, so 12. ... f5+ 13.♔e3 ♔e5 mit weiterer Abdrängung der weißen Figuren. Dennoch war dies vermutlich die beste Fortsetzung, da Weiß jetzt einen Bauern einbüßt.

12. ... ♖d2 13.g4 ♖a2 14.h5 ♖:a3 15.b4.

Zum Verlust führt auch 15.hg fg 16.♗c2. Fine wies auf folgende Eventualvariante hin: 16. ... ♖a2! 17.♗d3! b4 18.♔g5 ♖b2 19.♗c4 ♖g2 20.♗d3 ♖g3 21.♗c2 ♔d7! 22.♔f4 ♖c3 23.♗d1 ♖c5 24.g5 ♖f5+ 25.♔g4 ♖f2.

15. ... f5!!

Ein ausgezeichneter Zug, der die Lage endgültig klärt. Wenn nun 16.♗f3, so 16. ... ♖:f3+ 17.♔:f3 fg+ 18.♔:g4 gh+ 19.♔:h5 ♔d5, und auf 16.♗h1 ist 16. ... gh 17.gh ♖h3 18.♗f3 ♔e6 stark, z. B. 19.♗e2 ♔f6 20.♗:b5 ♖:h5 mit der Drohung 21. ... ♖h4+.

16.♗b1 gh! 17.gh ♖h3 18.♔g5 ♔e5 19.♔g6 (19.♗:f5 trifft auf die Erwiderung 19. ... ♖:h5+) **19. ... ♖g3+ 20.♔f7 ♖b3 21.♗c2 ♖:b4 22.h6 ♖h4 23.♔g6 b4 24.♗d1 f4 25.h7 ♖:h7! 26.♔:h7 ♔e4 27.♔g6 f3 28.♔g5 ♔e3.** Weiß gab auf.

Ein außerordentlich kompli-

ziertes, aber interessantes und
lehrreiches Endspiel.

Aljechin–Rellstab
Kemeri 1937

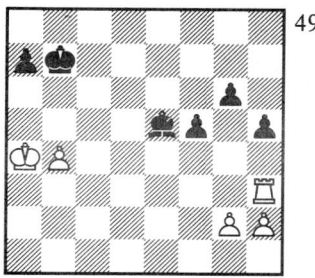

490

Schwarz am Zuge

Weiß hat einen schlecht stehenden Turm. Er droht jedoch,
diesen durch 1.♖e3 ♗:h2
2.♖e7+ zu aktivieren, sich
den Bauern zurückzuholen
und Gewinnchancen zu erhalten. Schwarz beordert seinen
König deshalb mit 1. ... ♔c6!
ins Zentrum, um die Bauern
des Königsflügels zu unterstützen.
Es folgte 2.♔a5.
Weiß begibt sich mit dem König zum Bauern a7. Wie wir
sehen werden, kann er dadurch
zwar den Bauern, nicht aber
die Partie gewinnen. Aufmerksamkeit verdiente 2.b5+!, um
den schwarzen König zu einer
Erklärung zu zwingen.
Wenn darauf 2. ... ♔d5, so
3.♖d3+! ♔e4 (3. ... ♗d4
wird mit 4.♖g3 beantwortet;
im Fall von 3. ... ♔e6 kann

Weiß ein schwarzes Gegenspiel
am Königsflügel durch 4.h4
♗f6 5.♖g3 ♔f7 6.♖h3 ent-
kräften und sich danach mit
dem König dem Bauern a7 nähern) 4.♖d7 ♗:h2 5.♖:a7 g5
6.b6, und Schwarz hat es
schwerer als in der Partie, da
der weiße Turm ausgezeichnet
postiert ist.
2. ... ♔d5 3.♔a6 f4!
Dieser Zug offenbart die ganze
Harmlosigkeit des weißen Kö-
nigsmanövers. Auf 4.♔:a7 geschieht jetzt 4. ... ♔c4. Weiß
verliert daher Zeit. 4.b5 träfe
auf die Erwiderung 4. ... ♗d4.
4.♖a3 g5 5.♔:a7 g4 6.b5 ♔e4
7.b6 f3 (der vom König unterstützte schwarze Bauer ist
nicht weniger stark als der
weiße!) **8.gf+ gf 9.♖a4+ ♔d3**
10.♖a3+ ♔e2 11.♖a5 ♗f4
12.♖a2+ ♔e1 13.♖a1+ remis.
Wie wir bereits aus den vorhergehenden Kapiteln wissen, bildet die Errichtung einer den
gegnerischen Figuren unzugänglichen Festung auch im
Kampf des Läufers gegen den
Turm eine wirksame Verteidi-
gungsressource.
Wir sehen uns hier einige weitere Beispiele an, in denen
sich die Läuferpartei auf diese
Weise retten kann.

Blackburne–Mason
Nürnberg 1883

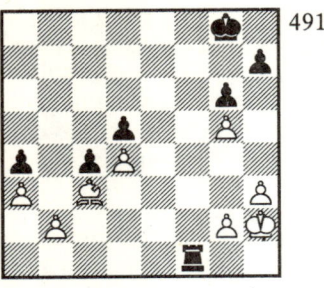

491

Schwarz am Zuge

Weiß droht, seine Stellung
durch 1.g4 gegen das Eindringen des schwarzen Königs abzuriegeln und das Remis zu sichern. Der Turm allein würde
nichts ausrichten, da die Bauernschwächen an beiden Flügeln zuverlässig verteidigt sind.
Schwarz, der am Zuge war,
spielte 1. ... h5. Jetzt konnte
Weiß durch 2.gh! ♔h7 3.g4
♔:h6 4.h4 neue Hindernisse
auf dem Weg des gegnerischen
Königs auftürmen und das
Gleichgewicht behaupten.
Statt dessen zog er sofort **2.g4**
und geriet nach **2. ... ♖f3!**
3.♔g2 ♖e3 überraschend in
Zugzwang.
Falls z. B. 4.gh, so 4. ... gh,
und der schwarze König bricht
auf den weißen Feldern ins
gegnerische Lager ein.
4.♔h2 ♖e2+! 5.♔g3 (nach
5.♔g1 hg 6.hg ♖e4 verliert
Weiß einen Bauern) **5. ...
h4+!! 6.♔:h4** (6.♔f3 ♖h2)

6. ... ♖g2 (eine drollige Stellung; Weiß befindet sich im
Zugzwang und büßt Material
ein) 7.♗a5 ♖:b2, und
Schwarz gewann.
Diese Niederlage war also darauf zurückzuführen, daß Weiß
seine Festung „mit eigenen
Händen" zerstörte.
Hier ein weiteres Beispiel der
verpaßten Möglichkeiten.

Larsen–Olafsson
Moskau 1959

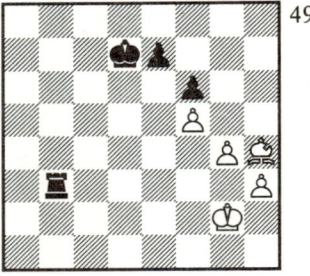

492

Remis

Weiß konnte durch 1.♗g3!
♔c6 2.♗f4! eine uneinnehm-
bare Festung aufbauen und die
Partie retten. Dafür zeugt folgende Eventualvariante: 2. ...
♔d5 3.♗c1 ♔e4 4.♗h6 ♖c3
5.♗f8! ♖c7 6.♗h6 ♖c8 7.♔g3.
Statt dessen entschloß sich
Weiß, mit **1.g5? fg 2.♗:g5**
einen Freibauern zu bilden.
Nach **2. ... ♖b5 3.♔g3 ♖:f5
4.♔g4 ♖f8 5.h4 e5 6.h5 ♔e6
7.h6** entstand jedoch Stellung
413, in der sich der schwarze
Freibauer als gefährlicher er-
wies und den Sieg verbürgte.

Ein klassisches Beispiel für die Errichtung einer Festung zeigt die folgende Stellung.

W. Tschechower, 1947

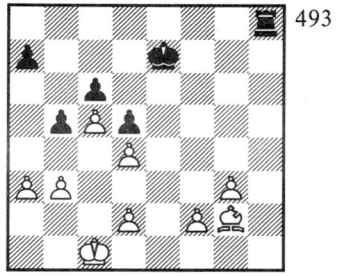

493

Remis

Weiß hat hier sogar drei Bauern für die Qualität. Dennoch scheint es um ihn schlecht bestellt zu sein: Der Turm droht, ins weiße Lager einzudringen und mit der Vernichtung der Bauern zu beginnen. „Natürliche" Fortsetzungen hätten den Verlust zur Folge, z. B. 1.♔c2 ♖h2 2.♗f1 ♖:f2 3.♗d3 ♖g2 oder 1.f4 ♖h2 2.♗f3 ♖h3 oder schließlich 1.♗f3 ♖f8 2.♗h5 ♖:f2 3.g4 ♖g2 4.♔c2 ♖g3, und Weiß gerät letzten Endes in Zugzwang.
Der Weg zum Remis ist paradox und läßt anfänglich Zweifel aufkommen.
1.♔d1!! ♖h2 2.♔e2(e1)!! (der König bewegt sich mit stoischer Gelassenheit) 2. ... ♖:g2 3.♔f1 ♖h2 4.♔g1 ♖h3 5.♔g2 ♖ beliebig 6.f3!

Weiß hat den Läufer eingebüßt, konnte jedoch den Turm aus seinem Lager vertreiben und eine höchst seltene Situation herbeiführen. Die schwarzen Figuren sind außerstande, in die gegnerische Festung einzubrechen. Der weiße König bewacht zuverlässig alle Ein- und Ausgänge, so daß Schwarz trotz des erdrückenden Materialvorteils (ein Turm mehr!) nichts zu unternehmen vermag, z. B. **6. ...** ♖h7 **7.**♔g1 ♖g7 **8.**♔g2 ♖g6 **9.**♔f2 ♖e6 **10.**♔f1 ♔f6 **11.**♔f2 ♔f5 **12.**♔f1.
Auch der Versuch, durch das Turmopfer 12. ... ♖e4 etwas zu erreichen, schlägt fehl. Weiß antwortet 13.fe+ ♔:e4 14.♔g2 ♔:d4 15.g4 ♔c5 16.g5 ♔d6 17.d4 ♔e6 18.♔g3 und gewinnt sogar.
Auf originelle Art rettet sich Weiß auch in der nächsten Stellung.

G. Kasparjan und A. Doluchanjan, 1938

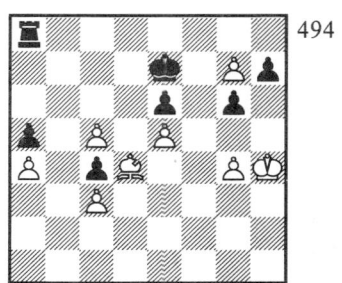

494

Remis

1.♘g5 ♔f7 2.♘h6 ♔g8.
Die weiße Initiative scheint
versiegt zu sein. Schwarz
droht, nach 3. ... ♖c8 und
4. ... ♖c7 den Bauern g7 zu
erobern, den König freizubekommen und die Partie zu seinen Gunsten zu entscheiden.
Es folgt jedoch 3.c6! ♖c8
4.♗b6! ♖:c6 5.g5, wonach
klar wird, daß der Turm nicht
in der Lage ist, das eigene Lager zu verlassen. Überall stellt
sich ihm der weiße Läufer entgegen, z. B. 5. ... ♖c8 6.♗c7!
♖a8 (falls 6. ... ♖e8, so
7.♗d8! ♔f7 8.♗f6 ♔g8
9.♗d8) 7.♗b8! ♖a6 8.♗a7!
♖c6 9.♗b6! usw.
Würde Weiß eine Zugumstellung vornehmen und statt
4.♗b6 zunächst 4.g5 spielen,
hätte dies für ihn fatale Folgen: Nach 4. ... ♖c7! 5.♗b6
♖:c6 6.♗a7 ♖c7 7.♗b6 ♖b7
gelangt der Turm ins Freie.
Bis jetzt haben wir Beispiele
untersucht, in denen die Turmpartei in der Regel trotz Bau-
erndefizits ein Übergewicht besaß. Wir kommen nunmehr zu
Stellungen, in denen die Läuferpartei über einen bestimmten Vorteil verfügt.
Der Turm ist eine Angriffsfi-
gur. Da es ihm möglich ist,
schnell von einem Kampfab-
schnitt auf den anderen zu gelangen, kann er ins Lager des
Gegners eindringen und diesem materielle Verluste zufü-
gen. In die Verteidigung gedrängt, büßt der Turm an Be-

weglichkeit und Aktivität ein.
Das nachstehende Beispiel ist
sehr bezeichnend.

**Alatorzew–Tschechower
Leningrad 1936**

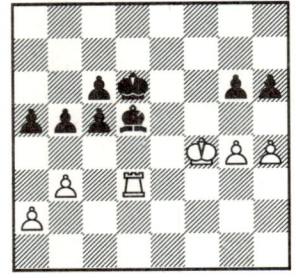

495

Schwarz am Zuge

1. ... g5+! 2.hg hg+ 3.♔f5.
Weiß verzichtet auf die Annahme des Opfers, um sich mit
dem König nicht von den
schwarzen Bauern zu entfernen. Nach 3.♔:g5 c4 4.bc bc
5.♖e3 (oder 5.♖a3 ♔e5
6.♖:a5 c3 7.♖c5 ♔d4, und
Schwarz gewinnt) 5. ... ♔c5
6.♔f4 ♔d4 7.♖e1 c3 8.♖d1+
♔c4 9.♔e3 c2 10.♖c1 ♔c3
11.g5 ♔b2 12.♔d2 ♗e4 bringt
der Vorstoß des Bauern c6 die
Entscheidung.
3. ... a4 (falls 3. ... c4, so 4.bc
bc 5.♖e3 ♔c5 6.♔e5! ♔b4
7.a3+, und Weiß kann nicht
verlieren) 4.♔f6 (keine Abhilfe
schafft 4.ba c4 5.♖d1 b4!) 4. ...
b4 5.♔f5 ♔e7! (Schwarz be-
freit sich von der Fesselung
und bereitet eine Kombination
vor) 6.♔:g5 ♗:b3!!

Zwei weit vorgerückte verbundene Bauern sind stärker als ein Turm!

7.ab a3 8.♔f4 a2 9.♖d1 c4 10.g5 cb 11.g6 b2 12.g7 a1♕ (noch einfacher ist 12. ... ♔f7) **13.♖:a1 ba♕ 14.g8♕ ♕d4+.** Weiß gab auf, da der Damentausch nicht zu verhindern ist. Der weiße Turm sah sich hier ganz alleine einer Lawine von Bauern gegenüber, der er nicht Herr wurde.

Später zeigte Botwinnik, daß sich Weiß besser verteidigen konnte. Statt den vergeblichen Versuch zu unternehmen, die Bauern durch den Turm aufzuhalten, mußte er mit **3.♔e3!** den König gegen die Bauern einsetzen und den Turm für aktive Operationen nutzen. Möglich waren folgende Varianten:

1) **3. ... b4 4.♖d1 a4 5.ba ♔c7 6.a3 ♔b6 7.♖b1 ♔a5 8.ab+ cb 9.♔d4 ♔:a4 10.♔c5,** und 10. ... b3 scheitert an **11.♖a1 matt.**

2) **3. ... ♔e5 4.♖c3 c4 5.bc ♗:c4 6.♖c2 ♔d5** (6. ... ♔d6 7.a3 ♗e6 8.♔d4 b4 9.ab ab 10.♖c1 ♗:g4 11.♖g1 c5+ 12.♔e3 ♗e6 13.♖:g5 usw.) **7.♖f2 ♔c5 8.a3 ♗e6 9.♔d2! ♔c4 10.♖f6 ♗d5 11.♖f5 ♔b3 12.♖:g5 ♔:a3 13.♖:d5! cd 14.g5** mit unentschiedenem Damenendspiel.

496

Schwarz am Zuge

Weiß hat zwei Bauern für die Qualität. Von großer Bedeutung ist auch, daß der Turm passiv steht und keine Handlungsfreiheit besitzt. Weiß, der daher im Vorteil ist, muß bestrebt sein, einen zweiten Freibauern zu bilden und diesen zur Dame zu führen.

1. ... b6 (Rubinstein versucht, Linien am Damenflügel zu öffnen, um anschließend mit dem Turm zum Gegenangriff überzugehen) **2.♔f4 ♖g8 3.g4 a5 4.ba!** (Weiß ist auf der Hut; der Gegner drohte, mit 4. ... b5! einen gefährlichen Freibauern zu bilden) **4. ... ba 5.h4 ♖b8** (Schwarz ist bemüht, die Aufstellung seines Turmes zu verbessern und die gegnerischen Bauern am anderen Flügel zu attackieren) **6.g5 hg+ 7.♔:g5! ♖b3.** Auch das hartnäckigere 7. ... ♖b2 hilft nicht, z. B. **8.h5 ♖h2 9.h6 ♖h1** (9. ... ♔f7

305

10.♗g6+ ♔f8 11.♔f6! ♖:h6
12.e6) 10.h7 ♔f7 11.e6+ ♔g7
12.♗g6 ♖e1 13.h8♕+! ♔:h8
14.♔f6, und der e-Bauer kostet
Schwarz den Turm.
**8.h5 ♖:c3 9.h6 ♖c1 10.h7
♖h1 11.♗g6!** (droht 12.♗h5)
**11. ... ♔f8 12.♔f6 ♖f1+
13.♗f5.** Schwarz gab auf, da er
nicht in der Lage ist, die Bauern aufzuhalten.

Euwe vertrat die Ansicht, daß
Schwarz die Partie durch 5. ...
♖g7 (statt 5. ... ♖b8) retten
konnte. Zum Beweis gab er folgende Variante an: 6.g5 hg+
7.hg ♖g8 8.g6 ♖h8 9.♔g5
♖h1! 10.♗g4 ♖g1 11.e6 ♔f8
12.♔f4 ♔g7 13.e7 ♖e1
14.♗d7 ♖:e7 15.♗:c6 ♖c7
16.♗:d5 ♖:c3 17.♗f7 ♖a3
18.♗e8 ♔f8 mit Remis.
Das mag stimmen, doch mußte
Weiß nicht 6.g5, sondern
6.♔g3! spielen, um den Freibauern auf der h-Linie zu bilden.
Sehen wir uns die möglichen
Konsequenzen an: 6. ... ♖g8
7.g5! hg 8.h5 ♖b8 9.♔g4 ♖b2
10.♔:g5, und Weiß gewinnt
wie in der Anmerkung zum
7. Zug von Schwarz dargelegt.
Setzt Schwarz mit 8. ... g4
fort, folgt 9.h6 ♖g5 10.h7 ♖h5
11.♔:g4 ♖h1 12.♗g6 ♔f8
13.e6.
Am stärksten ist wahrscheinlich 7. ... h5, um zu versuchen, Zeit für einen Gegenangriff zu gewinnen. Darauf kann
aber 8.♔f4 geschehen, z. B.
8. ... ♖b8 9.g6 ♖b3 10.♔g5

♖:c3 11.♔h6 ♖g3 12.g7 ♔f7
13.e6+ ♔f6 14.e7 ♔:e7
15.♗g6, und Weiß gewinnt.
Zum gleichen Ergebnis führt
8. ... ♔f7 9.g6+ ♔g7 10.♗e6
♖b8 (10. ... ♖f8+ 11.♗f7
♖b8 12.♔g5 ♖b3 13.e6)
11.♔g5 ♖b3 12.♔:h5 ♖:c3
13.♔g5 ♖g3+ 14.♗g4 c5
15.h5 c4 16.h6+ ♔g8 17.e6 c3
18.e7 ♖e3 19.♔f6.
Alle diese Varianten zeigen,
daß es Schwarz auch nach
5. ... ♖g7 kaum gelungen
wäre, die Partie zu retten.

Sosin–Alatorzew
Moskau 1931

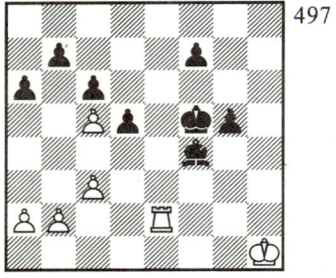

497

Schwarz am Zuge

Die weißen Figuren stehen
passiv. Deshalb bieten die beiden verbundenen Freibauern
Schwarz einen mehr als ausrei-
chenden Ersatz für die Qualität.
Weiß kann keine Abwartetaktik verfolgen, da der Gegner
seine Bauern Schritt für Schritt
weiterrücken würde. Seine
Chancen liegen in der Aktivie-

rung des Turmes und einem Gegenangriff auf die Bauern des Damenflügels, um selbst einen Freibauern zu erhalten.
1. ... ♗e5 (der Turm darf nicht nach e7 gelassen werden) **2.♔g2 f6 3.♖e1 d4?**
Aus Furcht vor dem Manöver ♖e1–h1–h7 vereinfacht Schwarz die Stellung und vergibt damit seine Chancen.
Zum Gewinn führte **3. ... g4!**
4.♖h1 (4.♔f2 d4) **4. ... ♔e4!**, z. B. **5.♖h7 f5 6.♖:b7 f4 7.♖b6 f3+ 8.♔f1 g3 9.♖:c6 d4** usw.
4.cd ♗:d4 5.♖e7! (dieser Gegenangriff rettet die Partie) **5. ... ♗:b2 6.♖:b7 ♗d4 7.♖b6 ♔e5 8.♖:c6 a5 9.♖c8 ♔d5 10.c6 ♗e5 11.♔f3 f5 12.♖f8 g4+ 13.♔g2 ♔:c6** (mit 13. ... f4 14.♖f5! konnte Schwarz noch verlieren) **14.♖:f5**, und das Spiel endete remis.

Karpow–Pomar
Madrid 1973

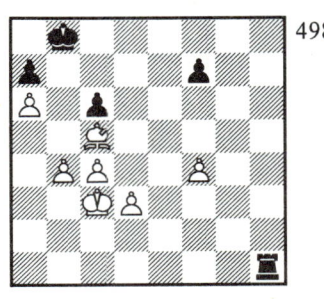
498

Weiß am Zuge

Der schwache Bauer a7 schränkt die Handlungsfähigkeit des schwarzen Königs ein. Deshalb hilft auch die aktive Aufstellung des Turmes nicht.
1.b5 ♖b1.
Schwarz möchte sich der Schwäche a7 entledigen, gestattet dem Gegner aber, zwei verbundene Freibauern zu bilden.
2.bc ♔c7 3.d4 ♔:c6 4.♗:a7 ♖a1 5.d5+! (das Bauernpaar muß so weit wie möglich vorgerückt werden) **5. ... ♔d7 6.♗b8 ♖:a6 7.c5 ♖a4 8.c6+ ♔c8 9.♗d6 f6.**
Weiß hat noch eine letzte Aufgabe zu lösen – auch den zweiten Bauern auf die 6. Reihe zu bringen.
10.♗b4 ♔c7 11.♔b3! ♖a1.
Hartnäckiger war 11. ... ♖a8 12.♔c4 ♔b6 13.♗c5+ ♔c7 14.♗e7 ♔b6. Aber auch dann kommt Weiß nach 15.f5 zum Erfolg, z. B. 15. ... ♖a4+ 16.♗b4 ♖a8 17.♗c5+ ♔c7 18.♗e7 ♔b6 19.♗:f6 usw.
12.♔c4 ♔b6 13.♗c5+ ♔c7 14.♔b5 ♖b1+ 15.♗b4.
Schwarz gab auf.
Setzt Schwarz anstelle von 1. ... ♖b1 mit 1. ... cb 2.cb ♖b1 fort, kann es wie folgt weitergehen: 3.♔c4 ♖b2 (Schwarz bleibt nichts anderes übrig, als abzuwarten) 4.♗d6+ ♔c8 5.♔c5 ♖d2 6.d4 ♖d1 7.♔d5 ♔d7 (7. ... ♖b1 8.♔c6) 8.♗c5 ♖b1 9.b6! ab 10.a7 ♖a1 11.♗:b6 mit leichtem Gewinn.

Die folgende Studie veranschaulicht eine originelle Rettungsmöglichkeit für die Turmpartie, wenn die gegnerischen
Freibauern weit vorgerückt
sind.

A. Selesniew, 1913

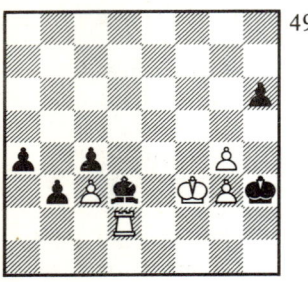

499

Remis

1.罝d1 含h2 2.罝d2+ 含g1
3.罝d1+ 奧f1.
Damit scheint alles entschieden, doch …
4.g5!! hg 5.g4 a3 6.含g3 a2
7.罝a1! b2 8.罝:a2 b1曌
9.罝g2+! 奧:g2 (9. … 含h1
10.罝h2+) patt.
Dagegen kann die Läuferpartie
in der folgenden Stellung
durch genaues Spiel gewinnen.

A. Troitzky, 1925

500

Weiß gewinnt

Nach **1.b7!** (1.ba 罝a4 2.奧c5
bringt wegen 2. … 含c4 nichts
ein, denn 3.d6 含:c5 4.d7
scheitert an 4. … 罝g4+ und
5. … 罝g8) **1. … 罝g4+ 2.含f2
罝g8 3.d6** beginnt Schwarz wie
in der Studie Amelungs (456)
auf Patt zu spielen: **3. … 含c4
4.d7 含b5 5.d8曌 罝:d8
6.奧:d8 含a6.**
Jetzt verbietet sich 7.b8曌(罝)
wegen Patt, und auch 7.b8勾+
führt nach 7. … 含b7 8.勾d7
含c8 9.勾f6 含:d8 10.勾:h7
含e7 11.勾g5 含f6 12.含g2
含g6 13.h7 含g7 zum Remis.
Weiß gewinnt nur, wenn er
den Bauern in einen zweiten
schwarzfeldrigen Läufer verwandelt: **7.b8奧!!**, z. B. 7. …
含b7 8.奧e5 含c8 9.奧df6 含d7
10.含f3 含e8 11.含f4 含f7 (der
König versucht, sich in einer
Festung zu verschanzen, aber
gerade dort ereilt ihn sein
Schicksal) **12.含f5 含f8
13.含e6 含g8 14.奧e7 a5
15.含f6 a4 16.奧a3 含h8
17.含f7 matt.**

308

Zum Schluß sehen wir uns ein Beispiel an, in dem die beengte Aufstellung des Turmes zur Niederlage führt.

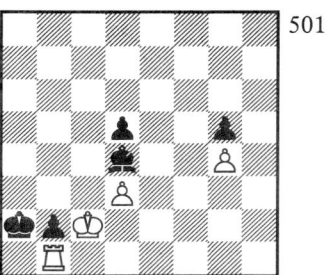

501

Weiß am Zuge. Schwarz gewinnt

Schwarz gewinnt auf elementare Art, z. B. **1.♖e1 ♗e3!** **2.♖b1 ♗c1 3.♖:c1** (3.d4 ♔a3 4.♔c3 ♔a4 5.♔c2 ♔b4 6.♔d1 ♔b3) **3. ... bc♕+** **4.♔:c1 ♔b3 5.♔d2 d4** usw. Verschiebt man Stellung 501 jedoch um eine Linie nach rechts, kann Schwarz nicht mehr gewinnen, da der Turm dann genügend Raum zum Manövrieren hat.

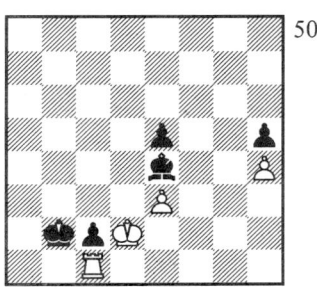

502

Remis

1.♖e1 ♗f3 2.♖c1 ♗d1 3.e4! **♔b3 4.♖a1 ♔b2 5.♖c1** mit Remis.

Turm gegen Springer

Erstes Kapitel

Turm gegen Springer (ohne Bauern)

Wenn keine Bauern auf dem Brett sind, ist mit Turm gegen Springer gewöhnlich nicht zu gewinnen.
Selbst am Brettrand können sich König und Springer einem Angriff der gegnerischen Figuren erfolgreich zur Wehr setzen. Charakteristisch ist das folgende Beispiel.

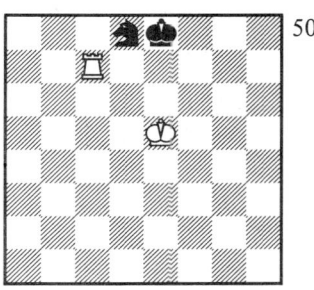

503

Remis

1.♔d6 ♘f7+! (die einzige Antwort; zum Verlust führt

309

1. ... ♔f8 2.♖c8 ♔e8 3.♖b8)
2.♔e6 ♘d8+ 3.♔f6 ♔f8
4.♖d7 ♔e8 (Schwarz muß
fortwährend erzwungene Züge
machen; 4. ... ♘c6 hätte nach
5.♖d6 verloren) 5.♖e7+ ♔f8.
Dies ist das Maximum, das
Weiß erreichen kann: Er hat
den König zwar abgeschnitten,
aber der in der Nähe stehende
Springer verhindert den entscheidenden Schlag, z. B.
6.♖e1 ♘b7 (möglich sind
auch andere Springerzüge)
7.♔e6 ♔e8 (der König muß in
der Nähe des Springers bleiben) 8.♖b1 ♘d8+ 9.♔d6
♘f7+ 10.♔e6 ♘d8+ mit Re-
mis.
Man sollte sich merken, daß
die schwächere Seite in derartigen Stellungen die senkrechte
Opposition von König und
Springer (d6–d8) meiden und
die diagonale Opposition
(f6–d8) anstreben muß.
Verschieben wir Beispiel 503
um zwei Linien nach rechts.

**Nach B. Horwitz und
J. Kling, 1851**

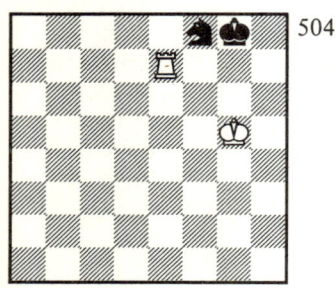

504

Remis

Auch in dieser für ihn schlech-
teren Situation kann sich
Schwarz behaupten, z. B.
1.♔f6 ♘h7+! 2.♔g6 ♘f8+
3.♔h6 ♔h8 4.♖f7 ♔g8
5.♖g7+ ♔h8 6.♖g1 ♘d7!
Nur so! Da sich der schwarze
König in der Ecke aufhält, verliert sowohl 6. ... ♘h7 7.♔g6!
♔g8 8.♖g2 ♘f8+ 9.♔f6+
♔h8 10.♔f7 als auch 6. ...
♘e6 7.♔g6! ♘f8+ (7. ... ♔g8
8.♔f6+!) 8.♔f7 ♘h7 9.♖g8
matt.
7.♔g6 ♔g8 8.♖d1 ♘f8+
9.♔f6 ♘h7+ 10.♔g6 ♘f8+
mit Remis.

![505]

Weiß gewinnt

Diese Stellung jedoch, die
durch Verschiebung der vorigen um eine Linie nach rechts
entstand, ist für Schwarz verloren, da er nach 1.♔g6 oder
1.♔g5 den Springer einbüßt.
Wenn es der stärkeren Seite
gelingt, den Springer in die
Ecke zu drängen, wird sie
meist gewinnen.

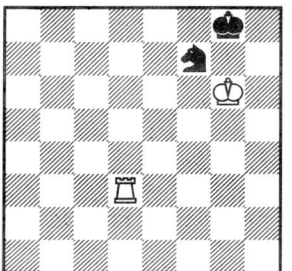 506

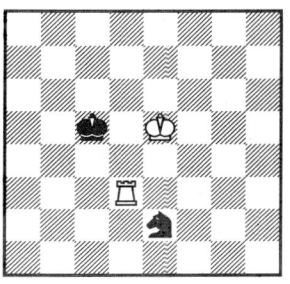 507

Weiß gewinnt

Weiß kommt zum Erfolg, wenn
er dem Springer außer h8 alle
Felder nimmt, z. B. 1.♖d5
♘h8+ 2.♔f6 ♘f7 3.♖d7
♘h6 (3. ... ♘h8 4.♖a7)
4.♔g6 oder 1.♖e3 ♘h8+
(1. ... ♘d6 2.♖e6) 2.♔f6
♔h7 3.♖g3 usw.
Sind die Figuren der schwächeren Seite voneinander isoliert, hängt das Ergebnis in den
meisten Fällen davon ab, ob
ihr gestörtes Zusammenwirken
wiederherzustellen ist. Gelingt
dies, endet der Kampf remis,
anderenfalls wird die stärkere
Seite gewöhnlich den Springer
einfangen.

Weiß gewinnt

Wir haben die vielleicht älteste
überlieferte Endspielstellung
vor uns. Ihr Autor war einer
der stärksten Schachspieler
Mittelasiens. Schwarz benötigt
nur einen Zug, um mit 1. ...
♔c4 die Verbindung zwischen
König und Springer herzustel-
len. Das Zugrecht liegt jedoch
bei Weiß, der den Springer
durch 1.♖e3! nach g1 zurück-
zwingt. Jetzt muß Weiß mit
dem König nach g4 gelangen.
Spielt er indes sofort 2.♔f4?,
gerät er nach 2. ... ♔d4! in
Zugzwang, z. B. 3.♖e1 ♘h3+
4.♔g3 ♘g5 5.♔f4 ♘h3+ mit
Remis.
Die richtige Fortsetzung ist
2.♔f5! ♔d4 3.♔f4 ♔c4
4.♔g3 ♔d4 5.♖e1 usw.
Betrachten wir nunmehr einige
Beispiele, in denen der Springer von seinem König abgeschnitten ist.

Steinitz–Neumann
Baden-Baden 1870
(mit vertauschten Farben)

Das folgende charakteristische
Beispiel ist eine Weiterentwicklung der Stellung Sairabs.

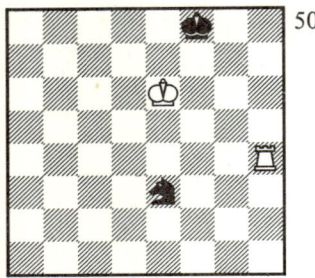 508

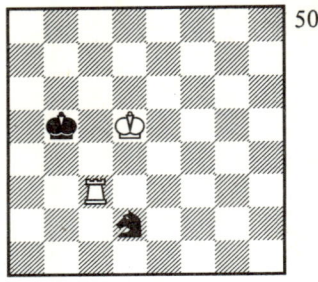 509

Weiß gewinnt

Weiß gewinnt

Weiß steht vor der Aufgabe,
den Springer so weit wie möglich von seinem König abzudrängen und ihn dann zu erobern. W. Steinitz verwirklichte diesen Plan wie folgt:
1.♖e4 ♘d1.
Falls 1. ... ♘g2, so 2.♔f6!,
und der Springer geht verloren.
Auf 1. ... ♘c2 geschieht
2.♔d5 ♘a3 (2. ... ♔f7 3.♔c5
♔f6 4.♖e2 ♘a3 5.♔b4 ♘b1
6.♖b2) 3.♔c5 ♘b1 4.♔b4
♘d2 5.♖e2 ♘b1 6.♖b2.
2.♖f4+ ♔g7 3.♖f3.
Der Springer ist abgedrängt
und abgeschnitten. Jetzt kann
Weiß darangehen, ihn zu fangen.
3. ... ♔g6 (wenn 3. ... ♘b2,
so 4.♔d5 ♔g6 5.♔d4 ♔g5
6.♖f1! ♔g4 7.♖b1 ♘a4
8.♖b4) **4.♔e5 ♔g5 5.♔d4
♔g4 6.♖f1 ♘b2 7.♖b1 ♘a4
8.♖b4,** und das Ziel ist erreicht.

Auch hier gelingt es Weiß, den
Springer abzudrängen und ihn
anschließend zu erobern.
1.♖d3! ♘f1 2.♔e5! (aus der
Analyse des Beispiels 507 ist
uns bekannt, daß 2.♔e4? nach
2. ... ♔c4 nur zum Remis
führt) **2. ... ♔c4** (erzwungen
wegen der Drohung 3.♔f4 und
4.♖d1) **3.♔e4 ♘h2 4.♖d1
♘g4 5.♖f1 ♘h6 6.♖f4 ♘g8
7.♖f7! ♘h6** (oder 7. ... ♔c5
8.♔e5) **8.♖g7.**
Der Springer ist abgeschnitten,
das Weitere einfach. Schwarz
kann nicht verhindern, daß der
weiße König über f4 und g5 an
den Springer herankommt.
Sehr interessant ist die folgende Studie.

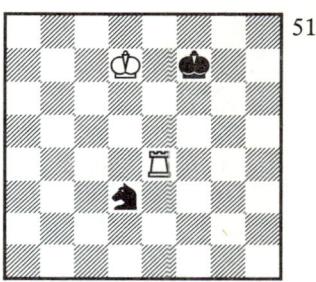

R. Réti, 1929

510

J. Awerbach, 1948

511

Weiß gewinnt

Weiß gewinnt

Wir haben eine eigenartige Zugzwangstellung vor uns. Der schwarze Springer ist zwar abgeschnitten, doch ist ihm nicht leicht beizukommen. Um zu gewinnen, muß Weiß den Gegner an den Zug bringen. Dies geschieht so:
1.♔f4 ♘h3+ 2.♔f3 ♘g5+ 3.♔e3!
Jetzt muß Schwarz den König ziehen:
1) 3. ... ♔c2 4.♖g6 ♘f7 5.♔d4 (nach dem Wegzug des Königs ist dieses Manöver möglich geworden) 5. ... ♘d8 6.♔d5 ♘b7 7.♖a6!, und der Springer ist gefangen.
2) 3. ... ♔c4 4.♔f4 ♘h3+ 5.♔e4! ♘g5+ 6.♔e5! ♘h3 7.♖f3 ♘g5 (7. ... ♘g1 8.♖e3) 8.♖f4+ ♔c5 9.♖f5 ♘h3 10.♔e4+ ♔ beliebig 11.♔e3 usw.
Hinzugefügt sei, daß der Springer auch nach 3. ... ♔b3 4.♔f4 ♘h3+ 5.♔g4 ♘g1 6.♖f2 in der Falle säße.

1.♖e3!
Nach diesem starken Zug hat Schwarz mehrere Möglichkeiten:
1) 1. ... ♘b4 2.♔d6 ♘c2 (2. ... ♔f6 führt nach 3.♖c3! bei schwarzer Zugpflicht zum vorigen Beispiel) 3.♖e4 ♘a3 4.♔c5 ♘b1 5.♔b4 ♘d2 6.♖e2, und der Springer ist gefangen.
2) 1. ... ♘b2 2.♔c6 ♘c4 (2. ... ♘d1 3.♖d3 ♘b2 4.♖d4 oder 2. ... ♔f6 3.♔d5 ♔f5 4.♖b3 ♘d1 5.♖d3 ♘b2 6.♖d4) 3.♔e4 ♘a5+ (3. ... ♘d2 4.♖d4 ♘b3 5.♖d3 ♘c1 6.♖e3) 4.♔d7 ♘b3 (4. ... ♘b7 5.♖e5) 5.♔d6 ♔f6 (5. ... ♘d2 6.♖f4+ ♔g6 7.♔d5) 6.♔d5 ♔f5 7.♖e3 ♘d2 8.♖d3, und Weiß gewinnt.
3) Am hartnäckigsten ist 1. ... ♘c5+ 2.♔d6 ♘b7+ 3.♔c6 ♘a5+ (3. ... ♘d8+ 4.♔d7 ♘b7 5.♖e5) 4.♔d7! (droht 5.♖c3) 4. ... ♘c4 5.♖f3+ ♔g6 6.♔e6 ♘d2 (auf 6. ...

313

♔g5 geschieht 7.♖d3! ♘b6
8.♖d4! ♔g6 9.♖b4 ♘c8
10.♔d7 ♘a7 11.♖b7) 7.♖f4!
♔g5 (7. … ♘b3 8.♔d5 ♘c1
9.♔c4 ♘e2 10.♖f2) 8.♔e5
♘b3 9.♖f2 ♔g4 10.♖c2!
♔g5 11.♖b2 ♘c5 12.♖b5!,
und Weiß gewinnt.
Bei der Abdrängung eines
Springers kann man oft den
Umstand nutzen, daß sich dieser wegen einer drohenden
Fesselung nicht seinem König
nähern darf.
Mitunter, wenn der König der
schwächeren Seite am Brettrand steht, läßt sich die Jagd
auf den Springer mit Mattdrohungen verbinden.

trieben, und Weiß kann sich
auf den König stürzen) 5. …
♔a6 6.♖b7+ ♔a8 7.♔c7
oder 7.♔b6, und Schwarz wird
unweigerlich matt.
Auch eine andere Verteidigung
rettet nicht: 1. … ♘d2
2.♖a5+ ♔b8 3.♖b5+ ♔c8
(3. … ♔a7 4.♖b7+ ♔a6
5.♖b2 ♘c4 6.♖a2+ ♘a5+
7.♔c5) 4.♖f5 ♔b8 5.♖f4 (unter Nutzung der Mattdrohung
schneidet Weiß den Springer
ab) 5. … ♔a7 6.♔b5 ♘b3
7.♔b4 ♘c1 8.♔c4 ♘e2
9.♖g4 ♔b6 10.♔d3 ♘c1+
11.♔c2 ♘e2 12.♔d2.

F. Amelung, 1900

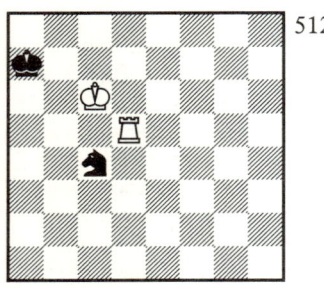

512

Weiß gewinnt

Schwarz droht, durch 1. …
♔a6 und 2. … ♘a5+ remis
zu halten. Weiß muß deshalb
schleunigst den Springer abdrängen.
1.♖c5 ♘e3 2.♖a5+ ♔b8
3.♖a4 ♘f5 4.♖e4 ♘g3 (4. …
♔a7 5.♔c7 ♔a6 6.♖e6+
♔a7 7.♖e5) 5.♖b4+ (der
Springer ist weit genug wegge-

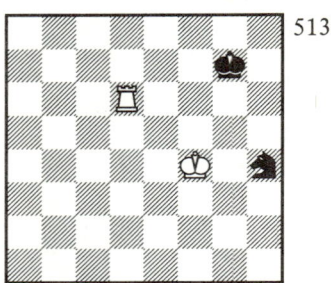

513

Weiß gewinnt

1.♔g5 ♘f3+ 2.♔g4 ♘e5+
3.♔f5 ♘c4.
Der schwarze Springer darf
sich nicht dem König nähern,
da er auf f7 sehr ungünstig stehen würde, z. B. 3. … ♘f7
4.♖d7 ♔g8 5.♔f6 (506). Auf
3. … ♘f3 entscheidet 4.♖d3
♘h4+ 5.♔g5 usw.
4.♖d4 ♘a5 (oder 4. … ♘e3+

314

5.♔f4 ♘c2 6.♖c4 ♘a3 7.♖c5 ♔f6 8.♔e4 ♔e6 9.♔d3 ♔d6 10.♖a5) 5.♔e6 ♘b3 (5. ... ♘c6 6.♖c4 ♘a5 7.♖c7+ ♔g6 8.♔d5 bzw. 6. ... ♘d8+ 7.♔e7 ♘f7 8.♖g4+) 6.♖g4+ ♔h6 7.♔d5 ♘d2 8.♖f4 ♔g5 9.♖f2 ♘b3 10.♖b2 ♘c1 11.♔c4, und Weiß gewinnt.

Arabische Handschrift, 1257

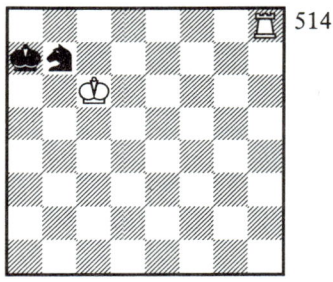

514

Schwarz am Zuge. Weiß gewinnt

Eine außerordentlich interessante Stellung. Sie wurde durch den englischen Forscher Forbes in einem alten arabischen Manuskript, das im Britischen Museum aufbewahrt wird, entdeckt und 1859 im „Chess Player's Chronicle" veröffentlicht. Die Stellung war mit folgender kurzen Variante versehen, die wahrscheinlich vom Redakteur der Zeitschrift, Staunton, stammte: 1. ... ♘a5+ 2.♔b5 ♘b7 3.♖f8 ♘d6+ 4.♔c6 ♘c4 5.♖d8 ♘a5+ 6.♔b5 ♘b7 7.♖d7. 1890 unterzog Berger die Stellung in der ersten Auflage seines Werkes „Theorie und Praxis der Endspiele" einer ausführlichen Analyse, die aber viele Fehler aufwies. Auch später lenkte die Stellung das Interesse zahlreicher Analytiker auf sich. Einer von ihnen, der Holländer Zielstra, widmete ihr sogar eine spezielle Arbeit, in der er 1 200 (!) Varianten anführte, die den Gewinn für Weiß belegen.

Der Leser braucht indes nicht zu erschrecken. Die Stellung ist nicht so kompliziert, wie es scheinen mag. Wir geben hier die einfachste und kürzeste Lösung wieder. Sie wurde 1928 von dem Amerikaner Frink gefunden und durch uns etwas verbessert.

1. ... ♘a5+ 2.♔b5 ♘b7 (nach 2. ... ♘b3 3.♖d8 geht der Springer verloren) 3.♖h5! Dies führt schneller ans Ziel als 3.♖f8. Schwarz hat jetzt drei Verteidigungsmöglichkeiten, die aber alle nicht ausreichen:

1) 3. ... ♔b8 4.♔c6 ♘d8+ 5.♔d7 ♘b7 6.♖b5! ♔a7 7.♔c7 ♔a8 8.♖b3, und Weiß gewinnt.

2) 3. ... ♘d6+ 4.♔c6 ♘e4 (4. ... ♘c4 ergibt nach 5.♖c5 Stellung 512) 5.♖h7+ ♔b8 6.♖b7+ ♔a8 7.♖b4 (möglich ist auch 7.♖e7) 7. ... ♘f6 8.♖f4 ♘h5 9.♖f5 ♘g3 10.♖f3! nebst 11.♔b6 oder 11.♔c7 mit undeckbarem Matt.

3) 3. ... ♘d8 4.♖d5 ♘e6

315

(4. ... ♘b7 5.♖d7) 5.♔c6
♔**b8** (ebendahin führt 5. ...
♘f4 6.♖d7+ ♔b8 7.♖d8+
♔a7 8.♖e8) **6.♖d6!** (legt man
die Diagonale h1−a8 zu-
grunde, ist die entstandene
Stellung das genaue Spiegelbild des Beispiels 512) **6. ...
♘g5** (6. ... ♘f4 7.♖d8+ ♔a7
8.♖e8 ♘d3 9.♖e4 ♘f2
10.♖a4+ ♔b8 11.♖b4+ ♔a7
12.♖b7+ ♔a8 13.♔c7 usw.)
**7.♖d8+ ♔a7 8.♖d7+ ♔a6
9.♖d3 ♔a7 10.♖e3 ♔b8
11.♔d7 ♘f7 12.♔e7 ♘h6
13.♔e6 ♘g4 14.♖e2 ♔c7
15.♔f5 ♘h6+ 16.♔g6 ♘g4
17.♔g5,** und der Springer ist
eingefangen.
Etwas später als Forbes entdeckte der Schachhistoriker
van der Linde eine Stellung
dieses Typs in einer noch älte-
ren arabischen Handschrift, die
aus dem Jahre 1140 datiert.

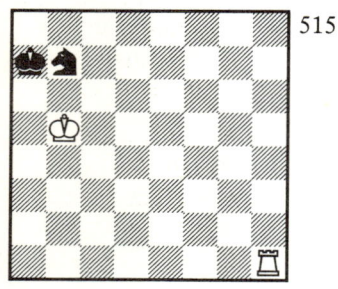
515

Weiß gewinnt

Dieses Beispiel hat ebenfalls
mehrere Lösungen.
Durch **1.♖a1+ ♔b8 2.♔c6**
läßt sich das Spiegelbild der

Stellung 514 erreichen. Auch
**1.♖h8 ♘d6+ 2.♔c6 ♘c4
3.♖d8** genügt zum Gewinn.
Möglich ist ferner **1.♖b1,** z. B.
**1. ... ♘d6+ 2.♔c6 ♘c4
3.♖d1! ♔b8** (3. ... ♘a5+
4.♔b5 ♘b7 5.♖d7) **4.♖d8+
♔a7 5.♖d4 ♘e5+ 6.♔c7
♔a6 7.♖d6+ ♔a7 8.♖d5**
oder **1. ... ♘d8 2.♖d1 ♘e6
3.♔c6 ♔b8 4.♖d6,** und wir
haben wieder das Spiegelbild
der Stellung 512 vor uns.
Am einfachsten ist jedoch
**1.♖d1 ♔b8 2.♔a6! ♘c5+
3.♔b6 ♘a4+ 4.♔c6 ♘c3
5.♖e1,** und der Springer geht
verloren.
Van der Linde stellte fest, daß
der Autor dieses Beispiels der
arabische Meister al-Adli war,
der im 9. Jahrhundert lebte.
Somit wurden uns die Stellungen al-Adlis und Sairabs vom
uralten Schatrang überliefert.
Obwohl die Regeln des Schatrang stark von den Regeln des
heutigen Schachspiels abwi-
chen, bewegten sich König,
Turm und Springer genauso,
wie sie es heute tun.
Im Jahre 1900 legte Amelung
eine Modifikation der Stellung
al-Adlis vor.

F. Amelung, 1900

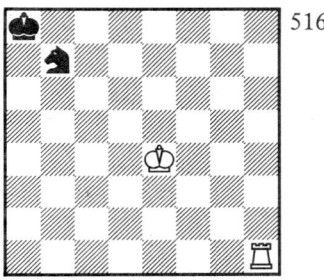

516

Weiß gewinnt

1.♘d5.
Der Springer darf wegen einer drohenden Fesselung nicht ziehen. Deshalb entsteht nach
1. ... ♚a7 oder **1. ... ♚b8** vertikal bzw. horizontal die Stellung al-Adlis.
Die folgende Studie ähnelt den vorhergehenden Beispielen.

A. Mandler, 1924

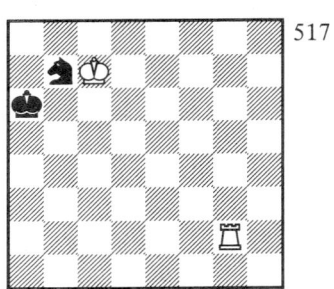

517

Weiß gewinnt

1.♖g6+ ♚a7 2.♔c6 ♘d8+
(2. ... ♘a5+ führt nach
3.♔b5 ♘b7 4.♖g5 zu Stellung

514) **3.♔d6! ♘b7+** (3. ...
♔b7 scheitert an 4.♔d7 ♘f7
5.♖g7 ♘e5+ 6.♔d6+)
4.♔d5! ♘a5 (4. ... ♘d8
5.♖g8 ♘b7 6.♔c6 ergäbe wiederum Stellung 514) **5.♔c5**
♘b7+ 6.♔b5 ♔b8 7.♔c6
♘d8+ (oder 7. ... ♘a5+
8.♔b6 ♘c4+ 9.♔b5 ♘e5
10.♖e6 ♘d7 11.♔c6) **8.♔d7**
♘b7 9.♖g5 ♔a7 10.♔c8!,
und Weiß gewinnt.
Wir haben gesehen, daß die Aufstellung des Springers auf den Feldern b2, b7, g2 und g7 in bestimmten Fällen eine Niederlage nach sich ziehen kann.

Zweites Kapitel

Turm gegen Springer und Bauer

Derartige Endspiele sind gewöhnlich remis. Mit dem Turm läßt sich gegen Springer und Bauer nur in Ausnahmefällen gewinnen, wenn die Kräfte des Gegners ungünstig stehen und es gelingt, entweder den Springer zu fangen oder einen Mattangriff zu verwirklichen.
Das folgende Beispiel ist charakteristisch.

J. Awerbach, 1948

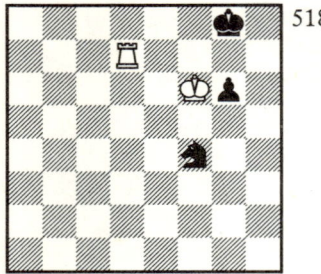

518

Schwarz am Zuge. Weiß gewinnt

Ohne den schwarzen Bauern
würde Weiß leicht gewinnen:
1. ... ♘h5+ 2.♔g6 ♘f4+
3.♔g5 ♘e6+ 4.♔f6 ♘f4
(4. ... ♘f8 5.♖d8) 5.♖d4
♘e2 6.♖g4+ ♔f8 7.♖c4
♔g8 8.♔g6 ♔f8 9.♔g5 ♘g3
10.♔g4 ♘e2 11.♔f3 ♘g1+
12.♔g2 ♘e2 13.♔f2.
Das Vorhandensein des Bauern
ändert nichts: 1. ... ♘h5+
2.♔:g6 oder 1. ... g5 2.♔:g5
mit Übergang in die vorste-
hend angeführte Variante. Auf
1. ... ♔h8 geschieht 2.♖d4!
g5 3.♖d7 g4 (3. ... ♔g8
4.♔:g5 wurde bereits untersucht) 4.♖d4 ♘g2 5.♖:g4
♘e3 6.♖e4 ♘d5+ 7.♔f7,
und Weiß gewinnt.

J. Awerbach, 1948

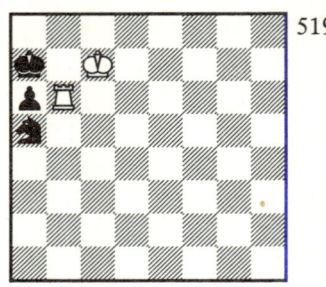

519

Schwarz am Zuge. Weiß gewinnt

Hier ist es gerade der eigene
Bauer, der Schwarz zum Verhängnis wird, da er dem König
das Feld a6 nimmt. Nach 1. ...
♘c4 (wäre der Bauer nicht auf
dem Brett, würde dieser Zug
das Remis sichern) 2.♖b7+!
♔a8 3.♖b4 ♘e3 4.♖e4
♘d5+ 5.♔c6 ♘c3 6.♖e3 ♘b5
7.♔b6 ♘d6 8.♖e6 ♘c4+
9.♔c5 ♘d2 10.♖e2 ♘b3+
11.♔b6 setzt Weiß matt.

**Bogoljubow–Rubinstein
San Remo 1930**

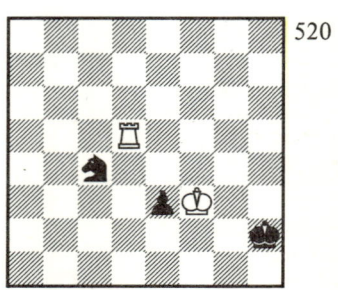

520

Weiß gewinnt

Weiß gewinnt, wenn er die ungünstige Aufstellung der gegnerischen Figuren ausnutzt.
1. ♖c5 ♘d2+.
Schwarz nähert den Springer
seinem König, kommt damit
jedoch vom Regen in die
Traufe. Hartnäckiger war **1. …
♘d6.** Wie die folgenden Even-
tualvarianten zeigen, kann
Weiß aber auch dann durch
genaues Spiel den Bauern erobern und den Springer fangen.
2. ♖h5+ ♔g1 3. ♔:e3 und
nun:
1) **3. … ♘c4+ 4. ♔d3 ♘b2+**
(4. … ♘d6 5. ♖d5 ♘f7 6. ♔e3
♔g2 7. ♔f4 oder 5. … ♘e8
6. ♔d4 ♘f6 7. ♖g5+ ♔h2
8. ♖g6 ♘e8 9. ♔e5 ♘c7
10. ♖b6 ♔g3 11. ♖b7 ♘a6
12. ♔d6) **5. ♔e2 ♘c4** (es
drohte 6. ♖h4; auf 5. … ♘a4
gewinnt 6. ♖g5+ ♔h2 7. ♔f2
♔h3 8. ♔f3 ♔h2 9. ♖g2+
♔h3 10. ♖c2 ♘b6 11. ♖c6)
**6. ♖c5 ♘d6 7. ♔f3 ♔h2
8. ♖d5 ♘c4 9. ♔f2 ♔h3
10. ♖d3+ ♔h2 11. ♖d4.**
2) **3. … ♔g2 4. ♖d5 ♘c4+**
(4. … ♘f7 trifft auf die Erwiderung 5. ♔f4 nebst 6. ♖d7,
und auf 4. … ♘e8 entscheidet
5. ♖g5+ ♔h3 6. ♖g6 ♘c7
7. ♖c6 ♘d5+ 8. ♔e4 ♘e7
9. ♖e6 ♘c8 10. ♔d5 ♔g4
11. ♔c5 und 12. ♖e8 bzw. 8. …
♘b4 9. ♖c4 ♘a6 10. ♔d5 ♔g3
11. ♔d6 und 12. ♖a4) **5. ♔d3
♘b6** (5. … ♘b2+ 6. ♔c3
♘a4+ 7. ♔b4 ♘b6 8. ♖d8)
**6. ♖d6 ♘a4 7. ♔c4 ♔f3
8. ♔b4 ♘b2 9. ♔b3** usw.

2. ♔:e3 ♘f1+ 3. ♔f2 ♘g3
4. ♖e5 (möglich ist auch
4. ♖c4) 4. … ♘h1+ 5. ♔f3
♘g3 6. ♖g5 ♘f1 7. ♔f2.
Schwarz gab auf.

C. Salvioli, 1887

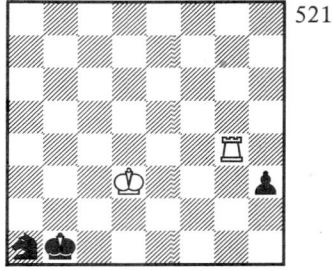

521

Weiß gewinnt

Weiß muß den gegnerischen
Bauern erobern und ein gewonnenes Endspiel mit Turm
gegen Springer erreichen.
**1. ♔c3 h2 2. ♖h4 ♘c2 3. ♖:h2
♘e3 4. ♖h4!**
Dies führt schneller ans Ziel
als das von C. Salvioli angege-
bene 4. ♔d3 ♘d5 5. ♖h4 ♔b2
6. ♖d4, wonach der Springer
erst noch eingefangen werden
muß.
**4. … ♘d1+ 5. ♔d2 ♘b2
6. ♖b4 ♔a2 7. ♔c2 ♔a1
8. ♖b8** oder **4. … ♘d5+
5. ♔b3 ♔c1 6. ♖c4+ ♔b1
7. ♖d4** oder schließlich **4. …
♔a2 5. ♖a4+ ♔b1 6. ♖e4
♘f5 7. ♖e5 ♘d6 8. ♔b3 ♔c1
9. ♖c5+ ♔b1 10. ♖d5.**

Sörensen–Nielsen
Esbjerg 1947

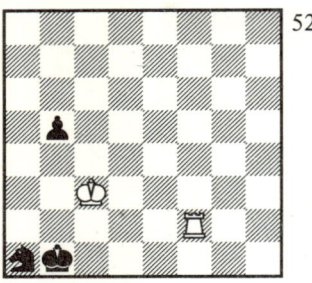

522

Schwarz am Zuge

1. ... b4+ 2.♔:b4 ♞c2+
3.♔c3 ♞e3.
Es ist die gleiche Stellung entstanden wie im vorigen Beispiel nach dem 3. Zuge von
Schwarz, nur steht der Turm
nicht auf h2, sondern weniger
günstig auf f2. Die Fortsetzung
4.♖f4 scheitert hier an 4. ...
♞d5+. Um zu gewinnen, muß
Weiß seine Kräfte umgruppieren.
4.♖e2 ♞d1+ 5.♔d2!
Dieser Zug wurde in der Partie
nicht gemacht. Weiß spielte
5.♔b3?, und nach 5. ... ♔c1
kam es zu einer uns bereits bekannten Remisstellung. Jetzt
hingegen kann sich Schwarz
nicht retten.
5. ... ♞b2 6.♖h2! ♞c4+.
Auf 6. ... ♞a4 folgt 7.♖h4
♞c5 (7. ... ♞b2 8.♖b4!)
8.♔c3 ♔a2 9.♖c4 mit Über-
gang zur Gewinnstellung 512.
7.♔c3 ♞e3 8.♖h4, und Weiß
gewinnt wie in Beispiel 521.

F. Amelung, 1897

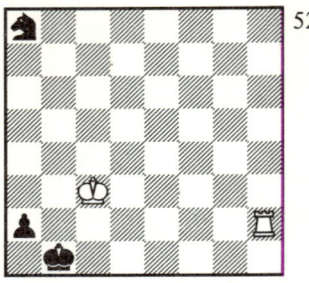

523

Schwarz am Zuge hält remis

Hier kann sich Schwarz tatsächlich retten. Er zieht 1. ...
a1♛+ 2.♔b3 ♔c1! 3.♖h1+
♔d2 4.♖:a1 ♞c7! und stellt
die Verbindung zwischen
Springer und König her.
Spielt Schwarz hingegen 1. ...
a1♞, verliert er nach 2.♖b2+
♔c1 3.♖a2 beide Springer.
Der Leser kann dies leicht
nachprüfen.

M. Liburkin, 1938
(Schluß einer Studie)

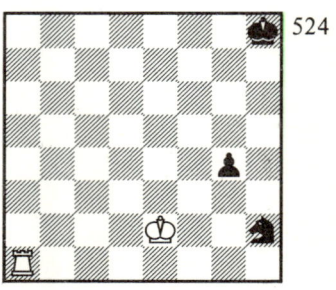

524

Weiß gewinnt

320

Der schwarze König ist außer Gefahr. Er befindet sich jedoch weitab von Springer und Bauer und muß tatenlos zusehen, wie diese verlorengehen: **1.♖h1 g3 2.♔e3 ♔g7 3.♔f4 g2 4.♖g1 ♘f1 5.♖:g2+ und 6.♖f2.**
In Ausnahmefällen können Springer und Bauer gegen den Turm gewinnen – dann nämlich, wenn der Bauer kurz vor dem Umwandlungsfeld steht und die gegnerischen Figuren nicht mit ihm fertig werden. Ein klassisches Beispiel ist die folgende Studie.

W. und M. Platow, 1907

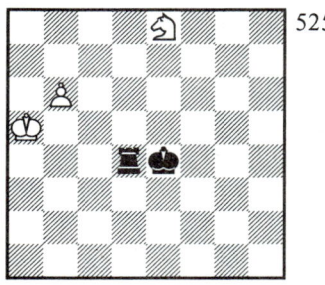

525

Weiß gewinnt

1.b7.
Schwarz befindet sich in einer mißlichen Lage. Auf 1. ... ♖d8 entscheidet 2.♘d6+ ♔f3 3.♘c8 ♖d1 4.♘d6! ♖a1+ 5.♔b6 ♖b1+ 6.♘b5, und 1. ... ♖d1 trifft auf die Erwiderung 2.♘d6+ nebst 3.b8♕.
1. ... ♖d5+! (ein Racheschach?) **2.♔b6!**
Weiß geht nicht in die Falle:

2.♔a4 führt nach 2. ... ♖d8 3.♘d6+ ♔f3 4.♘c8 ♖d1 5.♘d6 ♖a1+ zum Remis.
2. ... ♖d8 3.♘d6+ ♔f3 4.♘c8 ♖d1 5.♘d6! ♖:d6+ 6.♔c7, und der Bauer verwandelt sich in eine Dame.
Nicht minder charakteristisch ist die folgende Studie.

L. Prokes, 1941

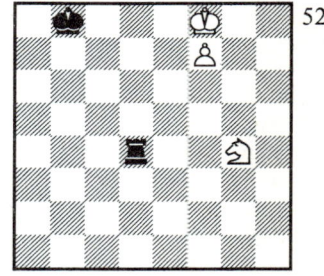

526

Weiß gewinnt

1.♔e7.
Nur Remis ergäbe 1.♘f6 ♖d8+ 2.♔e7 ♔c8! (aber nicht 2. ... ♖h8? 3.♔e6 ♖f8 4.♘d7+, und Weiß gewinnt).
1. ... ♖e4+ 2.♘e5! ♖f4 3.♘d7+ nebst **4.♘f6** mit Sperrung der Turmlinie.

J. Berger, 1889

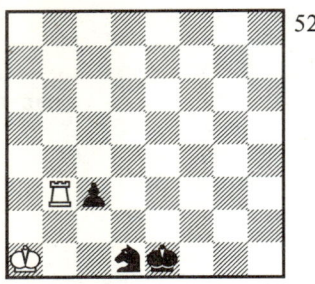

527

Schwarz am Zuge gewinnt

**1. ... c2 2.♖b1 ♔d2 3.♔a2
♘c3+ 4.♔a3.**
Eine letzte Chance: 4. ...
cb♛(♖) patt, doch ...
4. ... ♘:b1+ oder **4. ... cb♗,**
und Schwarz gewinnt.

J. Vancura, 1924

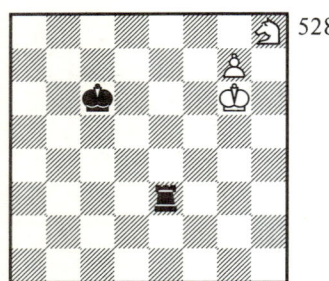

528

Weiß gewinnt

1.♔h5! (nur zum Remis führt
1.♔f5 ♖e8 2.♘g6 ♔d6 3.♘f8
♔e7) **1. ... ♖e8!** (1. ... ♖h3+
2.♔g4 ♖h1 3.♘g6 ♖g1+
4.♔f5 ♖f1+ 5.♔e6 ♖e1+
6.♘e5+) **2.♘g6 ♔d6** (falls

2. ... ♖a8, so 3.♘h6 ♔b5!
4.♘f8 ♖a6+ 5.♔h5! ♖a1
6.♘e6! ♖a8 7.♘c7+, und
Weiß gewinnt) **3.♘f8 ♖e1!
4.♘e6 ♖e5+ 5.♔g4! ♖e1
6.♔f5 ♖f1+ 7.♔g6 ♖g1+
8.♘g5** usw.

Drittes Kapitel

Turm und Bauer gegen Springer

Wenn die Figuren der stärkeren Seite ihre Aktionen koordinieren können, ist der Gewinnweg in einem derartigen Endspiel so elementar, daß er
nicht erläutert zu werden
braucht.
In diesem Kapitel sollen einige
Beispiele untersucht werden, in
denen das Zusammenwirken
der Figuren aus verschiedenen
Gründen gestört und ein Gewinn entweder gänzlich unmöglich oder nur auf originelle
Art zu erzielen ist.

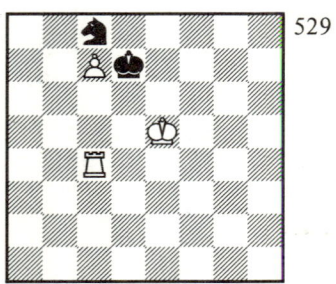

529

Remis

Der Bauer hat die Verbindung zu seinen Kräften verloren, und der König kann ihn nicht unterstützen, z. B.:

1.♖c5 ♘e7.

Zum Verlust führt sowohl 1. ... ♘b6 2.♔d4 ♘c8 (2. ... ♔c8? 3.♖c6 ♘d7 4.♔d5 ♘f8 5.♔d6 oder 3. ... ♘a8 4.♔c5 ♘:c7 5.♔b6) 3.♔c4 ♔d6 4.♔b5 ♔d7 5.♔a6 ♔d6 6.♖c3 ♔d7 7.♔b7 als auch 1. ... ♘a7 2.♔d5 ♘c8 3.♔c4 usw.

2.♔e4 ♘c8 3.♔d5 ♘e7+ 4.♔c4 ♔c8! 5.♔b5 ♔b7! 6.♖e5 ♘c8, und Weiß hat nichts erreicht.

Eine Verschiebung der Stellung 529 um eine Linie nach links ändert das Ergebnis nicht. Verschiebt man sie jedoch um zwei Linien nach links, gewinnt Weiß, indem er den Bauern opfert.

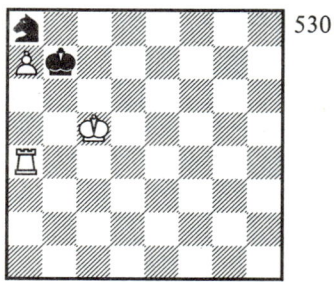

530

Weiß gewinnt

1.♖b4+ ♔:a7 2.♔c6 usw.
Verschieben wir Stellung 529 nunmehr um eine Reihe nach unten.

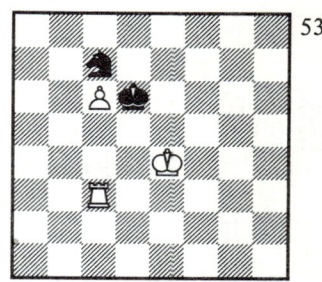

531

Remis

Weiß droht mit einem Umgehungsmanöver des Königs von rechts, aber Schwarz kann entweder seine Figuren umgruppieren und in Beispiel 529 einlenken oder den Bauern erobern, z. B.:

1.♖c4 ♘e6 2.♔f5 ♘c7 3.♔f6 ♘b5 (möglich ist auch 3. ... ♘d5+ 4.♔f7 ♘c7 5.♖c1 ♘b5! 6.♔e8 ♔c7 7.♔e7 ♘d4) 4.♔f7 ♘a7! 5.c7 ♔d7 6.♔f6 ♘c8 7.♔e5 ♘e7 8.♖c5 ♘c8 9.♔d5 ♘e7+ 10.♔c4 ♔c8 mit Remis.

Was aber geschieht, wenn Stellung 531 um eine Linie nach links verschoben wird?

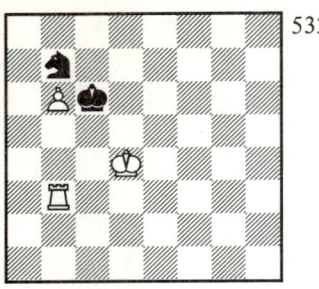

532

Kann Weiß gewinnen?

Berger (1922) hielt diese Stellung für remis und gab als Begründung folgende Variante an: **1.☖b4 ♞d6 2.♔e5 ♞b7 3.♔e6 ♞c5+ 4.♔e7 ♞b7** (zum Verlust führt 4. ... ♔b7 5.♔d6 ♞a6 6.☖b1 ♞b8 7.♔c5 ♞d7+ 8.♔b5 ♞b8 9.☖c1 usw.) **5.☖b1 ♞a5 6.♔d8 ♔b7 7.♔d7 ♞c4** mit Eroberung des Bauern. Chéron zeigte jedoch, daß Weiß nach **8.☖b4! ♞:b6** (sonst führt Weiß den König nach c5) **9.♔d6! ♞a7 10.♔c6 ♞c8 11.♔c7** usw. trotzdem gewinnt.

Im Jahre 1927 stellte Frink fest, daß Schwarz über einen besseren Plan verfügt, mit dem er, wenn er sich genau verteidigt, das Gleichgewicht behaupten kann. Schon den ersten Zug von Schwarz ersetzte er durch **1. ... ♞a5!** Nun verbietet sich 2.♔e5, da nach 2. ... ♔c5! angesichts der Drohung 3. ... ♞c4+ der Bauer verlorenginge.
2.♔e4 ♞b7 3.♔e5 ♞c5!

4.♔f5 ♞d7! 5.b7 ♔c7, und es ist eine Remisstellung vom Typ des Beispiels 529 entstanden. Versuche des weißen Königs, von links an den Bauern heranzukommen, werden leicht pariert, z. B. **6.☖b5 ♞b8 7.♔e4 ♔c6 8.☖b1 ♔c7 9.♔d5 ♞d7 10.☖b3 ♞b8 11.♔c4 ♞d7 12.☖b5 ♔b8 13.♔b4 ♔a7 14.♔a5 ♞b8** usw.

Komplizierter ist die Verteidigung in der folgenden Stellung.

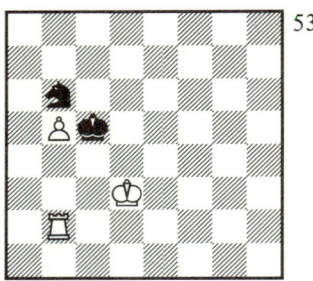

533

Weiß am Zuge

Hier ist die Gefahr eines Umgehungsmanövers des Königs noch realer, z. B. **1.☖b3 ♞d5? 2.♔e4 ♞b6** (2. ... ♔c4 3.b6) **3.♔e5 ♞c4+ 4.♔e6 ♞b6 5.☖b1 ♞c4 6.♔d7 ♔b6 7.☖b3 ♞a5 8.☖b4! ♞b7 9.☖b1 ♞a5 10.♔d6! ♞c4+ 11.♔d5 ♞a3 12.☖b3,** und Weiß gewinnt.

Schwarz kann sich retten, wenn er konsequent eine Stellung vom Typ des Beispiels 529 anstrebt.

1. ... ♞a4! 2.♔e3 ♞b6 3.♔e4

324

♘c4 4.♔f4 ♘d6! 5.b6 ♔c6
6.♖b4 ♘b7 7.♔e5 ♘c5
8.♔f5 ♘d7! (aber nicht 8. ...
♔b7 wegen 9.♔f6! ♘d7+
10.♔e6 ♘:b6 11.♔d6!, und
Weiß gewinnt) 9.b7 ♔c7 usw.

Nach W. Lewis, 1835

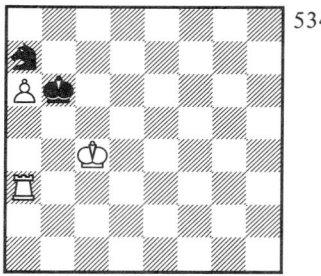

534

Weiß gewinnt

Zu dieser Stellung kam es in
einer Partie der Wettkämpfe
Labourdonnais–MacDonnell.
Es folgte 1.♔d5? ♘b5 2.♖b3
♔:a6 3.♔c5 ♘a7 4.♖b8 ♔a5
mit Remis.
Der Gewinnweg wurde von Lewis gezeigt und später durch
Berger präzisiert. Weiß kann
mit dem König zum Bauern
durchbrechen und dessen Vorgehen unterstützen.
1.♖a4! (von Berger gefunden)
1. ... ♘c6 (1. ... ♔c6 2.♖b4)
2.♔d5 ♘a7 3.♔d6 ♘b5+
4.♔d7 ♘a7.
Oder 4. ... ♔a7 5.♔c6 ♘c3
6.♖c4 ♘b1 7.♖c1 ♘d2 (7. ...
♘a3 8.♔c5) 8.♔b5, und Weiß
gewinnt.
5.♖a1 ♘b5 6.♔c8 ♔a7 (6. ...

♘a7+ 7.♔b8 ♘d6+ 8.♔a8)
7.♖a5 ♘d6+ 8.♔c7 ♘c4
9.♖a2 ♘b6 10.♔c6 ♘c4
11.♔c5 ♘b6 12.♔b5, und
Weiß gewinnt.
Verschiebt man Stellung 534
um zwei Reihen nach unten,
stößt Weiß bei der Verwirklichung seines Gewinnplanes auf
zusätzliche Schwierigkeiten, da
es dem Turm an Raum man-
gelt.

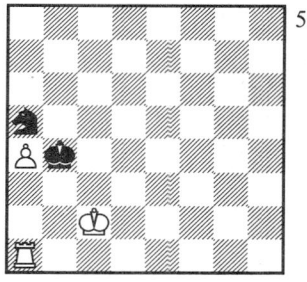

535

Kann Weiß gewinnen?

Diese Stellung wurde 1907 von
Amelung vorgelegt und auf
Grund der Variante 1.♔d3?
♘b3 als remis eingeschätzt.
Berger wies 1921 nach, daß sie
gewonnen ist, doch war seine
Lösung unvollständig. Wir führen hier eine ergänzte Lösung
an.
1.♖a2 ♘c4 2.♔d3 ♘a5 (falls
2. ... ♔b3, so 3.a5 ♘e5+
4.♔d4 ♘f3+ 5.♔c5, und der
Bauer geht zur Dame) 3.♔d4
♘b3+ (Berger untersuchte nur
3. ... ♔b3 4.♖a1 ♔b2 5.♖e1
♔b3 6.♔c5!, wonach der
Bauer nicht genommen werden

325

darf) 4.♔d5 ♘a5 5.♔d6 ♔b3
6.♖a1 ♔b4 (6. ... ♔b2 7.♖e1
♔b3 8.♔c5!) 7.♔c7! ♘b3
8.♔b6!!
Dieses Turmopfer gewinnt.
Nach 8.♖a2 ♘c1 würde es
hingegen nur zum Remis führen, z. B. 9.♔b6 ♘:a2 10.a5
♘c3 11.a6 ♘b5 oder 9.a5
♘:a2 10.a6 ♘c3 11.a7 ♘b5+.
8. ... ♘:a1 9.a5 ♘b3 10.a6,
und der Bauer ist nicht aufzuhalten.
Verschiebt man in Stel-
lung 535 alle Steine mit Ausnahme des Turmes um eine
weitere Reihe nach unten,
kann Weiß nicht mehr gewinnen.

J. Berger, 1921

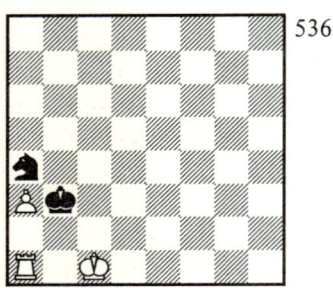

536

Remis

Angesichts der Drohung 1. ...
♔b2 mit Eroberung des Bauern kann Weiß nicht mit dem
König vorrücken.
Kehren wir indes noch einmal
zur Stellung 535 zurück, denn
unsere Analyse war nicht ganz
vollständig. Schwarz konnte

auch 1. ... ♘c6 2.♔d3 ♔b3
3.♖a1 ♔b2 spielen und den
Turm von a1 vertreiben. Nach
4.♖e1 ♔b3 5.♖e4 entsteht
dann Stellung 537, in der der
Turm den Bauern von der
Seite deckt.

J. Berger, 1921

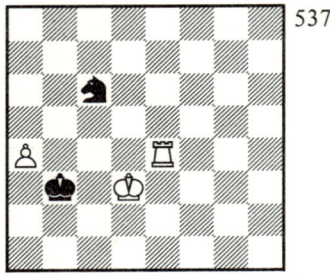

537

Schwarz am Zuge. Weiß gewinnt

Weiß steht erneut vor dem Problem, wie er den Bauern unterstützen soll. Er muß zu diesem
Zweck mit dem König den
Turm umgehen, z. B.:
1. ... ♘a5 (1. ... ♘b4+?
2.♔d4! würde Weiß die Aufgabe erleichtern) 2.♔e3 ♔c3
3.♔f4 ♘c4 4.♔g5 ♔d3
5.♖h4 ♔c3 6.♔f5 ♘a5
7.♔e6, und der König bricht
nach b5 durch.
Weiß kam nur deshalb zum
Erfolg, weil er über einen
Randbauern verfügte.
Verschieben wir Stellung 537
um eine Linie nach rechts.

326

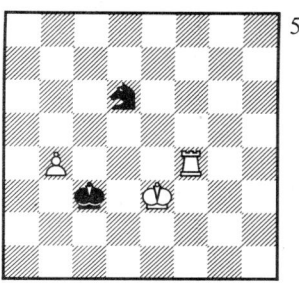

538

Schwarz am Zuge hält remis

Hier bringt das Umgehungsmanöver des Königs keinen Erfolg, da es Schwarz inzwischen
gelingt, den Bauern zu vernichten, z. B.:
1. ... ♘b5 2.♔f3 ♔b3! 3.♔g4
♔a4 (ein solcher Zug war in
Beispiel 537 nicht möglich!)
4.♔f5 ♘a3 5.♔e5 ♔b5
6.♔d5 ♘c2 mit Remis.
Sehen wir uns eine Stellung
dieses Typs an, in der der
Bauer weiter vorgerückt ist. Sie
stammt aus einer praktischen
Partie.

**Em. Lasker–Ed. Lasker
New York 1924**

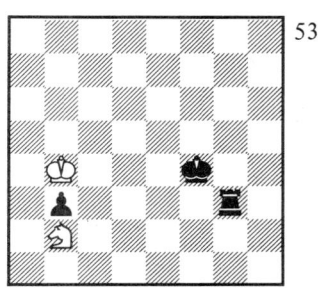

539

Schwarz am Zuge. Remis

Die Gewinnversuche des Nachziehenden erwiesen sich als
vergeblich.
1. ... ♔e4 2.♘a4 ♔d4 3.♘b2
♖f3 4.♘a4 ♖e3 5.♘b2 ♔e4
6.♘a4 ♔f3 7.♔a3.
Am einfachsten. Ausreichend
ist aber auch 7.♘b2 ♔e2
8.♘c4! (nicht 8.♔a3 ♔d2!
9.♘c4+ ♔c1, und Schwarz
gewinnt) 8. ... ♖g3 9.♔a3 und
10.♔b2 mit Remis.
7. ... ♔e4 (falls 7. ... ♔e2, so
8.♔b2 nebst 9.♘c5 mit Eroberung des Bauern) 8.♔b4 ♔d4
9.♘b2 ♖h3 10.♘a4 ♔d3
11.♔:b3 ♔d4+ remis.
Stellungen vom Typ des Beispiels 538, in denen der Turm
den Bauern von der Seite
deckt, sind folglich unabhängig
davon remis, wie weit der
Bauer vorgerückt ist.
Eine Ausnahme bilden Stellungen, in denen sich der Bauer
noch auf dem Ausgangsfeld befindet und die Möglichkeit zu
einem Doppelschritt hat.

A. Chéron, 1926

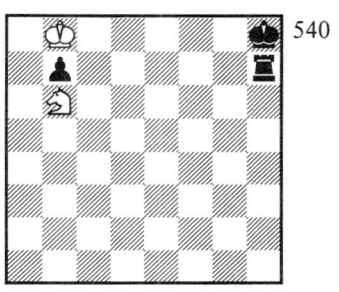

540

Weiß am Zuge. Schwarz gewinnt

327

1.♔a7 (1.♘d5 b5) 1. ... ♔g8
2.♘d5! ♖g7! 3.♔b6 ♔f8
4.♘e3 ♔e8 5.♘c4 ♔d8
6.♘d6 ♖g6 7.♔c5 ♔c7, und
Schwarz gewinnt.

A. Chéron, 1926

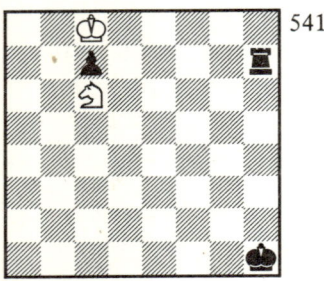

541

Weiß am Zuge. Schwarz gewinnt

1.♔b7 ♔g2 2.♘e5 (2.♘a5
c5+ 3.♔c6 ♖h5 4.♔b5 c4+
und 5. ... ♖:a5) 2. ... c5+
3.♔c6 ♖h5 4.♘c4 ♔f3
5.♔b5 ♔e4 und 6. ... ♔d4.
Wir haben festgestellt, daß die
stärkere Seite die größten Gewinnchancen bei einem Turmbauern besitzt. Das folgende
Beispiel zeigt einen Ausnahmefall. Die Rettung kommt allerdings ziemlich überra-
schend.

G. Kasparjan, 1947

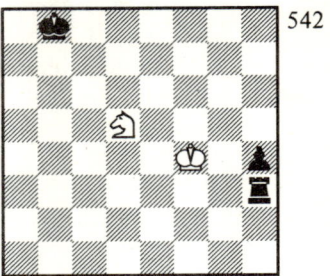

542

Remis

Schwarz droht, mit dem Turm
unter Tempogewinn den Springer anzugreifen und zu einer
gewonnenen Stellung mit hori-
zontaler Fesselung überzugehen. Schlecht wäre deshalb
1.♔g4? ♖d3 2.♘f4 ♖d4
3.♔g5 ♔b7 4.♘h3 ♔c6, und
Schwarz gewinnt wie in Beispiel 537, indem er sich mit
dem König nach g3 begibt.
Die Lösung der Studie lautet:
1.♘e3!
Weiß will sich zunutze machen, daß der gegnerische König weit entfernt steht, und
den Bauern erobern, z. B. 1. ...
♔c7 2.♘f5 ♖h1 3.♔g4 h3
4.♘g3 ♖h2 5.♘h5 mit der
Drohung 6.♘f4 oder 2. ...
♖h2 3.♔g4 h3 4.♔g3 ♖h1
5.♘h4 ♔d6 6.♘f3 ♔d5 7.♘h2
mit Remis. Schwarz muß den
Bauern daher vorrücken.
1. ... ♖h2 (1. ... ♖h1 führt zu
gleichen Varianten) 2.♔g4 h3
3.♔g3 ♖b2! 4.♘g4 (schwach
ist 4.♘f1 ♖b1 5.♘h2 ♖b3+)

328

4. ... 🜚b3+ **5.**♔h2 ♔c7
6.♘f2! (aber nicht 6.♘e5 ♔d6
7.♘f7+ ♔e6 8.♘g5+ ♔f5
9.♘:h3 ♔g4 10.♘f2+ ♔f3
11.♘h3 🜚b2+, und Schwarz
gewinnt) **6. ...** 🜚b2 **7.**♔g1
h2+ 8.♔h1!! 🜚:f2 patt!
In der folgenden Stellung
konnte Weiß trotz erdrücken-
der materieller Überlegenheit
nicht gewinnen.

Dus-Chotimirski – Allachwerd-
jan
Jerewan 1938

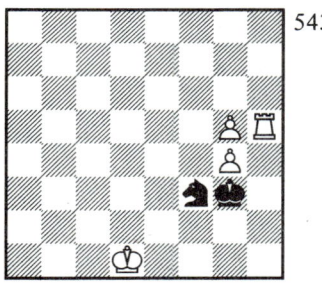

543

Kann Weiß gewinnen?

1. ... ♘e5! **2.g6.**
Der Bauer ist ohnehin nicht zu
verteidigen: 2.🜚h1 ♔:g4
3.🜚g1+ ♔f5 4.♔e2 ♘g6
führt zur Remisstellung 533,
und falls 2.🜚h6, so 2. ... ♘f7!
3.🜚a6 ♘:g5 4.🜚a4 mit Übergang zur Remisstellung 538.
2. ... ♘:g6 **3.**🜚g5 ♘f4 **4.**🜚g8
♘e6! **5.**🜚g6 (es gibt nichts
Besseres, da 4. ... ♔f4 und
5. ... ♘g5 drohte) **5. ...** ♘f4
6.🜚g8 ♘e6, und die Gegner
einigten sich bald auf Remis.

Wie Kromski und Ossanow
zeigten, kommt Weiß durch
3.🜚h6! dennoch zum Erfolg,
z. B. **3. ...** ♘e5 **4.g5** ♘f7
5.🜚h5! (5.🜚g6 ♔g4) **5. ...**
♘e5 **6.g6!,** und Schwarz kann
die Waffen strecken.

Viertes Kapitel

Turm gegen Springer und zwei Bauern

1. Verbundene Bauern

König und Turm können sich,
wenn sie günstig postiert sind,
gegen Springer und zwei verbundene Bauern erfolgreich
verteidigen.

Von der Lasa, 1843

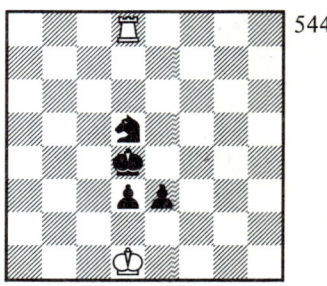

544

Remis

Die Bauern sind bis auf die
3. Reihe vorgerückt. Der weiße
König hält sie jedoch von
vorne im Schach, während der
Turm alle Aktionen der

schwarzen Steine von hinten lähmt. Dieses vorteilhafte Zusammenwirken der Figuren hindert Schwarz daran, den entscheidenden Schlag zu führen, z. B.:

1.♔e1 d2+ 2.♔e2 ♚c4 3.♖c8+ ♚b3 4.♖d8 ♞c3+ 5.♔:e3 mit Remis. Möglich ist auch 1.♖d7 d2 2.♖d6 ♚e4 3.♔c2! (aber nicht 3.♖e6+ ♚d3, und Schwarz gewinnt) 3. ... ♞b4+ 4.♚c3 ♚f3 5.♖:d2.

Eine Verschiebung der Stellung nach rechts oder links hat auf das Ergebnis keinen Einfluß.

Stände sein Turm in Stellung 544 indes weniger günstig (z. B. auf der 2. Reihe), könnte sich Weiß nicht retten.

J. Berger, 1921

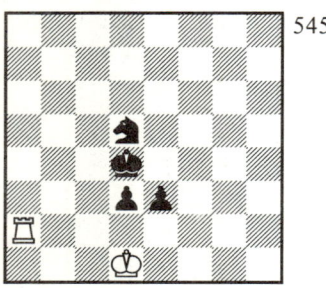

545

Weiß am Zuge. Schwarz gewinnt

1.♖a4+ ♚c5 2.♖a5+ ♚c4 3.♖a4+ ♚b3 4.♖d4 (zu spät!) 4. ... ♞c3+ 5.♔e1 ♚c2, und Schwarz gewinnt. Oder 1.♔c1 ♞c3 2.♖b2 ♚c4

3.♖h2 ♞e4 4.♖h4 (falls 4.♖b2, so 4. ... d2+ 5.♔c2 e2) 4. ... d2+ 5.♔c2 ♚d5 6.♖h5+ ♚e6 7.♖h6+ ♚f5 8.♖h1 (8.♖h2 ♞f2) 8. ... e2 nebst 9. ... e1♛.

Und wie sieht das Resultat bei Randbauern aus?

Verschieben wir sämtliche Steine in Stellung 545 mit Ausnahme des Turmes um drei Linien nach rechts.

546

Kann Schwarz gewinnen?

Hier hat der Turm mehr Bewegungsfreiheit als in Beispiel 545. Wäre Schwarz am Zuge, könnte er durch 1. ... ♞f3+ sofort gewinnen, z. B. 2.♔f1 (2.♔h1 ♞e1! 3.♔g1 – vor Schachgeboten des Turmes versteckt sich der König auf f1 – 3. ... g2) 2. ... ♞h4! 3.♖a4+ (3.♖b2 g2+ 4.♔g1 ♚g3) 3. ... ♚g5 4.♖a5+ ♚f6 5.♖a6+ ♚e7 6.♖a7+ ♚d8 7.♖a8+ ♚c7 8.♖a7+ ♚b6, und Weiß ist gegen die Doppeldrohung g3–g2 und h3–h2 machtlos. Kann Weiß diese Gefahren abwenden, wenn er selbst am Zuge ist?

1.♖a4+ ♔f5 2.♖a5+ ♔f4
3.♖a4+ ♘e4 4.♖b4.

Der schwarze König durfte sich wegen der Remisdrohung ♖a4–a3 nicht von den Bauern entfernen. Aber auch jetzt ist er gebunden, z. B. 4. ... ♔e5 5.♖b5+ ♔d4 6.♖h5 mit Remis oder 4. ... ♔f3 5.♖b3+ ♔e2 6.♖:g3 ♘:g3 7.♔h2.

Folglich ist bei Randbauern auch dann ein Remis möglich, wenn der Turm auf der 2. Reihe steht.

Ist auch nur eine der Figuren – König oder Turm – nicht in der Lage, aktiv am Kampf gegen die verbundenen Bauern teilzunehmen, gehen diese in der Regel ungehindert zur Dame.

J. Berger, 1890

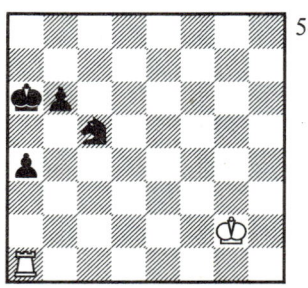

547

Schwarz am Zuge gewinnt

Der weiße König ist weit vom Kampfgeschehen entfernt. Bevor er herankommt, kann Schwarz die Entscheidung erzwingen.

1. ... ♔b5 2.♔f3 ♘b3 3.♖h1 a3 4.♖h2 ♔b4 5.♔e3 b5 6.♖c2 ♘c5 7.♔d2 (7.♔d4 ♘a4 8.♔d3 ♔b3 9.♖c1 a2 10.♔d2 b4, und Schwarz gewinnt) 7. ... ♘a4 8.♔c1 ♔b3 9.♖h2 ♘c3 nebst 10. ... a2.

M. Liburkin, 1931

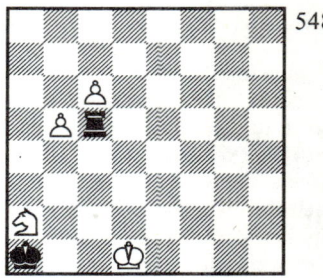

548

Weiß gewinnt

Hier hat der Turm die Bauern gestoppt, und es sieht so aus, als ginge einer von ihnen verloren. Weiß kann sich jedoch die ungünstige Aufstellung des gegnerischen Königs zunutze machen und gewinnen.

1.♘c1! ♖:b5.

Falls 1. ... ♖d5+, so 2.♔c2 (2.♔e2? ♖:b5 3.c7 ♖e5+ und 4. ... ♖e8) 2. ... ♖c5+ 3.♔d3! ♖:b5 4.c7 ♖b8! 5.cb♗! (aber nicht 5.♘b3+? ♖:b3+ 6.♔c2 ♖b4 7.c8♖ ♖b2+ mit Remis).

2.c7 ♖d5+ 3.♘d3! ♖:d3+ 4.♔c2 ♖d4 5.c8♖! (5.c8♕? ♖c4+ remis) 5. ... ♖a4 6.♔b3, und Weiß gewinnt.

R. Réti, 1928

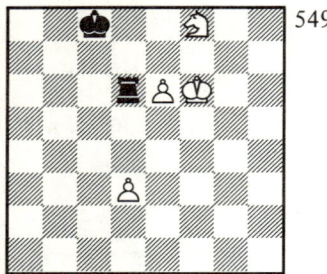

549

Weiß gewinnt

Der Bauer d3 ist nicht zu verteidigen. Weiß kann ihn aber so geschickt opfern, daß er danach durch genaues Spiel eine uns bereits bekannte Zugzwangsituation erreicht.
1.d4! ♖:d4 (oder 1. ... ♔c7 2.d5 ♖:d5 3.e7 ♖d8 4.♘e6+)
2.e7 ♖d6+! (2. ... ♖e4 3.♘e6 ♔d7 4.♘c5+) **3.♔g7!! ♖d8 4.♔f7! ♔c7 5.♘e6+,** und Weiß gewinnt.
Die folgende Studie ist eine Ausnahme. Weiß kann sich trotz der ungünstigen Aufstellung seiner Figuren retten.

G. Mattison, 1914

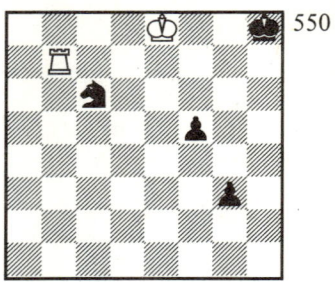

550

Remis

1.♖b3! f4 2.♖f3!! (ein überraschender Zug; Weiß läßt einen der Bauern zur Dame gehen)
2. ... g2 3.♖:f4! ♘e5.
Auf 3. ... g1♕ geschieht
4.♖h4+ ♔g7 5.♖g4+! ♕:g4 mit Patt. Schwarz versucht, dem Patt auszuweichen, doch vergebens.
4.♖f5! g1♕ (4. ... ♘f3?? führt nach 5.♔f7 sogar zum Verlust)
5.♖h5+ ♔g8 6.♖g5+! ♕:g5 patt.

2. Isolierte Bauern

Auch im Kampf gegen isolierte Bauern ist es am vorteilhaftesten, wenn der König vor ihnen steht und der Turm sie von hinten angreift.

551

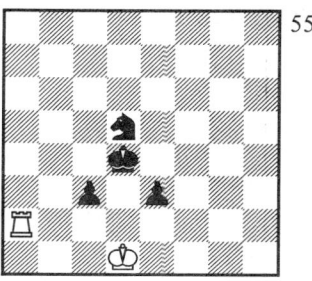

552

Remis

Um remis zu halten, bleibt
Weiß mit dem Turm am be-
sten auf der d-Linie, z. B.
1.♖d7 (aber nicht 1.♔e1 c2
2.♖c8 ♘c3) **1. ... ♔c4 2.♖d8
♘b4 3.♖c8+ ♔b3 4.♔e2
♘d5 5.♔d3.**
Ausreichend ist aber auch
1.♖c8 (oder 1.♖e8) **1. ...
♔d3 2.♖c6** (2.♖d8 e2+
3.♔e1 c2 4.♖:d5+ ♔c4) **2. ...
e2+ 3.♔e1 ♘f4 4.♖d6+ ♔e3
5.♖e6+! ♔f3! 6.♖e3+!!**
Eine Verteidigung mit dem
Turm von der Flanke her stößt
in Endspielen dieses Typs wie
bei verbundenen Bauern auf
Schwierigkeiten. Sie sichert indes ebenfalls das Remis, wenn
es gelingt, den Turm rechtzeitig in den Rücken der Bauern
zu überführen.

Remis

Nach **1.♖a8 ♔d3 2.♖c8** (oder
2.♖e8) hält Weiß wie im vorigen Beispiel remis.
Sind die Bauern noch nicht
weit vorgerückt, bereitet die
Verteidigung keinerlei Probleme.

**Kudrin−Estrin
Moskau 1946**

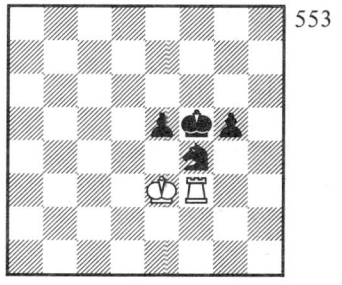

553

Schwarz am Zuge. Remis

**1. ... g4 2.♖f1 g3 3.♔f3 g2
4.♖a1 e4+ 5.♔g3 e3 6.♔f3
e2 7.♖a5+ ♔e6 8.♖a1 ♔e5,**
und die Partner einigten sich
angesichts der Variante
9.♖a5+ ♔d4 10.♖a1 ♔d3

11.♔:f4 ♖d2 12.♔f3 auf Remis.

Sind die Bauern jedoch weit vorgerückt, kann die geringste Disharmonie im Zusammenwirken von Turm und König zum Verlust führen.

M. Karstedt, 1910

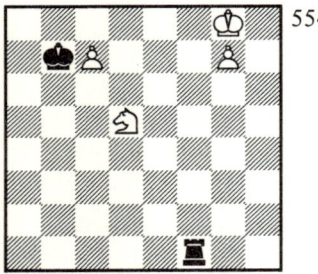

554

Weiß gewinnt

Der schwarze König bekämpft den einen, der Turm den anderen Bauern. Weiß gelingt es jedoch, das Zusammenwirken der gegnerischen Figuren zu stören.

1.♔h7 ♖h1+ 2.♔g6 ♖g1+ 3.♔f7 ♖f1+ 4.♘f6 ♖g1 5.♘e8! ♖f1+ 6.♔e7 ♖e1+ 7.♔d7 ♖d1+ 8.♘d6+.

Wie Beljawski (Leningrad) zeigte, gewinnt Weiß auch, wenn der schwarze König auf c8 steht: **1.♔h7 ♖h1+ 2.♔g6 ♖g1+ 3.♔f6! ♖g2** (3. ... ♖f1+ 4.♘f4! ♖:f4+ 5.♔g5 usw.) **4.♘e7+! ♔:c7 5.♘g6 ♖f2+ 6.♔e5 ♖e2+ 7.♔d4 ♖e8 8.♘f8**, und der Bauer ist nicht aufzuhalten.

L. Prokes, 1940

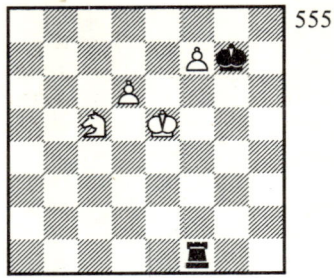

555

Weiß gewinnt

Auch in dieser Stellung müßte der schwarze König den Bauern blockieren. Auf 1.d7 würde dann 1. ... ♔e7 remis halten. Hier aber folgt **1.d7 ♖d1 2.♔e6 ♔f8** (auf 2. ... ♖e1+ entscheidet 3.♘e4! ♖:e4+ 4.♔d5 ♖e1 5.f8♕+ nebst 6.d8♕+; falls 3. ... ♖d1, so 4.♘d6) **3.d8♕+! ♖:d8 4.♔f6 ♖d6+ 5.♘e6+ mit Gewinn.**

F. Lazard, 1921

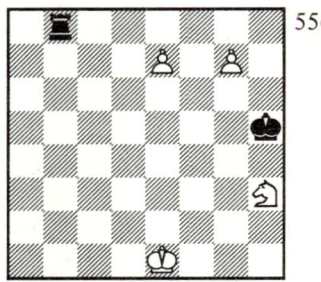

556

Weiß gewinnt

Der schwarze König kann den Turm nicht entlasten.

Nach 1.♘f4+ ♔h6 (1. ...
♔g5 ermöglicht Weiß, durch
2.♘e6+ und 3.♘d8 die
8. Reihe zu sperren) 2.♘e6
♖e8 3.g8♕ ♖:g8 4.♘f8 ver-
stellt der Springer dem Turm
erneut den Weg. Der Versuch,
mit 4. ... ♖g5 auf Patt zu
spielen, wird durch 5.♘g6! pariert (5.e8♕? ♖e5+ 6.♕:e5
patt).
In der folgenden Studie entzieht sich der König dem aufdringlichen Turm durch eine
dem Leser bereits vertraute
„Ab- und Aufwärtsbewegung".

A. Kotow, 1945

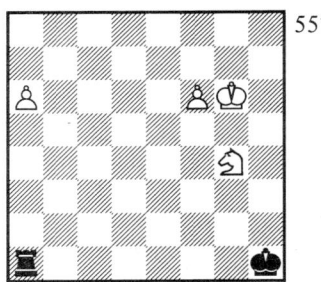

Weiß gewinnt

**1.f7! ♖:a6+ 2.♘f6 ♖a8
3.♘e8 ♖a6+ 4.♔g5** (der König muß so ziehen, daß der
Turm nicht auf die f-Linie gelangt) **4. ... ♖a5+ 5.♔g4
♖a4+ 6.♔g3 ♖a3+ 7.♔f2
♖a2+ 8.♔e3 ♖a3+ 9.♔e4
♖a4+ 10.♔e5 ♖a5+ 11.♔e6
♖a6+ 12.♔d7 ♖a7+ 13.♘c7**
usw.

L. Prokes, 1939

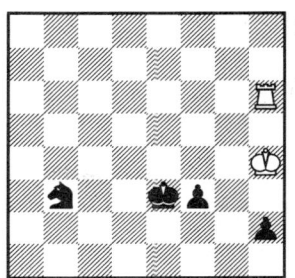

Remis

Die weißen Kräfte stehen ungünstig. Der König kommt jedoch rechtzeitig an den Bauern
heran, und da einer von ihnen
ein Randbauer ist, endet das
Spiel remis.
**1.♔g3 f2 2.♔g2 ♘d2 3.♖f6!
f1♕+ 4.♖:f1 ♘:f1 5.♔h1!**
Wenn ihr König schlecht steht,
kann die Partei, die über die
Bauern verfügt, nicht nur alle
Gewinnchancen einbüßen, sondern sogar in die Verteidigung
gedrängt sein. Hier ein derarti-
ges Beispiel.

A. Selesniew, 1920

Remis

Es droht Matt, und der Springer ist angegriffen.

Weiß rettet nur der studienartige Zug 1.♘f5!, z. B. 1. ... ♖:f5 2.g7 ♖f1 3.g8♘+ oder 1. ... ♔:f5 2.e7! ♖e4 3.♔h7! ♔f6 4.g7 ♖:e7 (4. ... ♖h4+ 5.♔g8 ♔:e7 patt) 5.♔h8 ♖:g7 patt!

3. Doppelbauern

Doppelbauern sind natürlich weniger gefährlich, obwohl, wenn sie der Turm von hinten angreift, der zweite Bauer den vorderen schützt. Solche Bauern bekämpft man deshalb am besten von vorne oder von der Seite.

D. Petrow, 1945

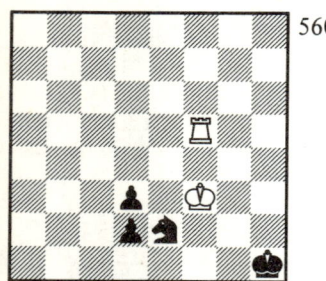
560

Remis

Der Turm kann die Umwandlung eines Bauern in eine Dame nicht verhindern. Weiß zieht sich jedoch aus der Affäre, wenn er die ungünstige Aufstellung des gegnerischen Königs ausnutzt.

1.♔f2 ♘g3 2.♖f4 ♘f1 3.♖g4 (da 3.♖g1+ droht, ist der folgende Zug von Schwarz erzwungen) 3. ... d1♕ (auf 3. ... d1♘+ rettet 4.♔e1 – 4.♔:f1 ♘e3+ – 4. ... ♘de3 5.♖g1+!) 4.♖g1+ ♔h2 5.♖h1+! ♔:h1 patt!

Fünftes Kapitel

Turm und Bauer gegen Springer und Bauer

1. Keine Freibauern

Der Plan der stärkeren Seite besteht in derartigen Endspielen darin, mit dem König zum gegnerischen Bauern durchzubrechen, die feindlichen Figuren zu verdrängen und den Bauern zu erobern. Das Ergebnis hängt weitgehend davon ab, welche Möglichkeiten die schwächere Seite besitzt, die Verwirklichung dieses Planes zu durchkreuzen.

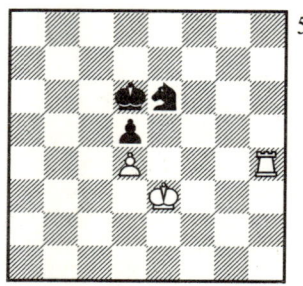
561

Remis

Die schwarzen Figuren verteidigen zuverlässig die Zugänge zum Bauern. Weiß ist an die Verteidigung des eigenen Bauern gebunden und kann beim Sturm auf die gegnerische Stellung nur den König einsetzen. Durch die Rückgabe der Qualität ist zwar der Bauer, nicht aber das entstehende Endspiel zu gewinnen.

Eine Verschiebung der Stellung um eine oder zwei Linien nach links ändert das Resultat nicht.

Stellungen mit Turmbauern werden wir gesondert betrachten. Verschiebt man Stellung 561 um eine Reihe nach oben, kommt Weiß zum Erfolg.

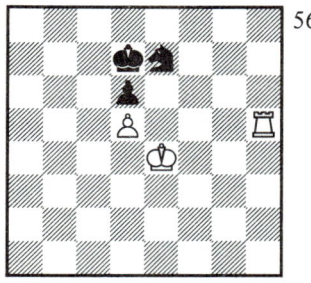

562

Weiß gewinnt

Weiß erreicht durch das Rückopfer der Qualität ein gewonnenes Bauernendspiel: 1.♔d4 ♔d8 2.♔c4 ♔d7 3.♖h7 ♔d8 4.♖:e7 ♔:e7 5.♔b5 ♔f6 6.♔b6 ♔f5 7.♔c7 ♔e5 8.♔c6 usw.

Möglich ist auch 1.♔f4 ♔d8

2.♖h8+ ♔d7 3.♖h7 ♔d8 4.♖:e7 ♔:e7 5.♔g5 ♔f7 6.♔f5 usw.

Es ist klar, daß eine Verschiebung der Stellung 562 um eine oder zwei Linien nach links keinen Einfluß auf das Ergebnis hat.

Verschiebt man Stellung 561 um eine Reihe nach unten, bleibt sie remis, obwohl Weiß die Möglichkeit erhält, mit dem Turm von hinten anzugreifen.

J. Awerbach, 1948

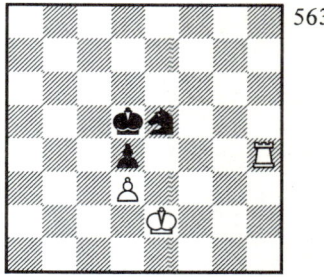

563

Remis

1.♖h5 ♔d6 2.♖h8 ♔d5 3.♖d8+ ♔c5 4.♔d2 ♘c6 5.♖d7 ♘e5 usw.

Erst wenn man die Stellung um eine weitere Reihe nach unten verschiebt, ist die Überführung des Turmes in den Rücken des Gegners entscheidend.

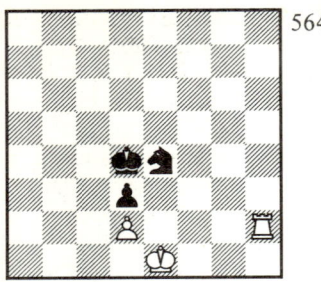

564

Weiß gewinnt

1.⌷h4 ♔d5 2.⌷h8 ♔d4
3.⌷d8+ ♔c4 4.⌷d7 ♘c5
5.⌷d6 ♘e4 6.⌷d8 ♘c5
7.♔f2 nebst 8.♔e3, und Weiß
gewinnt.
Die Analyse von Stellungen
mit Randbauern beginnen wir
mit dem folgenden Beispiel.

J. Awerbach, 1948

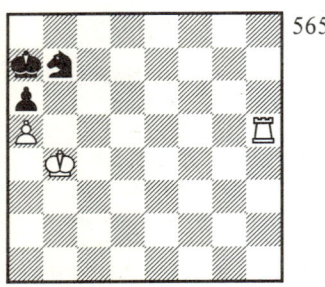

565

Weiß gewinnt

Hier bringt die Rückgabe der
Qualität nichts ein. Wegen der
ungünstigen Aufstellung des
gegnerischen Königs kann
Weiß jedoch gewinnen, wenn
er seinen Bauern opfert.

1.⌷h6 ♘d8 2.⌷d6 ♘b7
3.⌷b6 ♘d8 4.♔c5 ♘b7+
5.♔c6! ♘:a5 (ganz schlecht ist
5. ... ♘d8+ 6.♔c7 ♘f7
7.⌷b7+ und 8.♔b6) 6.♔c7,
und wir haben die Gewinnstellung 519 vor uns.

J. Awerbach, 1948

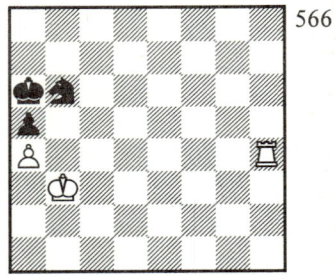

566

Remis

Hier ist dieser Plan nicht
durchführbar, denn auf 1.⌷h5
♘d7 2.⌷d5 ♘b6 3.⌷b5 folgt
3. ... ♘c8, wonach 4.♔c4 an
4. ... ♘d6+ scheitert.
Verschiebt man diese Stellung
jedoch um eine Reihe nach
unten, kommt Weiß zum Er-
folg, weil der Turm den Gegner auch von hinten angreifen
kann.

J. Awerbach, 1948

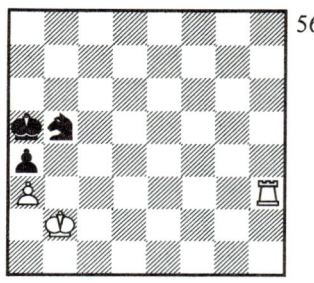

567

Weiß gewinnt

1.♖h6 ♘d4 2.♖h8 ♘c6
(2. ... ♘b5 3. ♖a8+) 3.♔c3
♔b5 4.♖h5+ ♔b6 5.♔c4
♔a6 6.♔c5, und Weiß ge-
winnt.

In all diesen Beispielen waren
die Figuren der Springerpartei
bestmöglich postiert. Ist dies
nicht der Fall, ist eine Niederlage in der Regel nicht zu vermeiden.

R. Fine, 1941

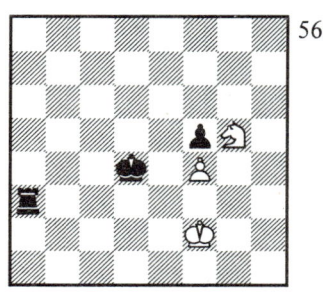

568

Schwarz am Zuge gewinnt

1. ... ♔d3! 2.♔f3 ♖a1 3.♔f2

♖d1 4.♔f3 ♖f1+ 5.♔g3 ♔e3
6.♘e6 (6.♘h3 ♖f3+ 7.♔g2
♖:h3) 6. ... ♖f2 7.♘c7 ♖f3+
8.♔g2 ♔:f4!, und Schwarz gewinnt.

Noch größere Gewinnchancen
hat die stärkere Seite, wenn
die Bauern nicht blockiert
sind.

Tarrasch–Réti
Bad Kissingen 1928

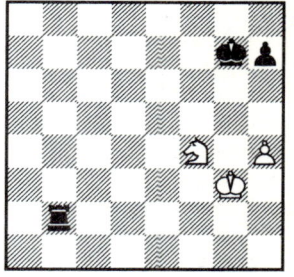

569

Schwarz am Zuge

Die Aufgabe des Nachziehenden ist recht einfach: 1. ...
♔f6 2.♘h3 ♖b3+ 3.♔g2
♔f5 4.♘f2 ♔f4 5.♘h3+ ♔g4
6.♘f2+ ♔:h4 usw.

Wir kommen jetzt zu Beispielen, in denen die Bauern auf
benachbarten Linien stehen.

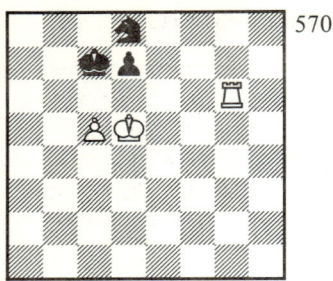

570

Remis

Wie soll Weiß an den Bauern
d7 herankommen?
Im Fall von 1.♔e5 geschieht
1. ... ♞e6, und der König muß
angesichts der Drohung 2. ...
♔c6 umkehren. Auf den Ab-
wartezug 1.♖f6 spielt Schwarz
nicht 1. ... ♞c6, da Weiß
durch 2.♖:c6+ dc+ 3.♔e6 ge-
wänne, sondern 1. ...♞e6, wonach 2.c6 wegen 2. ... ♞d8 sofort zum Remis führt.
Am gefährlichsten für Schwarz
ist **1.♖a6** mit der Drohung,
von links anzugreifen, z. B.
**1. ... ♞b7 2.♖a8 ♞d8
3.♖a7+ ♔c8** (dieser Zug sieht
schwach aus, genügt aber zum
Remis) **4.♔d6 ♞f7+ 5.♔e7
♞e5 6.♖a6 ♔c7 7.♖d6 ♞c4
8.♖:d7+.** Weiß hat sein Ziel,
den Bauern zu erobern, erreicht. Es folgt jedoch **8. ...
♔c6**, wonach der Bauer c5
fällt und Weiß alle Gewinn-
hoffnungen begraben muß.
Anstelle von 3. ... ♔c8 kann
Schwarz auch anders fortsetzen: 3. ... ♞b7 4.♔c4 ♔b8!
(die einzige Antwort; zum Ver-

lust führt 4. ... ♔c6 5.♖a6+
♔c7 6.♔b5 ♞d8 7.♖a7+
♔c8 8.♔b6 – gerade dieser
Einbruch des Königs bildet in
Verbindung mit dem Turmangriff von links die Hauptdrohung von Weiß) 5.♖a6 ♞d8
6.♔b5 ♔b7 7.♖d6 ♔c7
8.♖a6 ♔b7 9.♖a2 ♞c6
10.♖a4 ♔c7 11.♖a6 ♞d4+
12.♔c4 ♞c6, und Weiß
kommt wieder nicht weiter.
Es leuchtet ein, daß Stellungen, die durch eine Verschiebung des Beispiels 570 nach
links entstehen, ebenfalls remis
sind, zumal die Angriffsmög-
lichkeiten von Weiß zusam-
menschrumpfen.
Verschieben wir Stellung 570
nunmehr um eine Reihe nach
unten.

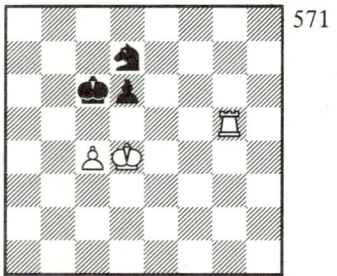

571

Remis

Hier hält Schwarz noch einfacher remis. Auf **1.♖a5** kann
er nämlich auch **1. ... ♞c5**
spielen, da 2.♖:c5+ nun
ungefährlich ist, z. B. **2.♖a3
♞e6+ 3.♔c3 ♞c5 4.♔b4
♔b6 5.♖a8 ♞d3+ 6.♔c3**

340

♘c5 7.♔d4 ♔c6 mit
Remis.

In der folgenden Stellung ist
die Aufgabe der stärkeren Seite
dadurch erschwert, daß der
Gegner den Bauern vorzurük-
ken droht.

J. Awerbach, 1948

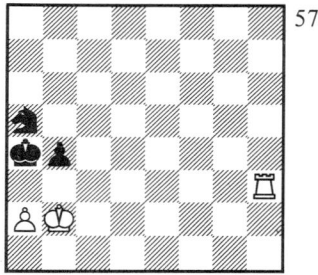

572

Remis

Ein Umgehungsmanöver des
Königs ist nicht möglich:
1.♔c2 ♔b5 2.♖h8 ♔a4
3.♖b8 ♔a3 4.♖a8 ♔a4
5.♔d3 ♔b5 6.♔d4 b3!
7.♖b8+ ♔a4.

Das Ergebnis ändert sich nicht,
wenn man Beispiel 572 um
eine oder zwei Linien nach
rechts und die so entstandenen
Stellungen dann beliebig nach
oben verschiebt. Alle diese
Stellungen sind remis, weil
Weiß keine Möglichkeit hat,
den gegnerischen König erfolgreich mit dem Turm zu attak-
kieren.

J. Awerbach, 1948

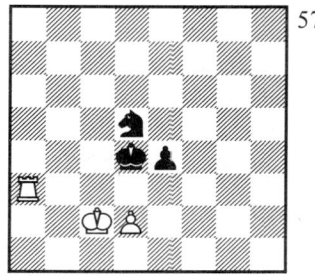

573

Remis

Diese Stellung unterscheidet
sich wesentlich von den vorhergehenden. Weiß kann versuchen, den König mit dem
Turm von links anzugreifen
und dies mit einem Umge-
hungsmanöver des Königs zu
verbinden.
1.♖a4+ ♔e5 2.♔b3.
Sehen wir uns zunächst die
Folgen der Fortsetzung 2. ...
♘f6 an: 3.♔c4 ♔f4 (3. ... e3
4.de ♔e4 5.♖a6 ♘g4
6.♖e6+) 4.♖a3 ♔e5 5.♖a5+
♔f4 6.♔d4 ♘g4 7.♖a8 ♔f3
8.♖f8+ ♔e2 9.♔:e4 ♔:d2
(die Bauern sind abgetauscht,
doch der Springer steht
schlecht und geht verloren)
10.♖f4 ♘h6 11.♔d5! ♔e3
12.♔e5 ♘g8 13.♖h4 ♘e7
14.♖h6 ♔d3 15.♖e6 ♘c8
16.♔d5 ♘a7 17.♔c5, und der
Springer ist gefangen.
Schwarz muß eine andere Anordnung seiner Figuren anstreben. Um zu drohen, den Bauern vorzurücken, gehört der

341

Springer nicht nach f6, sondern nach f5. Richtig ist deshalb 2. ... ♞e7! 3.♔c4 ♞f5 4.♖a8 ♔f4 5.♖f8 ♔e5 6.♖e8+ ♔f4 7.♔d5.
Dies ist das Maximum dessen, was Weiß erreichen kann. Es folgt indes 7. ... e3! 8.d4 ♔f3! 9.♖e5! (9.♔c4 e2 10.♔d3 ♞:d4 oder 9.♖f8 ♔f4 10.♔e6 ♔e4 11.♖:f5 ♔:d4 remis)
9. ... ♞g3 10.♔c4 ♞e4 11.♔d3 ♞f2+ 12.♔c2 ♞e4 13.♔d1 (13.♖f5+ ♔g4 14.♖f1 e2 15.♖a1 ♔f3 16.♔d3 ♞f2+ 17.♔d2 ♞e4+ 18.♔e1 ♔e3 19.d5 ♞c5 20.♖a3+ ♔d4 21.d6 ♔d5 usw.) 13. ... ♞f2+ 14.♔e1 ♞d3+ 15.♔f1 ♞f4 16.♖e8 e2+ 17.♔e1 ♞d3+ 18.♔d2 e1♛+ 19.♖:e1 ♞:e1 20.d5 ♔e4 21.d6 ♞f3+ nebst 22. ... ♞e5 mit Remis.
Der gleiche Verteidigungsplan führt zum Remis, wenn man Stellung 573 (mit Ausnahme des Turmes) um eine Linie nach rechts verschiebt. Bei einer Verschiebung der Stellung um zwei Linien nach rechts würde sich das Ergebnis jedoch ändern.

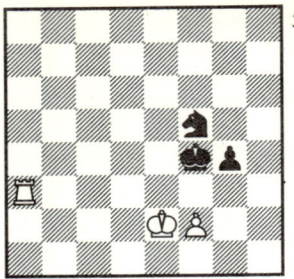

574

Weiß gewinnt

Schwarz fehlt es an Raum für eine Umgruppierung, so daß er nach 1.♖a4+ ♔g5 2.♔d3 ♞g7 3.♔e4 ♞h5 4.♖a8 ♔h4 5.♖h8 ♔g5 6.♖g8+ ♔h4 7.♔f5 g3 8.f4 ♔h3 9.♔g5 den kürzeren zieht.

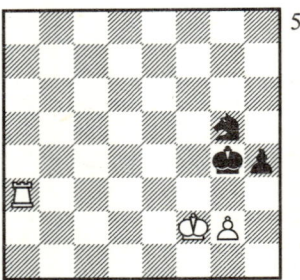

575

Weiß gewinnt

Diese Stellung ist ebenfalls für Schwarz verloren, da er ein Umgehungsvermögen des gegnerischen Königs nicht verhindern kann.
Wenn die Drohung, den Bauern vorzurücken, weniger gefährlich ist, muß Schwarz eine Figurenordnung beibehalten,

wie sie das folgende Diagramm zeigt.

J. Awerbach, 1948

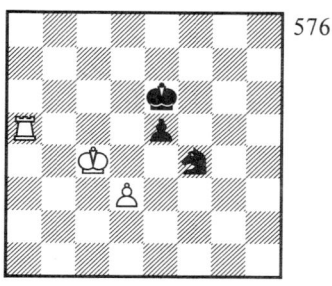

576

Remis

Der Springer greift von f4 aus den Bauern d3 an und schränkt so den Handlungsspielraum des weißen Königs ein. Begibt sich dieser nach e3, überführt Schwarz den Springer nach c5, um das Feld e4 unter Kontrolle zu nehmen. Auf **1.♖a6+** ist **1. ... ♔f5!** erforderlich, z. B.:

1) **2.♖b6 ♘e2 3.♖b2 ♘f4 4.♖f2 ♔g5 5.♔c3** (falls 5.♖f3 ♔f5 6.♖e3, so 6. ... ♘g2 7.♖g3 ♘f4 8.♔c5 ♘e2 9.♖e3 ♘f4 10.♔d6 ♔f6 11.♖f3 ♔f5 12.♖g3 e4! mit Remis, da 13.d4 auf die Erwiderung 13. ... ♘e2 trifft) **5. ... ♔f5 6.♔d2 ♔e6 7.♔e3** (7.d4 ♔d5 8.♔e3 ♘e6) **7. ... ♔d5 8.♖a2 ♘e6.**

2) **2.♖d6 e4! 3.d4 e3 4.♖d8** (4.♔c3 e2 5.♔d2 ♔e4 6.♖d8 ♘d5) **4. ... e2 5.♖f8+ ♔g4 6.♖e8 ♔f3 7.♔c3 ♘g2**

8.♔d2 e1♕+ 9.♖:e1 ♘:e1 10.d5 ♔e4 11.d6 ♘f3+ und 12. ... ♘e5.

Bei einem Rückzug des Königs auf die 7. Reihe zieht Schwarz offensichtlich den kürzeren, z. B. 1. ... ♔e7 2.♖h6 ♔d7 (2. ... ♔f7 3.♖d6 ♔e7 4.♔c5 ♔f7 5.♔b6! ♔e8 6.♔c6 ♔e7 7.♔c6 ♔f7 8.♔d7 ♘e2 9.♖e6 ♘f4 10.♖:e5 ♘:d3 11.♖e3, und wir haben die für Weiß gewonnene Stellung 511 vor uns) 3.♖h4 ♘g2 4.♖e4 ♔d6 5.d4! ed 6.♔:d4, und der Springer ist abgeschnitten.

Auch wenn man Stellung 576 um eine Reihe nach oben verschiebt, bleibt sie remis.

J. Awerbach, 1948

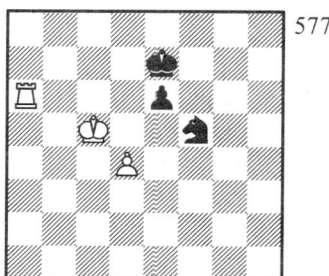

577

Remis

Schwarz kann das Gleichgewicht aufrechterhalten. Auf **1.♖a7+** geschieht **1. ... ♔f6 2.♖b7** (oder 2.♖d7 ♔g6 3.♔c6 ♔f6 4.♔c7 ♔g6 5.♔d8 ♔g5! 6.♔e8 ♔f4 7.♔f7 ♔e4 mit Abtausch der Bauern) **2. ... ♘e3 3.♖b3 ♘f5 4.♖f3**

343

♔g6 5.♖f4 ♔f6 6.♔e4 ♘g3
7.♖g4 ♘f5 8.♔c6 ♘e3 9.♖e4
♘f5 10.♔d7 ♔f7 11.♖f4 ♔f6
12.♖g4 e5! mit Remis, da
Weiß nach 13.d5 ♘e3 14.d6
♘:g4 15.♔c7 ♘h6 16.d7 ♘f7
gar verlieren würde.
Erst wenn man Stellung 577
um eine Reihe nach oben verschiebt, ändert sich das Ergebnis.

J. Awerbach, 1948

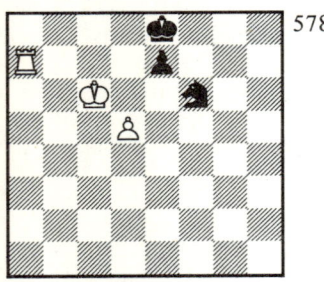

578

Weiß gewinnt

Weiß kommt zum Erfolg, indem er den Bauern mit dem
Turm deckt und den König
vorrückt.
1.♖a8+ ♔f7 2.♖b8 ♘e4
3.♖b4 ♘f6 4.♖f4 ♔g7 5.♖f5
♔f7 6.♔c7 ♔g6 (6. ... e6
7.♖:f6+ ♔:f6 8.d6 usw.)
7.♖e5 ♔f7 8.♔d8 ♔f8 (8. ...
♘g8 9.♖e1 ♔f8 10.♖f1+
♔g7 11.♖g1+ und 12.♖:g8)
9.♖f5 ♔f7 10.♖g5 e6 (10. ...
♔f8 11.♖e5) 11.d6! ♘e4
12.d7 ♘:g5 13.♔c8.
Verschiebt man Stellung 576
um eine Linie nach rechts,
wird ein Rückzug des Königs

auf die 7. Reihe möglich, da
es Weiß nicht gelingt, den
Springer wirksam anzugreifen.

579

Remis

Auf 1.♖g6 ♔f7 2.♖g5 ♔f6
3.♖h5 ♔e6 4.♖h4 ♘f6!
5.♖h6 kann 5. ... ♔f7! geschehen, da 6.♔e5 an 6. ...
♘g4+ scheitert. Wendet sich
der weiße König nach f4,
wechselt der Springer auf das
Feld d5 über, z. B. 1.♔d3 ♘f6
2.♔e2 ♘d5 3.♔f3 ♔d7.

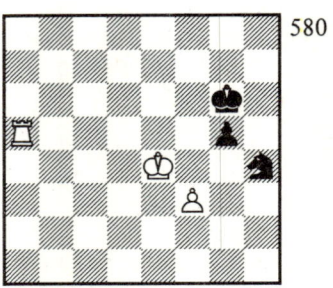

580

Remis

Hier hält auf 1.♖a6+ nur der
Rückzug des Königs auf die
7. Reihe remis. Nach 1. ...

344

♔h5? gerät Schwarz in Zugzwang und verliert, z. B. 2.♜b6
♘g2 3.♜b2 ♘h4 4.♜h2! ♔g6
5.f4 ♔f6 6.f5! usw.

Taimanow–Bronstein
Leningrad 1946

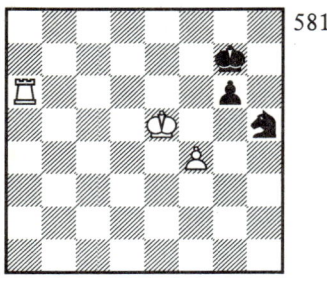

581

Weiß gewinnt

In dieser Stellung wurde die
Partie abgebrochen, und bei
Wiederaufnahme endete sie
nach 1.♜a7+ ♔f8 2.f5? remis.
Den Gewinnweg fanden Bron-
stein und Awerbach bei einer
gemeinsamen Analyse.
2.♜d7! ♔g8 (2. ... ♔e8
3.♜h7 und 4.f5) 3.♔e6!
Durch dieses Bauernopfer kann
Weiß in die gegnerische Festung eindringen, z. B. 3. ...
♘:f4+ 4.♔f6, und es ist die
für Weiß gewonnene Stel-
lung 518 erreicht, oder 3. ...
♔f8 4.♜f7+ ♔g8 (4. ...♔e8
5.♜f6! ♔d8 6.♔f7) 5.♔e7
♔h8 6.♔f8 ♘g3 7.♜g7 ♘h5
8.♜:g6 usw.
Wenn die schwächere Seite
nicht dazu kommt, ihre Figuren aktiv aufzustellen, wird

sich das materielle Übergewicht in der Regel durchsetzen.
Wie Verteidigungsbarrieren errichtet und überwunden werden, zeigt anschaulich das folgende Beispiel.

Aljechin–Fox
Bradley Beach 1929

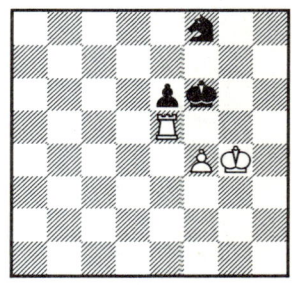

582

Weiß am Zuge

Stände der Springer auf e7,
wäre die Stellung genau wie
das Beispiel 571 remis. Weiß
gelingt es jedoch, durch einen
Angriff des Turmes von der
rechten Flanke eine Umgruppierung der gegnerischen Figuren zu verhindern.
1.♜h5! ♔g6 (auf 1. ... ♘g6
folgt nicht 2.♜h6 ♔g7 3.♔g5?
♘:f4, sondern 2.♜h7 und weiter wie im Text) 2.♜a5 ♘d7
3.♔f3 ♔f6 4.♜a7 ♘f8 5.♔g4
♘g6 6.♜h7! ♘f8 7.♜h6+
♔e7 8.♔g5 ♘d7 9.♜h7+
♔d6.
Weiß hat die erste Verteidi-
gungslinie durchbrochen. Der
nächste Schritt erfordert indes
neue Anstrengungen.

10.□h1! ⚔e7?
Dies erleichtert Weiß die Aufgabe. Richtig war **10. ... ♘b6
11.□e1 ♘d5** mit Errichtung
einer weiteren Barriere. Aber
auch sie wird überwunden, da
der Turm auf der linken Seite
genügend Handlungsfreiheit
besitzt, z. B.:
**12.□e4 ♘c3 13.□c4 ♘d5
14.⚔g6 ⚔e7 15.□e4! ⚔d6**
(im Fall von 15. ... ⚔f8 entscheidet 16.□d4 ⚔e7 17.f5!
♘f6 18.□d1, da es für
Schwarz gegen die Drohung
19.□e1 keine Verteidigung
gibt; auf 18. ... ef folgt
19.□e1+ ♘e4 20.⚔:f5)
**16.⚔f7 ⚔d7 17.□c4 ⚔d6
18.□a4** (der Leser beachte,
daß ein entsprechender Zug in
den Beispielen 576, 577 und
579 nicht möglich war) **18. ...
⚔d7** (18. ... ♘c3 19.□a6+)
19.□e4 und weiter wie in der
Partie.
**11.⚔g6 ♘b6 12.□e1! ⚔d7
13.⚔f7 ♘d5 14.□e4 ♘c7
15.□d4+ ⚔c8 16.□c4.**
Schwarz gab auf.
Haben sich die Bauern einander noch nicht genähert, sind
die Gewinnchancen in der Regel größer, da die schwächere
Seite schwerer eine Festung
aufbauen oder die Bauern abtauschen kann. Die folgenden
beiden Beispiele sind sehr charakteristisch.

„64", 1939

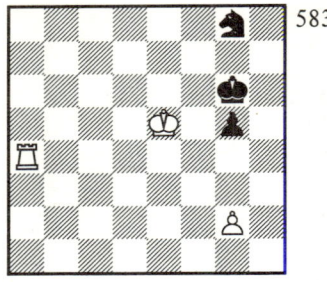

583

Schwarz am Zuge

Versuche eines aktiven Spiels
schlagen fehl. Auf 1. ... ⚔h5
geschieht 2.g4+ ⚔h4 (2. ...
⚔g6 3.□a6+ ⚔g7 4.⚔f5)
3.⚔e6 ♘h6 4.⚔f6 ♘g8+
5.⚔f7 ♘h6+ 6.⚔g6 ♘g8
7.□e4, und Weiß gewinnt.
Hartnäckiger ist **1. ... ♘h6
2.□a6+ ⚔h5,** doch auch
dann kommt Weiß zum Erfolg,
wenn er mit **3.□e6!** den Springer einengt, z. B. **3. ... ♘g4+
4.⚔f5 ♘h6+** (4. ... ♘f2
5.□e3) **5.⚔f6 ♘g4+ 6.⚔g7
⚔h4 7.⚔g6 ⚔g3.**
Schlechter ist 7. ...♘h2 wegen
8.□e3! g4 9.g3+ ⚔h3 10.⚔f5
♘f1 11.□d3 ♘h2 12.⚔f4 usw.
8.□e2! ⚔h4.
8. ... ♘f2 scheitert an 9.□:f2
⚔:f2 10.g4. Jetzt muß Weiß
noch eine letzte Barriere überwinden. Nur zum Remis führt
9.□e4 ⚔g3 10.⚔:g5 wegen
10. ... ♘f2.
9.⚔f5! ♘h6+.
Falls 9. ... ⚔h5, so 10.g3
♘h6+ 11.⚔f6 ⚔g4! (11. ...

♘g8+ 12.♔g7 ♔g4 13.♘g6!
♔f3 14.♖e8) 12.♔g6! ♔:g3!
13.♔:h6 g4 14.♖e8 ♘h4
(14. ... ♔f2 15.♖f8+ ♔e2
16.♖g8 ♔f3 17.♘h5 g3
18.♘h4 g2 19.♔h3) 15.♖e4
♔h3 16.♔g5 g3 17.♖h4+
♔g2 18.♔g4 ♔f2 19.♔h3 g2
20.♖f4+ ♔g1 21.♔g3! ♔h1
22.♖h4+, und Weiß gewinnt.
**10.♔f6 ♘g4+ 11.♔g6 ♘h2
12.♔e3!**
Weiß muß genau spielen. Lediglich Remis ergäbe 12.♔f5
♘f1 13.♖e4+ ♔g3 14.♖g4+
♔f2 15.♔:g5 wegen 15. ...
♘e3 16.g3 ♔f3 oder 12.♖e5
g4 13.♔f5 ♔g3 14.♖e2 ♘f3!
12. ... g4 (12. ... ♘f1
13.♖h3+ ♔g4 14.♖h5)
**13.g3+! ♔h3 14.♔f5 ♘f1
15.♖d3 ♘h2 16.♔f4 ♘f1
17.♖d1 ♘h2 18.♖h1, und**
Weiß gewinnt.
Lehrreich ist das folgende Beispiel. Die angeführten Varianten stammen von Jussupow.

Sturua–Jussupow
Baku 1979

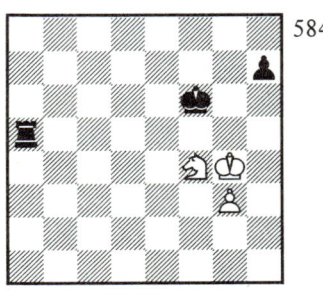

584

Weiß am Zuge

Weiß hält remis, wenn es ihm
gelingt, die Bauern abzutau-
schen oder eine Festung zu errichten.
Der richtige Plan war deshalb
1.♘h3!, z. B. **1. ... ♖a4+
2.♔h5 ♖a3 3.♔h4 ♔e5 4.g4!
h6 5.♘f2!** (aber nicht 5.g5 wegen 5. ... h5! 6.♘g1 ♔f5!
7.♘e2 ♔e3 8.♘g3+ ♔g6
9.♘:h5 ♖e4+) **5. ... ♔f4
6.♘h3+ ♔f3 7.g5** mit Remis.
In der Partie geschah jedoch
**1.♘h5+? ♔e5 2.♔g5 ♖a6
3.♘f4 ♔e4** (der König nähert
sich planmäßig dem weißen
Bauern) **4.♔g4.**
Aufmerksamkeit verdiente
4.♘h3. Wenn z. B. **4. ... ♔f3,**
so **5.♔h5! ♔:g3 6.♘g5** bzw.
5. ... h6 6.g4 ♔g3 7.g5 mit
Remis. Nach der richtigen Erwiderung **4. ... ♖g6+! 5.♔h4
♔f5 6.♘f4 ♖h6+! 7.♘h5
♖a6 8.g4+** (8.♘f4 ♖a2! führt
zur Partiefortsetzung) **8. ...
♔e4 9.♔g3** (9.♔g5 ♔f3
10.♘f6 ♖:f6, und Schwarz gewinnt) **9. ... ♖a3+ 10.♔f2**
(10.♔h4 ♔f3 11.♘f6 ♖a6
12.g5 ♖a1!) **10. ... h6 11.♔g2
♖b3 12.♔f2 ♖f3+ 13.♔g2
♔e3** gerät Weiß jedoch in
Zugzwang und verliert. Es
kann folgen: **14.♘g3 ♔f4
15.♘f5 ♔:g4 16.♘:h6+ ♔f4
17.♘f5 ♖d3!**, und der Springer ist vom König abgeschnitten. Falls aber **14.♔h1,** so
14. ... ♖f2 und 15. ... ♔f3.
4. ... ♖a5 5.♘e6 h6 6.♔h4.
6.♘f4 würde mit 6. ... ♖g5+
7.♔h4 ♔f3 8.♘h5 ♖g4+

9.♔h3 ♖a4 10.♘f4 ♖a1
11.♔h2 ♚g4 usw. beantwortet.
6. ... ♖e5 7.♘d8 ♚f5.
Der Springer hat die Verbindung zu seinen Hauptkräften
verloren, und Schwarz beginnt,
Jagd auf ihn zu machen. Mit
dem gleichen Ziel war auch
7. ... ♖e7 möglich.
8.♘c6.
Falls 8.♘f7, so nicht 8. ...
♖e1 wegen 9.g4! ♔f6 10.♘d6,
und Weiß kann seine Kräfte
wieder vereinigen, sondern
8. ... ♖d5! 9.♘:h6+ ♔g6,
worauf 10.♘g4 an 10. ... ♖h5
matt scheitert.
**8. ... ♖e4+! 9.♔h5 ♔e6
10.♔:h6 ♔d7?**
Vergibt den Gewinn. Richtig
war 10. ... ♖g4! 11.♔h5 ♖:g3
12.♘d4+ ♔e5 13.♔h4 ♖e3!,
und es gelingt Weiß nicht, den
Springer an den König heranzuführen. Jetzt aber nutzt
Weiß den Bauern, um den
Kontakt zwischen seinen Figuren rechtzeitig wiederherzustellen.
11.♘a5! ♖b4 (11. ... ♖g4
kommt zu spät wegen 12.♘b3
♖:g3 13.♘d4) **12.♔g7! ♔c7**
(oder 12. ... ♔d6 13.♔f7!
♔d5 14.g4 ♖:g4 15.♘b7 ♔c6
16.♘d8+ ♔d7 17.♘e6 mit
Remis) **13.♔f6! ♔d6.**
Wenn 13. ... ♔b6, so 14.g4!
♖:g4 15.♘b3 ♖b4 14.♘c1!,
und der Springer entzieht sich
den Verfolgungen.
**14.g4 ♖:g4 15.♘b7+ ♔d5
16.♘d8 remis.**

2. Freibauern

Bei Freibauern sind die typischen Besonderheiten einer
Stellung bedeutend schwerer
zu ermitteln.
Das Resultat hängt davon ab,
wie weit die Bauern vorgerückt
sind und wie die Figuren mit
ihnen fertig werden.
Im folgenden Beispiel kostet
der scheinbar todgeweihte
weiße Bauer den Turm, da der
schwarze König ungünstig
steht.

L. Prokes, 1934

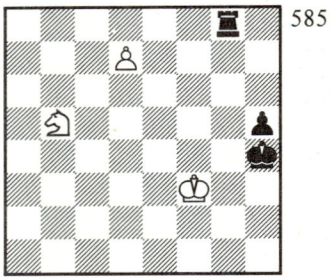

585

Remis

1.♘d4! ♖d8 2.♔g2!, und
Schwarz gerät überraschend in
Zugzwang. Auf **2. ... ♔g4** entscheidet **3.♘c6** nebst **4.♘e5+**,
während **2. ... ♖:d7** mit
3.♘f3+ und **4.♘e5+** beantwortet wird. Spielt Schwarz zuerst **1. ... ♖f8+**, befindet er
sich nach **2.♔g2 ♖d8 3.♔h2!**
erneut im Zugzwang.

L. Prokes, 1938

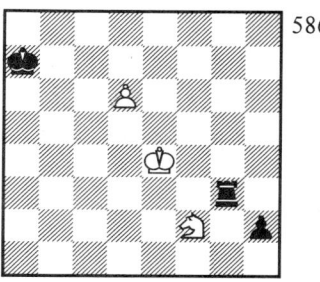

586

Remis

Hier dient der Bauer als Danaergeschenk, das es Weiß gestattet, die bereits bekannte Remisstellung 542 zu erreichen.
**1.d7 ♖g8 2.♔f3 ♔b7 3.d8♕!
♖:d8 4.♔g2 ♖d2 5.♔h1!
♖:f2** patt.
Wenn Turm und König des
Gegners ungünstig postiert
sind, kommt es vor, daß die
Springerpartei einen weit vorgerückten Bauern zur Dame
führen kann.

A. Troitzky, 1912
(Schluß einer Studie)

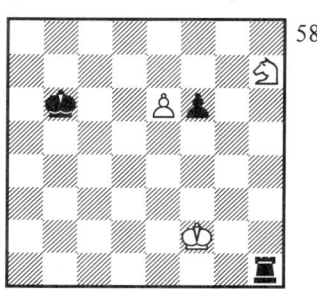

587

Weiß gewinnt

1.e7 ♖h2+ 2.♔f3 (aber nicht
2.♔g3 wegen 2. ... ♖e2 und
nicht 2.♔e3 wegen 2. ... ♖h5
nebst 3. ... ♖e5+) **2. ...
♖h3+ 3.♔f4 ♖h4+ 4.♔f5
♖h5+ 5.♔:f6 ♖h6+.**
Der tückische Bauer ist beseitigt, doch wie soll es nun weitergehen?
**6.♔f5 ♖h5+ 7.♔f4 ♖h4+
8.♔f3 ♖h3+ 9.♔e2 ♖h2+
10.♔d3!** (der König bewegt
sich hinauf und hinunter!)
**10. ... ♖h3+ 11.♔d4 ♖h4+
12.♔d5 ♖h5+ 13.♔d6
♖h6+ 14.♘f6!**
Die Pointe der Studie.
14. ... ♖:f6+ (auf 14. ... ♖h8
gewinnt 15.♘d7+ und 16.♘f8;
hätte Schwarz nicht 13. ...
♖h6+, sondern 13. ... ♖h1
gespielt, wäre 14.♘f6 ♖e1
15.♘d7+ und 16.♘e5 gefolgt)
**15.♔d5 ♖f5+ 16.♔d4 ♖f4+
17.♔d3 ♖f3+ 18.♔e2,** und
Weiß hat den aufdringlichen
Turm endlich abgeschüttelt.

A. Troitzky, 1929

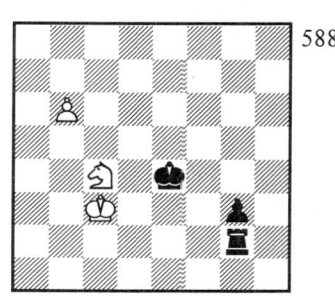

588

Weiß gewinnt

349

Nach **1.b7** ♖c2+ **2.♔:c2** g2
3.♘d2+! ♔e3! führt **4.b8♕**
g1♕ **5.♕a7+** ♔e2! **6.♕:g1**
nur zum Patt.
Der Gewinn wird überraschend
durch **4.b8♗!** g1♕ **5.♗a7+**
erzielt.

Sechstes Kapitel

Turm und Bauer gegen Springer und zwei oder mehr Bauern

Wir unterteilen das zu behandelnde Material entsprechend der Aufstellung des Bauern der Turmpartie in zwei Gruppen:
1. Freibauer
2. Kein Freibauer.

1. Freibauer

In dieser Gruppe ist es sehr schwierig, irgendwelche Gesetzmäßigkeiten zu ermitteln. Die beiderseitigen Chancen können sehr unterschiedlich sein, je nachdem, wie weit die Bauern vorgerückt sind und wie die Figuren mit ihnen zurechtkommen.
Deshalb sind hier vor allem Beispiele angeführt, die die verschiedenen Pläne und Verfahren bei Angriff und Verteidigung veranschaulichen.

**Euwe–Capablanca
Den Haag 1931**

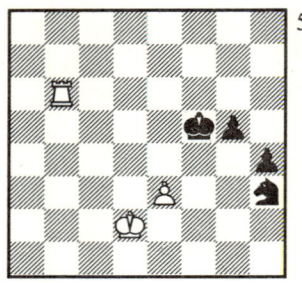
589

Weiß am Zuge

Schwarz ist angesichts seiner mächtigen verbundenen Bauern im Vorteil. Durch koordiniertes Handeln seiner Figuren kann Weiß jedoch remis halten.
1.♔e2 g4.
Auf **1. ...** ♔g4 geschieht
2.♖b3! Falls darauf **2. ...**
♔g3, so **3.e4+** ♔g2 **4.e5**
♘f4+ **5.♔e3** h3 **6.♔e4** h2
7.♖b2+ ♔g3 **8.♖:h2** ♔:h2
9.♔f5 ♘e6 **10.♔:e6** mit Remis.
2.♖b5+ ♔e4 **3.♖b4+** ♔f5
4.♔f1 ♔g5 **5.♖b5+** ♔g6
6.♖b4 ♔h5 **7.♖b7** ♘g5 remis.
Wie in den Beispielen, die in vorhergehenden Kapiteln behandelt wurden, ist eine erfolgreiche Verteidigung gegen zwei weit vorgerückte Freibauern nur dann möglich, wenn König und Turm harmonisch zusammenwirken. Anderenfalls wird die Turmpartie in der Regel den kürzeren ziehen.

G. Mattison, 1927

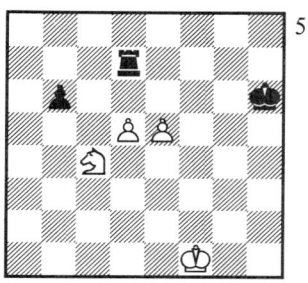

590

Weiß gewinnt

Es sieht so aus, als könne
Weiß den Bauern b6 nehmen
und anschließend die eigenen
Bauern in Marsch setzen. Tatsächlich würde das Schlagen
auf b6 Schwarz jedoch ein
wichtiges Tempo für die Annäherung des Königs einräumen.
Nach 1.♘:b6? ♖b7 2.♘c4
(2.d6 ♔g5 3.d7 ♖:d7 4.♘:d7
♔f5 oder 3.♘c4 ♔f5 4.♔e2
♔e6 5.♔d3 ♖b5 nebst 6. ...
♖:e5 mit Remis) 2. ... ♔g5
3.♔e2 ♖b5 4.d6 (4.♘e3
♖:d5) 4. ... ♔f5 hält Schwarz
remis.
Der Gewinnweg besteht in
einem zielstrebigen Vorrücken
der Bauern, bevor der schwarze
König zu Hilfe eilen kann.
1.e6 ♖e7! 2.d6!
Auch hier würde 2.♘:b6
Schwarz gestatten, die Partie
durch 2. ... ♔g6 zu retten,
z. B. 3.♘c8 ♖c7 4.♘d6 (4.d6?
führt nach 4. ... ♖:c8 5.d7
♖f8+ und 6. ... ♔f6 sogar
zum Verlust) 4. ... ♖e7 5.♘b5

♔f6 6.♘d4 ♔e5 7.♘c6+
♔:d5. Weiß kommt nur durch
ein Bauernopfer zum Erfolg.
2. ... ♖:e6 3.d7 ♖f6+ 4.♔g2!
(wenn 4.♔e2, so 4. ... ♖f8
5.♘d6 ♔g6 6.♘e8 ♔f7 mit
Remis) **4. ... ♖g6+ 5.♔f3!**
(im Fall von 5.♔h3 hält
Schwarz durch 5. ... ♖g8
6.♘d6 ♖a8 7.♘c8 ♖a3+
nebst 8. ... ♖d3 remis) **5. ...
♖f6+ 6.♔g4 ♖g6+ 7.♔f5!
♖g5+ 8.♔e6 ♖g6+ 9.♔d5
♖g5+.**
Auf 9. ... ♖g8 10.♘d6 ♔h7
entscheidet 11.♘e8 ♖g1
12.♘f6+! ♔ beliebig 13.♔e6
♖d1 14.♘d5.
**10.♔c6 ♖c5+ 11.♔d6 ♖:c4
12.♔e5 ♖c5+ 13.♔e4** (der
letzte Marsch nach unten!)
**13. ... ♖c4+ 14.♔e3 ♖c3+
15.♔d2,** und Weiß gewinnt.

W. Platow, 1906

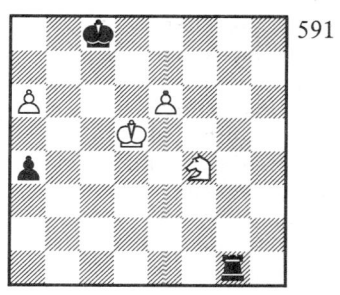

591

Weiß gewinnt

Der a-Bauer wird geopfert, um
den gegnerischen König abzulenken und dem e-Bauern den

Weg zum Umwandlungsfeld zu
ebnen.
1.a7 ♔b7 2.a8♕+.
Dieser Zug zwingt den König
auf die 8. Reihe und entfernt
ihn gleichzeitig vom e-Bauern.
2. ... ♔:a8 3.e7 ♖d1+
4.♘d3! ♖:d3+ 5.♔e4 und
6.e8♕+ oder 3. ... ♖g8
4.♘e6 ♖e8 (4. ... a3 5.♘f8)
5.♘c7+ ♔a7 6.♘:e8 a3
7.♘c7 a2 8.e8♕ a1♕
9.♕a8+.
Falls schließlich **1. ... ♖g5+,**
so **2.♔c6 ♖a5 3.e7 ♖a6+**
4.♔b5.

L. Prokes, 1946

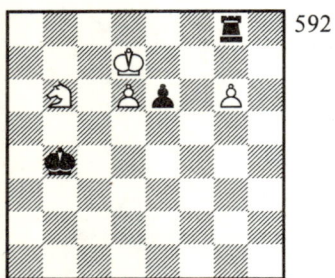
592

Weiß gewinnt

1.♔e7 ♖:g6 (auf 1. ... ♔b5
entscheidet 2.d7) **2.♔f7 ♖h6**
(2. ... ♖g1 3.♘d5+! und 4.d7)
3.♔g7 ♖h2 4.♘d5+! ed 5.d7,
und Weiß gewinnt.

G. Mattison, 1930

593

Remis

Die Stellung erscheint völlig
hoffnungslos für Weiß, da er
den Zug b2–b1 nicht zu verhindern vermag. Seine einzige
Chance ist, auf Patt zu spielen.
1.a7 ♔h1!
1. ... b1♕ führt nach **2.♖g2+
♔h3 3.♖g3+** zu ewigem
Schach. Kein Ausweg wäre dabei 2. ... ♔h1 3.♖h2+ ♔g1
4.♖h1+.
2.♖g3!!
Ein außerordentlich schwer zu
findender Zug. Nach 2. ...
♘:g3 3.♔b8 b1♕+ 4.♔:c7
könnte Schwarz trotz seines
riesigen materiellen Übergewichts nicht gewinnen, da
Springer und König sehr weit
vom Bauern entfernt sind und
die Dame allein nicht in der
Lage ist, irgend etwas zu unternehmen!
2. ... b1♕ 3.♖b3! ♕a2 (oder
3. ... ♕c1 4.♖b1!) **4.♖b1+
♔g2 5.♖b2+! ♕:b2,** und
Weiß ist patt!
Es braucht nicht bewiesen zu

werden, daß die Turmpartei über Springer und zwei Bauern die Oberhand behalten kann, wenn der eigene Bauer weit vorgerückt ist.

Hier sehen wir uns eine Stellung an, in der es der Springerpartei gelingt, sich trotz des starken gegnerischen Bauern zu retten. Das Verfahren ist uns bereits aus Beispiel 586 bekannt.

W. Swergunow, 1957

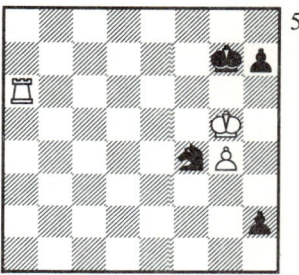

595

Weiß gewinnt

Schwarz verfügt über einen starken Freibauern. Ihn durch 1.♖a1 zu stoppen scheitert an 1. ... ♘h3+ und 2. ... ♘g1. Weiß muß daher Drohungen kombinieren.

1.♖a7+ ♔g8 2.♖a1 ♘h3+ 3.♔f6 (durch das vorbereitende Schachgebot hat Weiß ein Tempo gewonnen) **3. ... h6 4.♔g6 ♔f8 5.♖h1 ♘f2 6.♖:h2 ♘:g4** (Schwarz konnte zwar den einzigen weißen Bauern vernichten, doch nun wird sein Springer eingefangen) **7.♖e2 h5 8.♖e1 h4 9.♔g5 ♘h2 10.♔f4 und 11.♖h1.**

Setzt Schwarz anstelle von 4. ... ♔f8 mit 4. ... ♘f4+ fort, wird er nach 5.♔:h6 ♘h3 6.♔g6 ♘f4+ 7.♔f6 ♘h3 8.g5 ♘g1 9.♖a8+ matt.

In diesem Beispiel unterstützte der König seinen Turm beim Kampf gegen den gefährlichen Freibauern indirekt (durch die Schaffung einer Mattdrohung). Es gibt auch Stellungen, in de-

R. Teichmann, 1913

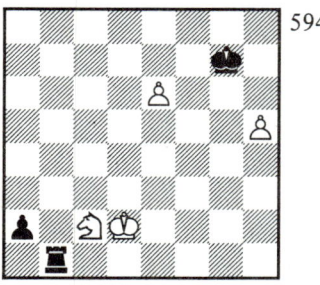

594

Remis

1.h6+! ♔:h6 2.e7 ♖b8 3.♔c1 (möglich ist auch 3.♔c3). **3. ... ♔g7 4.e8♕! ♖:e8 5.♔b2 ♖e2 6.♔a1! ♖:c2 patt.**
Spielt Schwarz 5. ... ♖a8, endet der Kampf nach 6.♔a1 ♖a4 7.♘e1 ♖a3 (7. ... ♔f6 8.♘d3 ♔f5 9.♘c1) 8.♘c2 ebenfalls remis.

2. Kein Freibauer

Auch hier können die Gewinnchancen je nach Aufstellung der Figuren und Bauern auf beiden Seiten liegen.

nen der König seinem Turm nicht helfen kann oder ihn sogar behindert. In solchen Fällen kommt die Springerpartie zum Erfolg.

W. und M. Platow, 1914

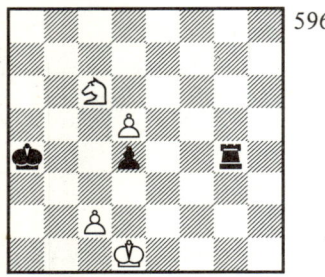

596

Weiß gewinnt

Alles erscheint recht einfach:
1.d6 ♖g7 **2.♘e7!** ♖h7 **3.d7**
♖h8 **4.♘c6**, und Weiß gewinnt.
Es folgt jedoch **1. ... d3! 2.cd.**
Die Annahme des Opfers ist erzwungen: 2.c3 ♖g1+ 3.♔d2
♖g2+ 4.♔:d3 ♖g6! oder 2.d7
dc+ 3.♔:c2 ♖g8 mit Remis.
2. ... ♖g6 **3.d7** ♖d6 **4.d8♖!**
(umgeht eine raffinierte Falle:
4.d8♕ ♖:d3+! 5.♕:d3 patt!)
4. ... ♖:c6 **5.♖b8!**
Der gegnerische König ist abgeschnitten, und Weiß stellt durch genaues Spiel den Sieg sicher.
5. ... ♖d6 (falls 5. ... ♔a5, so
6.♔d2 ♔a6 7.♔e3 ♔a7
8.♖b1 ♖c8 9.d4 ♖b8
10.♖:b8 ♔:b8 11.♔e4 ♔c7
12.♔e5) **6.♔d2** ♖d7 **7.♔c3**

♖c7+ **8.♔d4** ♖d7+ **9.♔c5!**
♖:d3 (9. ... ♖c7+ 10.♔d6)
10.♔c4!, und Weiß gewinnt.
Spielt Schwarz 2. ... ♖g7,
folgt 3.♘e5 ♖g8 4.♘f7 ♔b4
5.d7 ♔c3 6.♘e2 ♖g2+ 7.♔f3
♖g8 8.♔e4 ♖g4+ 9.♘e5
♖d4 (9. ... ♖g8 10.d4)
10.♘d6, und der Bauer geht zur Dame.

R. Réti, 1928
(berichtigt von A. Chéron)

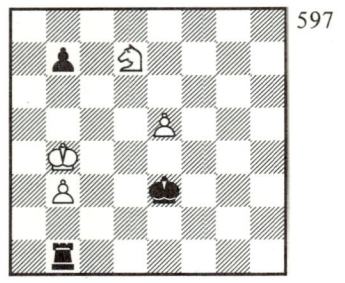

597

Weiß gewinnt

Hier hindert der eigene König den Turm daran, erfolgreich den e-Bauern zu bekämpfen.
1.e6 ♔d4 (1. ... ♖a1 2.e7
♖a8 3.♘f6 führt zum Verlust des Turmes) **2.♘e5!** ♖h1 **3.e7**
♖h8 **4.♘f7** ♖e8 **5.♘d6** ♖:e7
6.♘f5+.
Konnte der König vielleicht auf ein besseres Feld ausweichen? Prüfen wir: 1. ... ♔d2
2.♘e5! ♖h1 3.e7 ♖h8
4.♘c4+ und 5.♘d6.
Sind keine Freibauern auf dem Brett, wird sich die Springerpartie gewöhnlich in der De-

fensive befinden. Das Ergebnis hängt dann davon ab, ob sie ihre Bauern verteidigen kann. Betrachten wir die folgende Stellung.

598

Remis

Schwarz hat eine Festung errichtet, in die die weißen Figuren nicht eindringen können.

J. Fritz, 1950

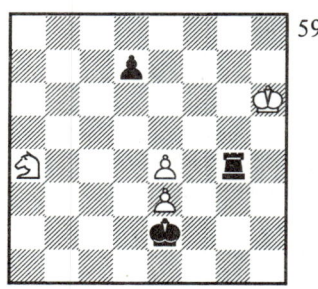

599

Remis

Weiß kann seine Bauern nicht behaupten. Um sich zu retten, muß er deshalb unbedingt den einzigen Bauern des Gegners unschädlich machen.

1.♘b6! d6 2.♘c8 ♖:e4 3.♔g7 ♖e6 (auf 3. ... d5 folgt 4.♘b6 ♖e5 5.♔f6 ♖h5 6.♔g6 mit Dauerangriff auf den Turm) 4.♔f7 ♖h6 5.♔g7 ♖e6 6.♔f7 ♖h6. Schwarz hat seinen Bauern gedeckt, muß sich aber mit Zugwiederholung abfinden. Remis.

Springer und drei Bauern sind gewöhnlich stärker als Turm und Bauer, vorausgesetzt, daß letzterer nicht gerade ein Freibauer ist.

W. Tschechower, 1950

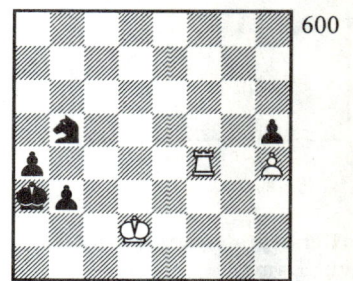

600

Remis

Schwarz droht, durch 1. ... b2 2.♔c2 ♘c3 sofort zu gewinnen. Weiß muß daher entschlossen handeln. Der Versuch, mit 1.♖f5 einen Bauern zu erobern, scheitert an 1. ... ♘d4.

1.♖c4! b2.

Auch 1. ... ♘d6 2.♖f4 ♘b7 bringt nichts ein, da Weiß seine Stellung durch 3.♔c1 und 4.♔b1 konsolidieren kann.

2.♔c2 ♘c3! (ein überraschender Zug, der scheinbar die Entscheidung erzwingt) 3.♖:c3+
♔a2 4.♖a3+!! (ein ebenso effektvoller Gegenschlag) 4. ...
♔:a3 5.♔b1 ♔b4 6.♔:b2
♔c4 7.♔a3 ♔d4 8.♔:a4, und
der weiße König gelangt rechtzeitig nach f1. Remis.

L. Prokes, 1936

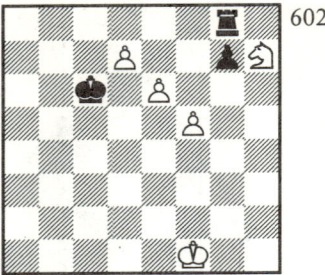

Weiß gewinnt

Weiß kann durch 1.♘g5 ♔d6
2.♘f7+ ♔e7 3.d8♕+ ♖:d8
4.♘:d8 ♔:d8 für Springer und
Bauer den Turm gewinnen,
doch nach 5.♔f2 ♔e7 6.♔f3
g6 endet die Partie remis.
Auch 2.♔f2 ♔e7 3.♔e3 g6
oder 3.♘f7 g6 4.fg ♔:e6 bringt
Weiß nicht weiter. Schließlich
wird 1.♘f8 ♖:f8 2.e7 durch
2. ... ♖:f5+ widerlegt.
Diese letzte Variante läßt sich
indes ermöglichen, wenn man
zunächst die f-Linie schließt.
Die Lösung lautet folglich **1.f6!**
gf 2.♘f8!, und der Bauer ist
nicht aufzuhalten.

L. Prokes, 1950

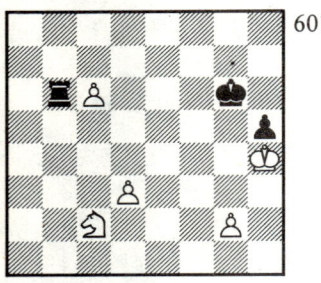

Weiß gewinnt

Hier geht der weiße c-Bauer
zur Dame.
1.♘d4! ♖b4.
Falls 1. ... ♖b8, so 2.c7 ♖c8
3.♘b5! Der Springer hat gegen
den schwarzen König eine un-
sichtbare Barriere errichtet:
3. ... ♔f5(f7) scheitert an
4.♘d6+, und auf 3. ...
♔f6(g7) entscheidet 4.♘d6
♖:c7 5.♘e8+.
2.c7 ♖:d4+ 3.g4! (selbstverständlich nicht 3.♔h3??
♖:d3+, und es gewinnt sogar
Schwarz) **3. ... ♖:g4+ 4.♔h3**
usw.

L. Kubbel, 1927

L. Kubbel, 1911

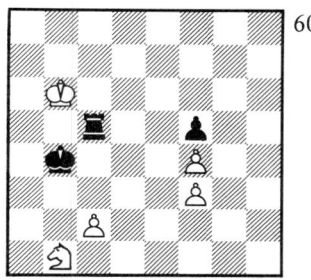

603

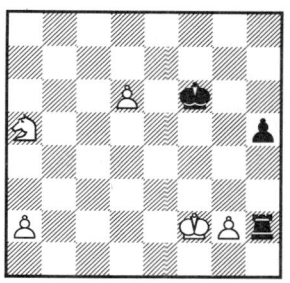

604

Weiß gewinnt

Weiß gewinnt

Hier kann sich Weiß die ungünstige Aufstellung des Turmes zunutze machen.
**1.c3+ ♔c4 2.♘a3+ ♔d5
3.c4+ ♔d4 4.♘b5+ ♔:c4.**
Das Ergebnis der Operation
scheint für Weiß wenig befrie-
digend zu sein: Er hat ohne
sichtliche Kompensation einen
Bauern eingebüßt. Der folgende Zug schafft jedoch Klar-
heit.
5.♘c7! (Zugzwang) **5. ...** ♔d4
(5. ... ♔b4 6.♘a6+ oder 5. ...
♖d5 6.♘:d5 ♔:d5 7.♔c7!
♔d4 8.♔d6) **6.♘e6+ ♔e3
7.♔:c5,** und Weiß gewinnt.
Auch im nächsten Beispiel
geht der Turm überraschend
verloren.

1.d7 (aber nicht 1.♔g1 ♖h4
2.d7 ♖d4) **1. ...** ♔e7 **2.♔g1
♖h4 3.g3!**
Weiß zwingt den Turm auf ein
Feld, auf dem er eine Beute
des Springers oder des Königs
wird, z. B. 3. ... ♖a4(e4)
4.♘b7 ♔:d7 5.♘c5+ oder
3. ... ♖g4 4.♘c6+ ♔:d7
5.♘e5+ oder 3. ... ♖h3
4.♔g2.

Siebentes Kapitel

Endspiele mit großer Bauernzahl – gleiche Anzahl von Bauern

In diesem und im nächsten
Kapitel werden Stellungen untersucht, in denen beide Seiten
mindestens zwei Bauern besitzen.
Bei der Auswahl der Beispiele
haben wir uns auf die typisch-

sten beschränkt. Sie sollen die charakteristischen Pläne verdeutlichen und die Besonderheiten des Kampfes zwischen Turm und Springer bei einer großen Anzahl von Bauern demonstrieren.

Im Kampf zwischen Turm und Springer kommt dem Vorhandensein von Freibauern sehr große Bedeutung zu. Der beweglichere Turm kann viel wirksamer seine eigenen Freibauern unterstützen und die des Gegners aufhalten.

Verfügen beide Seiten über Freibauern, ist deshalb in der Regel die Turmpartei im Vorteil.

**Bogoljubow–Rubinstein
San Remo 1930**

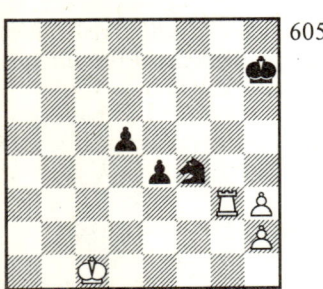

605

Weiß gewinnt

Eine wesentliche Besonderheit dieser Stellung ist, daß der schwarze König weit von seinen Bauern entfernt steht und sie nicht zu unterstützen vermag. Deshalb kann der Turm den Springer von den Bauern

abdrängen und diese anschließend vernichten. Die Randstellung des Königs führt schließlich dazu, daß er sich von seinem Springer abgeschnitten sieht und in ein Mattnetz gerät, wenngleich es noch gelingt, die weißen Bauern zu erobern.

1.♖g4! ♘e6 (im Fall von 1. ... ♘g6 2.♖g5 d4 3.♖g4 verliert Schwarz sofort einen Bauern) **2.♔d2 ♔h6 3.♔e3 ♔h5 4.♖g8 ♔h4 5.♖g6!** ♘c7 (oder 5. ... ♘c5 6.♖h6+ ♔g5 7.♖d6 ♔h4 8.♖:d5 ♘d3 9.♔:e4 ♘f2+ 10.♔f3) **6.♖c6** ♘e8 **7.♖c8 ♘d6.**

Keine Rettung brächte 7. ... ♘f6 8.♔f4! ♔:h3 9.♖f8 ♘d7 (9. ... ♘h5+ 10.♔e3) 10.♖d8 ♘f6 11.♖d6 ♘h5+ 12.♔e3. **8.♖d8 ♘c4+ 9.♔f4 ♔:h3 10.♖:d5 e3** (nach 10. ... ♔:h2 11.♔:e4 ♘b6 12.♖d6 ♘c4 13.♖d4! ♘b6 14.♔e5 ♘c8 15.♔e6 ♘b6 16.♖b4 ♘c8 17.♖b7 nebst 18.♔d7 büßt Schwarz den Springer ein) **11.♔f3 ♔:h2.**

Dank aufopferungsvoller Verteidigung konnte Schwarz alle weißen Bauern beseitigen. König und Springer sind jedoch voneinander isoliert, und bei dem Versuch, sie zu vereinigen, wird Schwarz matt. Das Finale des Kampfes sahen wir bereits im Beispiel 520.

Besitzt nur die Springerpartei einen Freibauern, ist von großer Bedeutung, ob der König ihn unterstützen kann. Ist dies nicht der Fall, wird es dem Turm meist gelingen, den Springer abzudrängen und den Bauern zu erobern.

**Tarrasch–Walbrodt
Nürnberg 1894**

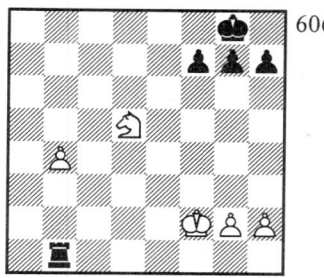

Schwarz am Zuge gewinnt

Der Gewinnweg ist unkompliziert: 1. ... ☖d1! 2.♘e7+ ♔f8 3.♘c6 ♔e8 4.b5 ♔d7 5.♘e5+ ♔e6 6.♘c6 ♔d6 7.♔e3 ♔c5 8.♔e2 ☖d7 9.♔e3 ♔:b5 (schon hier hätte Weiß getrost aufgeben können) 10.♘e5 ☖e7 11.♔f4 ♔c5 12.♔f5 ♔d5 13.♘g4 ☖e4 14.h3 f6 15.g3 ☖e1 16.♔f4 ☖f1+ 17.♔e3 h5 18.♘f2 ☖:f2, und Weiß streckte endlich die Waffen.
König und Springer sind im großen und ganzen wenig bewegliche Figuren. Deshalb muß der dynamische Turm versuchen, Drohungen an beiden Flügeln zu schaffen.

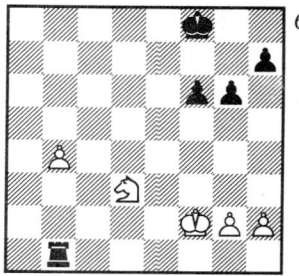

Schwarz am Zuge gewinnt

Zunächst aktiviert Schwarz den König: 1. ... ♔e7 2.♔e3 ♔d6 3.h3.
Es ist für Weiß schwer, seine Schwächen an beiden Flügeln zu verteidigen. Der Versuch, mit 3.♔d4 den König zur Unterstützung des b-Bauern heranzuholen, führt nach 3. ... ☖g1 4.♘f4 (4.g3 ☖g2) 4. ... g5 ebenfalls zu Materialverlust:
3. ... ♔d5 4.♘f4+ (es drohte 4. ... ☖b3 und 5. ... ♔c4)
4. ... ♔c4 5.♔e4 ☖:b4, und Schwarz gewinnt, zumal 6.♘d5 an 6. ... f5+ 7.♔e5 ☖b5 scheitert.
In Ausnahmefällen, wenn die vom Springer unterstützten Freibauern zu einer gewaltigen Macht wurden (d. h., wenn sie in der Nähe ihrer Umwandlungsfelder stehen), während der gegnerische Turm sie allein bekämpfen muß, gelingt es, einen der Bauern zur Dame zu führen und mit dem Springer über den Turm zu triumphieren.
Davon zeugen die drei folgen-

den Beispiele, in denen der
König seinen Turm nicht nur
nicht unterstützt, sondern die
Hauptschuld an der Niederlage
trägt.

G. Mattison, 1926

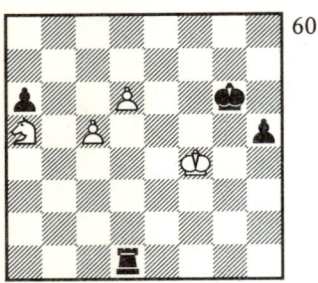

608

Weiß gewinnt

Nach **1.c6!** ♖:d6 **2.c7** ♖f6+
3.♔e3! würde 3. ... ♖f8 sofort
verlieren. Auf 4.♘c6 gibt es
nämlich gegen die Drohung
5.♘d8 mit Sperrung der
8. Reihe keine Verteidigung,
da 4. ... ♖c8 an 5.♘e7+ und
6.♘:c8 scheitert. Schwarz bietet daher weiter Schach.
3. ... ♖e6+ 4.♔f2!
Wenn der weiße König die d-
Linie betritt, folgt 4. ... ♖e8
5.♘c6 ♔f6! 6.♘d8 ♔e7!
7.c8♕ ♖:d8+.
4. ... ♖f6+ 5.♔g1! (falls
5.♔g2, so 5..... ♖f8 6.♘c6 h4
7.♘d8 h3+ 8.♔g3 h2 9.♔:h2
♖f2+ nebst 10. ... ♖c2) **5. ...
♖f8 6.♘c6 ♖e8! 7.♔f2
♖f8+ 8.♔e3 ♖e8+ 9.♔f4!**
(das komplizierte Königsmanöver trägt Früchte) 9. ... ♖f8+

10.♔e5 ♖e8+ **11.♔d6** ♔f6
12.♘d8 ♖e1 **13.c8♕** ♖d1+
14.♔c7 ♖c1+ **15.♘c6**, und
Weiß gewinnt.

G. Mattison, 1913

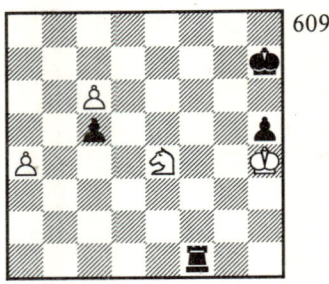

609

Weiß gewinnt

Nach **1.♘g5+** wird klar, daß
sich der schwarze König dem
aufdringlichen Springer nicht
entziehen kann. Auf 1. ...
♔g7 entscheidet sofort 2.c7
♖f8 3.♘e6+, und auf 1. ...
♔g6(g8) folgt 2.♘e6! ♖a1
(2. ... ♖f7 3.c7 ♖:c7 4.♘:c7,
und der a-Bauer geht zur
Dame) 3.c7 ♖:a4+ 4.♘d4!!
♖a8 5.♘c6! (droht 6.♘b8)
5. ... ♖c8 6.♘e7+.
Es bleibt also nur ein Königszug auf der h-Linie: 1. ...
♔h6(h8). Aber auch dann
kann Weiß mit **2.c7** ♖f8
3.♘f7+ und **4.♘d8** die
8. Reihe sperren und den Bauern verwandeln.

L. Prokes, 1944

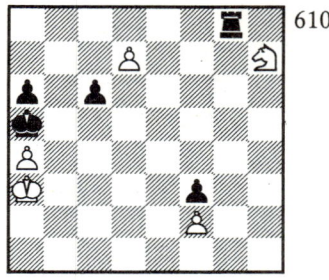

610

Weiß gewinnt

Auch hier gelingt es, den Turm durch eine Springergabel zur Strecke zu bringen.
1.♘g5 ♖d8 (sonst gewinnt Weiß nach 2.♘e6 den Turm für den Bauern) 2.♘f7 ♖:d7 3.♘e5. Nun droht Matt durch 4.♘c4. Auf 3. ... ♖d4 entscheidet aber 4.♘:c6+ und 5.♘:d4.
Im Vergleich zum weitwirkenden Turm hat der Springer nur einen begrenzten Aktionsradius. Es ist daher zweckmäßig, Stellungen zu untersuchen, in denen alle Bauern an einem Flügel stehen und der Kampf folglich auf engem Raum stattfindet. Die Verteidigungsressourcen sind in diesem Fall selbstverständlich größer, da der Springer Bauern an einem Flügel bedeutend leichter decken kann als auf verschiedenen Brettabschnitten.
Die schwächere Seite wird gewöhnlich versuchen, eine Festung zu errichten. Der Ausgang der Partie hängt dann davon ab, ob König und Turm sie erstürmen können.
Im folgenden Beispiel gelingt es Schwarz, mit dem König ins gegnerische Lager einzudringen.

Ahues–Johner
Berlin 1928

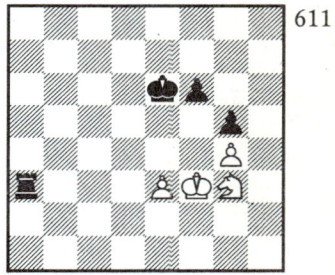

611

Schwarz am Zuge gewinnt

1. ... ♔d5 2.♘e4 ♖a6 3.♘g3 ♖e6 4.♘f5 ♔c4.
Durch die Überführung des Turmes nach e6 hat Schwarz verhindert, daß der gegnerische König an den Bauern f6 herankommt. Jetzt schickt er den eigenen König auf eine weite Reise.
5.♔e2 (5.♘g7 ♖e5 6.♘h5 ♔d3 7.♘:f6 ♖:e3+ 8.♔f2 ♖e7! würde die Niederlage nur beschleunigen) 5. ... ♖a6 (der Turm leistet ausgezeichnete Arbeit; eben noch löste er Abwehraufgaben, und nun steht er erneut für aktive Operationen bereit) 6.♘g3 ♖a2+ 7.♔f3 ♔d3 8.♘e4 ♖e2! 9.♘c5+ ♔d2 10.♘e4+ ♔e1 11.♘g3 (der f-Bauer ist indi-

rekt verteidigt) **11. ... ☐f2+ 12.♔e4 ♔d2 13.♘h5.**
Da Weiß nicht mehr Herr im eigenen Lager ist, sucht er seine Chance im Gegenangriff. **13. ... ♔e2 14.♔d4.**
Keine Rettung brächte 14.♘f4+ wegen 14. ... gf 15.ef ☐g2 16.♔f5 ♔f3 17.g5 fg 18.fg ♔g3! 19.g6 ♔h4 20.♔f6 ♔h5. **14. ... ♔f1** (der König begibt sich zum Bauern g4) **15.♔d5 ♔g2 16.e4.**
Falls 16.♔e6, so 16. ... ♔f3! 17.♔:f6 ♔:g4+ bzw. 17.♘:f6 ♔:e3 18.♘h7 (es drohte 18. ... ☐:f6 und 19. ... ♔f4) 18. ... ♔f4 19.♔f6 ♔:g4+, und Schwarz gewinnt. **16. ... ♔h3 17.♔e6 ♔:g4 18.♘:f6+ ♔h4 19.e5 g4 20.♘e4 ☐e2! 21.♔d5 ☐:e4** (möglich ist auch 21. ... g3) **22.♔:e4 g3 23.♔f3 ♔h3 24.e6 g2 25.e7 g1♛ 26.e8♛ ♛f1+ 27.♔e4 ♛e1+,** und Weiß verliert die Dame.

Friedstein–Klaman
Riga 1954

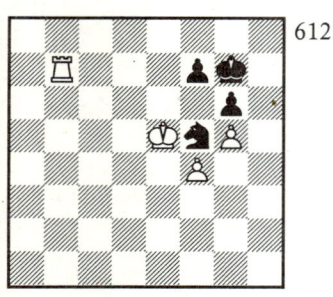

612

Weiß gewinnt

Um zu gewinnen, muß Weiß den König nach e7 oder e8 führen und den Bauern f7 erobern.
1.☐b8 ♘g3 (der König darf nicht nach f6 gelassen werden; deshalb muß der Springer ziehen) **2.♔d6 ♘f5+.**
Schwarz kann das Vordringen des gegnerischen Königs nicht verhindern. Auf 2. ... ♘h5 folgt 3.☐b4! ♔f8 4.♔d7. **3.♔d7 ♔h7.**
Falls 3. ... f6, so 4.☐b7 fg 5.fg ♔f7 6.☐c7 ♘g3 (6. ... ♘g7 7.♔d6+ ♔f8 8.☐:g7!) 7.♔d6+ ♔g8 8.♔e6 ♘h5 9.☐f7 ♔h8 10.♔e7 ♔g8 11.☐f3 ♔g7 12.☐f8! ♘g3 13.☐f7+ ♔g8 14.♔f6 ♘e4+ 15.♔:g6 ♘:g5 16.☐a7 ♘e6 17.☐a8+ ♘f8+ 18.♔f6, und Weiß gewinnt. **4.♔e8 ♔g8 5.☐d8! ♔g7 6.☐d7 ♔g8 7.☐c7 ♘g7+ 8.♔e7 ♘f5+ 9.♔f6 ♘d6** (der Springer „windet sich wie eine Schlange", aber es gibt keine Rettung mehr) **10.☐c6 ♘e4+ 11.♔e7 ♔g7 12.☐f6!** Schwarz gab auf, da der Bauer f7 verlorengeht.
Auch bei einer größeren Anzahl von Bauern kann sich die stärkere Seite in der Regel an die schwachen Bauern des Gegners herankämpfen.

Szabó–Trifunović
Stockholm 1948

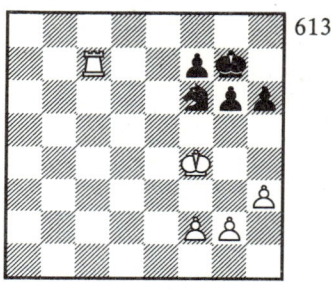

613

Weiß gewinnt

Weiß, der völlige Handlungsfreiheit besitzt, verfährt nach
folgendem Plan: Er schränkt
mit König und Turm die Beweglichkeit des Springers ein
und beginnt dann einen Bauernsturm, der die gegnerischen
Kräfte vollends lähmt. Anschließend entscheidet er die
Partie durch die Annäherung
seines Königs an den Bauern
f7.
**1.♔e5 ♘h7 2.♖c6! ♔f8 3.f4
♔g7** (wegen der Drohung 4.f5
darf weder 3. ... ♔e7 noch
3. ... h5 geschehen) **4.♖d6
♘f8 5.g4 ♘h7 6.h4 ♘f8** (mit
Bauernzügen würde Schwarz
seine Lage nur verschlechtern,
z. B. 6. ... f6+ 7.♔e6 ♘f8+
8.♔e7 ♘h7 9.h5, und Weiß
gewinnt) **7.f5 gf.**
Es gibt nichts Besseres. Falls
7. ... f6+, so 8.♔e4 gf+ (8. ...
♔f7 9.♖a6 und 10.♖a7+)
9.♔:f5 ♘h7 10.♖d7+ oder
8. ... g5 9.h5 ♔f7 10.♔d5

♔e7 11.♔c6 ♔f7 12.♔c7
♔e7 13.♖a6 ♔f7 14.♔d8,
und Schwarz ist völlig einge-
schnürt. Zum Verlust führt
auch 7. ... ♘h7 8.f6+ ♔g8
9.♖d8+ ♘f8 10.♔d6 und
11.♔e7.
8.gf h5 9.♖d1 (jetzt versetzt
der Turm dem Gegner auf der
offenen Linie den Todesstoß)
9. ... ♘h7 10.♖g1+ ♔h8
(oder 10. ... ♔f8 11.f6 ♔e8
12.♖g7 ♘f8 13.♖g8) **11.♔d6.**
Schwarz gab auf, da es gegen
12.♔e7 keine Verteidigung
gibt.
Einen interessanten Plan verwirklichte Schwarz in der folgenden Partie.

Gadalinski–Popow
Sopot 1951

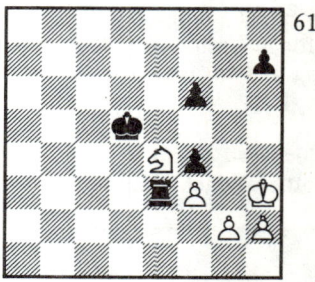

614

Schwarz am Zuge gewinnt

Hier kann Schwarz wegen seiner Bauernschwächen den üblichen Gewinnplan – Annähe-
rung des Königs an die gegnerischen Bauern – schwer verwirklichen. Er kommt aber
zum Erfolg, indem er die un-

günstige Aufstellung des weißen Springers ausnutzt.
1. ... ♔e5.
Mit 1. ... ♖:e4 2.fe+ ♔:e4 3.♔g4 in ein Bauernendspiel überzugehen brächte nichts ein.
2.♔h4 ♖e2 3.♔h3 ♖c2! (der Springer kann sich nicht rühren) **4.g3 f5 5.♘g5 h6!**
6.♘f7+ ♔f6 7.♘d6 (nach 7.♘:h6 ♖c8! säße der Springer in der Falle; aber auch jetzt verliert Weiß einen Bauern)
7. ... ♖f2 8.♘e8+ ♔e5
9.♘g7 ♖:f3 10.♔g2 ♖a3
11.♘h5 f3+ 12.♔f2 ♖b3
13.h4 ♖a3 14.♘f4 ♔e4
15.♔e1 ♖a2. Weiß gab auf. Die schwachen schwarzen Bauern waren hier kein ernsthaftes Hindernis, den Vorteil zu realisieren. So ist es aber bei weitem nicht immer. Als Beispiel dafür mag die folgende Stellung dienen.

Aljechin–Fox
Bradley Beach 1929

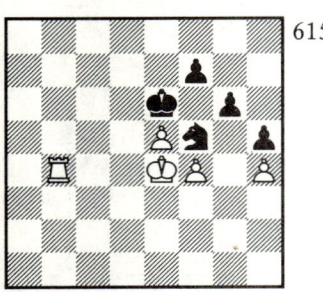

615

Weiß am Zuge

Der Weltmeister mußte sein ganzes Können aufbieten, um die Qualität zu verwerten.
1.♖b6+ ♔e7 2.♖a6!
Falls 2.e6, so 2. ... ♘:h4 3.ef ♔:f7 4.♔e5 ♘f3+, und Schwarz braucht nicht zu verlieren.
2. ... ♘:h4 3.♔d5 ♘g2 (durch einen Angriff auf den schwachen Bauern versucht Schwarz, dem Vordringen des Gegners Einhalt zu gebieten) **4.♖a7+ ♔f8 5.♔e4 ♘h4 6.e6!** (erst jetzt ist es Zeit für diesen Sprengungszug) **6. ... fe 7.♔e5 ♘g2 8.♔f6! ♔e8 9.♔g5.**
Es ist eine originelle Situation entstanden. Schwarz hat zwei Bauern für die Qualität. Dennoch sind die Chancen von Weiß wegen der aktiven Aufstellung seiner Figuren höher zu bewerten.
9. ... ♔f8 10.♖a2 ♘e3
11.♔:g6 ♔e7 12.♖h2! (selbstverständlich nicht 12.♔:h5 ♔f6 13.♖e2 ♘f5, und Schwarz kann auf eine erfolgreiche Verteidigung hoffen)
12. ... ♘d5 13.♔g5 ♘f6.
Stärker war wahrscheinlich 13. ... ♔f7!, und falls 14.♖:h5, so 14. ... ♘f6 15.♖h6 ♘e4+. Wenn Schwarz danach mit dem Springer auf den Feldern d6, f5 und e7 manövriert, besitzt er gute Rettungschancen.
14.♖e2! ♔f7 15.♖e5! ♘h7+
16.♔:h5 ♔f6 17.♔g4 ♘f8,
und wir haben Beispiel 582 erreicht, in dem sich Schwarz

wegen der ungünstigen Aufstellung des Springers nicht behaupten kann, wenngleich die Gewinnführung noch sehr viel Mühe bereitet.

**Durnew–Lyskow
Jerewan 1947**

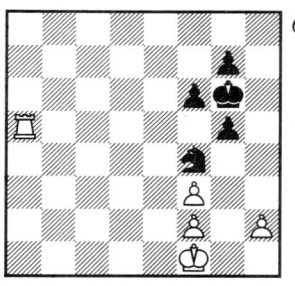

616

Weiß am Zuge

Die weiße Bauernstellung ist zerschlagen. Schwarz kann sich dadurch retten, obwohl ihn noch viele Schwierigkeiten erwarten.
1.♔e1 ♘g2+ 2.♔e2 ♘f4+ 3.♔e3 ♘h3 4.♖a7 ♘f4 5.♔e4 ♘h3 6.♖a2.
Schwarz ist im Zugzwang. Da der König nicht nach f5 gelassen werden darf, muß der Springer ziehen.
6. ... ♘f4 7.h4 (ohne die Bauern vorzurücken, ist die Partie nicht zu gewinnen; Schwarz erobert jetzt einen Bauern, aber dafür kann Weiß seine Figuren aktivieren) 7. ... f5+.
Eine andere Verteidigungsmöglichkeit bestand in 7. ... ♘h3 8.hg ♘:g5+, um zu versuchen,

durch 9. ... ♘f7 und 10. ... ♘h6 eine Festung aufzubauen. Weiß wäre dann aber wohl zum Erfolg gekommen, wenn er den König zum Angriff auf den Bauern g7 nach f8 geführt hätte.
8.♔e5 ♘d3+ 9.♔d4 ♘e1!
10.♖a6+ ♔h5 11.hg ♘:f3+
12.♔e3 ♘:g5 13.♔f4 (obwohl sich sein König jetzt in einer gefährlichen Lage befindet, verfügt Schwarz über ausreichende Verteidigungsressourcen) 13. ... g6 (die Antwort 13. ... ♘h3 führt nach 14.♔g3 ♘g5 15.f3 zur Partiefortsetzung) 14.f3.
Falls 14.♖a1, so 14. ... ♘e6+ 15.♔e5 ♘c5! mit der Drohung 16. ... ♘d3+ (aber nicht 15. ... ♘g5 16.♖h1+ ♔g4 17.♖g1+ ♔h5 18.♖g2).
14. ... ♔h6 15.♖a1 ♘f7
16.♖a7 ♔g7 17.♔e3 (Schwarz hat einen Festungswall errichtet, den der weiße König umgehen muß) 17. ... ♔f6
18.♔d4 ♘h6 19.♔d5 ♘f7
20.♖b7 (auf 20.f4 forciert 20. ... g5 das Remis) 20. ... ♘d8 21.♖b6+ ♔g5!
21. ... ♔g7 22.f4 g5 würde wegen 23.♖b8! ♘f7 24.♔e6 gf 25.♖b7 verlieren. Mit dem Textzug setzt Schwarz alle Hoffnungen in einen Gegenangriff.
22.♔e5 ♘f7+ 23.♔e6 ♘d8+! (schlecht ist 23. ... ♘h6 24.♖b4) 24.♔e7 ♔f4! 25.♔f6.
Auch nach 25.♔:d8 g5 26.♖b3 g4 oder 25.♖:g6 ♔f3

365

26.♔:d8 f4 27.♔e7 ♔e2 endet
die Partie remis.
**25. ... g5 26.♖b5 ♔:f3
27.♔:f5 ♘c6 29.♖b3+.**
Weiß versucht, die Zersplitte-
rung der gegnerischen Figuren
auszunutzen, kann ihre Verei-
nigung wegen des g-Bauern
aber nicht verhindern.
**28. ... ♔f2 29.♔e4 g4
30.♖b2+ ♔g3 31.♖b6 ♘e7
32.♖e6 ♘c8 33.♔e3 ♘a7
34.♖b6 ♘c8 35.♖b1 ♘e7** remis.

**Dus-Chotimirski – Allachwerd-
jan**
Jerewan 1938

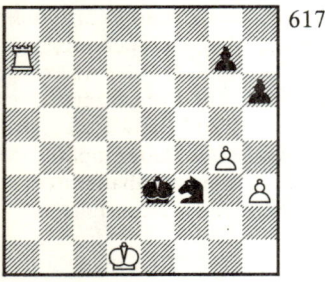

617

Schwarz am Zuge

Die schwarzen Figuren stehen
aktiv. Reicht dies aber, um die
Partie zu retten?
Es folgte: **1. ... g5 2.♖a6.**
Weiß muß energisch handeln.
Schlechter ist **2.♖a3+ ♔f2
3.♖c3 ♘g1 4.♔d2 ♔g2
5.♔e3 ♘:h3 6.♔e4 ♘f2+
7.♔f5 ♔h2,** und Weiß kann
seine Stellung nicht verstärken.
2. ... ♔f2 3.♖:h6 ♔g3 4.♖h5

♘g1! **5.h4!** (falls **5.♖:g5,** so
5. ... ♘:h3 6.♖g8 ♔f4, und
nach **7. ... ♘g5** fällt der
Bauer) **5. ... ♘f3!** (ein verzweifelter Versuch, die Partie zu
retten) **6.hg ♘e5,** und wir haben Stellung 534 vor uns, in
der Weiß durch **7.g6 ♘:g6
8.♖h6! ♘e5 9.g5 ♘f7
10.♖h5! ♘e5 11.g6!** zum Erfolg kommt.
Dies war aber nur möglich,
weil sich Schwarz ungenau verteidigte. Statt **1. ... g5** mußte
er sofort mit dem König den
Bauern angreifen: **1. ... ♔f2!
2.♖:g7** (die Folgen von **2.♖a3**
g5 haben wir uns schon angesehen) **2. ... ♔g3.**
Jetzt bringt **3.♖g6 ♔:h3
4.♔e2 ♘g5** nichts ein. Doch
auch im Fall von **3.♔e2 ♘g5
4.♔e3 ♔:h3!** kann Schwarz
alle Bauern abtauschen, da
5.♔f4 an **5. ... ♘e6+** scheitert. Im übrigen konnte anstelle von **3. ... ♘g5** auch
**3. ... ♘g1+ 4.♔e3 ♘:h3
5.♔e4 ♘g5+ 6.♔f5 ♘f3!** geschehen. Weiß kommt danach
nicht weiter. Falls z. B. **7.♖g8,**
so **7. ... ♘h4+ 8.♔f6 ♔f4
9.♖g7 ♘f3** und **10. ... ♘e5**
mit Eroberung des weißen
Bauern.

366

Achtes Kapitel

Endspiele mit großer Bauernzahl – ungleiche Anzahl von Bauern

In diesem Kapitel werden Endspiele untersucht, in denen die Springerpartei bei einer Gesamtzahl von mindestens fünf Bauern über ein Bauernplus verfügt.

Die Praxis hat gezeigt, daß ein Springer und zwei Bauern bei sonst gleichen Bedingungen einen Turm etwa aufwiegen. Dieses Wertverhältnis ist jedoch relativ und wird durch die verschiedensten Faktoren beeinflußt, vor allem durch das Vorhandensein von Freibauern.

Wir beginnen unsere Analyse mit Beispielen, in denen die Turmpartei über einen geringen Materialvorteil verfügt – die Qualität für einen Bauern. In Stellungen mit Freibauern ist der Turm dem Springer in der Regel bedeutend überlegen, da er besser mit den Freibauern des Gegners fertig wird und die eigenen wirksamer unterstützen kann.

Em. Lasker–Ed. Lasker
New York 1924

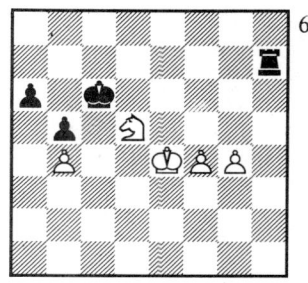

618

Schwarz am Zuge

Es scheint, daß Weiß mit seiner Stellung zufrieden sein darf. Er hat zwei Freibauern, Schwarz hingegen nicht einen. Eine konkrete Berechnung zeigt jedoch, daß die weißen Bauern vorerst ungefährlich sind, während Schwarz durch ein sofortiges Bauernopfer einen starken Freibauern erhält, der den Kampf entscheidet.

1. ... ♖d7! 2.♘e3 (nach 2.♘f6 ♖d1 3.g5 a5! 4.ba b4 5.g6 b3 6.g7 b2 7.g8♕ b1♕+ verliert Weiß die Dame, oder er wird matt) **2. ... a5! 3.ba b4 4.g5.**

Oder 4.♘c4 ♔b5 5.♘e5 b3 6.♘d3 ♔c4 7.♘b2+ (7.♘e5+ ♔c3 8.♘:d7 b2) 7. ... ♔c3 8.♘a4+ ♔b4 9.♘b2 ♖d2 10.♘d3+ ♔c3, und Schwarz gewinnt.

4. ... ♔c5! 5.♘c2 b3 6.♘a3 ♔b4 7.♘b1 ♖d1, und Weiß kann die Waffen strecken.

Der weiße König war nicht in der Lage, sich am Kampf gegen den feindlichen Bauern zu beteiligen, und der Springer allein vermochte diese Aufgabe nicht zu bewältigen.
Die vorstehende Variante stammt nicht aus der Partie. Dort bildete Schwarz den Freibauern auf anderem Wege:
1. ... ♖h8 2.♘e3 a5 3.ba b4, und Weiß konnte die Partie durch energisches Spiel retten.
4.a6 (dieser Bauer hat eine wichtige, ablenkende Rolle zu spielen) 4. ... b3 5.♘d1 ♔c5 6.a7 ♖a8 7.g5 ♖:a7 8.g6 ♖d7 9.♘b2 ♖d2 (das erweist sich als ein Schlag ins Wasser) 10.♔f3! ♖d8 11.♔e4 ♔d6 12.♔d3! ♖c8 13.g7 (sichert das Remis) 13. ... ♔e6 14.g8♕+ ♖:g8 15.♔c4 ♖g3, und nach 16.♔b4 ♔f5 17.♔a3 ♔:f4 18.♔b4 entstand die theoretische Remisstellung 539.
Besitzt die Turmpartie keine Freibauern, ist wichtig, ob die gegnerische Stellung Bauernschwächen aufweist.
Der Turm, der bedeutend beweglicher ist als der Springer, kann gegnerische Bauern an verschiedenen Brettabschnitten schnell angreifen und einen materiellen Vorteil sicherstellen.

Awerbach–Bondarewski
Szczawno Zdroj 1950

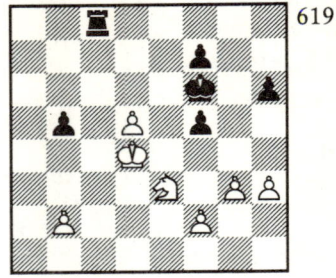

619

Schwarz am Zuge gewinnt

Den Ausschlag gibt hier die Aktivität des Turmes, die es Schwarz gestattet, die gegnerischen Bauernschwächen rasch zu attackieren.
1. ... ♖c1 2.b4 (falls 2.d6 ♔e6 3.d7 ♔:d7 4.♘:f5, so 4. ... ♖c2 5.♘:h6 ♖:f2 6.♔c5 ♔e6 7.b4 ♖f3, und Schwarz gewinnt) 2. ... h5 3.h4 f4! 4.gf ♖h1 5.♔c5.
Weiß unternimmt den verzweifelten Versuch, einen weiteren Freibauern zu bilden. Die Fortsetzung 5.d6, die auf 5. ... ♖:h4? 6.d7 spekuliert, wird durch 5. ... ♔e6 widerlegt, z. B. 6.d7 ♔:d7 7.♘f5 ♖c1! 8.♘e3 ♔e6 usw.
5. ... ♖:h4 6.♔:b5 ♖:f4 7.♔c5 (7.♔a5 h4 8.b5 h3 9.b6 h2 rettet ebenfalls nicht) 7. ... ♔e7! (da sie sonst gefährlich werden könnten, mobilisiert Schwarz für den Kampf mit den gegnerischen Freibauern auch den König) 8.b5 ♔d7

9.b6 ♖:f2 **10.♘c4** ♖c2 **11.d6**
(die letzte Chance; es droht
12.b7; Schwarz läßt sich jedoch
nicht überrumpeln) **11. ...**
♖:c4+! **12.♔:c4** ♔c6 **13.♔d4**
♔:d6. Weiß gab auf.
Etwas komplizierter ist das folgende Beispiel.

Matanović–Larsen
Portorož 1958

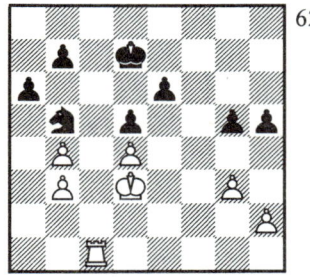

620

Weiß am Zuge

Schwarz hat an beiden Flügeln
schwache Bauern. Die Ein-
bruchsfelder werden vorerst
aber zuverlässig bewacht.
1.♖e1 ♘d6 **2.b5!**
2.♖e5 ♘f5 brächte Weiß
nichts ein. Er opfert deshalb
einen Bauern, um eine weitere
Linie zu öffnen, auf der der
Turm dann ins gegnerische Lager einbricht.
2. ... ab **3.♖a1** h4.
Schwarz ist nicht in der Lage,
das Eindringen des Turmes zu
verhindern, z. B. 3. ... b4
4.♖a8 ♘c8 5.♔e3 ♔c7 6.h4!
gh 7.gh ♘d6 8.♖f8! ♔d7
(8. ... ♘f5+ 9.♖:f5) 9.♔f4

♔e7 10.♖h8 ♘f5 11.♔e5
♘:h4 12.♖h7+ ♔d8 13.♔e6
usw.
4.gh gh 5.♖a8 b4 6.♖a4
(Zeitverlust; richtig war 6.♖f8,
wie es Weiß im 11. Zuge nach-
holt) **6. ...** ♔c7 **7.♔e2** (Weiß
besinnt sich zur rechten Zeit;
nach 7.♖:b4? b5 konnte er
noch verlieren) **7. ...** ♔c6
8.♖a8 ♘f5 **9.♔d3** ♔d7
10.♖b8 ♔c7 **11.♖f8** ♔d6
12.♖f7 b6 **13.h3** ♘h6.
Schwarz muß den Springer ziehen, denn auf 13. ... ♔c6 entscheidet 14.♖:f5 ef 15.♔e3
♔d6 16.♔f4 ♔e6 17.♔g5.
14.♖f4! ♘f5 **15.♔e2** ♔e7
16.♔f3 ♔f7 **17.♔g4** ♔g6
18.♖:f5! ef+ 19.♔:h4, und
Weiß gewann.

Steinitz–Zukertort
New York 1886

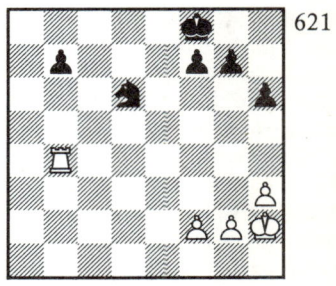

621

Weiß am Zuge

Hier besitzt die Springerpartie
mehr Rettungschancen. Der
weiße Turm steht passiv und
ist nicht in der Lage, die gegnerischen Bauern am Königs-

flügel sofort anzugreifen. Der schwarze König ist nicht an ihre Verteidigung gebunden und kann sich zum b-Bauern begeben, um dessen Vorgehen zu unterstützen.

Schwarz rettet die Partie, wenn es Weiß nicht rechtzeitig gelingt, mit dem Turm die Bauern des Königsflügels zu attackieren und dort einen Freibauern zu bilden.

1.♔g3 ♔e7 2.♔f4 ♔e6 3.h4 ♔d5! 4.g4 b5 5.♖b1 ♔c5 6.♖c1+ ♔d5.

Falls 6. ... ♘c4, so 7.♔e4. Darauf würde 7. ... b4 wegen 8.♔d3 sofort verlieren, und nach 7. ... ♔b4 8.♔d4 dürfte sich Weiß angesichts seiner aktiven Figurenstellung Gewinnchancen ausrechnen.

7.♔e3 (Weiß nutzt nicht alle Möglichkeiten; stärker war 7.♖c7!, um mit dem Turm ins gegnerische Lager einzubrechen und erst auf 7. ... b4 mit 8.♔e3 fortzusetzen) **7. ... ♘c4+ 8.♔e2** (selbstverständlich nicht 8.♔d3 ♘e5+ nebst 9. ... ♘:g4) **8. ... b4 9.♖b1 ♔c5 10.f4 ♘a3 11.♖c1+ ♔d4 12.♖c7.**

Endlich greift der Turm die gegnerischen Bauern am Königsflügel an, aber es ist bereits zu spät. Der von beiden schwarzen Figuren unterstützte b-Bauer ist zu gefährlich.

12. ... b3 13.♖b7 ♔c3 14.♖c7+ ♔d4! (aber nicht 14. ... ♔b2 15.♖:f7 ♔a2 16.♖:g7 b2 17.♖b7 b1♛

18.♖:b1 ♘:b1 19.♔d3 ♔b3 20.h5, und Weiß gewinnt) **15.♖b7 ♔c3 remis.**

Der Springer ist eine Figur mit begrenztem Aktionsradius. Deshalb kommen seine Möglichkeiten besser zur Geltung, wenn sich der Kampf auf einem engen Brettabschnitt abspielt. Das ist vor allem der Fall, wenn alle Bauern an einem Flügel stehen.

Die folgenden beiden Stellungen sind von großer Bedeutung. Sie zeigen, wie sich die schwächere Seite aufbauen muß, um das Gleichgewicht zu behaupten.

A. Leikin, 1940

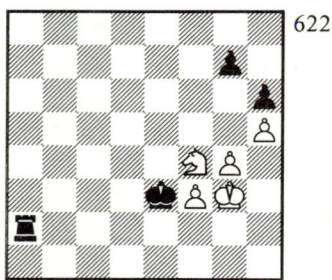

622

Remis

Die weißen Figuren und Bauern sind sehr zweckmäßig angeordnet. Der Springer kontrolliert die Zugänge zu den eigenen Bauern und droht, die gegnerischen anzugreifen. Schwarz kann nicht gewinnen.

Hier eine Eventualvariante:

1.♘g2+ ♔e2 2.♘f4+ ♔f1

3.♘e6! (der Angriff auf den Bauern g7 hindert Schwarz daran, ernsthafte Drohungen zu schaffen) 3. ... ♖a7 4.♘d4 ♖d7 5.♘f5 ♔e2 6.♔g2, und Schwarz kann seine Stellung nicht verstärken, da er an die Verteidigung des Bauern g7 gebunden ist.

A. Leikin, 1940

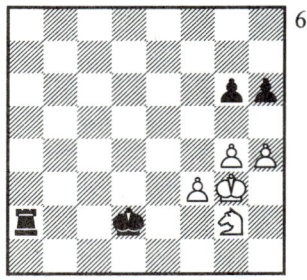

623

Remis

Nach 1.♘f4 ♖a6 (1. ... g5 2.hg hg 3.♘h3 ♖a5 4.♔f2 nebst 5.f4) 2.♔f2 kann Schwarz ebenfalls keine gefährlichen Drohungen schaffen, z. B. 2. ... ♖f6 3.♔g3 ♖a6 4.♔f2 ♖d6 5.♔g3 ♔e3 6.♘g2+ ♔d4 7.♘f4 usw.

Vidmar–Aljechin
San Remo 1930

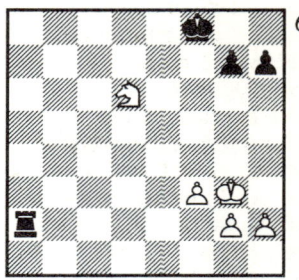

624

Weiß am Zuge

Diese Stellung hat eine interessante Geschichte. Sie wurde von Aljechin auf virtuose Art gewonnen und mit ausführlichen Kommentaren als ein Beispiel für die exakte Verwertung eines Vorteils in alle Endspielwerke aufgenommen. 1940 zeigte Leikin („Schach in der UdSSR"), daß Weiß die Partie bei richtiger Verteidigung retten konnte. Seine Analyse blieb jedoch von den meisten Schachspielern unbeachtet. Wir halten es daher für zweckmäßig, dieses Endspiel hier ausführlich zu untersuchen. 1.h4 ♔e7 2.♘e4 h6. In derartigen Stellungen muß der Verteidiger zu einer bestmöglichen Anordnung seiner Figuren kommen. Weiß sollte daher den Aufbau aus den soeben behandelten Beispielen 622 und 623 anstreben. Richtig war 3.♔h3!, z. B. 3. ... ♔e6 (falls 3. ... ♖a3, so 4.♔g4 ♔e6 5.♔f4 g6 6.g4

oder 5. ... ♔d5 6.h5 ♔d4
7.♘d6 ♔d3 8.♘f5 ♖a4+
9.♔g3 ♖a5 10.♔f4 ♖a7 11.g4
♔e2 12.♔g3, und wir haben
Stellung 622 vor uns) **4.g4!**
♔e5 5.♔g3 g6 (oder 5. ...
♔d4 6.h5! ♔e3 7.♘d6 und
8.♘f5) **6.♘f2 ♖a3** (6. ... ♔d4
7.♘h3 ♔e3 8.♘f4) **7.♘h3**
♖a4 8.♔f2! (schlecht ist
8.♘f2 ♔d4 9.♘h3 ♔e3) **8. ...**
h5 9.gh! ♖:h4 10.hg! mit elementarem Remis.
In der Partie wußte Weiß
nicht, daß er sich auf Stellungen wie 622 und 623 orientie-
ren konnte. Er behandelte das
Endspiel rein gefühlsmäßig
und zog 3.♘f2.
Es folgte 3. ... ♔e6 4.♘d3
♔f5 5.♘f4 ♖a4 6.♘d3 ♖c4
7.♘f2 ♖c6 8.♘h3 ♔e5 9.h5.
Ohne den Zug g2−g4 erweist
sich diese Fortsetzung als ein
ernsthafter Fehler, der die Aufgabe des Gegners erleichtert.
Trotzdem hätte Weiß auch bei
passiver Verteidigung verloren,
da sich der schwarze König
zum Bauern g2, der Haupt-
schwäche im weißen Lager, begibt, z. B. 9.♘f4 ♖c2 10.♘h3
♖d2 11.♘f4 ♖a2 12.♘h3
♔d4 13.♘f4 ♔e3 14.♘e6
♖a7 15.♘f4 ♖a6! 16.♘h3
♔e2 17.♘f4+ ♔f1. Das Wei-
tere ist einfach. Falls 18.h5, so
18. ... ♖a5 19.♔h2 ♔f2
20.♔h3 ♖b5 21.♔h4 ♔e3,
und auf 18.♘h3 entscheidet
18. ... ♖a2 19.♘f4 g5 20.hg
hg 21.♘e6 ♖:g2+ 22.♔h3
♔f2 usw.

Die Partie endete so: 9. ...
♖c2! 10.♘f4 ♖d2 (schränkt
die Beweglichkeit des Springers ein) 11.♘h3 ♔d4 12.♘f4
♔e3 13.♘e6.
Noch am besten. Nach 13.♘h3
♖b2 14.♘f4 ♖b5 15.♘e6
♔e5 büßt Weiß einen Bauern
ein. Schlecht ist auch 13.♔g4
♖d4 14.g3 ♖a4 15.♔f5 ♔:f3.
13. ... ♖d5! 14.f4.
Falls 14.♔h4, so 14. ... ♖e5!
15.♘:g7 ♖g5 16.♘e6 ♖:g2
(A. Aljechin).
14. ... ♖f5! 15.♔g4 ♖f6!
16.f5 ♖f7.
Bis jetzt hat Schwarz sehr genau gespielt. Hier aber war,
wie Aljechin zeigte, 16. ...
♔e4! stärker, z. B. 17.♘:g7
(17.♘c5+ ♔d5 18.♘d3 ♔d4
19.♘f4 ♔e4) 17. ... ♖f7
18.♘e6 ♖:f5 19.♔h4 (falls
19.g3, so 19. ... ♖e5 20.♘d8
♖g5+ 21.♔h4 ♔f3 22.♘f7
♖g4+ 23.♔h3 ♖:g3+
24.♔h4 ♔f4! 25.♘:h6 ♖g7!
26.♔h3 ♖h7, und der Springer geht verloren) 19. ... ♔e5
20.♘c5 ♖f4+ 21.♔h3 ♖d4
22.g3 ♔d6! (der Springer hat
sich von seinem König entfernt, und Schwarz schickt sich
an, ihn einzufangen) 23.♘b3
♖d1 24.♔h4 ♔d5 25.g4 ♖d3,
und Schwarz gewinnt sowohl
nach 26.♘c1 ♖e3 27.g5
♖e4+ als auch im Fall von
26.g5 ♖:b3 27.gh ♔e6 28.h7
♖b8 29.♔g5 ♔f7.
17.g3.
Dies verliert sofort. Nach
17.♘d8! ♖f6 18.♘e6 mußte

Schwarz mit 18. ... ♔e4! die Variante wählen, die in der Anmerkung zum 16. Zug von Schwarz gezeigt wurde.

17. ... ♔e4 18.♘c5+ ♔d4! 19.♘b3+ ♔e5. Weiß gab auf.

Wir haben in diesem Kapitel bisher nur Beispiele behandelt, in denen die Turmpartei im Vorteil war.

Jetzt folgen Stellungen, in denen die Springerpartei über ein gewisses Übergewicht verfügt. Bei der Analyse werden wir bemüht sein, den Charakter des Vorteils und die Methoden seiner Verwertung zu erläutern.

**Bronstein–Olafsson
Portorož 1958**

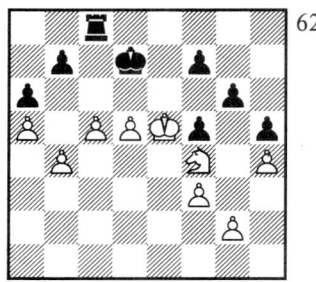

625

Schwarz am Zuge

Formal gesehen besitzt Schwarz einen kleinen Materialvorteil. Bei aufmerksamem Studium der Stellung kann man sich jedoch davon überzeugen, daß das große positionelle Übergewicht von Weiß viel schwerer wiegt.

Die weißen Figuren sind außerordentlich aktiv postiert. Der König droht, ins gegnerische Lager einzubrechen, und wird dabei von seinem Springer unterstützt. Der schwarze Turm steht vorerst passiv und braucht Zeit, um ins Spiel zu kommen.

Sehr wesentlich ist, daß Schwarz das Eindringen des weißen Königs in sein Lager nicht verhindern kann: Auf 1. ... ♔e7 entscheidet 2.d6+ ♔e8 (2. ... ♔f8 3.d7 ♖d8 4.♔d6) 3.♘d5 ♖d8 (es drohte 4.d7+) 4.♘b6 ♔f8 5.♔d5 ♔e8 6.c6 bc+ 7.♔:c6 ♔f8 8.♔c7 ♔e8 9.d7+.

Die einzige Chance für Schwarz liegt in der Aktivierung des Turmes. Er spielte daher 1. ... ♖e8+ 2.♔f6 ♖e3. Dieser für derartige Endspiele typische Angriff des Turmes auf die schwachen Bauern des Gegners kommt hier zu spät. Erstens kann Schwarz keinen Freibauern bilden, und zweitens beschwört Weiß schnell entscheidende Drohungen herauf.

3.♔:f7 ♖b3 4.♘:g6 ♖:b4 5.♘e5+ ♔c8.

Etwas genauer war 5. ... ♔d8, aber auch dann hätte Weiß nach 6.d6 ♖b2 7.♔e6 ♖d2 8.g3 und 9.♔:f5 leicht gewonnen.

6.d6 ♖b2 7.♔e8 ♖d2 8.♘g6 ♔b8 9.g3 ♖d1 10.♘e7, und Schwarz gab auf.

Die nächsten Beispiele behandeln im wesentlichen ein und

dasselbe Thema. Die ungünstige Aufstellung von König
und Turm hat zur Folge, daß
entweder ein weit vorgerückter
Bauer des Gegners zur Dame
geht oder der Turm durch eine
Springergabel „aufgespießt"
wird.

Botwinnik–Löwenfisch
Moskau 1937

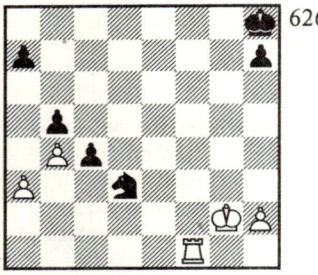

626

Schwarz am Zuge

Stände sein König auf g3, wäre
Weiß sogar im Vorteil. So aber
mußte er sich nach **1. ... c3!**
2.♔f3 (falls 2.♖f8+ ♔g7
3.♖c8, so trotzdem 3. ... c2!
4.♖:c2 ♘e1+) **2. ... c2 3.♔e2**
c1♕ 4.♖:c1 ♘:c1+ 5.♔d2
♘a2 6.♔c2 ♔g7 7.♔b2 ♘:b4
8.ab ♔f6 geschlagen geben.

L. Kubbel, 1925

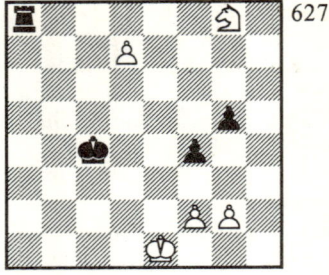

627

Weiß gewinnt

Der natürliche Zug 1.♘e7
führt nach 1. ... ♔c5 2.♘c8
♖a1+ 3.♔e2 ♖a2+ 4.♔d3
♖a1! nicht zum Ziel. Weiß
verfügt jedoch über die weniger
offensichtliche Fortsetzung
1.♘h6! Falls jetzt 1. ... ♖d8,
so 2.♘f7 ♖:d7 3.♘e5+ und
4.♘:d7. Schwarz geht daher
mit **1. ... ♔d3 2.f3 ♔e3** zu
einem Mattangriff über. In der
Abwehr dieser Drohung liegt
auch die Idee der Studie.
3.♘f5+ ♔d3 4.♘e7! ♔e3. Es
gibt nichts Besseres. Wenn
4. ... ♖d8, so 5.♘c6 ♖:d7
6.♘e5+.
5.♘d5+! ♔d3 6.♘c7! Der
Sinn der Überführung des
Springers nach c7 besteht
darin, mit Tempogewinn den
Turm a8 zu attackieren und
dem Gegner dadurch die Möglichkeit zu nehmen, den Mattangriff fortzusetzen.
6. ... ♖d8 (falls 6. ... ♖a1+,
so 7.♔f2, und der König versteckt sich auf h2) **7.♘e6**

♖:d7 8.♘c5+, und der Turm ist schließlich doch in eine Gabel geraten.

L. Kubbel, 1914

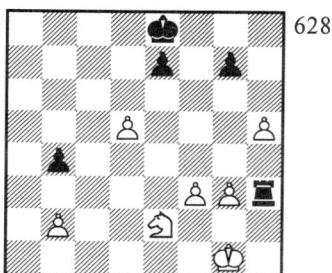

628

Weiß gewinnt

In dieser Studie gelingt es Weiß, den Turm mitten auf dem Brett zur Strecke zu bringen.
Nach 1.♘f4! ♖:g3+ 2.♔f2 ♖g5 3.♘e6 ♖e5 4.f4 ♖e4 5.b3 kommt es zu einer originellen Zugzwangstellung. Der schwarze König muß ziehen und gerät in eine Gabel.
Besitzt die Springerpartei mehr als zwei Bauern für die Qualität, reicht dies, sofern der Gegner über kein wirksames Gegenspiel verfügt, gewöhnlich zum Gewinn.

Botwinnik–Vidmar
Groningen 1946

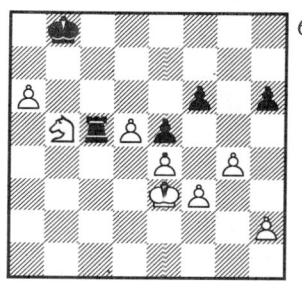

629

Weiß am Zuge

Weiß hat zwei Freibauern, die jedoch nicht durch den König unterstützt werden. Deshalb spielte er nach 1.a7+ ♔b7 richtigerweise 2.♘d6+ ♔:a7 3.♘e8, um für den a- den f-Bauern zu erhalten. Nichts ergäbe statt dessen 2.d6, da die Bauern nach 2. ... ♖c8 schnell verlorengehen.
Es folgte: 3. ... ♔b6 4.♘:f6 ♖c3+ 5.♔f2 ♖c7 6.h4 ♖f7 7.♘h5 ♔c7 8.g5! hg 9.hg ♖h7 10.♘f6 ♖h2+ 11.♔g3 ♖h1 12.♔g2 ♖h8 13.g6.
Schwarz gab auf, denn im Fall von 13. ... ♖h6 entscheidet 14.g7 ♖g6+ 15.♔f2 ♖:g7 16.♘e8+.

Namenverzeichnis

Die Zahlen bezeichnen die Diagrammnummern

Literaturverzeichnis

Hauptliteratur

Rabinowitsch, I. L.: Endschpil. 2. Auflage, Leningrad 1938

Sosin, W. I.: Tschto kashdy dolshen snat ob endschpile. 2. Auflage, Moskau–Leningrad 1935

Schachmatnoje twortschestwo N. D. Grigorjewa. 2. Auflage, Moskau 1954

Lissizyn, G. M.: Sakljutschitelnaja tschast schachmatnoi partii. Leningrad 1956

Awerbach, J. L.: Tschto nado snat ob endschpile. 3. Auflage, Moskau 1979

Portisch, L., Sárközy, B.: 600 okontschani. Moskau 1979

Nedeljković, O.: Sawrschnize. Belgrad 1951

Berger, J.: Theorie und Praxis der Endspiele. Leipzig 1890; 2. Auflage, Berlin–Leipzig 1922

Delaire, H.: Les échecs modernes. Fins de partie. Paris 1925

Chéron, A.: Nouveau traité complet d'échecs. La fin de partie. Lille 1927; 2. Auflage 1952

Chéron, A.: Lehr- und Handbuch der Endspiele. I.–III., Berlin (West) 1957–1958; 2. Auflage 1960, 1964, 1969, IV. 1970

Euwe, M.: Het endspiel. I.–XII. S'Gravenhage 1940–1941; 2. Auflage 1949–1951

Fine, R.: Basic chess endings. 2. Auflage, Philadelphia 1941

Rey Ardid: Finales de ajedrez. I.–II., Zaragoza 1944–1945

Enevoldsen, J.: Laerobog i skak. III., Kopenhagen 1949

Czerniak, M.: El final. Buenos Aires 1941; 4. Auflage 1967

Stahlberg, G.: Slutspel i schack. Stockholm 1962–1963

Gawlikowsky, S.: Konzowa gra szachowa. I.–II., Warschau 1954–1955

Paoli, E.: Il finale negli s'cacchi. Mailand 1974

Awerbach, J. L.: Lehrbuch der Schachendspiele. I.–II., Berlin 1970; 4. Auflage 1979

Sammelbände mit Studien, die für die Endspieltheorie von Bedeutung sind

Platow, W. N.: 150 isbrannych sowremennych etjudow. Moskau 1925

Platow, W. N. und M. N.: Sbornik schachmatnych etjudow. Moskau 1928

Mandler, A.: Etjudy Richarda Reti. Leningrad 1931

Troitzky, A. A.: Sbornik schachmatnych etjudow. Leningrad 1934

380

Gerbstman, A. O.: Schachmatny etjud w SSSR. Moskau–Leningrad 1937

Tschechower, W. A.: Schachmatnye etjudy rasnych awtorow. Leningrad 1950

Tschechower, W. A.: Schachmatnye etjudy i okontschanija. Moskau 1959

Sowjetski schachmatny etjud. Moskau 1955

Kasparjan, G. M.: Schachmatnye etjudy. Jerewan 1974

Kasparjan, G. M.: 555 etjudow-miniatjur. Jerewan 1975

Horwitz, B., und Kling, J.: Chess studies and endgames 1840; 2. Auflage, London 1889

Tattersall, C.: A thousand endgames. I.–II., Leeds 1910–1911

Dedrle, F.: Moderni koncovka. Prag 1950

Inhalt